Anforderungsbereich III (Reflexion und Problemlösung)

Er umfasst den kritischen und reflektierten Umgang mit neuen Problemstellungen, den eingesetzten Methoden und den gewonnenen Erkenntnissen. Ziel sind eigenständige Begründungen, Folgerungen, Deutungen und Wertungen.

beurteilen	den Stellenwert von Sachverhalten oder Prozessen in einem Zusammenhang bestimmen, um kriterienorientiert zu einem begründeten Sachurteil zu gelangen
entwickeln	zu einem Sachverhalt oder zu einer Problemstellung eine Einschätzung, ein Lösungsmodell, eine Gegenposition oder ein begründetes Lösungskonzept darlegen
erörtern	zu einer vorgegebenen Problemstellung eine reflektierte, abwägende Auseinandersetzung führen und zu einem begründeten Sach- und / oder Werturteil kommen
sich auseinander-setzen	zu einem Sachverhalt, einem Konzept, einer Problemstellung oder einer These usw. eine Argumentation → *entwickeln*, die zu einem begründeten Sach- und / oder Werturteil führt
Stellung nehmen	Beurteilung (→ *beurteilen*) mit zusätzlicher Reflexion individueller, sachbezogener und / oder politischer Wertmaßstäbe, die Pluralität gewährleisten und zu einem begründeten eigenen Werturteil führen
überprüfen	Inhalte, Sachverhalte, Vermutungen oder Hypothesen auf der Grundlage eigener Kenntnisse oder mithilfe zusätzlicher Materialien auf ihre sachliche Richtigkeit bzw. auf ihre innere Logik hin untersuchen

Operator, der Leistungen in allen drei Anforderungsbereichen verlangt:

interpretieren	Sinnzusammenhänge aus Quellen erschließen und ein begründetes Sachurteil oder eine Stellungnahme abgeben, die auf einer Analyse (→ *analysieren*) beruhen

Operatoren zusammengestellt nach: http://db2.nibis.de/1db/cuvo/datei/ge_go_kc_druck_2017.pdf (Zugriff: 14. November 2017)

Tipps für den richtigen Umgang mit den Operatoren und den Aufgaben im Buch:

- Zu Aufgaben, die mit einem Pluszeichen ➕ gekennzeichnet sind, finden Sie im Anhang auf Seite 244 bis 252 Hinweise und weitere Informationen.
- Nützliche Erklärungen zu einzelnen Operatoren bietet die Übersicht unter dem Code **32033-00**.

BUCHNERS KOLLEG
GESCHICHTE

Neue Ausgabe Niedersachsen
Einführungsphase

C.C.Buchner

Buchners Kolleg Geschichte

Neue Ausgabe Niedersachsen
Einführungsphase

Unterrichtswerk für die Oberstufe

Bearbeitet von Boris Barth, Markus Brogl, Johanna Dörrenbächer, Kerstin Kech, Stephan Kohser, Maximilian Lanzinner, Ulrich Mücke, Thomas Ott, Markus Reinbold, Rolf Schulte, Jürgen Weber, Stefanie Witt und Janina Witzel

Zu diesem Titel erhalten Sie ergänzende digitale Produkte auf www.ccbuchner.de (Eingabe im Suchfeld **32033**).

1. Auflage, 3. Druck 2019
Alle Drucke dieser Auflage sind, weil untereinander unverändert, nebeneinander benutzbar.

Das Werk folgt der reformierten Rechtschreibung und Zeichensetzung. Ausnahmen bilden Texte, bei denen künstlerische, philologische oder lizenzrechtliche Gründe einer Änderung entgegenstehen.

Auf verschiedenen Seiten dieses Buches finden sich Mediencodes. Sie verweisen auf optionale Unterrichtsmaterialien und Internetadressen (Links).
Haftungshinweis: Trotz sorgfältiger inhaltlicher Kontrolle wird die Haftung für die Inhalte externer Seiten ausgeschlossen.

Umschlag: ARTBOX Grafik und Satz GmbH, Bremen,
(unter Verwendung folgender Abbildungen: Wandmalerei mit dem Brandenburger Tor auf Resten der Berliner Mauer, East Side Gallery, Berlin-Friedrichshain; Originalgetreue Nachbauten der Schiffe Niña, Pinta und Santa Maria mit denen Christoph Kolumbus im August 1492 in See stach)
Layout, Satz, Karten und Grafiken: ARTBOX Grafik und Satz GmbH, Bremen
Druck und Bindung: Firmengruppe Appl, aprinta Druck, Wemding

www.ccbuchner.de

ISBN 978-3-661-**32033**-5

Inhalt

Vom 20. ins 21. Jahrhundert

* Ein **OnLine**-Kapitel zum Modul „11. September 2001 – ein Wendepunkt der Geschichte?“ finden Sie auf unserer Homepage (www.ccbuchner.de) unter **32033-01**.

Anhang

Auf einen Blick: Kernmodule

Auf einen Blick: Methoden

Mit „Buchners Kolleg Geschichte" lernen und arbeiten

Der vorliegende Band ist ein **Lern- und Arbeitsbuch** zugleich. Er enthält einerseits Material für den Unterricht und ist andererseits für die selbstständige Wiederholung des Unterrichtsstoffes geeignet.

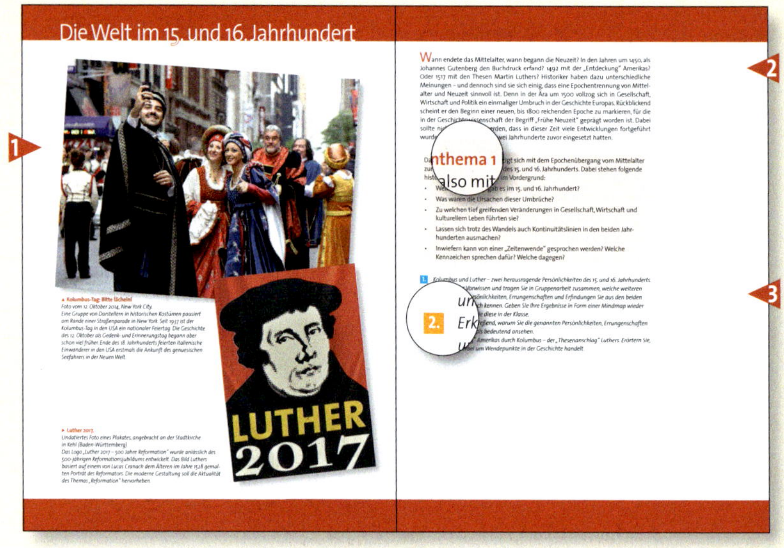

▸ Einführungsseiten

leiten mit **gegenwartsbezogenen Bildern** 1, einem **Einstiegstext** 2 und **problemorientierten Arbeitsfragen** 3 in die beiden Rahmenthemen ein.

◂ Orientierungsseiten

informieren überblicksartig über die jeweiligen Themen der Kapitel. Die Doppelseite umfasst ein **Auftaktbild** oder eine **Karte** 1, einen kurzen **Text zum Einstieg** ins Thema 2, die **Kompetenzerwartungen** 3 sowie eine **Chronologie** mit zentralen Daten und Fakten 4.

▸ Darstellungen/Verfassertexte

vermitteln ein Verständnis für historische Zusammenhänge und Strukturen. Sie sind mit den Materialien durch Querverweise (▸ M1) vernetzt. Die Randspalte enthält weiterführende **Lese-, Internet- und Filmtipps** 1, **Namens- und Begriffserläuterungen** 2 sowie einen Hinweis auf „**Geschichte In Clips**" 3. Um auf die Filmclips, die Internettipps und die Lösungsskizzen zu den Methoden-Bausteinen zuzugreifen, geben Sie bitte in das Suchfeld auf unserer Internetseite (www.ccbuchner.de) den im Buch genannten Code (z.B. 32033-02) ein.

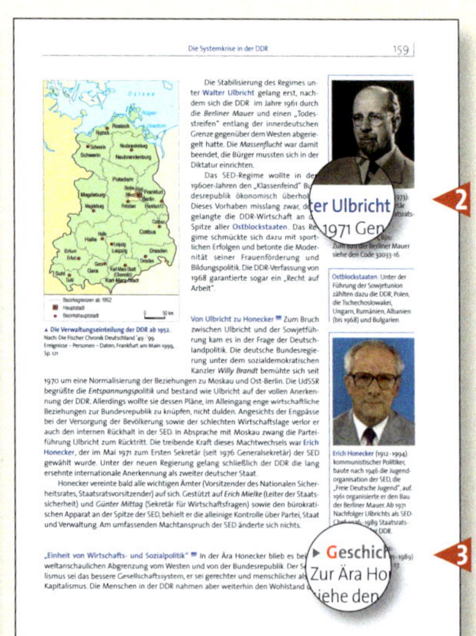

◀ Materialien und Arbeitsaufträge

veranschaulichen und vertiefen einzelne Aspekte, stellen kontroverse Sichtweisen dar und berücksichtigen alle relevanten Gattungen. Die Arbeitsaufträge sind farblich je nach **Anforderungsbereich** gekennzeichnet. Siehe hierzu ausführlich die Angaben vorne im Buch. Auf Seite 244 bis 252 finden Sie **Hilfestellungen** zu ausgewählten Arbeitsvorschlägen im Schulbuch.

◀ Geschichte kontrovers

präsentiert Standpunkte vornehmlich von Fachwissenschaftlern, die zur Diskussion anregen und der eigenen Urteilsfindung dienen sollen.

▶ Theorie-Bausteine

behandeln exemplarisch **historische Theorien und Erklärungsmodelle** und vernetzen zum Teil die Kapitel durch Querverweise und Arbeitsvorschläge miteinander.

▶ Methoden-Bausteine

erläutern zentrale **historische Arbeitstechniken** für die eigenständige Erarbeitung und Wiederholung an einem konkreten Beispiel. In der Randspalte wird auf weitere Anwendungsbeispiele im Schulbuch hingewiesen.

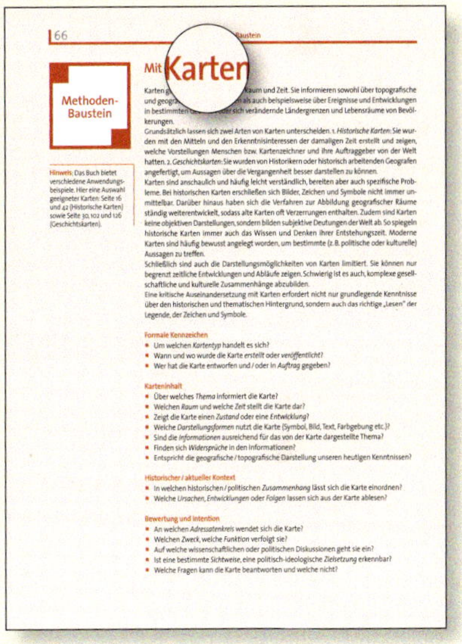

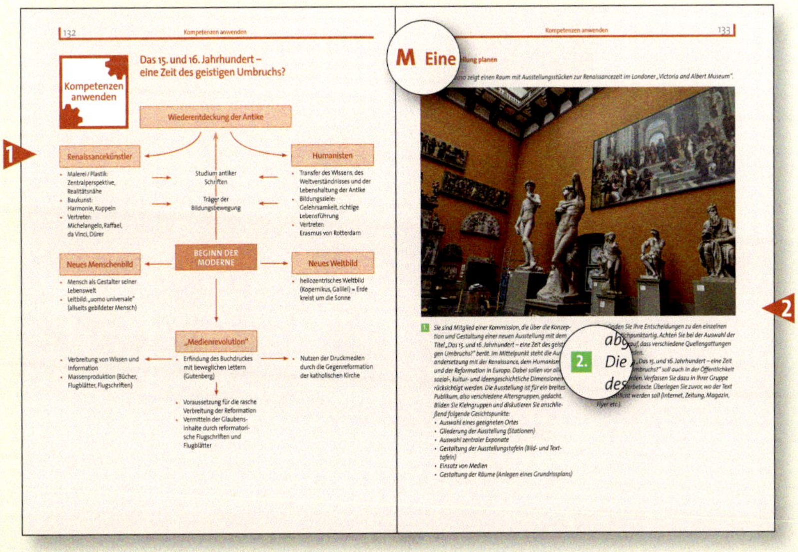

◀ Kompetenzen anwenden

Mithilfe der Schaubilder 1 und Materialien 2 dieser Doppelseite können das erworbene **Wissen** und die angeeigneten **methodischen Kenntnisse** getestet werden.

Die Welt im 15. und 16. Jahrhundert

▲ **Kolumbus-Tag: Bitte lächeln!**
Foto vom 12. Oktober 2014, New York City.
Eine Gruppe von Darstellern in historischen Kostümen pausiert am Rande einer Straßenparade in New York. Seit 1937 ist der Kolumbus-Tag in den USA ein nationaler Feiertag. Die Geschichte des 12. Oktober als Gedenk- und Erinnerungstag begann aber schon viel früher. Ende des 18. Jahrhunderts feierten italienische Einwanderer in den USA erstmals die Ankunft des genuesischen Seefahrers in der Neuen Welt.

▸ **Luther 2017.**
Undatiertes Foto eines Plakates, angebracht an der Stadtkirche in Kehl (Baden-Württemberg).
Das Logo „Luther 2017 – 500 Jahre Reformation" wurde anlässlich des 500-jährigen Reformationsjubiläums entwickelt. Das Bild Luthers basiert auf einem von Lucas Cranach dem Älteren im Jahre 1528 gemalten Porträt des Reformators. Die moderne Gestaltung soll die Aktualität des Themas „Reformation" hervorheben.

Wann endete das Mittelalter, wann begann die Neuzeit? In den Jahren um 1450, als Johannes Gutenberg den Buchdruck erfand? 1492 mit der „Entdeckung“ Amerikas? Oder 1517 mit den Thesen Martin Luthers? Historiker haben dazu unterschiedliche Meinungen – und dennoch sind sie sich einig, dass eine Epochentrennung von Mittelalter und Neuzeit sinnvoll ist. Denn in der Ära um 1500 vollzog sich in Gesellschaft, Wirtschaft und Politik ein einmaliger Umbruch in der Geschichte Europas. Rückblickend scheint er den Beginn einer neuen, bis 1800 reichenden Epoche zu markieren, für die in der Geschichtswissenschaft der Begriff „Frühe Neuzeit“ geprägt worden ist. Dabei sollte nicht übersehen werden, dass in dieser Zeit viele Entwicklungen fortgeführt wurden, die schon ein oder zwei Jahrhunderte zuvor eingesetzt hatten.

Das **Rahmenthema 1** beschäftigt sich mit dem Epochenübergang vom Mittelalter zur Neuzeit, also mit der Zeit des 15. und 16. Jahrhunderts. Dabei stehen folgende historische Fragestellungen im Vordergrund:

- Welche Umbrüche gab es im 15. und 16. Jahrhundert?
- Was waren die Ursachen dieser Umbrüche?
- Zu welchen tief greifenden Veränderungen in Gesellschaft, Wirtschaft und kulturellem Leben führten sie?
- Lassen sich trotz des Wandels auch Kontinuitätslinien in den beiden Jahrhunderten ausmachen?
- Inwiefern kann von einer „Zeitenwende“ gesprochen werden? Welche Kennzeichen sprechen dafür? Welche dagegen?

1. *Kolumbus und Luther – zwei herausragende Persönlichkeiten des 15. und 16. Jahrhunderts. Testen Sie ihr Vorwissen und tragen Sie in Gruppenarbeit zusammen, welche weiteren bedeutenden Persönlichkeiten, Errungenschaften und Erfindungen Sie aus den beiden Jahrhunderten noch kennen. Geben Sie Ihre Ergebnisse in Form einer Mindmap wieder und präsentieren Sie diese in der Klasse.*
2. *Erklären Sie anschließend, warum Sie die genannten Persönlichkeiten, Errungenschaften und Erfindungen als bedeutend ansehen.*
3. *Die „Entdeckung“ Amerikas durch Kolumbus – der „Thesenanschlag“ Luthers. Erörtern Sie, ob es sich hierbei um Wendepunkte in der Geschichte handelt.*

Theorie Baustein

Wie denken Historiker über das 15. und 16. Jahrhundert?

Eine Epoche wird erzählt Eine große Herausforderung für einen Historiker ist die Darstellung einer *Epoche*.[1] Er muss sie eingrenzen, in unterscheidbare Phasen oder Themen strukturieren und markante Ereignisse und prägende Persönlichkeiten berücksichtigen. Dies alles muss er zu einer in sich stimmigen *Erzählung* (*Narration*) zusammenfügen, nicht ohne ein bestimmtes *Geschichtsbild* zugrunde zu legen. Er deutet die untersuchte Epoche in ihrer Zeitstruktur und erklärt Vorgeschichte, Verlauf und Folgen der dargestellten Handlungen sowie die Motive der Protagonisten. Er betrachtet verschiedene gesellschaftliche Gruppen und Bereiche und die Rahmenbedingungen, denen sie unterworfen sind. Denn: „Die Vergangenheit ist ein fremdes Land; dort gelten andere Regeln" (*Leslie Poles Hartley*).

Durch die Augen der Zeitgenossen Der britische Historiker *John H. Elliott* bemerkt in seinem Buch „History in the Making" (2012) zur Bedeutung von Geschichtstheorien: „Ich glaube, dass Theorie weniger bedeutend für gute Geschichtsschreibung ist als die Fähigkeit, gedanklich in das Leben einer Gesellschaft einzutreten, die uns zeitlich oder räumlich fern ist – um eine plausible Erklärung für das Denken und Handeln ihrer Bewohner zu liefern." Diese Einstellung deutet bereits an, dass überzeugende Geschichtsschreibung immer zunächst die Perspektive derjenigen einnehmen sollte, deren Zeit behandelt wird: Wie dachten die Menschen des 15. und 16. Jahrhunderts? Für den Historiker bedeutet dies, die Zeit nicht durch unsere Augen, sondern die der Zeitgenossen zu betrachten.

▲ **Renaissancekunst zum Anschauen.**
Foto vom Juli 2014, Paris. Etliche Besucher drängen sich um das weltberühmte Gemälde „Mona Lisa" von Leonardo da Vinci im Pariser Louvre, um ein Foto zu machen. Über den Renaissancekünstler informieren ausführlich Seite 88 f. und 92 f.

Welche Menschen, welche Aspekte? Doch welche Menschen sind gemeint, und was prägte ihren Lebensraum (▸ M1)? Die Herrschenden, die die wichtigen Entscheidungen trafen, also die politische Geschichte prägten? Die unteren Schichten, die die Masse der Bevölkerung bildeten, deren Stimmen aber nicht allzu häufig überliefert sind? Wichtige gesellschaftliche Gruppen, denen in der Epoche eine besondere Bedeutung zukam? Daneben stellt sich die Frage, ob eine europäische oder globale Perspektive in den Blick genommen wird, welche gesellschaftlichen Bereiche betrachtet werden: Politik, Wirtschaft, Kunst und Kultur, Wissenschaft, Bildung oder Religion?

Der Charakter einer Epoche Jede Geschichtsbetrachtung lebt letztlich von ihrem Bezug zur Gegenwart. Doch dieser Bezug zu unserer heutigen Welt sollte nach einer historischen Betrachtung erfolgen, die Aufschluss geben kann über Veränderungen und Kontinuitäten (▸ M2), über Konstanten menschlichen Zusammenlebens und Fortschritts, über Konflikte und Konfliktlösungsstrategien, Machtstrukturen und vieles mehr. Welche Voraussetzungen brauchte beispielsweise die *Renaissance*, um sich ihren Weg von Italien über den Rest des Kontinents zu bahnen, und in welchen anderen Kulturen finden sich vergleichbare Wandlungsprozesse (▸ M3)? Erst wenn der Historiker in die Zeit, wie Elliott es fordert, eingetaucht ist und das Denken und die Motive der Menschen verstanden hat, kann er den Charakter einer Epoche herausarbeiten, der als „ferner Spiegel" (*Barbara Tuchman*) dient. In diesem können wir betrachten, welche Grundstrukturen menschlichen Zusammenlebens in der Geschichte wirksam sind.

[1] Zum Begriff „Epoche" siehe auch die Erklärung auf Seite 18.

M1 Expansion und Hegemonie

*Der österreichische Historiker Alfred Kohler (*1943) umreißt im ersten Band des Handbuches der internationalen Beziehungen die Antriebskräfte des 15. und 16. Jahrhunderts:*

Die Geschichte Europas von der Mitte des 15. Jahrhunderts bis zur Mitte des 16. Jahrhunderts ist durch weltreichende und vielfältige Veränderungen geprägt. Die Differenz zwischen Anfang und Ende dieser hundertjährigen Epoche könnte nicht größer sein: Am Beginn die Etablierung der Osmanen in Konstantinopel,[1] der ehemaligen Hauptstadt des Byzantinischen Reiches, und damit verbunden die ständig wachsende Bedrohung der europäischen Fürstenstaaten, Königreiche und Republiken; am Ende ein Europa, das sich in Amerika und in Ost- und Südostasien etabliert hatte und in Mittel- und Südamerika das ‚größte Missionsgebiet seit der Antike' sein Eigen zu nennen pflegte. Mitte des 15. Jahrhunderts ging der Hundertjährige Krieg zwischen Frankreich und England zu Ende, Mitte des 16. Jahrhunderts wurde das Ergebnis der Hegemonial- und Universalpolitik Karls V.[2] festgeschrieben: der Beginn der spanischen Universalmonarchie Philipps II.[3], gestützt auf die Beherrschung Spaniens, Italiens, der Niederlande und die weiträumigen Gebiete in Übersee. Ein größerer Kontrast ist kaum vorstellbar. Er verdeutlicht zugleich die Heterogenität des ‚Stoffes' dieser hundert Jahre, die nur dann in einen epochalen Rahmen einzuordnen sind, wenn man das traditionelle Mittelalter-Neuzeit-Schema beiseitelässt und nach den Zusammenhängen zwischen dem 15. und 16. Jahrhundert fragt. *Expansion und Hegemonie* sind auffallende Charakteristika der Entwicklung Europas nach außen und nach innen. Sie sind jedoch zeitversetzt: Während die Expansion schon im frühen 15. Jahrhundert in West- und Südeuropa begann und seit dem Ende dieses Jahrhunderts sowie im 16. Jahrhundert eine unglaubliche Dynamik erreichte, ist das Phänomen Hegemonie für die erste Hälfte des 16. Jahrhunderts präsent, erwies sich jedoch als ideologisch-politischer Fehlschlag, weil sie dem Trend der europäischen Entwicklung entgegenstand, die sich dem Universalismus nicht mehr verpflichtet fühlte. Gerade deshalb werden alle wichtigen Regionen Europas in die Betrachtung und Analyse einbezogen und nicht, wie so oft, nur West- und Mitteleuropa. Vielmehr sind die nord- und osteuropäischen Beziehungs- und Aktionsräume von gleich großer Bedeutung. Darüber hinaus ist es erforderlich, die außereuropäischen Räume stärker als gewohnt in die europäische Entwicklung einzubeziehen. Dies gilt sowohl für den Vorderen Orient, etwa das Osmanische Reich, als auch für den außergewöhnlichen Vorgang der europäischen Expansion, die, zunächst von Portugal getragen, seit den Columbus-Fahrten im Auftrag Spaniens dynamisiert worden ist.[4] Jenseits des Atlantiks sollte es für Europa den größten Zuwachs an Siedlungsgebieten geben, der bis dahin jemals erfolgt war.

Alfred Kohler, Expansion und Hegemonie 1450-1559 (Handbuch der Geschichte der internationalen Beziehungen, Band 1, hrsg. von Heinz Duchhardt und Franz Knipping), Paderborn 2008, S. 1f.

[1] 1453 eroberten osmanische Truppen Konstantinopel. Muslime übernahmen die Macht im christlichen Byzantinischen Reich, dem ehemaligen Oströmischen Reich. Konstantinopel hieß jetzt Istanbul. Das Osmanische Reich bedrohte bis zum Beginn des 18. Jh. die Macht der christlichen Staaten Europas.

[2] **Karl V.** (1500-1558): König von Kastilien und Aragón (seit 1516, Karl I. von Spanien) und Kaiser des Heiligen Römischen Reiches Deutscher Nation (seit 1519) aus dem Geschlecht der Habsburger. Er beherrschte große Gebiete in Europa und Südamerika. Karl V. versuchte vergeblich, die religiöse Einheit des Reiches zu bewahren. 1556 dankte er als Kaiser ab. Zu Karl V. siehe die Seiten 54-57 und 120.

[3] **Philipp II.** (1527-1598): Sohn Karls V., seit 1556 König von Spanien, seit 1580 auch König von Portugal. Siehe vor allem Seite 57.

[4] Zur europäischen Expansion im 15. und 16. Jahrhundert lesen Sie insbesondere die Kapitel auf den Seiten 30 ff.

▲ **„Allegorie auf Kaiser Karl V. als Weltenherrscher".**
Ölgemälde (161,5 x 137,5 cm) von Peter Paul Rubens, um 1604, nach einem Gemälde von Parmigianino, um 1530.

- *Interpretieren Sie das Bild vor dem Hintergrund der von den Habsburgern angestrebten Universalmonarchie (siehe auch M1, Zeile 14-18).*

1. *Fassen Sie die laut Kohler wichtigsten Entwicklungen in der behandelten Zeitspanne zusammen.*
2. *Analysieren Sie den Ansatz des Autors: Auf welche Aspekte konzentriert er sich in seiner Darstellung, welche Bereiche blendet er aus?*

M2 Europa – eine unbekannte Welt?

*Der deutsche Historiker Günter Vogler (*1933) betrachtet in der Einleitung seiner Überblicksdarstellung zu Europa von 1500 bis 1650 die Charakteristika des Kontinents unter den damaligen Rahmenbedingungen:*

Der europäische Kontinent war an der Wende vom 15. zum 16. Jahrhundert in seinen Konturen bekannt. Er wies eine relativ stabile Topografie auf. Als Folge von Sturmfluten veränderte sich das Profil mancher Küste, indem Land abgebrochen oder Inseln überflutet wurden. In einigen Regionen wurden angesichts des Wachstums der Bevölkerung auch wenig ertragreiche Böden besiedelt und bewirtschaftet, Sümpfe trockengelegt und dem Meer oder den Flüssen Land abgerungen. Umweltprobleme entstanden durch Verschmutzung des Wassers – wenn Einwohner und Gewerbe, vor allem in den Städten, ihre Abfälle entsorgten – und der Luft, wenn technische Prozesse zum Ausstoß von Schadstoffen führten, wie das bei der Erzschmelze oder anderen auf Verbrennung von Holz oder Kohle beruhenden Verfahren geschah.
Eine auffallende Veränderung erfuhr das Landschaftsbild, wenn Wälder im Übermaß als Weide genutzt, durch Laubäsung der Schafe geschädigt oder in großem Umfang abgeholzt wurden, um den enormen Holzbedarf für Haus- und Schiffbau, Bergwerke, Hochöfen, Ziegeleien und Glashütten zu decken. [...] Die Eingriffe in das natürliche Gleichgewicht verursachten dauerhafte Schäden. Ökologische Probleme haben eine lange Geschichte.
Wer von Europa spricht, denkt zuerst an das Festland, das Geografen oder Reisende beschrieben. Dieses geografische Europa war ein „Anhängsel" Asiens, eine eurasische Halbinsel, deren Grenzen überwiegend von Meeren gebildet wurden. Charakteristisch waren zerklüftete Küsten, Halbinseln wie Spanien/Portugal, Griechenland, Italien, Dänemark und Norwegen/Schweden, Inseln von der Größe England/Schottlands und Irlands, Korsikas und Siziliens und weiteren im Mittelmeer, in der Nord- und Ostsee oder im Atlantik. Der Kontinent verfügte folglich über ausgedehnte Küsten. Davon wurde das wirtschaftliche und kulturelle Leben großer Bevölkerungsteile stark beeinflusst. Die zahlreichen Häfen waren auf Flüssen oder Landwegen in überschaubaren Distanzen zu erreichen, sodass enge Beziehungen zwischen Küsten und Binnenland entstanden. Welche Rolle das Wasser im Denken und in den Wahrnehmungen vieler Menschen spielte, dokumentiert eindrucksvoll die niederländische Malerei, für die das Meer, die Flüsse und Kanäle, die Schiffe und das Leben am Wasser ein ständig wiederkehrendes Sujet bildeten. [...]
Erheblich beeinflusst wurde das Leben der Menschen durch sich ändernde klimatische Bedingungen. [...]
In der ersten Hälfte des 16. Jahrhunderts herrschte wärmeres Klima vor. In der Mitte des Jahrhunderts setzte ein Umschlag ein, indem lange und kalte Winter sowie feuchte Sommer dominierten. Extreme Anomalien waren in den Jahren 1585 bis 1597 und 1618 bis 1630 zu beobachten. Die Gletscher in den Alpen drangen vor, die Vegetationsgrenze zog sich zurück und Stürme und Überschwemmungen nahmen zu. [...] Natürlich folgten auf Zeiten extremer Schwankungen „normale" Phasen. Aber die „kleine Eiszeit" verursachte eine gehäufte Zahl von Naturkatastrophen, Ernährungskrisen und Hungersnöten. [...]
Reisende bewegten sich im Allgemeinen in überschaubaren Regionen und dachten in kleinen Räumen. Nur einzelne Gruppen überschritten diese Grenzen: Kaufleute leiteten ihre Warentransporte über Land- und Seewege zu fernen Märkten; Seeleute lernten Häfen und Meere kennen; Pilger besuchten Jerusalem, Santiago de Compostela, Aachen und andere Wallfahrtsstätten; Künstler begaben sich an für sie attraktive Wirkungsorte; Studenten besuchten Universitäten in Italien oder in anderen Ländern; Söldner durchstreiften in Kriegs- und Nachkriegszeiten fremde Regionen; Exulanten[1] suchten sich eine neue Heimat; Angehörige des hohen Adels oder Gesandtschaften begaben sich an die Höfe europäischer Herrscher. Diese Gruppen repräsentierten indes eine Minderheit der Bevölkerung.
Für die meisten Menschen blieb der europäische Kontinent auch in der frühen Neuzeit eine unbekannte Welt. Für sie waren das Dorf oder die Stadt, die nähere Umgebung oder ein benachbarter Markt der Erfahrungsraum. Zudem entfernten sich Frauen in einem geringeren Radius vom Haus als Männer. „Europa" wurde folglich nur von einem begrenzten Teil seiner Bevölkerung in seinen Dimensionen wahrgenommen. Die Begegnung mit dem „Anderen", dem „Fremden" wies unterschiedliche Reichweiten auf.

Günter Vogler, Europas Aufbruch in die Neuzeit 1500-1650, Stuttgart 2003, S. 15-21

1. *Geben Sie die verschiedenen Aspekte wieder, die Vogler für Europa im behandelten Zeitraum beleuchtet.*
2. *Vergleichen Sie den Ansatz der Darstellung mit dem von Kohler (M1).*
3. *Erläutern Sie, wie die meisten Menschen Europas ihre*
+ *Lebenswelt und den Kontinent wahrgenommen haben.*

[1] **Exulanten**: Glaubensflüchtlinge, die aufgrund ihres religiösen Bekenntnisses ihre Heimat verlassen mussten

M3 „Der Morgen der Welt"

*Bernd Roeck (*1953), Professor für Neuere Geschichte an der Universität Zürich, äußert sich in der Einleitung seines Werks zur Geschichte der Renaissance über deren Voraussetzungen:*

Die Frage nach der Bedeutung der Renaissance in der Vorgeschichte einer zwiespältigen Moderne ist nicht die einzige, die dieses Buch stellt, aber die wichtigste. Die Folgefrage aufzuwerfen, aus welchen Gründen Vergleichbares anderswo ausblieb, bedeutet nicht, zu behaupten, eine alternativlose westliche Moderne habe dem „Rest" die Bahn für ähnliche Entwicklungen, die sich nun mit Notwendigkeit auch in anderen Weltgegenden vollziehen müssten, gebrochen. Mit diesem Vorbehalt lässt sich fragen, warum die industrielle Revolution weder Afrika, Neuguinea noch Südamerika befreite, während sich in Australien eine blühende Ökonomie entwickelte. Warum machte die Not – wenig Land, viel Wasser und viele Überschwemmungen – die Niederländer erfinderisch, die Indianer des Amazonas-Deltas und die um den Yangzi[1] siedelnden Bauern aber nicht? Antworten darauf lassen sich nicht finden, wenn man allein auf die unmittelbaren Vorgeschichten der Moderne blickt. Die wissenschaftliche und die industrielle Revolution, ihre Voraussetzungen, wurden nur unter Bedingungen möglich, die sich über sehr lange Zeit einstellten. In Ihrer Gesamtheit waren sie offenbar spezifisch europäisch. [...]

Wir werden uns zunächst mit den ältesten Voraussetzungen des europäischen Weges auseinandersetzen: mit *geografischen und klimatischen Bedingungen*. Sie stellten eine *erste*, vorentscheidende Bedingung alles Weiteren dar. Eine *zweite* notwendige Voraussetzung der Karriere Lateineuropas war, dass es schon im Mittelalter zu einem Kontinent *staatlicher Vielfalt, politischer und kultureller Konkurrenz* wurde. Und ebenfalls schon im Mittelalter zeigen sich drei weitere der sieben Säulen, die den großen Dialog der Renaissance hauptsächlich trugen.

Europas Herrschaftsgebilde waren, was Rationalität der Organisation, wirtschaftliche Kraft, Technologie und militärische Macht anbelangt, vielen Staaten Asiens hoffnungslos unterlegen gewesen. Den Barbaren aus dem Norden, so urteilte ein muslimischer Gelehrter im Toledo des 11. Jahrhunderts, „fehlt es an Schärfe des Verstands, Klarheit des Geists; sie sind voller Unwissenheit, Gleichgültigkeit und Dummheit". Das änderte sich: Der „Sattel" zwischen Mittelalter und Neuzeit stieg zunächst sanft, dann immer steiler an. Die wirtschaftlichen Bedingungen verbesserten sich, der demografische Körper Europas erstarkte. Die europäische Stadt gewann Gestalt; in ihr entfalteten sich im globalen Vergleich einzigartige soziale Verhältnisse. Die *städtischen Mittelschichten und der Einfluß der Horizontale* auf den verschiedensten Gebieten wurden zur *dritten* Säule der Renaissance. Horizontale Strukturen der Macht werden als idealtypischer Gegensatz zu deren vertikaler Organisation verstanden. [...]

Dass Bürger in verhältnismäßig großer Freiheit schreiben und diskutieren konnten, war neben anderem der *Eindämmung der Religion* und damit der *vierten* Säule zu verdanken; der doppelsinnige Titel unseres Buches, in dem die Welt auch als Gegenpol zum Himmel und zum Sakralen genommen wird, spielt darauf an. [...] Das Christentum an sich war nicht wissenschafts- oder fortschrittsfeindlich; religiöse Institutionen hatten im Mittelalter überragende Bedeutung für die Bewahrung und Mehrung von Wissen. Was Europas Gespräch aber begünstigte, war, dass Übermaß vermieden wurde und die Macht der Priesterschaft eingehegt blieb. Das *kritische Gespräch mit der antiken und der arabischen Philosophie und Wissenschaft* wurde zur *fünften* Voraussetzung für die Umbrüche der beginnenden Neuzeit. Allein Europa konnte aus dem Reservoir zweier Weltkulturen schöpfen, der griechisch-römischen und der arabischen, die beide ihrerseits Wissen weiterer Kulturkreise bewahrten – Mesopotamiens, Ägyptens, Persiens, Indiens, ja selbst ein wenig Chinas. [...]

Die *sechste* Säule der europäischen Moderne war die durch Gutenberg ausgelöste *Medienrevolution*.[2] Ihr Erfolg spiegelte den hochmittelalterlichen Umbruch im Reden und Denken. Mit den neuen Techniken verfügte Lateineuropa über Kommunikationsmöglichkeiten, wie sie in keiner anderen Kultur gegeben waren (oder benutzt wurden). Durch sie gewann das Gespräch der Renaissance weltumstürzende Bedeutung. Das europäische Denkkollektiv war das bis dahin bei weitem größte der Erde. *Siebtens* schließlich bedarf es für echte Paradigmenwechsel[3] *sehr langer Zeiträume*.

Bernd Roeck, Der Morgen der Welt. Geschichte der Renaissance, München 2017, S. 20-24

1. *Beschreiben Sie in eigenen Worten die Bedingungen, unter denen die Renaissance laut Roeck erfolgen konnte.*
2. *Ermitteln Sie in Partnerarbeit eine Reihenfolge, gemessen an der Wichtigkeit der Faktoren. Erklären Sie Ihre Entscheidung.*
3. *Erörtern Sie, welcher Ansatz aus den Überblicksdarstellungen (M1 bis M3) Ihnen am überzeugendsten erscheint.*

[1] **Yangzi**: längster Fluss Chinas
[2] Zu Johannes Gutenberg siehe Seite 102 f.
[3] **Paradigmenwechsel**: Wechsel von (wissenschaftlichen) Grundauffassungen

Theorie Baustein

Perspektiven der Geschichtsbetrachtung

Historisches Fragen „Historische Erkenntnis ist der durch den Historiker unternommene Nachvollzug des Gedankens, dessen Geschichte er studiert“, so der britische Historiker *Robin George Collingwood* im Jahre 1939. Auf der Grundlage dieser Annahme entwickelte er einen Weg der Geschichtsbetrachtung, der auch heute noch in Form der *Problemorientierung* Gültigkeit besitzt. Was bedeutet dieses Prinzip von Frage und Antwort für den Umgang mit Geschichte? Wir sehen, so Collingwood, in der Geschichte Ereignisse, Handlungen, die das Ergebnis in die Tat umgesetzter Gedanken sind. Dieses Gedachte wiederum entpuppt sich als Antwort auf eine *historische Frage*. Diese zu finden ist Aufgabe des Historikers. Bei der Untersuchung einer historischen Frage bzw. Problematik muss man auch das bisherige Denken darüber berücksichtigen. Ziel ist nicht das Verurteilen aus einer heutigen moralisch überlegenen Position heraus, sondern das Erklären historischer Zusammenhänge, die wir aus ihrer Zeit heraus verstehen (▸ M1). Dazu ist die *Rekonstruktion* des Gedankenhorizonts und der Wertmaßstäbe der betrachteten Zeit nötig. Anhand unserer Vorstellungen von Demokratie kann das Fortschrittliche der attischen Demokratie ebenso wenig herausgearbeitet werden, wie wir mit unseren heutigen Maßstäben das konfessionell aufgeladene 16. Jahrhundert verstehen können.

Perspektiven und Dimensionen Zugleich spielt die *räumliche Perspektive* der Betrachtung eine erhebliche Rolle (▸ M2). Lange Zeit verstand sich das Fach Geschichte als Erzählung des Fortschritts aus europäisch-westlicher Sicht, eine Einbahnstraße des Erfolgs, dem sich früher oder später auch andere Kontinente unterwerfen mussten. Heute finden auch alternative Modelle, die auf anderen als der europäischen Sichtweise basieren, Anerkennung. So hat sich eine Pluralität von Geschichtsbildern ergeben: eurozentrisch oder global, aus Sicht der Entdecker oder der Entdeckten, der Sieger oder Verlierer (▸ M3), der Landbewohner oder der städtischen Schichten. Im Vergleich unterschiedlicher Perspektiven erst werden die Motive und Ziele bestimmter Gruppen deutlich, sind Konflikte nachvollziehbar und Entscheidungen Verantwortlicher differenziert zu beurteilen. Ebenso ist die jeweilige *Dimension* der Betrachtung wichtig: Handelt es sich um eine Analyse der Politik- oder der Kulturgeschichte, der Sozial- und Wirtschaftsgeschichte, der Ideengeschichte oder gar einer „histoire totale“ (*Fernand Braudel*[1]), einer Art Globalgeschichte?

Jenseits der Nationalgeschichte Dass sich Historiker zunächst mit der Nationalgeschichte ihres eigenen Landes befassen, ist verständlich. Gewiss hat die historische Darstellung des eigenen Landes immer auch die Funktion einer Selbstvergewisserung: Welchen Weg hat die eigene Gesellschaft bisher zurückgelegt, welches Gepäck trägt sie für die Zukunft mit sich herum? Die Zergliederung der Geschichte in Teilgeschichten aus einer allzu verengten Perspektive jedoch macht eine kritische Überprüfung unumgänglich. Zudem wird die Erweiterung des Horizonts auch in der Geschichtsbetrachtung unerlässlich: „Die Antworten auf national gestellte Fragen werden zunehmend globale Antworten sein“ (*Jürgen Osterhammel*).

[1] Zu Fernand Braudel finden Sie Informationen auf Seite 22.

M1 Urteilen oder Verstehen?

Der Franzose Marc Bloch (1886-1944) gilt als einer der bedeutendsten Historiker des 20. Jahrhunderts. Er ist Mitbegründer der Annales-Schule, deren strukturgeschichtliche Methode die Basis für eine moderne Gesellschaftsgeschichte legte (siehe dazu auch Seite 22). 1944 wird er wegen seines Widerstandes gegen die deutsche Besatzungsherrschaft in der Nähe von Lyon von der Gestapo erschossen.
Im vorliegenden Textauszug beschäftigt sich Bloch mit der Frage, aus welcher Perspektive und mit welchem Ziel Geschichtsschreibung erfolgen sollte:

Berühmt sind die Worte des alten Ranke[1], denen zufolge der Historiker nur ein Ziel haben sollte: beschreiben, *„wie es eigentlich gewesen"*. Vor ihm hatte dies schon Herodot[2] gesagt: *ta eonta legein*, „erzählen, was war". Mit anderen Worten: Der Wissenschaftler soll hinter die Tatsachen zurücktreten. Wie viele Maximen mag auch diese ihren Erfolg ihrer Mehrdeutigkeit verdanken. Man kann sie schlicht und einfach als Rat zur Redlichkeit verstehen: so war sie von Ranke zweifellos gemeint. Aber auch als Rat zur Zurückhaltung. Damit werden zugleich zwei Problemkreise angeschnitten: die Unparteilichkeit des Historikers und die Geschichtsschreibung als Versuch der Reproduktion oder der Analyse. [...]
Es gibt zwei Arten der Unparteilichkeit, die des Wissenschaftlers und die des Richters. Sie gehen auf eine gemeinsame Wurzel zurück: die redliche Unterordnung unter die Wahrheit. Ein Wissenschaftler registriert – oder besser noch – unternimmt ein Experiment, das vielleicht gerade die Theorien umstoßen wird, an denen ihm am meisten liegt. Ein guter Richter wird nicht seinen Sympathien folgen, sondern die Zeugen nur mit dem Ziel befragen, den tatsächlichen Sachverhalt in Erfahrung zu bringen, ganz gleich, wie dieser gewesen sein mag. In beiden Fällen handelt es sich um eine Gewissenspflicht, die sich von selbst versteht.
An einem bestimmten Punkt trennen sich jedoch die Wege: Der Wissenschaftler hat seine Aufgabe erfüllt, sobald er beobachtet und erklärt hat. Dem Richter bleibt noch ein Urteil zu fällen. Sofern er dies dem Gesetz entsprechend tut und dabei von seinen persönlichen Neigungen absieht, wird er sich für unparteiisch halten. Und er wird es auch sein – aber nur im Sinne der Richter, nicht in dem der Wissenschaftler. Denn es ist unmöglich, jemanden zu verurteilen oder freizusprechen, ohne Partei für ein bestimmtes Wertesystem zu ergreifen, dem ja keine positive Wissenschaft zugrundeliegt. Dass ein Mensch einen anderen getötet hat, ist eine Tatsache, die sich beweisen lässt. Den Mörder zu bestrafen setzt aber voraus, dass man ihn auch für schuldig hält. Und gerade dies beruht letzten Endes auf Ansichten, über die nicht alle Zivilisationen einer Meinung sind.
Der Historiker galt lange Zeit als eine Art Totenrichter, dessen Aufgabe es sei, den Toten Helden Lob oder Tadel zuzumessen. Diese Vorstellung entspricht offenbar einem tief verwurzelten Bedürfnis. Jeder Lehrer, der Arbeiten von Studenten zu korrigieren hat, weiß, wie schwer sich die jungen Leute davon abhalten lassen, von ihren Pulten herab Minos oder Osiris[3] zu spielen. [...] Dabei wird vergessen, dass ein Werturteil nur als Vorbereitung einer Handlung berechtigt und nur in Verbindung mit einem bewusst akzeptierten moralischen Bezugssystem sinnvoll ist. [...]
Wenn das Urteil wenigstens auf die Erklärung folgte, stünde es dem Leser frei, einfach weiterzublättern. Wer aber ständig urteilt, der verlernt mit der Zeit das Erklären. Wenn sich die Leidenschaft für die Vergangenheit mit den Vorurteilen der Gegenwart mischt, trübt sich unwiderruflich der Blick, und die Wirklichkeit der Menschen gerät zu einer Schwarzweißzeichnung [...]. Davor hat schon Montaigne[4] gewarnt: „Sobald das Urteil einer Seite zuneigt, kann man nicht anders, als die Erzählung in diese Richtung hin zu verzerren und zu verzeichnen." Um in die Geheimnisse eines fremden Bewusstseins einzudringen, von dem uns der Abstand mehrerer Generationen trennt, muss man sich seines eigenen Ichs fast völlig entledigen. Um diesem fremden Bewusstsein die Meinung zu sagen, kann man dagegen bleiben, wie man ist. Das ist zweifellos weniger anstrengend.

Marc Bloch, Apologie der Geschichtswissenschaft oder Der Beruf des Historikers, Stuttgart 2002, S. 155-158

1. *Geben Sie Blochs Auffassung zur Aufgabe des Historikers in einer These wieder.*

2. *Erläutern Sie den Satz: „Wer aber ständig urteilt, der verlernt mit der Zeit das Erklären." (Zeile 50 f.).*

3. *Entwickeln Sie in Kleingruppen eine Handlungsanleitung zur Analyse eines historischen Sachverhalts unter Berücksichtigung folgender Schritte: Wiedergabe des Geschehenen, Erklärung, historische Beurteilung.*

[1] **Leopold von Ranke** (1795-1886): deutscher Historiker
[2] **Herodot** (um 490/480 v. Chr. - um 424 v. Chr.): griechischer Geschichtsschreiber
[3] **Minos und Osiris**: Totenrichter in der griechischen bzw. ägyptischen Mythologie
[4] **Michel de Montaigne** (1533-1592): französischer Gelehrter und Politiker

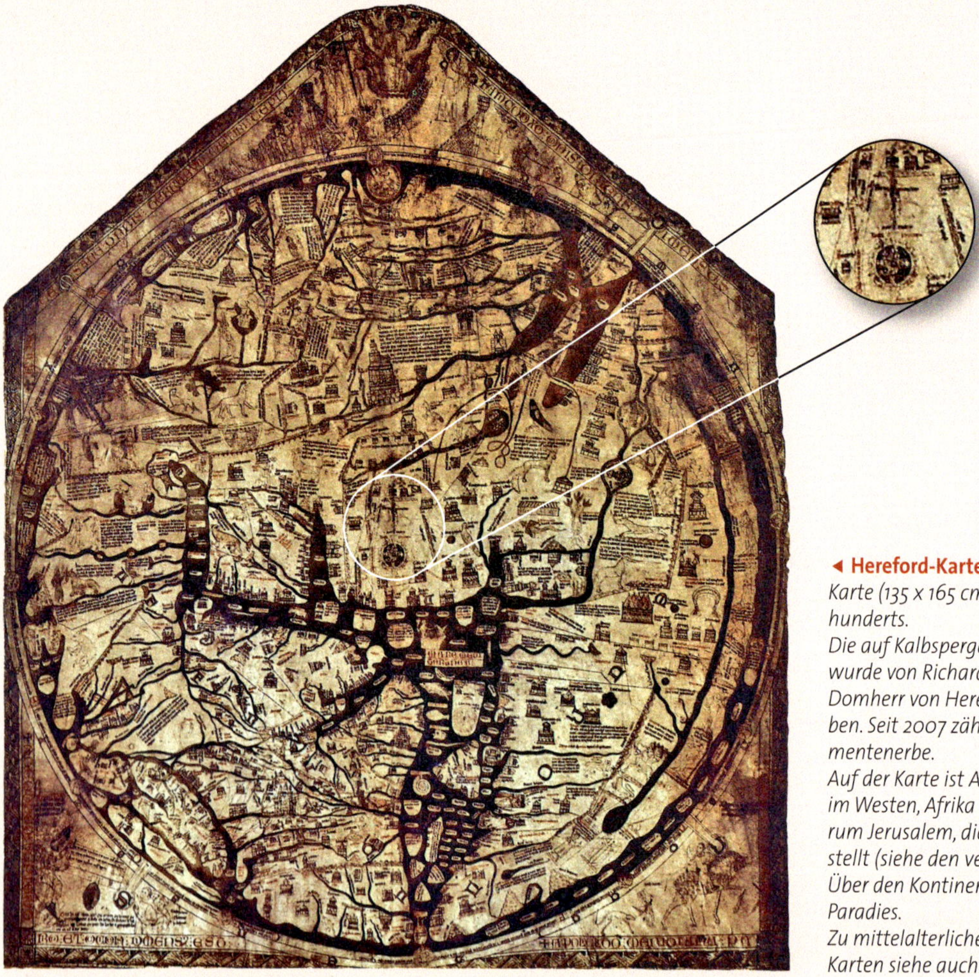

◂ Hereford-Karte.
Karte (135 x 165 cm), Ende des 13. Jahrhunderts.
Die auf Kalbspergament gemalte Karte wurde von Richard von Haldingham, Domherr von Hereford, in Auftrag gegeben. Seit 2007 zählt sie zum Weltdokumentenerbe.
Auf der Karte ist Asien im Norden, Europa im Westen, Afrika im Osten und im Zentrum Jerusalem, die „Heilige Stadt", dargestellt (siehe den vergrößerten Ausschnitt). Über den Kontinenten befindet sich das Paradies.
Zu mittelalterlichen und frühneuzeitlichen Karten siehe auch Seite 42 im Schulbuch.

M2 „Licht aus dem Osten"

*Peter Frankopan (*1971), britischer Historiker und Leiter des Zentrums für Byzantinische Studien an der Universität Oxford, schildert im folgenden Text seine Erfahrungen mit dem geografischen Raum, auf den sich die Betrachtung von Geschichte in seiner Schulzeit konzentrierte:*

Als ich ein kleiner Junge war, zählte eine große Weltkarte zu meinen wertvollsten Besitztümern. Sie war an die Wand neben meinem Bett geheftet, und ich studierte sie jeden Abend vor dem Schlafengehen aufmerksam. Schon bald hatte ich mir die Namen und die Lage aller Länder eingeprägt, von denen ich mir die Hauptstädte merkte, sowie sämtliche Ozeane und Meere und die Flüsse, die in sie fließen. Die kursiv gedruckten Namen der großen Gebirgsketten und Wüsten fesselten mich, sie verhießen Abenteuer und Gefahr. Als Teenager ärgerte ich mich dann immer mehr über den gnadenlos engen geografischen Fokus des Schulunterrichts, der sich auf Westeuropa und die Vereinigten Staaten konzentrierte und den Rest der Welt größtenteils gar nicht berührte. Wir hörten von den Römern in Britannien, von der normannischen Eroberung im Jahr 1066, von Heinrich VIII. und den Tudors, dem Amerikanischen Unabhängigkeitskrieg, der Industrialisierung im viktorianischen Zeitalter, der Schlacht an der Somme und dem Aufstieg und Fall des NS-Regimes. Ich schaute mir immer wieder die Karte an und sah riesige Regionen der Welt, die einfach völlig übergangen wurden.
Zu meinem vierzehnten Geburtstag schenkten mir meine Eltern ein Buch des Anthropologen Eric Wolf, das buchstäblich das Feuer in mir entfachte. Die akzeptierte und träge Geschichte der Zivilisation, so Wolf, halte sich an die Version, „wonach das antike Griechenland das alte Rom hervorgebracht hat, Rom wiederum das christliche Europa, das christ-

liche Europa die Renaissance, die Renaissance die Aufklärung, und die Aufklärung politische Demokratie sowie die industrielle Revolution. Die Industrie wiederum soll – nachdem sie sich mit der Demokratie vermählt hat – die Vereinigten Staaten von Amerika gezeugt haben, die bekanntlich das Recht auf Leben und Freiheit sowie das Streben nach Glück verkörpern." Ich erkannte sofort, dass das genau die Geschichte war, die man mir erzählt hatte: das Mantra des politischen, kulturellen und moralischen Triumphs des Westens. Dabei hatte diese Version etliche Mängel; es gab andere Möglichkeiten, die Geschichte zu betrachten – Sichtweisen, die die Vergangenheit nicht aus der Perspektive des Siegers der jüngsten Geschichte wiedergaben.

Ich war begeistert. Auf einmal war offensichtlich, dass die Regionen, über die wir nichts erfuhren, verlorengegangen waren, erstickt von der uns hartnäckig eingebläuten Story vom Aufstieg Europas. Ich flehte meinen Vater an, mit mir die Hereford Mappa Mundi zu besichtigen, eine Weltkarte, die Jerusalem in den Mittelpunkt der Erde rückte, während England und andere westliche Länder an den Rand verwiesen wurden und so gut wie keine Bedeutung hatten. [...]

Nun wollte ich mehr von Russland und Zentralasien wissen, über Persien und Mesopotamien. Ich wollte die Ursprünge des Christentums vom asiatischen Kontinent aus begreifen und wollte wissen, wie all die Menschen, die in den großen Städten des Mittelalters lebten, etwa in Konstantinopel, Jerusalem, Bagdad und Kairo, die Kreuzzüge wahrnahmen. Ich wollte etwas über die großen Imperien des Ostens erfahren, über die Mongolen und ihre Eroberungen, und verstehen, welchen Eindruck die Weltkriege hinterließen, wenn man sie nicht von Flandern oder von der Ostfront aus betrachtete, sondern von Afghanistan und Indien aus.

Peter Frankopan, Licht aus dem Osten. Eine neue Geschichte der Welt, Reinbek 2016, S. 13-15

1. *Fassen Sie die Kritik Frankopans an den Inhalten seines Geschichtsunterrichts mit eigenen Worten zusammen.*
2. *Erklären Sie unter Zuhilfenahme der Hereford-Karte die Folgen, die ein Perspektivwechsel für die Betrachtung von Geschichte hat.*
3. *Diskutieren Sie den Ansatz des Autors, sich von der eurozentrischen Sicht, d.h. der Geschichte der „Sieger", zu lösen.*

M3 Vergangenheiten

*Jürgen Osterhammel (*1952) ist Professor für Neuere und Neueste Geschichte an der Universität Konstanz. In seiner Rede, die er zum 60. Geburtstag der Bundeskanzlerin Angela Merkel hält, beschäftigt er sich mit den Zeithorizonten der Geschichte:*

Warum im Titel dieses Vortrags ein ungebräuchlicher Plural: Vergangenheiten? Die Vergangenheit stellt sich paradox dar: Auf der einen Seite fließt die Geschichte der Völker und Nationen immer kräftiger zusammen. Gemeinsame Überlebensinteressen der Menschheit – vor allem Weltfrieden und Weltklima – ebnen Unterschiede ein. Die Hauptlinie zumindest der letzten beiden Jahrhunderte scheint eine Homogenisierung der Welt als Folge mehrerer Globalisierungsschübe zu sein. Andererseits splittert sich eine solche gemeinsame Vergangenheit in der Wahrnehmung der Menschen immer weiter auf. Die Gewissheit ist ins Wanken geraten, es gebe einen einzigen Hauptstrom der Geschichte, dem sich schließlich alle eingliedern würden: Eine Geschichte der Modernisierung, der Zivilisierung, der wohlmeinenden Hegemonie des Westens. Das hat sich als Illusion erwiesen. Aus einer Universalgeschichte ist – mit einer Wortschöpfung des Philosophen Odo Marquardt – eine Multiversalgeschichte geworden. Statt von einer einzigen Moderne sprechen Soziologen heute von „multiple modernities", von der Mehrzahl gleichwertiger Pfade: eine allerdings noch verbesserungsbedürftige Theorie. Es werden auch schon Weltgeschichten aus islamischer oder buddhistischer Sicht entworfen. Wer weiterhin eurozentrisch denken will, ist begründungspflichtig.

Hinzu kommt, dass Geschichte gerade in einer konvergierenden[1] Welt zu einer Identitätsressource ersten Ranges geworden ist. Nicht nur Nationen, auch Religionsgemeinschaften, nicht-staatliche Ethnien oder Opfergruppen aller Art beharren auf ihren je eigenen Vergangenheitserzählungen. Keineswegs alle diese Vergangenheiten sind gleichermaßen glaubhaft. Es ist eine wichtige Aufgabe der Historie, sie auf der Grundlage von Quellen kritisch zu prüfen.

Jürgen Osterhammel, Vergangenheiten. Über die Zeithorizonte der Geschichte, in: Die Flughöhe der Adler. Historische Essays zur globalen Gegenwart, München 2017, S. 183-202, S. 187

1. *Arbeiten Sie aus dem Text heraus, welche „Vergangenheiten" Osterhammel anführt.*
2. *Erläutern Sie die Begriffe „Universalgeschichte" und „Multiversalgeschichte" (Zeile 15-17).*
3. *Überprüfen Sie am Beispiel der Entdeckung Amerikas und ihrer Folgen, wie verschiedene Perspektiven zu unterschiedlichen Urteilen führen. Lesen Sie dazu auch die Kapitel ab Seite 32ff.*

[1] **konvergieren**: zusammenlaufen

Theorie Baustein

Epochenvorstellungen und Zeitkonzepte

Anfang und Ende Bei der Darstellung von Geschichte handelt es sich um ein Geschehen innerhalb eines gewissen Zeitraums. Ereignisse werden durch den gesetzten zeitlichen Rahmen in einen Sinnzusammenhang gebracht. Beim Ersten oder Zweiten Weltkrieg fällt dies leicht, da Anfang und Ende durch konkrete Ereignisse markiert werden. Bei **Epochen** fällt es deutlich schwerer, einen Anfangs- und Endpunkt genau zu bestimmen. Epochengrenzen sind nicht starr, sondern es können oft mehrere Ereignisse genannt werden, die eine Zäsur rechtfertigen (▸ M1).

Epoche: Es handelt sich um längere geschichtliche Zeitabschnitte. Eine gängige Gliederung unserer Geschichte ist zum Beispiel die Einteilung in Ur- und Frühgeschichte, Altertum, Mittelalter, Frühe Neuzeit, Neuere Geschichte und Zeitgeschichte. Diese Gliederung in sechs Epochen folgt allerdings den europäischen Gegebenheiten. Die Zeiteinteilung anderer Kulturen (z.B. der chinesischen Kultur) unterscheidet sich davon.

Zeitstruktur Der Historiker erzählt Geschichte auf der Basis eines bestimmten Zeitverlaufs: Wiederkehrende *Zyklen* (▸ M2), *Auf-* oder *Abstieg* (▸ M3), *Dauer* oder *Wechsel* oder ein *telischer Verlauf* auf ein bestimmtes Ziel hin (▸ M4) können solche Zeitstrukturen sein. Die Geschwindigkeit, in der sich Veränderungen vollziehen, spielt neben dem Verlauf ebenso eine Rolle: politische Veränderungen etwa durch langsame Reformen oder eine Revolution; konstante Reisegeschwindigkeiten über Jahrhunderte bis zur Eisenbahn als technische Revolution, Beschleunigung und Intensivierung des Alltags und der Arbeitswelt durch Maschinen und Elektrizität (▸ M5).

Ereignisse und Ereignisketten Einzelne Ereignisse sind punktuelle Geschehnisse auf der Landkarte der Geschichte. Sie spielen sich zu einem bestimmten nachweisbaren Zeitpunkt ab, sind von kurzer Dauer und bilden als Ereigniskette einen überschaubaren Zeitraum, den man thematisch eingrenzen kann: etwa die Außenpolitik Hitlers, deren Ereignisse man von 1933 bis 1945 in verschiedene Phasen einteilen kann, die aber eine Grundrichtung aufweisen und einer Regierung zugeordnet werden können.

▲ **Zeiten unterschiedlicher Dauer.**
Grafik nach: Hans-Jürgen Pandel, Geschichtstheorie. Eine Historik für Schülerinnen und Schüler – aber auch für ihre Lehrer, Schwalbach/Taunus 2017, Seite 245

- *Entwerfen Sie in Gruppenarbeit Grafiken zu folgenden Zeitverläufen: Zyklen, Auf- und Abstiege, Dauer und Wechsel. Präsentieren Sie anschließend Ihre Ergebnisse in der Klasse.*

Soziale Zeit Schwer fällt die Datierung bei historischen Phänomenen, die sich auf soziale Gruppen oder wirtschaftliche Prozesse beziehen, etwa die Geschichte der Arbeiterbewegung oder der Imperialismus. Erst in der Zusammenschau vieler unterschiedlicher Faktoren, Motive und Trägergruppen kristallisiert sich ein mittelfristiger Prozess heraus, der sich über mindestens eine Generation erstreckt und verschiedene Gesellschaftsbereiche durchzieht. Daher sind diese Prozesse Gegenstand vor allem der Sozialgeschichte.

Lange Dauer Die unterste Zeitschicht, auf der sich sowohl die Ereignis- als auch die Sozialgeschichte abspielen, beinhaltet die Tiefenstrukturen, die sich scheinbar gar nicht bzw. für den Menschen nur kaum wahrnehmbar wandeln. Der französische Historiker Fernand Braudel (▸ M6) hat den Begriff der *longue durée* entwickelt und damit beispielsweise den Lebensraum des Mittelmeeres gemeint mit seinen geografischen Gegebenheiten, dem Klima, den Mentalitäten, die die soziale Zeit und mit ihr die Menschen und Ereignisse prägten.

Konsequenzen für den Historiker Für die Antwort auf eine historische Fragestellung ist also das Erkennen von langfristig wirksamen Strukturen wichtig, die auf die mittelfristigen Prozesse und die Ereignisse, die sich darin abspielen, wirken. Mentalitäten, Herrschaftsformen und -grundlagen, Eigentumsverhältnisse, Lebensraum, Arbeitsethos, Ideologien (▸ M7) – die Konstanten über Jahrhunderte hinweg prägen den Menschen so sehr, dass er sich ihrer Wirkung kaum bewusst ist.

M1 Was heißt „Frühe Neuzeit"?

*Die in Münster lehrende Historikerin Barbara Stollberg-Rilinger (*1955) beantwortet die Frage so:*

In der Geschichtswissenschaft der Nachkriegszeit hat sich für die Zeit von ca. 1500 bis ca. 1800 der Epochenbegriff „Frühe Neuzeit" („Early Modern History" etc.) eingebürgert und ist (in Form von Lehrstühlen, Buchreihen etc.) institutionalisiert worden. Dahinter steht – wie hinter jeder historischen Periodisierung – eine bestimmte Auffassung der historischen Entwicklung, für die es gute Gründe, aber auch Gegenargumente gibt. Die Frühe Neuzeit als eine Epoche zu betrachten, heißt, bestimmte historische Zäsuren für besonders tiefgreifend zu halten: zum einen um 1500 (Entdeckung Amerikas, Buchdruck [...] etc.), zum anderen um 1800 (Atlantische Revolution, Französische Revolution [...] etc.). Die Epoche zwischen diesen Wendemarken wird damit der Epoche davor – dem Mittelalter – und danach – der Moderne im engeren Sinne – als eine spezifisch andere gegenübergestellt. Gründe für eine solche Einteilung ergeben sich zum einen aus dem unmittelbaren Zäsurbewusstsein der Zeitgenossen selbst und zum anderen aus der Perspektive der Historiker.

Nach: www.uni-muenster.de/FNZ-Online/einleitung/einfuehrung_epoche/unterpunkte/fruehe_neuzeit.htm (Zugriff: 21. November 2017)

1. *Nennen Sie nicht im Text aufgeführte Geschehnisse, die nach Ihrer Ansicht den Anfangs- und Endpunkt der Frühen Neuzeit markieren. Erklären Sie Ihre Auswahl.*
2. *Erläutern Sie mögliche Probleme, die beim Bestimmen von Epochengrenzen auftreten können.*

M2 „Geschichte in Kreisläufen"

*Der Geschichtsdidaktiker Hans-Jürgen Pandel (*1940) definiert zyklische Zeitverläufe wie folgt:*

Manche historischen Prozesse verlaufen in *Zyklen*. Solche zyklischen Darstellungen deuten die Geschichte in Kreisläufen (als Wiederkehr, Konjunkturen und Renaissancen). Historische Verhältnisse und Zustände kehren (periodisch) wieder. Unser System der Gedenktage (Geburtstage, Feiertage, Jubiläen, politische Gedenktage) folgt dem Muster des zyklischen Zeitverlaufs. Ein bestimmtes Ereignis (Geburt) kehrt periodisch wieder (Geburtstag). Während es sich hier nur um eine virtuelle Wiederkehr handelt, gibt es auch ganz reale Zyklen. Die Wirtschaftsgeschichte der letzten 200 Jahre ist durch eine Wachstumsdynamik geprägt, die sich in Konjunkturzyklen ausdrückt, die in der Regel aus vier Phasen zusammenbestehen: Aufschwung (Prosperität) – Hochkonjunktur (Boom) – Abschwung (Rezession) – Depression – und dann wieder Aufschwung etc. Die Länge solcher Zyklen (von Aufschwung bis Depression) ist je nach Theorie unterschiedlich und reicht von vier bis 60 Jahren.

Hans-Jürgen Pandel, Geschichtstheorie. Eine Historik für Schülerinnen und Schüler – aber auch für ihre Lehrer, Schwalbach / Taunus 2017, Seite 242 f.

1. *Fassen Sie mit eigenen Worten zusammen, was unter zyklischen Zeitverläufen zu verstehen ist.*
2. *Erläutern Sie das Modell anhand eines selbst gewählten historischen Beispiels.*

M3 „Aufstieg und Fall der großen Mächte"

*In seinem 1987 erschienenen Besteller untersucht der britische Historiker Paul Kennedy (*1945) Auf- und Abstieg hegemonialer Mächte von 1500 bis zum Ende des 20. Jahrhunderts:*

[Betrachtet man] die Geschichte des „Aufstiegs und Falls der großen Mächte" in den letzten fünfhundert Jahren, wird deutlich, dass man einige allgemeine Schlüsse ziehen kann – wobei man Raum für individuelle Ausnahmen lassen muss. Man kann beispielsweise ein kausales Verhältnis zwischen den Verlagerungen der allgemeinen wirtschaftlichen und produktiven Gewichte und der Stellung der einzelnen Mächte im internationalen System erkennen. Die Verlagerung der Handelsflüsse vom Mittelmeer zum Atlantik und nach Nordwesteuropa im 16. Jahrhundert oder die Neuordnung der Anteile am globalen Produktionsvolumen – zuungunsten Westeuropas – in den Jahrzehnten nach 1890 sind hierfür gute Beispiele. In beiden Fällen kündigten die wirtschaftlichen Verlagerungen den Aufstieg neuer Großmächte an, die eines Tages einen entscheidenden Einfluss auf die militärische und territoriale Ordnung haben sollten. Deshalb kann die Verschiebung der globalen Produktionsgewichte zum Rande des Pazifiks, die im Laufe der letzten Jahrzehnte stattgefunden hat, nicht allein für Wirtschaftswissenschaftler von Interesse sein.
Der Ablauf der Geschichte deutet außerdem auf eine *auf lange Sicht* deutliche Verbindung zwischen dem wirtschaftlichen Aufstieg und Fall einer einzelnen Großmacht und ihrem Wachstum und Niedergang als wichtige militärische Macht (oder als Weltreich) hin. Dies ist auch kaum überraschend, da die beiden Faktoren eng miteinander verknüpft sind. Der erste besagt, dass wirtschaftliche Ressourcen nötig sind, um einen großangelegten Militärapparat zu unterhalten. Der zweite bedeutet, dass Wohlstand und Macht auf das internationale System bezogen immer *relativ* sind. [...]

Obwohl dieses Buch ein durchgehendes Interesse daran hat, die „umfassenderen Entwicklungen“ der Welt in den letzten fünf Jahrhunderten aufzuzeigen, behauptet es *nicht*, dass die Ökonomie jedes Ereignis bestimmt oder der einzige Grund für Erfolg oder Misserfolg einer jeden Nation ist. Es gibt einfach zu viele Indizien, die auf andere Faktoren deuten: Geografie, Organisation des Militärwesens, nationale Kampfmoral, Bündnissysteme und viele weitere Faktoren können die relative Macht einzelner Mitglieder des Staatensystems beeinflussen. [...]

Unbestreitbar jedoch scheint es, dass der Sieg in den langgezogenen Kriegen der großen Mächte häufig mit der robusteren wirtschaftlichen Basis zusammenfiel – oder, wie die spanischen Feldherren zu sagen pflegten, an den ging, der den letzten Escudo[1] hatte. Viel von dem, was folgt, wird dieses zynische, aber grundsätzlich richtige Urteil bestätigen. Und genau weil die Machtposition der führenden Nationen in den letzten fünf Jahrhunderten eng mit ihrer relativen wirtschaftlichen Situation einherging, scheint es lohnend zu fragen, wie sich die heutigen wirtschaftlichen und technologischen Entwicklungen auf die gegenwärtigen Machtverhältnisse auswirken könnten. Damit soll nicht geleugnet werden, dass die Menschen ihre eigene Geschichte schreiben, aber sie tun es im Rahmen gewisser historischer Umstände, die ihre Möglichkeiten beschränken (oder auch erweitern) können.

Paul Kennedy, Aufstieg und Fall der großen Mächte. Ökonomischer Wandel und militärischer Konflikt von 1500 bis 2000, Frankfurt am Main 1987, S. 21-24

1. *Fassen Sie Kennedys Erklärung für den Aufstieg und Fall großer Mächte in eigenen Worten zusammen.*
2. *Überprüfen Sie das Erklärungsmodell an einem selbst gewählten historischen Beispiel einer Großmacht.*
3. *Diskutieren Sie, ob bzw. inwiefern Kennedys Modell zur Diagnose aktueller oder Vorhersage zukünftiger Machtverschiebungen beiträgt.*

M4 Das Ende der Geschichte?

*Josef Joffe (*1944), seit 2000 Herausgeber der Wochenzeitung „Die Zeit“, nimmt in dem vorliegenden Beitrag aus dem Jahr 2014 Bezug auf die These des US-amerikanischen Politologen Francis Fukuyama (*1952) vom „Ende der Geschichte“ nach dem Zusammenbruch des Sowjetkommunismus:*

Vor 25 Jahren – im Jahr der demokratischen Revolutionen und des Mauerfalls – ging ein Aufsatz mit dem bescheidenen Titel *Das Ende der Geschichte* um die Welt.[1] Verfasst hatte ihn [...] Francis Fukuyama, ein amerikanischer Politologe. Die Botschaft ganz schlicht: Wir – der „wirtschaftliche und politische Liberalismus“ – haben gewonnen, die Totalitären und Autoritären sind endgültig erledigt. Die Zukunft gehöre allein der Demokratie und der Marktwirtschaft, die „alle Widersprüche überwinden und alle Bedürfnisse befriedigen“ würden. Mithin sei auch der Krieg der Ideologien vorbei.

Die These war so falsch wie alle Geschichtsphilosophien, die wähnten, die Zukunft deuten zu können. Falsch, aber hübsch. War nicht die Geschichte aufseiten des Westens, der Triumph seines Modells vorbestimmt? Nach 25 Jahren lässt sich eine Bilanz ziehen, und die belegt weder das Ende der Geschichte noch der Ideologien.

Fukuyamas Grundirrtum war es, zu glauben, dass der Sieg der liberalen Ordnung das Ende aller Ideologie bedeute. Leider ist Ideologie eine anthropologische[2] Konstante – genauso wie Sex- und Machttrieb. Menschen werden sich immer Ideen zurechtlegen, um zu begründen, warum sie – Priester, Könige, Parteichefs – mehr Respekt, Reichtum oder Macht haben sollten als andere. Überdies kommen Totgesagte als Wiedergänger zurück, wie die derzeitige Hochkonjunktur der Kapitalismuskritik zeigt, obwohl keiner ihrer Propagandisten im Paradies der Werktätigen leben möchte.

Die neuen Ismen lassen sich nach dem „Ende“ der Geschichte kaum zählen: Islamismus, Anti-Rassismus, Pazifismus, Ökologismus, Feminismus. Dazu kommen Wortwaffen wie „Homophobie“[3], „Xenophobie“[4] und „alte weiße Männer“, die wie alle Identitäts- und Genderpolitik eine Agenda transportieren: Wer soll was und wie viel kriegen? Putin ist kein Kommunist, aber er hat keine Probleme, den Raub der Krim verbal zu verbrämen[5]. Solange es Menschen gibt, werden sie sich ideologische Knüppel schnitzen.

Etwas besser ist es Fukuyama mit seiner These vom Siegeszug der Demokratie und Marktwirtschaft ergangen. Kapitalismuskritik? Ja, und in Strömen. Aber propagiert irgendjemand ein Gegenmodell à la Venezuela oder Nordkorea? China floriert erst, seitdem es unter Deng[6] den Markt entdeckt hat. Heute gibt es etwa 120 Demokratien. [...]

[1] **Escudo**: spanische Münze

[1] Zu den Wandlungsprozessen in Osteuropa siehe das Kapitel „Reaktionen auf Perestroika und die Umbrüche im Ostblock“ ab Seite 170 ff.; zum Mauerfall siehe das Kapitel „Von der friedlichen Revolution zur deutschen Einheit“, dort insbesondere Seite 182 f.

[2] **anthropologisch**: menschheitsgeschichtlich

[3] **Homophobie**: Abneigung gegen Homosexualität

[4] **Xenophobie**: Angst vor Fremden

[5] Hier wird auf die Krimkrise angespielt. Russland hatte 2014 die Halbinsel Krim annektiert.

[6] **Deng Xiaoping** (1904-1997): führte die Volksrepublik China faktisch von 1979 bis 1997

Die schlechten Nachrichten? Russland und China bekämpfen die Demokratie, und in Arabien ist sie fast durchgehend gescheitert. Grundsätzlich geht die demokratische Flut seit acht Jahren zurück. Aber irgendwie wird Francis Fukuyama doch recht behalten. Die Konkurrenz – Chinas Staatskapitalismus, islamische Theokratie, Putins Neo-Zarismus – wird nicht die offene Gesellschaft verdrängen können. Denn dieses Trio kann Modernisierung, Volksherrschaft und Teilhabe nur um den Preis der Selbstentmachtung anbieten, was Autoritäre noch nie freiwillig getan haben. Außerdem: Das chinesische Modell („Bereichert euch, aber Finger weg von der Macht") hat seinen Höhepunkt hinter sich. Vor 30 Jahren wuchs China mit 15 Prozent, heute mit 7,5 Prozent – und mit Krisensymptomen, die den Westen als Musterbeispiel wirtschaftlicher Gesundheit erscheinen lassen.

Josef Joffe, Ende der Geschichte. Vor 25 Jahren siegten Demokratie und Markt. Die Bilanz?, in: Die Zeit, Nr. 25, 14. Juni 2014

1. *Geben Sie in eigenen Worten wieder, worauf das „Ende der Geschichte" nach dem Modell von Fukuyama zulaufen soll.*
2. *Bilden Sie Gruppen und recherchieren Sie, welche Gesellschafts- und Regierungssysteme in Russland, China, Iran, Venezuela und Nordkorea existieren. Erklären Sie anschließend, was das über die These vom „Ende der Geschichte" aussagt.*
3. *Erörtern Sie, inwiefern die Geschichte als eine Geschichte des Fortschritts nach westlichem Modell gedeutet werden kann.*

M5 Zeitraum und Beschleunigung

Der Historiker Jürgen Osterhammel (siehe Seite 17) widmet sich im Folgenden den unterschiedlichen Zeiterfahrungen, besonders den Beschleunigungsschüben in bestimmten Phasen der Geschichte:

Mit welchen Eigenschaften und Kriterien lässt sich historische Zeit beschreiben? Sie ist selten einförmig und metronomisch[1]. Vor dem Hintergrund der unaufhaltsam tickenden physikalischen Uhr und des gleichmäßig ordnenden Kalenders verläuft sie entlang unterschiedlicher Skalen. Die Zeit-Räume, die wir zu überblicken versuchen, dehnen sich aus. Seit einigen Jahren ist in den USA *big history* oder *deep history* in Mode, die weit hinter die etwa 4000 Jahre schriftlich dokumentierter Geschichte zurückgeht und zuweilen die Entwicklung der unbelebten Natur einbeziehen möchte. Die Zeitbegriffe der Disziplinen nähern sich an. Paläontologie, Evolutionsbiologie und Astrophysik werden zunehmend und mit Recht als historische Wissenschaften gesehen, denn auch sie beschäftigen sich mit Veränderung in der Zeit. Die Umwelt- und Klimageschichte muss vielfach in sehr langen Zeiträumen denken – und merkt deshalb besonders auf, wenn träge und langfristige Prozesse plötzlich umkippen. Die Zeitspannen der politischen und militärischen Geschichte tendieren hingegen zur Kürze. Immer wenn Entscheidungen getroffen werden müssen, komprimiert sich die Zeit. Gesellschaftlicher und kultureller Wandel wiederum vollzieht sich in mittleren Dimensionen; eher in Jahren und Jahrzehnten als in Monaten, Wochen oder gar Stunden. [...]

Jede Zeiterfahrung zwischen den Extremen von Plötzlichkeit und endlosem Warten ist durch Dramatisierung strukturiert; jede Biografie kennt neben der beruhigenden Rhythmik runder Geburtstage die Zäsuren unerwarteter Triumphe und Tragödien. Historiker nennen das „Periodisierung" und können endlos darüber debattieren. Es gibt vollkommen konsistente[2] und respektable Weltbilder, die von solchen Erwägungen entlastet sind, weil alles klar zu sein scheint. Etwa die Befolgung eines religiösen Kalenders; oder die Rhythmisierung der deutschen Zeitgeschichte nach den Gipfeldaten 1954-1974-1990-2014. Wenn die Deutschen Historiker sind, dann sind sie Fußballhistoriker. [...]

Die wichtigste Dimension von Zeit ist Tempo, also das Ausmaß von Veränderung, das in einer gegebenen Zeitspanne möglich ist. Eine Grunderfahrung des letzten Vierteljahrtausends ist Beschleunigung, die man bei Kommunikationsmitteln, soziokulturellem Wandel und subjektiver Erfahrung feststellen kann. Schon zu der Zeit, als die letzten Postkutschen perfektioniert wurden und Napoleon seine Armeen in Blitzkriegen durch Europa jagte, beschlich viele Zeitgenossen das Gefühl, es überstürze sich alles. Beschleunigung lässt sich allerdings nur in einem technischen Sinne exakt messen. Dann ergibt sich, dass die telegrafische Verkabelung des Globus im dritten Quartal des 19. Jahrhunderts und der Aufbau des Internets mehr als ein Jahrhundert später die beiden wichtigsten Beschleunigungsschübe der Kommunikationstechnik gewesen sind, jedenfalls seit der mongolischen Reiterpost des 13. Jahrhunderts. Schon beim Transport physischer Objekte, Passagiere eingeschlossen, fällt der Befund weniger dramatisch aus. Schiffe, Eisenbahnen, Autos und sogar Flugzeuge haben ihre Geschwindigkeit während der großen IT-Globalisierung der letzten 30 Jahre mit ihrer Vervielfachung des weltweiten Interdependenztempos nicht

[1] **metronomisch**: regelmäßig

[2] **konsistent**: in sich stimmig

spektakulär steigern können. Das Fliegen ist nach dem Ende der Concorde 2003 sogar langsamer geworden. Es beschleunigt sich also keineswegs immer alles.

Jürgen Osterhammel, Vergangenheiten. Über die Zeithorizonte der Geschichte, in: Die Flughöhe der Adler. Historische Essays zur globalen Gegenwart, München (C.H. Beck) 2017, S. 183 - 202, S. 189 - 192

1. *Fassen Sie die Kriterien, mit denen Osterhammel die Zeiterfahrungen analysiert, zusammen.*
2. *Erklären Sie anhand der Erfindung des Buchdrucks Mitte des 15. Jahrhunderts, wie es zu beschleunigten Veränderungen kommt. Lesen Sie dazu im Vorfeld den Verfassertext „Der Buchdruck – Medienrevolution der Neuzeit" auf Seite 102f.*
3. *Gestalten Sie in verschiedenen Gruppen ein Plakat, auf dem Sie an konkreten Beispielen zeigen, welche Rolle beschleunigte Veränderungen für das Geschichtsbild spielen. Stellen Sie das Plakat im Plenum vor und diskutieren Sie am Ende die Ergebnisse.*

▸ Fernand Braudel.
Foto vom Oktober 1984.
Fernand Braudel zählte zu einer Gruppe französischer Historiker, die der „Schule der Annales" („Ecole des Annales") angehören. Sie ist eine über mehrere Generationen wirkende Historikerschule, die eine neue Art der Geschichtsschreibung propagierte: Wirtschafts- und Sozialgeschichte, Mentalitätsgeschichte und vor allem Strukturgeschichte als Gegengewicht zur bis dahin dominierenden Ereignisgeschichte. Ihr Name leitet sich von der seit 1929 erscheinenden geschichtswissenschaftlichen Zeitschrift „Annales" ab.

M6 Von der langen Dauer zum Einzelereignis

Der französische Historiker Fernand Braudel (1902 - 1985) entwickelt in der Mitte des 20. Jahrhunderts die Vorstellung verschiedener Zeitebenen. Im Vorwort zu seinem Werk „Das Mittelmeer und die mediterrane Welt in der Epoche Philipps II." schreibt er:

Dieses Buch zerfällt in drei Teile, von denen jeder den Versuch einer Gesamterklärung unternimmt.

Der erste führt eine gleichsam unbewegt Geschichte vor, die des Menschen in seinen Beziehungen zum umgebenden Milieu; eine träge dahin fließende Geschichte, die nur langsame Wandlungen kennt, in der die Dinge beharrlich wiederkehren und die Kreisläufe immer wieder neu beginnen. Diese fast außer der Zeit liegende, dem Unbelebten benachbarte Geschichte wollte ich weder vernachlässigen noch sie, wie es traditionell in so vielen Büchern geschieht, als nutzlose geografische Einführung an die Schwelle der eigentlichen Darstellung verbannen: jene Geschichte mit ihren mineralischen Landschaften, Äckern und Blumen, die man rasch vorzeigt und von der dann nie mehr die Rede ist, als ob die Blumen nicht in jedem Frühling wiederkämen, als ob die Herden in ihren Wanderungen innehielten, als ob die Schiffe nicht auf einem realen Meer segeln müssten, das sich mit den Jahreszeiten verändert.

Oberhalb dieser unbewegten Geschichte lässt sich eine Geschichte langsamer Rhythmen ausmachen; man möchte fast sagen – wäre dem Ausdruck sein voller Sinn nicht verlorengegangen – eine soziale Geschichte, die der Gruppen und Gruppierungen. Wie diese Grundsee das mediterrane Leben als Ganzes aufwühlt, das ist die Frage, die ich mir im zweiten Teil meines Buches gestellt habe. Dort werden nacheinander die Ökonomien, die Staaten, die Gesellschaften und die Zivilisationen untersucht; und damit mein Verständnis der Geschichte deutlicher wird, versuche ich schließlich zu zeigen, wie all diese aus der Tiefe wirkenden Kräfte im komplexen Bereich des Krieges am Werk sind. Denn der Krieg ist, wie wir wissen, keine reine Domäne individueller Verantwortlichkeiten.

Der dritte Teil endlich ist der der traditionellen Geschichte; wenn man so will, der Geschichte nicht im Maßstab des Menschen, sondern des Individuums; der Ereignisgeschichte [...]. Eine ruhelos wogende Oberfläche, vom Strom der Gezeiten heftig erregte Wellen. Eine Geschichte kurzer, rascher und nervöser Schwankungen. Überempfindlich, wie sie ist, versetzt der geringste Schritt all ihre Messinstrumente in Alarm. So ist sie von allen die leidenschaftlichste, menschlich reichste, doch die gefährlichste auch. Misstrauen wir dieser Geschichte, deren Glut noch nicht abgekühlt ist, der Geschichte, wie sie die Zeitgenossen im Rhythmus ihres Lebens – das kurz war wie das unsere – empfunden, beschrieben, erlebt haben.

Fernand Braudel, Das Mittelmeer und die mediterrane Welt in der Epoche Philipps II., Bd. 1, Frankfurt am Main 1998, S. 15 und 20

1. *Geben Sie die drei Zeitebenen wieder, die Braudel entwirft.*
2. *Überprüfen Sie Braudels Geschichtsmodell an einem Ihnen bekannten historischen Ereignis.*
3. *Vergleichen Sie die Zeitkonzepte, die in M3 bis M6 vorgestellt werden, hinsichtlich ihrer Überzeugungskraft.*

M7 Geschichte der erfundenen Ordnungen

*Der israelische Historiker Yuval Noah Harari (*1976) beschäftigt sich in seiner Publikation „Eine kurze Geschichte der Menschheit" u.a. mit der Frage, warum Menschen unterschiedliche gesellschaftliche Systeme erfinden und welche Wirkungskraft diese besitzen:*

Doch um eine erfundene Ordnung aufrechtzuerhalten, reichen Zwang und Gewalt allein nicht aus. Dazu müssen viele Menschen wirklich überzeugt sein. [...] Aber wie bringt man Menschen dazu, an erfundene Ordnungen wie das Christentum, die Demokratie oder den Kapitalismus zu glauben? [...] Obwohl die erfundene Ordnung nur in unseren Köpfen existiert, ist sie beinahe untrennbar mit der physischen Welt verbunden. [...] Als Bürger eines westlichen Landes sind wir heute beispielsweise überzeugte Individualisten. Wir glauben, dass jeder von uns einmalig ist und dass unser Wert nicht davon abhängt, was andere von uns denken. Jeder von uns trägt einen einmaligen Funken in sich, der unserem Leben einen Sinn gibt und es wertvoll macht. In unseren Schulen bringen wir unseren Kindern bei, Hänseleien durch unsere Mitschüler einfach zu ignorieren: Unser wahrer Wert ist nicht von der Meinung anderer abhängig. In unseren Häusern verlässt diese Vorstellung unsere Köpfe und nimmt Formen aus Stein und Mörtel an. Ein modernes Wohnhaus ist in viele kleine Zimmer aufgeteilt, damit jedes Kind seinen eigenen Raum bekommt, in dem es seine Unabhängigkeit ausleben kann. Dieses Zimmer hat eine Tür, und in vielen Familien ist es gängige Praxis, dass die Kinder ihre Tür schließen und vielleicht sogar abschließen. [...]

Die Adeligen des Mittelalters hätten dagegen mit dem Begriff des Individualismus nichts anfangen können. Ihr Wert hing von ihrer Stellung innerhalb der gesellschaftlichen Ordnung und von ihrem Ansehen in der Gesellschaft ab. Ausgelacht zu werden galt als tödliche Beleidigung. Adelige brachten ihren Kindern bei, ihren guten Namen zu verteidigen, auch wenn sie dabei ihr Leben aufs Spiel setzten. Wie der moderne Individualismus verließ das mittelalterliche Wertesystem die Köpfe der Menschen und nahm in den mittelalterlichen Burgen Gestalt an. Diese Burgen hatten keine privaten Zimmer, weder für Kinder noch für sonst jemanden. [...]

Die erfundene Ordnung prägt unsere Wünsche. [...] Jeder von uns wird in eine bereits bestehende Ordnung hineingeboren, und von Geburt an wird jeder unserer Wünsche durch die Mythen dieser Ordnung vorgegeben. Als Angehörige der westlichen Kultur werden unsere größten Herzenswünsche heute durch romantische, kapitalistische und humanistische Mythen geprägt, die bereits seit Jahrhunderten fest verankert sind. [...] Die Elite des alten Ägypten verwendete ihre Vermögen darauf, Pyramiden zu bauen und sich in teuren Sarkophagen in ihrem Innern begraben zu lassen, und sie wäre nie auf die Idee gekommen, die Sommerferien in Babylon zu verbringen oder im Winter in Phönizien Ski zu laufen. Wenn wir heute eine Menge Geld für Auslandsurlaube ausgeben, dann nur deshalb, weil wir echte Anhänger der Mythen des romantischen Konsumismus sind. [...]

Die Romantik, die unser Glück durch eine Vielfalt von Erlebnissen verspricht, passt ausgezeichnet zur Ideologie des Konsumismus, der uns das Glück durch Konsum verheißt. Aus der Vereinigung der beiden ging die „Erlebnisökonomie" hervor, zu der auch die moderne Tourismusbranche gehört. [...]

Viele der wichtigsten Akteure der Geschichte sind intersubjektiv: Gesetze, Geld, Götter und Nationen. [...] Genauso existieren Euros, Menschenrechte oder die Europäische Union nur in der gemeinsamen Vorstellung von Milliarden von Menschen. Deshalb kann sie ein Einzelner nicht in ihrer Existenz gefährden. [...] Veränderungen dieser Größenordnung lassen sich nur von komplexen Organisationen bewerkstelligen, zum Beispiel Parteien, ideologischen Bewegungen oder religiösen Kulten. [...]

Es gibt also keinen Ausweg aus der erfundenen Ordnung. Wenn wir die Gefängnismauern niederreißen, um in die Freiheit zu laufen, landen wir unweigerlich im Hof eines noch größeren Gefängnisses.

Yuval Noah Harari, Eine kurze Geschichte der Menschheit, München 2015, S. 142-151

1. *Fassen Sie den Gegensatz zwischen mittelalterlicher und moderner westlicher Gesellschaftsordnung nach Harari zusammen.*
2. *Erklären Sie, warum der Autor in Zeile 64-67 das Bild eines Gefängnisses verwendet, wenn er von der „erfundenen Ordnung" spricht.*
3. *Erläutern Sie, welche Epochenvorstellung der Autor entwickelt.*
4. *Erörtern Sie die These des Autors, dass es keine objektive Gesellschaftsordnung geben kann.*

Theorie Baustein

Die Renaissance – ein Mythos?

▸ **Die Erschaffung Adams.** *Detail aus dem Deckenfresko der Sixtinischen Kapelle in Rom von Michelangelo Buonarroti, 1508 bis 1512.*

Wo und wann gab es die Renaissance? Die Antwort bereitet schon deshalb Schwierigkeiten, weil die Renaissance zunächst in Italien mit seinen Stadtrepubliken und den dortigen Führungseliten im späten 14. Jahrhundert begann und rund 200 Jahre brauchte, um in das restliche Europa durchzusickern. Was in der Rückschau als revolutionäres neues Denken erscheint, nahmen die allermeisten Menschen zudem gar nicht wahr. Eine Elite von Adeligen, Gelehrten, Künstlern und Entdeckern war aktiv in den Prozess der Veränderung eingebunden; der Bauer, die sechsfache Mutter, der Feldarbeiter, die Magd oder der einfache Handwerker bemerkten keine „Renaissance" in ihrer Lebenswirklichkeit.

Ein „Goldenes Zeitalter"? Jahrhunderte später prägte der Schweizer *Jacob Burkhardt* das Bild der Renaissance als „Goldenes Zeitalter" nachhaltig. Für ihn waren es die vielseitigen und auch universal gebildeten Individuen, die der Epoche ihren Stempel aufdrückten (▸ M1). Überall sah er eine Rückbesinnung auf antike Vorbilder und rationales Denken am Werke, eine Überwindung des mittelalterlichen Geistes und mit diesem auch des kirchlichen Einflusses. Der krasse Gegensatz von „finsterem" Mittelalter und „strahlender" Renaissance hält indes einer kritischen Überprüfung nicht stand. Der erste, der die Ambivalenz des Übergangs von Mittelalter und Neuzeit betonte, war der Niederländer *Johan Huizinga* (▸ M2). Er verwies auf die starken mittelalterlichen Traditionen im Burgund des 14. und 15. Jahrhunderts und auch noch in Italien. Das Nebeneinander von Altem und Neuem schien ihm charakteristisch für die Zeit: Im „Herbst des Mittelalters" und all seinen Verfallserscheinungen keimte bereits neues Denken.

Die Vergangenheit im Spiegel der Gegenwart Epochen werden im zeitlichen Abstand von jenen definiert, die Fragen an die Geschichte richten und von ihr Antworten suchen. „Das Vergangene ist nicht tot. Es ist nicht einmal vergangen" – dieser Satz des US-amerikanischen Schriftstellers *William Faulkner* (1897-1962) verdeutlicht, wie sehr die Vergangenheit weiter wirkt und aus der Perspektive der jeweiligen Gegenwart gedeutet wird. Dies zeigt, dass es das eine Bild der Epoche nicht gibt. Die Geschichte wird immer wieder neu betrachtet, und zwar mit den Augen derer, die sie neu sehen – ob als Argument in politischen Debatten (▸ M3) oder um heutige Umwälzungsprozesse besser zu verstehen (▸ M4).

▲ **„Mona Lisa" in der Ausstellung „Duckomenta".**
Foto vom September 2015, Mannheim.
Das Original, die „Mona Lisa" von Leonardo da Vinci (siehe Seite 93), eines der wohl bekanntesten Gemälde der Kunstgeschichte überhaupt, gehört ohne Zweifel zum „Mythos Renaissance". Dabei lässt sich eine der möglichen Bedeutungen von „Mythos" so definieren: eine Person oder Sache, die aus nicht rational erklärbaren Gründen verherrlicht wird und zur Legende wurde.

- *Recherchieren Sie im Internet und/oder in Fachbüchern zum Originalbild von da Vinci und zu seiner Rezeption. Tragen Sie Ihre Ergebnisse in Form einer Mindmap zusammen.*
- *Entwickeln Sie eine Erklärung zum Mythos der Mona Lisa.*

M1 Der allseitige Mensch der Renaissance

Der Schweizer Historiker Jacob Burckhardt (1818-1897) verfasst ein Standardwerk zur Kultur der Renaissance in Italien, das das Bild – ja den Mythos – der Epoche lange Zeit prägt. Erstmals erscheint das Werk 1860. Im folgenden Auszug geht es um den Charakter des 15. Jahrhunderts und den allseitig begabten Gelehrten und Künstler der Renaissance:

Das 15. Jahrhundert ist zunächst vorzüglich dasjenige der vielseitigen Menschen. Keine Biografie, welche nicht wesentliche, über den Dilettantismus hinausgehende Nebenbeschäftigungen des Betreffenden namhaft machte. Der florentinische Kaufmann und Staatsmann ist oft zugleich ein Gelehrter in beiden alten Sprachen; die berühmtesten Humanisten[1] müssen ihm und seinen Söhnen des Aristoteles Politik und Ethik vortragen; auch die Töchter des Hauses erhalten eine hohe Bildung, wie denn überhaupt in diesen Sphären die Anfänge der höhern Privaterziehung vorzüglich zu suchen sind. Der Humanist seinerseits wird zur größten Vielseitigkeit aufgefordert [...].

Über diese Vielseitigen aber ragen einige wahrhaft Allseitige hoch empor. Ehe wir die damaligen Lebens- und Bildungs-Interessen einzeln betrachten, mag hier, an der Schwelle des 15. Jahrhunderts, das Bild eines jener Gewaltmenschen seine Stelle einnehmen: Leon Battista Alberti. Seine Biografie – nur ein Fragment – spricht von ihm als Künstler nur wenig und erwähnt eine hohe Bedeutung in der Geschichte der Architektur gar nicht, es wird sich nun zeigen, was er auch ohne diesen speziellen Ruhm gewesen ist.

In allem, was Lob bringt, war Leon Battista von Kindheit an der erste. Von seinen allseitigen Leibesübungen und Turnkünsten wird Unglaubliches berichtet, wie er mit geschlossenen Füßen den Leuten über die Schultern hinwegsprang, wie er im Dom ein Geldstück emporwarf, bis man es oben an den fernen Gewölben anklingen hörte, wie die wildesten Pferde unter ihm schauderten und zitterten – denn in drei Dingen wollte er den Menschen untadelhaft erscheinen: im Gehen, im Reiten und im Reden. Die Musik lernte er ohne Meister, und doch wurden seine Kompositionen von Leuten des Faches bewundert. Unter dem Drucke der Dürftigkeit studierte er beide Rechte, viele Jahre hindurch, bis zu schwerer Krankheit durch Erschöpfung; und als er im 24sten Jahre sein Wort-Gedächtnis geschwächt, seinen Sachensinn aber unbeschwert fand, legte er sich auf Physik und Mathematik und lernte daneben alle Fertigkeiten der Welt, indem er Künstler, Gelehrte und Handwerker jeder Art bis auf die Schuster um ihre Geheimnisse und Erfahrungen befragte. Das Malen und Modellieren – namentlich äußerst kenntlicher Bildnisse, auch aus dem bloßen Gedächtnis – ging nebenein. [...] Dazu kam eine schriftstellerische Tätigkeit zunächst über die Kunst selber, Marksteine und Hauptzeugnisse für die Renaissance der Form, zumal der Architektur. Dann lateinische Prosadichtungen, Novellen u. dgl., von welchen man einzelnes für antik gehalten hat [...]; ferner ein italienisches Werk „vom Hauswesen" in vier Büchern, ja eine Leichenrede auf seinen Hund. Seine ernsten und seine witzigen Worte waren bedeutend genug, um gesammelt zu werden; Proben davon, viele Kolumnen lang, werden in der genannten Lebensschilderung mitgeteilt. Und alles, was er hatte und wusste, teilte er, wie wahrhaft reiche Naturen immer tun, ohne den geringsten Rückhalt mit und schenkte seine größten Erfindungen umsonst weg.

Jacob Burckhardt, Die Kultur der Renaissance in Italien. Ein Versuch, Darmstadt 1955, S. 94f.

[1] Zum Humanismus siehe auch das Kapitel „Der Humanismus – Bildungsbewegung in einer neuen Medienlandschaft" ab Seite 98ff.

1. *Beschreiben Sie, was Burckhardt unter dem „Allseitigen" versteht.*
2. *Fertigen Sie eine Tabelle an, in der Sie alle angeführten Fertigkeiten Albertis mit Zeilenangabe auflisten.*
3. + *Diskutieren Sie, inwiefern es sich bei dem vorgestellten Leon Battista Alberti um die Idealisierung des Renaissancemenschen handelt.*
4. + *Beurteilen Sie das Renaissancebild, das Burckhardt entwirft, mit Blick auf verschiedene gesellschaftliche Schichten und Gruppen. Finden Sie sich dazu in Gruppen zusammen und entwerfen Sie ein Standbild, in dem Nähe und Distanz zu dem von Burckhardt dargestellten Menschentypus der Renaissance zum Ausdruck kommen.*

M2 „Herbst des Mittelalters"

Der niederländische Kulturhistoriker Johan Huizinga (1872-1945) betrachtet die Übergangszeit zwischen Mittelalter und Renaissance. Er präsentiert eine Geschichtsschreibung, die nicht nationalstaatlich oder ereignisgeschichtlich eingeengt, sondern interdisziplinär ausgerichtet ist. Auf der Basis erzählender und künstlerischer Quellen arbeitet er die Vorstellungswelt der Herrschaftseliten Burgunds im 14. und 15. Jahrhundert heraus, um darin die Besonderheiten der Übergangszeit des Spätmittelalters zu erkennen, den „Herbst des Mittelalters":

Das Verhältnis des aufblühenden Humanismus zum Geiste des absterbenden Mittelalters ist viel verwickelter, als wir es uns vorzustellen geneigt sind. Uns, denen die beiden Kulturkomplexe scharf getrennt erscheinen, kommt es so vor, als müsste die Empfänglichkeit für die ewige Jugend des Altertums und die Verleugnung des ganzen abgenutzten Apparates der mittelalterlichen Gedankenäußerung wie eine plötzliche Offenbarung über alle gekommen sein. Als müssten die Geister, tödlich ermüdet von Allegorie und flamboyantem[1] Stil, wie mit einem Schlage begriffen haben: nicht dieses, sondern jenes! Als müsste die goldene Harmonie des Klassischen[2] auf einmal wie eine Erlösung vor ihren Augen erschienen sein; als hätten sie nun die Antike umfangen müssen, mit dem Aufjauchzen einer Seele, die endlich ihr Heil gefunden.

So ist es nicht. Mitten im Garten des mittelalterlichen Denkens, zwischen dem üppig fortwuchernden alten Bestand, ist der Klassizismus ganz allmählich emporgewachsen. Zu Anfang ist er nur ein rein formales Element der Fantasie. Die große Neubeseelung wirkt erst später, und selbst dann sterben Geist und Ausdrucksformen, die wir als die überlebten, mittelalterlichen anzusehen gewohnt sind, noch nicht ab.

Um das alles deutlicher zu erkennen, wäre es von Nutzen, das Heraufkommen der Renaissance eindringlicher zu studieren, als es hier geschehen kann; nicht in Italien, sondern in jenem Lande, das der fruchtbarste Boden für den ganzen herrlichen Reichtum der echt mittelalterlichen Kultur gewesen ist: in Frankreich. Betrachtet man das italienische *Quattrocento*[3] in seinem Gegensatz zum spätmittelalterlichen Leben anderswo, dann empfindet man dieses Jahrhundert als ein Zeitalter des Ebenmaßes, der Heiterkeit und der Freiheit, rein und klangvoll. Den Zusammenklang dieser Eigenschaften hält man für Renaissance und sieht in ihnen wohl auch die Signatur des neuen Geistes. Unterdessen hat man mit der unvermeidlichen Einseitigkeit, ohne die kein historisches Urteil zustande kommt, vergessen, dass auch im Italien des fünfzehnten Jahrhunderts die Fundamente des Kulturlebens noch immer rein mittelalterlich geblieben sind, dass in den Geistern der Renaissance selbst die mittelalterlichen Züge viel tiefer eingegraben sind, als man sich gewöhnlich bewusst ist. In unserer Vorstellung dominiert eben der Renaissanceton.

Überschaut man dagegen mit einem Blick die französisch-burgundische Welt des fünfzehnten Jahrhunderts, dann ist der Haupteindruck: düstere Grundstimmung, barbarische Pracht, bizarre und überladene Formen, eine fadenscheinig gewordene Fantasie – alles Kennzeichen des mittelalterlichen Geistes in seinem Niedergang. Diesmal vergisst man, dass auch hier die Renaissance allerwärts heraufzieht; nur dominiert sie noch nicht, sie hat ja die Grundstimmung noch nicht gewandelt.

Bemerkenswert ist nun, dass das Neue als äußere Form da ist, ehe es wirklich neuer Geist wird.

Inmitten der alten Lebensauffassungen und Lebensverhältnisse erscheinen neue, klassizistische Formen. Das Aufkommen des Humanismus war lediglich daran geknüpft, dass ein gelehrter Kreis etwas mehr als üblich sich eines reinen Lateins und eines klassischen Satzbaus befleißigte.

Johan Huizinga, Herbst des Mittelalters. Studien über Lebens- und Geistesformen des 14. und 15. Jahrhunderts in Frankreich und in den Niederlanden, Stuttgart [12]2006, S. 469 f. (Originalausgabe 1919)

1. *Geben Sie Huizingas Bild vom „Herbst des Mittelalters" in eigenen Worten wieder.*
2. *Erläutern Sie den Satz: „Bemerkenswert ist nun, dass das Neue als äußere Form da ist, ehe es wirklich neuer Geist wird." (Zeile 52 f.).*
3. *Diskutieren Sie, welche Konsequenzen Huizingas Vorstellung vom 15. Jahrhundert für die Renaissance als eigenständige Epoche hat.*

[1] **flamboyant**: flammend, geflammt; bezeichnet eine Stilrichtung der Spätgotik in Frankreich, Belgien und England
[2] Gemeint ist hier die Kunst und Kultur der Antike.
[3] **Quattrocento**: 15. Jahrhundert; Zeit der Frührenaissance in Italien

M3 Ein Mythos für die Gegenwart

*Andrew James Johnston (*1966), Professor für Anglistik an der Freien Universität Berlin, arbeitet in seiner Rezension zum 2012 erschienenen Renaissance-Buch von Stephen Greenblatt in der „Tageszeitung" heraus, wie abhängig Geschichtsbilder von der modernen Weltsicht sind:*

Ein Mythos lehrt, dass die Renaissance eine Zeit der Erfindungen und Entdeckungen war. Zwar stimmt dies nur bedingt, aber eine Erfindung gibt es durchaus, die wir der Renaissance verdanken: das finstere Mittelalter.
Indem sich die Renaissance von ihrer unmittelbaren Vergangenheit löste, inszenierte sie den größten historischen Bruch seit dem biblischen Sündenfall und lieferte eine Gründungslegende der westlichen Moderne, die bis heute wirksam ist. Dabei firmiert das Mittelalter stets als das Andere der Moderne. Was immer die Moderne gerade sein will, das Mittelalter stellt das Gegenteil dar: dunkel, abergläubisch oder naiv. Inzwischen ist die Mär vom großen Bruch in die Jahre gekommen. [...] Und längst stellt man die Legenden infrage, die den „neuen Menschen" der Renaissance feiern: etwa dass die Bewohner fremder Welten europäische Entdecker regelmäßig für Götter hielten und deshalb leicht ausgebeutet werden konnten. Auch Stephen Greenblatt aus Harvard, der weltweit berühmteste Shakespeare-Forscher, stützt sich auf solche Geschichten.
Sein neues, auf ein breites Publikum zielendes Buch erzählt, wie der Humanist Poggio Bracciolini 1419 ein verlorenes Manuskript wiederentdeckt: De rerum natura („Von der Natur der Dinge"), eine Dichtung des Römers Lukrez, die die epikureische Philosophie erläutert. In Antike und Mittelalter waren die Epikureer verschrien, weil sie glaubten, dass die Welt aus Atomen bestünde und es daher keine unsterbliche Seele gebe, weshalb man sein Glück auf Erden suchen müsse. Für Greenblatt bildet die Entdeckung dieses verschollenen Gedichts eine zentrale Leistung der Renaissance, denn dieser Text ermöglichte es den Menschen angeblich, sich von der mittelalterlich-christlichen, auf Furcht gegründeten Weltsicht zu lösen und ungeniert das Glück zu suchen.
Greenblatt stilisiert Poggio zum Helden, der einen Akt des Fortschritts vollzieht und das finstere Mittelalter mit seinen vermeintlich fanatischen, bildungsfeindlichen und schmutzigen Mönchen hinter sich lässt. Es ist so etwas wie das Standardklischee vom Renaissancemenschen, der sich als Einzelner gegen eine ganze Welt des Aberglaubens stemmt, der dem leibfeindlichen Mittelalter Lebewohl sagt und im Rückgriff auf die angeblich verlorene Antike die Sinnenfreude der Renaissance einläutet.
Greenblatt bietet uns die Fabel vom schöpferischen Individuum, das eine ganze Epoche ausruft; vom Text, der die Welt verändert. Historisch sinnvoll sind diese Ideen nicht. Weder war der Einfluss des Lukrez so epochemachend noch so verbreitet, wie Greenblatt es gern hätte. Worum es Greenblatt mit seiner Geschichte eigentlich geht, wird erst am Schluss des Buches klar. Dort macht er einen großen historischen Sprung und gedenkt des gebildeten Gründervaters der USA, Thomas Jefferson, der sich einen Epikureer nannte und dafür mitverantwortlich war, dass das Recht eines jeden auf das Streben nach Glück Eingang in die amerikanische Verfassung fand.
So zeigt sich, wie brisant die Konstruktion des Gegensatzes von Mittelalter und Renaissance bis heute ist. In seiner Heldengeschichte setzt Greenblatt indirekt den christlichen Fundamentalismus in den USA mit der Religiosität des Mittelalters gleich. Greenblatt braucht das finstere Mittelalter als Folie, um den Amerikanern zu zeigen, dass ihre zentralen Werte einer antiken Tradition entspringen, die weder christlich noch fundamentalistisch noch erzkapitalistisch ist.
Er will sie lehren, dass das Streben nach Glück keine Formel darstellt, um einen Raubtierkapitalismus zu legitimieren, dem schon eine bescheidene allgemeine Krankenversicherung als gottloser Anschlag auf das Recht des Einzelnen auf das Streben nach Glück gilt.
Greenblatts Ziel mag ehrenhaft sein, sein Weg ist problematisch. Es wird ihm nicht gelingen, die Amerikaner von ihrer religiösen Rechten zu befreien, indem er einen historischen Mythos wiederbelebt, der spätestens seit dem 19. Jahrhundert dazu diente, die Überlegenheit des Westens über den Rest der Welt zu legitimieren.

Nach: www.taz.de/!589624/ (Zugriff: 27. November 2017)

1. *Geben Sie die Position des Autors zum „Mythos Renaissance" wieder.*
2. *Erklären Sie in einem Schaubild, in welcher Beziehung laut Autor Antike, Mittelalter, Renaissance und Gegenwart in dem kritisierten Ansatz Greenblatts stehen.*
3. *Diskutieren Sie die dargestellte Problematik der Instrumentalisierung von Geschichte.*

M4 Was bedeutet „Renaissance" eigentlich?

*Ian Goldin (*1955), Professor und Direktor der Oxford Martin School für Sozialwissenschaften, ist von 2003 bis 2006 Vizepräsident der Weltbank und davor Berater des südafrikanischen Präsidenten Nelson Mandela. Chris Kutarna ist Experte für internationale Politik und Wirtschaft. In ihrem Buch „Die zweite Renaissance" von 2016 vergleichen die beiden Autoren die ambivalente „erste Renaissance" mit der heutigen Umbruchsphase in Zeiten von Digitalisierung, Massenmigration und religiösem Fanatismus:*

Geschichtsstudenten auf der ganzen Welt setzen sich seit mehr als einem Jahrhundert mit dieser Frage auseinander. „Weder zeitlich noch in Bezug auf seinen Inhalt, seine Reichweite oder seine Bedeutung ist das Konzept Renaissance definiert. Es leidet unter Schwammigkeit, Unvollständigkeit und Zufälligkeit ... es ist beinahe ein nicht verwendbarer Begriff." Das schrieb der niederländische Historiker Johan Huizinga[1] im Jahr 1920. Seitdem ist die akademische Debatte undurchsichtiger geworden. Das Hauptproblem, das Historiker mit dem Begriff „Renaissance" haben, ist, dass er irrtümlicherweise den Eindruck vermittelt, diese Epoche sei ein reines Vergnügen gewesen. Er wurde erstmalig von dem italienischen Kunsthistoriker Giorgio Vasari (1511-1574) in seinen 1550 erschienenen zwei- bzw. dreibändigen (1568) biografischen Kunstlexika verwendet, um jüngste künstlerische Trends zu glorifizieren und sie von dem bisherigen gotischen Stil abzugrenzen. Die europäischen Historiker des 19. Jahrhunderts übernahmen ihn und erweiterten seine Bedeutung, um eine Zeit der künstlerischen, kulturellen und intellektuellen Blütezeit zu beschreiben [...]. Damit lieferten sie keine nüchterne Beschreibung der Epoche, in der Leonardo[2], Michelangelo und ihre künstlerischen Zeitgenossen lebten, sondern weckten die Vorstellung, das „Europa der Renaissance" habe andere Zivilisationen sprunghaft überholt – eine Idee, die sowohl Ursprung als auch Rechtfertigung für den europäischen Imperialismus des 19. Jahrhunderts bildete.
Heute weisen Historiker gerne darauf hin, dass das „Europa der Renaissance" auch seine hässlichen Seiten hatte. Wir sollten nicht vergessen, dass in weniger als zehn Jahren, nachdem Michelangelo seine Fresken in der Sixtinischen Kapelle fertiggestellt hatte, Masern und andere europäische Krankheiten beinahe die Azteken, Inkas und andere indigene Bevölkerungen in der Neuen Welt ausgerottet hätten.[3] Wenn Historiker den Begriff „Renaissance" verwenden, gehen sie damit kritisch und vorsichtig um. In erster Linie meinen sie damit eine „Wiedergeburt" bestimmter Wissensgebiete, Stile und Werte des griechischen und römischen Altertums im Europa des 15. und 16. Jahrhunderts. [...]
Renaissancen, so wie wir sie definieren, finden sich in jeder Zivilisation. [...] Dieses Buch gewinnt seine Perspektive aus einem bestimmten Moment in der europäischen Geschichte. Warum? Nicht weil das Europa des 15. Jahrhunderts die am höchsten entwickelte Zivilisation der damaligen Zeit war. Diese Auszeichnung gebührt China [...]. Bereits im 12. Jahrhundert war Chinas damalige Hauptstadt Kaifeng eine Millionenstadt. 300 Jahre vor Gutenberg[4] erzeugten chinesische Blockdrucker bereits Bücher im Massendruck, und zwar so billig, dass sich selbst Haushalte mit bescheidenen Einkünften Bücher leisten konnten. Das Staatswesen des Osmanischen Reiches des 15. und 16. Jahrhunderts, das sich an Europas östlicher Türschwelle befand, war ebenfalls wesentlich höher entwickelt und kosmopolitischer als alles, was Machiavelli[5] beschrieb. [...] Europa galt als unterentwickeltes Hinterland. Viele Weltkarten aus jener Zeit spiegeln diese Auffassung wider. Mit Beginn der Renaissance setzte jedoch ein abrupter Wandel ein. In den folgenden Jahrhunderten schloss Europa zu anderen Zivilisationen auf, überholte sie auf fast allen Gebieten des menschlichen Fortschritts und prägte die grundlegenden Strukturen der Welt, in der wir heute leben. Europa ist sozusagen der engste Verwandte, der bis zur Gegenwart die unmittelbarsten Lektionen bietet.

Ian Goldin und Chris Kutarna, Die zweite Renaissance. Warum die Menschheit vor dem Wendepunkt steht, München 2016, S. 25-28

1. *Geben Sie die dargestellte Problematik des Begriffs „Renaissance" wieder.*
2. *Erklären Sie, warum die Beschäftigung mit der europäischen Renaissance „die unmittelbarsten Lektionen bietet" (Zeile 61).*
3. *Verfassen Sie einen Brief eines Gelehrten des 16. Jahrhunderts an einen Freund in einem anderen europäischen Land, in dem er über die Folgen des neuen Denkens für die Masse der einfachen Bevölkerung schreibt.*
4. *Diskutieren Sie, welche Entwicklungen die „heutige Renaissance" kennzeichnen, von der die Autoren sprechen. Siehe dazu auch den Einführungstext zur Quelle.*

[1] Zu Johan Huizinga siehe M2 auf Seite 26.
[2] Über Leonardo da Vinci informiert Seite 88 f. und 92 f.
[3] Siehe hierzu Seite 44.

[4] Informationen über Johannes Gutenberg finden Sie auf Seite 102.
[5] **Niccolò Machiavelli** (1469-1527): florentinischer Diplomat und Schriftsteller. In seinem Werk „Il principe" („Der Fürst") begründete er den Staat aus der Notwendigkeit, den inneren und äußeren Frieden zu bewahren. Daraus zog er den Schluss, dass sich das staatliche Handeln an dieser Aufgabe, nicht an Gott oder dem Gewissen zu orientieren habe.

Aufbruch in neue Welten: Beginn der europäischen Expansion

▲ Bedeutende Entdeckungsfahrten bis 1522.

- *Analysieren Sie die Karte unter folgenden Fragestellungen:*
  a) Über welches Thema informiert die Karte?
  b) Welchen Raum und welche Zeit stellt sie dar?
  c) Zeigt sie einen Zustand oder eine Entwicklung?
- *Fassen Sie auf der Grundlage Ihrer Arbeitsergebnisse zur ersten Frage und Ihres Vorwissens zusammen, was Sie bisher über die „Entdeckung" der Welt um 1500 wissen.*

In Europa waren Gewürze, Seide und andere wertvolle Güter aus dem Orient und aus Asien begehrt. Da ihr Transport auf dem Land aber langwierig, unsicher und teuer war, suchten einige europäische Länder einen Seeweg nach Indien. Mit diesem Ziel segelte Christoph Kolumbus auf dem Atlantik in Richtung Westen. Er landete 1492 allerdings in Amerika. Erst Vasco da Gama erreichte 1498 tatsächlich Indien. Ferdinand Magellan versuchte ab 1519 erneut, den westlichen Weg nach Indien zu finden. Er überlebte die Reise nicht, jedoch gelang dem Rest seiner Flotte die erste Weltumsegelung.

Aus Entdeckern wurden wenig später Eroberer: Die Europäer zerstörten die Kulturen der indigenen Völker Amerikas. Sie zwangen ihnen ihre Lebensweise und Religion auf und schleppten Krankheiten ein. Die wirtschaftliche Nutzung der Natur- und Bodenschätze veränderte die Umwelt der eroberten Länder grundlegend.

Am Ende dieses Kapitels sollten Sie Folgendes **wissen und können**:

- Voraussetzungen und Motive bedeutender Entdeckungsfahrten erklären
- die Eroberung der „Neuen Welt" beschreiben
- die Wahrnehmung der Kulturen aus unterschiedlichen Perspektiven charakterisieren
- die spanische Herrschaftspraxis in der „Neuen Welt" erläutern
- die Folgen der Kolonisation (Gesellschaft, Wirtschaft, Umwelt) analysieren
- die Entstehung eines weltweiten Handelssystems erklären

1487/88	Der portugiesische Seefahrer Bartolomeu Diaz umsegelt die Südspitze Afrikas.	Entdeckungsfahrten
1492	Der aus Genua stammende Christoph Kolumbus landet in Mittelamerika.	
1498	Der Portugiese Vasco da Gama gelangt als Erster auf dem östlichen Seeweg nach Indien.	
um 1500	Der Florentiner Amerigo Vespucci erkundet die südamerikanischen Küsten.	
1519-1522	Der Portugiese in spanischen Diensten Ferdinand Magellan beginnt die erste Weltumsegelung. Er stirbt auf der Reise, der Rest seiner Flotte erreicht 1522 Spanien.	
1503	Die spanische Krone führt das System der Encomienda in den neu entdeckten Gebieten Amerikas ein.	Eroberung eines Kontinents und Kolonisation
1513	Das Requerimiento hält fest, wie neue Eroberungen verlaufen sollen.	
1519-1521	Das Aztekenreich wird unter der Führung von Hernán Cortés erobert.	
1524	Der Indienrat wird gegründet, um die Kolonien in Mittel- und Südamerika zu überwachen.	
1531-1533	Die Spanier werfen unter der Führung von Francisco Pizarro das Inkareich nieder.	
1535	Das Vizekönigreich Neu-Spanien wird eingerichtet. Sieben Jahre später wird das Vizekönigreich Peru geschaffen.	
1542	Die „Neuen Gesetze" werden verabschiedet. Sie schränken die Encomienda ein und führen zu Konflikten zwischen der spanischen Krone und den Eroberern.	
1545	Die Spanier finden in Potosí (heute Bolivien) reiche Silberminen.	
1551	Die Universitäten in Lima und in Mexiko-Stadt werden eröffnet.	
1552	Bartolomé de Las Casas kritisiert das Vorgehen der Spanier in Amerika.	
um 1650	Die Bevölkerungszahl in Spanischamerika erreicht einen historischen Tiefstand (vier Millionen).	
1510	Die Portugiesen erobern Goa an der Westküste Indiens; es wird zum Verwaltungszentrum ihres asiatischen Handelsreiches.	„Europäisierung" der Welt?
um 1520	Der Handel mit afrikanischen Sklaven beginnt. Bis ins 19. Jh. werden insgesamt mindestens zehn Millionen Sklaven nach Amerika verschleppt.	
16. Jh.	Um im asiatischen Raum des Seehandels Profit zu erzielen, wirken die Krone und Kaufleute im System des portugiesischen Kronkapitalismus zusammen.	
16./17. Jh.	Ein Welthandelssystem entsteht, das die bekannten Kontinente verbindet.	
16.-18. Jh.	Die Europäer beherrschen den Seehandel im Indischen Ozean bis nach Japan und nehmen Kontakt auf zu den großen Kulturen Indiens, Chinas und Japans.	

Die Europäer „entdecken“ die Welt

Christoph Kolumbus (1451-1506): Der Genuese versuchte einen Seeweg in westlicher Richtung nach Indien zu finden. 1492 „entdeckte“ er dabei zufällig Amerika. Kolumbus durchforschte zahlreiche Inseln, u.a. das heutige Kuba und Hispaniola (Haiti/Dominikanische Republik). Insgesamt segelte er vier Mal über den Atlantik und erkundete auf seiner letzten Reise auch das mittelamerikanische Festland.

Zum Begriff „Entdeckung“ Der aus Genua stammende Seefahrer **Christoph Kolumbus** verließ 1492 mit drei Schiffen die spanischen Gewässer, um die Ostküste Asiens zu erreichen. Er war vom Erfolg überzeugt, ungeachtet der Angst seiner Besatzung. Endlich, drei Monate nach dem Aufbruch, hörten sie den Ruf „tierra“ – Land. Kolumbus nahm es sogleich „im Namen des Königs und der Königin“ in Besitz. In sein Bordbuch trug er ein: Die „Eingeborenen“ könne man „durch Liebe und mit dem Schwert retten und zu unserem heiligen Glauben bekehren“.

Ein Sinnspruch zu diesem Ereignis lautet anders: Der Amerikaner, der den Kolumbus zuerst „entdeckte“, machte eine böse Entdeckung. Der Spruch nimmt den Blickwinkel der Inselbewohner ein, auf die Kolumbus gestoßen war, und er verweist auf die verheerenden Folgen. Auch an anderer Stelle muss man die „Entdeckung“ des Kolumbus mit einem Fragezeichen versehen. Lange vor ihm, um das Jahr 1000, landeten einige Wikinger an der Ostküste Nordamerikas. Und schon etwa 15 000 Jahre vor Kolumbus waren Menschen aus Asien nach Alaska gekommen und hatten den Kontinent besiedelt.

Von einer „Entdeckung“ Amerikas konnten daher nur die Europäer um 1500 sprechen. Dennoch war die Begegnung ein weltgeschichtliches Ereignis, weil die Menschen Europas und Amerikas erstmals in Kontakt traten und die Europäer vom „neuen“ Kontinent Besitz ergriffen. Die indigenen Völker wurden dabei im Lauf der Eroberung der neu entdeckten Gebiete gewaltsam unterworfen oder verjagt.

Warum ging die Expansion von Europa aus? Wer sich mit Geschichte beschäftigt, stößt rasch auf die Frage, warum Entwicklungen zu einem bestimmten Zeitpunkt eintraten. Die bedeutenden Entdeckungsfahrten ereigneten sich in den Jahrzehnten um 1500. Sie leiteten einen Fundamentalprozess der Neuzeit ein: die *„Europäisierung“* der Welt. Doch warum ging die *„Globalisierung“* von Europa aus und warum begann sie gerade um 1500?

Eine Antwort muss zunächst die Alternativen bedenken. Im späten Mittelalter gab es weltweit noch zwei weitere große Kulturen, die ebenfalls einen Expansionsprozess hätten einleiten können. Das war erstens die islamische Kultur, die in der Mitte der damaligen Welthandelswege zwischen Europa und Ostasien lag. Die Mittellage gab jedoch keinen Anreiz zur Erkundung neuer Routen. Zweitens war es die chinesische Kultur, die zumindest den gleichen Entwicklungsstand hatte wie die europäische. Tatsächlich brachen zwischen 1405 und 1433 sieben gewaltige chinesische Flotten zu den Küsten Arabiens und Afrikas auf. Jedoch endeten die chinesischen Expeditionen abrupt, weil die Staatsmacht sie für überflüssig hielt und sich auf die Abwehr der Mongolen konzentrierte.

Für Europa verweisen Historiker auf drei komplexe Entwicklungen, die den Prozess der **Expansion** ermöglichten: die „nautisch-technische Revolution“, die Wissensbestände und das Weltbild der Renaissance sowie das Zusammenwirken staatlicher und wirtschaftlicher Kräfte, um ökonomischen Gewinn aus den Erkundungsfahrten zu ziehen. Diese Entwicklungen sind nicht als „Ursachen“, sondern als Voraussetzungen zu verstehen. Denn stets lenken auch Zufälle die Geschichte.

Expansion: Bezeichnung für das europäische Ausgreifen über den eigenen Kontinent hinaus im späten Mittelalter und in der Frühen Neuzeit. Das Ausgreifen bewirkte Entdeckungen, wissenschaftliche Erkenntnisse, wirtschaftliche Ausbeutung fremder Regionen und Völker, Überseehandel, Landaneignung und -raub sowie die Besiedlung ferner Räume.

Die „nautisch-technische Revolution" Im späten Mittelalter wurde der Handel zwischen dem Mittelmeer- und dem Nordseeraum intensiver; parallel dazu vollzog sich ein technologischer Austausch im Schiffsbau. Die Kogge, das hochseetaugliche Schiff des Nordens, widerstand dem rauen Atlantik und den Winterstürmen im Mittelmeer. Der Süden, der in der Segeltechnik fortgeschrittener war, lernte von dieser stabilen Bauweise. Das Heckruder ersetzte das Seitenruder, wodurch die Schiffe wendiger wurden. Die technologischen Neuerungen vereinigte im 15. Jahrhundert die *Karavelle* (20 bis 25 Meter Länge), der Schiffstyp der ersten Entdeckungsfahrten. Er lieferte das Muster für noch größere, stabilere Schiffe (sog. Galeonen). Sie hatten hohe Aufbauten, waren mit mehreren Masten, Viereck- und Dreiecksegeln schneller als ihre Vorläufer und kreuzten leichter gegen den Wind.

Die Hochseefahrt bedurfte nicht nur eines neuen Schiffstyps, sondern auch einer neuen Navigation. Die übliche Küstenfahrt hatte sich an Landmarken, Städten oder Leuchtfeuern orientiert. Auf hoher See jedoch musste die Position eines Schiffes nach geografischer Länge und Breite berechnet werden. Die Längengrade konnte man erst im 18. Jahrhundert bestimmen, ihre Einschätzung hing bis dahin letztlich vom Geschick eines Kapitäns ab. Die Breite ließ sich schon vor 1500 anhand des Sonnenstands oder der Höhe bekannter Sterne über dem Horizont errechnen. Die Kapitäne mussten hierzu eine Winkelmessung vornehmen, um die Gestirnshöhe und damit die Position ihres Schiffs exakt festzulegen. Als Instrumente verwendeten sie das *Astrolabium* und den *Quadranten*. Seit dem 13. Jahrhundert nutzten die Seeleute außerdem den Magnetkompass zur Richtungsbestimmung.

▲ Astrolabium und Quadrant.
Astrolabium (oben) aus dem Besitz von König Alfons X. von Kastilien und León (1221-1284); Quadrant (unten) aus Italien, vor 1627.
Die Seefahrer bestimmten mithilfe des Astrolabiums und des Quadranten den Sonnenstand oder die Höhe des Polarsterns und errechneten daraus den Breitengrad, auf dem das Schiff sich gerade befand.
- *Erklären Sie, inwieweit die Navigationsinstrumente eine wichtige Voraussetzung für die europäische Expansion darstellen.*

Wissensbestände und Weltbild der Renaissance Naturforscher und Humanisten erstellten Handbücher, in denen Kapitäne astronomische Daten nachsehen konnten, um besser navigieren zu können. Der Beitrag der Humanisten zu den Entdeckungsfahrten reichte indessen noch weiter. Sie studierten und prüften neben den astronomischen auch die geografischen Werke der Antike und kamen zum Schluss, dass die Erde eine *Kugelgestalt* hatte.[1] Allerdings bezweifelten sie, ob der Erdumfang von 28 000 km ausreichte, den der griechische Geograf *Ptolemaios* im 2. Jahrhundert n. Chr. errechnet hatte. Darüber hinaus trugen Humanisten das Wissen zusammen, das sie über Afrika und Asien in alten Werken und in neuen Entdeckungsberichten finden konnten. Dieser Wissensbestand war für künftige Fahrten nutzbringend, zumal er durch die Druckmedien umgehend Verbreitung fand. Vor allem die *Kartografie* wurde um 1500 von den Mathematikern unter den Humanisten vorangetrieben. Zuvor führten Kapitäne sogenannte Portolane mit. Das waren Küstenbeschreibungen mit Text und Bild, die man oft mit Liniennetzen zur Navigation ausstattete; im Lauf der Zeit wurden sie annähernd maßstabsgerecht gestaltet. Für die Fahrt auf den offenen Weltmeeren taugten sie jedoch wenig. Einen zweckmäßigen Kartentyp erfand dann um 1550 der Mathematiker und Gelehrte *Gerhard Mercator*; seine Projektionsmethode findet bis heute Anwendung.

So wichtig wie die Arbeit der Gelehrten war die geistige Haltung der Renaissance, speziell ihr dynamisches *Menschen- und Weltbild*.[2] Die Leidenschaft, Neues zu erkunden, hatte nicht nur Gebildete erfasst, sondern ebenso die Entdecker und ihre Auftraggeber, und das waren die Könige („**Kronen**") und Kaufleute. Aber diesem Personenkreis ging es um mehr.

Krone: Der Begriff steht nicht nur für die Person des Königs, sondern schließt auch die Regierung, die Dynastie und den Herrschaftsbereich ein.

[1] Lesen Sie dazu ausführlich Seite 100.
[2] Über das Menschen- und Weltbild der Renaissance informiert Seite 86 und 89.

Zusammenwirken der Kronen und Kaufleute Die Kaufleute finanzierten die Fahrten, Expeditionen, später auch Eroberungen, Koloniegründungen und ohnehin den Handel. Das Kapital dazu wurde schon um 1500 von Gesellschaften aufgebracht. Sie operierten in einem freien, frühkapitalistischen Markt, der im Fernhandel die höchsten Gewinnchancen und damit Anreize zu hoch riskanten Unternehmungen bot.

Die Kronen unterstützten die Kaufleute, weil sie vom Ertrag der Fahrten Gewinne oder Steuern abschöpften. Ihr Finanzbedarf wuchs um 1500 enorm, weil die Staatstätigkeit und Kriegszüge immer mehr kosteten. Die Könige Portugals und Spaniens investierten daher ihrerseits Geld für Erkundungsfahrten, nautisch-technische Entwicklungen und militärische Operationen in Amerika, Afrika und Asien, um mit den erhofften Erträgen die Staatskasse zu füllen. Zusätzlich boten sie rechtlichen Schutz und, wenn nötig, Militärhilfe. Der rechtliche Schutz bestand darin, dass die Könige für die Erkundungsfahrten und den Handel Sonderrechte vertraglich garantierten. So erhielten z.B. nur ausgewählte Kaufleute das Recht, in Ostasien Handel zu treiben und dort Stützpunkte zu errichten. Dafür bekamen die Kronen Gewinnanteile oder höhere Steuern. Als sich nach 1600 Niederländer, Engländer und Franzosen stärker in die Expansion einschalteten, blieb es bei der Kooperation von Politik und Wirtschaft – zum beiderseitigen finanziellen Vorteil.[1]

▲ **Denkmal der Entdeckungen.** *Foto vom September 2017, Lissabon (Portugal). Das 52 Meter hohe Denkmal wurde 1960 zum 500. Todestag von Heinrich dem Seefahrer im Stadtteil Belém in Lissabon am Fluss Tejo erbaut. Es erinnert an das Zeitalter der Entdeckungen und zeigt über 30 bedeutende Persönlichkeiten Portugals aus dem 15. und 16. Jh., darunter Heinrich den Seefahrer, Bartolomeu Diaz, Vasco da Gama und Ferdinand Magellan. Die Form des Denkmals soll an den Schiffstyp der Karavelle erinnern. Das Innere des Denkmals beherbergt ein Museum. Vor dessen Eingang befindet sich auf dem Boden ein riesiges Windrosenmosaik (siehe die Abbildung auf Seite 35).*

Der Seeweg nach Ostasien Die Portugiesen begaben sich zuerst auf die Weltmeere. Unter dem Königssohn *Heinrich dem Seefahrer* begannen sie nach 1400, die Atlantikküste Afrikas in südlicher Richtung zu erschließen. Ihr Ziel war, jenseits von Afrika direkten Anschluss zum Handel mit den Schätzen des Fernen Ostens zu gewinnen, also zum Handel mit Gold, Pfeffer, Muskat oder Zimt. Daraus zogen bis dahin arabische Kaufleute Profit, außerdem Venedig mit seinem weiten Handelsnetz. Dass gerade die Portugiesen nach neuen Routen suchten, hatte mehrere Gründe: Portugal lag nach damaliger Vorstellung am vermeintlich direkten Seeweg zum Fernen Osten. Zudem mussten die Portugiesen mehr als andere Europäer von der Seefahrt leben und machten beim Schiffsbau und in der Navigation die meisten Fortschritte, da sie an die raue See des Atlantiks gewöhnt waren. Vor allem brauchte das arme Land Gold, Silber und Einnahmen aus dem Handel, um überleben zu können.

Die Südspitze Afrikas lag weiter entfernt als vermutet. *Bartolomeu Diaz* umsegelte sie 1487/88; man nannte sie *Kap der Guten Hoffnung*, weil nun die Fahrt über den Indischen Ozean möglich schien.[2] Eine portugiesische Expedition unter *Vasco da Gama* erreichte in der Tat 1498 die Westküste Indiens (▸ M1). Unmittelbar darauf wurde *Pedro Àlvares Cabral* auf dem Weg nach Ostasien an die brasilianische Küste abgetrieben, die er für Portugal in Besitz nahm (1500). Weitere Expeditionen erkundeten die ostasiatischen Küsten und Inseln. Die Portugiesen begegneten in Asien einer feindlichen Welt, die sie mit überlegenen Schiffskanonen bekämpften. Sie besetzten zwar nur wichtige Hafenstädte, brachten aber die Seewege mit äußerster Brutalität unter Kontrolle (▸ M2). Die Fahrten zu den Küsten Chinas und Japans hatten Handelsbeziehungen zur Folge, jedoch keine weiteren Eroberungen. China überließ schließlich den Portugiesen als Stützpunkt Macao (1557), Japan Nagasaki (1571).

[1] Vgl. dazu das Kapitel „‚Europäisierung' der Welt?" ab Seite 70.
[2] Zu bedeutenden Entdeckungsfahrten im 15. und 16. Jahrhundert siehe die Karte auf Seite 30.

▲ **Windrose mit Weltkarte.**
Foto vom Juli 2013.
Mithilfe der Karte im Zentrum des Windrosenmosaiks können sich die Besucher über die Routen der portugiesischen Entdecker informieren.

Die Erkundung Amerikas Mehr als bei Portugal führte bei Spanien der Zufall Regie. Die überseeische Expansion Spaniens begann mit der Atlantiküberquerung des Christoph Kolumbus im Jahr 1492. Kolumbus vertraute auf die Theorie des Geografen *Paolo Toscanelli*, dass man Indien in westlicher Richtung erreichen könne. Indessen scheiterte der Genuese beim Versuch, den portugiesischen Hof für eine solche Fahrt zu begeistern. Die Portugiesen hielten ganz richtig die von Toscanelli errechneten Entfernungen für viel zu gering. Kolumbus überzeugte aber das spanische Königspaar *Isabella von Kastilien* und *Ferdinand von Aragón*, das ihm Schiffe zur Verfügung stellte (▸ M3). Da Spanien im *Vertrag von Alcáçovas* (1479) den Portugiesen den Seeweg entlang Afrikas Küsten zugestanden hatte, gab es für die spanische Krone keine Hoffnung, auf diesem Weg nach Indien zu gelangen. Die Finanzierung des Vorhabens von Kolumbus war daher eine Verzweiflungstat, die darauf setzte, dass er wider allen Wissens Recht hatte oder das Glück, unterwegs auf Land zu stoßen, um neues Trinkwasser aufzunehmen.

Am *12. Oktober 1492* landete Kolumbus auf einer der Bahamainseln östlich von Kuba (▸ M4 und M5). Er glaubte, sich auf einer Insel vor Asien zu befinden. Der Seefahrer hielt immer daran fest, Ostasien erreicht zu haben, auch nachdem er den karibischen Raum auf drei weiteren Reisen durchforscht hatte. Zugleich befuhr der Florentiner *Amerigo Vespucci* zwischen 1499 und 1504 die Küsten Südamerikas. Nach seinem Vornamen benannte der deutsche Geograf *Martin Waldseemüller* wenig später den Kontinent (▸ M6).

Die geografische Beschaffenheit Mittel- und Südamerikas war um 1550 weitgehend bekannt. Nach Nordamerika allerdings kamen nur vereinzelt spanische Eroberer,

Internettipp
Zum Bordbuch von Christoph Kolumbus, das er auf seiner ersten Fahrt nach Amerika führte und uns heute in einer Überlieferung von Bartolomé de Las Casas vorliegt, siehe den Code 32033-02.

außerdem britische und französische Seefahrer. Darunter waren zwei Fahrten zukunftsweisend. Unter dem Schutz des englischen Königs gelangte der Italiener Giovanni Caboto (*John Cabot*) nach Neufundland (1497/98), woraus England später Ansprüche auf Landnahme in Nordamerika ableitete. Der Franzose *Jacques Cartier* befuhr dreimal den Sankt-Lorenz-Strom und beanspruchte dabei Regionen des späteren Kanada für Frankreich. Allerdings begannen Briten und Franzosen erst nach 1600, die Ostküste Nordamerikas zu besiedeln, während Spanier und Portugiesen schon im 16. Jahrhundert Kolonialreiche in Mittel- und Südamerika gründeten.[1]

▲ **Kolumbus betritt amerikanischen Boden.**
Nachträglich kolorierter Kupferstich (16,4 x 19,3 cm) aus dem 4. Band der „Sammlung von Reisen in das westliche Indien (America)" von 1594, herausgegeben vom Frankfurter Verleger, Kunsthändler und Kupferstecher Theodor de Bry.

- *Gliedern Sie den Kupferstich in sinnvolle Bereiche und versehen Sie diese mit passenden Überschriften.*
- *Charakterisieren Sie die einzelnen Personengruppen und deren Beziehungen zueinander.*
- *Analysieren Sie die Haltung des Künstlers zu dem Ereignis.*
- *Beurteilen Sie den Aussagewert der Quelle.*

[1] Siehe hierzu das Kapitel „Die spanische Kolonisation und ihre Folgen" ab Seite 54.

▲ **Die indigene Bevölkerung Südamerikas aus europäischer Sicht.**
Kolorierter Holzschnitt eines unbekannten Künstlers zu den Schriften „Mundus Novus" von Amerigo Vespucci, verlegt von Johann Froschauer, Augsburg 1505.

- *Beschreiben Sie die abgebildeten Szenen auf dem Holzschnitt.*
- *Charakterisieren Sie die indigene Bevölkerung Südamerikas, wie sie sich die Europäer vorstellten. Berücksichtigen Sie dabei auch Kleidung, Attribute, Mimik und Gestik.*
- *Erläutern Sie, welches Bild der Holzschnitt von der indigenen Bevölkerung vermittelt.*
- *Vergleichen Sie die Darstellung der Einheimischen mit derjenigen der eingeborenen Bevölkerung auf dem Kupferstich von 1594 (siehe Seite 36).*

Die Weltumsegelung des Magellan und die Erforschung des Pazifiks Nach Kolumbus wurde das geografische Wissen der Zeit am meisten durch die Weltumsegelung des *Ferdinand Magellan* 1519 bis 1522 erweitert (▸ M7). Der Portugiese in spanischen Diensten bewies den letzten Zweiflern, dass die Erde eine Kugel war. Außerdem erkundete er als erster Europäer die ungeheure Weite des Pazifischen Ozeans und die Lage der legendären „Gewürzinseln" (Molukken). Nach dreijähriger Fahrt kam nur ein einziges von fünf Schiffen zum Heimathafen Sevilla zurück. Dessen Gewürzladung freilich deckte die Kosten der gesamten Expedition und warf noch Gewinn ab. Magellan selbst war von Bewohnern der Philippinen getötet worden. Er hatte als erster Seefahrer Südamerika umrundet und jenes Drittel der Erdoberfläche durchquert, über deren Beschaffenheit man bis dahin überhaupt nichts wusste.

Die genauere Kenntnis des Pazifiks blieb eine Aufgabe für die Zukunft. Der Niederländer *Abel Tasman* kartierte 1644 einen Küstenabschnitt Australiens. Aber erst der Brite *James Cook* stellte auf drei Fahrten von 1768 bis 1780 sicher, dass sonst kein großer Kontinent im Pazifik lag. Cook hatte im Gegensatz zu den Erkundungsfahrten um 1500 nicht den Auftrag, Handels- oder Eroberungsgewinne zu machen. Vielmehr sollte er ethnografische, biologische und geografische Forschungen betreiben. Seine Fahrten lieferten das Modell für die Forschungsreise der „Beagle" von 1831 bis 1836 mit *Charles Darwin*, der dabei die grundlegenden Einsichten für die Evolutionstheorie gewann. Auch Darwin war in der Südsee und im Pazifik unterwegs.

M1 Europäer erreichen auf dem Seeweg Indien

Der portugiesische Seefahrer Vasco da Gama erreicht 1498, nachdem er Afrika mit einer Flotte von vier Schiffen umfahren hat, die Küstenstadt Kalikut im südwestlichen Indien. Damit belegt er die Existenz des seit Langem gesuchten Seeweges von Europa nach Indien. Er berichtet über seine Ankunft in Kalikut und die ersten Verhandlungen mit dem lokalen Herrscher:

Wir warfen längs der Küste Anker [...]. Und nachdem wir so vor Anker lagen, kamen vom Lande vier Barken[1] auf uns zu, und selbige kamen, um zu erfahren, wer wir wären, und nannten und zeigten uns Kalikut. Und desgleichen am anderen Tage kamen wieder selbige Barken zu unseren Schiffen, und der Kommandant [Vasco da Gama] schickte einen der Verbannten[2] nach Kalikut, und die, mit denen er fuhr, führten ihn hin, wo zwei Mauren von Tunis wohnten, die kastilianisch und genuesisch sprechen konnten, und der erste Gruß, den sie ihm zuriefen, war der: „Hol dich der Teufel! Wer hat dich hierhergebracht?" und sie fragten, was wir so weit in der Ferne suchten, und der antwortete ihnen: „Wir kommen Christen und Gewürze suchen." [...]
Zu der Zeit, wo wir in selbiger Stadt Kalikut ankamen, hielt sich der König[3] 15 Leguas[4] von dort auf, und der Kommandant schickte ihm dahin zwei Leute, durch die er ihm sagen ließ, dass ein Gesandter des Königs von Portugal da sei und dass er Briefe von selbigem zu überbringen habe und dass, wenn er befehle, er sie ihm dahin bringen würde, wo er wäre. Und als selbiger König besagte Meldung von dem Kommandanten erhielt, belohnte er die Leute, die sie ihm überbrachten, mit sehr guten Tuchstoffen. Und er ließ ihm sagen, dass er sehr willkommen sei und dass er sogleich nach Kalikut kommen würde, wie er denn auch wirklich sogleich, mit vielem Volk hinter sich her, nach Kalikut aufbrach [...].
Der Kommandant sagte ihm [dem König], dass er Gesandter eines Königs von Portugal wäre, der Herr über große Landstrecken sei und sehr reich in jeder Hinsicht, mehr als irgendein König in jenen Gegenden, und dass seit 60 Jahren die Könige, seine Vorgänger, jedes Jahr Schiffe auf Entdeckungen ausschickten nach diesen Gegenden, derweil sie wüssten, dass es in selbigen Gegenden christliche Könige gebe wie sie und dass sie deshalb befohlen hätten, selbiges Land zu entdecken, und nicht, weil sie Gold oder Silber brauchten, weil sie das im Überfluss hätten, dass sie es nicht aus selbigem Lande zu holen brauchten. [...] Der König antwortete darauf und sagte, dass er [Vasco da Gama] willkommen sei [...] und dass er ihm Gesandte nach Portugal mitschicken wolle, worauf ihm der Kommandant erwiderte, dass er ihn auch um diese Gnade bitte, dieweil er nicht wagen würde, vor dem König, seinem Herrn, zu erscheinen, wenn er nicht einige Leute aus seinem Lande mitbrächte.

Urs Bitterli (Hrsg.), Die Entdeckung und Eroberung der Welt. Dokumente und Berichte, Bd. 2: Asien, Australien, Pazifik, München 1981, S. 127 f.

[1] **Barke**: kleines Boot ohne Mast
[2] Für besonders gefährliche Aufträge wurden Verbannte oder zum Tode Verurteilte Portugiesen auf dem Schiff mitgeführt.
[3] Gemeint ist der Fürst (Radscha) von Kalikut.
[4] Entspricht rund 90 Kilometer.

1. *Geben sie wieder, welche Themen der Entdecker Vasco da Gama für mitteilenswert hält.*
2. *Charakterisieren Sie Vasco da Gamas Handeln und sein Verhältnis zum Fürsten von Kalikut.*
3. + *Erläutern Sie die Aussagen über das Ziel der Expedition Vasco da Gamas.*

M2 Eine chinesische Perspektive

Portugiesische Seefahrer erreichen die südchinesische Stadt Kanton (Guangzhou) im Jahre 1517. Der chinesische Gelehrte und Geschichtsschreiber Ku Yen-wu berichtet über die Ankunft:

Die Portugiesen hatten früher keinen Verkehr mit China. Im Jahre Chengte 12 kamen sie auf großen Schiffen fahrend plötzlich beim Ankerplatz von Kanton an. Der Lärm ihrer Kanonen war wie Donner. Sie gaben an, Tribut bringen und um die Verleihung eines Lehnstitels bitten zu wollen. [...] Die Zensorats-Inspektoren[1] stellten fest, dass es in den Gesammelten Statuten keinen Präzedenzfall [einer Tributgesandtschaft der Portugiesen] gäbe, und ließ sie nicht [zur Hauptstadt] gehen. Daraufhin zogen sie sich zurück und gingen in Nant'ou bei Tungkuan [am Ostufer der Bucht von Kanton] vor Anker. Sie bauten sich [dort] sogleich Häuser, errichteten Palisaden und verließen sich auf ihre Feuerwaffen, um ihre [Stellung] zu sichern. Als einige zum [Kultur-]Ministerium kamen, führten sie nicht die Zeremonie des Kniens aus, und zur Audienz am Kaiserhof beanspruchten sie den Vorrang vor allen anderen Barbaren.
Die Zensoren Ch'iu Tao-lung und Ho Ao machten nacheinander detaillierte Eingaben. [Darin] sagten sie, [die Portugiesen] hielten Gewalttätigkeit und Aufruhr für Tapferkeit [...]. Vom Sturm verschlagen seien [die Portugiesen] beim Ankerplatz [von Kanton] angekommen; sie gingen hin und her um auszukundschaften und machten sich mit unseren Wegen und Straßen vertraut; sie raubten oder kauften kleine Kinder, um sie zu kochen und zu verspeisen. Kürzlich hätte der König von

[1] **Zensoren**: chinesische Beamte, die die Verwaltung und die Verwaltungsbeamten überwachten

Malakka in einer Eingabe mitgeteilt, dass sie ihm sein Land weggenommen und in Feindschaft [viele Menschen] getötet hätten. Das Unheil ihres Mordens und Plünderns wäre unübertreffbar. Es wäre daher angebracht, [die Portugiesen] sofort zu verjagen, streng den privaten Verkehr mit ihnen zu verbieten und die von ihnen errichteten Häuser und Befestigungen restlos zu zerstören: Verfolgung und Bestrafung von Händlern und Handwerkern, die privat mit den Barbaren verkehrten, seien zu verschärfen. Ein kaiserlicher Erlass hieß diese Vorschläge gut.

Urs Bitterli (Hrsg.), a.a.O., S. 142 f.

1. *Fassen Sie die wesentlichen Vorwürfe gegenüber den Portugiesen zusammen.*

2. *Setzen Sie diesen Text in Beziehung zu M1. Die beiden*
+ *Quellen schildern die Ereignisse im Zusammenhang der Ankunft portugiesischer Entdecker sehr unterschiedlich. Arbeiten Sie die wesentlichen Unterschiede heraus.*

M3 Das Interesse Spaniens

Der Geschichtsdidaktiker Christian Mehr schreibt über die Voraussetzungen für die erfolgreiche Kolonisation Amerikas:

Spanien interessierte sich vergleichsweise spät für die Erschließung neuer Handelswege und fremder Länder. Erst nach 1469, als sich die Kronen von Aragón und Kastilien durch die Heirat Ferdinands mit Isabella zusammenschlossen, konnten sich die politischen Entscheidungen langsam von der iberischen Halbinsel und den dortigen Konflikten ablösen. Ein einheitlich verwalteter Staat lag gleichwohl noch in weiter Ferne. Zum einen, weil auch mit der Eheschließung zunächst die Vereinigung der Königreiche von Aragón und Kastilien nur formal zum Ausdruck kam und die Adligen der ehemals getrennten Königreiche die Zentralisierung der Macht am neuen spanischen Königshof argwöhnisch begleiteten und sich dagegen auch immer wieder auflehnten. Zum anderen befand sich der südliche Teil Spaniens immer noch unter der Herrschaft der Mauren. 711 waren sie in die christlichen Reiche der Westgoten auf der iberischen Halbinsel eingedrungen und erst 1492 gelang der Abschluss der sogenannten Reconquista (Rückeroberung) der muslimisch besetzten Gebiete. Die Kapitulationen (Verträge) von Santa Fe, die Kolumbus zur Indienfahrt ermächtigten und seinen Forderungen nachkamen, unterzeichnete das spanische Königspaar noch im Heerlager. Allein schon durch diese zeitliche Überschneidung wird deutlich, dass die Fahrt des Kolumbus eine logische Fortsetzung der spanischen Kreuzzugs-Politik darstellte. So, wie schon der Krieg gegen die Mauren zum Kreuzzug erklärt worden war, wurde auch die Reise des Kolumbus als Dienst am Christentum aufgefasst. Während die mittelalterlichen Kreuzzüge jedoch nicht die Missionierung als Ziel hatten, sondern vor allem der Rückeroberung Jerusalems und dem Zurückdrängen des muslimischen Herrschaftsbereiches galten, strebte das spanische Königspaar darüber hinaus die Verbreitung des Christentums an. Auch die Ausweisung derjenigen Juden, die nicht konvertierten (Alhambra-Edikt 1492), diente diesem Zweck. Nicht nur Spanien sollte wieder ausschließlich christlich sein, sondern auch die Länder und Völker, die Kolumbus auf seiner Fahrt nach Westen neu entdecken würde. [...]

Der missionarische Zweck war zugleich Mittel zur Durchsetzung ökonomischer und politischer Interessen. Es wäre jedoch irreführend, zu behaupten, die Könige wie die späteren Entdecker hätten nur unter dem Vorwand der Missionierung ihre eigenen Herrschaftsinteressen verfolgt. Religiöse und politisch-wirtschaftliche Ziele ergänzten und bedingten sich vielmehr gegenseitig. So konnten die Könige von Sondersteuern profitieren, die der Papst der spanischen Kirche auferlegt hatte, um die Reconquista zu finanzieren. Im Gegenzug gelobten die spanischen Könige, den Papst bei seinem Kreuzzug ins Heilige Land zu unterstützen. Diesen Zusammenhang zwischen dem Kampf gegen die Mauren in Spanien und seiner Westfahrt führte auch Kolumbus an. Er versprach, die Gewinne seiner Fahrt in die Rückeroberung Jerusalems fließen zu lassen, und bewarb den neuen Seeweg als strategische Option im Kampf gegen die Muslime.

Die religiöse und politische Einheit des Staates waren zwei Seiten einer Medaille. Die politische Stabilisierung und territoriale Integrität [...] waren unabdingbare Voraussetzung, damit sich ein Staat bei der Entdeckung, Eroberung und Christianisierung fremder Länder engagieren konnte. Die Einheit der Religion wiederum war umgekehrt Voraussetzung für die Einheit und Stabilität des Staates. Die spanischen Könige hatten ein Interesse daran, das Christentum als alleiniges Bekenntnis durchzusetzen, weil Loyalität nur dem Staat, personalisiert durch die katholischen Majestäten, und nicht anderen Religionen gezollt werden sollte. [...]

Zeit und Ort für den Beginn der Westfahrt Kolumbus' sind also nicht zufällig. Erst 1492 erwachte in Spanien aus den [...] dargelegten Gründen überhaupt das Interesse, für ein solches Unternehmen einzustehen.

Christian Mehr, Entdeckungen und Eroberungen in der Frühen Neuzeit (Kompaktwissen Geschichte, hrsg. von Gerhard Henke-Bockschatz), Stuttgart 2013, S. 25-28

1. *Geben Sie die Voraussetzungen für die spätere Eroberung und Kolonisation Amerikas durch die Spanier wieder.*

2. *Arbeiten Sie heraus, welche Interessen die spanische Krone mit den Entdeckungsfahrten verfolgte.*

M4 Ankunft in Amerika

Das Bordbuch des genuesischen Seefahrers Christoph Kolumbus beschreibt die erste Fahrt nach Amerika. Die Eintragungen sind allerdings nur durch Überlieferung des spanischen Geistlichen Bartolomé de Las Casas (siehe Seite 56f.) bekannt. Das Original ist verlorengegangen. Welche Teile von Kolumbus und welche von Las Casas verfasst worden sind, ist bis heute Gegenstand von Debatten. Über den 12. Oktober 1492 heißt es im Bordbuch:

Um zwei Uhr morgens kam das Land in Sicht, von dem wir etwa 8 Seemeilen entfernt waren. Wir holten alle Segel ein und fuhren nur mit einem Großsegel, ohne Nebensegel. Dann lagen wir bei und warteten bis zum Anbruch des Tages, der ein Freitag war, an welchem wir zu einer Insel gelangten, die in der Indianersprache „Guanahaní" hieß.
Dort erblickten wir allsogleich nackte Eingeborene. Ich begab mich, begleitet von Martin Alsono Pinzon und dessen Bruder Vicente Yánez, dem Kapitän der „Niña", an Bord eines mit Waffen versehenen Bootes an Land. Dort entfaltete ich die königliche Flagge, während die beiden Schiffskapitäne zwei Fahnen mit einem grünen Kreuz im Felde schwangen, das an Bord aller Schiffe geführt wurde und welches rechts und links von den je mit einer Krone verzierten Buchstaben F und Y[1] umgeben war. Unseren Blicken bot sich eine Landschaft dar, die mit grün leuchtenden Bäumen bepflanzt und reich an Gewässer und allerhand Früchten war.
Ich rief die beiden Kapitäne und auch all die anderen, die an Land gegangen waren, ferner Rodrigo d'Escobedo, den Notar der Armada, und Rodrigo Sánchez von Segovia, zu mir und sagte ihnen, durch ihre persönliche Gegenwart als Augenzeugen davon Kenntnis zu nehmen, dass ich im Namen des Königs und der Königin, meiner Herren, von der genannten Insel Besitz ergreife, und die rechtlichen Unterlagen zu schaffen, wie es sich aus den Urkunden ergibt, die dort schriftlich niedergelegt wurden. Sofort sammelten sich an jener Stelle zahlreiche Eingeborene der Insel an. In der Erkenntnis, dass es sich um Leute handle, die man weit besser durch Liebe als mit dem Schwerte retten und zu unserem heiligen Glauben bekehren könne, gedachte ich sie mir zu Freunden zu machen und schenkte also einigen unter ihnen rote Kappen und Halsketten aus Glas und noch andere Kleinigkeiten von geringem Werte, worüber sie sich ungemein erfreut zeigten. Sie wurden so gute Freunde, dass es eine helle Freude war. Sie erreichten schwimmend unsere Schiffe und brachten uns Papageien, Knäuel von Baumwollfaden, lange Wurfspieße und viele andere Dinge noch, die sie mit dem eintauschten, was wir ihnen gaben, wie Glasperlen und Glöckchen. Sie gaben und nahmen alles von Herzen gern – allein mir schien es, als litten sie Mangel an allen Dingen.
Sie gehen nackend umher, so wie Gott sie erschaffen, Männer wie Frauen, von denen eine noch sehr jung war. Alle jene, die ich erblickte, waren jung an Jahren, denn ich sah niemand, der mehr als 30 Jahre alt war. Dabei sind sie alle sehr gut gewachsen, haben einen schön geformten Körper und gewinnende Gesichtszüge. Sie haben dichtes, struppiges Haar, das fast Pferdeschweifen gleicht, das über der Stirne kurz geschnitten ist bis auf einige Haarsträhnen, die sie nach hinten werfen und in voller Länge tragen, ohne sie jemals zu kürzen. [...]
Sie führen keine Waffe mit sich, die ihnen nicht einmal bekannt sind; ich zeigte ihnen die Schwerter und da sie sie aus Unkenntnis bei der Schneide anfassten, so schnitten sie sich. Sie besitzen keine Art Eisen. Ihre Spieße sind eine Art Stäbe ohne Eisen, die an der Spitze mit einem Fischzahn oder einem anderen harten Gegenstand versehen sind.

Christoph Kolumbus Bordbuch, Frankfurt am Main/Leipzig 2006, S. 44-47 (übersetzt von Robert Grün)

[1] F und Y stehen für die spanischen Könige Ferdinand II. von Aragón und Isabella I. von Kastilien.

1. *Geben Sie wieder, wie das Bordbuch die indigene (eingeborene) Bevölkerung beschreibt.*
2. *Charakterisieren Sie Kolumbus' Verhalten gegenüber* ✚ *den Eingeborenen und hinsichtlich seiner Stellung gegenüber der spanischen Krone.*
3. *Erläutern Sie, welche Art von Umgang mit der „Neuen* ✚ *Welt" die Beschreibung nahe legt.*
4. *Überprüfen Sie, wo Text und Kupferstich (siehe Seite 36) übereinstimmen und wo nicht.*

M5 Der 12. Oktober – ein Tag zum Feiern?

In einer Erklärung von George Bush, dem 41. Präsidenten der Vereinigten Staaten von Amerika (1989-1993), heißt es am 10. Oktober 1991 zum bevorstehenden Kolumbus-Tag:

Da sich der 500. Jahrestag der ersten Ankunft von Christoph Kolumbus in Amerika nähert, wird diesem gefeierten Admiral der Meere sowohl in Europa als auch in Amerika wieder mehr Aufmerksamkeit gewidmet. Wir feiern jedes Jahr am Kolumbus-Tag all das, was dieser meisterliche Seemann für unsere Nation bedeutet. Für viele Generationen verkörperte Kolumbus den Forscher- und Entdeckergeist – und den Anfang von Amerika.
Als Kolumbus seine transatlantische Reise begann, vertrat er eine Theorie und suchte seine Chance. Die Reise bedeutete

▲ Elektronische Grußkarten zum US-amerikanischen „Columbus Day".

- *Arbeiten Sie die Aussagen der beiden Grußkarten heraus.*
- ➕ *Erläutern Sie ausgehend von den Grußkarten, warum das Begehen von Gedenktagen oft umstritten ist.*

ein Risiko und versprach eine Belohnung. Kolumbus und seine Mannschaft mussten viel Mut und Selbstbewusstsein haben. Diese Eigenschaften hat praktisch jeder große Pionier besessen. So erinnert uns die Geschichte von Christoph Kolumbus daran, dass jede erfolgreiche Forschung und Entdeckung mit dem Willen beginnt, seine Ziele höher zu stecken, neue Horizonte zu suchen und dorthin zu gehen, wohin einen die eigenen Vorstellungen und Erfahrungen führen. Sie erinnert uns auch daran, dass Fleiß und Arbeit die Grundlagen für Lernen und Fortschritt sind.

Am Kolumbus-Tag feiern wir aber nicht nur den Geist des Lernens, sondern auch die Geschichte unserer Nation. Die Begegnung von Kulturen, die Christoph Kolumbus ermöglichte, markierte den Beginn eines neuen Kapitels in der Geschichte. Der darauf folgende Austausch von Wissen, Ressourcen und Ideen zwischen der Alten und der Neuen Welt führte zur Entwicklung zweier Kontinente und zur Geburt einer Nation, die für Freiheit und Möglichkeiten steht.

Der Kolumbus-Tag war lange Zeit etwas Besonderes für Italo-Amerikaner und Amerikaner spanischer Abstammung. Aber wenn wir an den mutigen Sohn Genuas denken, der mit der Hilfe der spanischen Monarchen Ferdinand V. und Isabella I. zwei Hemisphären verband, dann wissen wir, dass dieser Tag für uns alle Bedeutung hat. Es ist der Moment, an die vielen Pioniere zu denken, die wie Kolumbus die Herausforderung des Unbekannten gesucht haben und die Menschheit auf dem Weg des Fortschritts vorangebracht haben. Es ist der Moment, das reiche Erbe der eingeborenen Völker Amerikas und unsere Stärke als eine Nation von Einwanderern zu feiern. An diesem Tag feiern wir auch die engen Bande, die uns mit unseren Nachbarn in Mittel- und Südamerika und in der Karibik verbinden, da wir gemeinsame Erben der Kolumbus-Reise sind. [...] Das Wichtigste am Kolumbus-Tag ist vielleicht, dass er ein Moment ist, an dem wir uns selbst erforschen können, um die Vergangenheit zu studieren und von ihr zu lernen. Dies ermöglicht es uns, den Segen besser zu erkennen, den die Freiheit und die Prinzipien, die alle Amerikaner verbinden, für uns bedeuten.

www.presidency.ucsb.edu/ws/index.php?pid=20090#axzz1W3UfK4O5 (Zugriff: 24. August 2017; übersetzt von Ulrich Mücke)

1. *Fassen Sie die Aussage der Erklärung des damaligen US-Präsidenten zusammen.*
2. *Arbeiten Sie heraus, welche verschiedenen Traditionen des 12. Oktober sich in der Erklärung finden.*
3. *Beurteilen Sie, ob Christoph Kolumbus als ein Vorbild für die US-amerikanische Gesellschaft betrachtet werden kann.*
4. *Bilden Sie zwei Gruppen. Entwickeln Sie in der einen Gruppe Argumente für und in der anderen Gruppe Argumente gegen die Feierlichkeiten zum „Kolumbus-Tag". Tauschen Sie Ihre Argumente im Rahmen einer Diskussion aus und versuchen Sie, die andere Gruppe von Ihrer Position zu überzeugen.*
5. *Entwickeln Sie eine Rede, die den „Kolumbus-Tag" angemessen betrachtet. Beziehen Sie dabei auch die Aussagen der elektronischen Grußkarten und die der Rede (M5) sowie die Ergebnisse aus Aufgabe 4 mit ein.*

M6 Weltkarte von Martin Waldseemüller (1507)

Die Karte des aus Freiburg im Breisgau stammenden Mathematikers und Geografen Martin Waldseemüller (1470-1520), die er gemeinsam mit dem Elsässer Humanisten Matthias Ringwald erstellt hat, besteht ursprünglich aus zwölf Holzschnittblättern, die zusammen 132 cm hoch und 236 cm breit sind. Sie wird in einer Auflage von 1000 Exemplaren verbreitet und bildet erstmalig Nord- und Südamerika als unabhängigen Kontinent ab. Die Karte trägt dazu bei, dass der Kontinent den Namen „America“ nach dem italienischen Seefahrer Amerigo Vespucci erhält. Er hat Kolumbus auf dessen letzten Fahrten in die Neue Welt begleitet und darüber sensationelle Berichte veröffentlicht. Später distanziert sich Waldseemüller von dieser Bezeichnung und wählt wie andere Kartografen seiner Zeit die Bezeichnung „Terra Nova“ (Neuland, Neue Welt). Dennoch setzt sich seine erste Namensgebung für den Doppelkontinent durch. Heute existiert nur noch ein einziges Exemplar dieser Karte. Sie ist 2001 von der amerikanischen Library of Congress erworben worden.

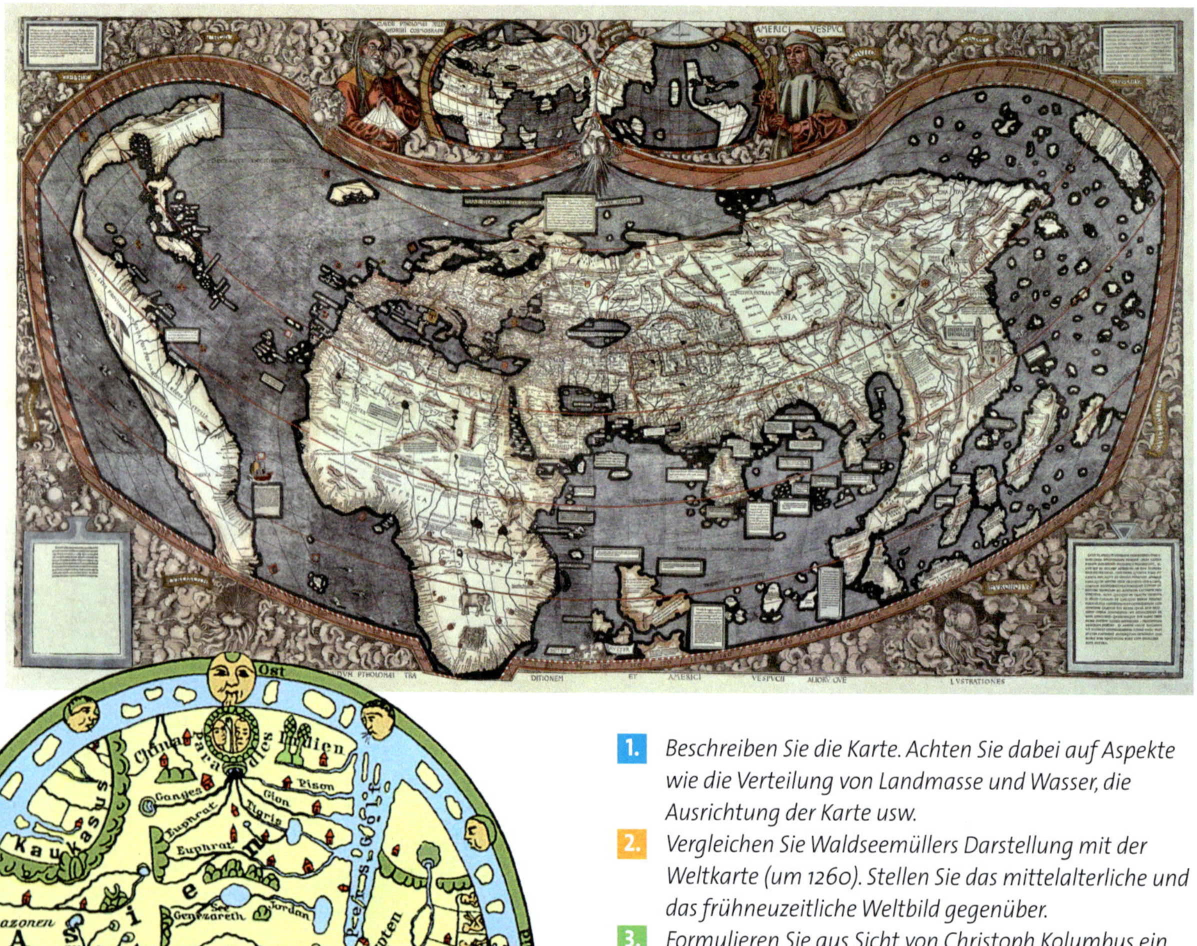

◂ **Das Weltbild im Mittelalter.**
Nachzeichnung einer Weltkarte aus der Zeit um 1260. Die Karte zeigt die Erdteile Asien, Europa und Afrika. Den Mittelpunkt der Welt bildet Jerusalem, als Zentrum des Christentums.

1. *Beschreiben Sie die Karte. Achten Sie dabei auf Aspekte wie die Verteilung von Landmasse und Wasser, die Ausrichtung der Karte usw.*
2. *Vergleichen Sie Waldseemüllers Darstellung mit der Weltkarte (um 1260). Stellen Sie das mittelalterliche und das frühneuzeitliche Weltbild gegenüber.*
3. *Formulieren Sie aus Sicht von Christoph Kolumbus ein Schreiben an Waldseemüller, in dem Sie Stellung zur Namensgebung des Kontinents nehmen.*

M7 Erste Weltumsegelung

Der Mathematiker und Kartograf Antonio Pigafetta begleitet den portugiesischen Seefahrer Ferdinand Magellan auf seiner Weltreise (1519-1522). Er hinterlässt davon Aufzeichnungen, die in mehreren Kopien überliefert sind. Über die Fahrt im Pazifik und über die Begegnung mit dem König von „Zubu" berichtet er:

In diesem Zeitraum von drei Monaten und zwanzig Tagen legten wir beinahe viertausend Leghe[1] zurück, auf einem Meer, das wir Mare Pacifico[2] nannten, weil wir während der ganzen Fahrt keinen einzigen Sturm erlebten. [...] Einer entdeckte im Schiffsraum der „Trinidad" Ratten. Niemand wusste, wie sie dorthin gekommen waren und wie lange sie schon dort hausten. Nun begann eine wilde Jagd auf diese schrecklichen Tiere und jeder, dem es gelang, eines von ihnen zu erlegen, konnte seinem Bauch diese abscheuliche Nahrung zuführen. Die meisten hatten nicht die Geduld, die Tiere auf einem Kohlefeuer zu braten, sie schlangen sie roh hinunter und übergaben sich gleich hinterher. Die Ratten waren mager, da sie selbst keine Nahrung finden konnten, dennoch beneideten die auf den anderen Schiffen die Glücklichen auf der „Trinidad". [...]
Am Sonntag, dem 7. April, liefen wir in den Hafen von Zubu[3] ein. Vor uns lagen mehrere kleine Dörfer mit seltsamen, auf Bäumen stehenden Häusern. Nachdem wir Anker geworfen hatten, ließ der Generalkapitän[4] alle Flaggen aufziehen, die Segel beisetzen und eine Salve abfeuern. Das Donnern der Kanonen rief unter den Insulanern große Unruhe hervor. [...] Der Generalkapitän schickte nun einen unserer jungen Leute zusammen mit dem Dolmetscher zum König von Zubu. [...] Wolle der König von Zubu den Frieden, werde er den Frieden haben, wolle er jedoch Krieg, könne auch ein Krieg geführt werden, der mit seiner völligen Vernichtung enden werde. Kaum hatte der Dolmetscher diese Worte ausgesprochen, näherte sich der Kaufmann aus Ciam[5] dem Regenten und sagte zu ihm in seiner Sprache: „Herr, seid auf der Hut. Diese Männer gehören dem Volk an, das Calicut, Malakka und ganz Indien erobert hat." Er hielt uns also für Portugiesen. Der Dolmetscher, der diese Warnung hörte und verstand, fuhr fort, dass der König, von dem er spreche, noch viel mächtiger sei als der König von Portugal, von dem der Kaufmann aus Ciam gesprochen habe; es sei der König von Spanien, der Beherrscher der ganzen christlichen Welt. [...] Der Generalkapitän ließ die Gesandten [Zubus] wissen, dass es für sie unerlässlich sei, sich taufen zu lassen. Dies könne noch vor seiner Abreise geschehen. Zurücklassen könne er von seiner Mannschaft niemanden, aber er sei bereit, eines Tages wiederzukommen und einen Priester mitzubringen, der das Volk von Zubu in der christlichen Religion unterweisen werde. Die Gesandten erklärten sich damit einverstanden und versicherten, dass sie sich gerne taufen lassen würden, nachdem sie mit ihrem König gesprochen hätten. Magaglianes[6] ermahnte sie daraufhin, sie sollten sich zu diesem wichtigen Schritt nicht aus Furcht vor uns oder wegen der Hoffnung auf irdische Vorteile entschließen. Es sei nicht seine Absicht, irgendwem die Taufe aufzuzwingen oder die Bewohner Zubus vom Glauben ihrer Väter abzubringen. Er verhehlte den Insulanern allerdings auch nicht, welche Vorteile ihnen das Christentum bringen würde und dass sie, wenn sie einmal Christen seien, von allen geliebt und geachtet würden. Alle riefen nun aus, dass sie weder aus Angst noch uns zu Gefallen unsere Religion annehmen wollten, sondern einzig und allein aus freien Stücken.

Antonio Pigafetta, Mit Magellán um die Erde. Ein Augenzeugenbericht der ersten Weltumseglung 1519-1522, herausgegeben von Robert Grün, Wiesbaden 2009, S. 109 f., 137-139 und 143

1. *Erläutern Sie, ausgehend von dem Ereignis auf der „Trinidad" (Zeile 4 bis 15), die Schwierigkeiten einer monatelangen Fahrt durch den Pazifischen Ozean unter den Bedingungen des 16. Jahrhunderts.*
2. *Arbeiten Sie heraus, wie Magellan seinen Missionsauftrag erfüllt.*
3. ➕ *Erläutern Sie, weshalb die Begegnung zwischen Magellan und dem König von Cebu kein freier Kulturkontakt zwischen Gleichen ist.*
4. ➕ *Vergleichen Sie die Kulturbegegnungen in M1, M2, M4 und M8 miteinander. Notieren Sie die jeweiligen Charakteristika in einer Tabelle.*
5. *Nehmen Sie ausgehend von Ihren Ergebnissen aus der Aufgabe 4 Stellung zum Umgang der Entdecker mit den jeweiligen Einheimischen.*

[1] Entspricht ca. 10 000 Kilometer.
[2] **Mare Pacifico**: das Stille Meer
[3] Gemeint ist Cebu, eine zu den Philippinen gehörende Insel.
[4] Magellan
[5] **Ciam**: Thailand
[6] Magellan

Die Eroberung der „Neuen Welt“

▲ **Das Wappen von Mexiko.** *Das heutige Wappen Mexikos bezieht sich auf die Gründungslegende der aztekischen Hauptstadt Tenochtitlán (siehe auch die Abbildung auf Seite 48). Der Kriegs- und Sonnengott Huitzilopochtli prophezeite den Azteken, dass sie auf ihrer Wanderung einen Adler auf einem Kaktus erblicken würden, der eine Schlange in seinen Krallen hält. Dort sollten sie sich niederlassen und eine Stadt gründen.*

Eroberung und Landnahme Den Entdeckern folgten in Amerika umgehend Eroberer. Zuvor hatten Spanien und Portugal ihre Besitzansprüche für alle Erkundungen der noch unbekannten Welt im *Vertrag von Tordesillas* (1494) aufgeteilt.[1] Demnach sollten später Brasilien, Afrika und Asien (ohne die Philippinen) an Portugal fallen, Amerika an Spanien. Gemäß der Aufteilung unterwarfen *Konquistadoren* (Eroberer) in wenigen Jahrzehnten riesige Teile Mittel- und Südamerikas der spanischen Herrschaft. Der spanische König hatte sie mit der Erkundung und Landnahme beauftragt. Sie selbst aber suchten nach Gold und nach *El Dorado*, dem legendären Goldland.[2] Ihre Besitzgier trieb sie zu schrankenloser Gewalt. Sie handelten, wie sie selbst sagten, im Bewusstsein, dass Gott im Himmel und der König weit entfernt seien. Faktisch waren alle Europäer davon überzeugt, dass sie mit der „Entdeckung“ einen Besitzanspruch erwarben. Allerdings begründeten die Könige Spaniens jede Besitznahme mit der Pflicht, das Christentum zu verbreiten. Dazu beauftragte sie ausdrücklich eine päpstliche Bulle von 1493, die die *Missionierung* so verstand, dass die Ungläubigen zu unterwerfen und zu bekehren seien.

Die Durchführung des Auftrags lag zunächst bei den Konquistadoren. Sie kämpften gegen eine feindliche Natur und die zahlenmäßige Übermacht der „Indios“. Diese waren benannt nach „Indien“, das Kolumbus letztlich erreichen wollte. Die Ankömmlinge siegten; warum, ist umstritten. Eine Voraussetzung war die Entwicklung des Pulvers, der Büchsen und Kanonen im späten Mittelalter. Die Feuerwaffen lösten über ihre Wirkung hinaus Angst bei den Indios aus, ebenso die Pferde und Bluthunde. Besonders das stählerne Schwert verschaffte den Spaniern einen Kampfvorteil. Damit ließ sich der Gegner relativ leicht töten oder schwer verwunden. Die Indianer kannten keine Stahlwaffen, sie benutzten vor allem Steine als Wurfgeschosse oder mit Steinen gestärkte Pfeile und Schlagwaffen. Dagegen konnten sich die Spanier mit Rüstungen (aus Metall oder auch Leder) gut schützen. Außerdem hatten die Konquistadoren Verbündete unter den indigenen Völkern, die sich von den mächtigen Azteken oder Inka unterdrückt fühlten. Schließlich kämpften die Spanier taktisch rational, während ihre Gegner religiöse Rituale beachteten (▸ M1).

Verheerend waren nicht nur die Schlachten für die einheimische Bevölkerung, sondern vor allem die von den Europäern eingeschleppten Krankheiten wie Pocken, Pest, Typhus, Grippe, Masern und Mumps. In Massen starben die Indios, weil sie dagegen keine Abwehrkräfte besaßen. Häufig waren die Krankheiten schneller als die Eroberer. Mitte der 1520er-Jahre wüteten die Pocken in Peru, obwohl den Spaniern das Inkareich zu diesem Zeitpunkt noch unbekannt war. Auch wenn die Schätzungen über die vorspanische Bevölkerung in **Spanischamerika** stark schwanken, ist davon auszugehen, dass vor Ankunft der Spanier dort ca. 40 Millionen Menschen lebten. 1650 war die Bevölkerung auf etwa vier Millionen gesunken, trotz der Einwanderung von Spaniern und Verschleppung afrikanischer Sklaven in die „Neue Welt“.

Spanischamerika (oder auch Hispanoamerika): Umfasst diejenigen Gebiete bzw. Länder Lateinamerikas, in denen überwiegend Spanisch gesprochen wird. Dazu zählen: Mexiko, Mittelamerika, Südamerika (außer Brasilien, Guyana, Surinam und die französische Überseeregion Französisch-Guyana), Kuba, Puerto Rico und Santo Domingo (Dominikanische Republik). Zu den spanischen Besitzungen in Übersee siehe auch die Karte auf Seite 67.

Das Aztekenreich Die aztekischen Herrscher verfolgten beim Aufbau ihres Reiches nicht das Ziel, die besiegten Städte und Gebiete tatsächlich zu beherrschen.[3] Sie beschränkten sich darauf, von den Unterworfenen Tribute einzuziehen, gelegentlich

[1] Vgl. Sie dazu die Karten auf Seite 30 und 67.
[2] Lesen Sie hierzu das Kapitel „Exkurs: Mythos ‚El Dorado‘“ auf Seite 50 f.
[3] Zur Lage der Großreiche der Azteken und Inkas siehe die Karte auf Seite 67.

◂ **Moctezuma II. und Hernán Cortés in Tenochtitlán.**
Illustration nach dem mexikanischen Bildwerk „Lienzo de Tlaxcala“, um die Mitte des 16. Jahrhunderts.
Die Illustration zeigt den Spanier Cortés bei einem Treffen mit dem Aztekenherrscher Moctezuma II. in Tenochtitlán 1519. Hinter Cortés steht die Aztekin Malintzin, Dolmetscherin und spätere Geliebte des spanischen Eroberers.
- *Beschreiben Sie die Personen auf dem Bild.*
- *Arbeiten Sie heraus, welche Funktion die Tiere und Objekte im unteren Bildteil haben.*
- *Charakterisieren Sie anhand des Bildes das Aufeinandertreffen von Moctezuma II. und Cortés in Tenochtitlán.*
- *Die Aztekin Malintzin ist keine unumstrittene Persönlichkeit. Recherchieren Sie im Internet über Malintzin und ihre Rolle bei der Eroberung Mexikos durch die Spanier. Verfassen Sie anschließend einen kurzen Essay unter folgender Fragestellung: Malintzin – „Verräterin“ oder „Kulturvermittlerin“?*

militärische Hilfe zu erhalten und innerhalb deren Gebiete Handel treiben zu können. Die politische Ordnung in den besiegten Gebieten blieb in der Regel intakt.

Als *Hernán Cortés*, ein Spanier aus niederem Adel, 1519 seinen Eroberungszug im heutigen Mexiko begann, stieß er daher auf keine geschlossene Abwehrfront. Er stand einer Vielzahl von kleineren und größeren Stadtstaaten gegenüber, die ihn je nach Kalkül unterstützten oder aber bekämpften. Der wichtigste spanische Gegner war zunächst der Stadtstaat *Tlaxcala*, den die Azteken nicht hatten bezwingen können. Obwohl die Tlaxcalteken Cortés in langen Kämpfen fast besiegten, boten sie ihm an, sich mit ihnen zu verbünden. Ihr Ziel war klar: Zusammen mit den Spaniern und deren überlegener Waffentechnik konnten sie den Krieg gegen die übermächtigen Azteken wagen. Nachdem das spanisch-tlaxcaltekische Bündnis zunächst freundlich in der aztekischen Hauptstadt *Tenochtitlán* aufgenommen worden war, kam es schließlich zum Bruch und zum Krieg. In einer viermonatigen Schlacht wurde Tenochtitlán 1521 eingenommen. Erst im Anschluss an diese Eroberung sollte sich das Gewicht innerhalb des spanisch-tlaxcaltekischen Bündnisses zugunsten der Spanier verschieben. Denn die eingeschleppten europäischen Krankheiten dezimierten die einheimische Bevölkerung radikal. Die politische Macht der Tlaxcalteken fiel diesen Seuchen zum Opfer, und die Spanier wurden die neuen Herren des Landes (▸ M2).

Lesetipps
- *Hanns J. Prem, Die Azteken. Geschichte, Kultur, Religion, München [5]2011*
- *Berthold Riese, Die Inka. Herrscher in den Anden, München 2016*

▲ **Machu Picchu.**
Foto von 2009.
Der Name Machu Picchu ist Quecha und bedeutet „alter Gipfel". Es handelt sich um eine gut erhaltene Ruinenstadt der Inka, die auf 2360 Metern Höhe auf einer Bergspitze der Anden in der peruanischen Region Cusco liegt. Die um 1450 errichtete Inkastadt blieb den Spaniern unbekannt. Im Jahre 1911 wurde das vom Urwald überwucherte Areal wieder entdeckt und ausgegraben. Heute zählt Machu Picchu zu den wichtigsten Kulturdenkmälern der Welt.

Das Inkareich Im Inkareich in den Anden tobte kurz vor Ankunft der Spanier ein Bürgerkrieg zwischen *Atahualpa* und *Huáscar*, den Söhnen des Inkakönigs *Huayna Cápac*, welchen Atahualpa für sich entschied. Er stand nun einem Reich vor, welches sich über Tausende von Kilometern vom heutigen Kolumbien bis ins heutige Chile erstreckte. Weniger als 200 Spanier unter der Führung von *Francisco Pizarro*, der aus einem verarmten Adelsgeschlecht stammte, besiegten diesen mächtigen Herrscher am 15. November 1532 in *Cajamarca* (▸ M3). In diesem hoch in den Anden gelegenen Ort hatten die Spanier ein Treffen mit Atahualpa vereinbart, der in Begleitung von mehreren Tausend unbewaffneten Gefolgsleuten erschien. Sie nutzten die Gelegenheit und fielen über die ahnungslosen Einheimischen her, richteten ein Blutbad an und nahmen Atahualpa gefangen, der im darauffolgenden Jahr hingerichtet wurde. Nach der Schlacht von Cajamarca marschierten die Spanier zur inkaischen Hauptstadt *Cuzco*, in der sie freundlich aufgenommen wurden, war diese doch eine Hochburg von Atahualpas Konkurrenten Huáscar. Erst als die Spanier die alten Hierarchien und Vorrechte mit Füßen traten, erhoben sich die Einheimischen. Aber ähnlich wie im Aztekenreich hatten die Spanier mittlerweile Bündnisse mit jenen Gruppen geschlossen, die von den Inkas unterworfen worden waren. Den alten Herrschern gelang es daher nicht mehr, diese Bündnisse zu besiegen. Zwar führten sie noch vierzig Jahre einen Kleinkrieg gegen die neuen Herren, aber den Aufbau der *spanischen Kolonialherrschaft* konnten sie nicht mehr gefährden.

M1 Waffentechnik und Kriegskultur

a) Die Historiker James Lockhart und Stuart B. Schwartz schreiben über die spanische Bewaffnung:

Als die Spanier die zentralen Gebiete des Festlandes erreichten, zählte die dortige Bevölkerung nach Millionen, und es gab starke Königtümer und Reiche mit kriegerischen Traditionen. Die 250 bis 500 Mann starken Verbände der Spanier erzielten dennoch innerhalb kürzester Zeit überall entscheidende Siege. Die Bewaffnung der Einheimischen konnte niemanden stoppen oder auch nur ernsthaft verletzen, der mit einem Stahlschwert, Stahlhelm und mit Rüstung oder auch nur Schutzkleidung versehen war. Wo es auch nur etwas Raum für Bewegung gab, waren so ausgerüstete Truppen von ihren indigenen Gegnern nicht zu besiegen, solange sie nicht ermüdeten. Das Pferd war dabei von unschätzbarem Wert, sodass bei der Verteilung der Beute ein Pferd wie ein Soldat zählte, und die Reiter waren immer die Anführer und die älteren, reicheren Männer. Fünfzig, oder auch nur zwanzig Reiter mit Lanzen konnten eine indianische Armee aufreiben oder aufspalten – unabhängig von ihrer Größe. Reiter und Fußsoldaten konnten sich gegenseitig ergänzen. In einer Schlacht auf offener Ebene war der Sieg spanischer Reiter und Fußsoldaten gegen eine Armee der sesshaften Indigenen unausweichlich. Indianische Verluste konnten nach Tausenden zählen, während spanische Verluste sich normalerweise auf oberflächliche Fleischwunden beschränkten und die wenigen Toten eher Unfällen geschuldet waren. 1536-1537 hielten etwa 180 Spanier über ein Jahr lang in Cuzco[1], im inkaischen Herzland, einer Belagerungsarmee von etwa 100 000 Soldaten stand und hatten dabei lediglich einen einzigen Verlust zu beklagen – der Mann hatte ohne Helm gekämpft. [...]
Mut und Geschick gab es auf indianischer Seite mehr als genug. Was man nur irgendwie machen konnte, machte man. Gewöhnlicherweise probierten die Indianer alles, bevor sie eine Schlacht verloren gaben. In engem Gelände konnten die Indianer dank ihrer Zahl die Spanier manchmal regelrecht erdrücken. Auf sehr engen und steilen Wegen konnten sie Steine auf ihre Köpfe werfen, und das verstanden sie, sobald sie Gelegenheit dazu hatten.

b) Der amerikanische Ethnologe Matthew Restall äußert sich zur Kriegskultur der Azteken und anderer Völker Mexikos wie folgt:

[Dann] spielte ebenfalls eine bedeutende Rolle – die Kriegskultur. Zum Beispiel wurden die Mexica[2] durch gewisse Kampfkonventionen behindert, welche von den Spaniern ignoriert wurden. Die Kampfesweise der Mexica legte Wert auf die Beachtung von Zeremonien vor dem Gefecht, welche die Möglichkeit von Überraschungsangriffen ausschlossen, und auf die Gefangennahme von Spaniern für die rituelle Hinrichtung, anstatt auf ihre unmittelbare Tötung im Gefecht. Die Konquistadoren waren entsetzt wegen der offenbaren Geringschätzung der Ureinwohner für das menschliche Leben, welche sich in ausgefeilten Ritualen des Menschen-„opfers"[3] zum Ausdruck brachte. Aber aus der Perspektive der Mexica waren es die Spanier, die das menschliche Leben missachteten, indem sie massenhaft Einheimische abschlachteten, Nonkombattanten[4] umbrachten und aus der Distanz töteten. Tatsächlich lassen der Pomp und das Ritual, mit denen die Mexica – und in einem gewissen Maße alle Mesoamerikaner – es vorzogen, ein Menschenleben zu nehmen, auf einen tiefen Respekt schließen, im Gegensatz zur Praxis der Spanier, die wahllos und unzureichend ritualisiert erschien.

Erster Text: James Lockhart und Stuart B. Schwartz, Early Latin America. A history of colonial Spanish America and Brazil, Cambridge u.a. 1983, S. 80 f. (übersetzt von Ulrich Mücke); zweiter Text: Matthew Restall, Seven Myths of the Spanish Conquest, Oxford 2003, S. 144 f. (übersetzt von Tobias Tenhaef)

1. *Erklären Sie, wodurch die Spanier den Indianern im Kampf überlegen waren (Text a).*
2. *Arbeiten Sie heraus, wie die Indianer die Überlegenheit der Eroberer auszugleichen versuchten (Text a).*
3. *Interpretieren Sie die gegenseitige „Fremdwahrnehmung" der Mexica und Spanier (Text b).*

M2 Cortés herrscht in Mexiko

Nach der Eroberung der aztekischen Hauptstadt Tenochtitlán berichtet Hernán Cortés am 15. Mai 1522 König Karl I. von Spanien (siehe Seite 11, Fußnote 2):

Seit es Gott dem Herrn gefiel, uns die große Stadt Tenochtitlán erobern zu lassen, wir aber wegen der dortigen Übelstände nach Coyoacán gezogen waren, war es doch mein Wunsch geblieben, die Hauptstadt wegen ihrer Großartigkeit und wunderbaren Lage wiederaufbauen zu lassen. Ich be-

[1] **Cuzco**: ehemalige Hauptstadt des Inkareiches im heutigen Peru
[2] Gemeint sind Azteken und andere Völker Mexikos.
[3] Die in fast allen frühen Kulturen verbreiteten Menschenopfer hielten sich bei den Azteken bis zur Ankunft der Europäer. Den Opfern schnitten sie mit steinernen Messern die Herzen heraus und brachten sie der Sonne dar. Geopfert wurden vor allem Kriegsgefangene.
[4] **Nonkombattanten**: Nichtkämpfende

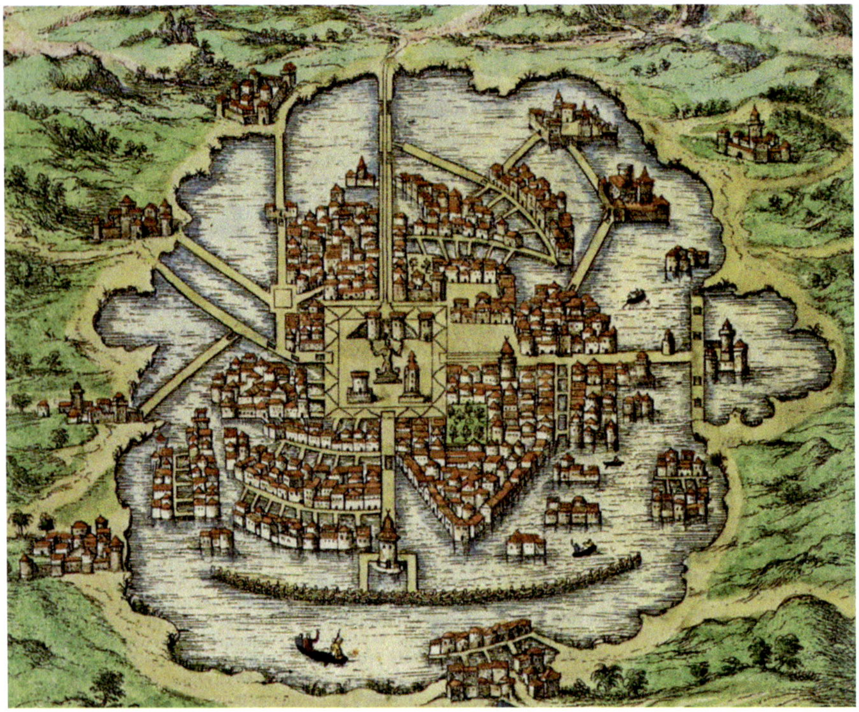

◂ **Die aztekische Hauptstadt Tenochtitlán.**
Holzschnitt von 1572.
Auf der Grundlage von Skizzen, die der Eroberer Hernán Cortés von der aztekischen Hauptstadt anfertigte, entstand dieser Holzschnitt etwa rund 50 Jahre später. Zur Zeit der spanischen Eroberung 1521 lebten dort etwa 150 000 Einwohner. Sie zählte damit weltweit zu den größten Städten. An der Stelle von Tenochtitlán befindet sich heute die mexikanische Hauptstadt Mexiko-Stadt.
- *Charakterisieren Sie die Stadtanlage. Erklären Sie, was sich in der Stadtmitte befand.*

mühte mich, die nach vielen Seiten hin verstreuten Einwohner wieder zusammenzubringen, und während ich den ehemaligen Herrscher noch gefangen halte, beauftragte ich einen seiner vormaligen Oberbefehlshaber, der mir noch von Moctezumas[1] Zeiten her bekannt war, die Wiederbevölkerung der Stadt zu veranlassen. Um ihm größere Autorität zu verschaffen, machte ich ihn wieder zu dem, was er unter seinem Herrscher gewesen war, nämlich zum Ciuacoatl, was soviel bedeutet wie „Statthalter des Herrn". Anderen mir aus früherer Zeit bekannten Standespersonen verlieh ich Verwaltungsämter in der neuen Stadt, wie sie unter ihnen üblich waren, und allen übergab ich zu ihrem Unterhalt eine gewisse Herrschaft über Land und Leute, jedoch nicht so viel, wie sie zuvor gehabt hatten, was hätte gefährlich werden können.
Ich bemühte mich stets, sie ehrenhaft und zuvorkommend zu behandeln, und sie gaben sich große Mühe, sodass heute die Stadt bereits wieder dreißigtausend Einwohner zählt, die Märkte gehalten werden und die Ordnung wiederhergestellt ist. Ich habe Stadtbewohnern so viele Freiheiten und Befreiungen von Lasten gewährt, dass die Bevölkerung täglich zunimmt. Die Handwerker, deren es viele gibt, gehen unter den Spaniern ihrem Tagewerk nach, als Zimmerleute, Maurer, Steinmetze, Silberschmiede und andere, die Kaufleute besitzen und verkaufen ihre Waren in großer Sicherheit, anderes Volk lebt vom Fischfang, einem lebhaften Gewerbe in dieser Stadt, wieder andere vom Ackerbau, und es gibt viele, die Gärten haben und bereits die spanischen Gewächse, von denen Samen zu bekommen waren, darin ziehen. Wenn man hier alle in Spanien gangbaren Gewächse hätte, würden die Eingeborenen in kurzer Zeit einen großen Überfluss besitzen, woraus ein großer Vorteil für Eure Hoheit zu ziehen wäre.

Hernán Cortés, Die Eroberung Mexikos. Eigenhändige Berichte an Kaiser Karl V., 1520-1524, Tübingen/Basel 21978, S. 262 f.

1. *Fassen Sie zusammen, wie Cortés das Leben in Tenochtitlán nach der Eroberung durch die Spanier beschreibt.*
2. *Charakterisieren Sie, wie Cortés seinen Umgang mit den Eingeborenen schildert. Erklären Sie mögliche Gründe für diese Art der Selbstbeschreibung.*
3. *Stellen Sie Cortés Darstellung jener von Bartolomé de Las Casas (Seite 64, M8) gegenüber. Warum sind die Beschreibungen Ihrer Meinung nach so unterschiedlich?*

[1] **Moctezuma II.** (1467-1520): Der aztekische Herrscher wurde durch die Spanier im November 1519 gefangen genommen. Er verstarb ein Jahr später in Gefangenschaft.

M3 Ein Inkakönig berichtet

Der Inkakönig Titu Kusi Yupanki berichtet 1570, zwei Jahre vor dem Untergang des Inkareiches, über die Ankunft der Spanier unter Pizarro:

In der Zeit, wo die Spanier in diesem Land Peru vor Anker gingen, wo sie zur Stadt Cajamarca gelangten[1], ungefähr 190 Meilen von hier entfernt, weilte mein Vater Manko Inka[2] in der Stadt Cusco; dort war er mit all seiner Macht und Befehlsgewalt, die ihm sein Vater Wayna Qapaq[3] hinterlassen hatte. Die Neuigkeit erfuhr er durch einige Boten, die sein – zwar unehelicher – Bruder namens Atau Wallpa[4] ausgesandt hatte, sowie durch einige Tiefland-Indianer aus dem Volk der Tallana, die an der Südseeküste wohnen, fünfzehn oder zwanzig Meilen von Cajamarca entfernt. Diese hatten erklärt, sie hätten eine bestimmte, von uns ganz verschiedene Art von Menschen bei ihnen landen sehen, die Wiraqochas zu sein schienen: Mit diesem Namen bezeichneten wir früher den Schöpfer aller Dinge; wir nannten ihn Teqsi Wiraqochan, was „Ursprung“ und „Urheber aller Dinge“ bedeutet. [...] Aus mehreren Gründen bezeichnete man die neu entdeckten Leute mit diesem Wort: einerseits, weil sie sich in ihrer Kleidung und äußeren Erscheinung von uns unterschieden; andererseits, weil sie auf sehr großen Tieren ritten, die überdies Silberfüße hatten. Das meinte man der glitzernden Hufeisen wegen. Ein weiterer Grund zu dieser Namensgebung war der, dass man sie dabei ertappt hatte, wie sie ganz allein in eine Art Tücher hineinsprachen, so wie eine Person mit einer anderen spricht. Damit bezog man sich aufs Lesen von Büchern und Briefen. Außerdem nannte man sie Wiraqochas in Anbetracht der Erhabenheit und des Aussehens ihrer Gestalt und wegen des großen Unterschieds zwischen den einen und den anderen, denn die einen trugen schwarze Bärte, die anderen rote; dazukam, dass man sie aus silbernem Geschirr essen sah. Ein letzter war, dass sie über illapas verfügten – mit diesem Wort bezeichneten wir den Donner: Damit spielte man auf die Feuerwaffen an, denn man vermutete, es handle sich um Himmelsdonner. [...] Wären sie Söhne Wiraqochas, wie sie sich brüsteten, so hätten sie nicht getan, was sie getan haben: Wiraqocha kann nämlich das Gebirge in eine Ebene verwandeln, das Wasser versickern und Berge entstehen lassen, wo es keine gibt; niemandem tut er etwas zuleide. Nichts von alldem haben wir sie tun sehen; im Gegenteil, anstatt uns Gutes zu tun, haben sie uns Schlechtes angetan, indem sie uns unseren Besitz entrissen haben, unsere Frauen, unsere Söhne, unsere Töchter, unsere chakras[5], unsere Nahrung und viele andere Dinge, die wir in unserem Lande hatten, und zwar auf gewaltsame und betrügerische Weise, gegen unseren Willen. Nicht Söhne Wiraqochas können wir Leute nennen, die dergleichen tun, sondern, wie ich euch früher schon gesagt habe, Ausgeburten des Teufels, Supay, oder etwas noch Schlimmeres. Denn sie haben ihn mit ihren Taten nachgeahmt und Dinge vollbracht, die ich ihrer Schändlichkeit wegen nicht äußern will.

Martin Lienhard (Hrsg.), Titu Kusi Yupanki. Der Kampf gegen die Spanier. Ein Inka-König berichtet, München 2003, S. 31 f. und 117

1. *Charakterisieren Sie das Bild, das die Tieflandindianer aus dem Volk der Tallana von den Spaniern entwarfen, als diese 1532 ankamen.*
2. *Arbeiten Sie die Argumente des Inkakönigs heraus, warum es sich bei den Spaniern nicht um „Wiraqochas“ handelte.*
3. *Der Bericht wurde von einem Sekretär für König Philipp II. von Spanien (siehe Seite 11 (Fußnote 3) und 57) aufgezeichnet. Ethnologen vermuten, dass Titu Kusi Yupanki damit zum Umdenken anregen und den Untergang seines Reiches verhindern wollte. Begründen oder widerlegen Sie diese These aus dem Textauszug.*
4. *Informieren Sie sich über Francisco Pizarro. Verfassen Sie anschließend einen kurzen biografischen Lexikonbeitrag zu seiner Person. Berücksichtigen Sie dabei folgende Gesichtspunkte: Herkunft, Motive für die Reisen nach Amerika, Eroberung des Inkareiches, Todesumstände.*

[1] 1532
[2] **Manko Inka II.** (Manco Cápac II., um 1500-1544): Nachfolger des Inkakönigs Atahualpa
[3] Der Name bedeutet „der junge Mächtige“.
[4] Gemeint ist Atahualpa.

[5] **Chakras**: Äcker

Exkurs: Mythos „El Dorado“

▲ **„Goldfloß von El Dorado.“**
Undatiertes Foto.
Die 18 cm große Plastik wurde 1969 in der Nähe der kolumbianischen Hauptstadt Bogotá entdeckt und ist vermutlich zwischen 600 und 1600 n. Chr. von den Muisca, einem indigenen Volk Südamerikas, angefertigt worden.

Ein Mythos entsteht ■ Nachdem Christoph Kolumbus 1492 mit der Landung auf einer der Bahama-Inseln Amerika „entdeckt“ hatte, entstand in Europa schnell ein Bild dieser „Neuen Welt“. Gold, Silber und Edelsteine sollten dort in enormen Mengen für jeden verfügbar sein – Gold sollte dort so gewöhnlich sein wie etwa Holz in Europa. Spätestens mit den Konquistadoren Hernán Cortés und Francisco Pizarro bekamen diese Geschichten eine sichtbare Grundlage. Während Cortés das Aztekenreich auf dem Gebiet des heutigen Mexiko unterwarf, eroberte Pizarro das Inkareich im Südwesten Südamerikas. Beide brachten unglaubliche Schätze nach Spanien. Im Falle Pizarros übergab dessen Halbbruder Hernándo im Februar 1534 Kaiser Karl V. den ihm zustehenden Anteil, das königliche Fünftel, des erbeuteten Inka-Schatzes. Dieser entsprach dem Umfang eines halben Jahrhunderts europäischer Edelmetallproduktion.

Das Wissen um die Reichtümer in der Neuen Welt entfachte eine Abenteuerlust und Goldgier in Europa. Der Überlieferung nach hörte der spanische Konquistador *Sebastián de Belalcazár* in Quito 1536 den folgenschweren Bericht eines Indios, der aus dem heutigen Kolumbien stammte. Angeblich erzählte er ihm von einem Brauch seines Volkes, bei dem der Herrscher mit einem Floß auf eine von Bergen umgebene Lagune fahre. Sein Körper sei dabei nackt, mit harzigem Öl gesalbt und mit Goldstaub bestreut. In der Mitte der Lagune würde der Herrscher Gold und Smaragde als Opfergaben versenken. Dies veranlasste Belalcázar den Ort zu suchen, den er selbst als *El Dorado* – „der Goldene“ – bezeichnete. Aus der reinen Beschreibung des vergoldeten Herrschers entwickelte sich schnell die Bezeichnung für eine Landschaft, in der es Gold und andere Schätze und Wunder im Überfluss geben sollte. Verortet wurde diese Landschaft an den unterschiedlichsten Stellen Südamerikas. Eroberer und Abenteurer folgten für Jahrhunderte jedem noch so kleinen vermeintlichen Hinweis. Sie zerstörten dabei eine große Anzahl an Kulturgütern der südamerikanischen Ureinwohner, machten dabei aber gleichzeitig auch bedeutende geografische und ethnografische Entdeckungen.

Organisierte Ausbeutung – das Beispiel der Welser in Südamerika ■ Im März 1528 schlossen der spanische König und die Augsburger *Welser-Gesellschaft* einen Vertrag. Mit diesem erhielten die Welser die *Provinz Coro* – heute in etwa Venezuela – zur Statthalterschaft. Der Vertrag regelte Privilegien und Verpflichtungen: Das Recht, die obersten Provinzämter mit Personen ihrer Wahl zu besetzen etwa auf der einen, die Aufgabe zwei Städte und drei Festungen zu errichten und dabei alles selbst zu finanzieren auf der anderen Seite. Zwei Jahre zuvor, 1526, hatten die Augsburger Kaufleute die Erlaubnis erhalten auf Haiti (damals La Española) eine *Faktorei* zu gründen. Über diese Handelsniederlassung hatten Berichte über ein goldverarbeitendes Indioreich im Hinterland von Coro, der Hauptstadt der gleichnamigen Provinz, Augsburg erreicht. Die Suche nach diesem Indioreich durch große Erkundungs- und Raubzüge war aus Sicht der Welser die Hauptaufgabe der von ihnen eingesetzten Amtsträger in Coro. Der Vertrag zwischen der spanischen Krone und den Welsern war dabei typisch für die Zeit. Der König sicherte sich die Erfahrung und das Vermögen privater Unternehmen und Einzelpersonen bei der Erforschung und Unterwerfung des unter dem Namen *„Las Indias"* zu Spanien gehörenden Teils der „Neuen Welt".

Zwischen 1529 und 1546 fanden insgesamt sieben *Entradas* der Welser, wie man diese Expeditionen, auf denen Europäer gewaltsam einen Weg durch das Landesinnere suchten mit dem Ziel eine goldreiche Indiozivilisation zu finden, zu unterwerfen und auszuplündern, statt. Diese sieben Züge hatten eine Gesamtdauer von über 160 Monaten und es wurden insgesamt über 20 000 Kilometer zurückgelegt. Von September 1530 bis März 1531 organisierte etwa der Statthalter *Nikolaus Federmann* aus Ulm eine Expedition (▸ M). Mit 110 Fußsoldaten, 16 Reitern und 100 Indianern brach er ins nördliche Stromgebiet des Orinoco auf. Diese zweite Entrada brachte Federmann und seine Leute zwar als erste Europäer über die Kordillerenbresche von Barquisimeto, die sich als der wichtigste Zugang zum riesigen Hinterland Venezuelas entpuppen sollte, doch fanden sie Edelmetalle und Edelsteine nicht im erträumten Ausmaß. Nach einem knappen halben Jahr war diese Entrada bereits beendet – zu viele Soldaten waren erkrankt und konnten gegen die feindlich gesinnten Indianer nicht mehr bestehen. So wie diese endeten auch alle anderen Entradas der Welser ohne den erhofften großen Fund, ohne dass sie El Dorado entdeckt hätten. Der tatsächliche Goldgewinn der Welser bestand ausschließlich aus einigen erbeuteten und dann eingeschmolzenen indianischen Schmuck- und Kulturgegenständen. Der von den Welsern erhoffte Goldbergbau konnte dagegen nie realisiert werden. Während der letzten Entrada, die unter der Leitung des deutschen Adeligen *Philipp von Hutten* von 1541 bis 1546 stattfand, änderte die spanische Krone schließlich ihre Politik. Statt Ausbeutung und Unterwerfung sollte ein geordnetes Leben mit friedlichen Untertanen und florierenden Siedlungen in den neuen Provinzen entstehen. Ziel war der Aufbau eines Abgabensystems, das der spanischen Krone reiche Einkünfte bescheren sollte. Ein Unternehmen wie das der Welser war nicht mehr erwünscht. 1546 wurden ihnen die Verwaltungsbefugnisse über Venezuela entzogen, formell endete ihre Statthalterschaft im Jahre 1556.

Nach dem Gold – die Ausbeutung geht weiter Die Gier der Europäer blieb jedoch unvermindert bestehen. Bald ging es nicht mehr nur um Gold. Nachdem die Spanier 1545 im Hochland des heutigen Bolivien Berge voller Silberadern entdeckt hatten, begannen sie diese mithilfe indianischer Zwangsarbeiter abzubauen.[1] Diamantvorkommen, vor allem in Brasilien, kamen ebenso dazu. Später wurden diese edlen Materialen ergänzt durch den Abbau von Erzen wie Blei, Zink, Zinn und Kupfer oder die Gewinnung von Kautschuk. Eines war dabei aber immer gleich: Es waren nicht die Einheimischen, die vom Abbau der Bodenschätze profitierten.

El Dorado, das angebliche Goldland, blieb dabei bis in 19. Jahrhundert ein „realer" Ort nach dem Abenteurer und Geschäftemacher suchten. Erst dann erfuhr der Begriff eine Umdeutung und wurde zum Schlagwort für Gold, Reichtum und eine Überfülle an Kostbarkeiten aller Art. Bis heute übt der Begriff eine ungeheure Anziehungskraft aus, sodass er nicht nur in der Populärkultur (Film, Musik und Literatur) rege Verwendung findet. Auch Kinos, Restaurants, Luxushotels und Spielcasinos tragen heute den Namen „El Dorado". Sogar der internationale Flughafen von Bogotá in Kolumbien ist nach dem legendären Goldland benannt.

[1] Zum Bergbau in Potosí im heutigen Bolivien siehe M6 auf Seite 62 f.

▲ **Der Vergoldete.**
Nachträglich kolorierter Kupferstich zu Walter Raleigh, Guayanische Beschreibung, 8. Band (3. Teil) des de Bryschen Reisewerkes, Frankfurt 1599. Zu Theodor de Bry siehe auch Seite 36.
Der Titel des Kupferstiches lautet: „Wie der Kaiser von Guayana seine Edelleute zuzurichten pflegt, wenn er sie zu Gast hält". Im Vordergrund wird der Körper eines Mannes von zwei Gehilfen mit Goldstaub gepudert.

- *Recherchieren Sie im Internet zu Walter Raleigh und El Dorado. Fassen Sie anschließend Ihre Ergebnisse stichpunktartig zusammen.*
- *Charakterisieren Sie die auf dem Kupferstich dargestellten Personengruppen und ihre Beziehungen zueinander.*
- *Erläutern Sie, welche Aussage der Künstler in seinem Bild über den Kaiser von Guayana trifft. Berücksichtigen Sie dabei auch den Bildtitel.*

M „Von den Indios betrogen"

1528 erhält das Augsburger Handelshaus der Welser von der spanischen Krone die Statthalterschaft über einen Landstrich, der etwa dem heutigen Venezuela entspricht. Ihre Aufgabe ist es diesen zu erschließen und zu besiedeln. 1530 trifft der Ulmer Nikolaus Federmann (1506-1542) in Coro, der Hauptstadt der neuen Provinz, ein. Als Agent der Welser bringt er Siedler und Bergleute vom spanischen Sevilla nach Coro. Vorübergehend zum Statthalter ernannt, organisiert er eigenmächtig einen Entdeckungszug, der den Zugang zum Südmeer und ein sagenhaftes Goldland finden soll – im September 1530 bricht er ins nördliche Stromgebiet des Orinoco auf. Zunächst wohl lediglich als Information für die Welser gedacht, erscheint 1557 seine „Indianische Historia", in der er auch den Zug von 1530/1531 aus seiner Sicht beschreibt:

Am nächsten Morgen, eine Stunde vor Tagesanbruch, erhoben wir uns, um weiterzuziehen, aber nicht durch das Gebiet der Caquetios, sondern durch das ihrer Feinde, der Cyparicotes, die am Gebirge wohnen. [...]
Wir benutzten einige Indios, die wir in diesem Pueblo[1] gefangen hatten und in Ketten mit uns führten, als Führer. Sie brachten uns in ein Gehölz, bis wir den Weg verloren hatten. Wir sollten jedoch, wenn wir weiterreisten, auf einem anderen Weg zu den Cyparicotes kommen. Die Indios berichteten uns nämlich, dieser Weg sei verwachsen, weil er nur sehr wenig gebraucht würde, und zwar nur dann, wenn sie sich gegenseitig überfallen wollten. Das war jedoch nicht wahr; denn diesen Weg benutzten die Caquetios nur dazu, um Holz zum Bau ihrer Häuser zu holen. Da wir nun diesen Tag keinen anderen Weg fanden, obwohl uns die Führer damit getröstet hatten, und uns die Nacht überfiel, ließen wir uns an einem Bach nieder und behalfen uns mit der wenigen Speise, die wir mit uns genommen hatten. Es war sehr wenig; denn wir hatten gehofft, an diesem Tag Pueblos zu erreichen. Ich ließ die Indios genauestens fragen, sie jedoch beharrten auf ihrer ersten Aussage. Auch am nächsten Tag erreichten wir keinen Weg, sondern zogen immer nur gegen Aufgang der Sonne durch den Wald nach Osten. Die Hoffnung verließ uns schließlich vollständig, und wir sahen ein, dass wir von den Indios betrogen worden waren. [...] Wir konnten von den Führern nichts erfahren, weder gütlich noch mit Strenge. Deswegen ließ ich zwei von ihnen zerhacken, um den anderen Furcht einzuflößen, aber das half ganz und gar nichts. Sie wollten lieber erstochen werden als unsere Gefangene zu sein. Sie hatten uns diesen Weg auch nur gewiesen, um uns fehlzuleiten, damit wir Hungers stürben. Dadurch wollten sie sich an uns rächen. Es wäre ihnen bald gelungen. In dieser Angst konnten wir weder vor- noch zurückziehen; denn wir waren durch den Mangel an Nahrung sehr mutlos, hatten auch kein Wasser und befanden uns in einem Gehölz, in dem wir den Weg nicht wussten und auch den Rückweg nicht mehr fanden. Auch war es schwierig die Pferde weiter zu bringen; denn sie hatten großen Durst. Nachdem einige von uns, die ich auf die höchsten Bäume geschickt hatte, etwa eine Meile entfernt, eine Wiese sahen, zogen wir dorthin [...].

[1] **Pueblo**: Dorf

Wir erreichten die oben genannte Wiese, konnten aber auch dort keinen Weg finden, sondern uns nur umsehen, ob das Land bewohnt war. Wir zogen weiter und kamen an ein kleines Bächlein, das am Ende des Gebirges durch ein Gehölz rinnt. Dort ließen wir uns nieder. [...] Als der Durst gelöscht worden war und der Hunger sich bemerkbar machte, wir aber nichts zu essen hatten, aßen sie den Tiger[2], obwohl er sonst nicht gegessen wird; denn es ist ein sehr stinkendes und ungesundes Fleisch. Jeder von uns bekam aber nur ein etwa zwei Nüsse großes Stück. Wir hatten nämlich etwa fünfeinhalbhundert Personen in unserem Tross, der Tiger war jedoch nur so groß wie ein halbjähriges Kalb.
Am dritten Tag zogen wir weiter und hofften, möglichst bald bewohntes Land zu finden. Gegen zwei Uhr Mittag stießen wir auf einen Weg, der vom Gebirge herab auf die Ebene führte. Dieser Weg war nicht mehr als zwei Meilen von dem Platz entfernt, an dem wir die Nacht zuvor zugebracht hatten, obwohl wir von früh bis zwei Uhr nachmittags gereist waren. Aber ich kam sehr schlecht mit meinem Volk voran. Ich schickte vier Reiter voraus, die diesem Weg folgen sollten und zog mit dem Rest des Volkes langsam nach. Sie kamen zurück mit der Nachricht, dass sie einen Pueblo erreicht hätten, aber nicht wüssten, zu welchem Stamm die Einwohner gehörten. Sie hätten die Einwohner gesehen, die sehr aufrührig wären. Das hörten wir nicht gern. Als wir nun den Pueblo oder Flecken erreichten, fanden wir dort niemand; denn die Einwohner hatten diesen bereits verlassen. Dagegen fanden wir im Flecken eine große Menge Proviant und Nahrung, die die Einwohner vergessen hatten, mitzunehmen. Das war uns viel lieber als die Gegenwart der Bewohner. Wir ließen uns nieder und blieben bis zum vierten Tag dort. Es war der größte Hunger, den wir auszustehen hatten, und wenn es noch eine Nacht länger gedauert und wir das Bächlein nicht gefunden hätten, dann hätten wenige von uns Coro wieder erreicht. Wir hatten nämlich keine Kraft mehr, besonders diejenigen zu Fuß. [...] Während wir dort lagen, schickte ich einige Christen zur Erkundung der Gebirgswege aus. Sie fingen drei Indios der Cyparicotes und brachten sie zu mir. Wir konnten jedoch nicht mit ihnen reden und sie uns nicht verstehen. Wir deuteten ihnen jedoch an, dass wir ihnen kein Leid zufügen wollten, und sagten, weshalb wir gekommen wären. Ich ließ sie auch gut behandeln und schickte den einen von ihnen mit Geschenken zu seinem Kaziken[3]. Am gleichen Tag kam auch ein einzelner Indio zu uns ins Lager, der ebenfalls ein Cyparicote war, die Sprache der Caquetios jedoch verstand. Er brachte mir ein goldenes Geschenk, das mir sein Kazike schicken ließ, um die Gefangenen freizugeben. Von ihm erfuhr ich etwas über die Beschaffenheit des Landes und dass wir nur fünf Tagesreisen bis zur Küste des Meeres zurückzulegen hätten.

Nach: Eberhard Schmitt (Hrsg.): Die großen Entdeckungen. Dokumente zur Geschichte der europäischen Expansion, Bd. 2, München 1984, S. 419-421

[2] Hier ist ein Leopard, Jaguar oder Puma gemeint. Die Konquistadoren nannten alle Großkatzen der „Neuen Welt“ Tiger oder Löwe. Diesen „Tiger“ hatten Federmann und seine Männern am gleichen Tag zufällig in einem Dickicht entdeckt und erlegt.
[3] **Kaziken**: indianischer Vorgesetzter innerhalb der Gemeinde; siehe hierzu ausführlich M2, Fußnote 1 auf Seite 59.

1. *Gliedern Sie den Text in sinnvolle Abschnitte und versehen sie diese mit passenden Überschriften.*
2. *Geben Sie wieder, wer am Entdeckungszug beteiligt war. Welche Tiere und Verpflegung wurden mitgeführt?*
3. *Erläutern Sie, welche Probleme ein solcher Entdeckungszug mit sich brachte.*
4. + *Vergleichen Sie die unterschiedlichen Verhaltensweisen der europäischen Eroberer im Kontakt mit den Indios.*
5. + *Beurteilen Sie welche Vor- und Nachteile die einzelnen Strategien (Aufgabe 4) mit sich brachten.*
6. + *Arbeiten Sie heraus, welche späteren Probleme zwischen Indios und Eroberern bereits in der vorliegenden Quelle deutlich werden.*

▲ **„Der Weg nach El Dorado.“**
Standbild aus einem Zeichentrickfilm des Jahres 2000. In dem US-amerikanischen Trickfilm gelangen zwei Gauner spanischer Herkunft an eine Karte, die den Weg nach „El Dorado“ zeigt.
- *Recherchieren Sie im Internet zur populärkulturellen Rezeption des Mythos „El Dorado“ im 20. und 21. Jahrhundert. In welchen Kontexten findet der Begriff beziehungsweise der Mythos Verwendung? Fertigen Sie auf der Grundlage Ihrer Ergebnisse ein Schaubild an und erläutern Sie es anschließend.*

Die spanische Kolonisation und ihre Folgen

Gründungsjahr	Städte
1496	Santo Domingo (Dominikanische Republik)
1514/15	Havanna (Kuba)
1521	Mexiko-Stadt (Mexiko)
1528	San Salvador (El Salvador)
1535	Lima (Peru)
1536	Buenos Aires (Argentinien)
1541	Santiago (Chile)
1567	Caracas (Venezuela)

▲ **Spanische Städtegründungen im 15. und 16. Jahrhundert (Auswahl).**

Besiedlung und wirtschaftliche Nutzung des Landes Den Eroberern folgten Einwanderer. Sie kamen überwiegend aus dem Kernraum Spaniens, aus Kastilien, und wurden von Hunderten von Priestern und Missionaren begleitet (▸ M1). 1570 zählte man in Amerika etwa 100 000 Spanier, die in 200 Städten lebten. Die Städte waren nicht nur Zentren der spanischen Herrschaft, sondern auch der Bildung. Schon 1538 eröffnete in Santo Domingo die erste Universität. 1551 folgten die Universitäten von Mexiko-Stadt und Lima.

Den Einwanderern gehörte der landwirtschaftlich genutzte Grund, den Indios bearbeiteten. Diese Form der Bewirtschaftung ergab sich aus dem Überlegenheitsgefühl und der Abneigung der Siedler, selbst zu arbeiten. Königliche Erlasse regelten die Bewirtschaftung. Ein erster Schritt war die Verteilung des Landes an die Siedler, der zweite die Verpflichtung der Indios als Untertanen, *Requerimiento* (dt.: Aufforderung) genannt. Danach erfolgte die Zwangszuweisung der Indios als Arbeitskräfte, die *Encomienda* (von span. „encomendar“: anvertrauen). Die Indios wurden zu einer Art Steuer veranlagt, die sie nun durch Arbeit abzuleisten hatten. Dafür sollten sie geschützt und zum christlichen Glauben bekehrt werden. Außerdem sollten sie Lohn bekommen und keine Sklaven sein (▸ M2 und M3). Die Wirklichkeit sah anders aus. Die spanischen Herren teilten die Häuptlinge mit ihrem Anhang unter sich auf und beuteten sie ohne Lohn brutal aus. Weil die Einwanderer in den Städten blieben, waren die besiedelten Gebiete als Mosaik von Stadtbezirken mit Umland organisiert. Nach und nach erst bildeten sich ausgedehnte Landgüter (span.: *Haciendas*). Den meisten Grundbesitz in Mittel- und Südamerika hatte die Kirche.

Die Vorstellung einer strikten Trennung in reiche spanische Eroberer und verarmte Indios wäre dennoch falsch. Nur eine kleine Minderheit spanischer Siedler verfügte über großen Besitz. Diese Herrenschicht stand an der Spitze der Immigranten, deren Sozialstruktur abgestuft bis zu den Besitzlosen reichte. **Mestizen** und Häuptlinge fanden sich noch in der Mitte der sozialen Hierarchie, die unterste Stufe bildete die breite Masse der Indios.

Mestizen: Nachkommen aus den Verbindungen zwischen Indianern und Europäern. Sie bildeten in vielen Gegenden eine Art Mittelschicht, übten qualifizierte Berufe im Handwerk aus, führten kleine Geschäfte oder arbeiteten als Pächter in der Landwirtschaft. Allerdings durften die Mestizen bestimmte Berufe nicht ergreifen und keine höheren Ämter in der Verwaltung oder der Kirche einnehmen.

Die Ausbildung von Kolonialreichen in Amerika Um die Herrschaft über die Kolonien auszuüben, wurde 1524 am spanischen Hof der *Indienrat* gegründet. Er beaufsichtigte die Gerichte, Verwaltung, Truppen, Finanzen und Kirchen in Amerika; das waren die Säulen der kolonialen Herrschaft. Außerdem bildete er für Mittel- und Südamerika Provinzen, die er wiederum in den zwei Vizekönigreichen *Neu-Spanien* (1535) und *Peru* (1542) zusammenfasste (▸ M4).[1] Damit behielt der König mit dem Indienrat die Kontrolle über die Kolonien, ohne deren Eigenleben völlig steuern zu können. Denn die Entfernungen waren riesig und die Kolonisten in ihrem Willen unbeugsam, von der Arbeit der Indios zu leben. Dennoch konnten die amerikanischen Provinzen der Machtzentrale in Madrid nie ganz entgleiten.[2]

Für die Krone wurden die Einkünfte aus Amerika immer wichtiger. Sie stockten die Staatskassen auf, die stets leer waren, da König Karl I. von Spanien fortwährend teure Kriege in Europa zu finanzieren hatte. Zu den Einkünften aus Amerika gehörten

[1] Siehe hierzu die Karte auf Seite 67.
[2] Zur spanischen Kolonialverwaltung siehe das Schaubild und die dazugehörigen Erläuterungen auf Seite 56.

▲ **„Landung der Spanier in Veracruz."**
Ausschnitt aus einer Wandmalerei von 1951.
Das Fresko fertigte der mexikanische Maler Diego Rivera an. Es befindet sich im Nationalpalast in Mexiko-Stadt.
Die Hafenstadt Veracruz wurde 1519 von Hernán Cortés (siehe Seite 45) gegründet.

- *Arbeiten Sie anhand des Bildes die Folgen der spanischen Kolonisation heraus. Tragen Sie Ihre Ergebnisse stichpunktartig zusammen. Bilden Sie passende Oberbegriffe zu den Stichpunkten.*
- *Überprüfen Sie ausgehend vom Fresko, inwieweit die spanische Kolonisation zu Kulturkontakten oder zu Kulturkonflikten geführt hat.*

Steuern, der Kirchenzehnt, Abgaben der einheimischen Bevölkerung und Gebühren aus Monopolen (Bergbau, Salz, Tabak). Hinzu kamen das erbeutete Gold sowie ab etwa 1550 gewaltige Silberlieferungen aus Mexiko und aus dem besonders ertragreichen Bergbau in Potosí (Peru). Das Silber wurde von indianischen Zwangsarbeitern unter grausamen, todbringenden Bedingungen abgebaut (▸ M5 und M6). Die Einkünfte aus Amerika trugen wesentlich dazu bei, dass Spanien im 16. Jahrhundert zur Vormacht Europas aufstieg.

Portugal ließ sich mehr Zeit, um im späteren Brasilien Land zu verteilen und eine Verwaltung aufzubauen. Diese wurde nach 1550 tätig, als sich eine Plantagenwirtschaft[1] auf der Basis des Zuckerrohrs entwickelte. In der Zuckerproduktion Brasiliens wurden zunächst Hunderttausende Indios als Sklaven in landwirtschaftlichen Großbetrieben eingesetzt, nach 1600 zunehmend nur noch Sklaven aus Afrika. Jedoch übertraf das Kolonialreich Spaniens an Ausdehnung und Ertrag das von Brasilien bei Weitem, ebenso die späteren Siedlungskolonien von England und Frankreich in Nordamerika.

[1] Plantagen sind landwirtschaftliche Großbetriebe, die mit billigen Arbeitskräften hochwertige Agrarprodukte erzeugen.

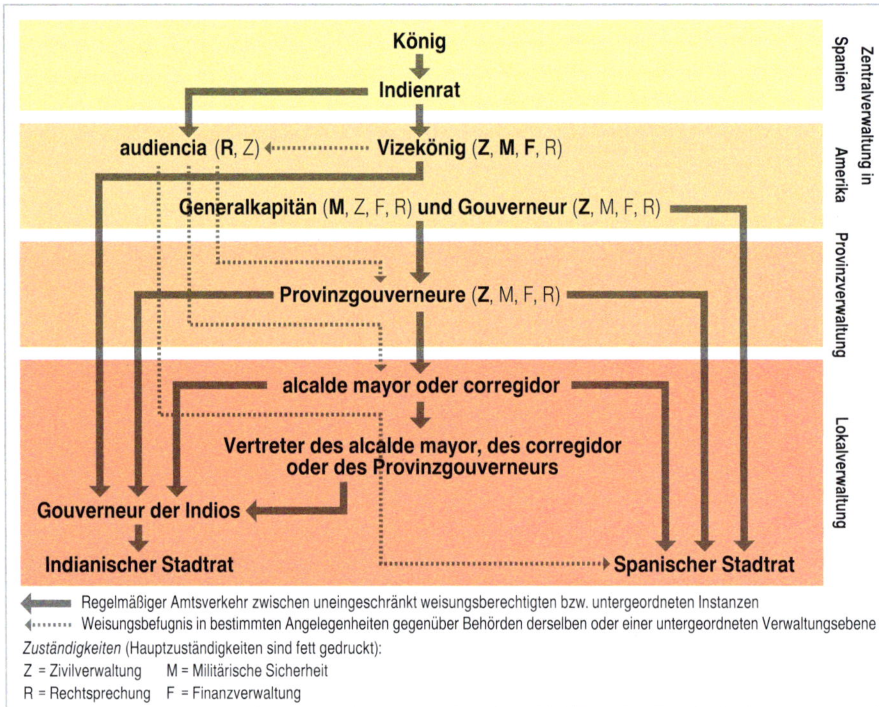

▸ Die spanische Kolonialverwaltung am Anfang des 17. Jahrhunderts.
Grafik nach: Horst Pietschmann, Die politisch-administrative Organisation, in: Walther L. Bernecker u.a. (Hrsg.), Handbuch der Geschichte Lateinamerikas, Bd. 1, Stuttgart 1994, S. 328-364, hier S. 341 (vereinfacht)
An der Spitze eines Vizekönigreiches stand ein Vizekönig, der von Spanien für wenige Jahre nach Amerika geschickt wurde. Er stammte aus dem höheren Adel und wurde in Amerika wie eine Art König behandelt. So gab es einen vizeköniglichen Hof und ein spezielles Zeremoniell. Nach Ablauf seiner Amtszeit musste er nach Spanien zurückkehren und dort über seine Tätigkeiten Rechenschaft ablegen.
Neben den Vizekönigen war die audiencia (Gerichtshof) die höchste Instanz der spanisch-amerikanischen Verwaltung. Mitte des 18. Jahrhunderts gab es über zehn audiencias. Sie sprachen in vielerlei Verfahren letztinstanzliche Urteile und übernahmen zahlreiche Verwaltungsaufgaben. Auf lokaler Ebene fußte die Verwaltung zu Beginn der Kolonisation auf den Encomenderos. Das Encomienda-System wurde aber ab Mitte des 16. Jahrhunderts nach und nach abgeschafft. An seine Stelle traten zunehmend Lokalbeamte, die als corregidor oder alcalde mayor bezeichnet wurden. Ihnen zur Seite standen die Stadträte, welche die Interessen der städtischen Elite vertraten.

Internettipp
Über Bartolomé de Las Casas und seine Schrift „Bericht von der Verwüstung der Westindischen Länder" siehe den Code 32033-03.

Filmtipp
Die Kontroverse von Valladolid, Frankreich 1992, Regie: Jean-Daniel Verhaeghe (Dokumentarischer Spielfilm über die Auseinandersetzung zwischen Las Casas und dem Geistlichen Juan Ginés de Sepúlveda über die Versklavung der Indios).

Sind Indios freie Menschen? Die Spanier waren in der Meinung zu den Indios gespalten wie alle Europäer. Die einen verglichen sie mit wilden Tieren oder unmündigen Kindern und bezeichneten sie als Kannibalen. Die anderen betrachteten sie als gleichrangig. Beide Meinungen waren im Indienrat und unter Juristen zu finden, vorwiegend Geringschätzung bei den amerikanischen Kolonisten, vorwiegend Respekt beim König und der Kirche. Innerhalb der Kirche kritisierten die Dominikanermönche, die in Amerika lebten, die Ausbeutung scharf, am schärfsten *Bartolomé de Las Casas* (▸ M7). Er empörte sich, die Kolonisten bürdeten den Indios „die härtesten, schwersten und drückendsten Lasten auf, die nicht einmal Vieh ertragen kann". Papst Paul III. trug der Kritik Rechnung und verkündete 1537 in einer Bulle, die Indios seien als wahre Menschen (lat.: „veri homines") den Spaniern gleichgestellt. Las Casas überzeugte daraufhin den König, *Neue Gesetze* zu erlassen (span.: „Leyes Nuevas", 1542). Sie enthielten erstmals Bestimmungen zum respektvollen Umgang mit der indigenen Bevölkerung. Demzufolge wurde jede Versklavung verboten, bereits Versklavte mussten freigelassen werden. Güter, in denen Indios misshandelt wurden, sollten enteignet werden. Der Widerstand der Siedler und Kolonialbeamten war derart erbittert, dass Karl I. nachgab und das Encomienda-System bestehen ließ, um die Einkünfte aus Amerika nicht aufs Spiel zu setzen.

Aber er ließ Las Casas eine Grundsatzdebatte an seinem Hof führen, ob die Indios „freie Untertanen" seien wie alle Spanier. An ihr beteiligten sich Gelehrte und Juristen. Die Mehrheit sprach sich für Zwang und gewaltsame Bekehrung aus. Die Indios seien unfähig, sich selbst zu regieren, und ohnehin seien sie gewalttätige Barbaren und Götzendiener, die man bekriegen müsse. Die Debatte führte zur Abschwächung der Neuen Gesetze. Vor allem aber verfestigte sie die Stereotype, die das Bild der Europäer über die Indios bis ins 18. Jahrhundert prägten. Besonders hartnäckig hielt sich dabei die Auffassung, sie seien schutz- und weisungsbedürftige Menschen.

Das Leben in den Kolonien Die schon beschriebene Sozialstruktur der Kolonien bildete sich in den ersten Jahrzehnten. Die Herrenschicht verfügte über Besitz und Geld, die meisten Indios nicht; sie waren zudem Zwang und Gewalt ausgesetzt (▸ M8 und M9). Als sich *Philipp II.* (König ab 1556), Sohn und Nachfolger Karls I. auf dem spanischen Thron, nach den Steuern der Inka erkundigte, erhielt er von einem Beamten des Vizekönigs die Antwort: Sie seien höher als zuvor im Inkareich. Dort aber hätten sie dem Gemeinwohl gedient, nun dem verschwenderischen Leben von 30 000 Spaniern. Die Führungsschicht der Indios verlor ihren Status nicht völlig. Einzelne wurden sogar in den niederen Adel erhoben, sofern sie das Christentum angenommen hatten. Indianische Frauen, besonders aus früheren Herrschergeschlechtern, wurden Geliebte oder Gattinnen spanischer Grundbesitzer. In der ersten Phase der Kolonialzeit bis 1570/80 befürworteten die Behörden solche Verbindungen, weil Spanierinnen selten auswanderten. Es fand also eine bescheidene Durchmischung der Kulturkreise statt.

▲ **Bartolomé de Las Casas.**
Gemälde von 1566.
Las Casas kam 1502 mit 18 Jahren in die Karibik und nahm 1512 an der Eroberung Kubas teil. Angesichts der spanischen Gräueltaten entwickelte er sich aber bald darauf zu einem der schärfsten Kritiker der spanischen Kolonisationsmethoden. 1523 trat er dem Dominikanerorden bei, 1544 bis 1546 war er Bischof von Chiapas in Mexiko. Las Casas kämpfte bis zu seinem Tod 1566 für die Rechte der Indios.

Die Zentralregierung in Madrid bemühte sich, die Indios kulturell anzugleichen. Das geschah hauptsächlich durch die *Missionierung*, aber auch durch Eingliederung in die Ständeordnung. Der Indienrat erließ sogar Kleiderordnungen und gewährte den Häuptlingen wie spanischen Adligen Steuerbefreiung. Ebenso gestattete er den Indianergemeinden eine begrenzte Selbstverwaltung. Die *Akkulturation* (kulturelle Anpassung) hatte jedoch ihre Grenzen. Denn in aller Regel behandelten die Kolonisten die Indios als minderwertig und achteten ihr Leben wie ihr Eigentum wenig. Langfristig wurden die ethnischen Konflikte durch die Trennung der spanischen und der indianischen Siedlungsbereiche gemildert. Wo Spanier und Indios zusammenlebten, bekam die indianische Bevölkerung eigene Wohngebiete zugewiesen. In den Städten bildeten Indios eigene Viertel. Langfristig gingen sie dort in einer ethnisch gemischten urbanen Unterschicht auf. In den Dörfern waren sie weniger der Hispanisierung und Christianisierung ausgesetzt, und insbesondere in entfernten Grenzregionen konnten sie weiterhin nach eigenen Traditionen leben.

▲ **Die Kathedrale von Mexiko-Stadt.**
Foto von 2005.
Ab der zweiten Hälfte des 16. Jahrhunderts wurde mit dem Kirchenbau auf dem südwestlichen Teil des ehemaligen aztekischen Tempelbezirks begonnen. Im 19. Jahrhundert wurde die Kirche endgültig fertig gestellt. Sie ist die größte und älteste Kathedrale Amerikas sowie Erzbischofssitz.

- *Erklären Sie mögliche Gründe, warum die Spanier Kirchen auf indianischen Kultstätten errichten ließen und indianische Bauwerke teilweise nicht vollständig zerstörten.*

M1 Geeignet für den katholischen Glauben

Die Franziskaner zählen zu den Orden, die seit Beginn der spanischen Kolonisation systematisch Missionare nach Spanischamerika entsendet haben. Der Franziskaner Pedro de Gante schreibt am 27. Juni 1529 aus Mexiko-Stadt an seine Ordensbrüder und Freunde in Flandern (Belgien) über die Missionierung der Einheimischen:

Innigstgeliebte Patres, Brüder und Schwestern!
[...] Die in diesem Land Geborenen haben eine sehr gute Konstitution und Veranlagung. Sie sind für alles geeignet, besonders aber zur Annahme unseres heiligen Glaubens. In negativer Hinsicht haben sie allerdings eine knechtische Gesinnung. Sie machen nämlich alles nur dann, wenn sie dazu gezwungen werden. [...] Denn sie lernen, stets nur aus Angst und Furcht zu handeln, nicht aber aus Liebe zur Tugend. Alle ihre Opfer, die darin bestanden, ihre eigenen Kinder zu töten oder sie zu verstümmeln, brachten sie ihren Göttern aus großer Angst dar, nicht aus Liebe zu ihnen. Die in diesem Land für Götter gehaltenen Dämonen waren so viele und so verschiedenartige, dass nicht einmal die Indios sie alle zählen konnten. Sie glaubten, dass es für jede Sache einen Gott gebe, dass der eine diese, der andere jene Sache beherrsche. [...] Gewissen Göttern opferten sie Menschenherzen, anderen Menschenblut, einigen ihre eigenen Kinder, anderen Wachteln und Vögel. Mehreren opferten sie Weihrauch, Papier, das Getränk, das hier gebräuchlich ist[1], und viele andere derartige Dinge je nach den verschiedenen Riten und Zeremonien, die die Dämonen selbst verlangten, und je nach Art der Götter. Denn es gab sie schwarz, gelb und in anderen Farben gemalt. Die Einheimischen waren der Ansicht, dass sie von ihnen getötet und mit Leib und Seele verzehrt würden, wenn sie ihnen nicht opferten, was sie verlangten. [...]
In dieser Provinz von Mexiko haben ich und ein anderer Mitbruder und Gefährte mehr als zweihunderttausend Menschen getauft, ja noch viel mehr, sodass ich selbst nicht mehr die Zahl weiß. Oft kommt es vor, dass wir an einem Tag vierzehntausend Personen taufen. Manchmal sind es zehn-, manchmal achttausend.[2] [...]
Meine Aufgabe und Beschäftigung ist es, Tag und Nacht zu predigen und zu lehren. [...] Weil das Land riesig und von zahllosen Menschen bevölkert ist, die Prediger aber zu wenige sind, um eine so große Menge zu unterrichten, haben wir in unseren Häusern die Kinder der Herren und Vornehmen versammelt, um sie im katholischen Glauben zu unterweisen, damit sie diesen anschließend ihrerseits ihre Eltern lehren. [...] Ich habe unter meiner Obhut in dieser Stadt Mexiko mindesten fünfhundert oder mehr, denn es ist die Hauptstadt des Landes. Ich habe etwa fünfzig der Gelehrigsten ausgewählt, die ich jede Woche getrennt von den anderen darüber unterweise, was am folgenden Sonntag zu tun und zu predigen sei. [...] Sonntags gehen diese Jungen dann weg und predigen überall in der Stadt und der ganzen Umgebung [...]. Sie verkünden den katholischen Glauben und bereiten das Volk mit ihren Katechismen[3] auf den Empfang der Taufe vor. Wir begleiten sie bei diesen Unternehmungen und zerstören dabei die Götzenbilder und Tempel an einem Ort, während andere es an anderen Orten tun, und errichten dem wahren Gott Kirchen. [...] So ist das hier also. Ich bitte Euch deswegen, innigstgeliebte Patres und Brüder, seid alle so gütig und betet für mich zum Herrn. [...]
Gelobt sei Unser Gott und gepriesen sein Sohn Jesus Christus.

Horst von der Bey (Hrsg.), „Auch wir sind Menschen so wie ihr!“ Franziskanische Dokumente des 16. Jahrhunderts zur Eroberung Mexikos, Paderborn/München/Wien/Zürich 1995, S. 105-108

[1] Möglicherweise ist hier Kakao oder Pulque gemeint.
[2] Aus den hohen Zahlen lässt sich erkennen, dass die Franziskaner nicht den vollständigen liturgischen Taufritus an den Indianern vollzogen haben können.
[3] Unter „Katechismen“ sind hier kleine, selbstgemachte Bilderbücher zu verstehen, mit denen die Ordensbrüder den Einheimischen die christliche Lehre zu vermitteln versuchten.

1. *Gliedern Sie den Brief in sinnvolle Abschnitte. Versehen Sie diese mit Überschriften.*

2. *Arbeiten Sie die religiösen Vorstellungen und Bräuche der Indianer nach den Schilderungen des Franziskanermönchs heraus.*

3. **+** *Charakterisieren Sie die Vorgehensweise der Franziskaner bei der Missionierung der einheimischen Bevölkerung.*

4. *Erläutern Sie, welchen möglichen Hindernissen oder Gefahren die Franziskaner bei ihrer Missionierung ausgesetzt waren.*

M2 Einführung des Encomienda-Systems

Mit einer Anordnung an den Statthalter der Krone in der Karibik, Nicolás de Ovando, führt Königin Isabella I. von Kastilien im Jahre 1503 das System der Encomienda ein:

Da der König, Mein Herr, und Ich [...] befohlen haben, dass die auf der Insel Española ansässigen Indianer freie Menschen und keiner Dienstbarkeit unterworfen sein sollten (wie das näher in der genannten Instruktion enthalten ist), Ich jetzt aber erfahren habe, dass die Indianer infolge der ihnen gegebenen reichlichen Freiheit die Christen fliehen, Gespräch und Umgang mit ihnen meiden, auch gegen Lohn nicht arbeiten wollen und sich müßig herumtreiben, geschweige sich denn dazu gewinnen lassen, belehrt und zu Unserem heiligen katholischen Glauben bekehrt zu werden, dass deshalb die dort auf der Insel wohnenden Christen keine Arbeitskräfte für ihre Farmen und für die Goldgewinnung finden können, wodurch den einen wie den andern Schaden erwächst, und weil Wir wünschen, dass die genannten Indianer sich zu Unserem heiligen katholischen Glauben bekehren und darin unterrichtet werden, dies sich aber besser tun lässt, wenn die Indianer mit den auf der Insel wohnenden Christen in Berührung kommen, mit ihnen umgehen und zu tun haben, beide einander helfen und so die Insel kultiviert, bevölkert und ertragreich gemacht wird, auch Gold und andere Metalle gefördert werden, und Meine Königreiche und deren Bewohner daraus Nutzen ziehen, so habe Ich diese Verfügung wie folgt ausfertigen lassen und befehle hiermit [...] dass Ihr jedem Kaziken[1] auferlegt, eine bestimmte Anzahl Indianer bereitzuhalten, um sie jeweils da, wo es nötig ist, zur Arbeit einsetzen zu können, und damit sie sich an den Festtagen, und wann es sonst erforderlich scheint, zusammenfinden, um an den dafür bestimmten Orten über die Dinge des Glaubens zu hören und darin unterrichtet zu werden, dass jeder Kazike die von Euch jeweils vorgeschriebene Zahl von Indianern beibringt und an die von Euch benannten Personen zur Arbeit überlässt, gemäß näherer Anweisung dieser Personen und gegen einen von Euch festzusetzenden Tagelohn. Die genannten Verpflichtungen sollen sie als freie Personen leisten, die sie ja sind, nicht als Sklaven.

[1] **Kazike:** indianischer Vorgesetzter innerhalb der Gemeinde. Ihm oblag es, gegenüber den spanischen Autoritäten seine Gemeinde zu vertreten. In der Regel war er nicht gewählt, sondern gehörte der angesehensten Familie des Ortes an. Da diese Gemeindevorsteher auch über die Abgaben der Indianer verhandelten und diese von den Indianern eintrieben, kam ihnen eine wirtschaftlich wichtige Stellung zu.

Urs Bitterli (Hrsg.), Die Entdeckung und Eroberung der Welt. Dokumente und Berichte, Bd. 1, München 1980, S. 76 f.

1. *Beschreiben Sie, was die Encomienda für Indianer und Spanier bedeutet.*

2. *Arbeiten Sie heraus, wie Isabella die Einführung der Encomienda begründet.*

3. **+** *Erörtern Sie, inwiefern die Indianer freie Untertanen waren.*

M3 Das Requerimiento

Mit dem 1513 vom spanischen Kronjuristen Palacios Rubios verfassten Requerimiento soll jede Eroberung in Amerika eine solide rechtliche Basis erhalten. Die Anführer der Eroberungszüge müssen den Text vorlesen lassen, damit die Eingeborenen informiert werden und sich ergeben können. Tatsächlich verstehen sie den spanischen Text aber gar nicht, sodass das Requerimiento von Beginn an in Spanien scharf kritisiert wird.

Im Namen Seiner Majestät [...] gebe ich [hier Name des Anführers der Eroberung einsetzen], sein Diener, Bote und Hauptmann, euch, so gut ich vermag, kund und zu wissen, was folgt: [...]

Nachdem nun Seine Majestät dank dieser [päpstlichen] Schenkung König und Herr dieser Inseln und Festlandgebiete ist, und da einige Inseln mehr, ja fast alle, diesem solchermaßen installierten König und Herrn Gehorsam geleistet haben und ihm nun dienen, wie es Untertanen obliegt, mit gutem Willen, ohne Widerstand und das geringste Zögern, da sie ferner, instruiert durch alles vorher Gesagte, die zu ihrer Missionierung zu unserem heiligen Glauben gesandten Ordensbrüder aufnahmen und ihnen gehorchten, und das alles dankbar und aus freiem Willen, und sich ohne Belohnung oder sonstige Bedingungen zu Christen bekehrten und es noch sind, und Seine Majestät sie froh und wohlwollend annahm und sie dementsprechend wie die anderen Untertanen und Vasallen behandeln ließ, so seid ihr zu dem Gleichen gehalten und verpflichtet. Deswegen bitten und ersuchen

wir euch nach bestem Vermögen, dass ihr auf unsere Rede hört und eine angemessene Weile darüber beratet, dass ihr die Kirche als Oberherrn der ganzen Welt und in ihrem Namen den Hohenpriester, Papst genannt, sowie an seiner Statt Seine Majestät als Herrn und König dieser Inseln und dieses Festlandes kraft der erwähnten Schenkung anerkennt und euch einverstanden erklärt, dass die hier anwesenden Ordensbrüder euch das Gesagte erklären und verkünden. Handelt ihr danach, dann tut ihr recht und erfüllt eure Pflicht; dann werden Seine Majestät und ich in Ihrem Namen euch mit Liebe und Güte behandeln, euch eure Frauen und Kinder frei und ohne Dienstbarkeit belassen, damit ihr über sie und über euch selbst nach eurem Belieben und Gutdünken verfügen könnt. Man wird euch in diesem Falle nicht zwingen, Christen zu werden; es sei denn, dass ihr, in der Wahrheit unterwiesen, selbst den Wunsch habt, euch zu unserem heiligen katholischen Glauben zu bekennen, wie es fast alle Bewohner der anderen Inseln getan haben. Darüber hinaus wird Seine Majestät euch viele Privilegien und Vergünstigungen geben und euch viele Gnaden erweisen.
Wenn ihr das aber nicht tut und böswillig zögert, dann werde ich, das versichern wir euch, mit Gottes Hilfe gewaltsam gegen euch vorgehen, euch überall und auf alle nur mögliche Art mit Krieg überziehen, euch unter das Joch und unter den Gehorsam der Kirche und Seiner Majestät beugen, eure Frauen und Kinder zu Sklaven machen, sie verkaufen und über sie nach dem Befehl Seiner Majestät verfügen. Wir werden euch euer Eigentum nehmen, euch schädigen und euch Übles antun, so viel wir nur können, und euch als Vasallen behandeln, die mit ihrem Herrn nicht gehorsam und ergeben, sondern widerspenstig und aufsässig sind. Wir bezeugen feierlich, dass das Blutvergießen und die Schäden, die daraus erwachsen, allein euch zur Last fallen, nicht Seiner Majestät, nicht mir und nicht diesen Rittern, die mit mir gekommen sind. Alles, was ich euch hier gesagt und gefordert habe, bitte ich den anwesenden Notar schriftlich zu bekunden.

Eberhard Schmitt (Hrsg.), Dokumente zur Geschichte der europäischen Expansion, Bd. 4, München 1986, S. 472 f.

1. *Fassen Sie zusammen, wie das Requerimiento Eroberungen rechtfertigt.*

2. *Arbeiten Sie heraus, welche Konsequenzen das Requerimiento für die Anführer von Eroberungen hinsichtlich ihrer Ansprüche gegenüber der spanischen Krone hatte.*

3. *Erklären Sie, was das Requerimiento für die Gebietsansprüche anderer europäischer Mächte bedeutet.*

4. + *Vergleichen Sie die Rechtfertigung der spanischen Eroberung durch das Requerimiento mit Rechtfertigungen bei anderen Eroberungen und Kriegen in der Vergangenheit und heute.*

◂ **Francisco de Toledo.**
Briefmarke aus Spanien von 1964.
- *Erläutern Sie, welche Aussage über das Wirken von Francisco de Toledo mit einer solchen Briefmarke getroffen wird.*
- + *Erörtern Sie, ob es angemessen wäre, auch in Peru eine solche Briefmarke zu verbreiten. Beziehen Sie dabei auch die Informationen über das Wirken von de Toledo aus M4 ein.*

M4 Zwangsumsiedlung der Indianer

Der Vizekönig von Peru, Francisco de Toledo, erläutert nach Ende seiner zwölfjährigen Amtszeit (1569-1581) in seinem Rechenschaftsbericht an den spanischen König Philipp II., warum er die Indianer zwangsumgesiedelt hat:

Die Art, wie die Indios regiert wurden, bevor ich ins Land kam, war ziemlich dieselbe [...] wie in den Zeiten der Incatyrannei. Die [spanischen] Gouverneure[1] tasteten sie nicht an, obwohl sich alle einig waren, dass es für den Dienst Gottes und S. M. [Seiner Majestät] und für die Christenheit sehr zu wünschen wäre, die Lebensweise [der Indios] und alles, was sie so trieben, zu ändern.
Die Gouverneure und ihre Ratgeber waren aber der Ansicht, es sei sehr heikel und gewagt, hier etwas zu unternehmen, denn es würde die Einheimischen in ihrem Lebensnerv treffen, sie gegen uns aufbringen und rebellisch machen. Ein solcher Eingriff wäre ein heikles und schwieriges Unterfangen ohne absehbares Ende [...]; die Indios würden sich dem aufs Heftigste widersetzen – es hat sich dann auch tatsächlich so abgespielt.
Die Indios hatten begonnen, ihre Wohnstätten in die Berge und in schwer zugängliche Gebiete zu verlegen, und die besiedelten Orte sowie ebenes Land gemieden; da droben lebte ein jeder so frei, wie es ihm gefiel [...].
Regiert wurden sie von den alten Kazikengeschlechtern[2], die noch aus der Zeit der Incatyrannei stammten. Wenn der Vater

[1] Als Gouverneure werden hier spanische Beamte der Kommunal- und Provinzverwaltung bezeichnet.
[2] Siehe hierzu Seite 59, Fußnote 1 zu M2.

starb, vererbte sich das Amt auf den Sohn, ohne dass darauf geachtet wurde, ob er Christ war oder nicht. Deshalb fehlte es an dem nötigen Respekt [vor Obrigkeit und Kirche] und sie hielten weiter an ihrem alten Götzenkult fest. Es wird ein hartes Stück Arbeit kosten, sie davon loszureißen, solange die Alten noch leben [...].
Alle diese Kaziken haben ihr Amt von E.M. [Eurer Majestät] erhalten; deshalb müssen sie lernen, dass sie von E.M. und Euren Ministern abhängen. In der Erbfolge dieser Kazikentümer müssen diejenigen bevorzugt werden, die die besten Christen sind und die meisten Tugenden besitzen [...], auch wenn man den ältesten Sohn übergehen muss. [...]
Da es nicht möglich war, die Indios im christlichen Glauben zu unterweisen und sie dazu zu bringen, eine geordnete Lebensweise anzunehmen, ohne sie aus ihren Schlupfwinkeln zu holen, wurde veranlasst, sie in Dörfer und Gemeinden zu bringen. An den Orten, wo man sie ansiedelte, legte man wie in den Stadtgründungen der Spanier rechtwinklig sich kreuzende Straßen an; die zur Straße führenden Türen entfernte man, damit die Polizei und die Priester freien Einblick hatten. Man behielt natürlich immer im Auge, dass diese Neuansiedlungen nur an den besten und günstigsten Punkten angelegt wurden und die Indios möglichst das gleiche Klima vorfänden wie in ihren früheren Wohnsitzen [...]. Ein solches tributpflichtiges Dorf [...] zählte je nach Größe des Repartimientos[3] an die 400 bis 500 Seelen und hatte einen Priester. Erfahrungsgemäß konnte so die richtige christliche Unterweisung als gesichert gelten.

Lieselotte Engl und Theodor Engl (Hrsg.), Die Eroberung Perus in Augenzeugenberichten, München ²1977, S. 404 f.

1. *Fassen Sie die Lebensweise der Indianer in Peru vor der Ankunft des Vizekönigs zusammen.*

2. **+** *Erklären Sie, wie der Vizekönig die Zwangsumsiedlung der Indianer begründet.*

3. **+** *Peru wurde fast 50 Jahre vor Abfassung des Berichts erobert, das Vizekönigreich Peru etwa 30 Jahre vor Abfassung des Berichts eingerichtet. Nehmen Sie anhand der Quelle Stellung zum Aufbau der spanischen Herrschaft.*

[3] **Repartimiento**: Bezeichnet ein der Encomienda ähnliches System der Zuteilung von Indianern an Spanier, damit die Indianer für die Spanier arbeiten. Es ersetzt in gewisser Weise die Encomienda, da es sich um befristete Zuteilungen handelt und nicht um eine dauerhafte Leistung.

Zeitraum	pesos ensayados
1581-1590	53,1
1591-1600	73,1
1601-1610	55,7
1611-1620	56,2
1621-1630	61,1
1631-1640	53,9
1641-1650	57,9
1651-1660	48,4
1661-1670	94,8
1671-1680	85,2
1681-1690	86,1
1691-1700	82,1

◂ **Edelmetalleinfuhr nach Spanien von 1581 bis 1700 (in Mio. pesos ensayados).**
Nach: Hans Pohl, Die Wirtschaft Hispanoamerikas in der Kolonialzeit (1500-1800), Stuttgart 1996, S. 63
Die Silbermünze (pesos ensayados) war eine Standard-Rechnungs- und Wechseleinheit im Spanischen Reich; sie wog eine Unze (ca. 28 Gramm).

M5 Edelmetalle

Die Historiker John R. Fisher und Horst Pietschmann schreiben über die Bedeutung der Edelmetalle als Exportartikel:

Den merkantilistischen[1] Theoretikern des 17. und 18. Jh. zufolge war die ideale wirtschaftliche Beziehung zwischen einer europäischen Macht und ihren überseeischen Kolonien so beschaffen, dass die abhängigen Gebiete neben den zu ihrer Verwaltung und Verteidigung notwendigen Steuergeldern einen Steuerüberschuss einbrachten, die Rohmaterialien zur Verarbeitung in den Manufakturen[2] des Mutterlandes (und zum Wiederexport in dritte Länder) lieferten sowie geschützte Märkte für dessen verarbeitete Produkte darstellten. Betrachtet man die wirtschaftlichen und kommerziellen Realitäten des spanischen Amerikahandels, so wird sofort klar, dass zumindest für einen Großteil der Kolonialzeit die tatsächlichen Beziehungen zwischen Spanien und Amerika erheblich von dieser theoretischen Norm abwichen. Selbst

[1] **Merkantilismus** (lat. mercari: Handel treiben): vom 16. bis 18. Jahrhundert vorherrschende Wirtschaftsform. Sie zielte auf eine Steigerung der nationalen Wirtschaftskraft und die Erhöhung der Staatseinkünfte ab. Der Handel (vor allem der Außenhandel) und die einheimischen Gewerbe wurden gestärkt. Hohe Zölle erschwerten die Einfuhr von Fertigwaren und Luxusgütern.
[2] **Manufaktur** (lat. manu facere: mit der Hand machen): Werkstätte, in der Frauen und Männer gleichzeitig mit unterschiedlichen Arbeitsgängen (Arbeitsteilung) ein Produkt herstellen

noch im letzten Viertel des 18. Jh. – zu einer Zeit, in der Spanien überhaupt erst begann, das Potenzial zuvor vernachlässigter Gebiete wie Venezuela, Kuba und der La Plata-Region durch den Großexport von Häuten und Fellen, Zucker, Tabak, Baumwolle, Kakaobohnen, Indigo und anderer Erzeugnisse wirksam zu nutzen – blieben Edelmetalle, vor allem in Form von Silbermünzen und -barren, der wichtigste Einfuhrartikel aus Amerika und machten 57 Prozent des Gesamtimportwerts aus. Noch gegen Ende der Kolonialzeit nahmen die Edelmetalle einen beherrschenden Platz unter den Importen aus Neu-Spanien (ungeachtet dessen landwirtschaftlicher Konjunktur im 18. Jh.) und Peru ein und machten 80 Prozent bzw. 90 Prozent der Einfuhr aus diesen Vizekönigreichen aus. Zwei Jahrhunderte früher hatten die Edelmetalle eine noch eindrucksvollere Vorrangstellung eingenommen, teils wegen des bewussten Interesses sowohl von offizieller als auch von privater Seite an sofortigem Gewinn in seiner greifbarsten Form, teils weil die Mehrzahl der Regionen, die die Voraussetzungen dafür besaßen, bedeutende Exporteure von Produkten der Viehzucht und der Landwirtschaft zu werden, sich entweder abseits der offiziellen internationalen Handelsrouten befanden oder noch in einem primitiven Zustand wirtschaftlicher Entwicklung steckten. Das Resultat war, dass die Edelmetalle zwischen 1580 und 1630, zur Zeit des größten Edelmetallbooms, stets 80 Prozent aller nach Spanien importierten amerikanischen Waren ausmachten. Die höchsten Quoten wurden in den 90er-Jahren des 16. Jh. erreicht mit 96 Prozent der Importe im Spitzenjahr 1594.

John R. Fisher und Horst Pietschmann, Wirtschaft, Handel, Geldwesen, Fiskus und Verkehr, in: Walther L. Bernecker u.a. (Hrsg.), Handbuch der Geschichte Lateinamerikas, Bd. 1, Stuttgart 1994, S. 408 f.

1. *Geben Sie wieder, welche Rolle die Edelmetalle innerhalb der Exporte der spanischen Kolonien einnahmen.*
2. *Erläutern Sie, inwiefern die Exporte Spanischamerikas den merkantilistischen Vorstellungen widersprachen.*
3. *Beurteilen Sie, ob es sinnvoll ist, wenn eine Region vor* ✚ *allem ein Gut (in diesem Fall Edelmetalle) exportiert.*

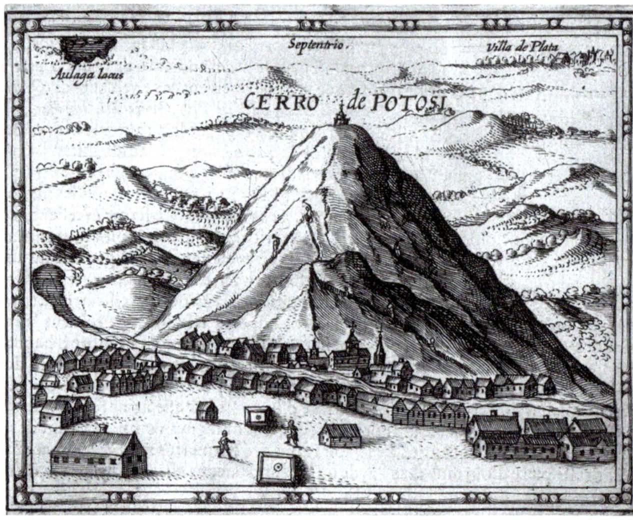

▲ **Der Berg von Potosí (Cerro de Potosí) in Bolivien damals ...**
Kupferstich aus „Des Tables Geographiques" von Petrus Bertius, um 1618/19.
Potosí war das Zentrum des südamerikanischen Silberbergbaus.

M6 Umweltschäden

Der Historiker Pedro Cunill Grau schildert die Veränderungen der Landschaft durch den Bergbau in Potosí:

Die Veränderungen der Umwelt am Potosí-Berg vollzogen sich mit großer Schnelligkeit. Vor der Entdeckung der Silbervorkommen wurde die Spitze des Berges von den dortigen Eingeborenen als geweihte Stätte genutzt, und man vollzog dort Opferzeremonien. [...] Diese Funktion als geweihte Stätte hatte aber keine größeren Umweltschäden zur Folge. Der Entdecker der Silbervorkommen, der Eingeborene Diego Hualpa, berichtet, dass sich 1545 auf der Spitze des Berges noch zehn bis zwölf große Polylepis-Bäume befanden und dass auf den Abhängen eine große Zahl dieser Bäume stand. Diese Aussage erlaubt uns die Annahme, dass diese Bäume auf den noch nicht veränderten Böden des Berges von Potosí gut gediehen. Diese Konzentration von dichter Baum- und Buschvegetation hatte eine reiche Tierwelt zur Folge, zu der sogar der Puma, der „Löwe dieser Länder", zählte. In einem anderen Bericht aus der Zeit vor der Entdeckung des Silbers wird festgehalten, dass es viele Rebhühner, Vizcachas[1] und Guanakos[2] gab und dass Gonzalo Pizarro[3] hier jagte. Die Landschaft und die biologische Vielfalt des Bergs von Potosí änderten sich schlagartig ab 1545, als die Bergbauarbeiten begannen. Die Polylepis-Bäume wurden abgeholzt, um der Errichtung von Bergbauschächten und Häusern zu dienen. Schon 1572 war die Zerstörung der Umwelt offenkundig. [...] Die wilden Tiere verschwanden völlig, mit Ausnahme von Ratten und Vizcachas. In einem Bericht von 1603 wird mit großer Genauigkeit die Rückbildung der Umwelt festgehalten und das völlige Verschwinden der Polylepis-Bäume und der wilden Tiere beschrieben: „... heute finden sich nicht einmal mehr Gräser auf dem Berg und man kann dort auch keine Baumwurzeln mehr sehen, was sehr erschreckend ist.

[1] **Vizcacha**: Hasenmaus
[2] **Guanako**: Tier aus der Familie der Kamele
[3] Ein Bruder des Eroberers Francisco Pizarro.

▲ **... und heute.**
Foto von 2012.
Heute werden vor allem Zinn, Kupfer, Zink und Blei abgebaut.
▪ *Vergleichen Sie den Kupferstich und das Foto miteinander.*

Denn der ganze Berg ist ein Steinhaufen mit nur wenig oder gar keiner Erde."[4]

Pedro Cunill Grau, „El paisaje andino. punas, salares y cerros", in: Juan Marchena Fernández (Hrsg.), Potosí. Plata para Europa, Sevilla 2000, S. 83 f. (übersetzt von Ulrich Mücke)

1. *Fassen Sie die Umweltgeschichte des Berges von Potosí im 16. Jahrhundert zusammen.*
2. *Erläutern Sie, welche Ursachen die Umweltschäden hervorriefen und ob sich diese hätten vermeiden lassen können.*
3. *Arbeiten Sie mögliche Konsequenzen der Ausbeutung von Potosí für die Einwohner und den Bergbau heraus.*
4. *Nehmen Sie zu der Ausbeutung von Potosí Stellung.*
+ *Berücksichtigen Sie dabei auch die Informationen aus M7.*

M7 Gefahren im Bergbau

Der Jesuit Antonio de Ayanz beschreibt 1596 die Arbeit im Silberbergbau wie folgt:

Neben [...] der Strenge und den Peitschenhieben der Mineros[5] sowie den anderen [...] elenden Lebensumständen fürchten die Indios vor allem die große Lebensgefahr, in die sie sich beim Einfahren in die Gruben begeben. Diese sind nämlich sehr tief und das Ein- und Ausfahren wegen der häufigen Erdrutsche und des Steinschlags äußerst gefährlich; viele sind durch herabfallendes Gestein schon übel zugerichtet oder gar getötet worden. Manche rutschen auch auf den aus Lederriemen gefertigten Leitern aus, und wenn einem Vorausgehenden etwas aus der Hand fällt oder er durch irgendein Missgeschick ausgleitet, verletzt oder tötet er die hinter ihm Gehenden. So werden jede Woche mindestens sieben oder acht Bergarbeiter verletzt, erleiden Bein-, Arm- oder Schädelbrüche oder Verletzungen am ganzen Körper. Alle zwei Wochen werden ein bis zwei tödliche Unfälle bekannt, ganz abgesehen von jenen Vermissten, die wohl zerschmettert am Grunde des Schachts liegen. Darüber hinaus gibt es oft Unfälle mit 30 oder 40 Toten, wenn ein Teil des Bergwerks einstürzt und die Arbeiter verschüttet. Manche werden bei lebendigem Leib begraben, und von benachbarten Stollen nimmt man ihnen mit lauten Rufen die Beichte ab. All diese Dinge müssen größtes Bedauern und Mitleid erwecken, und diejenigen, die sie erleiden, fürchten sie mehr als den Tod. Und so geschieht es, dass manche dieser unglücklichen Indios – Gott gebe es, es wären nicht so viele – unter dem Druck der erfahrenen Mühsale, bei denen sie so viel von ihrer Habe verloren und nur die anderen bereichert haben, aus Furcht vor der Gewalttätigkeit und Härte der ihre Arbeit beaufsichtigenden Mineros, angesichts der beständigen Lebensgefahr und vor Kummer darüber, dass sie ihre Heimat verlassen mussten, sich vom Teufel in falscher Hoffnung täuschen lassen, am Leben verzweifeln und sich erhängen. So hat es allein in einem Dorf dieser Provinz fast jedes Jahr einen Fall von Erhängen gegeben; doch das wird verschwiegen, und man versucht nicht mehr, solche Fälle bei Stellen vorzubringen, von denen man sich Abhilfe erhofft.

Antonio de Ayanz, Kurze Schilderungen der Leiden und Benachteiligungen, denen die Indios von der Gegend um Cuzco bis nach Potosí [...] ausgesetzt sind, in: Eberhard Schmitt (Hrsg.), Dokumente zur Geschichte der europäischen Expansion, Bd. 3, München 1986, S. 436

1. *Beschreiben Sie, welche Gefahren es im Bergbau für die Arbeiter gab.*
2. *Arbeiten Sie heraus, was eine in den Augen des Autors inakzeptable Flucht vor diesen Gefahren war.*
3. *Erläutern Sie, warum die Indios trotz der unmenschlichen Arbeitsbedingungen in den Minen arbeiteten.*
4. *Setzen Sie sich mit der These auseinander, dass der Arbeitsschutz im Bergbau und bei anderen gefährlichen Arbeiten bis heute Ausdruck von Macht- und Abhängigkeitsverhältnissen zwischen verschiedenen Weltregionen ist.*
+

[4] Das Zitat im Text stammt aus einer anonymen Beschreibung des Berges von 1603.
[5] **Minero**: Bezeichnung für einen Minenarbeiter in Lateinamerika; hier ist der Aufseher der Bergleute gemeint.

M8 Verbrechen der Spanier

Der Dominikanermönch Bartolomé de Las Casas (siehe Seite 57) klagt in seiner 1552 erschienenen Schrift „Bericht von der Verwüstung der Westindischen Länder" die Vorgehensweise der spanischen Eroberer an:

Die sogenannten Christen, welche hier landeten, wählten zwei ganz untrügliche Mittel, diese bejammernswürdigen Nationen auszurotten und sie gänzlich von der Oberfläche der Erde zu vertilgen. Fürs Erste bekriegten sie dieselben auf die ungerechteste, grausamste, blutgierigste Art; und zweitens brachten sie alle diejenigen ums Leben, von denen sie fürchteten, dass sie nach Freiheit seufzen, danach schmachten, nur daran denken oder den Martern, welche sie erdulden mussten, entspringen möchten. So verfuhren sie mit allen den Großen des Landes und allen frei geborenen Untertanen: Im Kriege aber ließen sie überhaupt nur Weiber und Kinder am Leben. Sie bürdeten denselben die härtesten, schwersten, drückendsten Lasten auf, die nicht einmal Vieh ertragen kann, geschweige denn Menschen. Unter diese zwei Hauptarten mehr als satanischer Tyrannei lassen sich alle übrigen mannigfaltigen und unzählbaren Qualen gleichsam als untergeordnete Gattungen bringen, wodurch sie jene Völker zu vertilgen suchten.

Die einzige und wahre Grundursache, warum die Christen eine so ungeheure Menge schuldloser Menschen ermordeten und zugrunde richteten, war bloß diese, dass sie ihr Gold in ihre Gewalt zu bekommen suchten. Sie wünschten nämlich, in wenigen Tagen sich mit ihren Schätzen zu bereichern und sodann sich ungleich höher emporzuschwingen, als es ihr Stand und ihre Verhältnisse erlaubten. Es geschah, ich muss es nur sagen, weil sie einen so unersättlichen Geiz und Stolz besaßen, dass ihresgleichen in der ganzen Welt wohl schwerlich zu finden ist. Es geschah, weil sie in diesen reichen und fruchtbaren Ländern sich festzusetzen wünschten und weil die Bewohner derselben so demütig, so geduldig, so leicht zu unterjochen waren. In der Tat, sie achteten und schonten sie weit weniger – und ich sage die Wahrheit, denn ich habe es die ganze Zeit über mit angesehen – nicht etwa bloß wie ihr Vieh – wollte Gott, sie hätten sie nicht grausamer als ihr Vieh behandelt! –, sondern sie achteten sie nicht höher, ja noch weit geringer, als den Kot auf den Straßen. So sorgten sie für die Erhaltung ihres Lebens und das Heil ihrer Seelen. Ich kann heilig beteuern, dass alle die Millionen Menschen, wovon ich weiter oben sprach, ohne Glauben und ohne Sakrament verschieden sind. Auch ist es eine notorische, allgemein bekannte Wahrheit, die selbst jene Tyrannen und Menschenwürger nicht leugnen können, dass nie ein Christ in ganz Indien von den Indianern beleidigt ward. Sie begegneten vielmehr den Spaniern so, als kämen sie vom Himmel, und taten dies so lange, bis sowohl sie als ihre Nachbarn, zuerst auf vielfältige Weise von ihnen gemisshandelt, beraubt, gemartert und alle nur möglichen Gewalttätigkeiten und Bedrückungen an ihnen verübt worden waren.

Bartolomé de Las Casas, Bericht von der Verwüstung der Westindischen Länder, hrsg. von Hans Magnus Enzensberger, Frankfurt am Main 1981, S. 12-14

1. *Geben Sie das Verhalten der Spanier gegenüber der indigenen Bevölkerung laut Las Casas wieder.*
2. *Analysieren Sie die spanischen Eroberungsmotive nach Las Casas.*
3. *Vergleichen Sie die Darstellung der Indianer von Las Casas mit jener aus Kolumbus' Bordbuch (siehe Seite 40, M4). Beachten Sie dabei, dass das Bordbuch lediglich in einer Version von Las Casas überliefert ist.*

M9 Die Elite Lateinamerikas

Die Historiker James Lockhart und Stuart B. Schwartz schreiben über die in Amerika lebenden Nachfahren der spanischen Eroberer und Einwanderer, Kreolen genannt:

Kreolenfamilien und -einzelpersonen besaßen die Mehrzahl der ländlichen Güter und andere Produktionseinheiten der regionalen und überregionalen Produktion. Fast alle Gemeindepriester, die meisten Angehörigen der Domverwaltungen und auch eine beeindruckende Mehrheit der Bettelmönche waren Kreolen. Als Sekretäre und kleine Verwaltungsbeamte dominierten Kreolen die unteren Ränge der Verwaltung, um gar nicht von den Stadträten zu reden, die lange Zeit von Kreolen besetzt waren. In der späten Kolonialzeit brachten die Vizekönige viel weniger Personal aus Spanien mit als ihre Vorläufer zu Beginn der Kolonialherrschaft, sodass die vor Ort Ansässigen zum Zuge kamen. Und nicht nur in den unteren Rängen der Verwaltung sah man Kreolen. Im dritten Viertel des 18. Jahrhunderts besaßen sie eine überwältigende Mehrheit in den audiencias[1] von Lima und Mexiko-Stadt. Die audiencias waren in jeder Hinsicht das grundlegende Regierungsorgan in der Zeit zwischen 1600 und 1800, und man muss die herausragende Bedeutung der audiencias an den Vizekönigssitzen von Lima und Mexiko nicht extra betonen. Aber auch in anderen audiencias gab es während der Kolonialzeit immer wieder kreolische Mehrheiten. Wenn in der späten Kolonialzeit Milizen aufgestellt wurden, waren Kreo-

[1] **audiencia**: höchste Verwaltung- und Gerichtsinstanz in den spanischen Gebieten Amerikas; siehe dazu auch das Schaubild auf Seite 56.

len die Offiziere, und sie gelangten sogar in die regulären Truppen, die an einigen Stellen Amerikas stationiert wurden. [...] In jedem Gebiet gab es dominierende Kreolenfamilien, deren Nachnamen sich zuweilen bis zur Eroberung zurückverfolgen ließen und die im Rahmen einer langfristigen Strategie, welche alle Aspekte und Mitglieder betraf, versuchten, große zusammenhängende Komplexe zu schaffen, die alle Aspekte des wirtschaftlichen und institutionellen Lebens betrafen [...]. Die am weitesten entwickelten und am besten untersuchten Netzwerke waren jene in Lima und Mexiko-Stadt. Indem eine Familie verschiedene Aufgaben geschickt innerhalb der Mitglieder verteilte, Heirat und Erbschaften gezielt beeinflusste und ihren ökonomischen Einfluss geltend machte, konnte sie hoffen, dass eines ihrer führenden Mitglieder eine große Hacienda[2] oder mehrere besaß, ein anderes in der audiencia saß, ein drittes im Domkapitel, eines in der Miliz als Offizier tätig war und so weiter. Die Frauen heirateten Männer aus verbündeten Kreolenfamilien, und diese Männer besaßen wiederum weitere Positionen oder Güter. Eine sehr erfolgreiche Familie dieser Art konnte sich häufig einen Titel des Hochadels kaufen, z.B. den eines Marquis, und ein Familienfideikommiss[3] schaffen, durch welches der Familienbesitz zusammengehalten wurde.

James Lockhart und Stuart B. Schwartz, Early Latin America. A history of colonial Spanish America and Brazil, Cambridge u.a. 1983, S. 322 f. (übersetzt von Ulrich Mücke)

1. *Geben Sie wieder, in welchen Positionen sich Kreolen fanden.*
2. *Erklären Sie, mit welchen Strategien reiche Kreolenfamilien ihre Macht zu vermehren versuchten.*
3. *Arbeiten Sie heraus, welche möglichen Gründe Kreolen hatten, die spanische Herrschaft zu unterstützen.*
4. ✚ *Setzen Sie sich mit dem Handeln der Kreolen in Lateinamerika auseinander.*

[2] **Hacienda**: größeres Landgut
[3] **Familienfideikommiss**: ein Besitz, der beim Tod des Besitzers nicht unter den Erben aufgeteilt werden kann, sondern als Ganzes an eine Person übergeht

M10 Stellung der Indianer in den Kolonien

Der Historiker Peter Bakewell äußert sich 1997:

Dem ständischen Prinzip folgend blieben Indianer und Spanier legal und funktional getrennte Bewohner der spanischen Kolonien. Auch wenn Historiker in den letzten Jahren entdeckt haben, wie Indianer dem spanischen Druck widerstanden und sich ihm widersetzten, gibt es doch keinen Zweifel, dass die Indianer unterdrückt wurden und dass die Spanier die Unterdrücker waren – sei es als Staat, sei es als Einzelpersonen. Wie gesetzlich vorgeschrieben, zahlten die meisten erwachsenen Indianer Tribut. Wie das Gesetz und die Wirtschaftslogik bestimmten, verrichteten Indianer die meiste körperliche Arbeit in den Kolonien. Die Spanier waren bis Mitte des 16. Jahrhunderts zu der Meinung gelangt, dass die amerikanischen Eingeborenen potenziell freie vollwertige Menschen seien, sie aber in intellektueller und moralischer Hinsicht noch auf der Stufe von Kindern standen. Dies kam in Gesetzen zum Ausdruck, welche die Eingeborenen als Minderjährige beschrieben, welche rechtlichen Schutz benötigten. So durften sie zum Beispiel ohne die Aufsicht der spanischen Justiz nichts verkaufen, was mehr als dreißig Peso wert war (der Preis für 1400 bis 1800 Liter Mais im Tal von Mexiko um 1580 oder drei bis vier Lamas in Peru um 1590). Indianer mussten keine Verkaufssteuer (alcabala) zahlen, wenn sie mit spanischen Gütern handelten. Es gab ein System des rechtlichen Beistands, welches aus Rechtsanwälten der audiencias[1] bestand, die sich auf Eingeborenenangelegenheiten spezialisiert hatten. Für Neu-Spanien wurde in Mexiko-Stadt ein Gericht für Indianer eingerichtet. Man könnte unzählige weitere Beispiele anführen um zu zeigen, dass die Spanier in Spanien und in Amerika die amerikanischen Eingeborenen als von ihnen in sozialer, ökonomischer, kultureller und rechtlicher Hinsicht völlig verschieden betrachteten. Indianer gehörten ohne Zweifel zur kolonialen Gesellschaft, aber ihre Funktion war – wie auch die der europäischen einfachen Leute –, die höheren Teile der Gesellschaft und die Existenz des Staates durch ihre Arbeit und ihre Steuern zu erhalten.

Peter Bakewell, A history of Latin America. Empires and Sequels, 1450-1930, Malden (MA)/Oxford 1997, S. 159 (übersetzt von Ulrich Mücke)

1. *Charakterisieren Sie die Stellung der Indianer.*
2. ✚ *Beurteilen Sie den Schutz der Indianer durch die spanische Gesetzgebung.*
3. ✚ *Setzen Sie sich damit auseinander, inwiefern die Stellung der indigenen Bevölkerung unserer heutigen Vorstellung von Staatsbürgern entspricht.*

[1] Siehe hierzu M9, Fußnote 1.

Methoden-Baustein

Hinweis: Das Buch bietet verschiedene Anwendungsbeispiele. Hier eine Auswahl geeigneter Karten: Seite 16 und 42 (Historische Karten) sowie Seite 30, 102 und 126 (Geschichtskarten).

Mit Karten arbeiten

Karten geben eine Orientierung in Raum und Zeit. Sie informieren sowohl über topografische und geografische Gegebenheiten als auch beispielsweise über Ereignisse und Entwicklungen in bestimmten Gebieten oder sich verändernde Ländergrenzen und Lebensräume von Bevölkerungen.
Grundsätzlich lassen sich zwei Arten von Karten unterscheiden. 1. *Historische Karten*: Sie wurden mit den Mitteln und den Erkenntnisinteressen der damaligen Zeit erstellt und zeigen, welche Vorstellungen Menschen bzw. Kartenzeichner und ihre Auftraggeber von der Welt hatten. 2. *Geschichtskarten*: Sie wurden von Historikern oder historisch arbeitenden Geografen angefertigt, um Aussagen über die Vergangenheit besser darstellen zu können.
Karten sind anschaulich und häufig leicht verständlich, bereiten aber auch spezifische Probleme. Bei historischen Karten erschließen sich Bilder, Zeichen und Symbole nicht immer unmittelbar. Darüber hinaus haben sich die Verfahren zur Abbildung geografischer Räume ständig weiterentwickelt, sodass alte Karten oft Verzerrungen enthalten. Zudem sind Karten keine objektiven Darstellungen, sondern bilden subjektive Deutungen der Welt ab. So spiegeln historische Karten immer auch das Wissen und Denken ihrer Entstehungszeit. Moderne Karten sind häufig bewusst angelegt worden, um bestimmte (z.B. politische oder kulturelle) Aussagen zu treffen.
Schließlich sind auch die Darstellungsmöglichkeiten von Karten limitiert. Sie können nur begrenzt zeitliche Entwicklungen und Abläufe zeigen. Schwierig ist es auch, komplexe gesellschaftliche und kulturelle Zusammenhänge abzubilden.
Eine kritische Auseinandersetzung mit Karten erfordert nicht nur grundlegende Kenntnisse über den historischen und thematischen Hintergrund, sondern auch das richtige „Lesen“ der Legende, der Zeichen und Symbole.

Formale Kennzeichen

- Um welchen *Kartentyp* handelt es sich?
- Wann und wo wurde die Karte *erstellt* oder *veröffentlicht*?
- Wer hat die Karte entworfen und / oder in *Auftrag* gegeben?

Karteninhalt

- Über welches *Thema* informiert die Karte?
- Welchen *Raum* und welche *Zeit* stellt die Karte dar?
- Zeigt die Karte einen *Zustand* oder eine *Entwicklung*?
- Welche *Darstellungsformen* nutzt die Karte (Symbol, Bild, Text, Farbgebung etc.)?
- Sind die *Informationen* ausreichend für das von der Karte dargestellte Thema?
- Finden sich *Widersprüche* in den Informationen?
- Entspricht die geografische / topografische Darstellung unseren heutigen Kenntnissen?

Historischer / aktueller Kontext

- In welchen historischen / politischen *Zusammenhang* lässt sich die Karte einordnen?
- Welche *Ursachen*, *Entwicklungen* oder *Folgen* lassen sich aus der Karte ablesen?

Bewertung und Intention

- An welchen *Adressatenkreis* wendet sich die Karte?
- Welchen *Zweck*, welche *Funktion* verfolgt sie?
- Auf welche wissenschaftlichen oder politischen Diskussionen geht sie ein?
- Ist eine bestimmte *Sichtweise*, eine politisch-ideologische *Zielsetzung* erkennbar?
- Welche Fragen kann die Karte beantworten und welche nicht?

Beispiel: Verwaltungsgliederung Spanischamerikas um 1800

Analysieren Sie die Karte mithilfe der Fragen auf Seite 66. Ihre Ergebnisse können Sie mit der Lösungsskizze unter dem Code 32033-04 vergleichen.

Legende
mit Maßstab und Erklärungen zu den Schraffierungen in der Karte

Spanische Städtegründungen
des 15. und 16. Jahrhunderts

Linie von Tordesillas
geht auf einen 1494 zwischen Spanien und Portugal geschlossenen Vertrag zurück. Die Welt wurde entlang eines Längengrades durch den Atlantik geteilt: Westlich davon gehörte alles Spanien, östlich davon Portugal.

Geschichte kontrovers

Die „Entdeckung Amerikas" – Kulturbegegnung oder Zusammenstoß der Kulturen?

Unzählige nationale wie internationale Feiern fanden im Jahr 1992 zum 500-jährigen Jubiläum der Entdeckung Amerikas durch Christoph Kolumbus statt. In Mexiko wurde eine hochrangige „Nationale Kommission" ins Leben gerufen, die die Vorstellung von der „Entdeckung und Eroberung" durch die Idee der „Begegnung der zwei Welten" zu ändern suchte. Dennoch sind die Folgen der gemeinsamen Geschichte Europas und Amerikas weiterhin hoch umstritten. Während die eine Seite den Austausch von Wissen und den Fortschritt durch eine Begegnung der Kulturen betont, heben andere die lange Geschichte der Unterdrückung und Ausbeutung hervor. Besteht ein Zusammenhang zwischen der globalen Ungleichheit in der heutigen Welt und der „Europäisierung" der Erde, die mit den Entdeckungsfahrten begann?

M1 „Der größere Teil der indianischen Bevölkerung [...] dankte es den neuen Herren"

Der deutsch-chilenische Historiker Ernst Samhaber verfasst mehrere Bücher zur Geschichte Lateinamerikas und zu den Entdeckungsreisen der Frühen Neuzeit. In einem in den 1970er-Jahren veröffentlichten Band zur Weltgeschichte heißt es:

Die weltgeschichtliche Bedeutung der spanischen Eroberung Amerikas lag zunächst darin, dass zwei scheinbar so mächtige Reiche beim ersten Ansturm zusammenbrachen, sodann aber in der gründlichen Umgestaltung des Erdteils. Europäische Lebensformen, die europäische Landwirtschaft, die spanische Sprache und das Christentum setzten sich in weiten Bereichen durch. Die Spanier haben einen sehr viel fester organisierten Staat in Mexiko und Peru aufgebaut, als das Azteken und Inka möglich gewesen war. Eine geordnete Verwaltung reichte bis in das letzte Indianerdorf hinein. [...]
Siedler haben die ersten Pflanzungen angelegt, die Viehherden gezüchtet, die Bergwerke in Betrieb genommen und schließlich die Expeditionen ausgerüstet, die immer neues Land suchten. Die Konquistadoren waren raue Gesellen, aber auch nicht härter als die christlichen Adligen damals gegenüber ihren Bauern in Europa. [...] Die schlimmsten Opfer kosteten die eingeschleppten Krankheiten: Pocken und andere Seuchen rafften häufig ein Drittel der Bevölkerung hinweg. Da bei den kurzen Kriegen der Widerstand bald zusammenbrach, blieben ihre Verluste an Toten begrenzt.
Dagegen hörten die entsetzlichen Kriege auf, die vorher das Hochland von Mexiko verwüstet und Zehntausende zum Opferstein gebracht hatten. [...] Der größere Teil der indianischen Bevölkerung atmete erleichtert auf, und er dankte es den neuen Herren durch Treue in mancher Stunde der Not. [...]
Es kann kein Zweifel sein, dass das Sozialprodukt in den spanischen Kolonien erheblich anstieg. Der Pflug erwies sich dem alten Hackbau weit überlegen. Mit Pferd und Maultier war ein Verkehr über weite Strecken möglich, sodass entfernte Gebiete erschlossen werden konnten. Die Haustiere vermehrten sich hier recht schnell. Bald erfüllten riesige Herden von teilweise wieder verwilderten Tieren die endlosen Steppen. Gewürze gab es kaum; Tabak, Kakao und Tomaten waren zunächst keine Exportartikel. Die Kosten der Kolonialverwaltung wurden ausschließlich von der Silberausfuhr gedeckt.

Ernst Samhaber, Weltgeschichte, Gütersloh 1976, S. 332 und 346

M2 „Die Massaker [...] nahmen nie ein Ende"

Der uruguayische Schriftsteller Eduardo Galeano veröffentlicht 1971 eine Geschichte Lateinamerikas, die in den folgenden zwanzig Jahren mehrfach neu aufgelegt und in zahlreiche Sprachen übersetzt wird. 2009 erscheint „Die offenen Adern Lateinamerikas" in neuer Übersetzung in Deutschland:

Die amerikanischen Kolonien waren im Zuge der Expansion des Handelskapitals entdeckt, erobert und kolonisiert worden. Europa streckte seine Arme nach der ganzen Welt aus. Weder Spanien noch Portugal profitierten von dem unaufhaltsamen Vorwärtsschreiten des kapitalistischen Merkantilismus, obwohl es ihre Kolonien waren, die einen Großteil des Goldes und Silbers lieferten, das diese Expansion nährte. [...] Es waren andere europäische Regionen, die den modernen Kapitalismus hervorbrachten, wobei ihnen die Plünderung der Ureinwohner Amerikas von großem Nutzen war. [...] Gold, Silber, Zucker; die koloniale Wirtschaft, die mehr zulieferte als sie konsumierte, entwickelte sich in Abstimmung auf die Bedürfnisse des europäischen Marktes und ihm zu Diensten. Im 16. Jahrhundert war der Wert der lateinamerikanischen Edelmetallexporte während langer Perioden viermal so hoch wie die Einfuhren, die vor allem aus Sklaven, Salz, Wein, Öl, Waffen, Tuchwaren und Luxusartikeln bestanden. Die Rohstoffe flossen den aufstrebenden europäischen Nationen zu, die sie anhäuften. Das war die vorrangige Mission, mit der die ersten Eroberer gekommen waren, wenn sie den aussterbenden Indios darüber hinaus auch die Bibel brachten, mit beinahe so viel Nachdruck wie die Peitsche. Die wirtschaftliche Organisation der spanischen Kolonien hing von jeher ganz vom Außenhandel ab und konzentrierte sich folglich auf den Exportsektor, der Einkünfte und Macht bündelte. [...]

Doch nicht aller Überschuss floss nach Europa ab. Die koloniale Ökonomie finanzierte auch die Verschwendungssucht der Händler, Mineneigentümer und Großgrundbesitzer, die sich den Nießnutz der Arbeit der Eingeborenen und Schwarzen unter dem eifersüchtigen, allmächtigen Blick der Krone und ihrer engsten Verbündeten, der Kirche, untereinander aufteilten. [...] Die herrschenden Klassen hatten nicht das geringste Interesse, die Binnenwirtschaft zu diversifizieren[1] oder das technische und kulturelle Niveau der Bevölkerung anzuheben [...]. [...] *Das Kapital, das nach Abzug des Löwenanteils, der in den primitiven Anhäufungsprozess des europäischen Kapitalismus strömte, in Amerika verblieb, förderte in diesen Regionen keinen zu Europa analogen Prozess, mit dem der Grundstein für eine industrielle Entwicklung gelegt worden wäre, sondern floss in den Bau großer Paläste und imposanter Kirchen, in Schmuck und Kleidung und Luxusgerätschaften, in die Unterhaltung einer großen Dienerschaft und verschwenderischer Feste. [...]*

Die Indios erlitten und erleiden – und bringen damit das Drama ganz Lateinamerikas auf den Punkt – den Fluch ihrer eigenen Reichtümer. Als die goldenen Sandbänke des Río Bluefields in Nicaragua entdeckt wurden, verjagte man umgehend den an den Ufern siedelnden Stamm der Carcas, und so erging es allen Indios in den fruchtbaren Tälern und an Bodenschätzen reichen Landstrichen südlich des Río Bravo[2]. Die Massaker an den Eingeborenen, die mit Kolumbus begannen, nahmen nie ein Ende.

Eduardo Galeano, Die offenen Adern Lateinamerikas. Die Geschichte eines Kontinents. Aus dem Spanischen von Angelica Ammar, Wuppertal [3]2012, S. 47-50 und 72 (Hervorhebungen im Original)

[1] **diversifizieren**: ein Unternehmen oder einen Konzern auf verschiedene Wirtschaftszweige umstellen, um von Entwicklungsschwankungen einzelner Branchen unabhängig zu werden

[2] **Río Bravo** (auch Río Grande): Grenzfluss zwischen Mexiko und den USA; südlich dieses Flusses beginnt Lateinamerika

M3 Keine Schwarz-Weiß-Malerei

Der Historiker Reinhard Wendt wägt ab, welche Folgen die Eroberung der neuen Welt für die Ureinwohner hatte:

Der Aufbau formeller Kolonialherrschaft wurde immer wieder von Widerstand begleitet. In den Kernzonen war er zwar nicht erfolgreich, doch das Schwarz-Weiß-Bild von den einheimischen Opfern, die der Willkür kolonialer Täter wehrlos ausgeliefert gewesen seien, lässt sich nicht aufrechterhalten. Manche Bevölkerungsgruppen entdeckten durchaus Vorteile in einer Kooperation mit den Europäern. Da die vorkoloniale Zeit keineswegs frei von Gewalt und Unterdrückung war, fanden Spanier und Portugiesen immer wieder Verbündete. Von den ökonomischen Möglichkeiten, die Kontakte mit dem Westen boten, profitierten auch Einheimische. Für manche mag das Christentum plausiblere Antworten auf geistliche Probleme gegeben haben als vorkoloniale Glaubensvorstellungen. Westliches Wissen erwies sich nicht selten auch für einheimische Interessen als nützlich. [...]

Am anderen Ende der Skala ist das Aussterben amerikanischer Völker zu beklagen, die dem Zusammenstoß mit den Europäern nichts entgegenzusetzen hatten. Versklavung, Arbeitszwang, Ausbeutung in Bergwerken und landwirtschaftlichen Betrieben, der Zusammenbruch gesellschaftlicher und familiärer Strukturen, die eigene Machtlosigkeit und die der Götter, an die man geglaubt hatte – all das trug zur Vernichtung zahlreicher indianischer Ethnien[1] bei. [...] Bei aller Unmenschlichkeit, die man Konquistadoren, Grundbesitzern und Bergwerksbetreibern attestieren muss, lässt sich dieses massenhafte Sterben nicht allein auf Gewalt, Mord oder Krieg zurückführen, zumal die Spanier ein ökonomisch bestimmtes Interesse an der Arbeitskraft und nicht am Tod der Indianer hatten. Entscheidend für die demografische Katastrophe waren Krankheiten wie Pocken, Pest, Typhus, Malaria, Gelbfieber, Grippe, Masern, Mumps oder Diphtherie, die Europäer und Afrikaner eingeschleppt hatten und gegen die das Immunsystem der Indianer wehrlos war.

Reinhard Wendt, Seit 1492: Begegnung der Kulturen, in: Anette Völker-Rasor (Hrsg.), Frühe Neuzeit, Oldenbourg Geschichte Lehrbuch, München 2000, S. 69-86, hier S. 81 f.

1. + *Arbeiten Sie heraus, welche Argumente die Autoren anführen, die entweder die These einer „Kulturbegegnung" oder die eines „Kulturzusammenstoßes" stützen.*
2. *Zeigen Sie anschließend anhand von M1 bis M3 die Kontroverse mit ihren jeweiligen Begründungen auf.*
3. + *Die Entdeckung Amerikas: Fluch oder Segen für den Kontinent und seine Bewohner? Nehmen Sie Stellung.*

[1] **Ethnien**: Völker oder Völkerschaften (umgangssprachlich)

„Europäisierung" der Welt?

Die Europäer in Ostasien Die Fahrt Vasco da Gamas 1498 erschloss den Seeweg nach Ostasien und legte den Grundstein für das portugiesische Handelsreich. Auch die Spanier erhoben aufgrund der Fahrten Magelláns, der in spanischem Auftrag segelte, Anspruch auf asiatische Gebiete (und missachteten so den Vertrag von Tordesillas). Ab 1565 begannen sie daher mit der Kolonisierung der Philippinen und sicherten sich so ebenfalls einen Zugang zum asiatischen Gewürzhandel. Den Portugiesen und Spaniern folgten um 1600 die Niederländer, dann kamen Franzosen und Engländer. Sie alle brachten mit Gewalt, später durch Verhandlungen einzelne Hafenstädte und Kleinregionen in Besitz. Von diesen Stützpunkten ausgehend betrieben sie bis ins 18. Jahrhundert Handel in zweierlei Weise: Zum einen verfrachteten sie Waren nach Europa, die dort begehrt und extrem teuer waren. Zum anderen schalteten sie sich in den innerasiatischen Handel ein.

Die Europäer beherrschten den Seehandel im Fernen Osten, weil ihre Schiffs- und Waffentechnik überlegen war. Die europäischen Schiffe waren schneller, ihre Kanonen hatten eine höhere Durchschlagskraft. Damit brachen sie den Widerstand von Hafenstädten. Die Ankömmlinge konnten es sich aber nicht erlauben, ins Landesinnere Indiens, Chinas oder Japans gegen noch unbezwingbare Mächte vorzudringen. Dazu kam es erst im ausgehenden 18. Jahrhundert.

Zudem existierte an den Küsten Asiens bereits seit langem ein Handelssystem, das von Japan bis zum Vorderen Orient und Afrika reichte. Die großen Zivilisationen der Inder, Chinesen und Japaner waren schon vor 1500 hoch entwickelt und fühlten sich den Europäern überlegen. Aus ihrer Perspektive erschien Europa als marginaler Endpunkt der westlichen Handelswege. Ihre Handelsmethoden waren denjenigen in Europa auch nicht unterlegen. Die asiatischen Kaufleute handelten weiträumig wie die Europäer, hatten Agentennetze und kumulierten Kapital. Die Europäer verursachten in Asien daher keine Änderungen des Systems, sondern schalteten sich in den Handel zur See ein, um daraus Profit zu schlagen.

Die Expansion in Asien unterschied sich also grundlegend von der Expansion in Amerika. Amerika wurde bis zum 18. Jahrhundert politisch, wirtschaftlich und kulturell in die europäische Zivilisation integriert, die damit zu einer atlantischen Zivilisation wurde. In Asien fand nur eine wirtschaftliche und kulturelle Begegnung statt. Dabei bildete sich in Asien während der gesamten Frühen Neuzeit keine Nachfrage nach europäischen Produkten. Nur das Silber wurde für den Geldkreislauf benötigt. Umgekehrt erzielten die Gewürze und Luxuswaren Ostasiens auf den europäischen Märkten Höchstpreise.

Lesetipp
Roger Crowley, Die Eroberer. Portugals Kampf um ein Weltreich, Darmstadt 2016

Der Kronkapitalismus Portugals und das Handelsreich im Osten Das portugiesische Handelsreich hatte seit 1510 als Verwaltungszentrum Goa an der Westküste Indiens, wo der Vizekönig mit den Kolonialbeamten residierte. Handelszentrum war Malakka, Knotenpunkt der Seewege vom Indischen Ozean zum Chinesischen Meer. Darüber hinaus unterhielten die Portugiesen weitere Niederlassungen zwischen Ormuz am Persischen Golf und Nagasaki in Japan. In dem riesigen Raum lebten aber stets nur einige Tausend Portugiesen, die sich auf drei Geschäftsfelder konzentrierten: 1. den Handel mit Europa, 2. Den innerasiatischen Handel, 3. das Erpressen innerasiatischer Zölle.

(1) Nur einmal im Jahr begab sich ein Konvoi auf die Reise nach Goa; bis 1540 umfasste er etwa acht bis zehn Schiffe, danach noch fünf bis sechs. Sie brauchten für die einfache Fahrt fünf bis neun Monate, kehrten also nach ein bis zwei Jahren zurück,

beladen mit Handelswaren. Der Verlust an Schiffen betrug nur etwa 15 Prozent, jedoch verstarb auf der Fahrt nahezu die Hälfte der Besatzung an Krankheiten.

(2) Das Volumen des innerasiatischen Handels der Portugiesen war weit größer. Aus Afrika und dem Nahen Osten beförderten ihre Schiffe Gold, Sklaven, Teppiche und Pferde nach Osten. An der Westküste Indiens luden sie Pfeffer, in Ceylon Elefanten, Zimt und Edelsteine, in Bengalen Textilien und Zucker. Im Handelsraum östlich von Indien mit einer beachtlichen Ausdehnung von 10 000 Kilometern verfrachteten sie Gewürznelken und Muskatnuss von den Molukken, Seide und Porzellan aus China, Gold und Kupfer aus Japan.

(3) Die Portugiesen zwangen asiatischen und arabischen Handelsschiffen Geleitbriefe auf, die mit Gebühren verbunden waren (▸ M1). Die Kapitäne verpflichteten sich mit dem Brief, portugiesisch kontrollierte Häfen anzulaufen und Zölle zu bezahlen. Jedes Schiff, das ohne Geleitbrief aufgegriffen wurde, konnte versenkt werden. Die Ware wurde eingezogen. Als Gegenleistung boten die Portugiesen Schutz gegen Feinde und Piraten, vorwiegend also Schutz vor sich selbst.

Der König in Lissabon sicherte die Unternehmungen in Asien politisch und militärisch ab. Er reservierte für sich ein Monopol auf den Gewürzhandel, vergab Rechte, unterstützte Kriegsaktionen und erhielt dafür einen Teil der Erträge. Weil das Gewinnstreben der Krongewalt und der privaten Investoren zusammenfiel, bezeichnen Historiker das portugiesische Handelssystem als *Kronkapitalismus*.

Die Stützpunkte, auf tausenden von Kilometern verteilt, waren auf sich selbst gestellt. Ein europäischer Konkurrent, der ein paar Schiffe mehr und genügend Geld hatte, konnte das ganze System zum Kippen bringen. Dies erreichten die Niederländer, die im 17. Jahrhundert die Rolle Portugals übernahmen. Allerdings trat nun ein privater Handelskapitalismus in den Vordergrund. Die Niederländer wiederum mussten den Vorrang im Indien- und Ostasienhandel im 18. Jahrhundert den Engländern überlassen. Auch diese stützten sich viel weniger auf die Krone als die Portugiesen.

▲ Portugiesen in Goa.
Miniatur aus dem „Códice Português", 1540.
Dargestellt ist eine Gruppe portugiesischer Beamter, die im Auftrag der Krone eine Expedition in eines der 150 Dörfer im Gebiet Goas unternehmen, um dort die Vermögensverhältnisse der Tempel und ihrer Vertreter zu erfassen. Auf dem Pferd sitzt der Expeditionsleiter, begleitet wird er von Schreibern, Dolmetschern und Zeugen.

Interkontinentaler Handel am Beginn der Neuzeit Der interkontinentale Handel wurde am Beginn des 16. Jahrhunderts auf zwei Routen betrieben. Als erste wurde regelmäßig die „Carreira da India" (dt.: Route nach Indien) der Portugiesen von Lissabon nach Goa befahren. Die zweite, stärker frequentierte führte über den Atlantik von Spanien nach Mittelamerika. Bis zu hundert Schiffe jährlich liefen von Sevilla aus Häfen in der Karibik an.

Die Route nach Ostasien veränderte sich, als die Niederländer im 17. Jahrhundert die Portugiesen verdrängten, indem sie den Indischen Ozean in Richtung Ceylon und Indonesien direkt durchquerten. Das Spektrum der Handelsgüter wurde bunter und vielfältiger. Auch organisierten seit dem 17. Jahrhundert Gesellschaften weltweit den Handel und die koloniale Ansiedlung. Am erfolgreichsten waren die niederländische und die englische **Ostindienkompanie**. Bis ins 17. Jahrhundert warfen die Gewürze die größten Gewinne ab, später Tee, Kaffee, Porzellan und Textilien aus kostbaren Stoffen.

Ostindienkompanie: Die englische und die niederländische Ostindienkompanie wurden 1600 / 1602 als erste Aktiengesellschaften überhaupt geründet. Sie bildeten das Rückgrat des entstehenden Weltwirtschaftssystems. Die Kompanien bauten eine eigene Verwaltung auf, hatten das Recht, selbstständig Verträge zu schließen, und Kriege zu führen.

Die Europäer exportieren im Wesentlichen immer nur Silber, mit dem etwa zwei Drittel der Importe aus Ostasien bezahlt wurden.

Die Hälfte des Silbers stammte aus Amerika. Die spanische Krone bezahlte damit ihre Kredite, die sie von deutschen und italienischen Kaufleuten aufgenommen hatte. Dadurch kam das Silber in den Geldkreislauf des großen Kapitals, das den Fernhandel mit Ostasien finanzierte. Wie ein Band, das die Welt umspannte, verknüpfte das Silber also den Handel zwischen Amerika, Europa und Asien. Die Verbindung um den Globus wurde durch eine direkte Handelsroute von Mexiko (Acapulco) über den Pazifik zu den Philippinen (Manila) geschlossen, wo das amerikanische Silber unmittelbar gegen Luxuswaren für die spanischen Siedler eingetauscht wurde. Allerdings überquerten nur wenige Schiffe im Jahr den Pazifik. Der weltweite Austausch von Waren wurde begleitet vom Austausch der Nutzpflanzen, der die Ernährungsgrundlage der Weltbevölkerung verbesserte (▸ M2).

Während Amerika hauptsächlich Silber, dann auch Plantagenprodukte wie Zucker, Baumwolle und Tabak exportierte, transportierten in der Gegenrichtung spanische wie andere europäische Schiffe Passagiere, Waffen, Pferde, Lebensmittel, Saatgut und Zuchtvieh in die „Neue Welt" (▸ M3). Allerdings wuchs im Lauf des 16. Jahrhunderts der Bedarf an Sklaven aus Afrika sowohl im mittelamerikanischen Raum wie in Teilen Südamerikas. Aus dem Transport der Sklaven von Westafrika in die Karibik entwickelte sich ein *Dreieckshandel* zwischen Europa, Afrika und Amerika. Er wurde zunächst von portugiesischen, ab etwa 1600 von niederländischen, französischen und englischen Schiffen bestritten. Von Europa aus brachten die Schiffe Eisenwaren, Feuerwaffen, Textilien, Rum, Tabak und die legendären Glasperlen nach Westafrika. Sie wurden gegen Sklaven eingetauscht, die unter furchtbaren Bedingungen den Weg zu den Sklavenmärkten der Karibik und Brasiliens antraten. In der Karibik luden die Schiffe entweder Waren der Kolonien oder nur Ballast und segelten zurück nach Europa. Jedoch wurde der wachsende Handel zwischen Europa und Amerika auch direkt abgewickelt.

▲ Zuckerrohrverarbeitung in den spanischen Kolonien Amerikas.
Kupferstich von Theodor de Bry, 1595, nachträgliche Kolorierung.
Neben Gold und Silber war Zucker das wichtigste Produkt für die europäische Erschließung des amerikanischen Kontinents. Da erst im 19. Jahrhundert damit begonnen wurde, Zucker aus der Zuckerrübe zu gewinnen, war er viele Jahrhunderte lang eine Luxusware.
Der hohe Preis des Zuckers hatte zwei Gründe: Erstens wurden für die Zuckergewinnung viele Arbeitskräfte benötigt, die es weder in Europa noch in Amerika gab, da man nicht einmal – wie in manchen Minen – durch Bezahlung ausreichend Menschen fand. Daher wurden Sklaven aus Afrika nach Amerika verschleppt, um Zuckerrohr anzubauen. Entgegen weit verbreiteter Vorstellungen waren Sklaven keine billigen Arbeitskräfte. Denn Kauf, Überfahrt und Verpflegung waren kostspielig. Zweitens war Zucker teuer, da für die Verarbeitung des Zuckerrohrs eine Reihe von Gerätschaften benötigt wurde, die in der Frühen Neuzeit nicht billig waren.
- *Beschreiben Sie die auf dem Kupferstich dargestellten Arbeiten, die von den Sklaven ausgeführt werden.*
- *Vergleichen Sie anschließend Ihre Ergebnisse mit den Aussagen in M6 auf Seite 78 f.*

Afrika und der Sklavenhandel Afrika war kein Ziel der beginnenden Expansion, sondern kaum mehr als eine Zwischenstation, um den fernen Osten zu erreichen. Dazu und für den geringfügigen Afrikahandel bauten als Erste die Portugiesen einzelne Befestigungsanlagen, darunter Mosambik in Ostafrika, von dem aus die Überfahrt nach Goa startete. Siedlungen der Portugiesen und Spanier entstanden auf den Inseln westlich der afrikanischen Küste schon vor 1500, wo bereits sehr früh Sklaven arbeiteten.

Die Sklaverei war in Europa nicht ungewöhnlich, obschon selten. Ab etwa 1520 setzte der Handel ein, der Amerika mit afrikanischen Sklaven versorgte. Die Schiffe nahmen an der Küste Westafrikas ihre menschliche Ladung auf, die von Sklavenmärkten oder aus innerafrikanischen Sklavenjagden stammte. Zeitweilig versuchten Portugiesen und Engländer selbst Sklaven zu erbeuten, was sich aber als zu verlustreich herausstellte. Für den Transport luden die Kapitäne möglichst viele Sklaven, die auch lebend ankommen sollten. Jedoch erlag im 16. Jahrhundert noch fast die Hälfte ansteckenden Krankheiten und dem Elend der Überfahrt (▸ M4 bis M6).

Die Folgen des Sklavenhandels waren nicht nur für die Verschleppten, sondern auch für die Völker im westlichen Afrika katastrophal. Denn der steigende Bedarf in Amerika konnte nur durch Sklavenjagden und Kriege in Afrika gedeckt werden. Die Völker, die den Europäern die Sklaven lieferten, machten sich davon wirtschaftlich und militärisch abhängig. Die angegriffenen Völker wurden durch die Raubkriege desorganisiert. Ein Teil zog sich in den schützenden Regenwald zurück. Hochrechnungen für die Bevölkerung Afrikas 1500 bis 1800 ergaben einen leichten Rückgang, während sich die Zahlen für Europa und Asien nahezu verdoppelten. Historiker führen die Stagnation nicht zuletzt auf die Zerrüttung durch den Sklavenhandel zurück.

Die „Europäisierung" der Welt und der Beginn der „Globalisierung" ■ Der interkontinentale Handel war kein zufälliges Nebeneinander, sondern ein Welthandelssystem (▸ M7). Einbezogen waren alle Weltmeere und Kontinente außer Australien. Europa war der zentrale Markt und die Drehscheibe dieses Welthandels, dessen Dimensionen im 16. Jahrhundert noch bescheiden waren. Im Lauf der Zeit wuchs das System, was die Frequenz der Fahrten, die Erschließung der Räume und die Palette der Handelsgüter betraf. Plantagenprodukte und Luxuswaren wie Pfeffer, Zucker, Kaffee, Tee oder Tabak wurden zu Massenwaren. Jedoch war die Expansion nicht nur ein wirtschaftlicher, sondern ebenso ein politischer und kultureller Prozess, der als „Europäisierung" der Welt beschrieben wird. Die politische Expansion begann mit der Bildung von Vizekönigreichen in Mittel- und Südamerika. Sie setzte sich im 17. Jahrhundert mit den Koloniegründungen der Engländer und Franzosen in Nordamerika fort.

Heute existieren daher weltweit Staaten mit einem Politik- und Rechtsverständnis, das ursprünglich aus Europa stammt. Auch die kulturelle Expansion beschränkte sich auf den politisch beherrschten Raum, obgleich sie die konkurrierenden Hochkulturen der islamischen Welt, Indiens und Chinas schon vor 1800 berührte. Zugleich entwickelten sich die europäischen Produktionsmethoden und Technologien weiter, wuchsen die europäischen Wissensbestände auch in der Begegnung mit den anderen Hochkulturen, beschleunigte sich die Übermittlung von Information. Diese Dynamik führte im 19. Jahrhundert zu einer drückenden wirtschaftlichen und politischen Überlegenheit der Europäer. Sie erzwang geradezu die Annäherung der anderen an die atlantische Zivilisation, ein Prozess, der bis heute trotz aller Widerstände anhält.

Muss man daher von „**Globalisierung**" unter europäischen Vorzeichen sprechen? Ohne Zweifel, Globalisierung als Zusammenwachsen der Welt hat in der Neuzeit stattgefunden. War es zugleich eine „Europäisierung"? Im Großen und Ganzen scheint es so zu sein. Aber zwei Punkte sind zu bedenken. Erstens: Die Kulturen, denen die Europäer begegneten, haben auch auf die Europäer zurückgewirkt. Wirtschaftlich und kulturell war Europa seit dem Beginn der Neuzeit eine Drehscheibe, die Einflüsse aus der Welt aufnahm und weitergab. Zum zweiten Punkt sei an das Wort eines Indianers

Globalisierung: Prozess, in dem sich Wirtschafts- und Gesellschaftssysteme über Ländergrenzen hinaus in ökonomischer, aber auch sozialer und kultureller Hinsicht immer stärker miteinander vernetzen.

erinnert: Der Sioux-Häuptling *Standing Bear* bezeichnete die Europäer schon im 19. Jahrhundert als Symbol der Vernichtung des natürlichen Lebens, weil sie die Erde und ihre Geschöpfe verachteten. Wir sind heute sensibilisiert für die Gefährdungen der Umwelt und der Menschen, die eine Folge der technologischen europäischen Expansion sind. Deshalb wäre es naiv, ja falsch, die europäische Expansion als Erfolgsgeschichte zu betrachten. Endgültige Bewertungen freilich sind unmöglich, wie immer bei der Bewertung von historischen Prozessen. Wir können Vergangenheit nur aus kultureller Perspektive und von dem Punkt der Zeit aus beurteilen, an dem wir gerade stehen.

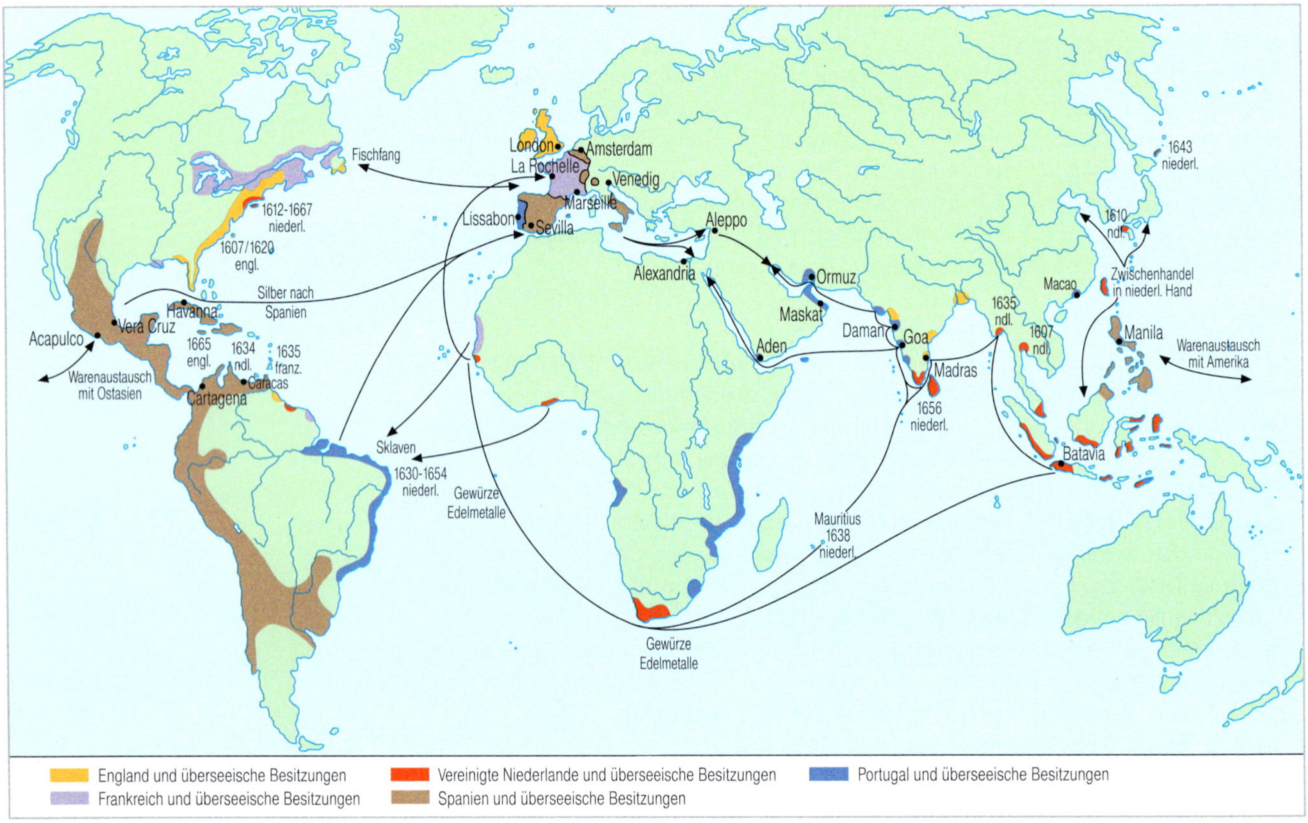

▲ **Europäische Kolonialreiche und Hauptwege des Kolonialhandels im 16./17. Jahrhundert.**

M1 Die Portugiesen in Ostasien

In einer Geschichte Indiens wird die Rolle der Portugiesen in Ostasien folgendermaßen beschrieben:

Ihre befestigten Stützpunkte dienten zugleich als Zollstationen, in denen die Seefahrer die portugiesischen Geleitbriefe (cartazes) erwerben mussten, die sie davor bewahrten, von den portugiesischen Schiffen überfallen und ausgeraubt zu werden. Der weltreisende Apotheker Tomé Pires, der später Portugals erster Botschafter in China werden sollte, hatte schon 1512 in seiner „Suma Oriental" bemerkt, dass der, der Malakka[1] besetzt, seine Hand an der Kehle Venedigs habe. In ihrer Glanzzeit im frühen 16. Jahrhundert gelang den Portugiesen dieser Würgegriff recht gut, wenn sie auch nicht vermochten, durch eine völlige Blockade den Handel Venedigs auszuschalten. Die fortschreitende Teuerung der Gewürze im Mittelmeerhandel, die durch die portugiesische Intervention im Indischen Ozean verschärft wurde, gab dem portugiesischen Geschäft Auftrieb. Schließlich hatten die Portugiesen nicht das uneigennützige Ziel, Europa billig mit Gewürzen zu versorgen, und sie richteten sich in ihrer Preisgestaltung nach dem venezianischen Vorbild. Ihr System beruhte darauf, dass sie ihren Vertragspartnern in Indien niedrige Festpreise aufzwangen und die Gewürze in Europa zu hohen Festpreisen verkauften. Im Rahmen dieses Systems gab der portugiesische Staat später auch privaten Investoren die Möglichkeit, Gewürzladungen in Indien billig zu erwerben und zu einem hohen Festpreis in Lissabon an die staatliche Monopolverwaltung zu verkaufen. Verluste auf dem nach wie vor unsicheren Seeweg musste dann der betreffende Kaufmann tragen. Diese Entwicklung fand aber erst in der zweiten Hälfte des 16. Jahrhunderts statt, als sich der Mittelmeerhandel bereits wieder erholt hatte und Venedig noch einmal für einige Jahrzehnte seine führende Stellung zurückgewann. Zugleich stiegen die Zolleinnahmen der portugiesischen Häfen im Indischen Ozean an, und das portugiesische System wandelte sich dementsprechend. War es zuvor das Gewürzmonopol gewesen, das dem portugiesischen Staat großen Gewinn einbrachte, so war es nun mehr und mehr die Seewegelagerei. Der Staat sicherte sich die Einnahmen aus diesem Gewerbe, indem er die Ämter der Hafenkommandanten zu hohen Preisen verkaufte, und diese durften sich dann beim Erwerb der Zölle schadlos halten. Die Verpachtung des Seeweges und der Verkauf der Ämter der Hafenkommandanten entsprachen beide der Tendenz, den Staat vom Unternehmer, der er in der Blütezeit der Expansion gewesen war, zum Rentier[2] werden zu lassen, der von seinem früheren Einsatz zehrte.

Hermann Kulke und Dietmar Rothermund, Geschichte Indiens. Von der Induskultur bis heute, München 2006, S. 272 f.

1. *Erläutern Sie die Bemerkung des Weltreisenden Pires, dass derjenige die Hand an der Kehle Venedigs habe, der Malakka besetze.*
2. *Arbeiten Sie aus dem Text heraus, wie sich der „portugiesische Staat" im Lauf der Zeit an den Unternehmungen im Indischen Ozean beteiligte.*

[1] **Malakka**: malaysische Küstenstadt; Anfang des 16. Jahrhunderts erreichten erstmals Schiffe aus Portugal die Stadt, die bis 1641 unter portugiesischer Herrschaft stand

[2] **Rentier**: Bezieher (eigentlich Privatperson) regelmäßiger Zahlungen aus fest angelegten Vermögenswerten

M2 Die „Globalisierung" der Nutzpflanzen

Einen vernachlässigten Aspekt des Welthandels der Frühen Neuzeit erläutert der Historiker Reinhard Wendt:

Im Geschäft mit asiatischen Nahrungs- und Genussmitteln waren europäische Kaufleute nicht nur am Direkthandel interessiert, um ihre Gewinnspannen zu vergrößern, sondern auch an der Eigenerzeugung, wenn es denn ihre technischen und naturräumlichen Möglichkeiten erlaubten. Mit Zuckerrohr taten dies die Venezianer schon im Spätmittelalter in der Levante[1], und seitdem begleitete Zucker als eine Art „Leitprodukt" viele Stadien der europäischen Expansion. Es gehörte deshalb wesentlich zur Erschließung der Neuen Welten, nach bislang unbekannten, ökonomisch attraktiven Nutzpflanzen ebenso zu suchen wie nach Möglichkeiten, diese in heimischen oder anderen vom Mutterland kontrollierten Regionen zu kultivieren.

Die Vernetzung der Kontinente führte zu einem erstaunlich raschen botanischen Austausch zwischen klimatisch verwandten Regionen unter kolonialer Kontrolle. Die folgenden Beispiele verdeutlichen das, eine größere – aber gleichfalls unvollständige – Auswahl zeigt die Karte. [...] Eine Reihe überseeischer Feldfrüchte, Gemüsearten und Obstsorten konnte auch in Europa heimisch gemacht werden: Kartoffeln oder Mais etwa, Tomaten oder verschiedene Bohnensorten, Kürbisse oder der Apfel aus China, die Apfelsine (Citrus sinensis), die portugiesische Händler in Südostasien kennengelernt hatten. Allerdings dauerte es in der Regel mindestens bis ins 18. Jahrhundert, bevor sich importierte wie akklimatisierte Ernährungsprodukte einen festen Platz in europäischen Nahrungsgewohnheiten erobern konnten. Gewürze machten Fleischgerichte bekömmlicher und abwechslungsreicher.

[1] **Levante**: Gebiet zwischen Mittelmeerküste und Jordangraben

▲ **Interkontinentaler Pflanzenaustausch.**

Soziokulturelle und -ökonomische Veränderungen – Reformation, Aufklärung, Industrialisierung – begünstigten die Verbreitung der stimulierenden „Muntermacher" Kaffee, Tee und Kakao. Die Kalorien, die die Kartoffel lieferte, sicherten die Ernährung für eine wachsende Zahl von Menschen, die ihr Auskommen nicht mehr in der Landwirtschaft fanden. Die Gefahr von Hungerkrisen sank. Bevölkerungsvermehrung, Verbreitung der Kartoffel sowie gewerbliche und industrielle Entwicklung waren Prozesse, die parallel verliefen und sich gegenseitig bedingten.

Reinhard Wendt, Seit 1492: Begegnung der Kulturen, in: Anette Völker-Rasor (Hrsg.), Frühe Neuzeit, München 2000, S. 69-86, hier S. 84

1. *Beschreiben Sie den Austausch der Pflanzen.*
2. *Erläutern Sie die Bedeutung des Austausches für den Anbau, die Nahrungsmittelversorgung und die Ernährungsgewohnheiten in Europa.*
3. *Diskutieren Sie, ob in Bezug auf die europäische Expansion von „Globalisierung" gesprochen werden kann. Zum Begriff „Globalisierung" siehe die Definition auf Seite 73.*

M3 Neue Tiere

Der Historiker Peter Bakewell beschreibt, wie sich europäische Nutztiere in der „Neuen Welt" verbreitet haben:

Hatten sich die eingeführten Mikro-Organismen mit äußerster Schnelligkeit in Amerika verbreitet, so folgten ihnen bald viel größere Tiere: Hühner, Gänse, Schafe, Schweine, Esel, Rinder, Pferde. Diese Tiere verbreiteten sich in den meisten Teilen Spanischamerikas, bevor die Spanier die Landwirtschaft umstellten. In der Karibik wilderten sie seit 1493 in so großer Zahl aus, dass sie nicht nur die Siedler auf den Inseln ernährten, sondern auch in ausreichenden Mengen auf das Festland überführt werden konnten. Das hochgewachsene spanische Schwein war ein genauso prominenter Begleiter der Eroberer wie das Pferd – unermüdlich, alles fressend und sich jedem Klima und jeder Vegetation anpassend, die Amerika bieten konnte, vom tropischen Sumpf bis zur Hochgebirgswüste. Das robuste und strapazierfähige Rind kam auch überall hin. Auch wenn es eine speziellere Ernährung brauchte als das Schwein, so war es doch in der Lage, größere Gebiete nach Gras und Körnern zu durchstreifen. Ähnliches galt für Pferde. Die Folge war, dass riesige Herden verwilderter Tiere in erstaunlich kurzer Zeit die natürlichen Weiden des Kontinents bevölkerten, sei es in Nordmexiko oder in den Ebenen des Río de la Plata und in vielen anderen kleineren Gebieten. In den zuvor nie abgeweideten Grasländern konnten sich ähnlich wie in der Karibik die Bestände in drei oder vier Jahren verzehnfachen, da es keine natürlichen Feinde für die neuen Tiere gab – weder Mikroben, noch Insekten, noch Raubtiere. Dies Rinder- und Pferdeparadies war allerdings nur von kurzer Dauer. Am Ende des 16. Jahrhunderts waren die durch Übergrasung verursachten Schäden in Nordmexiko schon offenkundig. Aber die Zahl der Tiere blieb hoch, auch wenn sie sich nicht mehr erhöhte. Auf einer einzigen großen Ranch in der Zacatecas-Region versahen zwei Rinderzüchter 1586 75 000 junge Stiere mit Brandzeichen. Die Ranch diente der Versorgung der nahe gelegenen Minen mit Fleisch und Leder. Darüber hinaus wurden Tiere nach Zentralmexiko verkauft.

Peter Bakewell, A history of Latin America. Empires and Sequels, 1450-1930, Malden (MA)/Oxford 1997, S. 187 f. (übersetzt von Ulrich Mücke)

1. *Erläutern Sie, welche Funktionen die genannten Tiere für den Menschen in Europa in der Frühen Neuzeit erfüllten. Welche Vor- und Nachteile brachten die Tiere den Menschen in Amerika?*
2. *Beurteilen Sie, die Bedeutung der Einführung dieser Tiere in Gesellschaften, die sie bisher nicht kannten.*

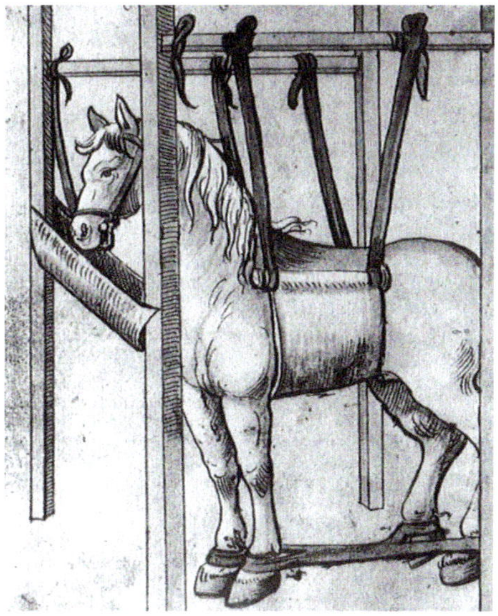

▲ **Pferdetransport nach Amerika.**
Illustration aus den Anfangsjahren der spanischen Eroberung. Der Seilzug verhinderte, dass die Pferde mit ihren Hufen die Deckplanken berührten. Bei rauer See hätten sich die Tiere sonst leicht die Beine brechen können.

M4 Sklavenhandel und „Dreieckshandel“

In einem Lehrbuch für Geschichtsstudenten ist der atlantische Sklavenhandel knapp beschrieben:

War der atlantische Sklavenhandel um 1600 noch eine Domäne der Portugiesen, die ihre Plantagenkolonie Brasilien und Spanisch-Amerika mit afrikanischen Arbeitskräften belieferten, ging die Führungsrolle im Sklavenhandel Mitte des 17. Jahrhunderts für einige Jahrzehnte an die Niederländer über. Dann übernahmen britische und französische Sklavenhändler – erstere vor allem aus London, Bristol und Liverpool, letztere aus Nantes – gegen Ende des 17. Jahrhunderts die Vorherrschaft. Im 18. Jahrhundert erlebte der atlantische Sklavenhandel seine größte Ausdehnung: Mehr als die Hälfte der neun bis zehn Millionen Afrikaner, die zwischen dem 15. und 19. Jahrhundert nach Amerika importiert wurden, traten ihre unfreiwillige Fahrt über den Atlantik im „Jahrhundert der Aufklärung“ an! Importierten die Briten um 1700 noch etwa 10 000 Sklaven pro Jahr, waren es zwischen 1780 und 1800 in der Regel 30 000 jährlich. Das Bild eines atlantischen „Dreieckshandels“ ist insofern etwas irreführend, als im 18. Jahrhundert relativ wenige Schiffe von Europa nach Afrika, von dort aus mit Sklaven nach Amerika und mit amerikanischen Kolonialgütern wieder nach Europa fuhren. Vor allem der Handel zwischen Europa und Nordamerika bzw. der Karibik wurde in der Regel auf dem direkten Weg abgewickelt. Ohne Zweifel war die „middle passage“ von Afrika nach Amerika für die betroffenen Sklaven eine in vieler Hinsicht traumatische Erfahrung. Dennoch ist darauf hinzuweisen, dass die Sklavenhändler vorrangig daran interessiert waren, ihre menschliche Fracht lebend zu den amerikanischen Kunden zu bringen, und die Sterblichkeit auf Sklavenschiffen im 18. Jahrhundert nicht höher als bei zehn Prozent lag.

Mark Häberlein, Nach 1609: Freie Meere als Aktionsfeld, in: Anette Völker-Rasor (Hrsg.), Frühe Neuzeit, München 2000, S. 87-106, hier S. 97

1. *Erklären Sie die Wege und das Transportgut beim „Dreieckshandel“. Weshalb gilt der Begriff nicht uneingeschränkt für den Atlantikhandel im Ganzen? Schlagen Sie dazu auch im darstellenden Text im Abschnitt „Interkontinentaler Handel am Beginn der Neuzeit“ auf* *Seite 71 f. nach.*
2. *Erläutern Sie, weshalb die Europäer ein besonderes Interesse am Sklavenhandel hatten.*
3. *Im Jahre 2000 forderte die „African World Reparations & Repatriation Truth Commission“ 777 Billionen US-Dollar als Entschädigung für die Versklavung von Afrikanern in den vergangenen Jahrhunderten. Die Zahlungen sollten Nationen wie Großbritannien, Portugal, die Niederlande, Frankreich und die USA leisten. Nehmen Sie zu der Forderung Stellung.*

M5 Umfang des atlantischen Sklavenhandels nach Zielregionen (in Tausend)

	Brit. Nord-amerika	Brit., frz. u. ndl. Karibik	Guayanas	Span. Karibik-inseln	Span.-amerik. Festland	Brasilien	Andere amerik. Zielorte	Afrik. Zielorte	Gesamt
1519-1600	–	–	–	–	151,6	50,0	–	–	201,6
1601-1650	1,4	30,6	–	–	187,7	176,3	–	–	396,0
1651-1700	10,7	311,2	91,0	–	7,0	183,1	11,6	–	614,5
1701-1750	134,2	936,0	108,0	3,7	42,7	715,8	22,5	–	1962,7
1750-1800	141,3	1919,3	183,1	69,9	15,2	1002,2	57,9	0,4	3389,4
1801-1850	73,2	207,9	76,6	565,7	26,2	1768,4	25,3	113,7	3856,8
1851-1867	–	0,4	–	152,6	–	6,4	1,3	16,8	177,9
Insgesamt	**361,1**	**3460,5**	**403,7**	**791,9**	**430,3**	**3902,0**	**118,7**	**130,8**	**9599,0**
Anteile in Prozent	3,8	36,1	4,2	8,2	4,5	40,7	1,2	1,4	100

Nach: David Eltis, „The volume and structure of the transatlantic slave trade. A reassessment", in: The William and Mary Quarterly 58 (2001), S. 17-46, in: Jochen Meissner, Ulrich Mücke und Klaus Weber, Schwarzes Amerika. Eine Geschichte der Sklaverei, München 2008, S. 86 f.

1. *Beschreiben Sie die Entwicklung des atlantischen Sklavenhandels zwischen dem 16. und dem 19. Jahrhundert anhand der statistischen Angaben.*

2. *Analysieren Sie die Bedeutung der spanischen Kolonien in Amerika für den atlantischen Sklavenhandel im Vergleich zu Karibik, Brasilien und dem britischen Nordamerika.*

3. *Erklären Sie, warum die meisten Sklaven in zwei Regionen (Karibik und Brasilien) kamen.*

M6 Arbeiten auf einer Zuckerplantage

In einer Anweisung an den Verwalter einer Zuckerhacienda der Jesuiten in Mexiko wird 1664 aufgelistet, welche Arbeiten täglich verrichtet werden müssen:

Jeden Tag läutet die Glocke um vier Uhr morgens die Schwarzen zum Mahlen zusammen, die je nach Zuckerrohranfall und Jahreszeit acht, neun oder zehn Kessel voll mahlen sollen.

Bei Tagesanbruch läutet die Glocke nochmals zur Sonderschicht (*faena*), die darin besteht, Zucker vom Kesselgebäude zum Reinigungsgebäude zu bringen, weißen Zucker zum Trocknen in der Sonne abzusondern oder, wenn es diesbezüglich nichts zu tun gibt, Holz in die Öfen zu werfen und andere anfallende oder vom Padre[1] angewiesene Arbeiten zu verrichten, etwa Baumaterial herbeizuschaffen, wenn gebaut wird, luftgetrocknete Ziegel zu befördern etc.

Nach Ende der Sonderschicht gehen sie zum Essen in ihre Häuser und bereiten sich für die Arbeit auf dem Zuckerrohrfeld vor, zu dem sie sich, in vier Arbeitskolonien eingeteilt, auf den Weg machen: In der ersten sind die Pflanzenschneider, in der zweiten die Schneider der Stecklinge (*soca*), in der dritten die Frauen, die das Unkraut ausreißen, in der vierten die Jungen und Mädchen, die anpflanzen.

Die Schneider der Pflanzen wie auch die Schneider der Stecklinge schlagen fünf oder sechs Bahnen Zuckerrohr. Gibt es viele Stecklinge, dann fahren drei Wagen zu den Pflanzen und drei zu den Stecklingen, gewöhnlich jedoch vier zu den Pflanzen und zwei zu den Stecklingen. Außer diesen Wagen fahren zwei weitere, einer zu der Pflanzung und ein anderer zu den Stecklingen wegen der Spitzen des Zuckerrohrs (cigollo), das ist das Pflanzgut, das ausgelegt wird. Auf jedem Wagen arbeiten drei schwarze Frauen; ist das Zuckerrohr klein, dann sind es vier. Jede aus der Kolonne der Unkrautbekämpferinnen erhält ihre Arbeit zugeteilt: 25, 30, 40, bis 60 Furchen entsprechend der nach Einschätzung des Padre vorhandenen Gras-[Unkraut-]Menge. Wenn sie dann abends nach Hause gehen, bringen sie Gras von den Wasserkanälen für die Maultiere mit. Der Padre legt Wert darauf, die [...] Aufteilung dieser Arbeiten selbst vorzunehmen, damit nicht die einen mehr als

[1] **Padre**: Geistlicher

die anderen arbeiten müssen und Benachteiligungen, die andernfalls eintreten können, vermieden werden. Am Abend überprüft er dann, ob sie richtig gejätet haben, denn sie pflegen das Unkraut zuzudecken, um schnell ihre Aufgabe zu erfüllen. Es soll nicht zweimal gejätet werden, was schon mit einem einzigen Jäten erledigt werden kann.
Sobald die Jungen und Mädchen der vierten Kolonne am Zuckerrohrfeld ankommen, reinigen und säubern sie die Sprossenstücke vor dem Auslegen, wodurch sie schneller wachsen. Man gibt ihnen keine feste Arbeitszeit, denn sie legen nur so viele aus, wie man ihnen bringt. Auf dem Heimweg singen sie im Laufen die Gebete, wodurch sie diese alle ganz mühelos erlernen. Wenn sie an einem Morgen nichts zum Auspflanzen haben, dann beschäftigen sie sich mit dem Einsammeln von Sprossenstücken von einem der Abschnitte oder mit der Entfernung von Unkraut auf einer der benachbarten Pflanzungen, wo ausgepflanzt wird.

Anweisung zur Bekanntgabe an den Verwalter dieser Zuckerhacienda von Xochimancas, in: Eberhard Schmitt (Hrsg.), Dokumente zur Geschichte der europäischen Expansion, Bd. 3, München 1986, S. 538 f.

1. *Geben Sie wieder, welche Tätigkeiten welche Sklaven ausführen müssen.*
2. *Erklären Sie, welche Aufgaben die Geistlichen (padres) übernehmen.*
3. *Arbeiten Sie heraus, wie der Tag eingeteilt ist und was dies für die Sklaven bedeutet.*
4. *Beurteilen Sie, inwiefern die Sklaverei nicht nur für das Bestehen der Hacienda (siehe hierzu Seite 54), sondern für die Wirtschaft in den spanischen Kolonien Amerikas von Bedeutung war.*

M7 Die europäische Expansion – Zufall oder Notwendigkeit?

Im folgenden Rückblick erinnert der Historiker Wolfgang Reinhard an die „Voraussetzungen" der europäischen Expansion, kommt dabei aber zu einem vorsichtigen Urteil:

Der Florentiner Dichter Dante Alighieri hat tollkühne Seefahrer, die es wagten, über die Grenzen der Ökumene[1] vorzudringen, für ihre Vermessenheit noch in die Hölle verbannt. Aber die Europäer sind durchaus schon zu seiner Zeit, im Mittelalter, aus den Meeressystemen im Norden und Süden ihres Kontinents, der Nordsee und Ostsee einerseits, dem Mittelmeer mit dem Schwarzen Meer andererseits, in den Atlantischen Ozean vorgedrungen und haben ihn schließlich in der Neuzeit zu einem neuen „Mittelmeer" zwischen Europa und seinen Kolonien gemacht. Weder den Indischen noch den Pazifischen Ozean konnten sie jemals mit derselben Ausschließlichkeit kontrollieren wie den Atlantik. Bestimmte Errungenschaften des Wirtschaftslebens und der Schifffahrt dienten dazu als Voraussetzungen. Die sogenannte „Handelsrevolution" der italienischen Städte des Hochmittelalters wäre zu nennen mit neuen Formen des Zahlungsverkehrs und der Kapitalgesellschaft, der „societas", mit ihrem Bank-, Kredit- und Versicherungswesen und mit ihren weltweiten, bis nach Ostasien ausgreifenden Handelsinteressen. [...]
Der Prozess der europäischen Expansion im Allgemeinen und der iberischen Expansion im Besonderen ist nicht mit derartigen Einzelursachen oder auch Ursachenbündeln, die manche Historiker stattdessen knüpfen, zu erklären. Denn er setzt nicht zu einem bestimmten Zeitpunkt ein, sodass man nur die dort wirkenden Kräfte analysieren müsste, um seinem „Warum" auf die Spur zu kommen. Es handelt sich vielmehr um ein langfristiges Zusammenwirken von Strukturen und Entwicklungen, wobei aber die Konstellationen wechseln und daher kontingenten[2] Ereignissen ein größeres Gewicht zukommt, als die Historiografie noch vor Kurzem wahrhaben wollte. Damit ist nicht ausgeschlossen, dass von Fall zu Fall bestimmte notwendige Bedingungen erfüllt sein mussten, damit dieser Prozess weiterlaufen konnte, aber die Notwendigkeit dieser Bedingungen ist häufig nur im Nachhinein für den Historiker zu erkennen. Mit anderen Worten, die europäische Expansion als Prozess wurde selten geplant, sondern meistens improvisiert.

Wolfgang Reinhard, Kleine Geschichte des Kolonialismus, Stuttgart ²2008, S. 11-13

1. *Weshalb verbannte Dante tollkühne Seefahrer in die Hölle? Stellen Sie die Haltung des Mittelalters derjenigen der Neuzeit gegenüber, wenn es um die Entdeckung von neuen Erkenntnissen oder Weltteilen geht.*
2. *Erklären Sie, welche „Errungenschaften des Wirtschaftslebens und der Schifffahrt" (Zeile 11 f.) als „Voraussetzungen" der europäischen Expansion angesehen werden.*
3. + *Arbeiten Sie an einem Beispiel der europäischen Expansion heraus, wie notwendige Bedingungen und Zufälle zusammenkamen, damit eine große Entdeckung gemacht werden konnte.*

[1] **Ökumene**: besiedelter Teil der Erde

[2] **kontingent**: zufallsbedingt

Methoden-Baustein

Umgang mit Sekundärliteratur üben

Die darstellenden Texte in Schulbüchern sind speziell für den Gebrauch im Unterricht geschrieben, Fachliteratur hingegen wendet sich in der Regel an ein professionelles Publikum. Der Umgang mit solchen fachliterarischen Texten stellt eine wichtige Kompetenz im Geschichtsunterricht dar, die auch in Beruf und Studium nützlich ist.

Sekundär- oder Fachliteratur ist der Sammelbegriff für Texte, die auf Quellengrundlage eine Deutung historischer Ereignisse vornehmen. Der Begriff umfasst Textsorten wie Einzeldarstellungen (Monografien), Aufsätze in (Fach-)Zeitschriften oder Sammelbänden (= Sammlung von verschiedenen Texten in einem Band), Beiträge in Lexika oder Handbüchern sowie Buchbesprechungen (Rezensionen). Was wir in einem Fachtext lesen, ist stets eine Auswahl an Fakten und Standpunkten zu einem historischen Thema. Sie hängt von der jeweiligen Fragestellung und Herangehensweise des Verfassers ab.

Bei der Auswertung von Fachtexten ist zwischen den enthaltenen Fakten sowie den Meinungen und Thesen des Autors zu unterscheiden. Um zu prüfen, wie zuverlässig und kompetent eine Darstellung ist, helfen zunächst der gewonnene Leseeindruck sowie die eigenen Vorkenntnisse zum Thema. Ferner teilen die Anmerkungen oder der Literaturanhang eines Textes mit, worauf sich die Darstellung stützt. Darüber hinaus sollte man sich über den Autor und seinen fachlichen Hintergrund informieren. Schließlich können zum Vergleich weitere Texte herangezogen werden – Bücher, Aufsätze und Online-Texte zum gleichen Thema sowie Rezensionen, in denen eine Veröffentlichung von anderen Fachleuten kritisch begutachtet wird.

Hinweis: Anwendungsbeispiele finden Sie etwa auf den Seiten 13, 26 (Monografien); 94 (Aufsätze in Zeitschriften); 17, 63 (Aufsätze in Sammelbänden); 11, 61 f. (Beiträge in Lexika oder Handbüchern); 19 (Beiträge in Online-Lexika).

Formale Kennzeichen

- *Wer* ist der Autor?
- Welche *Funktion*, welchen *Beruf* oder welche *Stellung* hat er?
- Um welche Textsorte handelt es sich (z. B. Lexikonartikel, Monografie, Aufsatz, Rezension)?
- *Wann, wo* und aus welchem *Anlass* ist der Text veröffentlicht worden?

Textinhalt

- Was ist das *Thema* des Fachtextes?
- Welche *Aussagen* werden getroffen? Welche *Behauptungen* oder *Thesen* werden aufgestellt?
- Mit welchen *Argumenten* bzw. *Belegen* (Quellen, Sekundärliteratur) begründet der Autor seine Aussagen?
- Wie ist der Text *aufgebaut*? Welche *besonderen Merkmale* gibt es (Sprache, Stil)?

Historischer Kontext

- Welchen *Zeitraum*, welches *Ereignis* oder welche *Person* behandelt der Text?
- Auf welche wissenschaftliche oder politische *Diskussion* geht er ein?
- In welchem *Bezug* steht der Autor zum behandelten Thema?

Intention

- An welche *Adressaten* wendet sich der Text (z. B. Fachpublikum, interessierte Öffentlichkeit)?
- Welche *Fragestellung* liegt dem Text zugrunde?
- Welche *Herangehensweise* an das Thema liegt vor?
- Welchen *Standpunkt* nimmt der Autor ein?

Bewertung und Fazit

- Wie lässt sich der Text bzw. die Publikation insgesamt *einordnen* und *bewerten*?
- Wurde das Thema schlüssig und *überzeugend* bearbeitet oder ist die Argumentation *lückenhaft*? Wurden mehrere *Perspektiven berücksichtigt*?
- Nimmt der Autor *Wertungen* vor oder stellt er *Vermutungen* an?

Beispiel: Auszug aus einer Monografie von Horst Gründer

Analysieren Sie den Textauszug mithilfe der Fragen auf Seite 80. Ihre Ergebnisse können Sie mit der Lösungsskizze unter dem Code 32033-05 vergleichen.

Der Historiker Horst Gründer schreibt über die europäische Expansion:

Voraussetzung der europäischen Expansion

Zentrale Voraussetzung für diesen expansiven Prozess war der Übergang von der Universalmonarchie des Mittelalters zu den nationalen Staatsformen der Neuzeit. Ihre Ausbildung auf der Basis einer sich formierenden Bürokratie und im Bündnis mit dem aufsteigenden Bürgertum gegen Klerus und Adel führten zu jenem modernen Staat, der Expansion als ein Mittel der Stabilität begriff.

Folgen der europäischen Expansion

Eine Folge der europäischen Expansion war das Ausgreifen europäischer Handelsinteressen auf die übrige Welt. Auch die Migration europäischer Siedler, die zur Entstehung „europagener Gesellschaften" in Nordamerika, Teilen Iberoamerikas, Südafrikas, Australiens, Neuseelands und Sibiriens geführt hat, gehört zu den Auswirkungen der europäischen Expansion. „Europäisierung der Erde" meint ferner die Ausbreitung europäischer Sprachen, Institutionen, Technologien und Produktionsweisen über Europa hinaus. Die Erfindung des Buchdrucks mit beweglichen Lettern Mitte des 15. Jahrhunderts bereitete den Weg zur weltweiten Informationsgesellschaft. Auf diese Weise sind wiederum europäische Rechts- und Staatsvorstellungen, aber auch die modernen Individualitäts- und Menschenrechte außerhalb Europas bekannt geworden. Schließlich beinhaltete die Ausweitung Europas auch einen Prozess der geistig-kulturellen Expansion und „spirituellen Eroberung", stand das europäische Abendland doch noch immer unter dem Weltbild des *orbis christianus* und einer – seit der Reformation – auch verinnerlichten Sendungsidee. Freilich wäre es verfehlt, die Globalisierung der Erde einseitig unter europäischen Vorzeichen zu sehen.

Christentum als Grundlage von Kirche und Stat

Auswirkungen auf Europa

Andere Kontinente und fremde Kulturen haben ihrerseits auf Europa zurückgewirkt, angefangen von veränderten Ernährungsgewohnheiten über differenziertere Wirtschaftsstrukturen bis hin zu religiös-kulturellen Synkretismen (Verschmelzungen). Zudem waren auch nahezu alle von europäischem Kolonialismus, Imperialismus und abendländischer Zivilisation betroffenen Völker durchaus als Handelnde an den historischen Prozessen beteiligt, die sie in nicht geringem Umfang nach ihren Vorstellungen und Möglichkeiten zu gestalten wussten. Erst aus dieser wechselseitigen Beeinflussung und Befruchtung ist die moderne Welt hervorgegangen.

Fremde Völker als Handelnde

Fazit

Wortneuschöpfung

Distanzierung durch Anführungszeichen

Relativierung

Beispiele als Beleg

Worterklärung

Horst Gründer, Eine Geschichte der europäischen Expansion. Von Entdeckern und Eroberern zum Kolonialismus, Mannheim 2003, S. 9

Kompetenzen anwenden

Voraussetzungen, Motive und Folgen der Entdeckungsfahrten

Voraussetzungen

Neues Weltbild
- Kugelgestalt der Erde
- Verbesserung der Kartografie

„Nautisch-technische Revolution"
- Entwicklung der Schifffahrt
- Verbesserung der Navigation

Zusammenwirken staatlicher und wirtschaftlicher Kräfte
- Kooperation der Kronen und Kaufleute

Motive

Handel
- Suche nach einem Seeweg nach Indien
- Erschließen von neuen Märkten
- Gewinnstreben und Steuereinnahmen

Missionierung
- Verbreitung des Christentums

Entdeckerdrang
- Abenteuerlust

Folgen

Geografische Entdeckungen
- „Entdeckung" Amerikas
- Finden eines Seeweges nach Indien
- Erkundung der Küsten Südamerikas
- erste Weltumsegelung

Entstehung von Kolonialreichen (Amerika)
- Einwanderung von Europäern
- Gründung von Vizekönigreichen
- Aufbau einer spanischen Kolonialverwaltung
- Veränderung der Sozialstrukturen
- wirtschaftliche Ausbeutung
- Umweltschäden

Eroberungen (Amerika)
- Konfrontation der Kulturen
- Unterwerfung des Azteken- und Inkareiches
- Suche nach „El Dorado"
- massiver Rückgang der einheimischen Bevölkerung

Herausbildung eines Welthandelssystems
- weltweiter Austausch von Waren und Nutzpflanzen
- atlantischer Sklavenhandel

„EUROPÄISIERUNG" DER WELT
(wirtschaftlicher, politischer und kultureller Prozess)

M Blick über Grenzen hinaus

*Die Historikerin Luise Schorn-Schütte (*1949) schreibt über die europäische Expansion der Frühen Neuzeit:*

Der Blick der Europäer über ihre eigenen Grenzen hinaus ist ein wesentliches Element der Veränderung gegenüber der Zeit um 1500. Die Erfahrungen, die die Seeleute, die Kaufleute und Siedler in Asien, Afrika und Amerika machten, zeigen eine völlig neue Welt, von deren Existenz vorher nur wenig bis gar nichts bekannt gewesen war. Das bis dahin gültige Weltbild wurde, wenn auch zunächst nur bei den Eliten und denjenigen, die Europa verließen, um das Fremde zu erkunden, im Kern infrage gestellt. Das bedeutete, „auch die Alte Welt musste neugesehen und verstanden werden".[1] Es waren nicht nur materielle Güter, die die Europäer neu kennenlernten. Neben anderen Organisationsstrukturen handelte es sich auch um Technik, Kunst, Kultur und wissenschaftliche Kenntnisse; das gilt besonders für Asien. Botanische Erkenntnisse, die beispielsweise im Austausch mit indischen Experten gesammelt und in Europa publiziert wurden, erregten großes Aufsehen nicht zuletzt aufgrund des besonders eleganten Umgangs mit Empirie, Praxisbezug und systematischer Klassifikation. Vergleichbares lässt sich für sprachwissenschaftliche Erkenntnisse festhalten, die vor allem die Jesuiten in ihrer Erkundung der überseeischen Sprachen systematisierten und nach Europa zurückbrachten; die Vielzahl der Sprachen ließ eine ungeahnte Komplexität menschlicher Kommunikation erkennen. Es ist nicht erstaunlich, dass die neuen Einsichten mit den Kategorien des Alten Europa gemessen wurden; zu diesem Zeitpunkt besaß kein Europäer andere Maßstäbe! Dennoch ist zu erkennen, dass „die Evidenz dessen, was erfahren und neu erkannt wurde, dazu zwang, althergebrachte Ansichten zu modifizieren oder zu revidieren".[2] Diese Wechselseitigkeit der Wahrnehmung und der Prägung erleichterte einen anderen Blick auf das Eigene und das Fremde.

Luise Schorn-Schütte, Konfessionskriege und europäische Expansion. Europa 1500-1648, München 2010, S. 235 f.

1. *Fassen Sie die Kernaussagen des Textes in eigenen Worten zusammen.*
2. *Geben Sie aufgrund Ihres Sachwissens wieder, inwiefern europäische Seeleute, Kaufleute und Siedler in Asien, Afrika und Amerika einer „völlig neue[n] Welt" (Zeile 5) begegneten.*
3. *Charakterisieren Sie aufgrund Ihres Hintergrundwissens und eigener Überlegungen, wie die europäischen Entdecker und Eroberer von der einheimischen Bevölkerung wahrgenommen wurden.*
4. *Analysieren Sie ausgehend vom Text und auf Basis Ihres Sachwissens, welche Folgen die europäische Expansion in den Bereichen Gesellschaft, Wirtschaft, Umwelt und Kultur nach sich zog. Entwerfen Sie dazu in Gruppenarbeit eine Mindmap.*
5. *Diskutieren Sie in der Gruppe, inwiefern mit der europäischen Expansion eine „neue" Zeit begann. Begründen Sie Ihre Meinung.*

▲ Kolumbus segelt ins 20. Jahrhundert.
Foto vom Juli 2001, Detroit (USA).
Zuschauer beobachten den Nachbau des Kolumbusschiffes Niña, das an einer Schiffsparade anlässlich des 300-jährigen Stadtjubiläums von Detroit teilnimmt.

[1] Zitiert nach: Reinhard Wendt, Vom Kolonialismus zur Globalisierung. Europa und die Welt seit 1500, Paderborn 2007, S. 104
[2] Zitiert nach: Reinhard Wendt, a. a. O., S. 106

Das 15. und 16. Jahrhundert – eine Zeit des geistigen Umbruchs?

▲ **Pietà.**
Links: Holzskulptur, Ende des 14. Jh., St. Andreaskirche in Köln; rechts: Marmorskulptur von Michelangelo, um 1500, Petersdom in Rom.
Unter „Pietà“ wird in der Kunst die Darstellung Marias mit dem Leichnam des gekreuzigten Jesus Christus verstanden.

- *Beschreiben Sie zunächst beide Pietà-Darstellungen. Fertigen Sie dazu eine Tabelle mit folgenden Spalten an: Entstehungszeit, Material, Farbgebung, Mimik, Gestik und Kleidung der dargestellten Personen.*
- *Vergleichen Sie ausgehend von den Arbeitsergebnissen der ersten Aufgabe beide Darstellungen miteinander. Worin unterscheidet sich die Skulptur Michelangelos von der mittelalterlichen Pietà? Arbeiten Sie heraus, was dies über die Zeit um 1500 in Italien aussagt.*

Die Einflüsse der Renaissance und des Humanismus befreiten das Denken der Menschen aus den Beschränkungen der Kirche, indem sie die Kultur der Antike belebten und den Menschen zum Maß aller Dinge erklärten. Wissenschaftliche Erkenntnisse von Forschern wie Nikolaus Kopernikus stellten das mittelalterliche Weltbild infrage. Der Buchdruck revolutionierte die Verbreitung von Informationen und Bildung. Er sorgte auch dafür, dass sich die Kritik an den Missständen in der Kirche rasch ausbreitete. So führten die 1517 von Martin Luther veröffentlichten Thesen zur Reformation und zur Spaltung der europäischen Christenheit in verschiedene Konfessionen. Die neue reformatorische Lehre trug auch dazu bei, dass sich kleinere Aufstände der ländlichen und städtischen Unterschichten zum Bauernkrieg (1524-1526) ausweiteten.

Die weit tragenden Veränderungen zerstörten somit festgefügte politische und soziale Traditionen. Die Menschen erfasste eine tiefe Verunsicherung, sodass ihr Bedürfnis nach neuer Ordnung wuchs. Die Könige und Fürsten reagierten, indem sie die staatliche Organisation verbesserten, vor allem die Rechtsprechung und den Schutz vor Gewalt. Der frühmoderne Staat, der so allmählich entstand, bändigte die religiöse Zersplitterung. Er zwang den Untertanen eine einheitliche Konfession auf – in Deutschland die katholische, die lutherische und die reformierte.

Am Ende dieses Kapitels sollten Sie Folgendes **wissen und können**:

- Renaissance und Humanismus als Geistesbewegung charakterisieren
- das neue Welt- und Menschenbild erläutern
- geistige Umbrüche in Kunst und Naturwissenschaft erklären
- die Folgen der „Medienrevolution“ der Frühen Neuzeit beschreiben
- Voraussetzungen, Verlauf und Auswirkungen der Reformation herausarbeiten

Renaissance und Humanismus

1350-1600 — Mit der Renaissance beginnen Denken, Wissenschaft und Kunst der Neuzeit.

um 1450 — Johannes Gutenberg erfindet in Mainz den Buchdruck mit beweglichen Lettern. Bücher und Flugblätter kommen in großer Zahl in den Umlauf.

1498 — Das Buch „Die heimlich offenbarung iohannis" erscheint mit 15 Holzschnitten von Albrecht Dürer. Die außergewöhnliche künstlerische Gestaltung der Bildfolge macht den Nürnberger damals in ganz Europa berühmt.

um 1500 — Der Humanismus breitet sich von Italien nach Norden aus. Der Theologe Erasmus von Rotterdam wird zum meistgeachteten Humanisten seiner Zeit.

ca. 1503-1505 — Leonardo da Vinci, einer der bedeutendsten Renaissancekünstler, malt sein berühmtes Gemälde „Mona Lisa".

1508-1512 — Michelangelo entwirft das Deckenfresko der Sixtinischen Kapelle in Rom.

1543 — Nikolaus Kopernikus veröffentlicht „Über die Umläufe der Himmelskörper" und begründet damit das heliozentrische Weltbild (Sonne ist Mittelpunkt, nicht die Erde).

um 1595 — William Shakespeare schreibt die Tragödie „Romeo und Julia".

16./17. Jh. — Im Weserraum entstehen Schlösser und Stadthäuser im Stil der Renaissance („Weserrenaissance").

Reformation und Bauernkrieg

1517 — Martin Luther veröffentlicht seine 95 Thesen zum Ablasshandel; die Reformation beginnt.

1521 — Kaiser Karl V. verhängt im Wormser Edikt die Reichsacht über Luther und seine Anhänger.

1525 — Die „Zwölf Artikel" der Bauern werden Ende März erstmals in Augsburg gedruckt. Nach ihrer Veröffentlichung werden sie bald in einem Dutzend Städte vom Südwesten des Reiches bis nach Sachsen nachgedruckt und auf Messen und Jahrmärkten verbreitet.

1524-1526 — Die Erhebung der Bauern (Bauernkrieg) wird blutig niedergeschlagen.

um 1530 — Im Reich folgt auf die Volksreformation die Fürstenreformation, die evangelische Bewegung wird durch staatliche Kirchenordnungen gebändigt.

1530 — In der „Confessio Augustana" legen die evangelischen Reichsstände ihr Bekenntnis fest.

1534 — Luthers Gesamtausgabe der deutschen Bibel erscheint. Das Werk wird zum Bestseller.

Konfessionalisierung

ab etwa 1530 — England, Skandinavien und der größte Teil des Reiches trennen sich von der römisch-katholischen Kirche und führen neue Kirchenordnungen ein.

ab etwa 1550 — Der Calvinismus breitet sich in Europa aus.

1555 — Der Augsburger Religionsfrieden bestätigt die Glaubensspaltung. Die Landesfürsten bestimmen von nun an die Konfession ihrer Untertanen nach dem Grundsatz: „Cuius regio, eius religio" („Wessen das Land, dessen die Religion").

▲ **„David."**
Statue von Michelangelo, 1501-1504. Die fast sechs Tonnen schwere Figur war ursprünglich für eine Kirchenfassade gedacht. Sie fand dann aber ihren Platz vor dem Regierungsgebäude von Florenz. Das Original befindet sich heute in der Galleria dell' Accademia. Michelangelo schuf die erste nachantike Kolossalfigur aus Marmor (5,17 m hoch). Er bildete David anders als üblich nicht als Sieger, sondern vor dem Kampf mit Goliath ab. Die Gestaltung weicht provozierend von der antiken Klassik ab mit übergroßen Händen und Füßen, plastisch hervortretenden Adern und sichtbaren Muskeln. Nebenbei: Die biblische Figur des David diente mehreren Renaissancekünstlern als Motiv. Mit dem Hirtenjungen David erinnerte man die mächtigen Fürsten an die Stärke und Kampfbereitschaft der kleinen städtischen Führungsschicht.

Die Renaissance – ein Umbruch

Die Renaissance – der Beginn der Moderne? Das französische Wort *Renaissance* bedeutet „Wiedergeburt" und kennzeichnet das Wiederaufleben der antiken Kultur an der Wende vom Mittelalter zur Neuzeit. Der Begriff wird daneben auch auf alle Versuche zur Wiederbelebung früherer Stil- und Kulturepochen angewendet.

Unter Renaissance als einer historischen Epoche verstehen Historiker die Ära von etwa 1350 bis 1600 (▸ M1). In dieser Zeit versuchten die Europäer systematisch, das gesamte Wissen der alten Griechen und Römer zu erfassen, um es weiterzuführen und in Wissenschaft, Kunst, Religion und Politik zu nutzen. Die Leistungen der Antike galten als „klassisch", also als vorbildlich. Die Renaissance war damit im Kern eine Bildungsbewegung, die die Lebenswelt der Menschen tief greifend veränderte.

Die Wiederentdeckung der Antike im 14. Jahrhundert wird als der Beginn der Moderne gesehen, weil sich ein fundamentaler Wandel vollzog. Im Mittelalter dominierte die Überzeugung, dass Wissenschaft und Kunst vor allem dem christlichen Glauben zu dienen hatten. Die Renaissance machte stattdessen die Lebenswelt des Menschen zum Gegenstand eines vorurteilsfreien Denkens und kreativen Gestaltens. Genau deshalb sehen Historiker diese Epoche als Zeitenwende. Gelehrte und Künstler wollten nun die sichtbare Welt aus sich selbst heraus verstehen. Die Erklärung, dass Gott sie so gewollt habe, genügte ihnen nicht mehr.

Das neue Weltbild Das neue Denken führte zu einem neuen Weltbild. Das christliche Mittelalter sah den Menschen in eine *gottgewollte*, unwandelbare Ordnung gestellt, in die er sich zu fügen hatte. Auch Leid hatte er hinzunehmen, die Ungleichheit der Menschen, Gewalt und Not. Die Erlösung kam erst im Jenseits. In der Renaissance dagegen sahen Künstler und Gelehrte den Menschen als Gestalter seiner Lebenswelt. Damit wandten sie sich nicht vom Evangelium ab, aber von der Auslegung der Kirche, dass der Mensch allein für sein Seelenheil lebe. Das Denken der Renaissance sprach dem Menschen eine eigene Würde zu und die Kraft, die Welt zu verändern. Es entwarf damit eine *menschengewollte*, dynamische Ordnung.

Italien – Wiege der europäischen Renaissance Die Renaissance entfaltete sich zuerst in italienischen Städten und wurde im 16. Jahrhundert zur europäischen Bewegung. Warum begann sie gerade in Italien?

- In Italien erlosch das Erbe der Antike nie. Tempel, Paläste, Arenen und Wohnhäuser hatten das Jahrtausend seit der Römerzeit überdauert, auch wenn sie zerfielen. Das Lateinische blieb neben den italienischen Dialekten unter den Gebildeten in Gebrauch.
- Italien litt zwar seit 1350 unter wiederkehrenden Pestepidemien und Kriegen, zugleich aber nahmen Handel und Wirtschaft einen ungeahnten Aufschwung. Bürger kamen zu Reichtum und Macht, alte Adelsgeschlechter verarmten. Eine neue Elite entstand, die niveauvolle Bildung und Kunst schätzte.
- Diese Elite befasste sich mit Philosophie, Rhetorik, Literatur, Geschichte und Recht. Gelehrte sammelten Texte antiker Schriftsteller, die in Abschriften überliefert waren, und vervielfältigten sie. Architekten, Bildhauer und Maler hatten den Ehrgeiz, Kunstwerke im Geist der antiken Klassik zu schaffen. Den Auftrag dazu gaben vielfach die Stadtherren und Herzoge in Florenz, Mailand, Venedig, Mantua oder Parma, aber ebenso die Päpste in Rom. Sie wurden zu Förderern der Künste (*Mäzene*), die hofften, sich durch Kunstwerke nach ihrem Geschmack ein Denkmal zu setzen.

▲ **Die „Schule von Athen".**
Fresko von Raffael, um 1509/10.
Das Fresko fertigte der italienische Künstler Raffael in der Stanza della Segnatura des Vatikans für Papst Julius II. an. Im Zentrum des Bildes stehen Platon (links) und Aristoteles (rechts), die in der Renaissance am meisten verehrten Denker. Links von der Bildmitte ist vorne mit Stift und angewinkeltem Arm der griechische Philosoph Heraklit dargestellt, rechts dahinter ruht auf den Stufen mit einem Blatt in der Hand der Philosoph Diogenes.
Raffael ließ Platon wie Leonardo da Vinci, Heraklit wie Michelangelo aussehen. Der Künstler verherrlichte mit diesem Fresko ganz im Sinne der Renaissance die antike Philosophie, Kunst und Wissenschaft als Ursprung der europäischen Kultur. Zugleich wollte er zeigen, wie eng die Antike mit seiner eigenen Zeit verbunden war.
Weitere Informationen über das berühmte Wandbild finden Sie unter dem Code 32033-06.

Die Renaissance im übrigen Europa Die Antikenbegeisterung Italiens brachte Werke hervor, die in ganz Europa bestaunt wurden. Die Renaissance wurde zum Exportschlager. Nördlich der Alpen waren Herrscher, vornehme Adlige und Burger fasziniert, aber ebenso Gelehrte, Architekten, Maler und Handwerker. Sie wollten von den Italienern lernen, die nach Frankreich, Spanien und Portugal, später auch in deutsche Gebiete des **Heiligen Römischen Reiches**, nach England und Polen kamen, um dort zu arbeiten oder ihr Wissen weiterzugeben. Italien selbst wurde zum Lernort Europas. Studenten suchten italienische Universitäten auf, um Recht und Medizin, aber auch um Latein, Griechisch, Mathematik und Astronomie zu studieren. Künstler unternahmen Bildungsreisen nach Italien.

Heiliges Römisches Reich Deutscher Nation: seit 1512 gebräuchliche Bezeichnung für den Herrschaftsbereich des von den Kurfürsten (seit 1356 sieben, ab 1648 acht) gewählten römisch-deutschen Kaisers und der ihm verbundenen Reichsterritorien. Das Heilige Römische Reich wurde trotz Kaiser nie zentral regiert. Es zerfiel Anfang des 19. Jh.

▲ **Schloss Chambord in Frankreich.**
Fotos, undatiert.
Chambord wurde als Jagdschloss unter dem französischen König Franz I. ab 1519 errichtet. Es ist das größte und wohl berühmteste der Loire-Schlösser. Die ungewöhnliche Dachlandschaft mit kunstvoll verzierten Türmchen und Kaminen ist einzigartig. Seit 1981 gehören Schloss und Park zum UNESCO-Weltkulturerbe. Das rechte Foto zeigt einen Blick in den Innenhof.

Um 1500 begann sich dann die Renaissance nördlich der Alpen zu verbreiten, aber angepasst an die regionalen Traditionen. Davon zeugen bis heute Bauwerke in ganz Europa. Die Renaissanceschlösser an der Loire behielten die charakteristischen französischen Rundtürme. In Spanien verloren die beliebten muslimischen Bauformen nur allmählich ihre Attraktivität. Nach Moskau hatte man zwar einen italienischen Renaissancearchitekten geholt, der aber die Uspenski-Kathedrale über einem altrussischen Grundriss errichten musste; in der Kirche wurden über Jahrhunderte hinweg die Zaren gekrönt.

Die Renaissance wurde auf diese Weise zu einer europäischen Erscheinung. Sie festigte die Einheit der europäischen Kultur, deren stärkstes Band bis dahin die römisch-katholische Kirche gewesen war. Zugleich jedoch bewahrten die Regionen und Nationen des Kontinents ihre Eigenheiten. Die Einheit in der Vielfalt kennzeichnete Europa, im Mittelalter wie in der Neuzeit und in der Gegenwart.

Leonardo da Vinci – Maler und Universalgelehrte Den Typus des Renaissancemenschen verkörpert in einzigartiger Weise *Leonardo da Vinci* (1452-1519). Er lebte vorwiegend in Florenz und Mailand und war einer der überragenden Maler, Kunsttheoretiker, Naturforscher und Erfinder seiner Zeit – mit einem Wort: ein Universalgenie. Als Künstler fragte Leonardo, wie Mensch und Natur abzubilden waren, wenn er ihr Wesen zum Ausdruck bringen wollte. Obwohl es noch als frevelhaft galt, sezierte er Leichen, um die Anatomie des menschlichen Körpers zu erforschen. Sein künstlerisches Schaffen ist unsterblich geworden, so etwa im Bildnis der *Mona Lisa*. Der Visionär und Erfinder Leonardo konzipierte den architektonischen Idealplan einer Stadt, hinterließ aber ebenso Konstruktionszeichnungen zu Kränen, Kriegsschleudern, Taucherglocken und sogar einen Flugkörper für Menschen, dessen Funktion dem Vogelflug nachgebildet war.

Leonardo da Vinci gelangen somit Höchstleistungen als Künstler, Wissenschaftler und Erfinder. In dieser Vielseitigkeit erreichte ihn kein anderer (▸ M2). Außergewöhnlich war außerdem, dass der Theoretiker Leonardo nicht studiert hatte. Für Künstler traf das durchaus zu. Sie entstammten meist, wie Leonardo, der gehobenen Mittelschicht der städtischen Amtsträger, Handwerker oder Ladenbesitzer.

Lesetipps

- *Stefan Klein, Da Vincis Vermächtnis oder Wie Leonardo die Welt neu erfand, Frankfurt am Main [7]2009*
- *Charles Nicholl, Leonardo da Vinci. Die Biografie, Frankfurt am Main [4]2009*

Was wollten die Renaissancekünstler und -gelehrten? Das Schaffen Leonardo da Vincis offenbart die gewaltige Innovationskraft der Renaissance. Das Fundament alles Neuen war die Überzeugung, dass die Antike Beispielhaftes erreicht hatte und dies auch für die Gegenwart von großem Wert war. Deshalb trugen Gelehrte die antiken, oftmals vergessenen Texte zusammen. Damit verfügten sie über die antiken Wissensbestände, von der Philosophie und Mathematik bis hin zu den Theorien über Architektur und Malerei. Die Künstler untersuchten die Abbildungen, Plastiken und Bauten der Antike, um Formen und Techniken beherrschen zu lernen. Darüber hinaus aber waren sie bestrebt, selbst Werke zu schaffen, die ihre Vorbilder übertrafen.

Nicht anders als die Künstler wollten auch viele Gebildete in der Renaissance nicht einfach überliefertes Wissen horten. Das Schlüsselwort war *curiositas*. Für die Kirche war sie ein Laster, für manchen Gebildeten jedoch eine Tugend (▸ M3). Wenn es galt, Neues zu erschließen, gab die Antike wie auch sonst die Methode vor: Der Forschende hatte genau zu beobachten und sich nicht mit übernatürlichen Erklärungen zufrieden zu geben. Die methodische, rationale Suche nach neuem Wissen ist bis in die Gegenwart der Weg der Wissenschaft geblieben.

Das Menschenbild Im Mittelalter hatte die Kirche verkündet, das Elend der menschlichen Existenz sei eine Folge der Erbsünde; es sei als gottgewollt zu erdulden. Ganz im Gegensatz dazu wies das Denken der Renaissance dem Menschen nun eine positive, aktive Rolle zu. Demnach war er fähig und würdig, sich selbst und die Welt zu verändern. Dies bedeutet nicht, dass sich die Renaissancemenschen vom Christentum abwandten. Die meisten Künstler und Gebildeten waren fromme Christen. Nur wenige glaubten nicht an Gott oder ein Weiterleben im Jenseits. Aber sie sprachen nicht mehr von der Schuld des Menschen, sondern von seinem Streben nach Erkenntnis und von der Erhabenheit seiner Seele.

Die Renaissance leitete die Wertschätzung des Menschen aus den Schriften der antiken Philosophen ab. Der bewunderte Grieche *Platon* (428/27-348/47 v. Chr.) hatte die Unsterblichkeit des Menschen ohne Gottglauben begründet. Darauf beriefen sich die Gebildeten. Aber sie rechtfertigten ihre Aufwertung des Menschen ebenso aus der Bibel. Kein Beleg eignete sich dazu besser als ein Satz in der Genesis, der Erzählung von der Erschaffung der Welt. Dort heißt es: „Gott schuf den Menschen nach seinem Ebenbild" – dies galt als Beweis für die Würde des Menschen, nicht für seine Sündhaftigkeit.

Der „uomo universale" Zum Leitbild der kleinen Oberschicht wurde im 15. Jahrhundert der allseits gebildete Mensch: der *uomo universale*. Er sollte klug und weltoffen sein, sich als Krieger, Gelehrter und Künstler betätigen, in Gesellschaft sicher und höflich auftreten. Er sollte ein angenehmer und wortgewandter Gesprächspartner und ein ebenso guter Tänzer wie Fechter sein (▸ M4). Von einer Dame wurden neben den mütterlichen Tugenden und hausfraulichen Fähigkeiten noch Bildung und Bescheidenheit gefordert. Geburt und Standesgrenzen spielten in diesen Vorstellungen eine geringe Rolle, dafür umso mehr die Bildung.

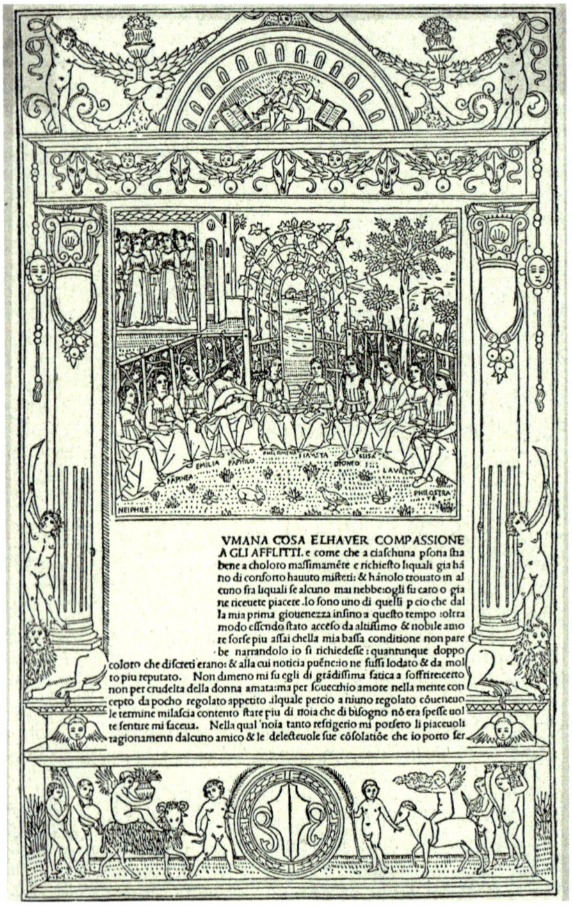
VMANA COSA ELHAVER COMPASSIONE A GLI AFFLITTI. e come che a ciaſchuna pſona ſtia bene a choloro maſſimamēte e richieſto liquali gia hāno di conforto hauuto miſteri: & hānolo trouato in alcuno fra liquali ſe alcuno mai nebbe: ogli fu caro o gia ne riceuete piacere. Io ſono uno di queſti p cio che dalla mia prima giouenezza inſino a queſto tempo: oltra modo eſſendo ſtato acceſo da altiſſimo & nobile amore forſe piu aſſai chella mia baſſa conditione non parebe narrandolo io ſi richiedeſſe: quantunque doppo coloro che diſcreti erano: & alla cui noticia puēne: io ne fuſſi lodato & da molto piu reputato. Non dimeno mi fu egli di grādiſſima fatica a ſoffrire: certo non per crudelta della donna amata: ma per ſouecchio amore nella mente concepto da pocho regolato appetito. ilquale percio a niuno regolato cōueneuole termine milaſcia contento ſtare piu di noia che di biſogno nō era ſpeſſe uolte ſentire mi faceua. Nella qual noia tanto refrigerio mi porſero li piaceuoli ragionamenti dalcuno amico & le delecteuole ſue cōſolatiōe che io porto fer

▲ **„Il Decamerone".**
Titelblatt der Venedig-Ausgabe, Holzschnitt von 1492.
Das „Dekamerone" umfasst 100 Novellen (kürzere Geschichten in Prosaform). Der italienische Dichter Giovanni Boccaccio schrieb es zur Zeit der großen Pest von Florenz Mitte des 14. Jahrhunderts. In dem Werk erzählen sich sieben Frauen und drei Männer aus Florenz, die vor der Pest aufs Land geflohen sind, verschiedene Geschichten.

Die Literatur In der Literatur knüpften als erste die Italiener *Francesco Petrarca* (1304-1374) und *Giovanni Boccaccio* (1313-1375) zwar bewusst an die antiken Muster an, schufen aber mit dem Sonett bzw. der Novelle (im „Decamerone" Boccaccios) zugleich neue literarische Formen, die bis in unsere Gegenwart in Gebrauch sind. In Italien, Spanien, Frankreich und England wurden die antiken Muster nicht nur in der neulateinischen Dichtung, sondern ebenso in den Volkssprachen verwendet, in Deutschland erst sehr spät im 17. Jahrhundert. Eine volkssprachliche Literatur blühte auf, parallel dazu bildete sich ein national vaterländisches Bewusstsein aus. Am meisten Beachtung fand von den frühen volkssprachlichen Dichtern *William Shakespeare* (1564-1616), dessen Dramen noch auf allen großen Bühnen der Welt gespielt werden.

Die Kunst In der Bildenden Kunst wurde der anonyme Handwerker des Mittelalters vom schöpferischen Individuum abgelöst, dessen Gestaltungskraft in einzigartigen Kunstwerken zum Ausdruck kam. Dieses neue Verständnis des Künstlers als kreative Persönlichkeit hat seine Gültigkeit behalten.

Die Maler strebten danach, die reale Welt abzubilden. Dazu studierten sie intensiv Farben, Proportionen und Kompositionstechniken und erweiterten die antiken Projektionsregeln für Bilder. Die Parallelperspektive lieferte ein naturnahes Abbild, die *Zentralperspektive* stellte die räumliche Tiefendimension her. Zu allen Zeiten wurden in den Bildwerken Leonardo da Vincis, *Raffaels* (1483-1520) und *Michelangelos* (1475-1564) die vollendete Technik und Formgebung gepriesen. Michelangelos berühmtes Decken-

▲ **Die ideale Stadt.**
Gemälde eines unbekannten Florentiner Künstlers des späten 15. Jh.
Die Stadtarchitektur ist der Antike nachempfunden und setzt sich bewusst von der verwinkelten Enge der mittelalterlichen Stadt ab. Entwürfe wie der abgebildete beeinflussten die Raumgestaltung in der Stadtplanung während der gesamten Neuzeit.

▶ **Domkuppel von Florenz.**
Foto, undatiert.
Die Kuppel ist 107 m hoch und hat einen Durchmesser von 45 m. Der achteckige Doppelschalbau stellt eine technische Meisterleitung der Renaissance dar. Geschaffen hat sie der Architekt und Bildhauer Filippo Brunelleschi. 1418 begannen die Bauarbeiten, sechzehn Jahre später war die Kuppel vollendet.

fresko der Sixtinischen Kapelle in Rom ist dafür ein Beispiel. Auch die Bildhauer suchten in ihren Plastiken Realitätsnähe, wobei sie sich wie die alten Klassiker auf die Darstellung des menschlichen Körpers konzentrierten. Der Florentiner *Donatello* (1386-1466) schuf um 1430 die erste frei stehende Skulptur seit der Antike. Ihren Höhepunkt erreichte die Bildhauerkunst hundert Jahre danach in den Werken Michelangelos.

Nicht anders ahmten die Architekten die antiken Vorbilder nach. Dabei wandelten sie den Formenkanon ab, den schon die alten Griechen zu den Fassaden, Bögen, Säulen und Ornamenten ausgebildet hatten. Sie vermieden jede Monumentalität. Stattdessen erstrebten sie *Harmonie* und ein dem Menschen angepasstes Maß. Dies glückte musterhaft im Bau von Villen, Stadtresidenzen und Schlössern, die bei aller Zurückhaltung dem Bedürfnis nach Repräsentation ebenso Rechnung trugen wie die gewaltigen Kirchenbauten (▶ M5). Unübertroffenes Beispiel ist die Peterskirche zu Rom, die auf einen Entwurf des *Donato Bramante* (1444-1514) von 1505 zurückgeht und danach von Raffael und Michelangelo gestaltet wurde. Mit ihrer Einweihung hatte die katholische Christenheit eine überwältigende Hauptkirche. Sie dokumentierte höchste menschliche Schöpferkraft, um Gott zu ehren, machte aber zugleich die Erhabenheit des Papsttums sinnfällig.

Renaissancekunst in den deutschen Gebieten des Heiligen Römischen Reiches Der Nürnberger **Albrecht Dürer** reiste mehrfach nach Italien, um sich künstlerisch zu vervollkommnen. Dabei eignete er sich die Themen und den Stil der Renaissancemalerei an, was ihm so überzeugend gelang, dass sogar der berühmte Venezianer *Tizian* (1488-1567) seine Anregungen aufgriff (▶ M6). Der große deutsche Bildhauer dieser Zeit, *Tilman Riemenschneider* (1460-1531), suchte hingegen in der Nachfolge der Gotik eigene Wege und öffnete sich kaum der Formenwelt der Renaissance.

Anders als die Malerei kam die neue Architektur spät aus Italien nach Deutschland. Erst im Lauf des 16. Jahrhunderts wurden Schlösser und Stadthäuser im Stil der Renaissance erbaut. Sie sind noch in vielen Städten mit ihren geometrischen Wandgliederungen, harmonischen Rundbögen und gebauchten Säulen zu sehen. Beispiele dafür sind die Plassenburg in Kulmbach, der Ottheinrichsbau (ein Teil des Heidelberger Schlosses) oder Schloss Johannisburg in Aschaffenburg. Heute noch ein Markenzeichen gelungener Architektur ist die *Weserrenaissance*. Im Weserraum wurden besonders viele frühere Adelsburgen zu Schlössern, außerdem Stadtbauten zu kunstvollen Rat- und Bürgerhäusern im Stil der Renaissance umgestaltet, die sich immer noch bewundern lassen (▶ M7).

Albrecht Dürer (1471-1528): bedeutendster Künstler der Renaissance nördlich der Alpen. 1484 begann Dürer bei seinem Vater in Nürnberg eine Goldschmiedelehre, 1486 erhielt er eine Ausbildung in einer Nürnberger Malerwerkstatt. Nach mehreren Reisen nach Italien wurde Dürer 1512 „Kaiserlicher Maler" für Maximilian I. Sein künstlerisches Werk umfasst zahlreiche Gemälde, Zeichnungen, Kupferstiche und Holzschnitte, sowie mehrere Bücher, in denen er seine Studien zur Malkunst, zur Geometrie und über den menschlichen Körperbau veröffentlichte.

M1 Die Renaissance: Wiederaufleben der Antike mit weltgeschichtlichen Folgen

Renaissance als Epochenbegriff bezeichnet nicht nur die Wiedererweckung der Antike. In dieser Zeit kommt es auch zu starken Veränderungen auf sozialem, politischem, religiösem und sogar wirtschaftlichem Gebiet; außerdem bezieht sich der Begriff auf Europa insgesamt. Der französische Historiker Fernand Braudel formuliert dies als einer der Ersten in seinem Buch „Le modèle italien"[1] („Modell Italien"):

Mit anderen Worten, wir empfehlen den Historikern durchaus, den vielschichtigen Begriff Renaissance trotz allem auch weiterhin zu verwenden, denn er bietet eine bequeme Handhabe, das erforderliche chronologische Umfeld abzustecken, in dem sich erklären lässt, wie und warum sich die Kultur des kleinen Europa schließlich verändert und mit einem Schlag die anderen Kontinente und Kulturen überflügelt, ja, für lange Zeit ihrem Willen unterwirft. Das läuft in erster Linie auf eine Darlegung der Geschichte Italiens hinaus, aber in der Zusammenschau mit der Geschichte Europas: der Niederlande, Deutschlands, Englands, Frankreichs, der Iberischen Halbinsel einschließlich Spaniens, das man vor Kurzem noch „ein Land ohne Renaissance" nannte, was aber keineswegs zutrifft, denn das hieße, dem Land die Modernität abzusprechen.

Jedenfalls aber schließt diese perspektivische Sicht der Renaissance nicht die anderen, die zeitlich begrenzten aus und soll sie auch gar nicht ausschließen. Beispielsweise ließe sich die wahre, die einzige Renaissance (der man notfalls auch einen anderen Namen geben könnte) durchaus auf jenen kurzen Abschnitt der abendländischen Geschichte, jenen Augenblick einschränken, der, da er im Zeichen eines kurzen und ungewöhnlichen Glücks erstrahlt, völlig aus der Reihe der düsteren Jahrhunderte herausfällt.[2] Diese als so bezaubernd beschriebene Epoche umfasst die Namen und Proklamationen einer ganzen Humanistengeneration, die die ganze Seligkeit eines Goldenen Zeitalters bewusst erlebte – allen voran Erasmus von Rotterdam.[3]

Umgekehrt rufen wir, wenn wir das Feld [...] erweitern, sogleich den ganzen europäischen Raum ins Gedächtnis und mit ihm natürlich auch seine Widersprüche und Streitereien: das archaische und das feudale, das grundherrliche, das fürstliche und das staatliche Element, die noch kaum vom Geld berührte Wirtschaft und den bereits ausgefeilten Kapitalismus, den Atlantik und das Mittelmeer und schließlich den Norden und den Süden – lauter bedeutende Mitspieler[4], die allesamt zahlreiche Länder, Schicksale und Mentalitäten verkörpern. Natürlich kommen dann noch Strömungen, Gegenströmungen, Gezeiten und Wirbel hinzu. Die kulturelle Ausstrahlung ist ohnehin vielstimmig und Italien keineswegs immer, wenn auch häufig, der Wasserturm, aus dem alles einschließlich der Schönheit und Weisheit fließt. Die Schlüsselerfindungen auf technischem Gebiet: Schießpulver, Hochofen, Buchdruck und Hochseeschifffahrt, stammen samt und sonders nicht aus Italien, ebenso wenig die gewaltige Reformation[5], die das Schicksal ganz Europas umwälzen und aus den Angeln heben und die Völker in zwei einander für alle Zeiten fremde Parteien spalten sollte, diese religiöse Sturmflut, die im 15. Jahrhundert Privileg und Kennzeichen der gesamten Christenheit ist.

Fernand Braudel, Modell Italien 1450-1650, Berlin 2003, S. 80 f. (übersetzt von Gerda Kurz und Siglinde Summerer)

[1] Braudel begrenzt die Epoche auf die Zeit von 1450 bis 1650, weil in diesem Zeitraum das „Modell Italien" stark auf Europa ausstrahlte. Zu Braudel siehe auch Seite 22 f.
[2] Hier meint der Autor den engeren Zeitraum von ca. 1450 bis 1520 und die Zentren Oberitalien und Niederlande; dort konzentrierten sich in der gebildeten Elite die Beschäftigung mit der Antike und ein starker Zukunftsglaube.
[3] Siehe zu Erasmus von Rotterdam Seite 100.

1. *Weisen Sie nach, dass Braudel die Renaissance als europäischen Vorgang begreift, obwohl sein Buch der Geschichte Italiens gewidmet ist.*
2. *Arbeiten Sie heraus, warum Braudel empfiehlt, der „wahren", „einzigen" Renaissance „notfalls" einen anderen Namen zu geben (vgl. Zeile 19 f.).*
3. *Erläutern Sie, welche historischen Kräfte nach Braudel zu berücksichtigen sind, wenn man Renaissance als Epochenbegriff versteht.*

M2 Leonardo – mehr als ein Künstler

Leonardo da Vinci stellt etwa um 1482 dem Herzog von Mailand in einem Schreiben seine Fähigkeiten vor:

1. Ich habe Pläne für sehr leichte, aber dabei starke Brücken, die sich ganz leicht befördern lassen und mit denen man den Feind verfolgen und manchmal auch fliehen kann, und solche für andere, feste Brücken, die weder durch Feuer noch im Kampf zerstört und leicht und bequem abgebrochen und errichtet werden können, und auch Pläne, um die des Feindes zu verbrennen und zu zerstören.

[4] hier gemeint: historisch wirksame Kräfte
[5] Lesen Sie zur Reformation Seite 112 ff.

▲ **Leonardo da Vinci.**
Selbstbildnis (Ausschnitt), um 1512 - 1515.

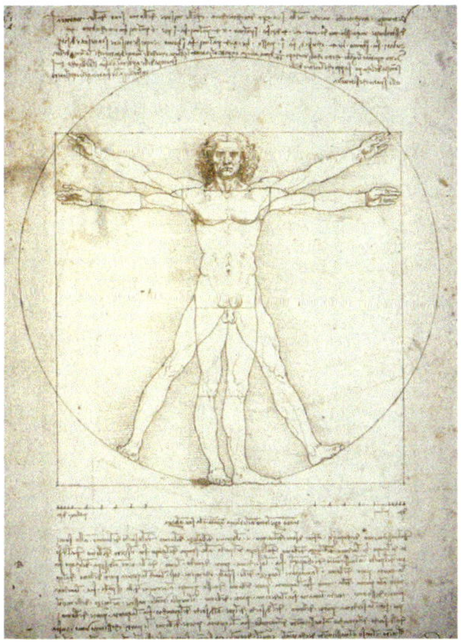

▲ **Der menschliche Körper als Ausdruck der Harmonie.**
Skizze (34,4 x 24,5 cm) von Leonardo da Vinci, um 1485 - 1490.
Kreis und Quadrat sind die Grundformen der Harmonie, sie bestimmen die Proportionen des menschlichen Körpers.

▲ **„Mona Lisa."**
Ölgemälde (77 x 53 cm) von Leonardo da Vinci, um 1503 - 1506.

2. Ich kann bei der Belagerung eines Platzes das Wasser aus den Gräben ableiten und zahlreiche Brücken, Rammböcke, Sturmleitern und andere zu einem solchen Unternehmen gehörende Geräte machen [...].

4. Ferner habe ich Pläne für Bombarden[1], die sich sehr bequem und leicht befördern lassen, mit denen man kleine Steine schleudern kann, fast so, als ob es hagle, und deren Rauch dem Feind gewaltigen Schrecken einjagt [...].

6. Ferner werde ich sichere und unangreifbare gedeckte Wagen bauen, die mit ihren Geschützen durch die Reihen des Feindes fahren und jeden noch so großen Haufen von Bewaffneten zersprengen werden [...].

10. In Friedenszeiten kann ich mich wohl mit jedem anderen in der Baukunst messen, sei es bei der Errichtung öffentlicher und privater Gebäude oder bei der Leitung des Wassers von einem Ort zum anderen. Ferner werde ich bei der Bearbeitung von Marmor, Erz und Ton sowie in der Malerei wohl etwas leisten, was sich vor jedem anderen, wer immer es sei, sehen lassen kann.

[1] **Bombarden**: große Kanonen

Der Sekretär des Herzogs von Aragón berichtet über einen Besuch bei Leonardo am 10. Oktober 1517:

Dieser Herr hat eine besondere Abhandlung über den Körperbau zusammengestellt, mit Illustrationen nicht nur der Glieder, sondern auch der Muskeln, Nerven, Adern, Gelenke, Eingeweide und allem, was an den Körpern der Männer wie auch der Frauen studiert werden kann, so wie noch kein anderer Mensch es jemals getan hat. All das haben wir mit unseren eigenen Augen gesehen; und er sagte, er hätte bereits mehr als dreißig Leichen zerlegt, Männer wie Frauen jeden Alters. Er hat auch über die Natur des Wassers geschrieben und über verschiedene Maschinen und andere Dinge, die er in einer endlosen Zahl von Bänden niedergeschrieben hat, und all das in Umgangssprache.

Erster Text: Leonardo da Vinci, Tagebücher und Aufzeichnungen, hrsg. von Theodor Lücke, München 21952, S. 889 f.; zweiter Text: Kenneth Clark, Leonardo da Vinci, Reinbek 1989, S. 167 f. (übersetzt von Thomas Puttfarken)

1. *Fassen Sie zusammen, für welche Arbeiten sich Leonardo da Vinci in dem Brief (erster Text) anbietet.*

2. *Arbeiten Sie aus dem Bericht des Sekretärs (zweiter Text) heraus, wie er Leonardos Arbeiten beurteilt.*

3. **+** *„Leonardo da Vinci – mehr als ein Künstler?". Erörtern Sie diese Aussage in Form eines Essays unter Einbeziehung von M2 und der Abbildungen auf dieser Seite.*

M3 Neugier als Laster und Tugend

Die US-amerikanische Wissenschaftshistorikerin Lorraine Daston beschäftigt sich mit den „vielen Gesichtern" der „curiositas" (dt.: Neugier, Wissbegierde, Merkwürdigkeit), deren Einschätzung in der Vergangenheit weitreichende Auswirkungen auf das menschliche Erkenntnisstreben hatte. Von der Antike bis zur Renaissance halten selbst die Gebildeten die Neugier für ein Laster eitler und ehrfurchtsloser Menschen:

Der Kirchenlehrer Aurelius Augustinus (354-430) stigmatisierte die Neugier gar als „Begierlichkeit des Auges", wobei er mit Auge die Erkenntnisfähigkeit des Geistes meinte, die seiner Ansicht nach sogar stärkeren Versuchungen ausgesetzt sei als das Sehorgan des Körpers. Denn dieses richte sich durch das Verlangen nach Licht und Schönheit auf wirklich Angenehmes. Das Auge des Geistes hingegen erliege unterschiedslos allen Reizen des Neuen. Es interessiere sich für einen schlimm zugerichteten Leichnam ebenso wie für einen hellen Glanz oder bunte Farben. Für Augustinus waren all jene, „welche die Geheimnisse der Natur untersuchen, die für unser Leben bedeutungslos sind", Sklaven der Freude am Experiment um seiner selbst willen – ganz zu schweigen von jenen, die der Hexerei oblagen. Solche Neugier, meinte er, sei bestenfalls unnütz, schlimmstenfalls aber eine Ablenkung von Gott und dem Seelenheil. [...]
Der Kirchenlehrer Thomas von Aquin (um 1225-1274) unterschied immerhin zwischen *curiositas* als zügellosem Laster und der Tugend *studiositas*, dem beherrschten und demütigen Streben nach Wahrheit. [...] Diesem Gut-Böse-Schema blieb sogar der Humanist Erasmus von Rotterdam (1466/69-1536) verhaftet, wenngleich er eine feinsinnigere Variante entwickelte. Der respektlosen curiositas stellte er eine fromme Variante gegenüber: die Bewunderung der Werke Gottes mit Dankbarkeit und Staunen, ohne Versuch, unbekannte Kräfte oder Mysterien des Glaubens zu entschlüsseln. Zu Beginn des 17. Jahrhunderts aber war eine Neubewertung der Neugier längst im Gange. Forschungspioniere hatten Entdeckungsreisen in bislang unbekannte Fernen unternommen. Antike Sagengestalten wie Prometheus und Ikarus galten nicht mehr als gescheiterte Abenteurer, sondern als Symbolfiguren für kühne Unternehmungen. [...] Eifrigster Befürworter ungehindert schweifender Interessen wurde der englische Philosoph Thomas Hobbes (1588-1679), der die Metaphysik ablehnte und Philosophie als rein rationale Erkenntnis empirischer Kausalzusammenhänge verstand. In seinem politiktheoretischen Werk „Leviathan" konstatierte er, Neugier unterscheide den Menschen vom Tier eher noch als der Verstand.

Lorraine Daston, Kultur der Neugier, in: Forschung und Technik in der Renaissance (Spektrum der Wissenschaft Spezial, 04/2004), S. 8-11, hier S. 8 f.

1. *Fassen Sie in einer Tabelle zusammen, wie Augustinus, Thomas von Aquin, Erasmus von Rotterdam und Thomas Hobbes die „curiositas" einordneten.*
2. *Erklären Sie, warum die Einschätzung der Neugier durch Augustinus, die im Mittelalter vorherrschend war, das Erkenntnisstreben hemmte.*
3. *Diskutieren Sie die Auffassung von Thomas Hobbes, die Neugier unterscheide den Menschen stärker vom Tier als der Verstand. Bilden Sie zwei Gruppen und führen Sie eine Pro- und Kontra-Diskussion.*

M4 Der Höfling als „uomo universale"

Der Schriftsteller und Höfling Graf Baldassare Castiglione aus Mantua verfasst zwischen 1508 und 1518 „Il Libro del cortegiano" (dt.: „Das Buch des Hofmanns"). Es zählt zu den bedeutendsten Werken der italienischen Literatur der Renaissance und ist bereits im 16. Jahrhundert in mehrere Sprachen übersetzt worden. In seinem Buch schreibt Castiglione u.a. über die Tugenden, die ein idealer Höfling besitzen sollte:

Um aber auf Einzelheiten einzugehen, bin ich der Ansicht, dass der Hofmann der Wesenheit und Hauptsache nach im Waffenhandwerk tüchtig bestehen muss; und dem soll er so eifrig obliegen, dass er sich unter den andern durch Ungestüm und Tapferkeit auszeichnet und in Treue gegen seinen Herrn. [...] Je mehr sich [...] der Hofmann in der Kriegstüchtigkeit hervortut, desto größer wird sein Ruhm sein, obwohl ich nicht dafürhalte, dass er eine so vollkommene Kenntnis besitzen müsse, wie man sie von einem Feldherrn verlangt; da wir nicht wollen, dass er an der Größe der Aufgabe scheitere, können wir uns mit unwandelbarer Treue und unbeugsamen Mut zufriedengeben. [...] [D]er Mann, den wir suchen, [muss] stets der tapferste und mutigste sein und der erste, wenn es gegen den Feind geht; sonst aber soll er gesittet, bescheiden und zurückhaltend sein und jedes Aufsehen vermeiden, ebenso unverschämtes Selbstlob, wodurch man sich immer Hass und Missgunst derer zuzieht, die es anhören müssen.

Baldassare Castiglione, Der Hofmann, Lebensart in der Renaissance, aus dem Italienischen von Albert Wesselski, Berlin 1996, S. 28-30

1. *Fassen Sie zusammen, über welche Tugenden nach Castiglione ein idealer „Hofmann" verfügen sollte.*
2. *Erklären Sie, warum es für die meisten Menschen schwierig war, dem Ideal des „uomo universale" zu entsprechen.*
3. *Versetzen Sie sich in die Lage des beschriebenen „Hofmanns" und überlegen Sie, inwieweit Sie selbst den im Text genannten Anforderungen entsprechen und wo Sie Grenzen sehen würden.*

M5 Villa Rotonda

Die auf einem Hügel gelegene Villa Rotonda (von lat. rotundus: rund) wird ab 1567 von Andrea Palladio für einen hohen Beamten des päpstlichen Hofes bei Vicenza in Norditalien errichtet. Palladio hat sich den römischen Architekten Vitruv als Vorbild genommen und die strenge Geometrisierung der Anlage nach genauen mathematischen Verhältnissen geschaffen. Die Villa, die heute ein Museum ist, wird 1591 vollendet.

1. *Beschreiben Sie die Außenansicht der Villa. Gehen Sie dabei auf architektonische Besonderheiten ein (z. B. Säulen, Giebel- und Ornamentformen, Dachgestaltung).*
2. *Charakterisieren Sie das Erscheinungsbild der Villa. Beziehen Sie dabei auch den Grundriss mit ein.*
3. *Das Bauwerk galt schon bei den Zeitgenössen als vollkommene und vorbildliche Villa. Erläutern Sie, warum dies der Fall war.*

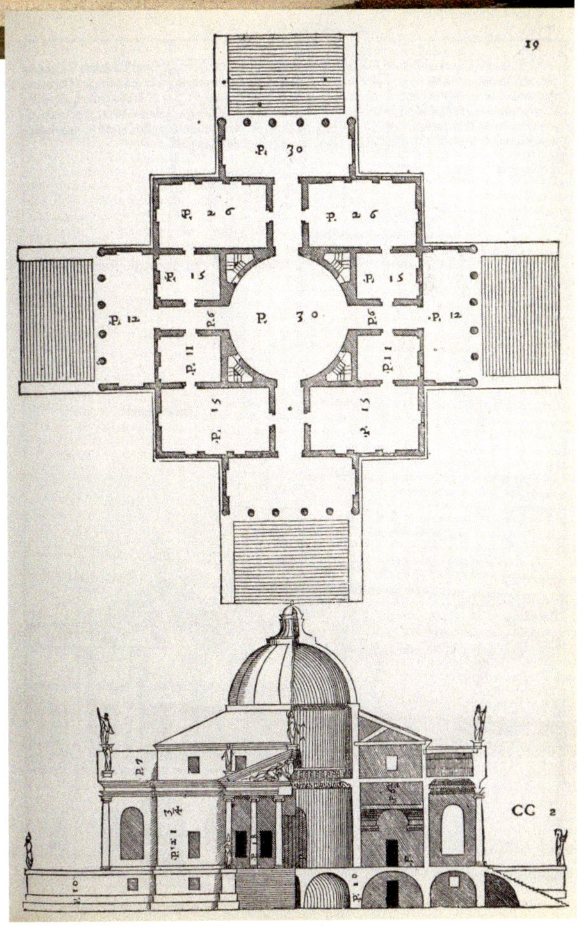

▲ **Grundriss und Aufriss.**
Holzschnitt von Andrea Palladio.

M6 Albrecht Dürer: Selbstbildnis

Das Gemälde „Selbstbildnis im Pelzrock“ ist 67 cm lang und 49 cm breit. Die lateinische Inschrift auf der rechten Seite des Bildes lautet übertragen: „So malte ich, Albrecht Dürer aus Nürnberg, mich selbst mit meinen eigenen Farben im Alter von 28 Jahren.“ Links neben Dürers Kopf ist sein Monogramm, die Anfangsbuchstaben seines Vor- und Nachnamens erkennbar. Darüber befindet sich das Entstehungsjahr des Ölgemäldes: 1500.

Der Journalist und Kunsthistoriker Hanno Rauterberg schreibt über Dürers Gemälde:

Ein solcher Blick war nicht vorgesehen, nicht für Könige, nicht für Kardinäle, erst recht nicht für einen Künstler, der 1500, als das Bild entstand, noch nicht mal eine größere Werkstatt besaß. Für alle galt ausnahmslos die Regel: Auf Porträts wird der Kopf von der Seite gezeigt, im Profil oder Halbprofil. Der frontale Blick war exklusiv der vera icon vorbehalten, dem wahren Bild des Jesus Christus. Dürer brach diese Regel – und gleich noch eine weitere.
Denn er posiert nicht nur als Messias, er verkleidet sich auch als mächtiger, reicher, vornehmer Bürger. Eigentlich war damals die Gesellschafts- so streng wie die Kleiderordnung: keine Pelze für Bauern, nur Fuchs, Lamm und Iltis für „gemeyne Burger und Handtwercker“, und einzig die Obersten der Oberen durften sich mit dem samtigen Rückenfell des Marders schmücken, mit dem sich Dürer auf seinem Bild so stolz präsentiert. Auch das also eine Anmaßung sondergleichen: In der Welt ist er ein rechtes Nichts, in seiner Kunst aber gewinnt er alle Macht.

Die Zeit vom 16. Mai 2012, S. 47

1. *Beschreiben Sie das Selbstbildnis. Gehen Sie auch auf Mimik, Gestik und Haltung des Künstlers ein.*
2. *Das Selbstbildnis Dürers gilt als Ausdruck eines „Renaissancemenschen“. Erläutern Sie diese Aussage. Berücksichtigen Sie dabei auch den Text von Hanno Rauterberg.*

M7 Weserrenaissance – was ist das?

Wachsender Wohlstand begünstigte seit etwa 1550 beiderseits der Weser eine reiche Bautätigkeit. Von späteren Modernisierungen und Kriegsschäden verschont, blieben Schlösser, Adelshöfe, Rat- und Bürgerhäuser der Renaissance in ungewöhnlicher Dichte und hoher Qualität erhalten. In einem Ausstellungskatalog finden sich folgende Erklärungen zur Gestaltung der Bauten:

Aus der italienischen Kunst wurden zunächst nur einige Detail- und Ornamentformen übernommen, namentlich Halb- und Viertelkreisgiebel sowie Portaleinfassungen mit Kandelabern[1]. Hinsichtlich der Giebel gehören im Weserraum jene mit Halbkreisaufsätzen[2] zu den frühesten deutschen Beispielen (Schloss Neuhaus: um 1525, Stadthagen: um 1534), doch inzwischen kennen wir weitere frühe Beispiele (Frankenberg in Mittelfranken: 1528, Ziesar in Brandenburg, Bergfried-Aufsatz: um 1528), ja sogar frühere (Halle/Saale, sogenannter Dom: um 1520, Halle: Schloss Moritzburg: vor 1520, Mansfeld/Schloss: vor 1520), was die herausragende Stellung des Weserraums etwas relativiert.

Bald nach der Mitte des 16. Jahrhunderts kommen erstmals im Weserraum klassische Renaissanceformen vor, also Formen, die nicht allein aus Italien übernommen wurden wie die Halbkreisgiebel, sondern darüber hinaus bereits deutlich in der römischen Antike geprägt worden sind. Dazu zählen Pilaster[3], Halbsäulen und Gebälke, also tragende und getragene Elemente, sowie Giebel in flacher Dreiecksform. Derartige Motive waren den Baumeistern im Weserraum nicht durch eigene Anschauung bekannt, für keinen von ihnen lässt sich ein Italienaufenthalt nachweisen. Allenfalls einzelne Bauherren dürften die eine oder andere italienische Stadt kennengelernt haben, sei es durch Handelskontakte, sei es durch einen Studienaufenthalt. Bekannt wurden die antiken Bauformen vielmehr durch Säulenbücher, die den Gebrauch der römischen Säulenordnung erklärten und ab etwa 1550 rasche Verbreitung fanden, sei es als italienische, französische oder niederländische Originalausgabe, sei es als deutsche Übersetzung. Auch übernahm man manches Vorbild aus den südlichen Niederlanden, wo der Kontakt mit Italien enger gewesen ist und die klassischen Säulenordnungen früher bekannt wurden.

G. Ulrich Großmann, Architektur und Ornamentik zwischen 1550 und 1620, in: Michael Bischoff, Hillert Ibbeken und Uwe Albrecht (Hrsg.), Schlösser der Weserrenaissance, Stuttgart/London 2008, S. 36-41, hier S. 36

[1] **Kandelaber**: Ständer, der eine Kerze tragen kann; hier Architekturelement
[2] Hier ist ein Giebel in Halbkreisform gemeint.
[3] **Pilaster**: in die Mauer integrierter Pfeiler mit Basis (unterer Säulenteil) und Kapitell (oberer Säulenteil)

1. *Geben Sie die im Text genannten Bauelemente der Weserrenaissance wieder.*
2. *Auftraggeber für den Ausbau von Schlössern, Bürger- und Sakralbauten waren weltliche und kirchliche Landesherren, niederer Adel und das Bürgertum. Erläutern Sie, was die Bauherren mit einer derartigen Ausgestaltung ihrer Bauten bewirken wollten und wie sich Bürger und Adlige dabei unterschieden.*
3. *Informieren Sie sich in Fachbüchern oder im Internet, worauf sich der Wohlstand im Weserraum im 16. Jahrhundert begründete. Entwerfen Sie ein Kurzreferat, in dem Sie ein Gebäude der Weserrenaissance und seinen Bauherrn vostellen.*

▲ **„Rattenfängerhaus" in Hameln.**
Foto vom September 2013.
Der Ratsherr und Kornkaufmann Hermann Arendes ließ dieses Haus 1602/03 errichten. Benannt wurde es nach einer Inschrift an der Seitenfront.

Der Humanismus – Bildungsbewegung in einer neuen Medienlandschaft

▲ **Drehbares Lesepult.**
Kupferstich (spätere Kolorierung) aus dem Werk „Le diverse et artificiose machine" des italienischen Erfinders Agostino Ramelli von 1588.

Die Humanisten und der Renaissance-Humanismus Wir bestaunen heute die Architektur, Plastik und Malerei der Renaissance, ob als zufällige Betrachter, Touristen oder Kenner. Die Gebildeten in der Renaissancezeit jedoch schätzten die Kunst weniger. Für sie stand die Gelehrsamkeit höher, also die Beschäftigung mit dem Wissen der Antike, die das Studium lateinischer und griechischer Texte voraussetzte. Das Interesse an der Antike war während des Mittelalters südlich der Alpen stets lebendig geblieben. Im 15. Jahrhundert wurde es nach der Eroberung Konstantinopels durch die Osmanen (1453) noch verstärkt, als flüchtende Gelehrte viele Handschriften mit nach Italien brachten. Die Gelehrten nannten die Beschäftigung mit der Antike *„Studia humanitatis"* (etwa: „Studien in menschlich bildenden Fächern"); deshalb wurden sie auch *Humanisten* genannt. In ihrer Vorstellung wurde der Mensch nicht allein durch die Geburt zum Menschen, sondern erst durch Bildung. Die Humanisten strebten demzufolge die moralische Besserung, sogar die Vervollkommnung des Menschen an. Damit waren sie der wesentliche Teil der *Bildungsbewegung* der Renaissance, weshalb man ihren Beitrag als *Renaissance-Humanismus* bezeichnet (▸ M1).

Wichtige Fächer waren die „Grammatik", d.h. die Beherrschung der alten Sprachen, und die „Rhetorik", also die Fertigkeit im öffentlichen Sprechen und Verhandeln. Hinzu kamen die „Ethik", die Lehre vom richtigen Verhalten, weiterhin auch die „Poetik" (Dichtkunst) oder „Historia" (Geschichte). Aus diesen Fächern lassen sich die beiden großen Bildungsziele der Humanisten ableiten: erstens die Gelehrsamkeit und zweitens die richtige Lebensführung. Die Sprachausbildung erschien so wichtig, weil nach Überzeugung der Humanisten die Sprache den Menschen ausmachte. Außerdem führte allein über das Griechische und Lateinische der Weg zu den Erkenntnissen der Antike. Die alten Texte mussten zunächst gesammelt, dann geprüft werden. Doch was war überhaupt noch vorhanden? Die Suche nach Handschriften erstreckte sich von Konstantinopel bis zum maurischen Granada in Spanien. War das Gefundene überhaupt echt? Wie waren die Texte beim Abschreiben im Lauf von tausend und mehr Jahren verändert worden? Ließ sich das Original rekonstruieren? Antworten setzten neue text- und sprachwissenschaftliche Methoden voraus. Dafür waren die Humanisten die Experten, die ihre Kenntnisse veröffentlichten und an ihre Schüler weitergaben.

Gelehrte, Künstler und Naturforscher Wie hingen Renaissance und Renaissance-Humanismus zusammen? Renaissance ist der übergeordnete Begriff. Die Humanisten waren wie die Künstler die Träger der Bildungsbewegung. Sie lasen die antiken Schriften und verglichen die Textüberlieferungen. Davon erstellten sie zunächst handgeschriebene, seit etwa 1500 gedruckte Ausgaben. Sie sorgten damit für den Transfer des Wissens, des Weltverständnisses und der Lebenshaltung der Antike. Zwar studierten die Architekten, Bildhauer, Maler und Literaten ebenso die alten Texte, aber sie achteten auf das Formale der Kunstwerke. Außerdem wollten sie in erster Linie selbst gestalten. Die Gelehrten und Künstler hatten also unterschiedliche Arbeitsfelder und Ziele.

Nur wenige Universalgenies gehörten beiden Seiten an. Leonardo da Vinci zählte nicht dazu. Er war Künstler und *Naturforscher*, jedoch kein Humanist – er konnte nicht einmal Latein, um die alten Texte zu lesen. Leonardo war dennoch leidenschaftlich bestrebt, die Gesetze der belebten und unbelebten Natur zu ergründen. Insbesondere Einzelgänger wie er, die über die antiken Schriften hinausgehend die Welt erforschen wollten, gelangten zur folgenreichsten Kulturleistung der Epoche: die Begründung der modernen Naturwissenschaft. Herausragend war um 1600 *Galileo Galilei*[1] (1564-1642), der als erster Naturforscher Experimente entwickelte, um daraus Gesetze abzuleiten. Es waren also drei Gruppen, die den Fortgang der Renaissance bestimmten: die Künstler, die Humanisten und die Naturforscher.

Die Wissensgemeinschaft der „Gelehrtenrepublik" Seit der Mitte des 15. Jahrhunderts schlossen sich Gesprächskreise in der Nachfolge antiker Philosophenschulen zu *„Akademien"* zusammen, zuerst in Florenz, danach in Rom, Neapel, Venedig und jenseits der Alpen in Augsburg, Wien oder Krakau. Gesprächskreisen der Gebildeten gehörten auch Frauen an, einfache Bürgerfrauen, manchmal sogar Fürstinnen. Aus den Akademien wurden im 17. Jahrhundert Einrichtungen, die bis heute erstrangige Wissenschaftler und Künstler vereinen. Weil die neuartigen Gemeinschaften den freien Austausch des Wissens unter Gleichen pflegten, zugleich aber ihren großen Geistern den Vorrang einräumten, bezeichneten sie sich als *„Gelehrtenrepubliken"*. Der Begriff „Republik" verdeutlicht das Selbstverständnis, die Enge der sonst gültigen Ständeordnung verlassen zu wollen.

Um 1500 standen Gelehrte, Künstler und Naturforscher bereits europaweit in Verbindung. Sie trafen sich persönlich, unterhielten aber darüber hinaus einen intensiven Briefwechsel mit Dutzenden von Partnern in vielen Ländern, und sie veröffentlichen Bücher. Dadurch bildeten sich unter den Humanisten und Naturforschern im 16. Jahrhundert überregionale Wissensgemeinschaften mit den Regeln der „Gelehrtenrepubliken". Als zugehörig durfte sich fühlen, wer selbst Bücher veröffentlichte. Der Rang in der Gemeinschaft richtete sich nach der Gelehrsamkeit, die gern an der Zahl und Qualität der Bücher gemessen wurde, nicht nach der Zugehörigkeit zu einem Stand. „Amititia" (dt.: Freundschaft) sollte den Umgang bestimmen. Dies bedeutete auch, den „Freunden" alle Informationen, insbesondere neu Entdecktes und Erforschtes, bekannt zu machen. Die Humanisten genossen in der Ständeordnung nach 1500 ein Ansehen fast wie Adlige, wenn sie zugleich Rechtsgelehrte oder Ärzte waren.

Alte und neue Wissensgebiete Die Renaissance-Humanisten respektierten die Autoritäten der Antike in hohem Maß. In der Philosophie schätzten sie Platon am meisten, in der Geschichtsschreibung den Römer Titus Livius, in der Medizin den Griechen Galenos. Große Vorbilder bestimmten zunächst auch die Naturbeobachtung oder die Mathematik, ebenso das Nachdenken über Dichtkunst, Malerei oder Architektur. Die Rechtswissenschaft, genauer das römische Recht, wurde schon seit dem hohen Mittelalter gelehrt.

Eine Übersicht über alle Wissenschaften hatte der Grieche *Aristoteles* (384-322 v. Chr.) hinterlassen. Diese wurde am Beginn der Neuzeit noch als maßgebend, von immer mehr Gelehrten jedoch als dringend korrekturbedürftig erachtet. Das Bestreben, die Autoritäten zu widerlegen, wuchs allgemein. Der Dichter Angelo Poliziano meinte, wer nur nachahme, gleiche einer Elster oder einem Papagei, die sprechen, aber nicht

[1] Zu Galilei siehe auch die Bildlegende auf Seite 100.

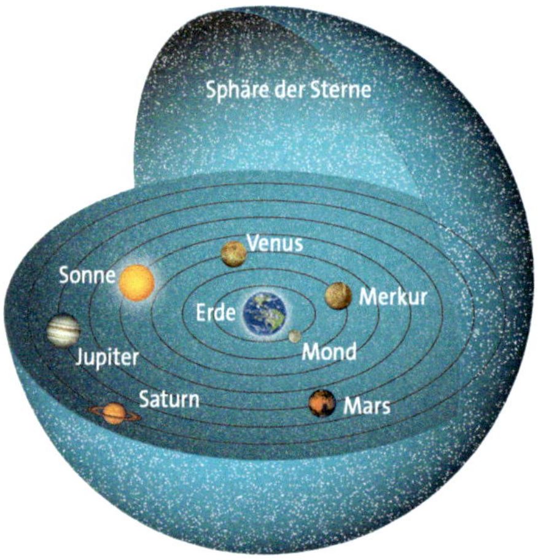

▲ **Das geozentrisches Weltbild.**
Beim geozentrischen Weltbild steht die Erde im Zentrum unseres Planetensystems. Die Kirche hielt lange an dieser Vorstellung fest, damit nicht Gottes Bedeutung als Schöpfer der Erde angezweifelt wird.

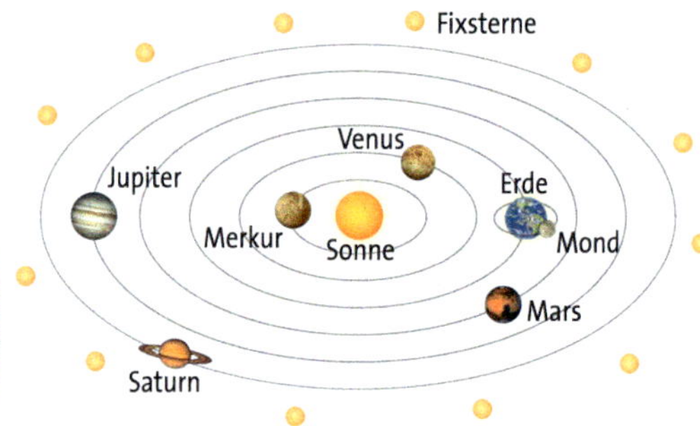

▲ **Das heliozentrische Weltbild nach Galilei.**
Als Nebenprodukt von Experimenten für Brillengläser entstand um 1600 das Teleskop. Mit dieser Erfindung ließen sich viel genauere Himmelsbeobachtungen anstellen. So beobachtete der aus Pisa stammende Galileo Galilei mit einem selbst hergestellten Teleskop, dass um den Planeten Jupiter Monde kreisen. Er begründete auch, dass die Sonne im Mittelpunkt des Universums steht und die Erde um die Sonne kreist. Mit seinen Erkenntnissen geriet er allerdings mit der Kirche in Konflikt. In einem Prozess musste Galilei 1633 seine Vorstellungen widerrufen und wurde zu Hausarrest verurteilt. Die formale Rehabilitation des Wissenschaftlers erfolgte erst 1992 durch die römisch-katholische Kirche.

Erasmus von Rotterdam (1466/69-1536): führender Kopf des europäischen Humanismus. Er studierte, lehrte und schrieb in Frankreich, England, Italien, der Schweiz und im Heiligen Römischen Reich. Erasmus gab u.a. das Neue Testament in griechischer Sprache und in einer neuen lateinischen Übersetzung heraus. Zudem regte er an, die heiligen Schriften in die Volkssprachen zu übersetzen.

verstehen könnten. Und der italienische Gelehrte Pico della Mirandola schrieb 1513 bereits an einen Humanistenfreund, die Gegenwart besitze Kenntnisse, die das Altertum nie geahnt habe.

Unter den neuen Wissensgebieten ragte die klassische Philologie heraus. Sie bemühte sich um eine distanzierte, kritische und damit wissenschaftliche Überprüfung der Texte. Zu dramatischen Neuentdeckungen gelangten die Naturforscher in der *Astronomie*, einem damals zentralen Wissensgebiet, das praktischen Nutzen hatte und für die Zeitgenossen geradezu unglaubliche Vorhersagen machte. Die Gestirne dienten den Seefahrern zur Orientierung, außerdem waren alle überzeugt, dass die Sterne das Leben der Menschen beeinflussen. Am meisten verblüfften die Vorhersagen der Astronomen, die sie stunden genau zu Sonnen und Mondfinsternissen und anderen Himmelserscheinungen machen konnten. Abwägende Beobachtungen brachten schließlich *Nikolaus Kopernikus* (1473-1543) zu der Einsicht, dass sich die Erde um die eigene Achse dreht und dass sie nicht im Mittelpunkt des Kosmos steht, sondern wie andere Planeten um die Sonne kreist (▸ M2). Das alte geozentrische Weltbild der Antike wurde damit – allerdings nicht zum ersten Mal – infrage gestellt. Dabei forderte das neue *heliozentrische Weltbild* die Gläubigen und die Kirche heraus, weil es dem Wortlaut der Bibel widersprach und den Menschen gleichsam aus dem Zentrum an den Rand der Schöpfung abschob.

Die Lehre vom richtigen Verhalten Ein breites Schrifttum widmete sich dem richtigen Verhalten des Menschen. Der am meisten gefeierte Autor war **Erasmus von Rotterdam**. Ihn rühmten die Humanisten nach 1500 als ihren großen Lehrmeister. Dass nun ein Niederländer als größter Renaissancedenker galt, macht deutlich, wie sehr die Bewegung eine europäische geworden war. Zwar teilten die deutschen Humanisten das Interesse der italienischen Renaissance am griechisch-lateinischen Bildungsgut, doch verschoben sie die Akzente. Neben den weltlichen Schriften der Antike vertieften sie sich in die biblisch-christliche Überlieferung. Vernunft und Frömmigkeit brachten Erasmus zur Überzeugung, dass der Mensch von Natur aus gut sei. Das war nicht die Meinung der Kirche. Als Vordenker seiner Zeit warb er für Toleranz und den Anspruch der Frau auf Bildung (▸ M3). Seine Schriften zu einer christlich-tugendhaften Lebensführung waren Bestseller auf dem europäischen Buchmarkt. In „De civilitate" (dt.: „Das richtige Benehmen") schrieb er, niemand könne sich seinen Vater aussuchen, aber jeder könne gute Umgangsformen erwerben. Ein maßvolles Verhalten sei ein Spiegel der Seele, so auch die passende Kleidung, die Körperpflege oder der Respekt gegenüber anderen. Kinder müssten lernen, ihre Affekte (Triebe) zu zügeln, aber auch die Lehrer müssten mit Lob erziehen, nicht mit Schlägen. Diese Regeln wurden in höheren Schulen Europas noch lange gelehrt (▸ M4). Ebenso nachhaltig beeinflusste Erasmus die *Anstandsbücher* späterer Jahrhunderte, weil er seiner Zeit weit voraus war.

Internettipp
Der Online-Artikel „Ein kosmopolitischer Vordenker" auf der Homepage vom Deutschlandfunk informiert über das Leben und Wirken von Erasmus von Rotterdam. Siehe hierzu den Code 32033-07.

Gymnasien und Universitäten Die „Studia humanitatis" wurden bis etwa 1600 in die Lehrpläne der Gymnasien und Universitäten aufgenommen. Humanisten fanden sich daher in allen akademischen Berufen, unter Theologen, Ärzten oder Juristen, außerdem in politischen wie kirchlichen Ämtern. Führende Reformatoren wie *Martin Luther* (1483-1546) oder der Schweizer *Johannes Calvin*[1] (1509-1564) waren brillante Kenner antiker Schriften und sprachgewaltige Autoren, ebenso führende Politiker oder Kleriker wie Thomas Morus, der Kanzler von England, oder Enea Silvio Piccolomini, der zum Papst aufstieg. Nicht zuletzt die Fürsten wurden im Geist des christlichen Humanismus erzogen. Einzelne wie Lorenzo I. de' Medici, Stadtherr von Florenz, publizierten selbst, andere betätigten sich als Mäzene, als Sammler antiker Kunst, von Handschriften oder Büchern.

Renaissance und Humanismus hielten damit Einzug an den Höfen der Mächtigen. Sie begründeten in der Folge einen gemeinsamen Werte- und Wissenshorizont der Eliten, beginnend bei den Päpsten, Königen, Fürsten und gebildeten Adligen bis zu den Welt- und Ordenspriestern, Pfarrern und Kaufleuten. Ein immer größerer Anteil junger Menschen besuchte Gymnasien oder Universitäten. Vor allem im Heiligen Römischen Reich wurden diese in einer Anzahl gegründet wie später erst wieder im 20. Jahrhundert. Weil die „Studia" im Reich wie in Europa gelehrt wurden, schufen sie eine gemeinsame Weltsicht. Wichtig war dabei die Beherrschung des Lateinischen, mit dem sich die Gebildeten in der Vielsprachigkeit Europas verständigten. Die Eliten Europas rückten also näher zusammen.

Aber die Nähe ließ zugleich die Unterschiede schärfer hervortreten. Italiener, Spanier, Franzosen oder Deutsche erkannten deutlicher als zuvor ihre nationalen Eigenheiten und begannen, sich mit ihrer Geschichte und Kultur zu beschäftigen. Dies wirkte sich noch kaum politisch aus, jedoch wuchs das Gefühl nationaler Zugehörigkeit. Außerdem verwendeten die Schriftsteller mehr und mehr ihre Muttersprache. Sie forderten nun sogar ausdrücklich die bewusste Pflege der landesspezifischen Sprache und Literatur.

Städte	Jahr
Heidelberg	1386
Köln	1388
Erfurt	1389
Leipzig	1409
Rostock	1419
Greifswald	1456
Freiburg	1457
Ingolstadt	1472
Mainz	1476
Wittenberg	1502
Marburg	1527
Jena	1558

▲ Universitätsgründungen vom 14. bis 16. Jahrhundert (Auswahl).
Die Gründungswelle basierte neben städtischen Initiativen besonders auf dem Engagement der Fürsten. Die Universitätsgründungen mussten allerdings von kirchlicher Seite genehmigt werden.
- *Entwickeln Sie Hypothesen, warum Fürsten sich für die Gründung von Universitäten einsetzten.*

[1] Zu Martin Luther siehe ausführlich Seite 112 ff., zu Johannes Calvin Seite 116.

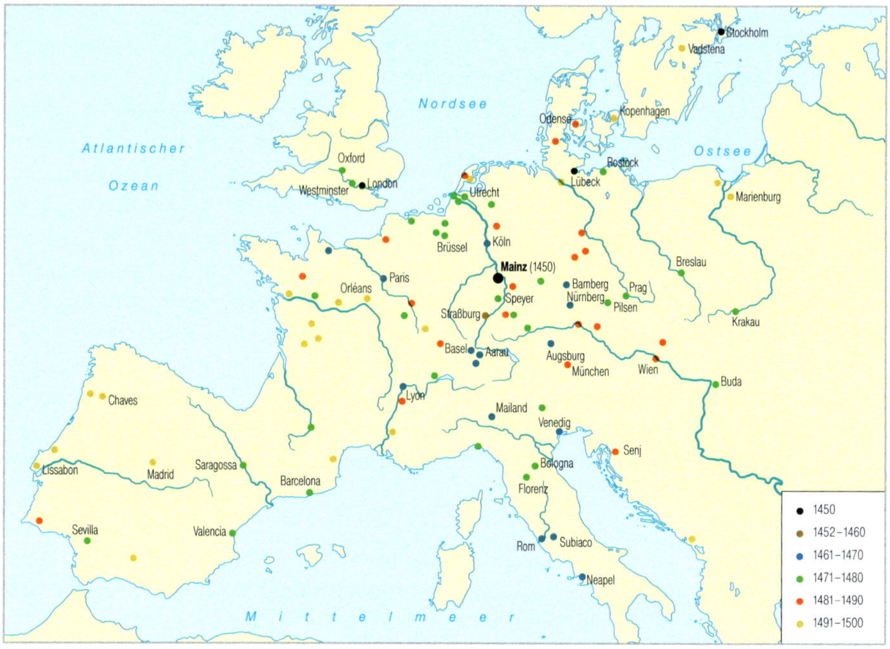

▸ **Eine Erfindung setzt sich durch.**

- *Beschreiben Sie die Verbreitung der Druckerpresse in Europa nach der Erfindung durch Gutenberg.*
- *„Gutenberg entwickelte das ‚Internet' der Neuzeit". Erklären Sie diese Aussage.*

Der Buchdruck – Medienrevolution der Neuzeit Der europaweite Siegeszug des Renaissance-Humanismus ist ohne die Erfindung des Buchdrucks nicht vorstellbar. Um 1450 verbesserte der Mainzer Goldschmied *Johannes Gensfleisch*, genannt *Gutenberg* (um 1400-1468) die bis dahin bekannte Drucktechnik durch die Verwendung beweglicher Lettern aus Metall. Er beabsichtigte, rascher vervielfältigen zu können. Doch vor allem lag ihm, wie man vermutet, an einem gleichmäßigeren, schöneren Schriftbild. Gutenberg erreichte beides und noch mehr: die massenhafte Verbreitung von Texten, die ungeahnte Wirkungen hatte.

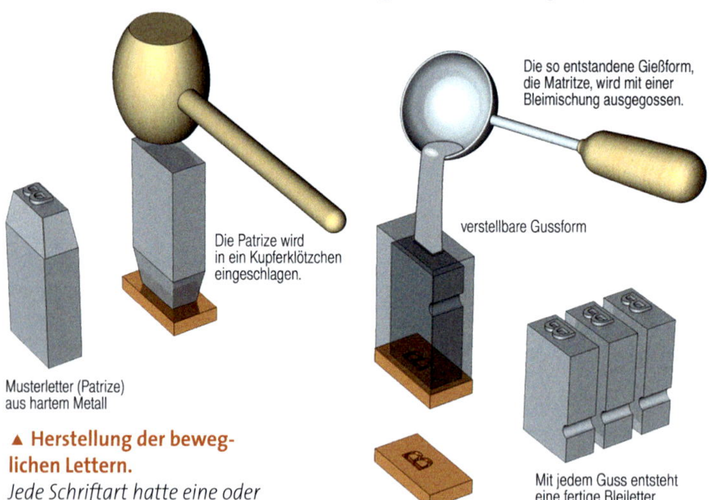

▴ **Herstellung der beweglichen Lettern.**
Jede Schriftart hatte eine oder mehrere Einkerbungen. So konnten die Drucker schnell erkennen, ob versehentlich ein Buchstabe einer anderen Schriftart genommen wurde.

Die Erfindung der „Schwarzen Kunst" fiel in eine Zeit, in der die Schriftlichkeit stark zunahm – in den Verwaltungen, den Kontoren der Kaufleute und den Stuben der Gelehrten. Dort wurde noch jedes Blatt durch Abschreiben vervielfältigt. Die Druckerpresse Gutenbergs erlaubte nun die Massenproduktion. Das „göttliche Werkzeug", wie Erasmus von Rotterdam den Druck nannte, bewirkte eine *„Revolution des Wissens"*, des Informationsflusses und der gesamten Kommunikation. Ein öffentlicher Raum entstand.

Autoren, Verleger und Drucker erkannten umgehend die Vorteile, wenn sie Geschriebenes in schier unendlichen Reproduktionen auf den Markt bringen konnten. Die Kirche gab liturgische Texte oder Bibeln, zehntausendfach auch Ablassbriefe in Druck, welche die Gläubigen von zeitlichen Sündenstrafen freisprachen. Die Herrscher lasen Gedrucktes zum Zustand ihrer Länder oder zum Vordringen der Türken, und sie nutzten das neue Medium von Anfang an für den publizistischen Kampf. Die Gelehrten konnten ihre eigenen Werke, dazu die Texte lateinischer und griechischer Klassiker in immer neuen Auflagen drucken lassen. Die Verbreitung von Wissen schien unbegrenzt.

Bis 1500 waren bereits etwa neun Millionen gedruckte Schriften auf den Markt gekommen, in den folgenden drei Jahrzehnten wurden noch einmal zehn Millionen Exemplare gedruckt. Die Zahl übertraf bei Weitem die Anzahl der in den tausend Jahren seit der Antike produzierten Handschriften (▸ M5).

Danach beherrschte mehr als 500 Jahre die *„Gutenberg-Galaxis“*, wie man die Welt des Drucks nannte, den Raum der öffentlichen Kommunikation. Als Anfang der 1990er-Jahre das World Wide Web mit den ersten Servern startete, begann die zweite Medienrevolution der Neuzeit. Es war die dritte in der Geschichte der Menschheit nach der Erfindung der Schrift.

◂ **Bücherskulptur „Der moderne Buchdruck“.**
Foto von 2006.
Die zwölf Meter hohe Skulptur vor der Berliner Humboldt-Universität war Teil der Kampagne „Deutschland – Land der Ideen“ anlässlich der Fußballweltmeisterschaft von 2006.

M1 Wie soll der Christ mit Türken und Arabern umgehen?

Juan Luis Vives (1492-1540) ist neben Erasmus von Rotterdam[1] der am meisten gelesene Humanist überhaupt, der mit Vorliebe Werke zum Frieden in Europa, zur Reform der römischen Kirche und zur Pädagogik veröffentlichte. In Spanien als Sohn zwangsgetaufter Juden geboren, verbringt er sein Leben in Frankreich, England und Belgien, lehrt an der Universität und unterrichtet die Tochter König Heinrichs VIII. von England. Seine Gedanken „Über Eintracht und Zwietracht im Menschengeschlecht" (1529) spiegeln die komplizierte Sprachgestaltung der Humanisten, hier der Syntax, die in der Übersetzung aus dem Lateinischen nachgebildet worden ist. Vives verfasst diesen Text in einer Zeit, in der Europa wie nie zuvor von gewaltigen, nach Westen vordringenden Türkenheeren und -flotten bedroht ist und in der neben dem Papst auch viele Gelehrte vor der muslimischen Gefahr aus dem Osten warnen. Vives' Ausführungen sind daher ein besonderes Beispiel für den moralischen Anspruch humanistischer Bildung, der sich aus dem Christentum und einem positiven Menschenbild ableitet:

Wenn man Sokrates fragte, woher er sei, antwortete er: *Ich bin von dieser Welt.* Dasselbe antworten Anaxagoras, Demokrit und Diogenes[2]. Kann es nun sein, dass diese Männer [...] alle Menschen als ihre Mitbürger sahen, derjenige jedoch, der weiß, dass wir alle einen gemeinsamen Vater haben, der auf die Erde niederkam, um Gott mit den Menschen und diese unter sich zu versöhnen, dies nicht tut? Deshalb wird der Christ denen, die außerhalb der Kirche und der Gemeinschaft der Gnade des Leibes Christi stehen, kein Unheil, den Tod oder Unglück wünschen. Ist es nicht barbarisch zu denken, dass das wahrhafte Wesen des Christentums genau darin bestehen soll, die Türken oder andere Araber leidenschaftlich zu verachten? Beziehungsweise dass sich derjenige, der viele von ihnen tötet, als Märtyrer betrachten dürfte, als ob das nicht der grausamste und perverseste Räuber besser könnte? Man muss die Türken lieben, weil sie Menschen sind, und jene, die den Worten „Liebet eure Feinde" folgen wollen, müssen sie so lieben, dass wir, was der wahrhaftigen Liebe eigen ist, gute Wünsche für sie hegen und ihnen das einzige und höchste Gut wünschen, nämlich die Erkenntnis der Wahrheit. Diese erhalten sie niemals durch unsere Beleidigungen und Verfluchungen, sehr wohl aber auf die Art und Weise, in der wir sie erlangt haben, nämlich durch die Hilfe und Güte der Apostel, d. h. durch Argumente, die der menschlichen Natur und Vernunft entsprechen, durch guten Lebenswandel, durch Mäßigung und Zurückhaltung, sowie durch untadeliges Verhalten, sodass wir selbst die ersten sind, die durch unsere Werke bezeugen, was wir lehren und fordern, und auf keinen Fall durch unser schlechtes Beispiel ihren Glauben an unsere Worte erschüttern. Dieses Empfinden und diese Haltung werden wir nicht nur gegenüber den Gottlosen haben, die uns keinen Schaden zufügen, sondern vielmehr auch gegenüber jenen, die uns verfolgen und Leid zufügen. So fordern es das Naturgesetz, die Gebote Christi, die Nachfolge des himmlischen Vaters und unsere eigenen Interessen. Denn gibt es etwas, das mit dem Wesen und den Gesetzen der Natur übereinstimmender ist als die Tatsache, dass sich jeder Mensch gegenüber den anderen so verhalten solle, wie er selbst von den anderen behandelt werden möchte?

Heinrich Schmidinger (Hrsg.), Wege zur Toleranz. Geschichte einer europäischen Idee in Quellen, Darmstadt 2002, S. 122 f. (übersetzt von Reinhard Bachinger)

[1] Siehe Seite 100.
[2] griechische Philosophen im 5./4. Jahrhundert vor Christus

1. *Arbeiten Sie heraus, was Vives unter „Erkenntnis der Wahrheit" (Zeile 20) versteht und wie die Türken zu dieser Erkenntnis gelangen würden.*
2. *Erklären Sie, warum Vives „dieses Empfinden und diese Haltung" sogar gegenüber Feinden als richtig ansieht.*
3. *Diskutieren Sie: Sind die Empfehlungen Vives', auf heutige Erfahrungen zu übertragen, zu idealistisch oder gar weltfremd?*

M2 Warum entfernte Kopernikus die Erde aus der Mitte der Schöpfung?

Um 1500 herrscht die Auffassung, dass die Planeten und die Sonne in Kugelschalen befestigt sind, die sich um die Erde drehen. Nikolaus Kopernikus, Jurist und Arzt aus Thorn (heute Polen), hält die Vorstellung für plausibler, dass sich alle Planeten einschließlich der Erde auf Kugelschalen um die Sonne bewegen. Er verfasst dazu 1509 eine kleine Abhandlung, in welcher er mathematische Belege ankündigt. Seine Schrift „Über die Umläufe der Himmelskörper" erscheint jedoch erst im Jahr seines Todes (1543). Kopernikus widmet sie Papst Paul III., dem er in der Vorrede in persönlicher Anrede erklärt, wie er auf seine „hominis philosophi cogitationes" (Überlegungen eines Philosophen) gekommen ist und wie sie zu verstehen seien:

Nichts anderes hat mich dazu gebracht, über eine andere Berechnungsart der Bewegungen der Weltkugeln nachzudenken, als das Begreifen der Tatsache, dass die Mathematiker bei ihrer Untersuchung selbst nicht ins Reine kommen. [...] Aufgrund dessen nahm ich mir die Mühe, die Bücher aller

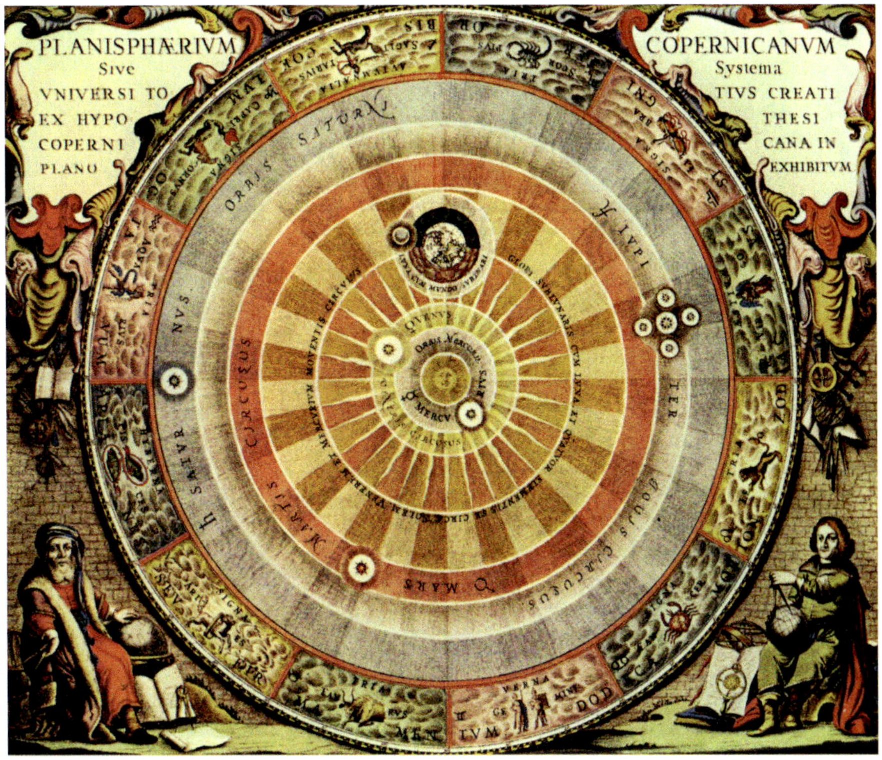

▸ **Das heliozentrische Weltbild des Kopernikus.**
Illustration aus Andreas Cellarius' „Harmonia macrocosima", 1661.
Die lateinische Inschrift lautet übersetzt: „Plan des kopernikanischen Planetensystems oder des Systems des gesamten erschaffenen Universums, basierend auf der Hypothese des Kopernikus".

Gelehrten, die ich in die Hand bekommen konnte, nochmal in der Absicht zu lesen, um nachzuspüren, ob nicht einmal einer vermutet hätte, die Bewegungen der Weltkugeln seien anders, als die Leute sie ansetzten, die [zur Zeit des Kopernikus] an den Schulen Mathematik lehren. Und ich fand tatsächlich bei Cicero[1]: Als Erster habe Hiketas[2] die Meinung vertreten, die Erde bewege sich. Später habe ich auch bei Plutarch[3] gefunden, dass noch andere dieser Meinung waren. [...] Indem ich also die Bewegungen angesetzt habe, die ich der Erde in dieser Arbeit weiter unten beilege, habe ich nach vieler, langer Beobachtung endlich gefunden: Wenn man die Bewegungen der übrigen Wandersterne auf eine Kreisbewegung der Erde bezieht und entsprechend dem Umlauf jedes Sterns die Rechnung macht, so folgen daraus nicht nur deren Erscheinungsbilder, sondern auch bei allen Sternen und Kreisläufen sind Anordnung und Größe, und überhaupt das ganze Himmelsgeschehen selbst, so verknüpft, dass in keinem Teil von ihm etwas umgestellt werden kann, ohne bei den übrigen Teilen und überhaupt im ganzen All Verwirrung [anzurichten].

[1] **Cicero**: römischer Politiker und Schriftsteller im 1. Jh. v. Chr., nach 1500 viel gelesener und viel zitierter Autor
[2] **Hiketas**: griechischer Philosoph im 4. Jh. v. Chr.
[3] **Plutarch**: griechischer Geschichtsschreiber und Philosoph im 1. Jh. n. Chr.

Wenn es vielleicht doch Dummschwätzer geben wird, die, ob sie schon jedes mathematischen Wissens unkundig sind, darüber ein Urteil sich anmaßen und aufgrund irgendeiner Stelle der SCHRIFT, die sie zu ihrem Zweck bös verdreht haben, sich erfrechen sollten, dies mein Vorhaben zu tadeln und zu verunglimpfen, so halte ich mich mit denen nicht auf, dermaßen dass ich im Gegenteil ihr Urteil als leichtfertig verachte. [...]
Was ich in der Sache zustande gebracht habe, überlasse ich dem Urteil Deiner Heiligkeit zuvörderst und dem aller anderen gelehrten Mathematiker. Und um nicht den Eindruck zu erwecken, ich verspräche über den Nutzen des Werks Deiner Heiligkeit mehr, als ich halten kann, gehe ich nun zum Vorhaben über.

Nicolaus Copernicus, Das neue Weltbild, übersetzt und herausgegeben von Hans Günter Zekl, Hamburg 2006, S. 71 - 79

1. *Erklären Sie, warum Kopernikus die Kreisbewegung der Erde als plausible Überlegung erscheint.*
2. ✚ *Arbeiten Sie heraus, mit welchen Einwänden Kopernikus auf der Grundlage des gesunden Menschenverstandes und der Bibel zu rechnen hatte.*
3. ✚ *Erläutern Sie, welche Funktion den antiken Autoritäten und der Mathematik in den Erklärungen der Vorrede zukommt.*

▲ **Margaret Roper und ihre Schwester Cecily.**
Kopie eines Gemäldes (Ausschnitt) nach Hans Holbein, 1592.
Die rechts dargestellte Margaret Roper (1505-1544) war die älteste Tochter des Humanisten Thomas More. Die aus London stammende Roper betätigte sich als Übersetzerin und gilt als erste bürgerliche Autorin Englands. Sie führte auch einen regen Briefwechsel mit Erasmus von Rotterdam.

▲ **„Selbstbildnis, die Madonna malend".**
Ölgemälde (66 x 57 cm) von 1556.
Die Italienerin Sofonisba Anguissola (um 1535-1625) zählt zu den erfolgreichsten Renaissancekünstlerinnen. Italienische und spanische Adlige ließen sich von ihr malen. Neben Porträts fertigte sie auch Alltags- und Gruppenszenen an. Ihr zweiter Ehemann ließ auf ihrem Grabstein folgenden Spruch eingravieren: „Seiner Gattin Sofonisba, [...] die durch ihre Vornehmheit, ihre Schönheit und ihre außerordentlichen natürlichen Gaben zu den berühmten Frauen der Welt gehört und im Darstellen des menschlichen Gesichts so vorzüglich war, dass niemand zu ihrer Zeit ihr gleich geschätzt wurde [...]".

M3 Wissenschaft für Frauen?

Der Dialog zwischen dem Abt Antronius und der gebildeten Magdalia ist dem Bestseller „Colloquia familiaria" (1518, dt.: „Gespräche") des Erasmus von Rotterdam entnommen. Erasmus behandelt darin ethische Fragen in einer satirischen Dialogform, die man ähnlich bei Lukian (2. Jh. n. Chr.) findet, aber ebenso – und mustergültig für die Antike – schon bei Platon (4. Jh. v. Chr.):

Antronius: Ich weiß nicht, wie es kommt, dass die Wissenschaft für eine Frau ebensowenig passt wie der Packsattel für den Ochsen.
Magdalia: Aber du kannst doch nicht leugnen, dass der Packsattel für einen Ochsen immer noch besser passt als der Bischofshut für einen Esel oder ein Schwein! Welche Meinung hast du von der Jungfrau Maria?
Antronius: Die allerbeste.
Magdalia: Hat sie sich nicht mit Büchern beschäftigt?
Antronius: Das hat sie schon, aber nicht mit solchen.
Magdalia: Was las sie denn?
Antronius: Die Stundengebete.
Magdalia: Nach welcher Regel?
Antronius: Nach der Benediktinerregel.
Magdalia: Nun gut. Was denkst du von Paula und Eustochium[1]? Haben sie sich nicht mit der Heiligen Schrift beschäftigt?
Antronius: Aber heute ist das außergewöhnlich.
Magdalia: So außergewöhnlich war damals ein ungelehrter

[1] Paula und Julia Eustochium gründeten um 400 n. Chr. ein Frauenkloster in Bethlehem.

Abt, und heute ist das gang und gäbe; damals ragten die Fürsten und Kaiser nicht weniger durch ihre Bildung als durch ihre Machtstellung hervor. Aber es ist auch heute doch nicht so außergewöhnlich, wie du glaubst: Es gibt in Spanien und in Italien nicht wenige und besonders vornehme Frauen, die sich mit jedem beliebigen Manne messen könnten; in England die Frauen aus dem Hause des Morus, in Deutschland die Frauen aus der Familie Pirckheimer und Blarer[2]. Und wenn ihr nicht achtgebt, wird es noch dahin kommen, dass wir in den Theologenschulen den Vorsitz führen und in den Kirchen Gottesdienst halten, und wir werden eure Bischofssitze mit Beschlag belegen.

Antronius: Das wolle Gott verhüten!

Magdalia: Nein, an euch wird es liegen, das zu verhüten. Wenn ihr aber so fortfahrt, wie ihr begonnen habt, dann werden eher die Gänse predigen als euch stumme Hirten ertragen. Ihr seht, dass sich die Bühne der Welt schon verändert: Entweder muss man seine Rolle niederlegen, oder es muss jeder seine Rolle spielen.

Winfried Trillitzsch, Der deutsche Renaissance-Humanismus. Abriss und Auswahl, Leipzig 1981, S. 200 f.

1. *Erasmus greift einige Gruppen oder Institutionen scharf an. Arbeiten Sie heraus, was er ihnen indirekt vorwirft. Klären Sie vorab Sachverhalte, die für das Verständnis des Dialogs wichtig sind, beispielsweise seit wann es die Benediktinerregel gibt.*
2. *Analysieren Sie die positiven Werte und Leitbilder, die der Gesprächsausschnitt vermittelt. Wägen Sie deren Aktualität ab.*
3. *Überdenken und diskutieren Sie den hier gemeinten, aber auch den allgemeinen Sinn des Satzes: „Entweder muss man seine Rolle niederlegen, oder es muss jeder seine Rolle spielen" (Zeile 39 f.).*

Internettipp
Verschiedene Artikel über die italienische Künstlerin Sofonisba Anguissola finden Sie unter dem Code 32033-08.

[2] Morus, Pirckheimer und Blarer waren Familien mit humanistischem Bildungsbewusstsein.

M4 Montaignes Gedanken zum Erziehen und Lernen – veraltet oder aktuell?

Erasmus von Rotterdam beeinflusst auch den französischen Humanisten und Adligen Michel de Montaigne (1533-1592). Montaigne will keine Textuntersuchungen oder Naturforschungen betreiben, sondern in „Essais" (dt.: „Versuche") freie Gedanken über Mensch und Welt äußern. Im ersten Buch der „Essais" (1572/73 verfasst) trägt er pädagogische Gedanken vor, die manche Grundsätze des Erasmus vertiefen und weiterentwickeln:

Meistens schadet die Autorität der Lehrenden den Lernenden. [Hervorhebung des Originals] Es ist gut, wenn der Lehrer den Zögling vor sich hertraben lässt, um angesichts seiner Gangart beurteilen zu können, wie weit er sich zur Anpassung an dessen Kräfte zurücknehmen muss. [...]

Bei den Schulmeistern, die unserem heutigen Brauch getreu mit ein und demselben Unterrichtsstoff und nach ein und demselben Maß eine Vielzahl junger Geister von so unterschiedlichen Maßen und Begabungen unter ihre Fuchtel nehmen, ist es kein Wunder, wenn sich in der ganzen Herde Kinder kaum zwei oder drei finden, die aus solcher Erziehung einen nennenswerten Gewinn davontragen.

Der Lehrer soll von seinem Zögling verlangen, dass er nicht nur den Wortlaut der jeweiligen Lektion wiederzugeben vermag, sondern auch deren Sinn und Substanz; und zum Prüfstein für den Nutzen, den der Zögling heraus zog, nehme er nicht dessen Gedächtnis, sondern seine Lebensführung. Er lasse ihn das frisch Erlernte in hunderterlei Formen umsetzen und es auf ebenso viele Gegenstände anwenden, um zu sehen, ob er es bereits richtig erfasst und sich zu eigen gemacht hat; dabei bewerte er seine Fortschritte nach der Erziehungslehre Platons[1]. Wenn jemand seine Speise wieder so erbricht, wie er sie hinuntergeschlungen hat, beweist dies, dass sie roh und unverdaut geblieben ist. Unterlässt es der Magen, Form und Beschaffenheit dessen umzuwandeln, was man ihm zur Verdauung gab, hat er sein Werk nicht getan. [...] Wer einem anderen blindlings folgt, folgt nichts. Er findet nichts – ja, er sucht nichts. *Wir sind keinem König untertan; jeder gehöre sich selbst!* Der Zögling soll wissen, dass er weiß, zumindest das. Er muss sich mit den Denk- und Empfindungsweisen seiner Vorbilder vollsaugen, ihre Lehrsätze aber braucht er nicht auswendig zu lernen. Vergesse er getrost, wenn er will, woher er sein Wissen hat – nötig ist nur, dass er es sich anzueignen weiß.

[1] Platon (427-347 v. Chr) und Sokrates (um 470-399 v. Chr.) prägten als antike Philosophen durch radikales Fragen und Denken bei ethischen und politischen Themen Europas Geistesgeschichte.

Wahrheit und Vernunft sind Gemeinbesitz aller Menschen, und sie gehören dem, der ihnen zuerst das Wort geredet hat, nicht mehr als dem, der es nach ihm tut. *Platons Meinung nach* – das hat nicht mehr Gewicht als *meiner Meinung nach*, wenn er und ich eine Sache auf gleiche Weise sehen und verstehen. Die Bienen holen sich von hier- und dorther aus den Blumen ihre Beute, aber daraus machen sie Honig, und der gehört ihnen voll und ganz: Das ist kein Thymian mehr, kein Majoran. So soll auch der Zögling alles, was er anderen entlehnt hat, sich anverwandeln und zu einem voll und ganz ihm gehörenden Werk verschmelzen: zu seinem eignen Urteil. Auf nichts anderes, als es zu bilden, haben seine Erziehung und die Mühen seines Studiums abzuzielen.

Michel de Montaigne, 83 Essais. Erste moderne Gesamtübersetzung von Hans Stilett, Frankfurt am Main 1998, S. 83

1. *Geben Sie die Aussagen Montaignes in Thesenform wieder.*
2. *Erörtern Sie, ob Montaignes Gedanken zum Erziehen* ➕ *und Lernen heute veraltet oder noch aktuell sind.*
3. *Setzen Sie sich damit auseinander, ob das Lehrkonzept* ➕ *Montaignes als antiautoritär zu bezeichnen ist.*
4. *Bilden Sie zwei Gruppen, die in einem Streitgespräch den ersten Satz des Textes widerlegen bzw. verteidigen.*

▲ **Die Gutenberg-Bibel auf dem Weg ins digitale Zeitalter.**
Foto von 1999, Göttingen.
Ein wissenschaftlicher Mitarbeiter der Universitätsbibliothek blättert die Seiten der Göttinger Gutenberg-Bibel vorsichtig um. Die zweibändige Ausgabe entstand um 1454 in Mainz. Die 1282 bedruckten und mit Ornamenten versehenen Pergamentseiten wurden für das Internet digitalisiert. Unter dem Code 32033-09 können Sie die Gutenberg-Bibel „durchblättern".

M5 Die Medienrevolution um 1500

Der Medienhistoriker Michael Giesecke beschreibt in seinem Standardwerk zum Buchdruck die Quantitäten und die Bedeutung, die der neue Medienmarkt um 1500 erreicht hat:

Gegen Ende des 15. Jahrhunderts wird an mehr als zweihundertundfünfzig Orten in Europa gedruckt. In vielen Städten arbeiteten nebeneinander zahlreiche Druckereien, sodass man mehr als 1100 Offizinen[1] mit wiederum oftmals mehreren Pressen gezählt hat. Abgesehen von wenigen Ausnahmen, konnten sich in allen Städten Deutschlands Institutionen und natürlich auch Einzelpersonen der neuen Kommunikationsmedien bedienen. Die Zahl der im 15. Jahrhundert gedruckten Bücher, der sogenannten „Inkunabeln"[2], ist kaum überschaubar – von Druckerzeugnissen wie Formularen oder Handzetteln ganz zu schweigen. Ob man nun zwanzig oder vierzigtausend verschiedene Drucke mit einer durchschnittlichen Auflage von einhundert oder dreihundert Exemplaren annimmt – in jedem Fall breiteten sich die Druckerzeugnisse von Jahr zu Jahr aus und gehörten bald zur alltäglichen Umwelt der Stadtbevölkerung. Wer wollte, konnte die neuen Medien an den Marktständen, Anschlagbrettern oder in der Kirche bestaunen.

Eingesetzt wurde die neue Informations- und Nachrichtentechnologie von Anfang an auch zu ideologischen, politischen und religiösen Zwecken. Diejenigen Kräfte, die sich für die Reformation der Papstkirche und die politische Autonomie einer deutschen Nation einsetzten, benutzten das neue Medium, um sich untereinander zu verständigen, ihre Ziele abzusprechen. Es ist kaum umstritten, dass die Flugschriften in den zwanziger und dreißiger Jahren des 16. Jahrhunderts zu „Massenmedien" wurden. Luthers Flugschrift „An den christlichen Adel deutscher Nation"[3], mit einer ersten Auflage von

[1] **Offizinen**: Druckwerkstätten, abgeleitet von lat. officina: Werkstätte
[2] **Inkunabeln**: Wiegendrucke, abgeleitet von lat. incunabula: Windeln, Wiegen; Verweis auf Druckwerke, die zwischen 1450 und 1500 hergestellt wurden, als der Buchdruck noch in der Wiege lag

[3] Zu Luthers Flugschrift siehe Seite 119, M2.

viertausend Exemplaren am 18. August 1520 erschienen, war in fünf Tagen vergriffen (und erlebte vierzehn hochdeutsche sowie eine niederdeutsche, insgesamt also fünfzehn Ausgaben). Von Luthers Neuem Testament erschienen in kurzer Zeit mehr als hunderttausend Exemplare und selbst die Luther'sche Vollbibel wurde zwischen 1534 und 1626 vierundachtzigmal aufgelegt. Nicht nur die Kirche, die Gelehrten, die Städtebürger, Handwerker und Kaufleute, auch der gemeine Mann auf dem flachen Lande waren von der neuen Technologie umgeben. Es konnte „itzo nichts kundwirdigs inn der gantzen welt geschehen/es kumbt schrifftlich durch den Truck zu lesen“[4]. Lautstark wurde deshalb auch von der Bevölkerung gefordert, sich an dieses neue Informationssystem anzuschließen: „Der lust aber und nutz dieser kunst/ist so groß/daß es gleich ain wunder/wie sy so wenig leut lernen und können/dann was will man doch ainer sollichen kunst vergleichen/durch welche man alles in der welt erfaren/wissen/und ewig merken vnd behalten/auch andern/wie fern die von uns sein/one personliche beywesung und mündtliche anzaigung/zuowissen thuon kann? Ich geschweig viler anderer nutzbarkait/die in allen leben und stande hierauß volgt/das schier niemandts jr geraten kann.“[5]

Michael Giesecke, Der Buchdruck in der frühen Neuzeit. Eine historische Fallstudie über die Durchsetzung neuer Informations- und Kommunikationstechnologien, Frankfurt am Main [4]2006, S. 64 f.

▲ **Gutenberg-Bibel.**
Die Verzierungen wurden nach dem Druck mit der Hand eingefügt.

[4] Übertragung aus dem Frühneuhochdeutschen: „Jetzt nichts Bemerkenswertes in der ganzen Welt geschehen, ohne dass es gedruckt zu lesen war“.

[5] „Freude und Nutzen dieser Kunst ist so groß, dass es geradezu ein Wunder ist, dass so wenige Menschen sie lernen und beherrschen. Denn was kann man mit einer solchen Kunst vergleichen, durch die man alles in der Welt erfahren, wissen und ewig erinnern und behalten, auch anderen, wie fern sie von uns sind, ohne persönliche Anwesenheit und mündlichen Bericht mitteilen kann? Ganz zu schweigen von anderem Nutzen, der sich in allen Lebenslagen zeigt, sodass ihn beinahe niemand entbehren kann.“
Beide Zitate stammen aus Sprachlehrbüchern um 1530.

1. *Analysieren Sie die Quantitäten und Kommunikationschancen des Drucks, die der Text beschreibt. Erklären Sie dabei die frühneuhochdeutschen Schlusszitate: „itzo nichts […] zu lesen“ (Zeile 38-40), „Der lust […] geraten kann“ (Zeile 42-50).*
2. ➕ *Vergleichen Sie die Entwicklung und Wirkung des Buchdruckes im 15. Jahrhundert mit der des Internets heute. Beziehen Sie dabei auch die Karte auf Seite 102 mit ein.*
3. ➕ *Beurteilen Sie den Gewinn an Gedächtnis, der durch die Medienrevolution um 2000 gegenüber dem Zeitalter des Drucks möglich wurde.*

Methoden-Baustein

Hinweis: Das Buch bietet verschiedene Anwendungsbeispiele. Hier eine Auswahl von Texten aus dem Internet: Seite 19, 28, 40 f. und 120 f. Außerdem finden Sie in der Randspalte der Kapitel an ausgewählten Stellen Mediencodes, die auf Internetseiten mit historischen Themen verweisen.

Internetseiten auswerten

Das Internet, im engeren Sinne das World Wide Web (WWW), hält eine Fülle von Informationen zu historischen Themen bereit. Es umfasst Quellen und Darstellungen in verschiedensten Medien und Formaten (*Multimedialität*). Da die Inhalte im Web nicht physisch, sondern *virtuell* präsentiert werden, sind sie prinzipiell für jeden zugänglich und lassen sich beliebig oft aufrufen oder herunterladen. Überdies wächst das Web ständig, immer mehr Material wird digitalisiert, auf Servern abgelegt und vernetzt. Websites werden häufig aktualisiert oder gelöscht, daher gehört zu jeder Angabe einer Internetadresse (Uniform Resource Locator: URL) auch das Datum des Zugriffs.

Da jeder etwas ins Netz stellen kann, gibt es für Web-Inhalte keinen allgemeinen Qualitätsstandard. Verlässliche Informationen zu geschichtlichen Fragen findet man in der Regel auf den Websites von öffentlichen Einrichtungen wie Bibliotheken, Archiven, Museen und Sammlungen, Hochschulen, Gedenkstätten, Parlamenten, Ministerien und Behörden. Das gilt auch für ausländische oder internationale Institutionen im Web. Die meisten Websites bieten ihre Inhalte – neben der Sprache des Herkunftslandes – auf Englisch an. Um zu ermitteln, ob eine Website zuverlässige Informationen enthält, muss man klären, wer für den Inhalt als einzelner Autor oder als Organisation verantwortlich ist. Auch der Vergleich mit anderen Websites zum Thema hilft. Ebenso ist zu prüfen, woher Websites ihre Angaben beziehen.

Formale Kennzeichen

- Um *welche* Website handelt es sich?
- *Wer* ist für sie verantwortlich (Autor, Institution)?
- Wann wurde sie zuletzt *aktualisiert*?

Benutzbarkeit

- Welche *Suchfunktionen* bietet die Website (Suchfelder, Volltextsuche)?
- Können Inhalte der Website für *eigene Zwecke* verwendet werden (Downloads, Druckversion von Texten)?
- Gibt es *Sprachoptionen* (bei fremdsprachigen Inhalten), *Alternativtexte* (für sehbehinderte Nutzer) und *Barrierefreiheit* (uneingeschränkte Nutzung)?
- Kann man sich an die *Verantwortlichen der Website* wenden (E-Mail-Adresse, Kontaktformular, Online-Kommentar)?

Inhalt

- Was ist das übergeordnete *Thema* der Website?
- Welcher *Beitrag* auf der Website wurde aufgerufen (URL, Zugriffsdatum)?
- Welchen *Zeitraum*, welches *Ereignis* oder welche *Person* behandelt der Beitrag?
- Wie ist der Beitrag *medial* aufbereitet (Text, Fotos, Grafiken, Video- oder Audiodateien)?
- Gibt es *Verlinkungen* in dem Beitrag (interne Links innerhalb der Website, externe Links)?
- Sind die *Aussagen belegt*? Wenn ja, womit (Quellenangaben, Sekundärliteratur)?

Intention und historischer Kontext

- An welche *Adressaten* wendet sich der Beitrag (z. B. Kinder und Jugendliche, Fachpublikum)?
- Auf welche wissenschaftliche oder politische *Diskussion* geht der Beitrag ein?
- Welchen *Standpunkt* vertritt der Autor oder die verantwortliche Institution?
- Nimmt der Beitrag Wertungen vor oder stellt er *Thesen* auf?

Bewertung und Fazit

- Wie lassen sich die Website und der verwendete Beitrag *einordnen* und *bewerten*?
- Kann der aufgerufene Beitrag als *zuverlässig* gelten?
- Sind die Angaben des Beitrags *ausreichend* oder *lückenhaft*?

Beispiel: Website der Stadt Mainz und des Gutenberg-Museums (www.gutenberg.de)

Analysieren Sie die ausgewählte Internetseite mithilfe der Fragen auf Seite 110.
Ihre Ergebnisse können Sie mit der Lösungsskizze unter dem Code 32033-10 vergleichen.

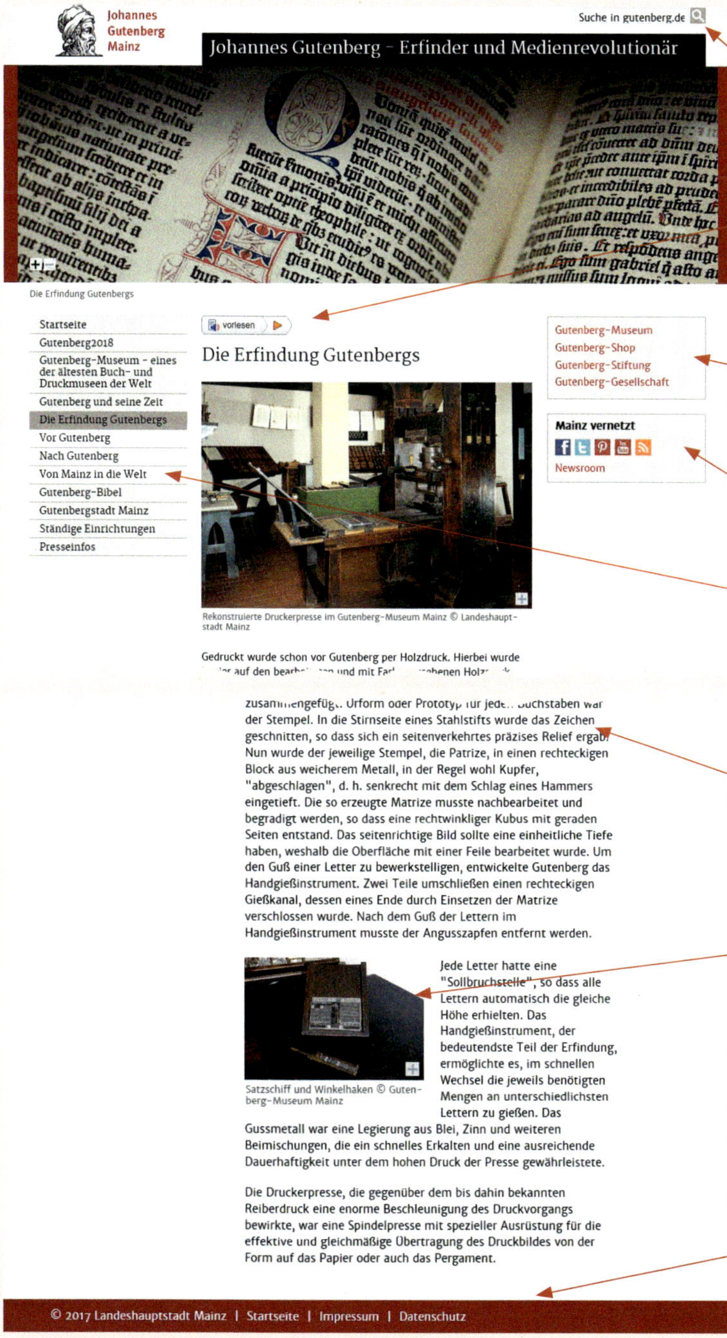

Suchfunktion
für die gesamte Website

Vorlesefunktion
für den Beitrag „Die Erfindung Gutenbergs"

Themenverwandte Beiträge
(externe) Links z. B. zum Gutenberg-Museum und zur Gutenberg-Stiftung

Hinweise auf soziale Netzwerke
wie Facebook, Twitter und YouTube

Rubriken
beschäftigen sich u. a. mit Johannes Gutenberg, seiner Zeit und dem Buchdruck

Beitrag
über die Erfindung des Buchdrucks mit beweglichen Lettern durch Gutenberg

Vorschaubilder (Thumbnails)
mit Vergrößerungsfunktion

Seitenende
mit internen und externen Links (u. a. Copyright-Vermerk, Hinweis auf die Nutzungsbedingungen und den Datenschutz)

▲ **Die Erfindung Gutenbergs.**
Nach: www.gutenberg.de/erfindung/index.php (Zugriff: 9. Oktober 2017)
Auf den Screenshots ist jeweils ein Ausschnitt des Artikels „Die Erfindung Gutenbergs" zu sehen.

Reformation, Konfessionalisierung und Staatsbildung

Martin Luther (1483-1546): Als Sohn eines zu Wohlstand gekommenen Bergmanns in Eisleben/Thüringen geboren, sollte Luther Jurist werden, brach das Studium jedoch ab und trat 1505 in das Kloster der Augustiner-Eremiten in Erfurt ein. Als Mönch und Priester promovierte er 1512 zum Doktor der Theologie. 1517 veröffentlichte er seine 95 Thesen über den Ablass in Wittenberg, bestritt später die Führungsrolle des Papstes und die Unfehlbarkeit der Konzilien. 1520 wurde Luther der Prozess gemacht, ein Jahr später die Reichsacht über ihn verhängt. Er übersetzte die ganze Bibel neu, verfasste zahlreiche Lehrwerke und Kirchenlieder.

Ablass: Bestandteil der katholischen Bußlehre. Nachlass der Strafen für Sünden gegen bestimmte Leistungen (Spenden, Pilgerfahrt, Kreuzzugsteilnahme). Voraussetzungen für den Ablass waren Reue, Beichte und Freisprechung von den Sünden (Absolution) durch einen Priester. Wegen des hohen Finanzbedarfs der Kirche wurde im Spätmittelalter der Ablass bei Zahlung einer Geldsumme gewährt. Während die Reformatoren den Ablass aus theologischen Gründen verwarfen, kritisierten andere lediglich den Handel mit ihm.

Waren die Renaissance-Humanisten Wegbereiter der Reformation? Die Renaissance-Humanisten nutzten ihre textkritischen Methoden schon im 15. Jahrhundert, um religiös-kirchliche Texte auf ihre Echtheit zu prüfen. Dabei erkannte der Italiener *Lorenzo Valla*, dass die Urkunde zur „Konstantinischen Schenkung" eine Fälschung war. In ihr hatte Kaiser Konstantin um 315 dem Papst vermeintlich die Oberherrschaft über Rom, Italien und das Weströmische Reich übertragen. Der Papst erhob auf der Grundlage der Fälschung seit dem Mittelalter einen weltlichen Herrschaftsanspruch. Valla aber bewies, dass das Latein der Urkunde nicht aus dem vierten, sondern aus dem achten Jahrhundert stammte. Er und andere Gelehrte überprüften genauso den Text der Bibel. Die Kirche betrachtete einen lateinischen Text, die „Vulgata"[1], als authentisch. Dieser wurde nun mit älteren griechischen Texten verglichen und prompt angezweifelt.

Damit setzten Bibelstudien ein, die nicht mehr der Kirchenaufsicht unterworfen waren und zu unabhängigen theologischen Deutungen führten. Beispielhaft war Erasmus von Rotterdam[2]. Er gab Bibelkommentare heraus und veröffentlichte 1516 die erste Druckausgabe des griechischen Neuen Testaments. Seine Textkenntnis setzte er in Kirchenkritik um, wobei er von der Bergpredigt (Matthäusevangelium, Neues Testament) ausging. Sie betont die Genügsamkeit, Friedens- und Nächstenliebe. Mit ihren Mahnungen, also den Mahnungen Christi, konnte Erasmus die Macht- und Prachtentfaltung des Klerus anprangern; auch bezweifelte er das Kirchenbrauchtum, zu dem die Bibel kein Wort enthielt, etwa die Verehrung der Gebeine von Heiligen. Damit gehörte Erasmus wie andere humanistische Gelehrte zu den Wegbereitern der *Reformation*.

Auch die Reformatoren selbst beherrschten die alten Sprachen. Nur deshalb konnte Luther die Bibel 1522 so vorbildlich ins Deutsche übersetzen. Aber die Reformatoren identifizierten sich nicht mit dem humanistischen Welt- und Menschenbild, obwohl sie in der Regel humanistisch ausgebildet waren.

Die Reformation und ihre Ursachen Die 95 Thesen von **Martin Luther** vom 31. Oktober 1517, die eine theologische Diskussion zum **Ablass** vorbereiten sollten, gelten bis heute als Auftakt der Reformation. Den Kern seiner Kirchenkritik formulierte Luther bereits in These 62: „Der wahre Schatz der Kirche ist das allerheiligste Evangelium von der Herrlichkeit und Gnade Gottes." Der Satz deutete die Überzeugung an, dass der wahre Glaube nur auf dem *Evangelium* gründen könne – und nicht auf den kirchlichen Lehren. Luthers Ideen lösten eine europaweite Bewegung aus. Die Zeitgenossen bezeichneten sie als evangelisch, erst 200 Jahre später verwendete man dafür den Begriff Reformation. Er ist abgeleitet von lateinisch „reformatio", was die Erneuerung eines vergangenen, besseren Zustands meint. Genau das wollten Luther und seine Anhänger: ein ursprüngliches, bibelnahes Christentum (▸ M1-M3).

Wie ist die rasche Verbreitung der Reformation zu erklären? Historiker erachten die folgenden drei Voraussetzungen als wesentlich:

- Die *Frömmigkeit* des 15. Jahrhunderts kommt vor allem im wachsenden Bedürfnis der Menschen zum Ausdruck, mit Werken der Nächstenliebe für ihr Seelenheil (Erlösung der Seele von den Sünden) vorzusorgen. Um die Gnade Gottes zu gewinnen, spendeten sie regelmäßig größere Summen für Altäre, für die Ausstattung von

[1] Der Text der Vulgata (dt.: allgemein verbreitet) war seit der Spätantike die maßgebliche Bibelfassung.
[2] Biografische Informationen finden Sie auf Seite 100.

◄ **„Über die Sage, dass Sankt Peters Schifflein zu unserer Zeit an einem Fels zerstoßen wird."**
Holzschnitt von Hans von Kulmbach, 1508.
Das Bild illustriert ein astrologisches Werk des Priesters und Gelehrten Joseph Grünpeck, das 1508 zuerst lateinisch, im selben Jahr dann auch in deutscher Übersetzung erschien und bis 1522 in Nachdrucken verbreitet wurde.
- *Beschreiben Sie den Holzschnitt.*
- *Charakterisieren Sie die dargestellten Personen.*
- *Interpretieren Sie, was das Bild offensichtlich anmahnt.*

Kirchen, Messen oder die Bezahlung eines Predigers. Die Verehrung Marias wurde intensiver, ebenso der Glaube an die Wunderkraft der Reliquien, nämlich der Knochen, Kleider und der Asche von Heiligen. Zahlreiche Texte und Bilder aus der Zeit um 1500 zeugen bis heute von der tiefen Angst vor dem Tod und dem Jüngsten Gericht.

- Das Erscheinungsbild der Kirche passte jedoch immer weniger zu den Frömmigkeitsansprüchen der Gläubigen. Die Dorfpfarrer waren nicht ausgebildet, einzelne kannten nicht einmal die zehn Gebote. Ihre Hauptsorge galt ihren Einnahmen. Reiche Klöster verschrieben sich allein dem Wohlleben der Mönche und Nonnen. Die Bischöfe verstanden sich nicht als Seelsorger, sondern als weltliche Herrscher, die ihr Fürstentum regierten und daraus hohe Einkünfte bezogen. Der Papst und die Kurie (Kirchenbehörden in Rom) wurden am schärfsten angegriffen. Ihnen wurde vorgeworfen, die kirchlichen Abgaben für Prachtbauten und Luxus zu verprassen.
- Die *Druckmedien* (*Bücher*, *Flugblätter* mit Bildern, *Flugschriften* mit wenigen Seiten) wurden während der Reformation zum Mittel, das die Massen in Bewegung setzte. Allein 1519 erschienen 250 000 Exemplare der Schriften Luthers. Im Jahr 1525 betrug die Gesamtauflage allein der reformatorischen Flugschriften, die Taschenbücher dieser Zeit, 2,4 Millionen Exemplare. Das war eine Steigerung um das Fünfzigfache gegenüber der Zeit vor der Reformation. Die Zahl derjenigen, die lesen konnten, kennen wir nicht. Insgesamt waren es weniger als zehn Prozent, in den Städten mehr als zehn Prozent. Aber durch Vorlesen und mittels bebilderter Einblattdrucke (Flugblätter) wurden Glaubensinhalte auch Analphabeten zugänglich gemacht und in einem zuvor ungeahnten Ausmaß verbreitet.

Internettipp
Die 95 Thesen von Martin Luther können Sie unter dem Code 32033-11 nachlesen.

Film- und Internettipp
Die 2016 entstandene ZDF-Dokumentation „Martin Luther – Petra Gerster auf den Spuren des Reformators" finden Sie unter dem Code 32033-12.

Lesetipps
- *Thomas Kaufmann, Martin Luther, München [5]2017*
- *Ders., Reformation. 100 Seiten, Stuttgart 2016*

▸ **„Von dem großen Lutherischen Narren".**
Holzschnitt (ca. 92 x 115 cm) von 1522, Straßburg.
Der Holzschnitt ist das Titelblatt der Flugschrift „Von dem großen Lutherischen Narren wie in doctor Murner beschworen hat". Die Schrift hat der aus dem Elsass stammende Franziskaner und Humanist Thomas Murner verfasst. Der Dichter war ein scharfer Kritiker Martin Luthers. Mit seiner Flugschrift wollte er den Reformator und seine Anhänger lächerlich machen. Die Flugschrift verfehlte allerdings ihr Ziel, da sie beim Straßburger Rat unter härtester Zensur fiel und die gedruckte Auflage weitgehend eingezogen wurde. Auf dem hier gezeigten Holzschnitt ist Martin Luther als großer Narr, Thomas Murner als Mönch mit Katzenkopf dargestellt. Letzterer zieht an einem Stoffband mehrere kleinere Narren aus dem Mund des Reformators.

- *Die Gegner Thomas Murners stellten ihn häufig in Gestalt einer Katze dar. Erörtern Sie, warum Murner ebenso das Katzenmotiv in seiner Flugschrift gegen Luther verwendet.*

Sakramente (von lat. sacrare: weihen, heiligen): spezifische kirchliche Handlungen (Riten). Die römisch-katholische und die anglikanische Kirche sowie die orthodoxen Kirchen kennen sieben Sakramente: Taufe, Firmung, Abendmahl, Buße (Beichte), Krankensalbung („letzte Ölung"), Ordination (Weihe der Diakone, Priester und Bischöfe) und Ehe. In der evangelischen Kirche gibt es nur die Sakramente Taufe und Abendmahl.

Die evangelische Lehre ■ Ein Satz aus dem ersten Römerbrief des Paulus (Neues Testament) wies Luther theologisch den Weg: „Der Gerechte lebt aus dem Glauben." Dies deutete Luther so, dass der Mensch nur durch den Glauben an Gott das Seelenheil erlangen könne, nicht durch fromme Werke. Aus eigener Kraft konnte mithin niemand selig werden. Jeder musste auf die *Gnade Gottes* vertrauen.

Die Kirche als Instanz zwischen Gott und Mensch war damit überflüssig. Nur noch das Evangelium wies den Weg zum Heil, das Gott als Gnade demjenigen verlieh, der auf den Glauben vertraute. Evangelische Theologen fassten die zentralen Glaubenssätze lateinisch in die Formeln: „sola fides" (allein der Glaube), „sola gratia" (allein die Gnade) und „sola scriptura" (allein die Schrift). Die römische Kirche vertrat die gegenteiligen Prinzipien. Neben der Bibel sollte die kirchliche Tradition die Richtschnur des religiösen Lebens sein; für das Seelenheil der Menschen waren und blieben fromme Werke und die Hilfe der Kirche daher unverzichtbar.

Luther beließ von den sieben **Sakramenten** nur noch zwei, die er unmittelbar aus dem Evangelium ableiten konnte: die Taufe und das Abendmahl. Aber dessen Form änderte sich gemäß dem Vorbild des Abendmahls Christi. Es wurde den Gläubigen nun in Gestalt von Brot und Wein, nicht mehr allein in Gestalt des Brotes gereicht. Dies machte die Lehre Luthers ebenso beliebt wie der Gottesdienst in deutscher statt in lateinischer Sprache.

Volksreformation und Fürstenreformation ■ Luther löste die Reformation zwar aus, aber von Anfang an hatte er selbstbewusste Mitstreiter mit abweichenden Lehren, bald auch Gegner, die eigene theologische Konzepte entwickelten. Die evangelische Bewegung fächerte so in ungezählte Richtungen auf. Der humanistische Philologe und Theologe *Philipp Melanchthon* (1497-1560), der das evangelische Kirchen- und Schulwesen plante, war ein enger Vertrauter Luthers, blieb allerdings im religiösen Brauchtum näher bei der römischen Kirche. Der Reformator *Ulrich Zwingli* (1484-1531) hingegen, der für die Schweiz maßgebend wurde, entfernte sich weit von Luther, indem er die leibliche Gegenwart Christi beim Abendmahl verneinte (▸ M4). Der Thüringer Pfarrer *Thomas Müntzer* (1486/90-1525) schließlich glaubte, auf biblischer Grundlage eine völlig neue Gesellschaftsordnung aufbauen zu können. Er wollte zum Entsetzen Luthers einen christlichen Gottesstaat errichten und jede weltliche Obrigkeit abschaffen (▸ M5).

Seit 1518 hatten Mönche und städtische Pfarrer, später auch Bürger und Bauern die reformatorische Bewegung angetrieben. Weil dies unabhängig vom Kaiser oder den Landesfürsten geschah, sprechen Historiker von der „Reformation von unten“ bzw. von der *Volksreformation*. Der *Bauernkrieg* schien dann die verbreiteten Befürchtungen zu bestätigen, die auch Luther teilte, die ausufernde religiöse Bewegung könnte die weltliche Ordnung zerstören. Die Bauern griffen in den Jahren 1524 bis 1526 in Mittel- und Süddeutschland zu Hunderttausenden zu den Waffen und verjagten ihre Herren. Sie hatten sich erhoben, weil sie sich fortwährenden Rechtsbrüchen und der Unterdrückung durch ihre Obrigkeiten ausgesetzt sahen. Wie die Reformatoren die Herrschaft der Kirche an der Bibel geprüft und zurückgewiesen hatten, so glaubten die Bauern nun, die weltliche Herrschaft verwerfen zu können. Sie begründeten ihren Widerstand mit dem natürlichen Recht und aus dem Evangelium. Am Ende schlug der Aufstand jedoch fehl, an die 100 000 Bauern sollen getötet worden sein.

Dem Bauernkrieg folgte die Wende von der Volksreformation zur *Fürstenreformation*. Der Begriff Fürstenreformation wurde für das Heilige Römische Reich Deutscher Nation geprägt, das sich aus vielen politisch selbstständigen Kleinterritorien zusammensetzte, die überwiegend von Fürsten regiert wurden. Die Fürsten und ihre Regierungen richteten nun evangelische Territorialkirchen ein und unterwarfen die Bewegung der staatlichen Ordnung. Kirchenordnungen und Behörden regelten die kirchlichen Angelegenheiten (▸ M6). Die weltliche Herrschaft begann also, die religiös-kirchliche Entwicklung zu kontrollieren. Im Reich waren das die Fürsten, im Norden Europas die Könige.

▲ **„Der Bapstesel zu Rom“.** *Holzschnitt (14,6 x 9,6 cm) aus der Flugschrift: Martin Luther und Philipp Melanchthon, Deuttung der zwo grewlichen Figuren Bapstesels zu Rom vnd Munchkalbs zu freyberg in Meyssen funden, Wittenberg 1523.*

- *Analysieren Sie die Abbildung und ordnen Sie sie anschließend in den historischen Kontext ein.*

Die evangelischen Territorialkirchen im Reich Wie und wo vollzog sich dieser Wandel zuerst? Luther selbst entwarf für Kursachsen ein Modell der neuen Kirche, das die Landesherren, die sächsischen Kurfürsten, mit ihren Amtsträgern in den Jahren 1527 bis 1542 verwirklichten. Katechismen (Bücher für die Glaubensunterweisung) formulierten die Lehrsätze des Glaubens; Mess-, Tauf- und Trauungsordnungen vereinheitlichten die religiösen Praktiken. Pfarrer und Schulen wurden auf Einhaltung der Glaubensnormen verpflichtet. Der Kurfürst zog die kirchlichen Güter ein, bezahlte davon aber weiterhin die Pfarrer, die Armenfürsorge und einen Teil der Schulen. Eine Oberbehörde, in der Theologen und Beamte saßen, leitete das Kirchenwesen Kursachsens. Die letzte Entscheidung lag beim Kurfürsten. Dieses Modell der *Landeskirche* mit dem Fürsten an der Spitze wurde zum Vorbild im ganzen Reich.

Gleichzeitig mit Kursachsen bildete Hessen eine Landeskirche aus. Danach folgten bis etwa 1570 weitere evangelische Fürstentümer, deren kirchliche Ordnung ähnlich aussah. Damit war der überwiegende Teil Deutschlands evangelisch. Katholisch blieben die Fürstentümer am Niederrhein, am Main und der Süden mit Bayern und den habsburg-österreichischen Territorien. Diese Konfessionsverteilung hat sich in den Grundzügen bis heute erhalten. Sie begann sich erst durch die regionale Mobilität des vergangenen Jahrhunderts zu verändern.

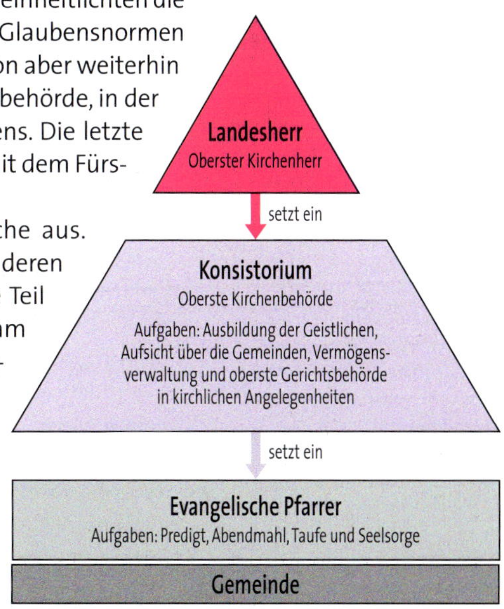

▲ **Aufbau einer evangelisch-lutherischen Landeskirche.**

▲ Die Bekenntnisse in Europa am Ende des 16. Jahrhunderts.
Mit der sogenannten „Gegenreformation“ versuchte die katholische Kirche, durch Zwang und Reformen Terrain zurückzugewinnen. Das Konzil von Trient (1545-1563) war eine Reaktion auf die Reformation.
- *Informieren Sie sich im Internet und/oder in Fachbüchern über die wesentlichen Beschlüsse des Trienter Konzils.*
- *Einige Historiker meinen: Hätte die katholische Kirche die in Trient gefassten Beschlüsse dreißig oder vierzig Jahre früher verabschiedet, hätte es keine Reformation gegeben. Nehmen Sie dazu Stellung.*

Staatskirchen in Europa Die Reformation in Deutschland strahlte auf Europa aus. Die skandinavischen Länder im Norden, unmittelbar von Luther beeinflusst, sagten sich wie England von Rom los. Wie die Fürsten im Reich wurden die Könige von England, Dänemark und Schweden Oberhäupter selbstständiger *Staatskirchen*, die sich rechtlich von der römischen Kirche lösten. Sie erließen Kirchenordnungen, deren Lehre (Dogma) und Kultus (Gottesdienst, Brauchtum) evangelisch waren.

Die Lehren der Reformatoren wurden ebenso im Westen und Süden Europas wahrgenommen, aber nur vereinzelt. Frankreich, Italien und Spanien hielten am katholischen Glauben fest. Im östlichen Mitteleuropa, in Ungarn und Polen, verbreiteten sich die neuen Lehren flächenhaft. Aber es bildete sich keine evangelische Staatskirche aus. Im europäischen Rahmen erklärten nur die republikanischen Niederlande die *calvinistische Konfession* zur Staatskirche. Der Name leitet sich ab vom Initiator, dem Schweizer Reformator *Johannes Calvin* (1509-1564); kennzeichnend ist die *Prädestinationslehre*, wonach dem Einzelnen vorausbestimmt ist, ob ihn Gott für das ewige Heil erwählt hat. Der Grad der Erwählung zeigt sich bereits an den irdischen Lebensverhältnissen, also auch am wirtschaftlichen Wohlstand.

Seit dem 16. Jahrhundert durchsetzte neben der politischen auch die konfessionelle Vielfalt die Kultur Europas. Dabei löste der Gegensatz zwischen der römisch-katholischen Kirche und den evangelischen (protestantischen) Kirchen erbitterte Konflikte aus.

Konfessionalisierung Der Begriff *Konfessionalisierung* ist abgeleitet von „Konfession“, d.h. dem „Bekenntnis“ einer christlichen Religionsgemeinschaft. Er bezeichnet einen historischen Prozess im 16. und 17. Jahrhundert. In dessen Verlauf suchten die europäischen Staatswesen durchzusetzen, dass ihre Bevölkerung nur einer einzigen Konfession angehörte, entweder der katholischen, einer evangelischen oder der calvinistischen. Die meisten Zeitgenossen waren nämlich überzeugt, dass nur die Einheit der Konfession den inneren Frieden eines Staatswesens zu sichern vermochte. Wie konnte aber erreicht werden, dass alle Bewohner eines Staates der gleichen Konfession angehörten? Die entscheidenden Maßnahmen waren:
- Die staatlichen und kirchlichen Amtsträger wurden auf die Konfession des Landes verpflichtet. Sie hatten zu kontrollieren, ob die Menschen die jeweilige Konfession auch wirklich praktizierten, also ob sie den Gottesdienst besuchten oder am Abendmahl teilnahmen.
- Wer dies nicht tat oder gar offen konfessionell abwich, musste schwere Nachteile in Kauf nehmen und im äußersten Fall das Land verlassen.
- Schulen und Universitäten erzogen streng nach der Konfession des Landes.
- Staat und Kirchen bemühten sich, gut ausgebildete Pfarrer oder Ordenspriester für die Seelsorge einzusetzen, die zuverlässig den Gottesdienst abhielten und überzeugend im Sinn der jeweiligen Lehre predigten (▸ M7).

Auf diese Weise wurde der katholische Glaube in Spanien, in den italienischen Staaten und in Frankreich (erst ab 1685) unvermischt gesichert, der evangelische in den skandinavischen Ländern. Dagegen konnte das anglikanische England die katholischen und calvinistischen „Dissenters" (Andersdenkende) nicht verdrängen. Auch in Mittelosteuropa vermengten sich weiterhin die Konfessionen, sogar im katholischen Polen. Im Heiligen Römischen Reich Deutscher Nation bezog sich die konfessionelle Trennung auf die einzelnen Fürstentümer, die entweder rein katholisch, evangelisch oder calvinistisch waren (▸ M8).

Lesetipp
Martin H. Jung, Reformation und Konfessionelles Zeitalter (1517-1648), Göttingen 2012

Der frühmoderne Staat entsteht Die Einheit der Konfession begünstigte die Regenten und ihre Verwaltung, also den „Staat". Sie konnten die Herrschaft im Innern wie noch nie zuvor ausbauen. Die Verwaltungen wurden größer, obgleich nicht immer effizienter. Schulen und Universitäten bildeten in wachsender Anzahl treue Kirchen- und Staatsdiener aus.

Die Kriege zwischen den europäischen Mächten führten dazu, dass viele Staaten ab der Mitte des 17. Jahrhunderts stehende Heere unterhielten. Diese Veränderungen kosteten gewaltige Summen, die aus Steuern aufgebracht wurden. Die Steuern vervielfachten sich deshalb zwischen 1550 und 1650. Von da an wurden die Untertanen und später die Bürger in Europa regelmäßig hoch besteuert.

In dieser Zeit wurden auch die Fundamente des modernen Staates gelegt. Er verlangt zwar heute von seinen Bürgern keine bestimmte Konfession mehr, aber immer noch gebietet er über die Verwaltung, das Bildungswesen, das Militär und die Steuern. Deshalb bezeichnen die beschriebenen Veränderungen bis 1650 die Entstehungsphase des *frühmodernen Staates*.

▲ **Kritik am Ablasshandel.**
Titelblatt einer anonymen Flugschrift gegen den Ablass von 1520.

- *Gliedern Sie das Titelblatt in sinnvolle Bereiche und geben Sie diesen jeweils eine passende Überschrift.*
- *Charakterisieren Sie die verschiedenen Personengruppen.*
- *Interpretieren Sie, warum auf dem Kreuz in der Mitte des Bildes zwar eine Dornenkrone, nicht aber der gekreuzigte Jesus Christus zu sehen ist. Worauf wollte der Künstler damit hinweisen?*

M1 „Es begann mit Luther"

Die deutsche Historikerin Luise Schorn-Schütte schreibt 1996 über den Ablasshandel und Luthers 95 Thesen:

Auch wenn Luthers Kritik seit 1517 rasch immer grundsätzlicher wurde, so hatte er niemals die Absicht, die Kirche selbst oder das Papsttum infrage zu stellen. Der Konflikt entzündete sich denn auch an einer theologischen Marginalie, einem Einzelproblem, das allerdings von großer praktischer Bedeutung war: der Frage des *Ablasshandels*.

Die Verdinglichung des Ablasshandels war nicht erst durch Luther kritisiert worden; der ganz konkrete Missbrauch der Ablassbriefe aber, dem Luther als Seelsorger im Herbst 1517 begegnete, hatte einen hochpolitischen Hintergrund, der öffentliche Kritik nicht wohl ertragen wollte. Albrecht von Brandenburg (1490-1545), der jüngere Bruder des Kurfürsten Joachim, wollte zum Erzbischof von Mainz, damit Primas der deutschen Kirche und Erzkanzler des Heiligen Römischen Reiches Deutscher Nation gewählt werden. Dies war keineswegs nur eine private Ambition, vielmehr Teil des Konkurrenzkampfes zwischen den beiden Kurfürstenhäusern Sachsen und Brandenburg: Die Wahl Albrechts hätte die Machtposition Brandenburgs im Reich deutlich verbessert. Die Wahl eines Erzbischofs durch das Domkapitel (das Wahlgremium war zumeist aus hohen Adligen und geistlichen Würdenträgern zusammengesetzt) bedurfte der päpstlichen Bestätigung – dies geschah nur gegen Geldzahlungen, in diesem Falle 14 000 Gulden, eine auch für die Zeitgenossen beträchtliche Summe. Da das Mainzer Domkapitel in den letzten Jahren wiederholt solche „Wahlbestätigungsgelder" aufzubringen hatte, wurde Albrecht verpflichtet, die Zahlungen an den Papst selbst zu übernehmen. Da er zugleich bereits Erzbischof von Magdeburg und Administrator von Halberstadt war, benötigte er zur Legitimierung dieser Ämterhäufung einen päpstlichen Dispens, und auch dieser (in Höhe von weiteren 10 000 Gulden) war zu bezahlen. Albrecht konnte diese Summen nicht ohne Weiteres aufbringen. Das Angebot aus Rom, den sogenannten Petersablass über acht Jahre lang in seinen Territorien verkündigen zu lassen, sodass er die Hälfte der Gelder für sich selbst behalten könne, kam ihm deshalb sehr gelegen. Die Zwischenfinanzierung in Gestalt eines Kredites übernahm das Handelshaus der Fugger, sodass zusammen mit den Ablasspredigern dessen Beauftragte im Land umherzogen und von den täglich eingehenden Geldern sogleich die Hälfte als Tilgung und Zins für den Kredit einbehielten!

Luther erfuhr von dieser auch für viele seiner Zeitgenossen als ungeheuerlicher Skandal empfundenen Vermischung von Geld, Politik und Frömmigkeit durch die Berichte seiner Beichtkinder. Der berüchtigte Spruch des Ablasspredigers Johann Tetzel, eines Dominikanermönches, dürfte auch ihm begegnet sein: „Wenn das Geld im Kasten klingt, die Seele aus dem Fegefeuer springt". Als Seelsorger wie als akademischer Lehrer fühlte er sich zum Handeln verpflichtet; in einem Schreiben, das am 31.10.1517 an den Erzbischof Albrecht von Mainz abgeschickt wurde, bat er um die Korrektur der Praxis und regte eine akademische Disputation an. Als deren Grundlage verfasste er jene berühmten 95 Thesen, aus deren öffentlichkeitswirksamer Bekanntmachung am Portal der Wittenberger Schlosskirche sich die protestantische Identität über Jahrhunderte ableitete. Selbst wenn der Thesenanschlag in dieser Form nicht sicher ist: Die ursprünglich für eine akademische Auseinandersetzung verfassten Artikel verbreiteten sich wie ein Lauffeuer in ganz Deutschland. Innerhalb weniger Wochen waren sie in zahllosen Drucken vervielfältigt, auch deutsche Übersetzungen lagen vor. Luther selbst hatte dies am wenigsten kalkuliert. Mit einer in deutscher Sprache verfassten knappen Predigt, dem *Sermon von Ablass und Gnade*, schickte er im Frühjahr 1518 eine Erläuterung hinterher, die den Bekanntheitsgrad der 95 Thesen noch übertraf. Die Zustimmung war außergewöhnlich breit. Selbst viele der späteren Gegner Luthers empfanden die Ablasskritik als die lang ersehnte Diskussion über innerkirchliche Reformen.

Luise Schorn-Schütte, Die Reformation. Vorgeschichte, Verlauf, Wirkung, München [5]2011, S. 30-32

1. *Entwerfen Sie ausgehend von M1 ein Schaubild, in dem Sie den Ablasshandel und Luthers 95 Thesen in Beziehung zueinander setzen. Verwenden Sie dafür u. a. folgende Namen und Begriffe: Albrecht von Brandenburg, Erzbischof Albrecht von Mainz, Fugger, Martin Luther, Johann Tetzel; Ablasshandel, Ablasskritik, Ablassprediger, Ämterhäufung, Frömmigkeit, Kredite, 95 Thesen. Analysieren Sie anschließend Ihr Schaubild.*
2. *Erläutern Sie, was mit einer „Vermischung von Geld, Politik und Frömmigkeit" (siehe Zeile 44 f.) gemeint ist.*
3. *Die ersten beiden Thesen Luthers lauten: „1. Da unser Herr und Meister Jesus Christus spricht: ‚Tut Buße' usw. (Matth. 4,17), hat er gewollt, dass das ganze Leben der Gläubigen Buße sei. 2. Dies Wort kann nicht im Sinne der sakramentalen Buße verstanden werden (d. h. im Sinne der Beichte und Genugtuung, die durch das Amt der Priester vollzogen wird). [...]" (Nach: Ulrich Köpf (Hrsg.), Deutsche Geschichte in Quellen und Darstellung, Bd. 3: Reformationszeit, 1495-1555, Stuttgart 2001, S. 102). Arbeiten Sie heraus, was Luther mit den beiden Thesen meinte.*

M2 Missstände in der Kirche

Martin Luther verfasst 1520 seine Schrift „An den christlichen Adel deutscher Nation von des christlichen Standes Besserung". Darin heißt es u. a.:

Der allerdurchlauchtigsten, großmächtigsten Kaiserlichen Majestät und dem christlichen Adel deutscher Nation D. Martinus Luther.

[....] Die Romanisten[1] haben mit großer Behendigkeit drei Mauern um sich gezogen, womit sie sich bisher beschützt haben, sodass niemand sie hat reformieren können, wodurch die ganze Christenheit greulich gefallen ist.
Zum ersten: wenn man mit weltlicher Gewalt auf sie (ein) gedrungen ist, haben sie festgesetzt und gesagt, weltliche Gewalt habe kein Recht über sie, sondern umgekehrt: die geistliche sei über die weltliche. *Zum zweiten*: hat man sie mit der heiligen Schrift tadeln wollen, setzen sie dagegen, es gebühre niemand die Schrift auszulegen als dem Papst. *Zum dritten*: drohet man ihnen mit einem Konzil[2], so erdichten sie, es könne niemand ein Konzil berufen als der Papst. So haben sie uns die drei Ruten heimlich gestohlen, dass sie ungestraft sein können und sich in die sichere Befestigung dieser drei Mauern gesetzt, alle Büberei und Bosheit zu treiben, die wir denn jetzt sehen. [...]
Man hat's erfunden, dass Papst, Bischöfe, Priester und Klostervolk der geistliche Stand genannt wird, Fürsten, Herrn, Handwerks- und Ackerleute der weltliche Stand. Das ist eine sehr feine Erdichtung und Trug. Doch soll niemand deswegen schüchtern werden, und das aus dem Grund: alle Christen sind wahrhaftig geistlichen Standes und ist unter ihnen kein Unterschied außer allein des Amts halber, wie Paulus I. Kor. 12, 12 ff. sagt, dass wir allesamt ein Leib sind, [obwohl] doch ein jegliches Glied sein eigenes Werk hat, womit es den andern dienet. Das alles macht, dass wir eine Taufe, ein Evangelium, einen Glauben haben und [auf] gleiche [Weise] Christen sind, denn die Taufe, Evangelium und Glauben, die machen allein geistlich und Christenvolk. [...] Demnach werden wir allesamt durch die Taufe zu Priestern geweiht [...].

Nach: http://gutenberg.spiegel.de/buch/verschiedene-texte-9797/2 (Zugriff: 10. Oktober 2017)

1. *Fassen Sie Martin Luthers Aussagen in eigenen Worten zusammen.*
2. *Ordnen Sie Luthers Reformschrift in den historischen Kontext ein.*
3. *Der französische Philosoph Montesquieu (1698-1755) schrieb: „Martin Luther wird für die Reformation verantwortlich gemacht. [...] Aber sie musste geschehen. Wäre es nicht Luther gewesen, dann ein anderer." Nehmen Sie zu dieser Aussage Stellung.*

[1] Gemeint ist die römische Kurie.

[2] **Konzil**: Versammlung von hohen geistlichen Würdenträgern, auf der kirchliche Fragen erörtert werden

▲ **Luther spricht vor Kaiser Karl V. am 18. April 1521 in Worms.**
Historiengemälde (66 x 125 cm) von Anton von Werner, um 1877. Das Bild ist die Nachbildung eines 3,50 x 7,00 m großen Wandbildes, das Anton von Werner 1870 für die Aula der Kieler Gelehrtenschule gemalt hat. Die Originalunterschrift lautet: „Hier stehe ich, ich kann nicht anders, Gott helfe mir, Amen.“

- *Erläutern Sie, welche Deutung der Person und Lehre Luthers das Bild vermittelt.*
- *Analysieren Sie, auf welcher Seite der Maler steht.*
- *Beurteilen Sie, inwiefern das Bild ein „Schlüsselereignis“ der Reformation darstellt.*

M3 Das Wormser Edikt von 1521

Die höchsten Obrigkeiten im Reich, Kaiser Karl V. und die Fürsten, laden Martin Luther im Jahre 1521 vor ihren Wormser Reichstag. Dort verweigert Luther den geforderten Widerruf seiner Lehre. Im Gegenzug verhängt der Kaiser im Wormser Edikt die Reichsacht über ihn und seine Anhänger.
Karl V. unterzeichnet das Edikt am 12. Mai 1521, ab 26. Mai 1521 wird der Druck gefertigt. Vom päpstlichen Legaten Hieronymus Aleander stammt der Entwurf für den Erlass, der fast unverändert nach Ende des Reichstages von einigen Kurfürsten und Fürsten in der Residenz des Kaisers akzeptiert wird. Der Legat ist einer der bedeutendsten gelehrten Philologen Europas:

Am ersten zu Lob dem Allmächtigen und Beschirmung des christlichen Glaubens [...] haben wir [...] den gedachten Martin Luther, als ein von Gottes Kirchen abgesondertem Glied und einen verstockten Spalter und offenbaren Ketzer – von unseretwegen und Euch allen und jedem insonderheit – zu achten und zu halten erkannt und erklärt, und tun das wissentlich in Kraft dies Briefs. Und gebieten darauf Euch allen und jedem besonders bei den Pflichten, damit Ihr uns und dem heiligen Reiche verwandt seid, auch Vermeidung der poenae criminis laesae majestatis[1] und unserer und des Reichs Acht und Aberacht und dazu des Verlusts und des Entzugs aller Regalien[2], Lehen, Gnaden und Freiheiten, so Ihr bisher von unseren Vorfahren, uns und dem heiligen Reiche in einigen Weg gehabt, von römischer kaiserlicher Macht ernstlich mit diesem Brief und Willen, dass Ihr sämtlich und sonderlich nach Verlauf der genannten zwanzig Tage, die mit dem vierzehnten Tag des gegenwärtigen Monats Mai enden, den erwähnten Martin Luther nicht übernachten lasst, empfangt, zu essen oder zu trinken gebt, noch ihm mit Worten oder Werken heimlich oder öffentlich Hilfe, Unterstützung, Beistand noch Vorschub leistet. Vielmehr sollt Ihr, wo Ihr ihn trefft, erkennt und seiner Person mächtig werdet, ihn gefangen nehmen und uns unversehrt zuschicken oder [...] uns verständigen und ihn mittlerweile gefangen halten, bis Euch von uns Bescheid gegeben, was Ihr weiter nach Ordnung der Recht gegen ihn unternehmen sollt. Ihr werdet für ein solches heiliges Werk, auch Eure Mühe und Kosten ziemliche Ergötzlichkeit empfangen. Aber gegen seine Mitverwandten,

[1] **poenae criminis laesae majestatis**: Strafe für Majestätsverbrechen

[2] **Regalien**: vom Kaiser verliehene Sonderrechte

Anhänger, Beschützer, Begünstigenden, Gönner und Nachfolger samt derselben bewegliche und unbewegliche Güter sollt Ihr in Kraft der heiligen Konstitution und unserer und des Reichs Acht und Aberacht in dieser Weise handeln: nämlich sie niederwerfen und fangen und ihre Güter zu Euren Händen nehmen und sie zu Eurem eigenen Nutzen verwenden und behalten, ohne dass Euch jemand hindern darf, es sei dann, dass sie glaubhaft dartun, dass sie diesen unrechten Weg verlassen und päpstliche Absolution erlangt haben.
[...] [Ebenso gebieten wir, dass von Euch keiner Luthers] Ansicht beipflichte, diese auch nicht halte, predige oder verteidige, auch nicht in anderer Weise, wie Menschensinn das bedenken kann, unterstütze, unangesehen, ob darin etwas Gutes, um den einfältigen Menschen damit irrezuführen, mit ausgedrückt wäre. Dann wie die allerbeste Speise, die mit einem kleinen Tropfen Gift vermischt ist, von allen Menschen gemieden wird, umso mehr sollen solche Schriften und Bücher, mit denen so manches Gift für die Seelen und Verdammung verbunden ist, von uns allen nicht allein vermieden, sondern auch aus dem Gedächtnis aller Menschen gelöscht und ausgetilgt werden, damit sie niemand schaden oder ewig töten. [...]

Nach: www.uni-muenster.de/FNZ-Online/politstrukturen/reformation/quellen/edikt.htm (Zugriff: 10. November 2014; sprachlich modernisiert)

1. *Fassen Sie die wesentlichen Aussagen des Wormser Ediktes zusammen.*
2. *Charakterisieren Sie die angedrohten Strafen.*
3. *Die überlieferten Quellen erlauben es nicht, die Umstände zu rekonstruieren, ob und wie das Edikt den Untertanen mitgeteilt wurde. Entwickeln Sie Hypothesen, wie das geschehen konnte. Berücksichtigen Sie dabei, dass auf dem Land, wo mehr als 80 Prozent der Menschen lebten, weniger als zehn Prozent lesen konnten.*
4. *Beurteilen Sie die Wirkung des Wormser Ediktes.*

▲ **Ulrich Zwingli.**
Gemälde von Hans Asper, 1531/32.
Zwingli und dem von ihm beeinflussten Genfer Reformator Jean Calvin (vgl. Seite 116) ging es vor allem um die Einheit von Kirchen- und Bürgergemeinde. Anders als Luther verwarfen sie die „leibliche Gegenwart" Christi im Abendmahl und akzeptierten in der Kirche nur das, was ausdrücklich in der Bibel stand. Luther lehnte die Vorstellungen der Zwinglianer und Calvinisten ab.

M4 Zwinglis Regeln

In Zürich werden 1530 folgende Regeln Zwinglis erlassen:

Wir gebieten, dass jedermann ohne Ausnahme, der sich nicht durch Krankheit oder andere redliche Gründe bei der Gemeinde oder beim Pfarrer entschuldigen kann, alle Sonntage bei guter Zeit zur Kirche gehe und bis zu Ende verbleibe.
Kein Wirt darf Einheimischen an Sonn- und Feiertagen vor der Kirche Speise und Trank geben. Kein Einheimischer soll sich nachts nach 9 Uhr mehr im Wirtshause finden lassen, auch dürfen nach dieser Zeit keine Schlaftrünke außer dem Hause verabreicht werden, Kranke vorbehalten [...]. Weil das Spiel, wie unsere biederen Landleute klagen, die meiste Ursache aller Winkelwirtschaften, Frevel und anderer Unfuge ist, so haben wir auf das Ansuchen unserer Landsleute alle Spiele verboten, es sei mit Karten, Würfeln, Brettspiel, Kegeln, Wetten usw.

Nach: Hermann Schuster (Hrsg.), Quellenbuch zur Kirchengeschichte, Bd. I/II, Frankfurt am Main [9]1976, S. 120 f.

1. *Geben Sie in eigenen Worten die in der Quelle genannten Regeln wieder.*
2. *Erklären Sie, was Zwingli mit seinen Regeln erreichen wollte.*

◂ **Die „Zwölf Artikel" der Bauern.**
Titelblatt eines Druckes aus Zwickau von 1525. Die „Zwölf Artikel" enthalten die Forderungen der aufständischen Bauern an die „weltlichen und geistlichen Obrigkeiten". Sie waren das Resultat wochenlanger Beratungen oberschwäbischer Bauern. Nach ihrer Veröffentlichung in Augsburg 1525 wurden die „Zwölf Artikel" bald in einem Dutzend Städte vom Südwesten des Reiches bis nach Sachsen nachgedruckt und auf Messen und Jahrmärkten verbreitet. Die „Zwölf Artikel" können Sie unter dem Code 32033-13 nachlesen.

M5 Müntzer versus Luther

Im Juli 1524 verfasst Thomas Müntzer seine Schrift „Ausgedrückte Entblößung des falschen Glaubens". Darin heißt es u.a.:

Sie tun das dünne Zünglein hervor, mit zarter Weis sprechen sie: „Erforschet die Schrift, denn ihr wähnet, ihr lasset euch dünken, ihr wollet eure Seligkeit daselbst bekommen." Da werden denn die armen dürftigen Leut also hoch betrogen, dass es keine Zung genug erzählen kann. Mit allen Worten und Werken machen sie es ja also, dass der arme Mann nicht lesen lerne vor Bekümmernis der Nahrung. Und sie predigen unverschämt, der arme Mann solle sich von den Tyrannen lassen schinden und schaben. Wann wird er denn lernen die Schrift lesen? [...] Die Schriftgelehrten sollen schöne Bücher lesen, und der Bauer soll ihnen zuhören, denn der Glaub kommt durchs Gehör. Ach ja, da haben sie einen feinen Griff gefunden. [...]

Die ganze unsinnige fantastische Welt bringt hervor einen falschen glossierten[1] Weg und saget mit einem spitzen Zünglein: „Ei, man kann wohl das Evangelion predigen, Gott allein fürchten und auch die unvernünftigen Regenten in Ehren halten, wiewohl sie wider alle Billigkeit streben und Gottes Wort nit annehmen. Ach, um Gottes willen, man soll ihnen in allen Sachen, den guten Junkern, gehorsam sein." Ei, willkommen du Verteidiger der Gottlosen! Wie fein, fein muss das stehen, dass man solle löblich zween Herrn, die wider einander streben, dienen könnte, wie der Regenten Rat tun! [...]

So die heilige Kirch soll durch die bittre Wahrheit erneut werden, so muss ein gnadenreicher Knecht Gottes hervortreten im Geist Eliae[2], und muss alle Ding in den rechten Schwang bringen. Wahrlich, ihrer werden viel müssen erweckt werden, auf dass sie mit dem allerhöchsten Eifer durch brünstigen Ernst die Christenheit fegen von den gottlosen Regenten.

Luther schreibt in seiner Schrift „Wider die räuberischen und mörderischen Rotten der Bauern" vom Mai 1525:

Dreierlei gräuliche Sünden wider Gott und Menschen laden diese Bauern auf sich, daran sie den Tod verdient haben an Leib und Seele mannigfältiglich.

Zum ersten, dass sie ihrer Obrigkeit Treu und Huld geschworen haben, untertänig und gehorsam zu sein, wie solchs Gott gebeut, da er spricht: „Gebt dem Kaiser, was des Kaisers ist"; und [...] „Jedermann sei der Obrigkeit untertan" etc. Weil sie aber diesen Gehorsam brechen mutwilliglich und mit Frevel, und dazu sich wider ihre Herren setzen, haben sie damit verwirkt Leib und Seel, wie die treulosen, meineidigen, lügenhaften, ungehorsamen Buben und Bösewichte pflegen zu tun. [...]

Zum andern, dass sie Aufruhr anrichten, rauben und plündern mit Frevel Klöster und Schlösser, die nicht ihr sind, womit sie, als die öffentlichen Straßenräuber und Mörder, alleine wohl zwiefältig den Tod an Leib und Seele verschulden [...]. [...]

Zum dritten, dass sie solche schreckliche, gräuliche Sünde mit dem Evangelio decken, nennen sich christliche Brüder, nehmen Eid und Huld und zwingen die Leute, zu solchen Gräueln mit ihnen zu halten. [...]

Erster und zweiter Text nach: Fritz Dickmann (Bearb.), Geschichte in Quellen, Bd. 3: Renaissance, Glaubenskämpfe, Absolutismus, München 21976, S. 143 f. und S. 154

1. *Fassen Sie zusammen, was Müntzer kritisiert (Text 1).*
2. *Arbeiten Sie heraus, wie Müntzer das Vorgehen gegen die Regenten begründet (Text 1).* ✚
3. *Erläutern Sie die von Luther genannten „dreierlei gräuliche[n] Sünden" (Text 2).*
4. *Versetzen Sie sich mit Ihrem Sitznachbarn in die Rolle eines Anhängers von Müntzer bzw. Luther. Entwickeln Sie ausgehend von Text 1 und 2 einen Dialog darüber, ob die Bauern gegen die Obrigkeit vorgehen dürfen.* ✚

[1] **glossiert**: auf falscher Glossierung (Auslegung) der Schrift beruhend

[2] **Elijas**: biblischer Prophet

M6 Die Religion wird überwacht

Kurfürst Ottheinrich von der Pfalz beginnt sofort nach seinem Amtsantritt 1556, eine evangelische Kirchenordnung im pfälzischen Territorium (Oberrhein, Oberpfalz) durchzusetzen. Dazu wird eine Visitation aller Gemeinden durchgeführt, um eine Bestandsaufnahme des kirchlichen Lebens vorzunehmen. Derartige Visitationen finden seit Mitte des 16. Jhs. in katholischen wie evangelischen Territorien statt. Die pfälzischen Visitatoren fassen ihre Beobachtungen wie folgt zusammen.

Die gewöhnlichen Mängel und Fehler aber sind zweierlei – etliche betreffen die Kirchen und Gemeindemitglieder, etliche die Pfarrer und Kirchendiener. Bei den Kirchen und der Gemeinde ist das zum Ersten der seltene und liederliche Kirchgang. Die Leute gehen gar nicht oder doch verspätet in die Kirche, um die Predigt zu hören. Zum anderen ist die Verachtung und Geringschätzung des heiligen Sakraments ein Mangel [...]. Zum Dritten ist ein Mangel, dass außer an wenigen Orten kein Katechismus[1] gehalten wurde. Und selbst wenn von etlichen Pfarrern bereits damit begonnen wurde, mussten sie doch wieder aufhören, weil weder Alt noch Jung zu solcher Predigt und solchem Unterricht in die Kirchen gekommen sind. [Viertens würden nach der Sakramentsspendung keine Almosen aufgebracht. Die Baugefälle für die Kirchen würden zweckentfremdet. ...] Zum Sechsten sind noch immer in vielen Kirchen allerlei abgöttische Bilder, Altartafeln, Kreuzfahnen und andere papistische[2] Zeremonien üblich, an denen das gewöhnliche Volk hängt und damit abergläubische Praktiken betreibt. [Siebtens verfaulten Messgewänder und anderes Tuch. Die Visitatoren empfehlen, dass der Kurfürst ein gedrucktes Mandat erlassen sollte, das auf Abstellung der Missbräuche dringe; der Bericht gibt Hinweise, was dieses Mandat zu berücksichtigen habe. Abschließend werden die bei den Pfarrern und Kirchendienern beobachteten Fehler und Mängel angesprochen:] Fürs Erste sind die alten Pfarrer, die zum Großteil katholisch aufgezogen wurden, nichts anderes gewohnt – und haben es auch gelernt – als das Verlesen der Messe. Und jetzt wird ihnen sauer zumute wie alten Weinschläuchen, da es ihnen schwer fallen mag, den neuen Most der evangelischen Lehre zu fassen. Die Jungen haben aber auf keiner rechtschaffenen Universität studiert, sondern allein in den Partikularschulen [...] [Zweitens wird auf die schlechte Besoldung der Pfarrer hingewiesen, die sich so sehr um ihren Lebensunterhalt bemühen müssten, dass sie keine Zeit hätten, zu studieren und ihren seelsorgerlichen Aufgaben nachzukommen. Die Gemeindemitglieder würden ungern geben, die Pfarrer seien unzufrieden und ließen sich „geizige Pfaffen" schelten. Die meisten kämen – drittens – auf nicht mehr als 40-50 Gulden im Jahr2, was nicht zur Haushaltsführung ausreiche, geschweige denn dazu, Kleider und Bücher zu kaufen. Dabei seien die Kirchen der Pfalz nicht arm.]

[1] **Katechismus**: Handbuch für die Unterweisung in Glaubensfragen
[2] **papistisch**: hier abwertend für katholisch

Bernd Roeck, Deutsche Geschichte in Quellen und Darstellung, Bd. 4: Gegenreformation und Dreißigjähriger Krieg, 1555-1648, Stuttgart 1996, S. 37-39 (außerhalb der Klammern Übertragung: Maximilian Lanzinner)

1. *Arbeiten Sie die Ziele der Visitatoren heraus, die sich aus ihrem Mängelbericht ableiten lassen.*
2. *Charakterisieren Sie den Zustand des kirchlichen Lebens, wie ihn der Bericht zusammenfassend beschreibt.*
3. *Der Kurfürst veranlasste die Visitation, die von weltlichen und kirchlichen Amtsträgern durchgeführt wurde. Erläutern Sie, warum die weltliche Macht die Kontrolle über das kirchliche Leben anstrebte.*

M7 Glaubenslehren brauchen Medien

Der Jesuitenorden treibt seit der zweiten Hälfte des 16. Jahrhunderts die kirchliche Erneuerung voran. Ignatius von Loyola, ihr Ordensgründer, unterweist in einem Schreiben vom 13. August 1554 den deutschen Ordensprovinzial Petrus Canisius, wie er den Menschen den katholischen Glauben nahe bringen und damit die Lehren der „Neuerer" abwehren kann:

Angesichts des Fortschritts, den die Neuerer in so kurzer Zeit machen – verbreitet sich doch das Gift ihrer schlimmen Lehre bereits über große Völker und Länder, und noch immer sind sie im Vordringen [...]. Die Neuerer verstehen es, ihre falsche Lehre mundgerecht zu machen und dem Fassungsvermögen der Masse anzupassen, indem sie ihre Lehre vor der Menge und in den Schulen verkünden und zugleich kurze Broschüren unter das Volk werfen, die von vielen verstanden und gekauft werden können. Durch ihre Schriften verschaffen sie sich auch da Zugang, wo ihre Agenten nicht selber hingelangen können, und bei der Nachlässigkeit der berufenen Wächter, bei dem schlechten Beispiel und der Unwissenheit der Katholiken, hauptsächlich der Geistlichen, haben sie im Weinberg des Herrn einen wahren Jammer der Verwüstung angerichtet. Demgemäß will uns bedünken, dass die Gesellschaft sich besonders mit den folgenden Mitteln auf den Kampfplatz werfen und gegen die Schäden angehen solle, die der Kirche von jener Seite zugefügt werden: [...] Die Hauptsätze der Theologie ließen sich, nach Art eines kurzen Katechismus zusammengestellt, den Kindern und dem ungebildeten Volke lehren, wie man jetzt Christenlehre gibt [...].

Für die höheren Klassen, vor allem die Prima, und für die philosophischen und theologischen Hörer wäre außerhalb der gewöhnlichen Stunden jener apologetische[1] Kurs vorzutragen, damit alle, die einigermaßen dafür reif sind, mit den Gemeinplätzen vertraut werden. [...] Zu diesem Kurs wären die einheimischen Priester und die Schüler der höheren Klassen zuzulassen, überhaupt alle, die Lust hätten. Und mit ihrer Mitarbeit ließe sich verhältnismäßig schnell das Gegengift gegen die Häresie[2] über viele Orte verbreiten; denn die Vorlesung, die sie hören, und das Buch, das sie in der Hand haben, befähigen die Hörer, ihrerseits dem Volke zu predigen und in den katholischen Schulen zu unterrichten.
Da ferner die Neuerer häufig Broschüren und Flugschriften verbreiten, durch die sie der Katholiken und besonders unser, der Jesuiten, Ansehen zu untergraben und einige falsche Glaubenslehren auszustreuen suchen, scheint es zweckmäßig, dass auch die Unsrigen zur Abwehr einige Verteidigungsschriften oder Traktate herausgeben, und zwar gut und kurz geschriebene, damit sie schnell zur Stelle sind und von vielen gekauft werden können.

Nach: Albrecht P. Luttenberger, Katholische Reform und Konfessionalisierung, ausgewählte Quellen zur deutschen Geschichte der Neuzeit, Bd. 17, Darmstadt 2006, S. 295-297

1. *Erläutern Sie, in welcher Lage der katholischen Kirche Ignatius von Loyola seine Unterweisung vorbringt.*
2. *Arbeiten Sie die Ziele, die der Jesuitenorden verfolgt, aus dem Text heraus.*
3. *Charakterisieren Sie die medialen und sprachlichen Formen, die Ignatius von Loyola für sinnvoll hält.*

M8 Der Augsburger Religionsfrieden

Im Heiligen Römischen Reich Deutscher Nation bekämpft Kaiser Karl V. die evangelischen Fürsten seit 1546 mit Waffengewalt, aber ohne wirklichen Erfolg. Deshalb schließt sein Bruder, der spätere Kaiser Ferdinand I., 1555 den Augsburger Religionsfrieden mit den Reichsständen, d.h. mit den Fürsten, Grafen und Städten, die Sitz und Stimme beim Reichstag hatten. Die Historikerin Luise Schorn-Schütte schreibt über die Beschlüsse:

Das wichtigste Ergebnis des Friedensschlusses war die im Reichsrecht festgeschriebene Anerkennung des evangelischen Bekenntnisses und seiner Kirchenorganisation. Zwei Konfessionen standen seitdem unter dem Schutz des Landfriedens. Mit diesem Ergebnis von 1555 war der Abschluss der Reformation als Bewegung erreicht. Sein Kompromisscharakter zeigte sich in verschiedenen Aspekten. Zum ersten war der Friedensschluss kein Ende der Glaubenskämpfe. Diese wurden weitergeführt; der andere Wahrheiten ausschließende Absolutheitsanspruch beider Konfessionen verstärkte sich sogar noch in den Jahren nach 1555. Die Wege der Auseinandersetzungen aber sollten friedlicher Natur sein; der Rechtsweg blieb ausdrücklich offen. [...]
Zum zweiten erstreckte sich der Frieden lediglich auf zwei Konfessionen: Die Zwinglianer wurden ausdrücklich ausgeschlossen. Insofern war der Weg zur religiösen Neutralität weltlicher Herrschaft noch recht weit [...].
Das Recht der Bekenntniswahl zum dritten wurde nur den weltlichen Reichsständen, nicht den Individuen zugesichert. Der ausdrücklich aufgenommene Vorbehalt, wonach geistliche Reichsstände (also z.B. Bischöfe) nur zum Protestantismus übergehen konnten, wenn sie alle ihre geistlichen und weltlichen Herrschaftsrechte aufgäben, beschränkte faktisch die freie Bekenntniswahl. Nur in den konfessionell gemischten Reichsständen blieb die Bikonfessionalität gewahrt. Jeden Einzelnen stand allerdings das Recht auf Auswanderung zu (beneficium emigrandi).
Die Regelung, die politisch die weitreichendsten Folgen hatte, zum vierten, war das Recht der weltlichen Reichsstände zur Festlegung des Bekenntnisses auch für ihre Untertanen (ius reformandi). *Cuius regio eius religio*[1], so lautete die durch die Reichsjuristen geprägte Formel. Bemerkenswert ist vor allem, dass die auf Reichsebene durch den Religionsfrieden erreichte konfessionelle Gleichrangigkeit (Parität) auf der Ebene der Territorien geradezu verhindert wurde: Hier galt die konfessionelle Geschlossenheit, deren Durchsetzung zu einem wesentlichen Teil der Politik der Herrschaftszentrierung wurde.

Luise Schorn-Schütte, Die Reformation. Vorgeschichte, Verlauf, Wirkung, München [5]2011, S. 88-90

1. *Fassen Sie die Folgen des Augsburger Religionsfriedens in eigenen Worten zusammen.*
2. + *Die Historikerin beschreibt den Augsburger Religionsfrieden als „Religionskompromiss im Reich". Erläutern Sie diese Aussage anhand des Textes.*
3. + *Beurteilen Sie, ob der Augsburger Religionsfrieden als „Abschluss der Reformation" (Zeile 5 f.) bezeichnet werden kann.*

[1] **apologetisch**: verteidigend (gemeint: die Grundsätze der katholischen Kirche verteidigend)
[2] **Häresie**: Ketzerei

[1] **cuius regio, eius religio** (dt.: „wessen das Land, dessen die Religion"): Diese Formel wurde vom Greifswalder Juristen Joachim Stephani 1612 geprägt.

Exkurs: Konfessionelle Änderungen in Niedersachsen

Die Reformation in Niedersachsen Auf dem Gebiet des heutigen Niedersachsen gab es zur Zeit der Reformation viele Fürstentümer, Bistümer und Einzelherrschaften. Bis Ende des 16. Jahrhunderts waren diese weitgehend protestantisch. Nur einige Gebiete blieben katholisch oder wurden es später wieder. In Ostfriesland breitete sich der Calvinismus aus, was nicht zuletzt an der Nähe zu den calvinistisch geprägten Niederlanden lag (▸ M1).

Die großen Städte Niedersachsens führten eigenständig die Reformation durch. Dort waren es vor allem die unteren Volksschichten, die die lutherische Lehre durchsetzten. Den neuen Kirchenliedern Luthers kam dabei eine besondere Bedeutung zu (▸ M2). Die Einführung der Reformation lief allerdings nicht überall lautlos ab. In Lüneburg, Göttingen und Hannover war sie von Auseinandersetzungen zwischen dem Rat und der Gemeinde begleitet (▸ M3).

In den kleineren Städten und auf dem Land war die Haltung des Fürsten ausschlaggebend, ob sich für oder gegen die Reformation entschieden wurde. Für die Landesherren spielten politische Interessen eine nicht unwesentliche Rolle. Mit der Einführung der Reformation verband sich nämlich für sie ein deutlicher Machtzuwachs. So standen sie nun der Landeskirche als oberster Kirchenherr vor. Proteste bei ihren Untertanen blieben aus, dagegen regte sich bei den niedersächsischen Frauenklöstern Widerstand (▸ M4).

▲ **Elisabeth von Braunschweig-Lüneburg.**
Ölgemälde, um 1530 (Ausschnitt).
Siehe den Code 32033-14.

Fürstenreformation: das Beispiel Calenberg-Göttingen Im Fürstentum Calenberg-Göttingen regierte seit 1495 der katholische Herzog *Erich I. von Braunschweig-Lüneburg* mit seiner Gemahlin *Elisabeth*, die 1538 öffentlich zur lutherischen Konfession übertrat. Während sich Erich I. an der Reichspolitik beteiligte und Kaiser Karl V. gegen die protestantischen Fürsten unterstützte, verwaltete Elisabeth das Land, verfasste christliche Lieder und Gebete.

Als der Herzog 1540 starb, übernahm Elisabeth die Regierungsgeschäfte für ihren minderjährigen Sohn *Erich II.* und ordnete 1542 an, die Reformation im Fürstentum einzuführen. Auf Anraten Martin Luthers, mit dem sie Briefe wechselte, berief sie den hessischen Reformator *Antonius Corvinus*. Er organisierte die Reformation und verfasste eine lutherische Kirchenordnung.

Bei der Auflösung der Klöster ging Elisabeth behutsam vor. Die ehemaligen Nonnen ließ sie dort weiter wohnen und beanspruchte nicht wie andere Fürsten die Einnahmen und Schätze der Klöster. Sie übertrug sie einem Klosterfonds mit dem Zweck, damit „gute Werke zu tun".

1546 übernahm Erich die Regierung, verließ aber bald darauf das Fürstentum, um einer Einladung Kaiser Karls V. nach Regensburg zu folgen. Der ernannte ihn zum kaiserlichen Obersten. Erich kämpfte nun gegen die protestantischen Fürsten und trat 1547 zum katholischen Glauben über. Sein Versuch, das Fürstentum Calenberg-Göttingen zu rekatholisieren, scheiterte allerdings am Widerstand des Adels und der Städte. Schließlich ließ er den lutherischen Gottesdienst wieder zu und bestätigte 1555 die Kirchenordnung von 1542. Dass sein Fürstentum evangelisch blieb, lag an den weiteren Bemühungen seiner Mutter Elisabeth. Sie sorgte sich um das Territorium, während ihr Sohn als Heerführer in Frankreich und Italien kämpfte.

▲ **Antonius Corvinus.**
Zeitgenössischer Holzschnitt. Die meisten der in Niedersachsen tätigen Reformatoren stammten aus anderen Teilen des Reiches und wurden von den Städten oder den Landesherren berufen. Darunter sind zu nennen: Johannes a Lasco, Hermann Bonnus, Johannes Bugenhagen, Antonius Corvinus und Urbanus Rhegius.

- *Wählen Sie einen der genannten Reformatoren aus. Recherchieren Sie im Internet und/oder in Fachbüchern über sein Wirken in Niedersachsen. Stellen Sie anschließend die Persönlichkeit in einem Kurzreferat vor.*

M1 Konfessionen in Niedersachsen Ende des 16. Jahrhunderts

1. *Arbeiten Sie aus der Karte heraus, welche Konfessionen wie stark in Niedersachsen Ende des 16. Jahrhunderts vertreten waren. Berücksichtigen Sie dabei auch die territoriale Verteilung.*
2. *Informieren Sie sich über die Reformation in Ihrer Region:*
   a) Wann fand sie statt?
   b) Welche Rolle spielten Landesherr oder Stadträte dabei?
   c) Welche Reformatoren waren in Ihrer Region tätig? Was leisteten sie?
   Verfassen Sie auf der Grundlage Ihrer Ergebnisse einen Aufsatz zu dem Thema.

M2 Zur Rolle der Kirchenlieder

Der aus Niedersachsen stammende Historiker Ernst Schubert (1941-2006) schreibt 1997:

Markanter als in anderen deutschen Landen zeigt sich in den niedersächsischen Städten, welche Bedeutung Luthers Lieder für die Durchsetzung seiner Lehre hatten. Mit diesen Liedern störten in Göttingen die Wollwebergesellen 1529 die vom Rat veranlasste Prozession, provozierten damit den Auflauf, der zur erregten Auseinandersetzung über die Berechtigung der neuen Lehre führte. Den Versuch, die Macht der Alten Kirche durch einen herkömmlichen Gottesdienst noch einmal zu demonstrieren, unterband die Braunschweiger Gemeinde, indem sie sang: „Oh Gott im Himmel, sieh darein und lass Dich des erbarmen“. Die Gemeinde hatte kein Gesangbuch, die neuen Lieder lebten in ihr; allen waren sie bekannt. Nicht etwa Luthers große Bekenntnisschriften, sondern seine Lieder öffneten der neuen Lehre den Weg nach Niedersachsen. Das Singen lutherischer Lieder war im Grunde eine Fortsetzung dessen, was die Laien mit Wallfahrten und Prozessionen in früherer Zeit gewollt hatten: aktive Teilhabe am Gottesdienst. An den Sinn nur von Klerikern verantworteter Zeremonien wurde jetzt nicht mehr geglaubt.

Ernst Schubert, Die Reformation und ihre Folgen, in: Bernd Ulrich Hucker, Ernst Schubert und Bernd Weisbrod (Hrsg.), Niedersächsische Geschichte, Göttingen 1997, S. 274-280, hier S. 276 f.

1. *Arbeiten Sie die Bedeutung der Kirchenlieder für die Durchsetzung der Reformation in den niedersächsischen Städten nach Schubert heraus.*
2. *Erklären Sie die Aussagen in Zeile 15 bis 18.*

M3 Stadtreformation

Der Historiker Carl-Hans Hauptmeyer äußert sich im Jahre 2009 in seiner Geschichte Niedersachsens über die Einführung der Reformation in Hannover:

Die weitgehend autonome Stadt stand in gutem Einvernehmen mit dem welfischen Landesherrn, der wiederum die Beziehungen zu Kaiser und Reich pflegte. Die meisten Zünfte waren allerdings nicht im Rat vertreten, in dem eine kleine Gruppe wohlhabender Handelsbürger die Macht in der Hand hielt. Da die Wirtschaftslage günstig war, kamen immer mehr Handwerker und Händler aus den nicht ratsbeteiligten Gilden zu Vermögen. Da bot die evangelische Bewegung eine Chance, das verkrustete Herrschaftssystem aufzubrechen. Die Lutheranhänger forderten ab 1524 eine Kirchenreform und stellten Beschwerden über wirtschaftliche Missstände zusammen. Zaghafte Zugeständnisse des Rates berührten nicht die Religionsfrage. Dies führte dazu, dass ein Teil der Bürgerschaft die städtische Tradition des Schwurverbandes wiederaufgriff. Am 26. Juni schwor eine Versammlung von Bürgern auf dem hannoverschen Marktplatz, zu Martin Luthers Wort zusammenzustehen: Reformation „von unten". Der Rat floh in das altgläubige Hildesheim. Daraufhin ließ der Landesherr die Zufahrtsstraßen sperren. Hunger und Anarchie machten sich breit. Benachbarte Städte, in denen die Reformation ebenfalls Fuß fasste, schalteten sich ein und erreichten im Juli 1534 schließlich einen Ausgleich, der die Reformation sicherte, die einstige Führungsgruppe aber dauerhaft entmachtete. Der neue Rat erweiterte in der Kirchenordnung von 1536 die bereits traditionellen Möglichkeiten der weltlichen Einflussnahme auf kirchliche Angelegenheiten in der Stadt. Die klösterlichen Konvente wurden aufgelöst, eine Disziplinargerichtsbarkeit für den Klerus eingerichtet, Eheangelegenheiten dem Rat unterstellt und die Pfründenvermögen eingezogen. Das Abendmahl wurde in beiderlei Gestalt gereicht und die Predigt in deutscher Sprache gehalten.

Carl-Hans Hauptmeyer, Geschichte Niedersachsens, München 2009, S. 53

Charakterisieren Sie ausgehend von M3, wie die Einführung der Reformation in Hannover verlief.

M4 Widerstand gegen die Reformation?

Über die Frauenklöster während der Reformationszeit heißt es bei Ernst Schubert:

Entschlossener Widerstand wurde am sichtbarsten in vielen Frauenklöstern geleistet, während die Mönche, mit Pensionen oder Schreiberstellen versorgt, sich eilig mit den neuen Verhältnissen abfanden. Im Lüneburger Fürstentum zum Beispiel fügte sich das altadlige Benediktinerkloster St. Michael ziemlich schnell den Wünschen des Landesherrn, Ernst des Bekenners. Anders die Frauenklöster im Fürstentum. Alle Bemühungen Herzog Ernsts, mit eigens abgesandten lutherischen Predigern die Nonnen von der neuen Lehre zu überzeugen, begegneten hartem kollektivem Widerstand. In Lüne zogen bei einer protestantischen Predigt die Nonnen die ältesten Filzlatschen an, „dass es in der Kirche so grausam übel stank, dass der Prediger mit allem Volk daraus gehen mussten". In Medingen wurde Luthers Bibelübersetzung, vom Fürsten übersandt, ins Feuer geworfen. Der Fürst persönlich musste eingreifen, musste Visitationen vornehmen, bei denen die Nonnen in hartnäckigem Widerstand verharrten, der selbst nach einem Jahrzehnt noch nicht gebrochen war. Auch in anderen Teilen Niedersachsens waren es die Frauenklöster, die sich der Reformation massiv widersetzten.

Ernst Schubert, a.a.O., hier S. 278

Erklären Sie, warum gerade Frauenklöster Widerstand gegen die Einführung der Reformation leisteten.

Methoden-Baustein

Hinweis: Abbildungen aus Flugschriften, die analysiert werden können, finden Sie auf Seite 114, 115 und 118.

Illustrierte Flugblätter untersuchen

Die Erfindung des Buchdrucks im 15. Jahrhundert prägte die Geschichte nachhaltig, indem sie schriftliche Information und Einflussnahme auf breite Massen ermöglichte. Neben Büchern spielten illustrierte Flugblätter in der politischen und religiösen Publizistik eine zentrale Rolle: in der vorreformatorischen konfessionellen Streitkultur, auf dem Höhepunkt der Reformation, im Bauernkrieg und schließlich wieder im Dreißigjährigen Krieg. Solche Flugblätter wandten sich durch die Kombination von Bild und Text nicht nur an Intellektuelle, sondern auch an die noch nicht vollständig alphabetisierte Bevölkerung in Stadt und Land. Sie wurden von Kolporteuren (von frz. „colporteur": Hausierer) im Auftrag von Druckern auf den Märkten der Messestädte verkauft, gingen von Hand zu Hand und dienten auch als Maueranschläge.
Illustrierte Flugblätter sind Einblattdrucke, d.h. einseitig bedruckte Blätter mit Bildern (Holzschnitte oder Kupferstiche), im Gegensatz zu den Flugschriften, die mindestens vier Seiten Umfang haben. Da diese Flugblätter die Adressaten sofort erreichen wollen, arbeiten sie oft mit Vereinfachungen, was die Bild- und Textgestaltung betrifft. Sie nutzen in der Regel eine plakative Argumentation, die den Betrachter belehren oder bei ihm religiöse, politische und soziale Gefühle wecken soll. Flugblätter dienen dazu, zu informieren, das eigene Lager zu mobilisieren, den Gegner zu provozieren oder an die weltlichen und geistlichen Herrscher zu appellieren. Sie gelten als Vorstufe der Karikaturen in der Moderne.

Überblick

- Welches allgemeine *Thema*, welche *Konflikte* werden aufgegriffen? Welchen Sachverhalt stellt der Künstler dar?
- Welche *Besonderheiten* stechen sofort ins Auge?
- Welche Informationen über den *Künstler*, den *Auftraggeber*, den *Ort des Druckes* und das *Erscheinungsjahr* sind bekannt?

Beschreibung und Analyse

- Aus welchen *Elementen* besteht das Flugblatt?
- *Wen* oder *was* zeigt das Flugblatt? Welche Elemente sind überzeichnet?
- Welche *Bildelemente* befinden sich im Vordergrund bzw. Hintergrund? Was steht im Mittelpunkt?
- Welche *Symbole* werden eingesetzt?
- Durch welche *Attribute* werden die Protagonisten kenntlich oder auch lächerlich gemacht?
- In welchem *Verhältnis* stehen *Text und Bild*?

Historischer Kontext und Hintergrundwissen

- In welchem *historischen Kontext* lässt sich das Flugblatt einordnen? Aus welchem *Anlass* ist das Flugblatt entstanden?
- An welche *Adressaten* wendet sich das Flugblatt?
- Was weiß der Künstler über das dargestellte Thema und die *Hintergründe*?
- Gibt es ähnliche Flugblätter mit denen es *vergleichbar* ist?

Interpretation (Verknüpfen der Analyse und des Hintergrundwissens)

- Welche *Botschaft* will das Flugblatt vermitteln?
- Durch welche *Textaussagen* wird die Botschaft des Bildes unterstrichen?
- Wie *bewertet* der Künstler den dargestellten Sachverhalt?
- Bezieht der Künstler *Stellung* zu einer Konfliktpartei?

Beispiel: Aufklappbares Flugblatt „Ego sum Papa“ (Holzschnitt, um 1500)

Analysieren Sie das Flugblatt mithilfe der Fragen auf Seite 128. Ihre Ergebnisse können Sie mit der Lösungsskizze unter dem Code 32033-15 vergleichen.

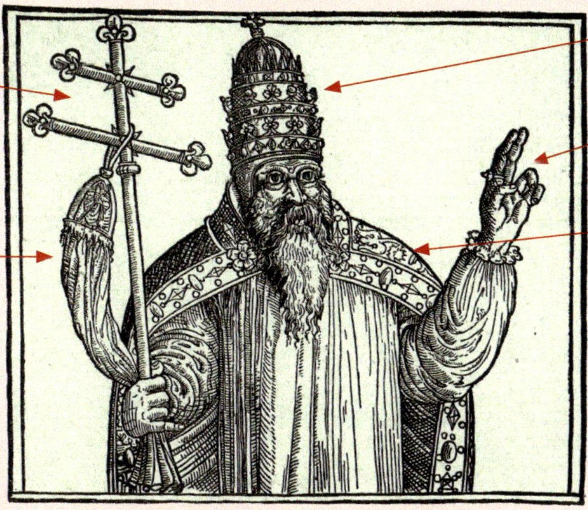

Patriarchenkreuz
Doppelkreuz

Vexillum
Fahne

Tiara
Dreifachkrone des Papstes

Erhobene Hand
zum Segensgestus

Papst
Dargestellt ist Alexander VI., der von 1492 bis 1503 das Amt bekleidete

Kopfschmuck mit drei brennenden Feuerreifen
erinnert an Tiara

Zweizack mit Galgenstrick
versinnbildlicht die Macht über Leben und Tod

Widderhörner

Flammengesäumter Mantel

„Ego sum Papa.“
heißt übersetzt: „Ich bin der Papst.“

Klauenpfote mit scharfen Krallen
steht für den Teufel

Gebogener Doppelschnabel

Fratzenartiges Gesicht mit Schnabel
Teufelsdarstellung

Geschichte kontrovers

Martin Luther – ein Idol der Deutschen?

Die Person Martin Luther steht wie keine zweite für die Reformation. 2003 wurde er im Rahmen der ZDF-Sendung „Unsere Besten – Die größten Deutschen“ von den Zuschauern auf den zweiten Platz gewählt. Das Jubiläumsjahr 2017 brachte neben zahlreichen Publikationen auch diverse Merchandising-Artikel sowie ein Luther-Musical und Fernsehsendungen hervor, die das Bild des Reformators prägen. 500 Jahre nach dem Beginn der Reformation wird dessen Rolle neu diskutiert. Dabei stellt sich die Frage, nach welchen Maßstäben die Bewertung erfolgen soll. Luthers standhafter Position im Konflikt mit dem Papst um den Ablasshandel und der deutschen Bibelübersetzung stehen aus heutiger Sicht sein Antisemitismus und seine Rolle im Bauernkrieg gegenüber. Taugt er dennoch zum Vorbild?

M1 Luther als Modernisierer

Auf der offiziellen Internetseite zum Lutherjahr 2017 wird die Wirkung des Reformators wie folgt dargestellt:

Die Reformation revolutionierte nicht nur das geistliche Leben, sondern stieß auch eine umfangreiche gesellschaftspolitische Entwicklung an. Ausgehend von Luthers Berufung auf das eigene Gewissen entdeckten die Menschen zunehmend ihre eigene Persönlichkeit – und wurden mündiger gegenüber der Kirche und dem Staat. Das führte zu einer Erosion der uneingeschränkten Macht der bisherigen Autoritäten. Aus der Freiheit jedes Einzelnen entstand die Gewissensfreiheit, die bis heute unser Miteinander in Staat, Kirche und Gesellschaft prägt. Entsprechend erwuchs aus der Reformation ein neues Verständnis von Öffentlichkeit.
Mithilfe des bereits im 15. Jahrhundert von Gutenberg erfundenen Buchdrucks[1] verbreiteten sich Luthers Schriften explosionsartig im ganzen Land und damit auch die von ihm verwendete Sprache. Luthers Übersetzung der Bibel ins Deutsche war der Grundstein für die Entstehung einer einheitlichen deutschen Schriftsprache. Sie eröffnete erstmals auch den Menschen aus niederen Bildungsschichten einen Zugang zu Sprache, Kommunikation und Medien. Der Buchdruck ersetzte den geistlichen Stand, der bis dahin als alleinige heilsvermittelnde Institution auftrat. Gottes Wort stand jetzt prinzipiell jedem offen, der in der Lage war zu lesen. Die Reformation sorgte so für einen gewaltigen Bildungsschub, denn die Alphabetisierung der gesamten Bevölkerung – Mädchen wie Jungen! – wurde zum neuen Bildungsideal.

Nach: www.luther2017.de/de/reformation/und-gesellschaft/ (Zugriff: 14. Dezember 2017)

[1] Zum Buchdruck siehe Seite 102 f.

M2 Luther-Kult

*Der Ethnologe Felix Riedel (*1980) setzt sich in „Jungle World“, einer linken politischen Wochenzeitung aus Berlin, kritisch mit der Luther-Verehrung auseinander. In einem Online-Artikel vom Juni 2017 heißt es:*

In Marburg, der „Reformationsstadt 2017“, wurde 1527 die erste protestantische Universität gegründet. Vermutlich liegt es daran, dass es der Stadt immer noch schwerfällt, sich mit Martin Luthers Antisemitismus auseinanderzusetzen. Immerhin soll es im Rahmen der „Luther- und Reformations-Aktivitäten 2017“ einen „Zettelkasten“ auf dem Gelände der 1938 zerstörten Synagoge geben, in dem öffentlich Zitate aus Luthers Hetzschrift „Von den Juden und ihren Lügen“ (1543) thematisiert werden. Die von der SPD geführte Stadtverwaltung sucht derweil ostentativ[1] das Bündnis mit den Religionen: Sie fördert die protestantische Elisabethkirche ebenso wie konservative Moscheen und den Christustreff. Ein „Runder Tisch der Religionen“ soll helfen, Marburg als „weltoffen“ zu verkaufen, Atheisten sind nicht vorgesehen. [...]
Die Kirchen stellen sich heute einträchtig an die Seite des Islam, um den gemeinsamen Feind, die Säkularisierung, auf Abstand zu halten. Irgendeine fortschrittliche Funktion ist heutzutage weder vom Katholizismus noch vom Protestantismus zu erwarten. Die marginalen Liberalisierungsversuche in Sachen Frauenrechte, Homosexualität, Kinderschutz, Ökologie hinken dem gesellschaftlichen Fortschritt hinterher, für den säkulare Organisationen gegen die kirchlichen und mit einem Bruchteil von deren Ressourcen eingetreten sind.
Und doch war der Protestantismus einst revolutionär. Sowohl die Gegner als auch die Anhänger der Reformation reduzierten diese auf die Figur Martin Luther und übersahen die geschichtliche Dialektik, durch die die Reformation unvermeid-

[1] **ostentativ**: bewusst betont

▶ **Luther als Playmobil-Figur.** *Die Deutsche Zentrale für Tourismus und die Stadt Nürnberg haben im Februar 2015 die Luther-Spielfigur als Werbebotschafter für Reisen nach Deutschland der Öffentlichkeit vorgestellt. In kürzester Zeit stieg der Miniatur-Luther zur meistverkauften Playmobil-Figur auf. Das aufgeklappte Buch in den Händen der Figur verweist mit einem kurzen Text auf die Bibelübersetzung durch den Reformator.*

■ *Beschreiben Sie die Luther-Figur und ihre Wirkung.*

bar wurde. Auch wenn der Katholizismus über 1000 Jahre lang sein Monopol in Westeuropa verteidigen konnte, haben seine inneren Widersprüche stets Konkurrenten hervorgebracht. [...]

Strukturell war der Protestantismus Aufklärung: Der einzelne Gläubige wurde zum Herrn seines Glaubens, er sollte es wagen, Inhalte und Quellen zu prüfen. [...]

Allerdings wäre die Frühaufklärung ebenso undenkbar gewesen ohne die Wiederentdeckung antiker Schriften während der Eroberung der islamischen Bibliotheken in der Reconquista[2], ohne die vom katholischen Italien ausgehende Renaissance[3], ohne die Katholiken Erasmus von Rotterdam[4] und René Descartes[5]. Das Bild des Katholizismus als Hort der Reaktion, konservativ, mystisch und stets auf Hexenjagd, ist historisch nicht haltbar. Was die großen Hexenjagden der Renaissance angeht, so ließen sie gerade die erzkatholischen Länder Italien, Spanien und Portugal nahezu unberührt. Die heftigsten Hexenjagden fanden im umkämpften Mitteleuropa statt und dort standen die Protestanten den katholischen und weltlichen Hexenjägern in nichts nach. Ihre Dämonologien waren nicht fortschrittlicher und Kritik an Hexereivorstellungen kam ebenso aus dem katholischen wie aus dem protestantischen Lager. [...]

Wo die Reformation von sozialen Bewegungen überlagert wurde, sabotierte ihr Bündnis mit reformierten Feudalherren rasch ihr klassenkämpferisches Moment. Luther wandte sich von der revoltierenden Landbevölkerung ab und empfahl zuletzt, die aufständischen Bauern „wie einen tollen Hund" zu erschlagen, „zerschmeißen, würgen, stechen, heimlich und öffentlich". Ganz ähnlich schlug seine anfängliche Sympathie für Juden in sadistische Verfolgungslust um. Obrigkeitshörigkeit sollte sein Ideal bleiben. Bot die katholische Kirche ein liberales Konzept von Sünde, so gab es für den Protestantismus eine straffere Verpflichtung auf das begriffene Wort, das Gesetz hatte in die Individuen einzuwandern. [...]

Im 19. Jahrhundert zerbrach das Bündnis von Protestantismus und Wissenschaft unter dem Schock von Charles Darwins Evolutionstheorie endgültig. Die Entdeckung der fleisch-fressenden Pflanzen, der Dinosaurier und des Chaos der Evolution mit dem bloßen Zufall der Menschwerdung des Affen zerstörte die letzten Hoffnungen auf einen göttlichen Plan. [...] Der am Darwin-Schock verstorbene Gott lebt fort, weil die Menschen die geistige Obdachlosigkeit scheuen. Längst berauscht an Religion nichts mehr – wie beim Opium werden die Gläubigen lediglich zittrig, wenn sie keine mehr haben. Die anlaufenden Kirchentage greifen daher auf Bespaßung und Stars zurück – um Ökumene geht es, ums gemeinsame Durchhalten, nicht um Reformation oder Bekehrung.

Nach: https://jungle.world/artikel/2017/22/religion-berauscht-nicht-mehr (Zugriff: 14. Dezember 2017)

1. *Geben Sie das Luther-Bild von M1 und M2 jeweils in einer These wieder.*
2. *Vergleichen Sie M1 und M2. Arbeiten Sie dabei die unterschiedlichen Bewertungskriterien zum Wirken Luthers heraus.*
3. *Nehmen Sie Stellung zu der Ausgangsfrage: Luther – ein Idol der Deutschen?*
4. *Entwickeln Sie einen Anforderungskatalog zu der Frage, wie man historischen Persönlichkeiten anlässlich von Jubiläen gedenken sollte.*

[2] Siehe hierzu M3 auf Seite 39.
[3] Über die Renaissance informiert vor allem Seite 86 ff.
[4] Lesen Sie zu Erasmus von Rotterdam nochmals Seite 100.
[5] **René Descartes** (1596-1650): Philosoph und Naturwissenschaftler aus Frankreich

Kompetenzen anwenden

Das 15. und 16. Jahrhundert – eine Zeit des geistigen Umbruchs?

Wiederentdeckung der Antike

Renaissancekünstler

- Malerei / Plastik: Zentralperspektive, Realitätsnähe
- Baukunst: Harmonie, Kuppeln
- Vertreter: Michelangelo, Raffael, da Vinci, Dürer

Studium antiker Schriften

Träger der Bildungsbewegung

Humanisten

- Transfer des Wissens, des Weltverständnisses und der Lebenshaltung der Antike
- Bildungsziele: Gelehrsamkeit, richtige Lebensführung
- Vertreter: Erasmus von Rotterdam

BEGINN DER MODERNE

Neues Menschenbild

- Mensch als Gestalter seiner Lebenswelt
- Leitbild: „uomo universale" (allseits gebildeter Mensch)

Neues Weltbild

- heliozentrisches Weltbild (Kopernikus, Galilei) = Erde kreist um die Sonne

„Medienrevolution"

- Erfindung des Buchdruckes mit beweglichen Lettern (Gutenberg)

- Verbreitung von Wissen und Information
- Massenproduktion (Bücher, Flugblätter, Flugschriften)

- Nutzen der Druckmedien durch die Gegenreformation der katholischen Kirche

- Voraussetzung für die rasche Verbreitung der Reformation
- Vermitteln der Glaubensinhalte durch reformatorische Flugschriften und Flugblätter

M Eine Ausstellung planen

Das Foto von 2010 zeigt einen Raum mit Ausstellungsstücken zur Renaissancezeit im Londoner „Victoria and Albert Museum".

1. *Sie sind Mitglied einer Kommission, die über die Konzeption und Gestaltung einer neuen Ausstellung mit dem Titel „Das 15. und 16. Jahrhundert – eine Zeit des geistigen Umbruchs?" berät. Im Mittelpunkt steht die Auseinandersetzung mit der Renaissance, dem Humanismus und der Reformation in Europa. Dabei sollen vor allem sozial-, kultur- und ideengeschichtliche Dimensionen berücksichtigt werden. Die Ausstellung ist für ein breites Publikum, also verschiedene Altersgruppen, gedacht. Bilden Sie Kleingruppen und diskutieren Sie anschließend folgende Gesichtspunkte:*

- *Auswahl eines geeigneten Ortes*
- *Gliederung der Ausstellung (Stationen)*
- *Auswahl zentraler Exponate*
- *Gestaltung der Ausstellungstafeln (Bild- und Texttafeln)*
- *Einsatz von Medien*
- *Gestaltung der Räume (Anlegen eines Grundrissplans)*

Begründen Sie Ihre Entscheidungen zu den einzelnen Punkten stichpunktartig. Achten Sie bei der Auswahl der Exponate darauf, dass verschiedene Quellengattungen abgedeckt werden.

2. *Die Ausstellung „Das 15. und 16. Jahrhundert – eine Zeit des geistigen Umbruchs?" soll auch in der Öffentlichkeit beworben werden. Verfassen Sie dazu in Ihrer Gruppe geeignete Werbetexte. Überlegen Sie zuvor, wo der Text veröffentlicht werden soll (Internet, Zeitung, Magazin, Flyer etc.).*

▲ **Mauern überwinden.**
Foto vom 9. November 2014, Berlin.
Anlässlich des 25-jährigen Jubiläums des Mauerfalls führen junge Leute an der East Side Gallery in Berlin Turnübungen unter dem Motto „Zirkus überwindet Grenzen“ auf. Mit Tanz, Jonglage und Akrobatik wollen die Jugendlichen an diesem Tag symbolisch die „Mauer“ überwinden.

- *Erläutern Sie, warum der 9. November 2014 durch verschiedene Aktionen und Veranstaltungen feierlich begangen wurde. Welche Bedeutung hat er als nationaler Gedenktag?*
- *Jugendliche setzten das Thema „Zirkus überwindet Grenzen“ zum Mauerfalljubiläum 2014 kreativ um. Wie und wo würden Sie einen solchen Gedenktag begehen? Entwickeln Sie eigene Gestaltungsideen.*

▶ **I love EU.**
Foto vom 2. Juli 2016, London.
Bei einem Anti-Brexit-Marsch halten zwei junge Frauen proeuropäische Plakate in den Händen. Sie gehören zu den Tausenden, die gegen den Austritt des Vereinten Königreiches aus der Europäischen Union demonstrierten. Am 23. Juni 2016 hatten bei einem Referendum des Vereinigten Königreiches die Wahlberechtigten mehrheitlich für einen EU-Austritt gestimmt.

- *Beschreiben Sie, was Europa und insbesondere die Europäische Union für Sie persönlich bedeutet.*
- *Erklären Sie, warum vor allem die junge Generation, wie auf dem Foto, für den Verbleib des Vereinten Königreiches in der EU demonstriert.*

Im Jahre 1945 waren Deutschland und seine Verbündeten vollständig besiegt und die verbrecherische Herrschaft der Nationalsozialisten beendet worden. Unter dem Krieg, der von Deutschland angezettelt worden war, hatten viele Länder blutig gelitten. Die Sieger des Krieges hatten aber völlig unterschiedliche Vorstellungen über die Gestaltung der Welt. Zwei Modelle standen sich verfeindet und bald auch schwer bewaffnet gegenüber: Länder, die sich die Vereinigten Staaten von Amerika zum Vorbild nahmen, und Staaten, die an der Sowjetunion oder an China orientiert waren. Deutschland wurde durch diese Konfrontation geteilt; die Grenze zwischen den Machtblöcken lief mitten durch unser Land. Die Entwicklung der Gesellschaften beiderseits der Grenze verlief in völlig anderen Bahnen.

Erst 1989/90 setzte sich das demokratische Gesellschaftssystem der USA und ihrer Verbündeten gegenüber dem sozialistischen Modell des Ostblocks durch. Entscheidend war der Mut vieler Menschen in Ländern des sowjetischen Machtbereichs, ihre Freiheit einzufordern. Höhe- und Wendepunkt der friedlichen Revolution in der DDR bildete die Öffnung der Berliner Mauer am 9. November 1989. In Verhandlungen mit den USA, der Sowjetunion, Großbritannien und Frankreich gelang es der damaligen Bundesregierung, die Zustimmung zur Wiedervereinigung zu erreichen.

Nach der Auflösung des Ostblocks strebten viele ehemalige sozialistische Staaten Ost- und Mitteleuropas in die Europäische Union. Im Juli 2013 trat Kroatien als 28. Mitgliedstaat der EU bei. Weitere Kandidaten wie die Türkei bemühen sich um eine Aufnahme. Der europäische Einigungsprozess ist derzeit jedoch schweren Belastungsproben ausgesetzt: Einst als Projekt für Frieden und Sicherheit in Europa begonnen, befindet er sich angesichts ökonomischer und politischer Spannungen in einer Legitimationskrise.

Das **Rahmenthema 2** behandelt die jüngste Zeitgeschichte – konkret den Übergang vom 20. zum 21. Jahrhundert. Die durch den Zerfall der bipolaren Welt angestoßenen Veränderungen stehen dabei im Fokus. Für das Rahmenthema sind folgende historische Fragestellungen relevant:

- Welche Krisen und Umbrüche lassen sich an der Wende zum 21. Jahrhundert feststellen?
- Was löste die Krisen und Umbrüche aus?
- Wie lassen sie sich charakterisieren?
- Welche politischen, gesellschaftlichen und wirtschaftlichen Folgen hatten sie? Wie wirken sich die Folgen bis heute aus?
- Inwiefern kann der Übergang vom 20. zum 21. Jahrhundert als „Zeitenwende“ bezeichnet werden? Was spricht dafür, was dagegen?

1. + *Testen Sie Ihr Vorwissen und tragen Sie in der Klasse zusammen, welche Krisen, Umbrüche oder Wendepunkte Ihnen Ende des 20. Jahrhunderts / Anfang des 21. Jahrhunderts bekannt sind. Gliedern Sie diese nach folgenden Perspektiven: global, europäisch und national.*
2. + *Erklären Sie anschließend, warum Sie die genannten historischen Ereignisse als Krisen, Umbrüche oder Wendepunkte bezeichnen würden.*
3. + *Der Mauerfall in der DDR – der geplante EU-Austritt des Vereinigten Königreiches. Erörtern Sie, ob es sich hierbei um Krisen, Umbrüche oder Wendepunkte handelt.*

Theorie Baustein

Imperium und Hegemonie im späten 20. Jahrhundert

Herrschaft oder Führung? In Vergangenheit und Gegenwart haben einzelne Staaten oder Mächte immer wieder versucht, ihre politische, gesellschaftliche oder wirtschaftliche Ordnung anderen Ländern aufzuerlegen. Das Ziel solcher Tendenzen war und ist entweder die Schaffung eines Groß- oder Weltreiches (*Imperium*, von lat. imperare: befehlen, herrschen, gebieten) oder das Erlangen einer Vormachtstellung (*Hegemonie*, von altgriech. hēgemonía: Heerführung, Oberbefehl) über einen bestimmten Raum oder gar weltweit. Imperien wollen ihren Machtbereich beherrschen, während Hegemonialmächte lediglich auf die Führung in ihrem Einflussgebiet bedacht sind. Gleichwohl gibt es Überschneidungen. Imperien können zugleich Hegemonien sein, wie etwa das britische Empire im 19. Jahrhundert, das sowohl Weltreich mit großer territorialer Ausdehnung als auch global führende See- und Handelsmacht war (▸ M1 und M2).

USA und Sowjetunion nach 1945 Anschauung für das Wechselspiel von imperialer und hegemonialer Politik boten auch die Supermächte USA und Sowjetunion seit dem Ende des Zweiten Weltkrieges. Beide Mächte verstanden sich zwar nicht als Imperien, da dies im Widerspruch zu ihrer jeweiligen Weltanschauung stand (USA: **Liberalismus** und antikoloniale Ursprünge; UdSSR: **Kommunismus** als Befreiungsbewegung). Dennoch besaßen die USA wie die Sowjetunion ihre je eigene imperiale Machtsphäre (Lateinamerika als „Hinterhof" der USA, „Satellitenstaaten" der Sowjetunion in Ostmitteleuropa). Darüber hinaus vertraten die Supermächte einen hegemonialen Anspruch, insofern sie ihr eigenes gesellschaftliches und wirtschaftliches System – liberale Demokratie und freie Marktwirtschaft hier, Sozialismus und Planwirtschaft[1] dort – international durchzusetzen suchten. Das galt zunächst für das vom Zweiten Weltkrieg zerstörte Europa und Japan, bald auch für die Länder der sogenannten Dritten Welt, die aus der Auflösung der alten Kolonialreiche hervorgingen (▸ M3-M5).[2]
Aus der weltweiten Konkurrenz beider Systeme entstand der *Ost-West-Konflikt* der zweiten Hälfte des 20. Jahrhunderts. Er kann als globales Ringen um die Hegemonie verstanden werden. Im Rahmen dieser Auseinandersetzung sahen sich die Supermächte wiederholt veranlasst, Gewalt anzudrohen oder einzusetzen und insofern wie Imperien zu handeln (USA: Koreakrieg (1950-1953), Kubakrise (1962), Vietnamkrieg (1955-1975); UdSSR: militärische Interventionen in Ostmitteleuropa (1950er- und 60er-Jahre), Mauerbau in Berlin (1961)[3], Breschnew-Doktrin (1968), Einmarsch in Afghanistan (1979)).
Ende der 1980er-Jahre nahm die Sowjetunion gezwungenermaßen – weil materiell erschöpft durch den Konkurrenzkampf mit den USA – Abstand von ihrem Herrschaftsanspruch über Ostmitteleuropa. Nach Meinung von Fachwissenschaftlern wollte sie ihre imperiale Machtstellung in eine bloße Hegemonie über die sozialistischen Länder umwandeln. Der Versuch misslang und brachte nicht nur das eigene Bündnissystem zu Fall, sondern auch die UdSSR selbst, da sich etliche Nationen aus dem sowjetischen Vielvölkerreich abspalteten (▸ M6). Auf der anderen Seite blieben die USA als einzige Supermacht übrig. Statt jedoch ihre – nunmehr unbestrittene – hegemoniale Rolle weiter zu pflegen, nutzten die USA ihre Position seit der Jahrtausendwende immer öfter zu Alleingängen. Diese Schritte stellen eben jene Weltordnung in Frage, die die USA seit 1945 selbst aufgebaut haben (▸ M7).

Liberalismus (lat. liber: frei): Im 18. Jh. entstandene Lehre von der freien Entfaltung des Menschen in Staat, Gesellschaft und Wirtschaft. Der Liberalismus fordert die Durchsetzung der Menschen- und Bürgerrechte, rechtliche Gleichstellung, demokratische Mit- oder Selbstbestimmung sowie eine Marktwirtschaft, die von staatlichen Eingriffen möglichst unabhängig bleibt.

Kommunismus (lat. communis: gemeinsam): Denkrichtung, die für die Abschaffung von herrschaftlichem Zwang, sozialer Ungleichheit und allen Privateigentums eintritt. Im 19. Jh. wurde der Kommunismus durch die Theorien von Karl Marx und Friedrich Engels zu einer politisch-gesellschaftlichen Bewegung. Sie reagierte auf die Verelendung der Arbeiter als Folge der Industrialisierung, später auch auf die Ausbeutung von Kolonialvölkern. Im frühen 20. Jh. entwickelte v.a. Wladimir I. Lenin daraus das Programm für eine weltweite politische Revolution.

[1] Eine Begriffserklärung finden Sie auf Seite 158.
[2] Neben den USA und der Sowjetunion lassen sich weitere Beispiele imperialer und hegemonialer Politik im späteren 20. Jh. benennen, etwa das kommunistische China in Fernost, die Auseinandersetzung zwischen Israel und arabischen Staaten um die Vorherrschaft im Nahen Osten oder die wachsende Macht Brüssels im Zuge der europäischen Integration.
[3] Zum Bau der Berliner Mauer siehe Seite 159.

M1 Imperium und Hegemonie: Unterscheidungskriterien

Der Politikwissenschaftler Ulrich Menzel (1947) trägt Merkmale von Imperien und Hegemonien aus allen Epochen der Weltgeschichte zusammen und stellt sie in einer Tabelle gegenüber:*

	Imperium	Hegemonie
Form der Herrschaft	Landmacht	Seemacht, Luftmacht, Weltraummacht, Internetmacht
Reichweite	begrenzt	offen
Lebensdauer	lang	kurz
Kontrolle von	Räumen, Grenzen	Verbindungslinien (z.B. Seewege), Stützpunkten, Netzknoten
Herrschaftskosten	hoch	niedrig
Zahl der Akteure (im internationalen Rahmen)	wenige	viele
Aufstiegs- und Niedergangsphase	kurz	lang
Ursachen des Aufstiegs	einseitige (militärische) Innovationsfähigkeit	breite Innovationsfähigkeit
Ursachen des Niedergangs	imperiale Überdehnung[1]	nachlassende Innovationskraft
Leistungen	Gewähr von Clubgütern[2]	öffentliche Güter (z.B. Freihandel)
materielle Grundlage	Rente (feste Einkünfte, zwangsweise eingeholt)	Profit (dynamische Einkünfte dank überlegener Wettbewerbsfähigkeit)
Finanzierung der internen Ordnung	Tribut (Beiträge der Mitglieder)	eigene Ressourcen
Dilemma	zwischen Aufwand und Ertrag	zwischen Positions- und Statusverlust
Funktionieren der Ordnung durch	Zwang, Hardpower[3]	Akzeptanz, Softpower[4]
Status der Mitglieder	Untertanen, Kollaborateure	freiwillige Gefolgschaft
Motive der Mitglieder	Opportunismus, Furcht, Privilegien	Eigennutz, Faszination, Loyalität
Wechsel der Ordnung	gewaltsam, schnell	friedlich, langsam

Nach: Ulrich Menzel, Imperium oder Hegemonie? Folge 16: Das Ergebnis und der allgemeine Befund (1): Die Idealtypen von Imperium und Hegemonie, Braunschweig 2011, S. 50, Abb. 16.5

1. *Bilden Sie Arbeitsgruppen und wählen Sie jeweils ein historisches Beispiel für ein Imperium (z. B. Rom, das Osmanische Reich, Spanien-Habsburg, Großbritannien, das Frankreich Napoleons I.) oder für eine Hegemonialmacht (z. B. Athen im Attischen Seebund, die Niederlande als Handelsgroßmacht im 17. Jahrhundert, Preußen innerhalb des Deutschen Reiches) aus. Informieren Sie sich über Ihr Beispiel im Internet und/oder in Fachbüchern. Überprüfen Sie anschließend, inwieweit die von Menzel genannten Kriterien zutreffen.*

2. **+** *Finden Sie Beispiele für „Softpower", wie sie den Supermächten USA und UdSSR nach dem Zweiten Weltkrieg zur Verfügung stand. Erläutern Sie Ihre Auswahl.*

3. *Entwickeln Sie für ein Online-Lexikon eine kurze Definition der Begriffe „Imperium" und „Hegemonie". Berücksichtigen Sie dabei auch M1, M2 und den Darstellungstext auf Seite 136.*

[1] **Imperiale Überdehnung** (engl. imperial overstretch): Der von dem englischen Historiker Paul Kennedy geprägte Begriff bezeichnet einen Zustand, in dem die Kosten zur Aufrechterhaltung oder Erweiterung eines Herrschaftsbereichs höher ausfallen als der Ertrag für diesen Einsatz.
[2] **Clubgüter**: Güter, die nur bestimmten Mitgliedern einer Vereinigung oder Gesellschaft vorbehalten sind.
[3] **Hardpower**, hier: militärische oder wirtschaftliche Macht
[4] **Softpower**, hier: kulturelle, wissenschaftlich-technische oder ideologische Anziehungskraft

M2 Strukturmerkmale für Imperien und Hegemonien

*Der Politologe Herfried Münkler (*1951) stellt zur Unterscheidung zwischen Imperium und Hegemonie fest:*

Ob eine politische Ordnung als imperial oder hegemonial zu klassifizieren ist, hängt [...] vom sozioökonomischen[1] Entwicklungsstand und der relativen politischen Stärke der nachgeordneten Bündnispartner und Mächte ab. Ist der Abstand erheblich und wird er womöglich durch die Dynamik des Zentrums noch vergrößert, so ist eine „Imperialisierung" der Dominanzstrukturen die zwangsläufige Folge; ist der sozioökonomische und machtpolitische Abstand zwischen den Beteiligten eher gering und sind die Beziehungen zwischen ihnen über längere Zeiträume stabil, so ist mit einer „Hegemonialisierung" des Machtsystems zu rechnen. [...] Wahrscheinlich ist es sinnvoll, beide Begriffe ganz wertfrei zu verwenden und damit unterschiedliche Kräfteverhältnisse zwischen den Angehörigen einer politischen Ordnung zu bezeichnen: Hegemon ist dann der Erste unter tendenziell Gleichen, wobei wichtig ist, dass sich die Gleichheit nicht auf Rechte und Pflichten beschränkt, sondern auch tatsächliche Fähigkeiten und Leistungen erfasst. Von Imperien soll dagegen gesprochen werden, wenn das Machtgefälle zwischen der Zentralmacht und den anderen Angehörigen der politischen Ordnung so groß geworden ist, dass es auch durch Gleichheitsfiktionen nicht mehr überbrückt werden kann. Die Frage ist bloß, um welche Art von Macht es geht: um ökonomische, kulturelle, politische oder militärische Macht. Und weil dies alles selten in derselben Rechnung aufgeht, wird kaum je Einmütigkeit darüber bestehen, ob eine Ordnung nun eher imperial oder hegemonial zu denken und weiterzuentwickeln sei.

Herfried Münkler, Imperien. Die Logik der Weltherrschaft – vom Alten Rom bis zu den Vereinigten Staaten, Berlin 2005, S. 75-77

1. *Fassen Sie in eigenen Worten zusammen, wie Münkler die Begriffe „Imperium" und „Hegemonie" definiert.*

2. *Vergleichen Sie die Aussagen Münklers mit M1. Zeigen Sie, wo die Ausführungen miteinander übereinstimmen, und wo die Autoren abweichende Standpunkte vertreten.*

[1] **sozioökonomisch**: den Zustand von Wirtschaft und Gesellschaft betreffend

M3 „Wohlwollende Hegemonie": Chancen und Grenzen

Herfried Münkler (siehe M2) sieht in der Bündnispolitik der USA nach 1945 den Schlüssel zum Frieden in Europa:

In Europa ist ein tiefes Misstrauen gegenüber Systemen der internationalen Politik vorherrschend, die den Kampf um die Hegemonie geradezu erzwingen. Im 20. Jahrhundert war hier in zwei verheerenden Kriegen der Übergang einer kontinentalen Hegemonialmacht zur imperialen Beherrschung des Kontinents verhindert worden. Anschließend suchte man nach Mitteln und Wegen, eine Neuauflage der hegemonialen Konkurrenz zu unterbinden. Weil sich herausgestellt hatte, dass jeder Krieg mehr kostete, als er einbrachte [...], setzten die Europäer alles daran, durch internationale Verträge, wirtschaftliche Verflechtungen und insbesondere die innere Demokratisierung der Staaten gegenseitiges Misstrauen abzubauen und das verhängnisvolle Streben nach einer innereuropäischen Hegemonie zu blockieren.
Was vor allem in Deutschland als ein Lernprozess aus den Erfahrungen des Ersten und Zweiten Weltkriegs dargestellt wird, konnte auch ganz anders beschrieben werden: als Sicherung der europäischen Staatenordnung gegen einen abermaligen Versuch der Deutschen, den Kontinent doch noch unter ihre imperiale Ägide[1] zu bringen, und zugleich als Bollwerk gegen die neue imperiale Bedrohung der bis nach Mitteleuropa vorgestoßenen Sowjetunion. In dieser Beschreibung spielen nicht EU[2] und OSZE[3] die Hauptrolle, wenn die friedliche Entwicklung Europas nach 1945 erklärt werden soll; an ihre Stelle tritt die Nato[4]: Ihr Sinn, so formulierte ihr erster Generalsekretär, der Brite Hastings Lionel Ismay, knapp und prägnant, habe darin bestanden, „to keep the Germans down, the Russians out and the Americans in". Innereuropäische Hegemonialkämpfe wurden demnach vor allem dadurch verhindert, dass mit den USA einer außereuropäischen Macht die Rolle des Hegemons übertragen wurde [...].

[1] **Ägide**: Leitung, Schirmherrschaft
[2] Zur Europäischen Union siehe die Kapitel ab Seite 202 ff.
[3] **OSZE** (Organisation für Sicherheit und Zusammenarbeit in Europa): Ständige Konferenz mit Sitz in Wien, gegründet 1995 als Nachfolgerin der KSZE (Konferenz für Sicherheit und Zusammenarbeit in Europa, siehe Seite 160). Mitglieder sind die Staaten Europas und der ehemaligen Sowjetunion, die USA und Kanada.
[4] **NATO** (North Atlantic Treaty Organization): 1949 gegründetes Militärbündnis. Die Mitglieder sichern sich gegenseitigen Beistand bei einem Angriff zu. Der NATO gehören 29 Staaten an (Stand: 2017). Zu den Gründungsmitgliedern zählen die USA und Kanada sowie Belgien, Dänemark, Frankreich, Großbritannien, Island, Italien, Luxemburg, Niederlande, Norwegen und Portugal.

Die damit verbundene Vorstellung von der „wohlwollenden Hegemonie", welche die die USA ausübten, hat wenig gemein mit der Bezeichnung der Macht, die aus dem Wettstreit der großen Mächte als Sieger hervorgegangen ist. Hat Letztere sich in einer harten Konkurrenz mit tendenziell Gleichen durchgesetzt, so ist Erstere eher der Hirte einer Herde, die er vor feindlichen Angriffen bewahrt; sein Wohlwollen besteht darin, dass er die ihm Anbefohlenen nicht nur gegen die Bedrohung von außen schützt, sondern auch darauf verzichtet, seine Überlegenheit zum eigenen Vorteil auszunutzen.

Der britische Historiker Eric Hobsbawm (1917-2012) merkt dazu an:

Doch auch wenn die USA nicht in der Lage gewesen waren, den Europäern ihre politisch-wirtschaftlichen Pläne in allen Einzelheiten aufzuzwingen, so waren sie doch stark genug, deren internationales Verhalten zu bestimmen. Die Bündnispolitik gegen die Sowjetunion war die Politik der USA, und dasselbe galt für die militärische Planung. [...] Das Äußerste, was ein Bündnisstaat oder einer der amerikanischen Schützlinge sich erlauben konnte, war die Verweigerung der totalen Integration in das Militärbündnis, ohne es tatsächlich zu verlassen (wie General de Gaulles Frankreich).
Und doch öffnete sich nun, da sich der Kalte Krieg[4] immer weiter dehnte, eine wachsende Kluft zwischen der überwältigenden militärischen und daher auch politischen Vorherrschaft Washingtons im Bündnis und andererseits der wirtschaftlichen Vorherrschaft der USA, die Schritt um Schritt erlahmte. Das ökonomische Schwergewicht der Weltwirtschaft verlagerte sich schließlich von der amerikanischen zu den europäischen und japanischen Wirtschaften, die von den USA gerettet und wiederaufgebaut worden waren [...].
Am Ende des Kalten Krieges war so wenig von der wirtschaftlichen Hegemonie der USA übriggeblieben, dass sie nicht einmal mehr ihre militärische Hegemonie aus eigenen Quellen finanzieren konnten. Der Golfkrieg, der 1991 gegen den Irak geführt wurde und im wesentlichen eine amerikanische Operation war, wurde bereitwillig oder zögernd von den Staaten finanziert, die Washington bei dieser Operation unterstützten.

Erster Text: Herfried Münkler, a.a.O., S. 68 f.; zweiter Text: Eric J. Hobsbawm, Das Zeitalter der Extreme. Weltgeschichte des 20. Jahrhunderts, München/Wien 1995, S. 304 f.

[4] **Kalter Krieg**: Bezeichnung für den politischen, wirtschaftlichen und militärischen Konkurrenzkampf zwischen den Supermächten USA und UdSSR und ihren Bündnissen (NATO und Warschauer Pakt). Die amerikanische „Politik der Stärke und des Dialogs" und die Reformen Gorbatschows in der Sowjetunion (Glasnost und Perestroika) beendeten 1989/90 den Kalten Krieg.

1. *Arbeiten Sie anhand des ersten Textes heraus, worin sich die amerikanische Hegemonie über Westeuropa von den bisherigen Formen von Hegemonie in Europa unterschied.*
2. *Vergleichen Sie die Einschätzungen über die NATO, die die beiden Texte vertreten.*
3. *Erklären Sie anhand beider Texte, wie sich die von den USA initiierte hegemoniale Ordnung fortentwickelte.*
4. *„Hegemonie" ist eine ursprünglich europäische Vorstellung, ebenso wie ihr Gegenbegriff, das „Gleichgewicht der Mächte" („Balance of Power"). Diskutieren Sie, inwieweit es sinnvoll ist, diese Kategorien auf die Deutung der Weltpolitik in Vergangenheit und Gegenwart zu übertragen.*

M4 Sowjetische Dominanz

In einem Handbuchbeitrag wird dargestellt, welche Eigenschaften eines Imperiums auf die ehemalige UdSSR zutreffen:

Aus den zahlreichen Kriterienkatalogen der letzten Jahre lassen sich folgende Eigenschaften kontinentaler Imperien destillieren: Üblicherweise handelt es sich um sehr große, zentral und oft autoritär regierte politische Gebilde, die sich aus verschiedenen Räumen mit unterschiedlichem Status und ethnisch-kulturell diverser Bevölkerung zusammensetzen, die von der Metropole kontrolliert werden sowie uneinheitlich in das Ganze integriert sind. Im Unterschied zu Nationalstaaten bauen sie nicht auf nationaler Homogenität auf. Ihre innere Gestalt ist von hierarchischem und Integrationsgefälle zwischen Zentrum und Peripherie und der Vorstellung deren kultureller Unterlegenheit gegenüber ersterem geprägt; sie ist somit asymmetrisch. Wirtschaftlich bilden sie häufig ein eigenes System kontinentaler Dimension. Im internationalen Umfeld heben sie sich aufgrund ihrer Größe und ihres Anspruches auf einen besonderen Rang und auf Mitsprache bei der Entscheidung der Angelegenheiten anderer Staaten aus der Staatengemeinschaft heraus [...]. Imperien entstehen meist aus der Eroberung fremder Gebiete, vorzugsweise an den Rändern geopolitischer Verdichtungszonen, wo sie von permeablen[1] Grenzräumen und schwächeren Nachbarn umgeben sind, ihre Ambitionen an diesen erproben, diese militärisch, wirtschaftlich, politisch und kulturell durchdringen und dabei das Tempo der eigenen Expansion bestimmen können.

[1] **permeabel**: durchlässig

Von dieser Definition ausgehend, wird in der Literatur auf drei Charakteristika der Sowjetunion hingewiesen: Als mutierte Rekonstruktion des Russländischen Imperiums war die UdSSR ein Vielvölkerreich, das fremde Nationen teils gegen deren Willen gewaltsam inkorporierte und dessen Metropolitannation[2] zumindest phasenweise explizit eine zivilisatorische und sprachliche Vorrangstellung vom Zentrum zugeschrieben wurde. Zweitens kultivierte sie eine stark zentralistische Herrschaftsstruktur und hielt ihr Staatswesen durch totalitäre Herrschaft, Repression, Gewalt und Terror, aber auch durch die von der Metropole propagierte und implementierte Nationalitätenpolitik und Modernisierung zusammen. Drittens formulierte sie von Anbeginn den Anspruch, eine universell gültige Lehre zur Interpretation und Veränderung der Welt zu verkünden, stand an der Spitze einer globalen Bewegung zur Verbreitung und Implementierung dieser Ideologie[3] und trat nach außen phasenweise als aggressive, expansive und imperialistische Macht auf, die sich systematisch in die inneren Angelegenheiten fremder Staaten einmischte und ihre äußeren Einflussgebiete in Abhängigkeit hielt.

Wolfgang Mueller, Die Sowjetunion als Imperium, in: Michael Gehler und Robert Rollinger (Hrsg.), Imperien und Reiche in der Weltgeschichte. Epochenübergreifende und globalhistorische Vergleiche, Teil 2: Neuzeitliche Imperien, zeitgeschichtliche Imperien, Imperien in Theorie, Geist, Wissenschaft, Recht und Architektur, Wahrnehmung und Vermittlung, Wiesbaden 2014, S. 1165-1208, hier S. 1166 f.

1. *Arbeiten Sie heraus, wie das sowjetische Imperium machtpolitisch gegliedert war. Verwenden Sie dabei die Begriffe „Zentrum" und „Peripherie" sowie „inneres" und „äußeres Imperium".*
2. *Überlegen Sie, unter welchen Voraussetzungen die Sowjetunion zu einer globalen Führungsmacht aufsteigen konnte. Berücksichtigen Sie dabei, dass es nach 1945 zur Auflösung der Kolonialreiche (Asien, Afrika) kam.*

[2] **Metropolitannation**: Führungsnation eines Imperiums, hier: Russland innerhalb der Sowjetunion

[3] **Ideologie** (altgriech. Lehre von den Ideen): System von Meinungen und Überzeugungen, das zur Rechtfertigung oder Verhüllung von Ansprüchen dient. Ideologien bieten ihren Anhängern ein umfassendes „Wir-Gefühl" und erzeugen häufig Feindbilder, die sich gegen Andersdenkende richten.

M5 Niedergang des sowjetischen Imperiums

*Der englische Historiker John Darwin (*1948) fasst zusammen, welche Entwicklung die Sowjetunion und der von ihr kontrollierte Machtbereich Ende der 1980er-Jahre nahmen:*

Gorbatschows „Perestroika" war ein letzter, fast verzweifelter Versuch des neuen sowjetischen Führers, das Sowjetreich doch noch zu reformieren.[1] Das Hauptziel war die „Verwestlichung" nicht nur der „heimischen" Wirtschaft der Sowjetunion, sondern auch der „imperialen" Wirtschaft ihres „äußeren Imperiums". Beide sollten mehr auf die Verbraucherwünsche eingehen und sich auf technologische Neuerungen konzentrieren. Dies erforderte jedoch weitreichende Reformen. Man musste sich dazu „neue" Leute heranziehen und die Herrschaft der Parteibürokratie beenden, die diese im Rahmen der alten Kommandowirtschaft[2] ausgeübt hatte. Außerdem musste man Ressourcen umleiten, die bisher der Militärapparat verschlungen hatte. Man musste die „Disziplin" lockern, die Moskau bisher von den Satellitenregierungen in Osteuropa gefordert hatte, um dort einen „gemäßigten" Wandel zu ermöglichen. Darüber hinaus musste man sich durch Verhandlungen Zugang zu westlichen Investitionen und neuen Technologien verschaffen. Da all dies ohne den Abbau der Spannungen des „neuen Kalten Krieges" nicht möglich gewesen wäre, musste man auch die sowjetische Militärpräsenz in Ost- und Mitteleuropa, in den Interventionssphären in Asien und Afrika und vor allem in Afghanistan verkleinern oder gänzlich abbauen. Es ist jedoch höchst unwahrscheinlich, dass Gorbatschow den Weltmachtanspruch der Sowjetunion aufgeben wollte. Zumindest die zweite Großmacht wollte man ganz bestimmt bleiben. Tatsächlich wollte Gorbatschow sich wohl eine Atempause verschaffen. Seine Entspannungspolitik sollte den heiklen Übergang Osteuropas von einem Glacis[3] unter direkter sowjetischer Herrschaft zu einem „informellen Imperium" begleiten, das nur noch auf brüderlicher Einflussnahme beruhen würde. Das Sowjetreich sollte sich unter den Augen des Westens in einem Klima der „kooperativen Koexistenz" modernisieren. Erneuert und verjüngt sollte es sich auch in Zukunft behaupten und eine „parallele Moderne" verkörpern.

Wie die alten Kolonialherren vor ihm musste Gorbatschow jedoch feststellen, dass ein solcher informeller Imperialismus kaum aufrecht zu erhalten war. Der Verzicht auf Kontrolle

[1] Biografische Informationen über Michail Gorbatschow und eine Begriffserklärung zu „Perestroika" finden Sie auf Seite 170.

[2] **Kommandowirtschaft**: abfällige Bezeichnung für Planwirtschaft

[3] **Glacis**: einer Festung vorgelagertes Gelände

und Androhung von Zwangsmaßnahmen barg ein großes Risiko. Wenn man keine anderen Mittel hatte, um sich die Loyalität der informell Beherrschten zu sichern, konnte er sich durchaus als tödlich erweisen. Tatsächlich hatte Moskau im Gegensatz zum Westen kaum wirtschaftliche Anreize zu bieten. Nicht zuletzt deshalb lockerte sich in den 1980er-Jahren der sowjetische Griff auf Polen.[4] Mit atemberaubender Geschwindigkeit wurde dann aus der osteuropäischen Reformbewegung ein osteuropäischer Aufstand. Im November 1989 fiel die Berliner Mauer[5], die prosowjetischen Regierungen brachen zusammen und das osteuropäische „äußere Imperium" zerfiel. Diese Katastrophe zerstörte die Autorität und Legitimität des Sowjetregimes. Auch in der UdSSR brach nun die Kommandowirtschaft zusammen. Bereits 1990 griff der Aufstand auf das „innere Imperium" der Sowjetunion über. Die Sowjetrepubliken, selbst das von Boris Jelzin[6] geführte Russland, forderten jetzt ihre Freiheit. Der vergebliche Versuch von Gorbatschows Kollegen, die politische Katastrophe durch einen Militärputsch und einen Ausnahmezustand aufzuhalten, brachte dann das Ende. Im Vertrag von Alma Ata wurde die Sowjetunion am [21.] Dezember 1991 formell aufgelöst.

John Darwin, Der imperiale Traum. Die Globalgeschichte großer Reiche 1400-2000, Frankfurt am Main/New York 2010, S. 449 f. (übersetzt von Michael Bayer und Norbert Juraschitz)

1. *Charakterisieren Sie die Situation, in der sich das Sowjetregime in den 1980er-Jahren befand. Verwenden Sie dabei auch die Begriffe „Hardpower" und „Softpower", wie sie in M1 (Seite 137) eingeführt wurden.*

2. *Erläutern Sie, welche Ziele die Sowjetführung unter* **+** *Michail Gorbatschow mit ihren Reformen verfolgte. Führen Sie insbesondere aus, was mit der „parallele[n] Moderne" (Zeile 35) gemeint ist, die die UdSSR verkörpern wollte.*

▲ **Global Positioning System (GPS).**
Seit Mitte der 1990er-Jahre ist das satellitengestützte Ortungssystem GPS in Gebrauch. Von den USA anfangs zu Verteidigungszwecken entwickelt, wird es inzwischen weltweit auf verschiedensten Gebieten eingesetzt: in der Schifffahrt, im Flugverkehr, für Navigationssysteme in Kfz, für die moderne Landvermessung und Kartografie oder zur Lokalisierung von Smartphones.

- *GPS unterliegt nach wie vor der Kontrolle des US-Verteidigungsministeriums. Diskutieren Sie, ob und inwieweit diese Technologie die hegemoniale Stellung der USA befördern kann.*

[4] Zur polnischen „Solidarność"-Bewegung siehe Seite 170 f.
[5] Über den Fall der Berliner Mauer informiert Seite 182.
[6] **Boris Jelzin** (1931-2007): erster Präsident Russlands von 1991 bis 1999

M6 Die USA nach dem Kalten Krieg: ein „grenzenloses Imperium"?

Zum Verhalten der Vereinigten Staaten als einziger Supermacht nach 1990 heißt es bei John Darwin (siehe M5):

Nachdem der Zusammenbruch der Sowjetunion den Wettbewerb der Supermächte beendet hatte, fragten sich alle, wie es nun weitergehen würde. Zweifellos würde es keinen Rückzug der USA in die Isolation ihrer Hemisphäre geben. Der große Vormarsch der Macht und des Einflusses der Vereinigten Staaten nach 1945 war keineswegs beendet. [...] Der Zeitpunkt war gekommen, zu dem man die Umgestaltung der Weltwirtschaft endlich abschließen konnte, die bereits in den 1970er- und 1980er-Jahren begonnen worden war. Geschlossene Wirtschaften sollten geöffnet, Staatsmonopole beseitigt, der offene Zugang zu allen Märkten sollte erzwungen und der Privatbesitz – vor allem der von ausländischen Investoren – garantiert werden. [...] Der Marktwirtschaft würde ein unwiderstehlicher Drang zur Demokratisierung folgen. Von der Tyrannei der Planwirtschaft und der geistigen Unterdrückung des ideologischen Kriegs befreit, würden die vormals unterworfenen Völker sich allesamt für die freiheitliche Demokratie entscheiden. [...] Keinem Staat durfte es erlaubt werden, dessen Verwirklichung gewaltsam zu verhindern. Kein Staat sollte seinen Nachbarn bedrohen und sich ein regionales „Imperium" schaffen dürfen, das dazu bestimmt war, der Weltwirtschaft und ihrer freiheitlichen Kultur Grenzen zu setzen. Der enorme militärische Vorsprung, den sich die Vereinigten Staaten bis zum Ende des Kalten Kriegs verschafft hatten, musste jetzt dazu genutzt werden, um das globale Gleichgewicht dort aufrecht zu erhalten, wo es am wichtigsten war. [...]

Es überrascht nicht, dass diese nahezu unbegrenzten Zielsetzungen der USA gemischte Reaktionen hervorriefen. [...] Ein Universalreich, in dem ein einziger Staat seine Gesetze allen anderen aufzwang, stand in diametralem Gegensatz zur langen Tradition des Völkerrechts, die sich in Europa seit dem 17. Jahrhundert herausgebildet hatte. In dieser Tradition wurde ständig die Notwendigkeit betont, die Souveränität der Staaten zu respektieren. Wenn man die Regeln des internationalen Miteinanders festlegte, musste man sich zuvor der Zustimmung aller (im 19. Jahrhundert aller „zivilisierten" Staaten) versichern. [...] Dazu kam noch die weiter gefasste Klage, dass angesichts einer „Globalisierung", deren Bedingungen allein Amerika festlegte, der Aufbau entkolonialisierter Kulturen unmöglich geworden sei, in denen westliche Normen nicht als gegeben hingenommen würden. Diese Befürchtungen verschärften sich am Ende des Jahrhunderts, als die ersten, noch recht simplen Vorstellungen von der Welt nach dem Ende des Kalten Kriegs von harten Realitäten widerlegt wurden. Im Nahen und Mittleren Osten, in Ostasien und in Schwarzafrika setzten sich die Konflikte um die Instabilität der Ära des Kalten Kriegs hartnäckig fort. [...] In Amerika schloss man daraus, dass man die amerikanische Macht noch entschiedener einsetzen müsse, um die Gewinne aus dem Kalten Krieg zu sichern und das Programm der nach 1989 angebrochenen Weltordnung umzusetzen. Die folgende Debatte konzentrierte sich dann noch stärker auf die Frage, ob die Vereinigten Staaten ein Imperium seien und die Rolle einer imperialen Macht übernehmen sollten. Die Kritiker erkannten dabei das aggressive Wiederaufleben von zwei tief verwurzelten Haltungen gegenüber dem Rest der Welt. Die erste war der Unilateralismus, der Widerwille, Regeln zu befolgen, die für andere gemacht wurden. Er beruhte auf dem Glauben an Amerikas „außergewöhnlichen" Ursprung als demokratische Gesellschaft in einer Welt, die von Despoten oder dem feudalen Relikt des europäischen Adels regiert wurde. Die zweite war der Universalismus: Was gut für Amerika war, war auch gut für die Welt. Demokratische Institutionen nach amerikanischem Vorbild, Amerikas Version der Marktwirtschaft und eine ökonomische Kultur, die auf dem Massenkonsum beruhte, galten als die besten Garantien für Wohlstand und Stabilität. Die Weigerung, diese Modelle zu übernehmen, war ein feindseliger Akt gegen Fortschritt und Frieden.

John Darwin, a.a.O., S. 451-453

1. *Vergleichen Sie die hier beschriebenen Ziele amerikanischer Dominanz mit denjenigen in M3 (Seite 138). Arbeiten Sie dabei Elemente des Wandels und der Kontinuität gegenüber der US-Politik nach dem Zweiten Weltkrieg heraus.*
2. *Stellen Sie die gewandelte Haltung der USA zum traditionellen Völkerrecht dar.*
3. *Ordnen Sie die hier genannten Merkmale und Gesichtspunkte der US-Dominanz in einer Mindmap an. Fügen Sie das Phänomen des „transnationalen Terrorismus" in diese Skizze ein und beurteilen Sie, welche Rolle er für das Verhalten der USA spielt.*
4. *Finden Sie Beispiele in der jüngsten Vergangenheit und Gegenwart, in der sich die USA über geltende Regeln und Vereinbarungen hinweggesetzt haben. Erörtern Sie die Tragweite dieser Schritte.*
5. *Diskutieren Sie, ob die Bedingungen der Globalisierung allein von den USA festgelegt werden (siehe Zeile 39 f.).*

Historische Begriffe zum Umbruch 1989/91

Theorie Baustein

Wandel in Europa Nach dem Zweiten Weltkrieg war aus dem weltanschaulichen Gegensatz zwischen dem Kommunismus der Sowjetunion und dem liberal-kapitalistischen System des Westens ein politischer Dauerkonflikt entstanden, der *Kalte Krieg*. Über Jahrzehnte sahen sich die USA und ihre Verbündeten dem *Ostblock* gegenüber, wie die Sowjetunion und ihre Satellitenstaaten genannt wurden. Diese Konstellation prägte die zweite Hälfte des 20. Jahrhunderts (▸ M1). Als der Ostblock in den späten 1980er-Jahren zerfiel, endete auch der Kalte Krieg. Jener Umbruch wird in einer Reihe von historischen Begriffen fassbar.
Dazu zählt die *Solidarność* (Solidarität) in Polen, die erste nicht-kommunistische Gewerkschaft in einem Ostblockstaat (▸ M2). Ebenso die Leitbegriffe des sowjetischen Staatschefs Michail Gorbatschow[1] für eine versuchte Erneuerung des Sowjetkommunismus, *Perestroika* (russ. für Umbau) und *Glasnost* (Transparenz) (▸ M3).[2] Der Begriff der *Wende* bezeichnet die Umwälzungen in der DDR, die von den Bürgerprotesten 1989 ausgingen (▸ M4).
Die genannten Begriffe standen jeweils für die Idee wirtschaftlicher oder politischer Reformen, ebenso für den Willen zum Dialog. In allen Fällen vermieden die Wortführer den Begriff der „Revolution" oder schwächten ihn ganz bewusst ab: Die Solidarność verstand sich als „selbstbeschränkte Revolution" und verhandelte am sogenannten Runden Tisch einen gewaltfreien Regimewechsel in Polen; Perestroika und Glasnost sollten die sozialistische Gesellschafts- und Wirtschaftsordnung verbessern, anstatt sie abzuschaffen; selbst der Begriff der Wende in der DDR konkurrierte mit demjenigen der „friedlichen Revolution".[3]

▲ **Mauerfall.**
Foto vom 9./10. November 1989, Berlin.
Auf beiden Seiten der Grenze kam es in der Nacht vom 9. zum 10. November 1989 zu volksfestartigen Verbrüderungsszenen. Menschen aus Ost und West kletterten auf die Mauer am Brandenburger Tor.

Menschlichkeit statt Gewalt Ein Hauptgrund, weshalb die Reformanhänger einen gewaltsamen Umsturz vermieden, war die Furcht vor Bürgerkriegen oder einem internationalen Konflikt. Vor den 1980er-Jahren hatte die Sowjetregierung stets militärisch eingegriffen, wenn sich ein Staat des Ostblocks von der bestehenden Ordnung lossagte. Unter Gorbatschow verzichtete die Sowjetunion jedoch auf ein solches Diktat – auch weil sich die UdSSR selbst im Umbruch befand. Die pazifistische Haltung der Reformer ging auch zurück auf die Entspannungspolitik zwischen Ost und West in den 1970er-Jahren. In der KSZE-Schlussakte[4] von 1975 war ein grundsätzlicher Gewaltverzicht für internationale Streitigkeiten in Europa vereinbart worden. Zugleich bekannten sich die Länder der KSZE-Schlussakte zu Menschen- und Bürgerrechten, auf die sich seitdem auch die Opposition in den Ostblockstaaten berief.
Gewaltfrei verlief zumal die Öffnung der Mauer in Berlin am 9. November 1989.[5] Der *Mauerfall* läutete die Aufhebung der Teilung Deutschlands und Europas ein, die der Kalte Krieg bis dahin erzwungen hatte. Das Ereignis bündelte die verschiedenen Reformprozesse innerhalb des Ostblocks zu einer gemeinsamen, auch im Westen miterlebten Umbruchserfahrung (▸ M5). Heute steht das Datum des Mauerfalls sinnbildlich für das Ende des Kalten Krieges und den Beginn einer neuen Zeit.

[1] Zu Gorbatschow siehe die Angaben auf Seite 170.
[2] Siehe das Kapitel „Reaktionen auf Perestroika und die Umbrüche im Ostblock" ab Seite 170.
[3] Lesen Sie dazu auch das Kapitel „Geschichte kontrovers" auf Seite 198 f.
[4] Informationen zur KSZE finden Sie auf Seite 160 f.
[5] Zum Fall der Berliner Mauer siehe Seite 182.

M1 Zwei Machtblöcke im Widerstreit: der Kalte Krieg

*Der Historiker Wilfried Loth (*1948) schreibt:*

Hinter dem weltpolitischen Großkonflikt, für den sich im zweiten Halbjahr 1947 die Bezeichnung „Kalter Krieg" einbürgerte, standen gegensätzliche Vorstellungen von der Ordnung des menschlichen Zusammenlebens, die im Laufe der Industrialisierung des 19. und frühen 20. Jahrhunderts manifest geworden waren: der Gegensatz zwischen dem Pluralismus der westlichen Zivilisation [...] und dem zwangsstaatlichen Zentralismus des Sowjetkommunismus; der Gegensatz zwischen kapitalistischer Produktionsweise und sozialistischen Alternativentwürfen; der Gegensatz zwischen parlamentarischem Rechtsstaat und totalitärem Mobilisierungsstaat[1]. [...]
Seine dominierende Rolle in der internationalen Politik erhielt dieser Konflikt im Zuge der Entwicklung des Zweiten Weltkrieges: Zum einen brach mit diesem Krieg die traditionell europäisch dominierte Staatengesellschaft zusammen, und mit dem Untergang des Dritten Reiches entstand ein Machtvakuum in Europa. Zum anderen brachte dieser Krieg der Sowjetunion einen gewaltigen Machtzuwachs in Europa; gleichzeitig stieg jene Nation zur führenden Weltmacht auf, die die westlichen Prinzipien des demokratischen Rechtsstaats und der freien Marktwirtschaft besonders offensiv vertrat: die USA. Damit mündete der Ost-West-Gegensatz nicht nur in einen Antagonismus der beiden Haupt-Siegermächte, von deren Willen die Gestaltung der Nachkriegsordnung in erster Linie abhing; er gewann auch dadurch an Gewicht, dass die Sicherheitsinteressen der beiden Siegermächte tendenziell gegensätzlich waren. Die sowjetische Diktatur konnte nur überleben, wenn sie sich gegen die Verbreitung liberaler Ordnungsvorstellungen abschirmte und ihren Hegemonialbereich[2] vor Durchdringung durch den expandierenden amerikanischen Kapitalismus schützte. Demgegenüber war der aufsteigende Kapitalismus der USA auf die Erschließung neuer Märkte angewiesen, und zur Wahrung der Sicherheit der neuen Weltmacht schien es geboten, weltweit militärische Stützpunkte zu unterhalten. [...]
Bald nach Kriegsende [1945] gerieten die westlichen Siegermächte und die Sowjetunion in eine Auseinandersetzung, die von der wechselseitigen Furcht vor dem Übergreifen der Gegenseite auf die eigene Sicherheitssphäre geprägt wurde. Diese Auseinandersetzung, die man nun mit der Metapher eines „Kalten Krieges" bezeichnete, führte dazu, dass an die Stelle des zerstörten, europäisch dominierten Staatensystems der Antagonismus zweier Machtblöcke trat, der Europa spaltete, das weltpolitische Gewicht der beiden Haupt-Siegermächte weiter stärkte und die Abwehr der befürchteten Dominanz der Gegenseite zum vorherrschenden Gebot der Sicherheitspolitik beider Seiten werden ließ. Daraus resultierten sowohl ein beständiges Ringen um Einflusssphären und Ressourcen, das immer mehr Regionen der Welt in den Sog der Ost-West-Spannung geraten ließ, als auch das permanente Wettrüsten, das mit der Entwicklung der Nukleartechnik die Gefahr globaler Vernichtung heraufbeschwor.

Wilfried Loth, Der Kalte Krieg. Ursprünge und Verlauf, in: Katharina Hochmuth (Hrsg.), Krieg der Welten. Zur Geschichte des Kalten Krieges, Berlin 2017, S. 23-37, hier S. 23-25

1 **Totalitärer Mobilisierungsstaat** (von lat. totus: ganz, völlig): Staat, der sämtliche Lebensbereiche der Menschen zu beherrschen und für seine Herrschaft zu mobilisieren beansprucht

2 Zum Begriff „Hegemonie" siehe den Theorie-Baustein „Imperium und Hegemonie im späten 20. Jahrhundert", dort vor allem Seite 136.

1. + *Stellen Sie, ausgehend vom Text, die Begriffe „Ost-West-Gegensatz" und „Kalter Krieg" zeitlich und inhaltlich gegenüber. Berücksichtigen Sie dabei auch die Bedeutung des Zweiten Weltkrieges.*
2. + *Erörtern Sie, ob sich die Bezeichnung „Kalter Krieg" auch auf die Gegensätze zwischen anderen Mächte zu anderen Zeiten übertragen lässt. Formulieren Sie im Anschluss an Ihre Überlegungen eine allgemeingültige Definition des Begriffs „Kalter Krieg".*

M2 Die „Solidarność" in Polen

Der polnische Zeithistoriker Jerzy Holzer (1930-2015) skizziert die Entstehung, Entwicklung und das Selbstverständnis der unabhängigen Gewerkschaft Solidarność.

Nach der Streikwelle im Sommer 1980 und den Vereinbarungen zwischen Regierung und Streikkomitees entstanden vielerorts von den kommunistischen Behörden [...] unabhängige Gewerkschaften. Am 17. September 1980 gründeten deren Vertreter auf einem Treffen in Danzig die Unabhängige Selbstverwaltete Gewerkschaft „Solidarität" (Niezależny Samorządny Związek Zawodowy „Solidarność") und ernannten den Anführer des Danziger Streiks Lech Wałęsa (*1943) zum Vorsitzenden ihrer Landesverständigungskommission[1] [...]. Nach eigenen Schätzungen zählte die Solidarność damals an die 10 Millionen Mitglieder; diese Zahl scheint allerdings zu hoch angesetzt. [...] In der Phase ihrer legalen Tätigkeit waren die Beziehungen der Solidarność zu den Behörden

1 Zur Solidarność-Bewegung und Lech Wałęsa finden Sie auch Angaben auf Seite 170 f.

von Spannungen und Konflikten gekennzeichnet. Sie durchbrach das Monopol der kommunistischen Partei bei der Organisation der Bevölkerung und dem Einsatz von Massenmedien. Sie war eine heterogene Organisation und zugleich Sprachrohr für katholische religiöse Ansichten. Und sie betonte die besondere Rolle der Arbeiter, insbesondere derjenigen in großen Industriebetrieben, für das gesellschaftliche Leben.

Obwohl die Solidarność in Opposition zum System stand, stellte sie dessen internationale und innenpolitische Funktionsprinzipien nicht in Frage, was in der Formel der „selbstbeschränkten Revolution" zum Ausdruck kam. Diese Zurückhaltung der Solidarność resultierte aus der Überzeugung, dass die Gefahr einer sowjetischen Intervention bestand.

*Der polnische Journalist Adam Krzemiński (*1945) beleuchtet die Rolle der Solidarność in den 1980er-Jahren:*

Als 1978 in Rom der Krakauer Kardinal Karol Wojtyła zum Papst gewählt wurde und 1979 seine erste Triumphfahrt durch Polen antrat, gab es an der Küste schon erste Ansätze unabhängiger Gewerkschaften. 1980 brach dann der Generalstreik aus – für den gesamten Ostblock ein beispielloser Vorgang. Der Auslöser war erneut ein Versuch der Regierenden, die schwerfällige [...] Wirtschaft mit einer Preiserhöhung zu sanieren. Dem Streikkomitee in Danzig/Gdańsk schlossen sich innerhalb weniger Tage nicht nur Hunderte von Betrieben im ganzen Land, sondern auch Intellektuelle an. Die Sowjets begannen wie üblich, mit dem Einmarsch zu drohen, und schickten ihre Kriegsschiffe in die Danziger Bucht. Warschau begann jedoch, mit dem Streikkomitee zu verhandeln. [...]

Mit der Streikwelle 1980 und dem am 31. August mit der Staatsmacht unterzeichneten Abkommen begann der Anfang vom Ende des Kommunismus nicht nur in Polen, sondern in ganz Europa. Mit der Gründung der unabhängigen Gewerkschaft Solidarność in der Lenin-Werft wurde die Bastille des Sowjetsystems gestürmt. Die Gewerkschafter wussten, dass sie die Machtfrage nicht stellen durften. Die polnische Revolution von 1980/81 war eine „sich selbst beschränkende". [...]

Schließlich ließ der neue [kommunistische] Parteichef, General Jaruzelski, am 13. Dezember 1981 landesweit den Kriegszustand ausrufen. Die streikenden Betriebe wurden gewaltsam besetzt. Die führenden Politiker und Aktivisten der Solidarność wurden interniert, die Gewerkschaft selbst zuerst „suspendiert" und anschließend delegalisiert. Etwa 100 Personen starben – während der Erstürmung einer Kohlegrube erschossen oder infolge mysteriöser Meuchelmorde. 1983 wurde der Kriegszustand formell aufgehoben, doch das Land war gespalten wie noch nie. [...]

◂ **Titelblatt des Time-Magazine vom 1. Januar 1990.** *Gorbatschow wird als „Man of the Decade" (Mann des Jahrzehnts) gefeiert.*

Die „polnische Revolution" war aber bei Weitem nicht zu Ende. Als 1985 in Moskau Michail Gorbatschow zum Generalsekretär der KPdSU gewählt wurde, sagte er offen, die richtige Reaktion auf die „polnischen Ereignisse" sei die Reform des Sowjetsystems. Und während seines Polen-Besuchs gab er auch zu, dass Glasnost und Perestroika eine Antwort auf die Solidarność seien. Mehr noch. Polen wurde für Gorbatschow zum Labor. Die Machthaber in Polen zögerten zunächst. Doch 1986 begann Jaruzelski mit zaghaften Systemreformen. [...] Er ließ einen Ombudsmann[2] zu, ein Verfassungsgericht und öffentliche Debatten mit den Strategen der Solidarność. Das half ihm aber nicht viel. [...] Zähneknirschend billigte das ZK[3] den Runden Tisch mit der Opposition. [...] Die erste Sitzung begann am 6. Februar 1989. [...] Der Kompromiss bestand darin, dass für den 4. Juni Wahlen zum Sejm[4] und zum – wieder zugelassenen – Senat ausgeschrieben wurden. Nur 35 Prozent der Sitze im Sejm, dafür aber alle 100 Prozent im Senat standen der Opposition zu[r] freien Wahl. [...] Die wieder zugelassene Solidarność gewann sämtliche zur freien Wahl stehenden Sejm-Mandate und 92 Sitze im Senat. [...]

Die Machtübergabe an die Solidarność begann schneller als erwartet. Die alten „Blockflöten"-Parteien[5] wechselten den

[2] **Ombudsmann**: (allgemein) unabhängige Schiedsperson, im polnischen Verfassungsrecht Schiedsinstanz für Beschwerden über staatliche Rechtsverletzungen und Eingriffe in Menschen- und Bürgerrechte

[3] **ZK**: Zentralkomitee, Führungsgremium der kommunistischen Partei (hier: Polens)

[4] **Sejm**: zweite Kammer des polnischen Parlaments

[5] **Blockflöten-Parteien**: verächtliche Bezeichnung für Parteien eines nationalen „Blocks" unter Führung der kommunistischen Partei

Koalitionär und bildeten mit der Solidarność im September eine Regierung unter dem ersten nicht-kommunistischen Ministerpräsidenten im Ostblock, Tadeusz Masowiecki. Garant für die Blocktreue waren der neue Staatspräsident, General Jaruzelski, und die vier von ihm ernannten Minister. Für kurze Zeit. Die Präsidentschaftswahlen 1990 gewann Lech Wałęsa [...]. Doch da sah Europa schon völlig anders aus. Der polnische Runde Tisch hatte im Ostblock eine Lawine ausgelöst.

Erster Text: Jerzy Holzer, Solidarność. Selbstbeschränkte Revolution, in: Hans Henning Hahn und Robert Traba (Hrsg.), Deutsch-Polnische Erinnerungsorte, Bd. 2, Paderborn 2014, S. 159-177, hier S. 159 f.; zweiter Text: Adam Krzemiński, Ein polnischer Kraftakt, in: Andreas H. Apelt, Robert Grünbaum und János Can Togay (Hrsg.), Die ostmitteleuropäischen Freiheitsbewegungen 1953-1989. Opposition, Aufstände und Revolutionen im kommunistischen Machtbereich, Berlin 2014, S. 43-50, hier S. 46-49

1. *Vergleichen Sie die Rolle der Gewerkschaften in den damaligen Ostblockstaaten (z. B. Sowjetunion, DDR) mit der Solidarność sowie mit Gewerkschaften in westlichen Ländern. Recherchieren Sie dazu im Internet oder in der Fachliteratur. Sie können dazu auch das Schaubild zur Verfassungswirklichkeit in der DDR (Seite 164, M1) heranziehen, in dem der Freie Deutsche Gewerkschaftsbund (FDGB) aufgeführt ist.*
2. *„Mit der Gründung der unabhängigen Gewerkschaft Solidarność [...] wurde die Bastille des Sowjetsystems gestürmt." (Text 2, Zeile 44-46). Erläutern Sie diese Aussage.*
3. *Entwickeln Sie in Gruppenarbeit, ausgehend von den Angaben in beiden Texten, ein kurzgefasstes Programm für die Solidarność.*
4. *Informieren Sie sich über die weitere Entwicklung der Solidarność bis heute. Schreiben Sie anschließend einen kurzen Lexikonbeitrag über die polnische Gewerkschaft. Nutzen Sie dazu auch die Informationen aus M2.*

M3 Perestroika und Glasnost

*Der Osteuropahistoriker Manfred Hildermeier (*1948) schildert die Stationen der sowjetischen Reformpolitik unter Michail Gorbatschow:*

Gorbačev[1] begann [...] mit einer ökonomischen Reform. Wie sein Ziehvater Andropov[2] wollte er die marode Wirtschaft sanieren. [...] Freilich blieb die erste einschlägige Kampagne [...] weitgehend wirkungslos [...]. Wohl auch deshalb nutzte Gorbačev [...] den 27. Parteitag der KPdSU, im Frühjahr 1986, um die Notwendigkeit weiterer, tiefgreifenderer Reformen zu betonen. Hier äußerte er Gedanken, die im Rückblick als Programm verstanden werden können: dass es darauf ankomme, die „Motivation" der Menschen zu erhöhen und das „lebendige Schöpfertum" des Volkes zu stimulieren. Um dies zu erreichen, sei mehr nötig als eine bloße Kurskorrektur – ein gründlicher „Umbau" (*Perestrojka*) der Gesellschaft. Damit prägte Gorbačev nicht nur einen suggestiven[3] Begriff, der dem gesamten Reformvorhaben einen Namen gab. Darüber hinaus kündigte er an, dass nun Maßnahmen auf den Weg gebracht werden würden, die an die Fundamente des Systems rührten: Wer die ‚Produktivkraft Mensch' mobilisieren wollte, musste sein Engagement durch das Angebot einer Bewegungsfreiheit wecken, die nicht ohne politische Folgen bleiben konnte. Vor allem deshalb wohnte der *Perestrojka*, wie Gorbačev selber bald formulierte, in der Tat eine *revolutionäre* Qualität inne. [...]

Denn vor allem in ihrer zweiten Etappe entfaltete die *Perestrojka* jene Dynamik, die zu Recht als Sensation empfunden wurde und die politische Ordnung der Sowjetunion qualitativ veränderte. Es war abermals Gorbačev selber, der ihr ein griffiges Etikett gab – *glasnost'*. Zwar hatte er schon zuvor von der Notwendigkeit einer solchen neuen „Öffentlichkeit" (eher im Sinne von ‚Transparenz' als von ‚Gesellschaftlichkeit') gesprochen, aber sie auf die Partei beschränkt und unter deren Aufsicht gestellt. Erst die spektakuläre Inszenierung vom Dezember 1986, Sacharov[4] durch einen persönlichen Anruf aus Nižnij Novgorod nach Moskau zurückzuholen, verlieh ihr jene Dimension, die den Rahmen der alten Ordnung sprengte.

Als der Generalsekretär den symbolischen Akt Anfang Februar 1987 gleichsam interpretierte, indem er dazu aufrief, die „weißen Flecken" in der Sowjetgeschichte einzufärben, fassten die angesprochenen Journalisten und Wissenschaftler endgültig Vertrauen und ließen Taten folgen. Neue Zeitungen und Zeitschriften schossen wie Pilze aus dem Boden, bestehende vollzogen eine Kehrtwende [...], kurz: in wenigen Monaten stellte sich her, was das alte Regime auf dem Wege der Zensur unterbunden hatte – eine diskutierende Öffentlichkeit des geschriebenen und gesprochenen Wortes, die sich von den Grundsätzen der Wahrheit und Meinungsfreiheit leiten ließ. [...]

[1] **Gorbačev**: andere Schreibweise für Gorbatschow, gemäß der Transliteration (Umschrift) aus dem kyrillischen Alphabet
[2] Zu Andropow siehe Seite 170.
[3] **suggestiv**: unterschwellig wirksam, stark beeinflussend
[4] **Andrej Dimitrijewitsch Sacharow** (1921-1989): russischer Atomphysiker und Regimekritiker, erhielt 1975 den Friedensnobelpreis, wurde 1980 nach seiner Kritik am Einmarsch der Sowjetunion in Afghanistan in die Verbannung geschickt und erst Ende 1986 von der Regierung rehabilitiert

▲ **Großdemonstration auf dem Berliner Alexanderplatz.**
Foto vom 4. November 1989.
In Ost-Berlin gingen am 4. November 1989 fast eine halbe Million Menschen auf die Straßen, um für Meinungs-, Presse- und Versammlungsfreiheit in der DDR zu demonstrieren. Fünf Tage später fiel die Berliner Mauer.
Auf dem Regenschirm der Frau im Vordergrund stehen unter anderem die Begriffe „Perestroika" und „Glasnost". Der sitzende Mann hinter ihr hält ein Plakat in den Händen mit der Aufschrift „Freie Wahlen 1990 statt Egonistischer Wendeakrobatik & Ausgrenzung der Opposition!".

Wirtschaftlich verfuhr Gorbačev allerdings auch in dieser zweiten Etappe vorsichtiger. [...] Womöglich war ihm sehr bewusst, dass Reformen in diesem Bereich auf engere Grenzen stoßen mussten, wenn sie systemimmanent bleiben sollten. So ging er nur ein kleines Stück auf dem vorgezeichneten Weg, das Engagement sowohl der Produzenten als auch der Manager zu fördern. Beides verlangte die Einführung von Elementen des Marktes und der Konkurrenz. [...] Zugleich ließ er in Gestalt von „Kooperativen" wieder Privatunternehmen zu [...], auch dies aber auf den Dienstleistungssektor und das Kleingewerbe beschränkt. Beides tangierte die zentrale Planwirtschaft ebenso wie das staatliche Monopol auf Eigentum an Produktionsmitteln. Allerdings verfehlten beide Maßnahmen auch ihr Ziel, den ökonomischen Verfall aufzuhalten.
Mitte 1988 begann abermals eine neue – und, wie sich zeigen sollte, letzte – Etappe der *Perestrojka*: die Demokratisierung. Denn was damit auf den Weg gebracht wurde, war mit dem Exklusivanspruch der KPdSU sowohl auf politische Repräsentation der Bevölkerung als auch auf Kontrolle über die Staatsmacht endgültig nicht mehr vereinbar. [...] Getreu dem Programm der Rückkehr zu den Anfängen beschloss das Gremium (eine Art kleiner Parteitag), die Idee der Räte durch die Einberufung eines sog. Volksdeputiertenkongresses als einer neuen obersten gesetzgebenden Versammlung wiederzubeleben. Noch weiter wagte sich Gorbačev mit dem Wahlmodus vor: Zwar sollte ein Drittel der 2250 Mitglieder von ‚gesellschaftlichen Organisationen' nominiert, mithin faktisch unter starkem Einfluss der [kommunistischen] Partei delegiert werden, der Rest aber aus prinzipiell freien und *alternativen* Wahlen hervorgehen. [...]
Gorbačev, nicht nur ein großer Taktiker, sondern in entscheidenden Situationen auch ein Zauderer, wagte letztlich den systemüberschreitenden Sprung nicht. Weil zu wenig geschah, verlor das Land weiter an ökonomischer Leistungskraft. Löhne konnten nicht mehr ausgezahlt werden, in den Bergwerken des Ural und Südsibiriens kam es zu Massenstreiks. Im Winter 1990/91 musste die Sowjetunion zum ersten Mal seit Jahrzehnten wieder mit akuten Versorgungsnöten bis hin zum Hunger in der Provinz rechnen und ausländische Hilfe akzeptieren. Das böse Wort von der *katastrojka* machte die Runde.
Zugleich drohte der Zerfall der Union. Im Rückblick wird noch klarer, dass es die *glasnost'* und der Wahlkampf für den Urnengang zum Volksdeputiertenkongress waren, die eine neue politische Kraft ins Leben riefen: nationale Unabhängigkeitsbewegungen.

Manfred Hildermeier, Die Sowjetunion 1917-1991, Berlin/Boston [3]2016, S. 91-95

1. ✚ *Fassen Sie die drei Phasen der Perestroika, wie der Text sie skizziert, zusammen.*
2. ✚ *Arbeiten Sie heraus, welche Schwierigkeiten und Widerstände bei den einzelnen Reformschritten auftraten.*
3. *Erklären Sie mögliche Gründe, weshalb die USA und Westeuropa Gorbatschows Reformkurs anfangs skeptisch beurteilten.*
4. *Gorbatschow sprach seit 1987 auch vom „gemeinsamen europäischen Haus". Recherchieren Sie im Internet, was mit diesem Schlagwort gemeint war und erläutern Sie, inwieweit es mit dem Programm von „Perestroika" und „Glasnost" zusammenhing.*
5. ✚ *Vergleichen Sie das Vorgehen Gorbatschows in der Sowjetunion mit den Reformbemühungen der Solidarność in Polen. Berücksichtigen Sie dabei die Ausgangslage in Polen bzw. der UdSSR, Aufgaben und Ziele der jeweiligen Reform und die Stellung der Reformer im politischen System beider Länder.*

M4 Wende oder Revolution?

*Der Politikwissenschaftler Eckhard Jesse (*1948) schreibt über den „Wende"-Begriff:*

Der blasse Begriff „Wende" für den gewaltigen (nicht: gewaltsamen) Umbruch bürgerte sich in der DDR schnell ein, obwohl ihm Opportunismus anhaftet, wie dies im Begriff des „Wendehalses" anklingt, der seinerzeit hohe Bekanntheit genoss. [...] Egon Krenz, der Nachfolger Erich Honeckers, sprach in seiner Antrittsrede am 18. Oktober 1989 von einer nötigen „Wende" durch die SED: „Fest steht: Wir haben in den vergangenen Monaten die gesellschaftliche Entwicklung in unserem Lande in ihrem Wesen nicht real genug eingeschätzt und nicht rechtzeitig die richtigen Schlussfolgerungen gezogen. Mit der heutigen Tagung des Zentralkomitees werden wir eine Wende einleiten, werden wir vor allem die politische und ideologische Offensive wiedererlangen." Offenkundig stand Krenz der Begriff der „Perestroika" (Umbau) vor Augen. Das griffige Wort von der „Wende" setzte sich bei der Bevölkerung schnell durch, auch bei denjenigen, die darunter nicht bloß kosmetische Korrekturen wie Krenz verstanden, sondern einen fundamentalen Systemwechsel. Es waren gerade seine Kritiker, die eine wirkliche „Wende" anmahnten. [...] Bis heute ist „Wende" derjenige Begriff, der für die meisten Ostdeutschen den fundamentalen Wandel des Herbstes 1989 am besten einfängt.

Tatsächlich ist „Wende" kein überzeugender Terminus für die gravierenden Umbrüche im Herbst 1989 [...]. Die Massivität der Veränderungen wird durch eine bloße „Wende" nicht abgedeckt. [...]

Der analytisch nicht sonderlich tragfähige Begriff der „Wende" hat immerhin einen Vorteil: Der vage Terminus lässt offen, ob die Vorgänge stärker auf den Niedergang der alten Machthaber zurückgehen („Zusammenbruch") oder auf die Entschlusskraft ihrer Gegner („Systemsturz"). Beides traf zu, wie immer die Forschung die Akzente setzt.

*Der polnische Politikwissenschaftler Piotr Buras (*1974) und der deutsche Osteuropahistoriker Burkhard Olschowsky (*1969) merken dazu an:*

Die Wahrnehmung von 1989 als „Revolution" ist bei weitem nicht selbstverständlich. Im Gegenteil – in der Umgangssprache ist in der Regel das Wort „Wende" gebräuchlich, wobei angesichts der Kürze der Grund für seine Verwendung vermutlich eher ein praktischer ist. Zudem handelt es sich um einen neutralen und damit auch populären Begriff, der das Verhältnis des Sprechenden zum Ereignis verdeckt. [...] Die These, es handele sich bei 1989 um eine Wende oder einen Zusammenbruch des Systems, greift aber auch theoretische und politische Argumente auf: So zielte die gewaltfreie Umwälzung von 1989 weder auf die Errichtung einer wesentlich neuen Gesellschaftsordnung, noch orientierte sie sich an großen Utopien oder hat welche hervorgebracht, wie es 1789 in Frankreich oder 1917 in Russland der Fall gewesen ist. Erinnerungsgeschichtlich ist die anhaltende Kontroverse über die Begrifflichkeit „Wende" oder „Revolution" insofern von Bedeutung, als sie die Konkurrenz beider Narrative[1] zuspitzt. Das freiheitlich-demokratische Narrativ hebt den revolutionären Charakter der politischen, wirtschaftlichen und sozialen Veränderungen stark hervor. Der Beitrag der Bürger zum Regimesturz sei entscheidend gewesen, sodass es falsch sei, von einer Implosion zu reden. Der dem Einheitsnarrativ[2] inhärente Begriff „Wende" lässt diese aktive Gestaltungskraft der Bürgerbewegung unbeachtet. In der Darstellung der Ereignisse wird das staatliche Handeln – der Bundesregierung sowie der Großmächte – in den Mittelpunkt gerückt.

Erster Text: Eckhard Jesse, Eine Revolution stürzt das SED-Regime, in: Dagmar Schipanski und Bernhard Vogel (Hrsg.), Dreißig Thesen zur deutschen Einheit, Freiburg i. Br./Basel/Wien 2009, S. 23-33, hier S. 28-30; zweiter Text: Piotr Buras und Burkhard Olschowsky, 1989: Mauerfall & Runder Tisch. Asymmetrische Gründungsmythen, in: Hans Henning Hahn und Robert Traba (Hrsg.), a. a. O., S. 199-224, hier S. 212 f.

1. *Fassen Sie die Argumente beider Texte für die dauerhafte Verbreitung des „Wende"-Begriffs in Deutschland seit 1989 zusammen.*
2. *Erläutern Sie die Unterschiede der im zweiten Text genannten „Narrative" (freiheitlich-demokratisches bzw. Einheitsnarrativ).*
3. *Entwickeln Sie ein Rollenspiel: Vertreter der DDR-Regierung stehen im Herbst 1989 protestierenden Bürgerinnen und Bürgern gegenüber. Die Politiker versprechen eine „Wende", während die Demonstranten skeptisch bleiben. Stellen Sie damit die damalige Auseinandersetzung um den Begriff der „Wende" nach.*

[1] **Narrativ** (von lat. narrare: erzählen): Erzählmotiv, meist mit sinnstiftender Wirkung
[2] **Einheitsnarrativ**: Darstellung des Umbruchs in der DDR als Weg zur deutschen Einheit

▲ **Festakt zum 20. Jahrestag des Mauerfalls.**
Foto vom 9. November 2009, Brandenburger Tor.
In Berlin wurden rund 1000 von Jugendlichen aus aller Welt gestaltete Dominosteine aus Styropor zu Fall gebracht, um damit symbolisch an den Mauerfall vor 20 Jahren zu erinnern.
- *Nehmen Sie dazu Stellung, ob das historische Ereignis des Mauerfalls mit dieser Inszenierung angemessen gewürdigt wurde.*

M5 Der Fall der Berliner Mauer: Ereignis und Wirkung

*Der Mauerfall vom 9. November 1989 gilt als ein Wendepunkt der Geschichte. Der Journalist Hermann Rudolph (*1939), ehemaliger Herausgeber des Berliner „Tagesspiegel", versucht die Bedeutungsebenen dieses Ereignisses darzulegen:*

Es gibt Ereignisse, bei denen auch diejenigen, die sie erleben, lange Zeit brauchen, bis sie begreifen, was geschieht. Die Öffnung der Mauer am 9. November 1989 ist ein solcher Fall: Sie kam wie der Dieb in der Nacht, sie war, nach allem, was wir wissen, weder geplant noch gewollt, sondern die unverhoffte Folge konfuser Entscheidungen, aber sie wurde zu einem Vorgang, der Deutschland und Europa veränderte. Überdies vollzog sie sich gleichsam als historische Sturzgeburt: Zwischen der Frage eines italienischen Korrespondenten auf der Pressekonferenz des DDR-Ministerrates, die der Geschichte das Stichwort lieferte, und dem Entschluss des Grenzpolizisten, der am Übergang Bornholmer Straße die Schlagbäume öffnete, lagen nur wenige Stunden. Sie sind auf die Minute genau festgehalten: 18 Uhr 53 gab ZK-Sekretär Günter Schabowski auf die Frage nach dem neuen Reisegesetz der DDR seine merkwürdig verschlungene Antwort, die schließlich wie eine Bombe wirkte[1], 22 Uhr 30 [richtig: 23 Uhr 30] kapitulierte ein Oberstleutnant mit den Worten „Wir fluten jetzt" vor den Tausenden, die seinen Grenzübergang faktisch einzudrücken drohten. [...]

Die Maueröffnung änderte [...] fast nichts und alles. Tatsächlich gab es ja am Morgen danach die DDR noch, Volksarmee und Grenztruppen funktionierten und lösten sogar, wie gelernt, erhöhte Gefechtsbereitschaft aus, aber das Erlebnis dieser Nacht nahm ihrer Macht die Wirkung. Die Besetzung der Mauerkrone am Brandenburger Tor durch die Menge und ihr Vordringen ins Allerheiligste der Grenzanlage, den innersten, streng abgeschirmten Bereich zwischen Mauer und Pariser Platz, rüttelte an dem Punkt der geteilten Stadt, der wie kein anderer die weltpolitische Konfrontation zwischen Osten und Westen symbolisierte. Sie löste gleichsam den Bann, den die Geschichte über Berlin gelegt hatte – wie sie, umgekehrt, dem Grenzregiment, das das Eindringen in diesen Ort als besondere Niederlage empfand, faktisch das Rückgrat brach. [...]

Dass die Maueröffnung [...] hineinbrach in eine Welt, die wenige aufwühlende Ereignisse zu bieten hatte, macht nachvollziehbar, dass sie fast überall auf ein begeistertes Echo stieß, nicht zuletzt bei den jungen Menschen. [...] [Ü]berall wurde sie aufgenommen als „ein aufwühlendes, emotionales Ereignis, wie es die Welt seit vielen Jahren nicht erlebt hat". Die Prominenten-Stimmen, die zu Dutzenden eingesammelt wurden, waren auf Begeisterung gestimmt, und der berühmte Dissident[2] und Friedensnobelpreisträger Andrej Sacharow[3] maß dem Mauerfall zum Beispiel „historische Bedeutung für die ganze Welt" zu. Tatsächlich nahm die ganze Welt an der Maueröffnung Anteil: sie wurde zum Weltereignis. Sie erfüllte die immer vorhandene, so oft enttäuschte Hoffnung, dass belastende Verhältnisse sich ändern können.

[1] Siehe hierzu M3 auf Seite 188.
[2] **Dissident** (von lat. dissidere: im Widerspruch stehen): Andersdenkender, Regimekritiker
[3] Sacharow (siehe Seite 146, Fußnote 4) starb im Dezember 1989.

Die offiziellen politischen Reaktionen entzogen sich der allgemeinen Euphorie nicht [...]. Allerdings machte die Überwältigung [...] ziemlich bald einer breiten, vielfach von Bedenken gekennzeichneten Diskussion über die Möglichkeit der Wiedervereinigung als Folge des Mauerfalls Platz. Doch insgesamt beeinflusste er die Wahrnehmung Deutschlands im Ausland bemerkenswert positiv – was vor allem dem beginnenden deutsch-deutschen Vereinigungsprozess zugute kam. Überdies wurde der Mauerfall zum Fanal für die letzten Etappen der demokratischen Umwälzung Ost-Mitteleuropas. In Polen und Ungarn hatte die Demokratie bereits gesiegt. Im November und Dezember brauchte die „samtene Revolution" in der Tschechoslowakei nur drei Wochen, um die neue Republik zu begründen. [...]

Als historisches Ereignis ist dieser 9. November schwerlich zu überschätzen. Er leitete nicht nur das Ende der deutschen Teilung ein, sondern stand als symbolischer Akt auch über der Aufhebung der Spaltung und der Wiedervereinigung Europas. Denn die Durchbrechung dieser Spaltung an jenem Punkt, an dem sie aufs Sinnbildlichste sichtbar war, eben durch die Mauer mitten in einer Stadt, verlieh der Maueröffnung eine überschießende Ausstrahlung, die den ganzen, in Bewegung befindlichen Kontinent und die daran anteilnehmende Welt mitriss. So vermochte dieses Ereignis auch für historische Vorgänge zu stehen, die weit über das Geschehen in dieser kühlen Novembernacht in Berlin und Deutschland hinausgingen. Mit ihm schlug auch die letzte Stunde des Jalta-Systems[4] der ost-westlichen Teilung Europas einschließlich der Blockbildung, die für ein halbes Jahrhundert die Welt in Atem gehalten hatte. Und es bedeutete auch das endgültige Scheitern des Machtanspruchs der kommunistischen Bewegung, die am Ende des Ersten Weltkrieges die weltpolitische Arena betreten und nach dem Zweiten immerhin ein Sechstel der Erde dominiert hatte. Danach war es auch keineswegs abwegig, das Jahr 1989, das im Mauerfall seinen Höhepunkt fand, mit dem Blick auf die Revolution von 1789 zu begreifen.

Hermann Rudolph, 9. November 1989: Ein Sprung der Geschichte, in: Etienne François und Uwe Puschner (Hrsg.), Erinnerungstage. Wendepunkte der Geschichte von der Antike bis zur Gegenwart, München 2010, S. 371-391, hier S. 371, 374 f., 384 und 386

1. ➕ *Arbeiten Sie heraus, in welche unterschiedlichen Zusammenhänge der Text den Mauerfall einordnet.*
2. ➕ *Erklären Sie ausgehend vom Text, warum der 9. November 1989 als Wendepunkt der Geschichte angesehen werden kann.*
3. ➕ *„1989: Höhepunkt der Reformwelle im Ostblock oder europäische Revolution?" Nehmen Sie zu dieser Frage Stellung.*
4. *Hermann Rudolph schreibt: „Als historisches Ereignis ist dieser 9. November schwerlich zu überschätzen. Er leitete nicht nur das Ende der deutschen Teilung ein, sondern stand als symbolischer Akt auch über der Aufhebung der Spaltung und der Wiedervereinigung Europas." (Zeile 72-76). Diskutieren Sie in der Klasse, ob der 9. November zu einem europaweiten Feiertag erklärt werden sollte.*

[4] **Jalta-System**: Auf der Konferenz der Alliierten Mächte in Jalta in der Endphase des Zweiten Weltkrieges (Februar 1945) wurden Europa und andere Regionen von den Westmächten (USA und Großbritannien) und der Sowjetunion in Einflussgebiete aufgeteilt.

Deutungen der Zeitenwende zum 21. Jahrhundert

Theorie

Baustein

Neue Unübersichtlichkeit Mit der Auflösung des Ostblocks und dem Untergang des Sowjetkommunismus um 1990 entstand eine völlig offene Weltlage. Was würde an die Stelle des Ost-West-Gegensatzes treten, der bis dahin für Konfrontation, aber auch für klare Fronten gesorgt hatte? Der US-amerikanische Politologe *Francis Fukuyama* sprach 1989 vom „Ende der Geschichte".[1] Damit war nicht das Ende der Zeiten gemeint, sondern eine Zukunftsvision. Als End-Zweck der Geschichte, so Fukuyama, würde die Menschheit den Siegeszug des demokratischen Liberalismus und der freien Marktwirtschaft erleben. Hinter dieser Vorstellung stand die Sehnsucht nach einer Welt ohne ideologische[2] Spannungen, die das 20. Jahrhundert geprägt hatten. Dass Fukuyamas Prognose vorerst Wunschdenken blieb, wurde zumal durch die Terroranschläge vom *11. September 2001*[3] deutlich (▸ M1).

Doch auch ohne die Gewaltakte des transnationalen Terrorismus überwogen am Ausgang des 20. Jahrhunderts Unsicherheit und Ratlosigkeit über die kommende Zeit (▸ M2). Der Übergang vom 20. zum 21. Jahrhundert war nicht nur ein kalendarischer Zählschritt ins nächste Jahrtausend (Millennium), sondern wurde auch als historischer Umbruch, als *Zeitwende*, wahrgenommen. Dieser Begriff besagt, dass das Wissen aus Vergangenheit und Gegenwart (Erfahrung) für die Menschen einer Zeit nicht mehr ausreicht, um ihre Zukunft (Erwartung) in deutlichen Umrissen zu erkennen. „Das Neue, das im Werden ist, erscheint als unvergleichlich; man erkennt, dass die Geschichte im Begriff ist, ihre Richtung zu verändern oder überhaupt erst zu finden", so umschrieb der deutsch-jüdische Historiker *Richard Koebner* (1885-1958) Anfang der 1940er-Jahre das Konzept der Zeitwende.

Beschleunigung und Globalisierung Zeitwenden hat es immer dann gegeben, wenn gesellschaftliche, wirtschaftliche, politische oder technische Umwälzungen die bestehenden Verhältnisse nicht nur wandelten, sondern grundlegend infrage stellten. Das Bewusstsein einer Zeitwende am Ausgang des 20. Jahrhunderts hing auch mit einer neuerlichen, fundamentalen *Beschleunigung* des Alltags zusammen, die der technische Fortschritt mit sich brachte. Die Digitalisierung, die sich schon in den 1980er- und 90er-Jahren angekündigt hatte, läutete eine neue Industrielle Revolution ein. Die Folgen für Wirtschaft und Gesellschaft sind bis heute kaum abzusehen (▸ M3).

Mit dem Ende des 20. Jahrhunderts ist auch die weltweite Vernetzung von Staaten, Gesellschaften und Märkten ins öffentliche Bewusstsein gerückt. Dieser Prozess hatte sich seit geraumer Zeit vollzogen, wurde aber erst um die Jahrtausendwende als *Globalisierung* bezeichnet und seither immer deutlicher wahrgenommen. Mittlerweile zweifelt kaum noch jemand daran, dass wir in einem Zeitalter der Globalisierung leben. Globalisierung könnte die gesuchte Antwort auf die Frage sein, wohin sich die Welt im 21. Jahrhundert entwickelt (▸ M4).

[1] Zu Francis Fukuyama siehe nochmals M4 auf Seite 20 f.
[2] Eine Begriffserklärung finden Sie auf Seite 140, M4, Fußnote 3.
[3] Siehe hierzu das OnLine-Kapitel „Der 11. September 2001 – ein Wendepunkt der Geschichte?" unter dem Code 32033-01.

▲ **Abbau des Lenin-Denkmals.**
Foto von 1991, Berlin.
Arbeiter montieren das 18 Meter hohe Denkmal von Wladimir Iljitsch Lenin, russischer Revolutionär und Gründer der Sowjetunion, im Bezirk Friedrichshain im Ostteil von Berlin ab.

M1 Eine Rückkehr der Ideologien?

*Mit dem 11. September 2001, so argumentiert der Schweizer Journalist und Buchautor Martin Meyer (*1951), sei der Gegensatz sich ausschließender Weltanschauungen zurückgekehrt. Er schreibt dazu am 12. März 2005 in der „Neuen Zürcher Zeitung“:*

Wir leben in schwierigen Zeiten. Ein kurzer Blick auf die gegenwärtige Weltlage genügt, dies zu belegen: Kriege und Hungersnöte, Seuchen und Katastrophen liefern den Stoff für die Schlagzeilen von Tag zu Tag. Von der besten aller möglichen Welten scheinen wir Lichtjahre entfernt; selbst die Euphorien, die mit dem Jahrhundertdatum von „1989“ entflammten, sind zum größeren Teile verflogen. Denn ein zweites Datum – nun: des Schreckens – wirft inzwischen seine Schatten. Seit dem 11. September 2001 hat das Gespenst des Terrorismus sein Gesicht gezeigt. [...] Doch der Terrorismus ist nur die Außenseite des Phänomens. Seine ebenso beunruhigende Innenseite meint den Fundamentalismus der islamistischen Doktrin [...].

Es geht um den Zusammenprall sehr verschiedener Denk- und Lebensformen: einerseits der „westlichen“ Lebensform, worunter wir etwa Freiheit und Autonomie, Toleranz und Selbstverantwortung verstehen, und anderseits der „östlichen“ Lebensform, sofern diese einen harten, alle Bereiche des Daseins regulierenden Glauben einfordert und zu realisieren versucht. Denn dieser Zusammenprall ist nicht nur eine entscheidende Herausforderung für die kommenden Jahrzehnte; er treibt auch einen „Krieg der Werte“ hervor, wie wir ihn [...] kaum mehr für möglich hielten. [...]

Die vergangenen fünfzig Jahre haben der westlichen Welt und zumal Europa einen bisher nie bekannten Wohlstand gebracht: durch Fleiß, Engagement, Neugier, Ausdauer und was dieser Tugenden mehr sind. Das politische Dach, unter dem dies möglich wurde, hieß und heißt Demokratie und Rechtsstaat, liberale und soziale Kompetenz. Dass dies alles aus den Ruinen von 1945 so schnell so erfolgreich anlief, verdankt Europa zu bedeutendem Teile der Schutzmacht Amerika. „1989“ brachte dann etwas tatsächlich Unerhörtes in die Geschichte ein: das Ende einer Welt-Diktatur und damit das Ende des Kalten Kriegs, will auch sagen: das Ende der möglichen atomaren Katastrophe zwischen Ost und West. Es konnte deshalb die Vermutung aufkeimen, dass ein sogenanntes „Ende der Geschichte“ abzusehen wäre: der Weg in die Richtung eines mehr oder minder „ewigen“ Friedens für den Globus.

Noch sind die weltgeschichtlichen Wirkungen des 11. September 2001 nicht voll zu ermessen. Schon jetzt aber müssen wir feststellen: Dieses Datum hat die Geschichte umgepflügt. Wir sehen die Rückkehr von Ideologien einer äußerst militanten Prägung, mehr noch, die Legierung von Politik und Theologie zur „politischen Theologie“[1] im Gewand des islamistischen Fundamentalismus. Ein neues Muster der Bipolarität[2] zeichnet sich ab, das seither die neuen Bedrohungen diktiert: Die säkularen[3] Kulturen befinden sich im Widerstreit, schärfer formuliert: im Krieg, mit fundamentalreligiösen Gruppierungen und Parteien. Doch im Unterschied zu dem alten Gegensatz zwischen West und Ost beim Kampf der „Systeme“ um die erfolgreichere Bewirtschaftung ihrer Einflusssphären verläuft diese neue Konfrontation asymmetrisch.

[1] **Politische Theologie**: religiös geprägte Staatsvorstellung
[2] **Bipolarität**: Gruppierung oder Spaltung der Welt in zwei gegensätzliche Lager
[3] **säkular**: weltlich, nicht-religiös; hier: von religiösem Glauben unabhängig

Was heißt das? Kraft ihres Glaubens an das höhere Recht der heiligen Schriften und Doktrinen wähnen sich die Ideologen und Agenten des Terrors zugleich diesseits und jenseits der Wirklichkeit – diesseits, indem sie diese zum Ziel ihrer Eingriffe bestimmt haben; jenseits, indem sie die Rechtmäßigkeit ihres Tuns nicht aus einer Verantwortungsethik für das Hier und Jetzt ableiten, sondern aus der Gesinnung eines „göttlichen Auftrags“. [...] Im Schatten eines militant interpretierten Korans wollen sie festgestellt haben, dass die westlichen Zivilisationen gerade kraft ihrer freiheitlich-toleranten Verfassungen von Grund auf des Übels sind – Sümpfe des Hedonismus[4] und der materiellen Gier, der privaten Laster und der öffentlichen Heuchelei, dann auch Ableger des Kolonialismus gegen die alten Sitten des Orients, die sie im Zeichen der Globalisierung der Märkte zu ihrem eigenen Nutzen zersetzten.

Nach: https://www.nzz.ch/articleCNETK-1.105653 (Zugriff: 8. Februar 2018)

1. *Gliedern Sie den Text in sinnvolle Abschnitte und versehen sie diese mit passenden Überschriften.*
2. *Arbeiten Sie anhand des Textes heraus, worin der weltanschauliche Gegensatz zwischen westlicher Lebensweise und religiösem Fundamentalismus besteht.*
3. *Erläutern Sie, weshalb das Ende des Kalten Krieges Anlass zu der Vermutung gab, die Menschheit strebe „in die Richtung eines mehr oder minder ‚ewigen‘ Friedens“ (Zeile 37 f.).*
4. *Meyer bezeichnet das Jahr 1989 als „Jahrhundertdatum“ (Zeile 6). Beurteilen Sie diese Aussage.*
5. *Überprüfen Sie, inwieweit die Terroranschläge von 2001 erst vor dem Hintergrund von „1989“ ihre volle historische Bedeutung erlangten.*

M2 Ungewisse Zukunft

*In einem Überblickswerk aus dem Jahr 2017 skizziert der Historiker Edgar Wolfrum (*1960), welche Ungewissheiten das zu Ende gehende 20. Jahrhundert zurückließ:*

[Beim 20. Jahrhundert] handelt [es] sich inzwischen um eine historische Zeit. Die vergangenen Signaturen werden seither abgerufen, um die Gegenwart besser zu verstehen. [...] Jahrhundertwechsel sind fiktive Wendepunkte und gründen nicht auf objektiven Umständen, sondern werden in den Köpfen der Menschen konstruiert. Konstellationen und das Leben der Menschen ändern sich nicht schlagartig, nur weil der Kalender vom 31. Dezember auf den 1. Januar springt. Doch solche fiktiven Wendepunkte können Anlass sein, innezuhalten und zu prüfen, was war. Und viele Zeitgenossen meinten, noch nie so wenig die Zukunft erahnen zu können wie an der Schwelle zum neuen Jahrtausend. Nach dem Ende des Kalten Krieges schienen die Zeit und die Welt vollends unberechenbar geworden zu sein. 1989/1991 markierte nicht nur einen glücklichen Ausgang einer Geschichte von Unfreiheit und Unterdrückung (sie gab es in vielen Teilen der Welt immer noch). Die „Epochenwende“ war auch die Geburt von neuen, bis dahin nicht gekannten Problemlagen – „neue Kriege“ und „gescheiterte Staaten“[1] sind die prominentesten Beispiele dafür. Hoffnungen und Utopien schienen zerstoben und hatten offenbar der Orientierungslosigkeit Platz gemacht. Doch was auch immer kommen mochte, so tröstete man sich, Schlimmeres als die Monster, die das 20. Jahrhundert in seiner ersten Hälfte ausgebrütet hatte, dürfte es nicht sein – hoffentlich. So vermittelte der Jahrhundertwechsel auch die Erwartung, diese katastrophische Vergangenheit hinter sich lassen zu können.

Edgar Wolfrum, Welt im Zwiespalt. Eine andere Geschichte des 20. Jahrhunderts, Stuttgart 2017, S. 371 f.

1. *Fassen Sie die Kernaussagen des Textes in wenigen Stichpunkten zusammen.*
2. *Edgar Wolfrum schreibt: „Jahrhundertwechsel sind fiktive Wendepunkte und gründen nicht auf objektiven Umständen, sondern werden in den Köpfen der Menschen konstruiert.“ (Zeile 3-6). Erklären Sie, was der Historiker mit dieser Aussage meint.*
3. *Befragen Sie Ihre Eltern, Großeltern und/oder ältere Verwandte, ob sie als Zeitgenossen die Ereignisse um 1989/91 als „Epochenwende“ (Zeile 17) wahrgenommen haben. Was spricht aus deren Sicht dafür, was dagegen? Stellen Sie die Aussagen in einer Tabelle gegenüber. Analysieren Sie anschließend Ihre Ergebnisse.*
4. *Erläutern Sie, was das 20. Jahrhundert zu einer „katastrophische[n] Vergangenheit“ (Zeile 26) macht. Finden Sie Gegenargumente, um diese Sichtweise zu widerlegen.*
5. *Diskutieren Sie in Gruppen, was Ihre Hoffnungen und Befürchtungen für die Zukunft (Deutschlands, Europas, der Welt) sind. Überprüfen Sie dabei, ob und inwieweit Ihre positiven oder negativen Erwartungen von Ihrem Wissen über die Vergangenheit bestimmt werden.*

[4] **Hedonismus**: Lebenseinstellung, die auf größtmöglichen persönlichen Genuss abzielt

[1] **Gescheiterte Staaten** (engl. failed states): Staaten, in denen die öffentliche Ordnung zusammenbricht oder nicht mehr von der eigenen Regierung gewährleistet wird. Gründe für ein solches „Staatsversagen“ können Krieg, Bürgerkrieg, Naturkatastrophen, Terrorismus oder auch das Überhandnehmen organisierter Kriminalität sein.

M3 Digitalisierung und Beschleunigung

*In seiner „kurzen Geschichte der Gegenwart" führt der Historiker Andreas Rödder (*1967) aus, wie die Digitalisierung unser Leben verändert:*

Digitalisierung und Mikroelektronik bewirkten die einschneidendsten Veränderungen im ausgehenden 20. Jahrhundert. Auf breiter Front und oftmals kaum bemerkt zogen Chip und Netz in die Lebenswelten ein. Digitale Medien wurden zur Basistechnologie des Alltagslebens, von der Steuerung der Haushaltstechnik über Terminals in Museen, Hilfen für Gehörlose, Ticketbuchungen und lasergesteuerte *smart weapons* bis zur Aktenführung der Bundesverwaltung. [...] In der Arbeitswelt wandelten sich die Produktionsabläufe – sogar der Hochofen, die Industrieanlage des analogen Eisenzeitalters schlechthin, wurde digital gesteuert –, und durch die Automatisierung der Fließbandproduktion und die *computer-to-plate*-Technologie verschwanden ganze Berufsgruppen wie Fließbandarbeiter und Setzer. Andere wandelten sich, wie der Beruf der Sekretärin, als Stenoblock und Schreibmaschine aus dem Büro verschwanden. [...]
Digitalisierung und Mikroelektronik lassen sich als dritte Stufe der Industriellen Revolution seit dem letzten Drittel des 20. Jahrhunderts verstehen, nachdem Textil und Eisen die erste Stufe im späten 18. Jahrhundert und Stahl, Chemie und Elektrizität die zweite Etappe im späten 19. Jahrhundert bestimmt hatten. [...]
In der digitalen Welt ist es jederzeit möglich, sich die Fernsehübertragung des Endspiels der Fußball-Weltmeisterschaft von 1974 anzusehen. Im Vergleich des legendären Münchener Finales mit einem durchschnittlichen Bundesligaspiel von 2015 wird sofort erkennbar, dass das Spiel unvergleichlich viel schneller geworden ist. Der Soziologe Hartmut Rosa hat die Steigerung des Lebenstempos allgemein als Kombination von Beschleunigung und Steigerungslogik interpretiert. Pro Zeiteinheit wird eine höhere Menge an Informationen verarbeitet oder an Tätigkeiten verrichtet. [...]
Beschleunigung fand auf mehreren Ebenen statt. Technische Beschleunigung sorgte dafür, Stoffe und Energien rascher umzuwandeln, Güter zügiger herzustellen oder Menschen, Güter und Informationen schneller zu bewegen. Sie erfolgte durch die Rationalisierung von Organisations-, Entscheidungs-, Verwaltungs- und Kontrollprozessen, insbesondere durch die digitale Revolution. Dass darüber die Halbwertszeit von Wissen und relevanten Kulturtechniken[1] zurückging, zum Beispiel in der Bedienung von technischen Geräten oder Computerprogrammen, bezeichnete Hermann Lübbe als „Gegenwartsschrumpfung". Menschen müssen sich in immer kürzeren Zeiten immer wieder neue Mittel zur Gegenwartsbewältigung aneignen; eine Ausbildung reicht nicht mehr für ein gesamtes Berufsleben, vielmehr ist permanente Weiterbildung erforderlich. Zur Beschleunigung des sozialen und kulturellen Wandels gehörten auch die abnehmende Stabilität von Beschäftigung und Familien bis hin zu schnelleren Kameraeinstellungen und Schnittfolgen in Film und Fernsehen. Effizientere Zeitorganisation und „Multitasking" veränderten die Zeitrhythmen des Alltags. Angehörige hoch industrialisierter und individualisierter Gesellschaften fühlen sich in besonderem Maße unter Zeitdruck. [...]
Bis zum Ende des 18. Jahrhunderts hatte sich das Leben weitestgehend im Zeitmaß der Natur vollzogen. Das Schauspiel der großen Beschleunigung wurde im 19. Jahrhundert vor allem im Verkehrswesen aufgeführt. [...] Maschinelle Beschleunigung und die Denaturalisierung der Zeiterfahrung wurden nicht erst im digitalen Zeitalter, sondern bereits im 19. Jahrhundert zu einer neuen Menschheitserfahrung.

Andreas Rödder, 21.0. Eine kurze Geschichte der Gegenwart, München 2015, S. 26-28 und 32-34

1. *Geben Sie in einer Tabelle die Vor- und Nachteile der Beschleunigung des Alltagslebens wieder, die der Text erwähnt. Fügen Sie in einer weiteren Spalte Ihre eigenen Gesichtspunkte hinzu.*
2. ➕ *Erklären Sie ausgehend vom Text die Begriffe „Zeitmaß der Natur" (Zeile 56) und „Denaturalisierung der Zeiterfahrung" (Zeile 59).*
3. *Diskutieren Sie in Ihrer Klasse, ob unsere Gesellschaft eher durch Beschleunigung oder durch Entschleunigung (z. B. angesichts längerer Ausbildungszeiten, späterer Elternschaft, höherer Lebenserwartung usf.) geprägt ist.*
4. ➕ *Beurteilen Sie, inwiefern die Bezeichnungen „digitale Revolution" (Zeile 39) und „digitale[s] Zeitalter" (Zeile 60) angemessen sind.*
5. *Erörtern Sie gemeinsam mit Ihren Mitschülern anhand konkreter Beispiele, welche Gefahren bzw. Chancen die zunehmende Digitalisierung birgt.*

M4 Globalisierung

*Die beiden Historiker Jürgen Osterhammel (siehe Seite 17) und Niels Petersson (*1968) kennzeichnen den Begriff der Globalisierung und seine Bedeutung für die heutige Zeit:*

[1] **Kulturtechnik**: Fertigkeit zur Aneignung, Anwendung oder Weitergabe von Wissen und Bildung (z. B. Lesen und Schreiben, Rechnen, Musizieren, künstlerisch Gestalten, Dolmetschen, das Sammeln von Gegenständen, die Nutzung von Medien oder Telekommunikation usf.).

„Globalisierung" ist ein Begriff der Gegenwartsdiagnose. Anfangs wenig beachtet und auf Spezialveröffentlichungen von Wirtschaftswissenschaftlern beschränkt, hat dieser Begriff in den 1990er-Jahren eine erstaunliche Karriere erlebt. In zahlreichen Sprachen ist er heimisch geworden. Verschiedene Wissenschaftsdisziplinen haben ihn zur Leitkategorie erkoren. [...]
Der Begriff füllt konkurrenzlos einen legitimen Platz: Er gibt der Epoche einen Namen. Es war in den letzten Jahrzehnten nicht einfach, die Signatur des gegenwärtigen Zeitalters prägnant zum Ausdruck zu bringen. [...] In den sechziger und siebziger Jahren redeten die einen von der reifen „Industriegesellschaft", die anderen vom „Spätkapitalismus", in den Achtzigern fand die „Risikogesellschaft" viel Anklang und die „Postmoderne" kam in Mode, drang allerdings nicht ins allgemeine Bewusstsein ein, weil man sich nichts Konkretes darunter vorstellen konnte. „Globalisierung" war da ein Begriff von anderem Kaliber. Er schloss an Erfahrungen an, die viele Menschen machten: Zum einen brachten Konsum und Kommunikation den Bewohnern der reichen Länder tatsächlich (fast) den ganzen Globus ins Haus. Zum anderen schien durch die Auflösung der abgeschotteten Sonderwelt des Sowjetblocks der Planet insgesamt von einheitlichen Prinzipien westlich-moderner Lebensgestaltung durchwirkt zu werden. Unter ökonomischem Gesichtspunkt schienen durch die Befreiung der Marktkräfte von staatlicher Regulierung und durch technologische Neuerungen im Bereich von Datenverarbeitung und Kommunikation Märkte zu entstehen, auf denen Angebot und Nachfrage weltweit wirksam werden konnten. So tief auch die Kluft zwischen den schwer durchschaubaren Zusammenhängen weltweiter wirtschaftlicher Verflechtung und den leicht zugänglichen Alltagserfahrungen von Entgrenzung sein mag – der Begriff der Globalisierung hat den großen Vorzug, beiden Seiten gerecht zu werden, Verstand und Gemüt auf einen Nenner zu bringen. Immer wieder bestätigt sich auch der triviale Kern, der sich im Innern des Begriffs verbirgt: Die Welt wird zusehends „kleiner", und Entferntes wird immer stärker miteinander verknüpft. Zugleich wird sie „größer", weil wir noch niemals weitere Horizonte überschauen konnten. Wenn man daher den Zeitgeist der letzten Jahrhundertwende „auf den Begriff" bringen will, dann bleibt tatsächlich kaum eine Alternative zu der immerfort wiederholten Versicherung, wir seien in die Epoche der Globalisierung eingetreten. [...]
„Globalisierung" hängt mit „Modernisierung" eng zusammen. Strukturbildende Fernverbindungen gab es schon in vormoderner Zeit. Aber erst die kulturelle Kreativität der europäischen Moderne – Stichworte wären Rationalität[1], Organisation, Industrie, Kommunikationstechnologie – ermöglichte Verflechtungen von neuartiger Reichweite und Intensität. Umgekehrt spielte sich die Entfaltung der europäischen Moderne von Anfang an in einem globalen Rahmen ab. Asien, die nahöstlich-islamische Welt, später die beiden Amerikas, Afrika und die Südsee – sie alle lieferten Bezugspunkte für den Selbstentwurf Europas als einer *universalen* Zivilisation. Als sie selbst bereist, kolonisiert und in Welthandelsnetze eingesponnen wurden, nahmen diese Gegenden der Erde die von Europa und Nordamerika ausgehenden Impulse von Modernisierung mittels der Transmissionswege der Globalisierung[2] auf, formten sie um und brachten – mit unterschiedlichem Willen und Erfolg – eigene Ausprägungen hervor: *multiple modernities*.
„Globalisierung" hat einen Sinn als Sammelbegriff für konkret beschreibbare Strukturen und Interaktionen mit planetarischer Reichweite. Hingegen geht es nicht um einen autonomen Prozess, der als unaufhaltsame historische Bewegung und unabweisbarer politischer Sachzwang daherkommt. Gerade bei einem solch umfassenden Begriff muss man sich vor „Verdinglichung" hüten und immer wieder darauf beharren, dass auch die großen Makroprozesse Resultate individuellen oder kollektiven Handelns sind. Globale Verflechtungen werden von Staaten, Firmen, Gruppen, Individuen aufgebaut, erhalten, umgeformt oder zerstört. [...] Hinter der Globalisierung stehen Globalisierer mit unterschiedlichen visionären und strategischen Horizonten.

Jürgen Osterhammel und Niels P. Petersson, Geschichte der Globalisierung. Dimensionen, Prozesse, Epochen, München 2003, S. 7 f. und 112 f.

1. ✚ *Fassen Sie die Gründe zusammen, weshalb der Begriff „Globalisierung" mehr Anklang gefunden hat als andere Versuche, die jüngste Gegenwart auf einen Nenner zu bringen.*

2. ✚ *Erläutern Sie, inwieweit die Vorstellung der „Globalisierung" stark von einer europäischen oder westlichen Sichtweise geprägt ist.*

3. *Finden und analysieren Sie Beispiele für die im Text erwähnten „Globalisierer" (Zeile 74), die für die gleichnamige Entwicklung verantwortlich sind. Berücksichtigen Sie dabei, dass es sich nicht nur um Einzelpersonen handeln kann, sondern ebenso um Parteien, Interessengruppen, Berufszweige etc.*

4. *Überlegen Sie, welche gegenwärtigen Bedingungen und Entwicklungen einer weiter fortschreitenden Globalisierung im Weg stehen oder sie zurückdrängen könnten.*

[1] **Rationalität** (lat. ratio: Berechnung, Vernunft, Interesse): vernunftgeleitetes, zweckorientiertes Verhalten
[2] **Transmissionswege der Globalisierung**: meint hier alle Arten der Übertragung von Gütern, Ideen usw. im Weltmaßstab, etwa durch Handel, Missionierung, Kolonisierung, Migration, Tourismus

Die friedliche Revolution in der DDR 1989

▸ **„25. Jahrestag des Mauerfalls."**
Karikatur des griechischstämmigen Zeichners Kostas Koufogiorgos vom 7. November 2014.
- *Arbeiten Sie heraus, wie der Karikaturist die Erinnerungen an den Berliner Mauerfall einschätzt.*
- *Entwickeln Sie in Gruppenarbeit eine aktuelle Karikatur zum Mauerfall.*

In der DDR wurde unter der Führung Erich Honeckers der Widerspruch zwischen Propaganda und Wirklichkeit stetig unerträglicher. Verkündet wurde, der Sozialismus verkörpere die menschlichere und erfolgreichere Alternative zum westlichen Kapitalismus. Dabei wurde die Lage in den 1980er-Jahren immer trostloser angesichts von politischem Stillstand und wirtschaftlichem Niedergang.

Die DDR-Führung verkannte, dass mit der ab 1985 in der UdSSR betriebenen Reformpolitik von Michail Gorbatschow (Glasnost und Perestroika) der militärische Bestandsschutz ihrer Diktatur wegbrach. Während sie sich und ihren Staat anlässlich des 40. Jubiläums der Staatsgründung im Herbst 1989 feiern ließ, formierte sich eine friedliche Revolution. Massendemonstrationen führten in diesem Jahr nicht nur zum Sturz kommunistischer Regierungen in Osteuropa, sondern am 9. November 1989 auch zum Mauerfall. Er machte die innerdeutsche Grenze zunächst nur durchlässig, war aber schließlich der Auftakt für die Wiedervereinigung Deutschlands, die am 3. Oktober 1990 durch den Beitritt der fünf neuen Bundesländer zur Bundesrepublik staats- und völkerrechtlich vollzogen wurde.

Am Ende dieses Kapitels sollten Sie Folgendes **wissen und können**:

- die Systemkrise in der DDR charakterisieren und analysieren
- den Stellenwert der Reformpolitik Michail Gorbatschows für die Veränderungen im Ostblock erörtern und die Reaktion der DDR-Führung erklären
- die Formierung von Oppositionsgruppen beschreiben und die Forderungen nach Reformen erläutern
- die Ausreisebewegung, Flucht und Massenprotest als treibende Kräfte der friedlichen Revolution erörtern
- den Mauerfall in seinen Ursachen und Folgen analysieren
- den Prozess der politischen, wirtschaftlichen und gesellschaftlichen Einigung Deutschlands erläutern

25. Januar 1982 —	Pfarrer Rainer Eppelmann und Robert Havemann fordern im „Berliner Appell – Frieden schaffen ohne Waffen" mehr Toleranz und freie Meinungsäußerung.	**Eine Opposition entsteht**
24. Januar 1986 —	Die „Initiative Frieden und Menschenrechte" (IFM) wird von Bürgerrechtlern in Ost-Berlin offiziell gegründet.	
7. Mai 1989 —	Bürgerrechtler protestieren gegen die gefälschten Wahlergebnisse bei den Kommunalwahlen.	
September/ Oktober 1989 —	Bürgerrechtler gründen in der DDR das Neue Forum, Demokratie Jetzt, den Demokratischen Aufbruch und die Sozialdemokratische Partei.	
4. September 1989 —	In Leipzig findet die erste „Montagsdemonstration" statt.	**Massenproteste und Massenflucht**
10./11. September 1989 —	Die ungarische Regierung erlaubt DDR-Bürgern die Ausreise über ihre Grenzen. Die in die Botschaft der Bundesrepublik in Prag geflüchteten Ostdeutschen dürfen in den Westen ausreisen.	
9. Oktober 1989 —	Etwa 70 000 Menschen demonstrieren friedlich in Leipzig für demokratische Reformen. Erstmals greifen die Sicherheitskräfte nicht ein.	
18. Oktober 1989 —	Erich Honecker wird entmachtet, sein Nachfolger wird Egon Krenz.	**Das SED-Regime zerfällt**
4. November 1989 —	Über 500 000 Menschen fordern auf dem Berliner Alexanderplatz einen „eigenständigen Weg" der DDR.	
7. November 1989 —	Die Regierung der DDR tritt zurück, am Tag darauf auch das Politbüro der SED.	
9. November 1989 —	Fall der Mauer: Die Grenzübergange nach West-Berlin und in die Bundesrepublik werden geöffnet.	**Die DDR löst sich auf**
28. November 1989 —	Bundeskanzler Helmut Kohl (CDU) stellt im Bundestag ein Zehn-Punkte-Programm vor, das u.a. von der „Wiedergewinnung der staatlichen Einheit Deutschlands" spricht.	
Dezember 1989 —	Die „führende Rolle" der SED wird aus der Verfassung gestrichen, das Ministerium für Staatssicherheit aufgelöst.	
10. Februar 1990 —	Die Sowjetunion stimmt der Schaffung eines gemeinsamen deutschen Staates zu.	
18. März 1990 —	Freie Wahlen zur DDR-Volkskammer finden statt.	
12. April 1990 —	Die Volkskammer wählt Lothar de Maizière zum Ministerpräsidenten der DDR.	
1. Juli 1990 —	Der erste Staatsvertrag zur deutschen Einheit tritt in Kraft: Wirtschafts-, Währungs- und Sozialunion zwischen der Bundesrepublik und der DDR.	**Deutsche Einheit**
22. Juli 1990 —	In der DDR werden die seit 1952 aufgelösten Länder wiederhergestellt.	
31. August 1990 —	Zweiter Staatsvertrag zur deutschen Einheit (Einigungsvertrag). Berlin wird Hauptstadt des künftigen vereinten Deutschland.	
12. September 1990 —	Durch den Zwei-plus-Vier-Vertrag erhält Deutschland die volle staatliche Souveränität.	
3. Oktober 1990 —	Mit dem Beitritt der fünf ostdeutschen Länder und Ost-Berlins zur Bundesrepublik wird die deutsche Einheit hergestellt.	
2. Dezember 1990 —	Erste gesamtdeutsche Bundestagswahlen finden statt.	

Die Systemkrise in der DDR

▶ **FDJ-Aufmarsch bei einem nationalen Jugendfestival, Karl-Marx-Allee, Ost-Berlin.** *Foto vom 3. Juni 1979.*
Die Freie Deutsche Jugend (FDJ) war eine kommunistische Jugendorganisation der DDR. Der Eintritt fand für Jungen und Mädchen im Alter von 14 Jahren statt. Er geschah freiwillig, aber wer nicht beitrat, wurde später bei der Vergabe von Studienplätzen oder Lehrstellen benachteiligt. 1972 gehörten 58 Prozent der Jugendlichen der FDJ an, 1986 waren es 74 Prozent. Die FDJ gibt es noch heute, ihr Stellenwert ist jedoch nicht mehr mit dem in der DDR vergleichbar.

SED: Die 1946 aus der erzwungenen Vereinigung von SPD und KPD entstandene SED hatte sich den Führungsanspruch in die Verfassung festschreiben lassen; er wurde erst am 1. Dezember 1989 rückgängig gemacht.

Staatssicherheitsdienst („Stasi"): Das 1950 gegründete Ministerium für Staatssicherheit (MfS) war Geheimpolizei, geheimer Nachrichtendienst und Organ strafrechtlicher Untersuchungen. Die Stasi unterstand allein der SED-Spitze.

Soziale Marktwirtschaft: Wirtschaftsordnung, in der der Markt Produktion und Verteilung von Gütern regelt. Angebot und Nachfrage regulieren weitgehend die Preise. Der Staat garantiert die Vertragsfreiheit, den Wettbewerb und ein funktionierendes Geldwesen.

Planwirtschaft: Wirtschaftsordnung, in der die Produktion von Gütern sowie deren Verteilung nach staatlich festgelegten Plänen (z. B. Fünfjahrespläne) vorgenommen wird.

Nach sowjetischem Vorbild: die DDR Vier Jahre nach dem Ende des Zweiten Weltkrieges wurden zwei deutsche Staaten gegründet: die Bundesrepublik Deutschland (23. Mai 1949) und die Deutsche Demokratische Republik (7. Oktober 1949). Die Entwicklung beider deutscher Teilstaaten fand vor dem Hintergrund des *Kalten Krieges*[1] statt. Ein politischer, wirtschaftlicher und militärischer Konkurrenzkampf bestand zwischen den Großmächten USA und UdSSR und ihren jeweiligen Verteidigungsbündnissen. Während mit der Bundesrepublik im Westen Deutschlands unter der wohlwollenden Führung der USA und Großbritanniens ein demokratischer und wirtschaftlich prosperierender Rechtsstaat entstand, entfaltete sich die DDR im Osten zu einem von der Sowjetunion abhängigen Staat, in dem die *Sozialistische Einheitspartei Deutschlands* (**SED**) diktatorisch herrschte (▶ M1). Zum Vorbild wurde die *Kommunistische Partei der Sowjetunion* (*KPdSU*). Diejenigen, die nach Ansicht der Kommunisten der „Herrschaft der Arbeiterklasse" im Weg standen, wurden entmachtet oder ausgeschaltet – durch eine gelenkte Justiz, durch Enteignungen oder durch den **Staatssicherheitsdienst** (kurz *„Stasi"*), der die Bevölkerung überwachte und einschüchterte (▶ M2).

Im Gegensatz zur Bundesrepublik, in der die **Soziale Marktwirtschaft** galt, wurde in der DDR die sozialistische **Planwirtschaft** nach sowjetischem Vorbild eingeführt. Der Aufbau der Industrie in der DDR gestaltete sich schwierig. Zum Ausgleich für Versorgungsmängel verlangte das Regime ständig höhere Arbeitsleistungen. Das führte zu Unruhen in den Belegschaften, während immer mehr Bürger das Land in Richtung Bundesrepublik verließen (▶ M3). Der Arbeiteraufstand vom Juni 1953 weitete sich zum *Volksaufstand* aus. Die Bevölkerung stellte nicht nur wirtschaftliche Forderungen, sondern verlangte auch freie Wahlen und die Wiedervereinigung. Der Aufstand wurde durch die Rote Armee mit Zustimmung der SED-Führung niedergeschlagen. Er bildete einen Höhepunkt des Ost-West-Konflikts und zeigte die Abhängigkeit des SED-Regimes von der sowjetischen Schutzmacht.

[1] Zum Begriff „Kalter Krieg" siehe den Theorie-Baustein auf Seite 143 ff.

▲ **Die Verwaltungseinteilung der DDR ab 1952.**
Nach: Die Fischer Chronik Deutschland '49-'99. Ereignisse – Personen – Daten, Frankfurt am Main 1999, Sp. 121

Die Stabilisierung des Regimes unter **Walter Ulbricht** gelang erst, nachdem sich die DDR im Jahre 1961 durch die *Berliner Mauer* und einen „Todesstreifen“ entlang der innerdeutschen Grenze gegenüber dem Westen abgeriegelt hatte. Die *Massenflucht* war damit beendet, die Bürger mussten sich in der Diktatur einrichten.

Das SED-Regime wollte in den 1960er-Jahren den „Klassenfeind“ Bundesrepublik ökonomisch überholen. Dieses Vorhaben misslang zwar, doch gelangte die DDR-Wirtschaft an die Spitze aller **Ostblockstaaten**. Das Regime schmückte sich dazu mit sportlichen Erfolgen und betonte die Modernität seiner Frauenförderung und Bildungspolitik. Die DDR-Verfassung von 1968 garantierte sogar ein „Recht auf Arbeit“.

Walter Ulbricht (1893-1973): 1950-1971 Generalsekretär der SED, 1960-1971 Staatsratsvorsitzender der DDR

▸ **Geschichte In Clips:** Zum Bau der Berliner Mauer siehe den Code 32033-16.

Ostblockstaaten: Unter der Führung der Sowjetunion zählten dazu die DDR, Polen, die Tschechoslowakei, Ungarn, Rumänien, Albanien (bis 1968) und Bulgarien.

Von Ulbricht zu Honecker ■ Zum Bruch zwischen Ulbricht und der Sowjetführung kam es in der Frage der Deutschlandpolitik. Die deutsche Bundesregierung unter dem sozialdemokratischen Kanzler *Willy Brandt* bemühte sich seit 1970 um eine Normalisierung der Beziehungen zu Moskau und Ost-Berlin. Die UdSSR begrüßte die *Entspannungspolitik* und bestand wie Ulbricht auf der vollen Anerkennung der DDR. Allerdings wollte sie dessen Pläne, im Alleingang enge wirtschaftliche Beziehungen zur Bundesrepublik zu knüpfen, nicht dulden. Angesichts der Engpässe bei der Versorgung der Bevölkerung sowie der schlechten Wirtschaftslage verlor er auch den internen Rückhalt in der SED. In Absprache mit Moskau zwang die Parteiführung Ulbricht zum Rücktritt. Die treibende Kraft dieses Machtwechsels war **Erich Honecker**, der im Mai 1971 zum Ersten Sekretär (seit 1976 Generalsekretär) der SED gewählt wurde. Unter der neuen Regierung gelang schließlich der DDR die lang ersehnte internationale Anerkennung als zweiter deutscher Staat.

Honecker vereinte bald alle wichtigen Ämter (Vorsitzender des Nationalen Sicherheitsrates, Staatsratsvorsitzender) auf sich. Gestützt auf *Erich Mielke* (Leiter der Staatssicherheit) und *Günter Mittag* (Sekretär für Wirtschaftsfragen) sowie den bürokratischen Apparat an der Spitze der SED, behielt er die alleinige Kontrolle über Partei, Staat und Verwaltung. Am umfassenden Machtanspruch der SED änderte sich nichts.

Erich Honecker (1912-1994): kommunistischer Politiker, baute nach 1946 die Jugendorganisation der SED, die „Freie Deutsche Jugend“, auf. 1961 organisierte er den Bau der Berliner Mauer. Ab 1971 Nachfolger Ulbrichts als SED-Chef; 1976-1989 Staatsratsvorsitzender der DDR.

▸ **Geschichte In Clips:** Zur Ära Honecker (1971-1989) siehe den Code 32033-17.

„Einheit von Wirtschafts- und Sozialpolitik“ ■ In der Ära Honecker blieb es bei der weltanschaulichen Abgrenzung vom Westen und von der Bundesrepublik. Der Sozialismus sei das bessere Gesellschaftssystem, er sei gerechter und menschlicher als der Kapitalismus. Die Menschen in der DDR nahmen aber weiterhin den Wohlstand und

▲ **„Die Ausgezeichnete."**
Gemälde des Künstlers Wolfgang Mattheuer, 1973/74. Zusammen mit Werner Tübke, Willi Sitte und Bernhard Heisig prägte der Sachse die „Leipziger Schule".

- *Die Ausgezeichnete – eine „Heldin der Arbeit"? Recherchieren Sie zu diesem Gemälde Wolfgang Mattheuers und interpretieren Sie es mit Blick auf die gesellschaftliche und wirtschaftliche Entwicklung der 1970er-Jahre in der DDR.*

Bodenreform: Im Zuge der Bodenreform wurde tausenden Großgrundbesitzern ihr Land entschädigungslos entzogen und an Landarbeiter, landlose Bauern, Flüchtlinge und Vertriebene verteilt. Ein Drittel des enteigneten Bodens erhielten die Länder, Kreise und Gemeinden.

Tarifautonomie: Löhne und Arbeitsbedingungen werden von Gewerkschaften und Arbeitgeberverbänden vereinbart, ohne dass sich der Staat einmischt.

Internettipp
Auszüge aus den Bestimmungen der KSZE-Schlussakte befinden sich unter 32033-18.

die demokratischen Freiheiten der Bundesrepublik zum Maßstab, die in der DDR nicht durchzusetzen waren.

Dem SED-Regime war klar, dass sich der Rückhalt der Bevölkerung nicht allein durch Überwachung, Unterdrückung und Propaganda erzwingen ließ. Die Regierung setzte auf Sozialleistungen und Konsum. Schon 1971 hatte Honecker erklärt, die wichtigsten Aufgaben der Politik seien die Verbesserung des Lebensstandards und die Herstellung sozialer Gleichheit. Als vorrangige Ziele galten der Wohnungsbau, die Anhebung von Löhnen und Renten und eine bessere Versorgung mit Waren und Dienstleistungen. Die Regierung erhob die *„Einheit von Wirtschafts- und Sozialpolitik"* zum Programm: Ökonomisches Wachstum und technischer Fortschritt sollten den Ausbau des Sozialstaats und die Steigerung der Wirtschaftsleistung ermöglichen (▸ M4).

Das Konzept schien anfangs erfolgreich. Die Industrieproduktion stieg zwischen 1970 und 1974 um etwa 30 Prozent, die durchschnittlichen Löhne in der gleichen Zeit um 14 Prozent. Zahlreiche soziale Vergünstigungen kamen Frauen und Jugendlichen (nicht dagegen den Senioren) zugute, die Mieten und die Kosten für Grundnahrungsmittel sowie Gebrauchsgüter für das tägliche Leben blieben stabil. Immer mehr DDR-Haushalte verfügten seit Beginn der 1970er-Jahre über eine eigene Waschmaschine, einen Kühlschrank, ein Fernsehgerät und selbst ein Auto, auf das man allerdings viele Jahre warten musste.

Gesetzesreformen in den 1970er-Jahren Die Umwandlung der Gesellschaft im Zeichen des „real existierenden Sozialismus" schritt weiter voran. Neue Gesetzeswerke sollten die veränderten Verhältnisse abbilden. 1975 trat das *Zivilgesetzbuch der DDR* an die Stelle des Bürgerlichen Gesetzbuches, das noch aus der Zeit vor der deutschen Teilung herrührte. Nach dem neuen Gesetz besaß Volkseigentum („sozialistisches Eigentum") Vorrang vor persönlichem Eigentum. Schon ab 1972 waren die verbliebenen Betriebe in privater Hand verstaatlicht worden. Die ehemaligen Besitzer erhielten bestenfalls eine geringe finanzielle Entschädigung.

Durch die neuen gesetzlichen Regelungen wurde die **Bodenreform** der späten 1940er-Jahre ebenso rechtlich gedeckt wie alle weiteren Enteignungen und Kollektivierungen. Als Folge dieser Maßnahmen verschwanden im Laufe der 1970er-Jahre der bäuerliche Mittelstand und das Wirtschaftsbürgertum aus der ostdeutschen Gesellschaft.

Seit 1977 gab es ein *Arbeitsgesetzbuch der DDR*. Es beseitigte das Streikrecht für Beschäftigte und hob die **Tarifautonomie** auf – beides hatte bis dahin nur noch formal bestanden. Das Gesetzeswerk legte großen Wert auf die soziale Sicherheit. So bestand fast völliger Schutz vor Kündigung; Ausnahmen galten bei politischem Fehlverhalten, das zum Berufsverbot führen konnte. Einerseits sollte das Arbeitsrecht dem sozialen Frieden dienen (etwa durch Arbeitsplatzgarantie), andererseits hemmte es die Wirtschaft, da es weder Leistungsanreize noch betriebliche Mitbestimmung vorsah.

Öffnung gegenüber dem Westen: die KSZE Die DDR nahm seit 1972 an der *„Konferenz über Sicherheit und Zusammenarbeit in Europa"* (*KSZE*) teil. Sie unterzeichnete am 1. August 1975 im finnischen Helsinki die *KSZE-Schlussakte*, in der die Teilnehmer ihre Gleichberechtigung, Souveränität und territoriale Unantastbarkeit anerkannten, auf Gewalt verzichteten und sich zur Achtung der Menschenrechte verpflichteten.

Ost-Berlin feierte dies als weiteren Schritt zur internationalen Anerkennung. Die DDR-Regierung wollte sich v.a. als Exportnation dem Westen öffnen, die Bevölkerung

◂ **Käuferschlange in Ost-Berlin.**
Foto aus den 1970er-Jahren.
Weil es an so vielem fehlte, bekamen die DDR-Bürger selten das, was sie kaufen wollten, sondern sie kauften das, was es gerade gab. Schlangestehen gehörte zum Alltag.

sollte dagegen von den Einflüssen des Kapitalismus und der Demokratie abgeschirmt bleiben (▸ M5). Diese Politik schlug jedoch fehl. Unter Berufung auf die KSZE-Schlussakte forderten viele DDR-Bürger mehr Freiheiten, v.a. Meinungs- und Pressefreiheit sowie die Möglichkeit zur Ausreise.

Niedergang der DDR-Wirtschaft Gegen Ende der 1970er-Jahre brach die Konjunktur der DDR-Wirtschaft ein. Das entsprach zwar einer weltweiten Entwicklung. Doch während sich die westlichen Industrieländer davon wieder erholten, gelang das der DDR und den übrigen Ostblockstaaten nicht.

Der Niedergang der DDR-Wirtschaft während der 1980er-Jahre war das Ergebnis kurz- und langfristiger Ursachen:

- *Rohstoffknappheit:* Die DDR war auf Erdöl angewiesen, das vorwiegend aus der UdSSR stammte. Seit den Ölkrisen der 1970er-Jahre drosselte die Sowjetunion die Ölzufuhr. Die DDR verwendete das Öl für die Produktion von Exportwaren und musste für den übrigen Energiebedarf auf die heimische Braunkohle ausweichen. Die Umstellung war kostspielig und belastete die Wirtschaft schwer.
- *Unzureichende Modernisierung:* In den Industriebetrieben mangelte es an Rationalisierung und Investitionen. Um Arbeitslosigkeit zu vermeiden, waren viele Stellen überbelegt, Arbeitskräfte wurden nicht sinnvoll eingesetzt und mussten veraltete Geräte bedienen. Für neue Ausstattungen fehlte das Kapital. Um 1989 waren weniger als die Hälfte aller Industrieanlagen jünger als zehn Jahre (in der Bundesrepublik betrug die Quote damals rund 70 Prozent). In Schlüsseltechnologien wie der Mikroelektronik verpasste die DDR den internationalen Anschluss (▸ M6).
- *Exportschwäche, Devisenmangel und Verschuldung:* Die zahlreichen Produkte, die auf dem Weltmarkt nicht konkurrenzfähig waren, muss-

▴ **Der „Silbersee" in Bitterfeld.**
Foto vom Juni 1990.
Der See war biologisch tot und glänzte silbern. In ihn wurden vor allem Abfälle einer Filmfabrik eingeleitet. Umweltdaten waren in der DDR Staatsgeheimnis. Zu Protesten gegen die Umweltzerstörung siehe Seite 179 f.

- *Informieren Sie sich im Internet über die Umweltsituation und -politik in der DDR. Stellen Sie Ihre Ergebnisse in einem Kurzreferat vor.*

Devisen: Zahlungsmittel in ausländischer Währung. Die DDR brauchte fremde Währungen aus dem Westen, weil sie für ihr eigenes Geld im westlichen Ausland keine gleichwertigen Waren und Dienstleistungen erwerben konnte.

ten mit enormen staatlichen Zuschüssen verbilligt werden. Ohne den Export fehlten die **Devisen**, mit denen Rohstoffe und Westwaren eingekauft werden konnten. Die DDR importierte weit mehr, als sie ausführte, und nahm dafür immer höhere Kredite auf.

- *Krise des Binnenmarktes:* Die schlecht ausgerüsteten Wirtschaftsbetriebe konnten auch nicht den Bedarf an Konsumgütern im Inland (z.B. Kfz, Baumaterial) decken (▸ M7). Daher nahm der Verbrauch weiter ab, obwohl die Nettolöhne stiegen. Die Menschen sparten das Geld, das nicht mehr in die Wirtschaft zurückfloss.
- *Verlangsamter Strukturwandel:* Der Wandel der DDR-Wirtschaft verlor immer mehr an Tempo. Im Zeitraum von 1950 bis 1989 sank der Anteil der Land- und Forstwirtschaft von 26 auf elf Prozent. Industrie- und Handwerk waren bis Anfang der 1980er-Jahre von 40 auf 51,5 Prozent angewachsen, machten aber bis 1989 weiterhin 50 Prozent der Gesamtwirtschaft aus. Dagegen erreichte der Handels- und Dienstleistungssektor bis Ende der 1980er-Jahre nur einen Anteil von knapp 40 Prozent. Dieses Zahlenverhältnis entsprach der Situation in der Bundesrepublik von 1965.
- *Planwirtschaft und Einbindung in den RGW:* Die DDR hielt unter Honecker an der staatlichen zentralen Lenkung der Wirtschaft fest. Die Betriebe konnten ohne die Zustimmung der Staates nichts unternehmen und unmittelbar auf die Bedarfslage reagieren. Die Versorgung der Bevölkerung mit Gebrauchsgütern verschlechterte sich deshalb stetig. Für die Wirtschaft galt die Erfüllung von langfristigen Plänen, nicht die flexible Orientierung an Angebot und Nachfrage. Hinzu kam die internationale Dimension der Planwirtschaft in Gestalt des Rates für Gegenseitige Wirtschaftshilfe (RGW). Dieses Gremium unter Leitung der UdSSR regelte, welches Mitgliedsland welche Produkte herstellte und wohin abführte. Anstatt sich an den Weltmarkt anzupassen, blieb die DDR-Wirtschaft von den übrigen Volkswirtschaften des Ostblocks abhängig.
- *Personalmangel und Überalterung:* Seit Bestehen der DDR schrumpfte ihre Bevölkerung. Von 1946 bis 1964 nahm die Einwohnerzahl in Ostdeutschland von 18,4 auf 17 Millionen ab, sank bis 1981 auf 16,7 Millionen und fiel weiter. Vor allem in der jüngeren Generation war der Arbeits- und Fachkräftemangel dramatisch, da die DDR-Führung auch keine Fachkräfte aus dem Ausland anwarb.

Zu Beginn der 1980er-Jahre unternahm die Regierung den Versuch, die Ausfuhren massiv zu erhöhen. Die DDR setzte angesichts des hohen Weltmarktpreises für Erdöl auf die Verarbeitung von sowjetischem Öl und den Export von Treibstoffen, Heizmitteln, Chemiefasern und Kunstdünger (Erdölderivate). Eine Zeitlang wurden damit Gewinne erzielt und Schulden abgebaut. Als sich der Ölpreis Ende 1985 plötzlich halbierte, ging der Absatz der Produkte drastisch zurück. Der Aufschwung brach erneut zusammen. Unterdessen führten Ernteausfälle zu Versorgungsengpässen. 1982 hatten Polen und Rumänien, zu deren Gläubigern die DDR gehörte, ihre Zahlungsunfähigkeit erklärt. Der DDR drohte ihrerseits der Staatsbankrott.

1983 und 1984 gewährte die Bundesrepublik zinslose *Milliardenkredite* zur Stützung der DDR. Im Gegenzug wurden die Minenfelder und Selbstschussanlagen an der innerdeutschen Grenze entfernt, die DDR ließ politische Häftlinge – gegen West-Mark – frei und gewährte Reiseerleichterungen. Aber diese Transferleistungen reichten ebensowenig wie der **Mindestumtausch** aus, um die rasante Verschuldung der DDR aufzuhalten.

Mindestumtausch („Zwangsumtausch"): Besucher der DDR und Ost-Berlins mussten täglich einen bestimmten Betrag in DDR-Mark umtauschen. Dies trug der Regierung Devisen ein.

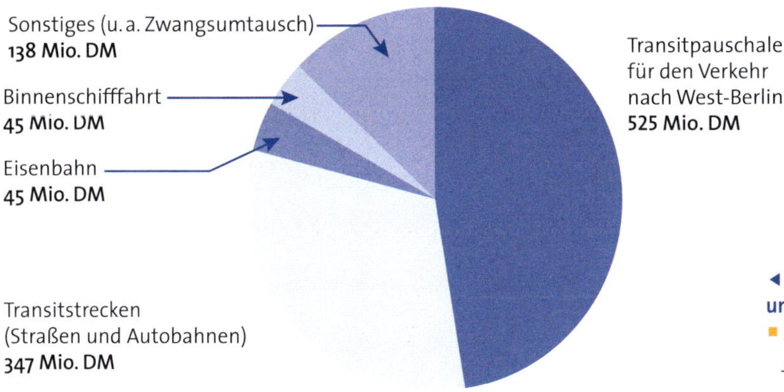

◂ **Zahlungen der Bundesrepublik an die DDR um 1980 (Schätzung).**

- *Analysieren Sie die Statistik mithilfe der Leitfragen auf Seite 195.*

Propaganda statt Reformen Schon 1976 hatte sich die DDR mit umgerechnet 2,6 Milliarden Euro verschuldet, damals ein Staatsgeheimnis, das nur Honecker und einigen Vertrauten bekannt war. 1989 entsprach die Auslandsverschuldung von 25 Milliarden Euro bereits dem volkswirtschaftlichen Nettoprodukt eines Jahres. Der wirtschaftliche Zusammenbruch war nur eine Frage der Zeit.

Das Honecker-Regime war mit seiner „Einheit von Wirtschafts- und Sozialpolitik" gescheitert, änderte jedoch nichts an den viel zu hohen Ausgaben für den Sozialstaat. Die Regierung rührte weder an den subventionierten Mietpreisen noch an der Höhe der Löhne oder an den Arbeitsplätzen. Künstlich wurden damit Vollbeschäftigung und eine gute Versorgung aufrechterhalten. „Künstlich" bedeutete: „auf Pump" und unter Verschweigen der tatsächlichen Situation.

Die oberste Staats- und Parteispitze wiegte die breite Bevölkerung mit gefälschten Bilanzen und Durchhalteparolen in Sicherheit. So verkündete die SED-Führung im Oktober 1988 feierlich das Erreichen ihres Zieles, drei Millionen neue Wohnungen seit 1976 gebaut zu haben. Tatsächlich waren erst 1,9 Millionen Wohnungen fertiggestellt (mitgezählt wurden dabei auch Wohnheimplätze für Senioren und Studenten).

Die Propaganda übertönte jede Kritik, selbst innerhalb der SED. Sie wirkte nicht zuletzt im westlichen Ausland, wo man die Missstände in der DDR kaum wahrnahm. Dabei halfen populäre Maßnahmen und Inszenierungen wie die Einweihung des modernen Sport- und Erholungszentrums in Ost-Berlin (1981) oder der Wiederaufbau der Semperoper in Dresden. Das Bild von der erfolgreichen DDR überdauerte damit die Wirklichkeit, vor allem in den Köpfen der Machthaber. Das DDR-Regime zeigte sich unfähig zu Reformen und wurde zum Opfer seiner eigenen Selbsttäuschung.

▴ **DDR-Subventionswirtschaft.**
Die Angaben in dem Schaubild stammen von 1989.

- *Erläutern Sie anhand eines konkreten Beispiels die Folgen der Wirtschaftspolitik für die Bürger und den Staat.*

M1 Die Verfassungswirklichkeit in der DDR

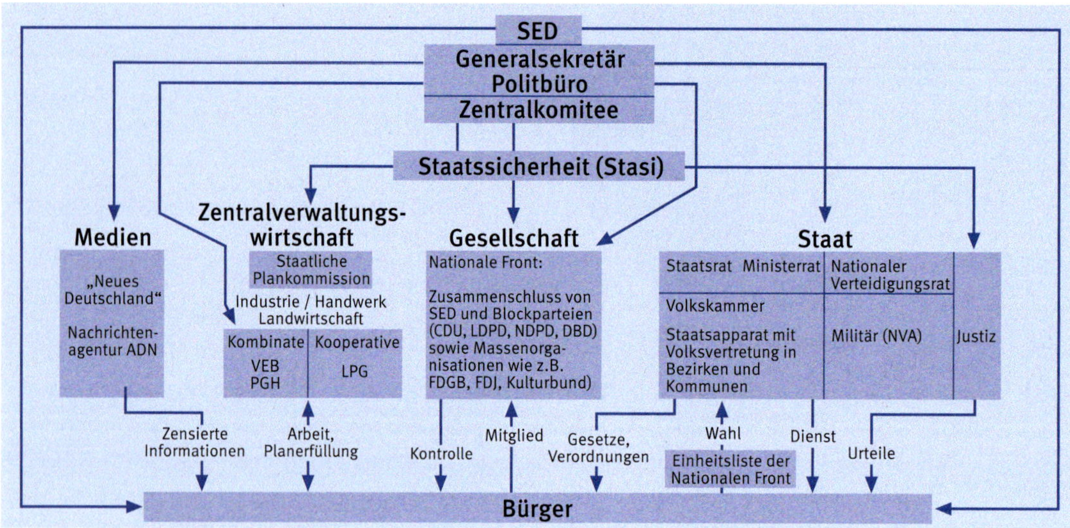

Grafik nach Eberhard Wilms

1. *Beschreiben Sie das Schaubild. Klären Sie vorab unklare Begriffe und Abkürzungen.*

2. *Analysieren Sie das Verfassungsschema unter folgenden Fragestellungen:*
- *In welcher Beziehung stehen die einzelnen Elemente der Verfassung zueinander? Welche Institutionen stehen „oben“, welche „unten“?*
- *Wer hat welche Aufgaben?*
- *Welche Institutionen der Verfassung sind am bedeutsamsten?*

M2 War die Stasi überall?

Der Historiker Ilko-Sascha Kowalczuk bemerkt über die Rolle der Staatssicherheit im Leben der DDR-Bürger:

In jeder Phase der DDR-Geschichte war das MfS allgegenwärtig, obwohl fast niemand wusste, wie es genau arbeitete. Das Wissen über das MfS war gering – man konnte nirgendwo gesichert etwas darüber erfahren – aber die Angst vor ihm war in allen Gesellschaftskreisen hoch. [...]
Wenn heute nach Spuren des MfS im vergangenen Alltag gesucht wird, begibt man sich auf Abwege, denn jedes Beispiel fordert geradezu das individuelle Gegenbeispiel heraus. Die meisten Menschen etwa haben ganz bewusst am Telefon bestimmte Dinge nicht erzählt oder in der Öffentlichkeit bei bestimmten Themen die Stimme gesenkt, angefangen zu flüstern. Es gehörte zur Wandersage, dass praktisch jedes Telefongespräch abgehört worden sei. Nun kann man gegen dieses Beispiel sogleich einwenden, dass die Mehrheit der DDR-Menschen gar kein Telefon hatte. Das stimmt zwar, aber es stimmt auch, dass die Mehrheit dennoch telefonierte: bei Verwandten, Freunden, an öffentlichen Münzfernsprechern oder vom Diensttelefon aus. Und viele Menschen haben, ob bewusst oder unbewusst, die Staatssicherheit als uneingeladenen Mithörer einkalkuliert. Wie wir heute wissen, hatte die Geheimpolizei gar nicht die Möglichkeit, alle Telefonate mitzuschneiden oder mitzuhören. Aber die Annahme, dass es so sei, war vor 1989 weit verbreitet. [...]
Auch die Sprache symbolisierte, dass die Staatssicherheit zu Alltag und Alltagsleben der Gesellschaft dazugehörte. Kaum jemand sprach vom „Ministerium für Staatssicherheit“, schon gar nicht in nichtöffentlichen Räumen. Gebräuchlich hingegen waren Bezeichnungen wie „Stasi“, „Die Firma“, „Horch und Guck“, „Horch und Greif“, aber auch Titulierungen wie „rote Gestapo“, „Schweinebande“, „Mielkes Schlägertruppe“ und viele weitere waren im Umlauf. Fast niemand außerhalb des MfS wusste, dass die Spitzel „Inoffizielle Mitarbeiter“ (IM) hießen. Aber dass viele Menschen als „Spitzel“, „Agenten“, „Verräter“, „Schweine“ oder was sonst noch geheim und legendiert[1] für die Staatssicherheit die Gesellschaft ausspionierten, war jedem geläufig und bewusst.
Viele Witze zeugen überdies davon, dass die meisten Menschen sehr genau wussten, dass das MfS dazu da war, die

[1] **legendiert**, hier: unter Verwendung eines gefälschten oder konstruierten Lebenslaufs

eigene Bevölkerung auszukundschaften, zu überwachen und gegebenenfalls zu verfolgen. [...] Dass die Staatssicherheit den Post- und Telefonverkehr angeblich lückenlos überwachte, ist ebenfalls in Witzen verewigt worden: „Brief aus der DDR in die Bundesrepublik: ‚Euer Paket ist angekommen. Ich habe Handgranaten und Maschinengewehre im Garten vergraben.' Eine Woche später kommt der zweite Brief: ‚Die Staatssicherheit war da, der Garten ist umgegraben. Ihr könnt jetzt die Tulpenzwiebeln schicken.'" Solche Witze zeigen übrigens meist mehrere Dimensionen auf. So wird in dem gerade zitierten auch die prekäre Versorgungslage angesprochen.

Ilko-Sascha Kowalczuk, MfS und DDR-Alltag, in: Daniela Münkel (Hrsg.), Staatssicherheit. Ein Lesebuch zur DDR-Geheimpolizei, Berlin 2015, S. 69-76, hier S. 69 f. und 72 f.

1. *Erklären Sie ausgehend vom Text, weshalb die Bevölkerung der DDR nur unzureichend über das MfS informiert war.*

2. *Erläutern Sie die einzelnen Spitznamen, die die Bevölkerung der Staatssicherheit gab (Zeile 27 bis 31).*

▲ **„Deutschland 83".**
Foto vom November 2014 am Set der deutschen Fernsehserie „Deutschland 83" in Potsdam.
Im Mittelpunkt der preisgekrönten Serie steht der DDR-Grenzsoldat Martin Rauch (gespielt von Jonas Nay, links auf dem Foto neben Schauspielerkollege Ludwig Trepte), der als Stasi-Spion in die Bundeswehr eingeschleust wird. Die Handlung spielt vor dem Hintergrund des Ost-West-Konfliktes in den frühen 1980er-Jahren.
Nach Schätzungen der Stasi-Unterlagenbehörde gab es von 1949 bis 1989 rund 12 000 Agenten in Westdeutschland, die vor allem Militär- und Wirtschaftsspionage betrieben. Zwischen 1990 und 1999 wurden ca. 3 000 Strafverfahren gegen mutmaßliche Stasi-Spione eingeleitet, wobei nur 500 Anklagen und 360 Verurteilungen erfolgten. Vermutlich leben heute noch Tausende ehemalige DDR-Agenten unentdeckt.

M3 Übersiedler und Flüchtlinge zwischen DDR und Bundesrepublik

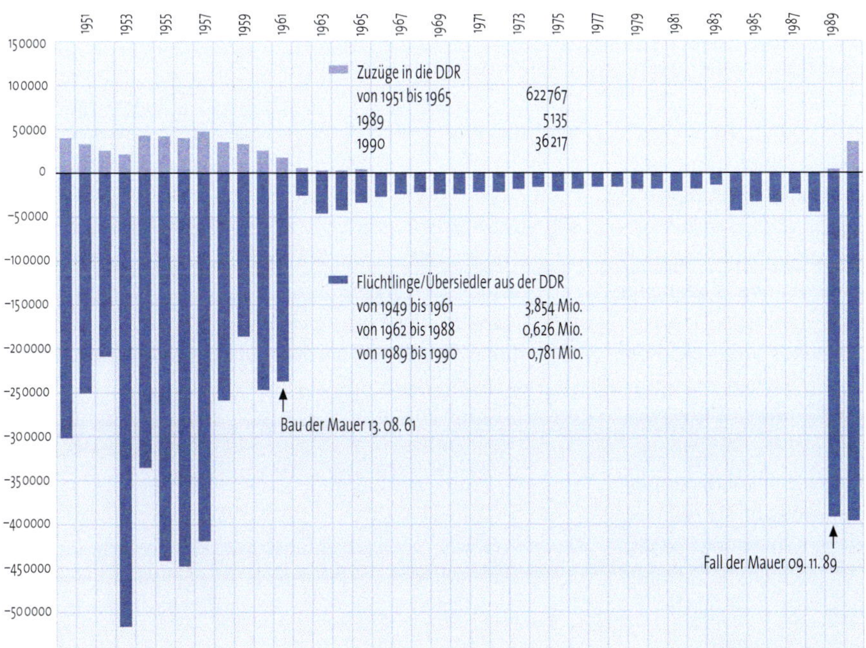

1. ➕ *Überlegen Sie, welche Motive es für die Migration zwischen den beiden deutschen Staaten gegeben hat.*

2. *Erläutern Sie mögliche Folgen der Fluchtbewegung für Staat, Gesellschaft und Wirtschaft der DDR.*

Nach: Hartmut Wendt, Wanderungen in Deutschland zwischen Ost und West [...], in: Paul Ganz und Franz-Josef Kemper (Hrsg.), Mobilität und Migration in Deutschland, Erfurt 1995, S. 6-8, und Matthias Judt (Hrsg.), DDR-Geschichte in Dokumenten. Beschlüsse, Berichte, interne Materialien und Alltagszeugnisse, Berlin 1998, S. 545 f.

M4 Sozialpolitik und Legitimation der SED-Herrschaft

In einer Untersuchung über die Wirksamkeit der Sozialpolitik für die Akzeptanz des DDR-Regimes durch die Bürger heißt es:

Von der Sozialpolitik hatten sich die SED und die Staatsführung der DDR großen ökonomischen und politischen Nutzen erhofft. Voraussetzung und Ansporn wirtschaftlicher Leistung und Produktivitätssteigerung sollte sie sein und als Quelle von Legitimität dienen, um den grundlegenden Mangel an Anerkennung des SED-Regimes zu kompensieren. Ist dies erreicht worden?

Die sozialwissenschaftliche Forschung neigt zu der These, die Politik der sozialen Sicherung habe zur Stabilisierung des SED-Regimes beigetragen. Der paternalistische[1] Herrschaftsmechanismus der Sozialpolitik habe Wohlverhalten und konsumorientierte Anpassung hervorgerufen oder verstärkt, so wird die Stabilisierungsthese begründet. Zumindest zeitweise sei es gelungen, mit der Sozialpolitik eine Brücke zwischen den Herrschenden und den Beherrschten zu schlagen, so pflichten manche dieser Auffassung bei, meist unter Berufung auf die Aufwertung der Sozialpolitik in den 70er-Jahren.

Allerdings betonen alle seriösen Untersuchungen die Grenzen der Legitimierung der DDR-Sozialpolitik und deren widersprüchlichen, teils Anerkennung stiftenden, teils Protest hervorrufenden Wirkungen. [...]

Hockerts[2] zufolge sind die „sozialistischen Errungenschaften" wie Vollbeschäftigung und Grundversorgung von der Bevölkerung insgesamt angenommen und genutzt worden. Aber als Herrschaftsstützen seien sie viel zu schwach, wenn nicht gar morsch gewesen. [...]

Die Sozialpolitik fand nicht nur Zustimmung, sie rief auch Widerspruch hervor, zum Beispiel aufgrund offenkundiger Leistungsmängel, wie im Falle der mangelhaften Altenpflege, der verfallenden Bausubstanz in den Städten, der Ausstattungsmängel des Gesundheitswesens, und Unzufriedenheit ob der Vernachlässigung produktionsferner Lebenslagen und Risiken, wie bei vielen Rentnern. [...]

Damit sind Kehrseiten der DDR-Sozialpolitik angesprochen, die kaum legitimierend wirken. Zu den Legitimierungsgrenzen ist ein Weiteres zu zählen: Die DDR-Sozialpolitik legte ihre Bürger viel stärker als die Sozialpolitik westlicher Prägung auf eine Politiknehmerrolle fest. Soweit dies den Politiknehmer der unbotmäßigen Eigeninitiative beraubte, konnte man darin eine system- und ideologiegerechte Konsequenz sehen. Doch der Politiknehmerstatus förderte Anspruchshaltung und Passivität. Überdies verhinderte er, was die DDR-Sozialpolitik der parteioffiziellen Ideologie zufolge eigentlich bewirken sollte: die Entwicklung von Qualifikation und Staatsbürgertugenden einer loyalen, produktiven und konstruktiv mitwirkenden „sozialistischen Persönlichkeit". Doch von der war ebenso wenig zu sehen wie von der Steigerung der Produktivität, die man sich von der „Einheit von Wirtschafts- und Sozialpolitik" erhoffte.

Eine noch gefährlichere Legitimierungsgrenze bestand für die Sozialpolitik der DDR in dem Ost-West-Vergleich, vor allem dem Vergleich mit der Bundesrepublik Deutschland. Hier stößt man auf die Achillesferse des DDR-Sozialismus. Im Ost-West-Vergleich erwiesen sich seine „sozialen Errungenschaften" einschließlich der Sozialleistungen als mittelmäßig, nicht selten als unzulänglich, oft als unattraktiv. Das ergab sich aus den repressiven Strukturen des Staatswesens und dem niedrigeren Entwicklungsstand der DDR-Wirtschaft, der rückständigen Technologie, der geringen Qualität der Dienstleistungen, der niedrigeren Kaufkraft der Sozialeinkommen und Löhne und dem unzureichenden Angebot an Konsumgütern des gehobenen Bedarfs. Die nur mäßige Produktivität der DDR-Wirtschaft bedeutete einen großen Rückstand an volkswirtschaftlichem Wohlstand sowie an privatem und öffentlichem Konsumniveau gegenüber den fortgeschrittenen westlichen Industrieländern wie der Bundesrepublik Deutschland. Vor diesem Rückschritt schrumpften die „sozialen Errungenschaften" des SED-Staates zu Wohltaten, welche die überwältigende Mehrheit der DDR-Bürger bei erster Gelegenheit gegen die volle Teilhabe an den Gütern der Sozialen Marktwirtschaft und des Sozialstaats der Bundesrepublik Deutschland eintauschte.

Manfred G. Schmidt, Grundzüge der Sozialpolitik in der DDR, in: Eberhard Kuhrt, Hannsjörg F. Buck und Gunter Holzweißig (Hrsg.), Die Endzeit der DDR-Wirtschaft – Analysen zur Wirtschafts-, Sozial- und Umweltpolitik, Opladen 1999, S. 297 ff.

1. *Listen Sie Vor- und Nachteile der „Einheit von Wirtschafts- und Sozialpolitik" auf. Erläutern Sie, ob man tatsächlich von einer „Einheit" sprechen kann.*
2. *Charakterisieren Sie den Einfluss des permanenten Vergleichs mit der Bundesrepublik auf die Mentalität der DDR-Bevölkerung.*

[1] **paternalistisch**: väterlich bevormundend
[2] **Hans Günter Hockerts** (*1944): deutscher Zeithistoriker

▲ **KSZE-Schlusskonferenz.**
Foto vom 1. August 1975.
Bundeskanzler Helmut Schmidt (vorne rechts) spricht mit dem DDR-Staatsratsvorsitzenden Erich Honecker.

M5 Ost-Berlin schätzt die KSZE-Schlussakte ein

Das DDR-Außenministerium nimmt am 28. Juli 1975 eine Bewertung der KSZE-Schlussakte von Helsinki vor:

Der große Erfolg für die Staaten der sozialistischen Gemeinschaft ist die Ausarbeitung und Aufnahme des Prinzips der Unverletzlichkeit der Grenzen als selbstständiges Prinzip in den Prinzipienkatalog. [Es] enthält die klare Aussage, dass es nicht allein um den Ausschluss der Gewaltanwendung, sondern um jegliche Forderungen und Handlungen geht, die darauf gerichtet sind, Grenzen anderer Staaten zu verletzen oder sich des Territoriums anderer Staaten zu bemächtigen. Nicht verhindert werden konnte die Aufnahme eines Satzes über das Ändern von Grenzen. Die von diesem Satz ausgehende negative Wirkung konnte aber dadurch abgeschwächt werden, indem er nicht, wie von der BRD angestrebt, dem Prinzip über die Unverletzlichkeit der Grenzen zugeordnet wurde. Außerdem konnte bei den Verhandlungen über den deutschen Wortlaut dieses Satzes erreicht werden, dass die BRD zu keinem der Prinzipien eine interpretative Erklärung im Sinne des sogenannten Briefes zur Deutschen Einheit[1] abgibt.

Von weitreichender Bedeutung ist die klare Ausgestaltung des Prinzips der Nichteinmischung in die inneren und äußeren Angelegenheiten. In diesem Zusammenhang ist bedeutsam die Feststellung über die Rechte jedes Teilnehmerstaates, sein System und seine Gesetze und Verordnungen zu bestimmen. [...]

Die kapitalistischen Staaten sind mit sehr weitgehenden Forderungen insbesondere in den Fragen des Prinzipienkatalogs, der vertrauensfördernden Maßnahme und der „Freizügigkeit von Menschen und Ideen" in die Konferenz gegangen und haben diese hartnäckig verfolgt. Sie nutzten ihre Möglichkeiten und unser Interesse an einem erfolgreichen Abschluss der Konferenz aus, um insbesondere in den Prinzipien und den Bereichen Information und Kontakte einige detailliertere Aussagen durchzusetzen, als von uns ursprünglich beabsichtigt war. Diese Aussagen sind jedoch so abgesichert, um unmittelbar negative Auswirkungen auf unsere gesellschaftlichen Verhältnisse auszuschließen. [...]

Im Bereich der Kontakte, insbesondere bei familiären Begegnungen, Familienzusammenführungen, Eheschließungen und Reisen aus persönlichen und beruflichen Gründen wurde [aus westlichen Vorschlägen] die Verpflichtung übernommen, jeweilige Anträge „wohlwollend" zu behandeln. Das innerstaatliche Genehmigungsverfahren bleibt unberührt. [...] Alle westlichen Vorschläge, die auf eine „freie" Ein- und Ausreise ausländischer Bürger im Gastland abzielten, konnten zurückgewiesen werden. [...]

Im Bereich Kultur und Bildung konnten alle jene Elemente, die auf eine ideologische Diversion hinausliefen, wie die Einrichtung ausländischer Kinos, Lesesäle, Bibliotheken usw., ausgeschlossen werden.

Matthias Judt (Hrsg.), DDR-Geschichte in Dokumenten. Beschlüsse, Berichte, interne Materialien und Alltagszeugnisse, Berlin 1998, S. 518 f.

1. *Arbeiten Sie heraus, welche Festlegungen in dem KSZE-Abkommen der DDR-Staatsführung wichtig waren.*
2. *Erläutern Sie, was die DDR-Führung plante, um mögliche unerwünschte Folgen des Abkommens zu verhindern.*

[1] **Brief zur Deutschen Einheit**: Dokument der Bundesregierung zur Ergänzung des Grundlagenvertrages von 1972. Darin stellte Bonn klar, dass die Vereinbarungen mit der DDR nichts am Auftrag des Grundgesetzes änderten, eine Wiedervereinigung Deutschlands in Frieden und Freiheit herbeizuführen.

▲ **„Ich kenne keine Produkte, ich kenne nur Produktion."**
Karikatur von Heinz Behling, 1978.
■ *Analysieren Sie die Karikatur. Auf welche Probleme der DDR-Wirtschaft weist der Karikaturist hin?*

M6 Mikroelektronikprogramm

In den späten 1970er-Jahren entwickelt sich die Mikroelektronik zur weltweiten Schlüsseltechnologie. Die DDR investiert insbesondere währender 1980er-Jahre in diese Branche. Der Wirtschaftshistoriker André Steiner bewertet das Mikroelektronikprogramm der DDR:

Als man immer öfter Schwierigkeiten hatte, seine Exportprodukte auf den Weltmärkten abzusetzen, wurde nach einem Weg gesucht, die technologische Lücke zum Weltstand wieder zu verringern. [...] Daher wollte man mit einem Politbürobeschluss von 1977 die Kräfte auf die Entwicklung der Mikroelektronik konzentrieren, die sich international immer mehr als die neue Basisinnovation herauskristallisiert hatte. Das entsprechende Programm verschlang allein von 1986 bis 1989, als die Anstrengungen noch einmal vervielfacht wurden, rund 14 Milliarden Mark [...]. Dieses Programm war aber für die DDR unter den gegebenen Bedingungen gewissermaßen eine Notwendigkeit. Zum einen bezahlte man damit den Preis für die Fehlentscheidung am Anfang der Siebzigerjahre, die auf diesem Gebiet bis dahin geleisteten Entwicklungsarbeiten abzubrechen. Zum anderen erforderte ein leistungsfähiger und moderner Maschinenbau immer dringender mikroelektronische Bauelemente. [...] Dabei setzte man im hohen Maße darauf, [...] die westlichen Embargobestimmungen[1] zu unterlaufen und sich das notwendige Know-how sowie erforderliche Produktionsanlagen als Prototypen illegal aus dem Westen zu beschaffen und dann nachzubauen. Jedoch konnten auf diese Weise die grundsätzlichen Probleme des Technologietransfers nicht beseitigt werden.
Schon wegen seiner enormen Kosten, die der Bevölkerung nicht verborgen bleiben konnten, musste das Mikroelektronikprogramm propagandistisch zu einem Musterbeispiel vorausschauender Wirtschafts- und Strukturpolitik hochstilisiert werden. Allerdings war vorauszusehen, dass unter den DDR-Bedingungen der Aufwand in einem kolossalen Missverhältnis zum wirtschaftlichen Nutzen stehen würde. So betrugen die Kosten für die Produktion eines 256 Kbit Speicherschaltkreises 534 Mark, dagegen war das gleiche Bauelement auf dem Weltmarkt für vier bis fünf Valutamark[2] zu haben. Damit musste jeder Schaltkreis mit 517 Mark aus dem Staatshaushalt gestützt werden.[3] An ökonomischen Kriterien war diese Anstrengung nicht zu messen. So wurden immer wieder wissenschaftlich-technische Leistungen gefeiert, ohne dass diese bereits produktionswirksam werden konnten. [...] Um die erforderlichen Finanzmittel für derartige Schwerpunktprogramme bereit zu stellen, wurden allein in den Achtzigerjahren eigentlich der Erhaltung vorhandener Anlagen und Maschinen dienende Mittel in Höhe der durchschnittlichen Investitionsmittel eines Jahres auf derartige Großvorhaben umgeleitet. Dies war bei der bereits überstrapazierten Zahlungsbilanz die einzige Umverteilungsmöglichkeit, wenn die SED-Spitze nicht den Konsum einschränken wollte. Dazu konnte sie sich im Interesse der Erhaltung ihrer Macht nicht bereit finden.

André Steiner, Zwischen Konsumversprechen und Innovationszwang. Zum wirtschaftlichen Niedergang der DDR, in: Konrad H. Jarausch und Martin Sabrow (Hrsg.), Weg in den Untergang. Der innere Zerfall der DDR, Göttingen 1999, S. 153-192, hier S. 171-173

1. *Erläutern Sie die Entwicklung der Mikroelektronik in der DDR. Berücksichtigen Sie dabei den Zusammenhang von Propaganda und Produktion.*
2. *Erklären Sie die Ursachen der schlechten wirtschaftlichen Situation der DDR in den 1980er-Jahren. Nutzen Sie dazu auch das Schaubild auf Seite 163.*

[1] **Embargo**: Unterbindung der Ein- und Ausfuhr von Waren und Rohstoffen. Die Staaten des Westblocks wollten den Verkauf moderner Technologien in den Ostblock verhindern.
[2] **Valutamark**: Westmark
[3] Das Ziel war es, Speicherschaltkreise für max. 16 Mark auf dem Weltmarkt anzubieten.

▲ **Alltag in der Mangelwirtschaft.**
Foto aus Leipzig vom März 1989.
Die DDR-Bürger mussten immer improvisieren, besonders wenn sie Ersatzteile für die Wartungsarbeiten ihres PKW brauchten wie dieser Leipziger Bürger.

M7 „Wenn man da nicht Leute kannte ...“

Ein Betroffener berichtet nach 1989 darüber, wie man sich mit der Versorgung in der DDR arrangiert hat:

In der DDR kann ein Mann alleine nicht für den Unterhalt einer Familie sorgen. Wenn es ein guter Monat ist, dann verdiene ich so tausend Mark, wenn man Leistung macht. Da kommt es auf den Tag an. [...]
Wenn man in einen Gemüseladen reinkommt und Schwein hat, dann liegen dort ein paar deutsche Zwiebeln. Die nimmt man raus aus der Steige, dann hat man schon die Pfoten voll Schmiere. Die Möhren sehen aus, wie man sie vom Acker runterholt. Die Radieschen auch. Die waren nicht gewaschen und nichts. Ich meine, das liegt auch ein bisschen an der Schlamperei der Leute. Wenn ich so einen Laden hätte, ich hätte sie wahrscheinlich in einem Eimer abgewaschen. Aber es ist nicht ihr Laden, es geht sie nichts an. Und da die Leute die Sachen brauchen, kaufen sie das eben. Also, das stimmt, Kraut gab es in den letzten Jahren in Hülle und Fülle. Anderes Gemüse aber nur zu der Jahreszeit. Und dann kriegt man das aber auch nicht jeden Tag. Da muss man Anfang der Woche Blumenkohl kaufen, wenn man den am Freitag essen will. Aber das ist nicht so schlimm. Der Blumenkohl hier hat doch schon meistens Flecken. Obst hat man kaum gesehen. Äpfel gab es, aber Kirschen oder Erdbeeren nur ganz selten. Wenn man da nicht Leute kannte, die einen Garten haben und verkauft haben, da hätte man so was nie gekriegt. [...] Mit Obst war es die Jahre ganz schlecht. Einmal im Jahr, vor Weihnachten, gab es Apfelsinen. [...]
Manche Lebensmittel bekommt man nicht: Tomatenmark, Ketch-up, solches Zeug. Ganz Seltenes kriegt man nur durch Beziehungen. Man muss in der DDR Beziehungen haben. Man muss viele Leute kennen, dann kriegt man mal was. [...]
Aber auf der anderen Seite wird das Geld zum Fenster rausgeschmissen. In den Neubaugebieten zum Beispiel, wo Fernheizung ist, die können das gar nicht regeln. Da ist kein Thermostat. Die machen die Fenster auf, damit die Wärme hinaus kann. Die rennen drinnen nur im Turnhemd rum. Die baden und versauen das Wasser. Die Kosten sind alle in der Miete enthalten. Die haben noch nicht einmal eine Wasseruhr. Es ist gleich, wie viel Wasser man verbraucht. [...]
Wer Grundeigentum hat, der darf nicht so ohne Weiteres drauf bauen. Da hat erst einmal der Staat das Vorrecht zum Bauen. Wenn jetzt auf den Dörfern oder auch hier in Saalfeld jemand bauen möchte, kriegt er in der Regel seine 500 Quadratmeter zugeteilt. Dann hat man so ein kleines bisschen Garten. Das Haus wird vorgeschrieben, der Typ, den man bauen darf. Aber das macht man erst seit den letzten Jahren. Das Haus wird Eigentum, aber der Grund und Boden nicht. [...] Wenn man so ein Haus baut, muss man sich eine Feierabendbrigade suchen, die einem das hochzieht. Das sind Bauarbeiter, die so was nach Feierabend machen oder im Urlaub oder auch sonnabends und sonntags. Es gibt auch keine Baufirmen. Hier baut man alles in Eigeninitiative. [...] Manches Material haben die auch nicht so gekriegt, wie die wollten. Oder sie mussten es irgendwie teuer bezahlen, weil sie auf normalem Weg nicht drangekommen sind. Das ist jetzt nicht so, wenn sie ihre Wasserleitung oder ihre Heizung legen wollen, dass sie da in die Märkte, wo das Material verteilt wird, fahren können, und sie alles bekommen, was sie haben wollen. Da gibt es manchmal nur ein Halbzoll-Rohr oder mal nur ein Viertelzoll-Rohr. Dann gibt es keine Winkel oder keinen Wasserhahn. Sie müssen da schon rennen.

Mike Dennis und Johannes-Dieter Steinert, Deutschland 1945-1990. Von der bedingungslosen Kapitulation zur Vereinigung, Schwalbach 2005, S. 213 f.

1. *Arbeiten Sie aus dem Text die Folgen einer Planwirtschaft heraus.*
2. *Charakterisieren Sie die Haltung des Berichterstatters. Stellen Sie Vermutungen an, wie sich diese Folgen auf die Mentalität der Bevölkerung auswirkten.*

Reaktionen auf Perestroika und die Umbrüche im Ostblock

Historische Wende in der Sowjetunion Die Sowjetunion stand in den 1980er-Jahren vor kaum überwindbaren ökonomischen Schwierigkeiten. Ein erheblicher Teil der Ressourcen wurde für die Rüstung ausgegeben, mehr als die sowjetische Volkswirtschaft verkraften konnte. Der Lebensstandard der Bevölkerung sank ständig. Es herrschte Mangel an allem; sogar die Versorgung der Menschen mit Grundnahrungsmitteln war nicht dauerhaft gesichert. Straßen, Betriebe und Krankenhäuser verfielen. Rohstoffe und Energie wurden verschwendet, die Umwelt wurde zerstört. Der technologische Rückstand zu den westlichen Industriestaaten nahm immer mehr zu. Als „Ära der Stagnation" blieben die letzten Jahre *Leonid Breschnews*, seit 1977 sowjetischer Staatschef, in der Erinnerung der Zeitgenossen. Auch nach dessen Tod 1982 gaben seine beiden nur kurz amtierenden Nachfolger *Juri Andropow* (1982-1984) und *Konstantin Tschernenko* (1984-1985) der sowjetischen Politik keine neuen Impulse.

Die entscheidende Wende kam erst mit dem Amtsantritt des neuen Generalsekretärs der KPdSU **Michail Gorbatschow** am 11. Mai 1985. Mit einer Politik der „Offenheit" (**Glasnost**) und der „Umgestaltung" (**Perestroika**) versuchte er die ökonomische Krise seines Landes zu beheben, den Rüstungswettlauf mit den USA zu beenden sowie die Ost-West-Beziehungen, gerade auch in Europa, rasch zu verbessern (▸ M1). Abschaffen wollte er den Sozialismus sowjetischer Prägung im Osten Europas nicht, sondern ihn reformieren und leistungsfähiger machen sowie dessen jahrzehntelange Fehlentwicklungen korrigieren. Den eigenen Bürgern sollte dabei mehr Mitspracherecht im wirtschaftlichen und öffentlichen Leben zugestanden werden. Die Presse durfte erstmals offen über die wirtschaftliche Lage im Land und die politischen und gesellschaftlichen Ereignisse berichten.

Michail Sergejewitsch Gorbatschow (*1931): letzter sowjetischer Staats- und Parteichef 1985-1991; erhielt 1990 den Friedensnobelpreis

Glasnost und Perestroika: Die Begriffe stehen für Gorbatschows Reformpolitik in der Sowjetunion von 1985 bis 1991. Sie sollte die kommunistische Herrschaft stabilisieren, erreichte aber das Gegenteil. Siehe dazu auch den Theorie-Baustein „Historische Begriffe zum Umbruch 1989/91" vor allem Seite 146 f.

Die Sowjetunion gab schließlich auf dem XXVII. Parteitag der KPdSU 1986 ihren Anspruch auf Hegemonialstellung innerhalb der kommunistischen Welt auf. Ein Jahr später unterstrich Gorbatschow bei einem Staatsbesuch in Prag die „Gleichberechtigung zwischen den Ländern des Sozialismus" und betonte die Unabhängigkeit jeder kommunistischen Partei, „über Fragen der Entwicklung des Landes zu entscheiden". Schließlich proklamierte er im Juli 1989 vor dem *Europarat*[1] in Straßburg in aller Deutlichkeit „die Souveränität der Völker in Europa", über ihre inneren Angelegenheiten zu befinden.

Die „Solidarność" In Polen zeichnete sich der politische Umbruch 1980 mit der Gründung der unabhängigen Gewerkschaftsbewegung *Solidarność* ab. Schon Jahre zuvor war es immer wieder zu Arbeiterprotesten und Streiks angesichts der desolaten wirtschaftlichen Lage im Land gekommen. Intellektuelle Wortführer setzten sich für Demokratie und Bürgerrechte ein.

Eine erhebliche Stärkung erfuhr die polnische Widerstandsbewegung durch den früheren Krakauer Erzbischof Karol Wojtyła, dessen Wahl zum Papst 1978 im sowjetischen Politbüro mit Besorgnis registriert wurde. Seine erste Wallfahrt führte *Johannes Paul II.* bereits ein Jahr später in seine Heimat, wo ihn Millionen Menschen als Kirchenoberhaupt und als Freiheitsidol feierten.

[1] Zum Europarat siehe Seite 206.

Der drohende Staatsbankrott und die unzureichende Lebensmittelversorgung der Bevölkerung führten im Sommer 1980 zu einem landesweiten Streik, den Werftarbeiter in Danzig ausgelöst hatten. Die kommunistische Regierung in Warschau sah sich nun gezwungen, die Solidarność als unabhängige Gewerkschaftsorganisation anzuerkennen, das Streikrecht zu garantieren sowie soziale Verbesserungen und die Freilassung politischer Häftlinge durchzuführen.

Zu weiteren politischen Reformen kam es allerdings nicht, weil sowohl die Sowjetunion als auch die „Bruderstaaten" Polens eine politische Destabilisierung ihrer Länder befürchteten (▸ M2). Erich Honecker, *Gustáv Husák* (Tschechoslowakei) und *Todor Schiwkow* (Bulgarien) drängten die Parteiführung in Moskau dazu, Truppen nach Polen zu entsenden. Doch das Moskauer Politbüro lehnte ein militärisches Eingreifen ab. Um den inneren Unruhen Herr zu werden, verhängte die polnische Regierung 1981 auf Befehl Moskaus das Kriegsrecht und verbot die Solidarność. Trotzdem wurde es für die Kommunisten immer schwieriger, gegen die von der katholischen Kirche unterstützte Opposition unter der Führung des charismatischen Arbeiters **Lech Wałęsa** zu regieren.

Der Reformkurs Gorbatschows läutete schließlich eine Wende zum Besseren ein. Im August 1988 kam es zu ersten Gesprächen der Opposition mit der kommunistischen Regierung an einem *„Runden Tisch"*, um die katastrophale wirtschaftliche und gesellschaftliche Situation des Landes zu lösen. Anfang 1989 wurde das Verbot der Solidarność aufgehoben, zu der sich alsbald etwa zehn Millionen Menschen bekannten. Erste freie und unabhängige Parlamentswahlen fanden im Juni statt. Die nicht überraschende Wahlniederlage der Kommunisten brachte den Berater Wałęsas und katholischen Intellektuellen *Tadeusz Mazowiecki* ins Amt des ersten nichtkommunistischen Ministerpräsidenten in Polen und im gesamten Ostblock (▸ M3). Die Kommunisten stellten nur noch den Innen-, den Verteidigungs- und den Verkehrsminister. General *Wojciech Jaruzelski* wurde zum Staatspräsidenten gewählt, nachdem er sein Amt als kommunistischer Parteichef niedergelegt hatte. Nach fast einem halben Jahrhundert kommunistischer Diktatur hatte sich die polnische Bevölkerung mit überwältigender Mehrheit für Demokratie, Marktwirtschaft und Rechtsstaatlichkeit entschieden.

Lech Wałęsa (*1943): polnischer Arbeiterführer und Bürgerrechtler, erhielt 1983 den Friedensnobelpreis, 1990 bis 1995 Staatspräsident Polens

Demokratische „Republik Ungarn" In Ungarn trat der seit 1956 amtierende Parteichef *János Kádár* im Mai 1988 auf Betreiben reformkommunistischer Kräfte zurück. Er hatte zunächst als Statthalter Moskaus fungiert, nachdem die Truppen des **Warschauer Paktes** den ungarischen Volksaufstand von 1956 blutig niedergeschlagen hatten. In den Sechzigerjahren begann Kadar jedoch die Zustimmung der Bevölkerung mit Wirtschaftsreformen zu suchen, die zu einer besseren Versorgung im Land und zu wachsendem Lebensstandard führten. Das kulturelle Leben wurde freier, die Religionsausübung nicht mehr behindert, und immer mehr Ungarn konnten westliche Länder besuchen, seit 1988 bestand allgemeine Reisefreiheit.

Warschauer Pakt: Die 1955 gegründete Organisation fasste unter Führung der Sowjetunion alle militärischen Kräfte Osteuropas einschließlich der DDR zusammen. Der Pakt ergänzte die zwischenstaatlichen Verträge der Sowjetunion mit den von ihr abhängigen Staaten. Nach dem Ende des Kalten Krieges und der Sowjetunion zerfiel das Bündnis 1991.

Dennoch blieb Ungarn nach wie vor eine Diktatur, von der Sowjetunion überwacht. Das planwirtschaftliche System funktionierte immer weniger. Der erreichte Lebensstandard war mit einer bedrohlichen Verschuldung im Westen erkauft worden. Um den wirtschaftlichen Zusammenbruch zu verhindern, leiteten jüngere Reformkommunisten ab 1987 den Übergang von der Plan- zur Marktwirtschaft ein. Die neue ungarische Parteiführung unter *Károly Grósz* setzte auf politische Reformen und bekannte sich in einer neuen Verfassung zu den Prinzipien des Parteienpluralismus, der Rechtsstaatlichkeit und der Marktwirtschaft. Anfang 1989 akzeptierte das Zentralkomitee der kommunistischen Arbeiterpartei die Schaffung einer „repräsentativen Demokratie auf der Basis freier Wahlen". Im Sommer handelten oppositionelle Gruppen und die bisherigen kommunistischen Machthaber an einem „Nationalen Runden Tisch" den Übergang zur Demokratie aus. Am 23. Oktober 1989 war es dann soweit: Die „Republik Ungarn" wurde ausgerufen. Die Hinwendung zum Westen verbanden die Regierenden in Budapest auch mit dem Versprechen, die UN-Menschenrechtskonvention einzuhalten, und begannen seit Anfang Mai 1989 mit dem Abbau des Stacheldrahtes und der elektronischen Sicherungsanlagen an der Grenze zu Österreich – ohne vorherige Absprache mit Ost-Berlin. Generalsekretär Gorbatschow hatte keine Einwände erhoben. Im Juni wurde der Grenzzaun symbolträchtig in der Nähe von Sopron durchtrennt. Das Ende des Eisernen Vorhanges, der seit 1945 den Kontinent geteilt hatte, deutete sich an.

Internettipp
Zu den Demokratiebewegungen im östlichen Europa siehe den Code 32033-19.

▲ **„Ich habe gelernt vierzig Jahr und mehr – nun bin ich besser und klüger als er!"**
Karikatur von Jupp Wolter, Deutsches Allgemeines Sonntagsblatt (Hamburg), 7. Juli 1989.
- *Charakterisieren Sie die dargestellten Personen (Mimik / Gestik, Kleidung, Attribute).*
- *Identifizieren Sie die beiden Personen.*
- *Ordnen Sie die Karikatur in den historischen Kontext ein.*

„Sozialismus in den Farben der DDR" statt Reformen Mit der symbolischen Anerkennung seines Regimes durch seinen Staatsbesuch in der Bundesrepublik Deutschland Anfang September 1987 glaubte Erich Honecker, seine Herrschaft langfristig stabilisiert zu haben. Die Absichten Gorbatschows, den Sozialismus zu modernisieren, verstanden er und seine Mitregenten als Anschlag auf die eigene Machtbasis. Die SED-Führung widersetzte sich daher entschieden dem Reformdruck aus Moskau und propagierte stattdessen einen „Sozialismus in den Farben der DDR" (▸ M4).

Für die ostdeutsche Führungsriege galt die DDR als ein wirtschaftlich effektives und politisch stabiles Land. Honecker lobte in zahlreichen Gesprächen mit westdeutschen Politikern, die ihm noch 1989 ihre Aufwartung machten, die Stabilität der gesellschaftlichen Verhältnisse. In der Wirtschafts- und Sozialpolitik sah er die DDR allen anderen sozialistischen Ländern weit überlegen.

Misstrauisch verfolgte Honecker das wachsende Interesse Gorbatschows an einer Neugestaltung der sowjetischen Beziehungen zur Bundesrepublik und dessen Bereitschaft, die Auflösungserscheinungen im Ostblock hinzunehmen. Die DDR-Führung reagierte mit Selbstisolierung und Verboten von sowjetischen Filmen und Zeitschriften („Sputnik"), in denen das neue Denken ein Forum fand.

Mit ihrer Reformverweigerung verstärkte die SED-Spitze jedoch die verbreitete Unzufriedenheit in der Bevölkerung und trieb auch nicht wenige SED-Mitglieder in die Resignation. Abweichler in den eigenen Reihen, die es sich erlaubten, kritische Fragen über die Lage im Land zu stellen, wurden aus der Partei ausgeschlossen. Ausdrücklich verwies Honecker darauf, dass die Mauer auch in fünfzig oder hundert Jahren noch bestehen würde, wenn „die dazu vorhandenen Gründe" nicht beseitigt seien, „um unsere Republik vor Räubern zu schützen".

▸ **„Osteuropäischer Geleitzug im Winter 1988/89"**
Karikatur von Karl-Heinz Schoenfeld aus der in West-Berlin erscheinenden Zeitung „Der Tagesspiegel" vom 29. Dezember 1988.
▪ ✚ *Interpretieren Sie die Karikatur. Lesen Sie dazu den Verfassertext auf Seite 170 bis 172.*

M1 Perestroika – eine Revolution?

Gorbatschow fasst am 2. August 1986 die Perestroika so zusammen:

Weder die Arbeiterklasse noch die Bauern noch die technische und die schöpferische Intelligenz – keiner will länger auf die alte Art und Weise leben, will sich mit dem abfinden, was unsere Bewegung bremst, unsere Wirklichkeit, unser Leben und unsere sozialistische Ordnung überschattet [...].
Die derzeitige Umgestaltung umfasst nicht nur die Wirtschaft, sondern auch alle anderen Seiten des gesellschaftlichen Lebens: die sozialen Beziehungen, das politische System, den geistig-ideologischen Bereich sowie Arbeitsstil und -methoden der Partei und all unserer Kader[1]. Perestroika ist ein umfassendes Wort. Ich würde zwischen den Wörtern Perestroika und Revolution das Gleichheitszeichen setzen.

Nach: Blätter für deutsche und internationale Politik, 31. Jg. (1986), S. 1148 f.

[1] **Kader**: Gruppe leitender Mitarbeiter in Partei, Staat und Wirtschaft

1. ✚ *Arbeiten Sie heraus, warum Gorbatschow den Begriff „Revolution" zur Beschreibung seiner Reformen verwendet.*
2. ✚ *Diskutieren Sie, was sich zum Beispiel ein polnischer Staatsbürger oder ein DDR-Bürger von Gorbatschows Aussagen erhoffen konnte.*
3. *Die meisten Menschen im Westen haben die Reformpolitik Gorbatschows begeistert aufgenommen. Dagegen waren viele in den kommunistischen Parteien schockiert. Nehmen Sie die Rolle eines kommunistischen Regierungschefs ein und verfassen Sie in Partnerarbeit einen Brief an Gorbatschow, in dem Sie erklären, warum Sie die neue Politik ablehnen.*

M2 Die DDR und die polnische Bürgerrechtsbewegung

Der polnische Historiker Dariusz Wojtaszyn befasst sich mit den Reaktionen des DDR-Regimes auf die Entstehung der Solidarność:

In der DDR verfolgte man die politischen Ereignisse im Polen der Jahre 1980-1981 mit Unruhe und Argwohn. Die politische Krise beim Nachbarn gefährdete – wie man annahm – die Stabilität und Festigkeit des sozialistischen Lagers und somit der DDR. Die Staatsmacht der DDR fürchtete den „Virus der Solidarność" im eigenen Lande. Deswegen betrieb die SED-Führung eine Isolierungspolitik gegenüber Polen; auch die DDR-Bürger wurden von den Informationen aus und über Polen abgeschnitten. Die Regierung schloss die Grenze nach Polen und verwehrte ihren Bürgern streng die Einreise in das Nachbarland. [...]
In einem Artikel vom 4. November 1980 [...] wurden Lech Wałęsa, der Anführer der polnischen unabhängigen Gewerkschaft, und sein „Berater" Jacek Kuroń dargestellt. Sie wurden als primitive, unsympathische und inkompetente Personen beschrieben. An einer anderen Stelle hatte man über die Verbindungen Wałęsas zur italienischen faschistischen Jugendorganisation MSI und über seine Sympathien für westdeutsche Organisationen berichtet, die angeblich die Solidarność finanziell unterstützten, sowie für Alexander Solschenizyn, der zu den größten Kritikern der kommunistischen Ideologie gehörte. Die Verleumdung der polnischen Opposition auf diese Art gehörte von diesem Moment an zu den wichtigen Mitteln, mit denen die DDR-Zeitungen die Lage in der Volksrepublik Polen darstellten. Diese Schilderungen sollten den Lesern eindeutig zeigen, mit welchen Personen sie hier zu tun hätten, also mit inkompetenten, primitiven, gewalttätigen Personen, die bereit gewesen wären, mit Gewalt und Unrecht gegen die polnische Partei und Regierung zu kämpfen. Gleichzeitig verfolgten sie das Ziel, die Abneigung gegen die Polen selbst in der ostdeutschen Gesellschaft zu erregen, was insofern leicht fiel, als dass die alten antipolnischen Stereotype immer noch die deutschen Vorstellungen über die östlichen Nachbarn besetzten. [...]
[Der DDR-Berichterstattung zufolge] „streiken die Polen, weil sie nicht arbeiten wollen" oder „die Polen streiken, weil sie faul sind", was auf eine direkte Verwandtschaft mit der Stereotypie der „polnischen Wirtschaft" hinweist. Die Journalisten der ostdeutschen Zeitungen versuchten damit die ganze polnische Gesellschaft mit der polnischen „konterrevolutionären" Opposition gleichzusetzen.

Dariusz Wojtaszyn, Der öffentliche Polen-Diskurs in der DDR während der Solidarność-Ära, in: Izabela Surynt und Marek Zybura (Hrsg.), Narrative des Nationalen. Deutsche und polnische Nationsdiskurse im 19. und 20. Jahrhundert, Osnabrück 2010, S. 339-359, hier S. 339, 344 f. und 351

1. *Arbeiten Sie heraus, mit welchen Stereotypen die Führung der DDR versucht, ihrem Volk die Unruhen in Polen zu erklären.*
2. *Analysieren Sie, warum nach der Meinung von Wojtaszyn die „alten antipolnischen Stereotype" in der ostdeutschen Gesellschaft immer noch vorhanden waren.*

M3 „Der Fall der Mauer begann in Danzig"

Im Interview mit der „taz" am 5. Februar 2009 spricht Henryk Wujec, einer der bedeutendsten Solidarność-Aktivisten, über die Ereignisse in Polen 1989:

taz: *Sie haben für Solidarność 1989 am Runden Tisch in Warschau mit den Kommunisten verhandelt. Haben Sie erwartet, dass sie zwanzig Jahre später in einer Demokratie leben würden?*
Henryk Wujec: Wir hatten nicht die geringste Ahnung. Schließlich lebten wir seit 1945 im kommunistischen Block. Wir wussten, dass alle Versuche, sich von diesen Fesseln zu befreien, mit dem Einmarsch der sowjetischen Armee enden würden. So wie 1956 in Ungarn oder 1968 in der Tschechoslowakei. Unsere Hauptforderung war nur die Wiederzulassung der unabhängigen Gewerkschaft Solidarność.
taz: *Wie wirkten Glasnost und Perestroika?*
Henryk Wujec: Uns war klar, es war viel möglich. Sehr viel. Aber dass in Polen innerhalb von ein paar Monaten eine demokratische Regierung entstehen könnte und sich später sogar die sowjetische Armee freiwillig aus Polen zurückziehen könnte, das hatten wir in unseren kühnsten Träumen nicht erwartet.
taz: *Am Gebäude der ehemaligen polnischen Botschaft in Berlin hängt ein Banner mit der Aufschrift „Es begann in Gdańsk". Warum ist das so wichtig?*
Henryk Wujec: Weil eben wirklich alles in Danzig begann, das freie Polen, der Fall der Mauer, die samtene Revolution, das Ende des Kommunismus. Es begann mit den Streiks auf der Lenin-Werft, wo die Arbeiter die erste unabhängige Gewerkschaft im ehemaligen Ostblock erkämpften. Die Solidarność machte dann allen anderen vor, dass es möglich ist, das scheinbar Unmögliche zu erreichen. Der Fall der Mauer begann in Danzig. Daran sollten sich die Deutschen erinnern.

taz: *Denken Sie, dass die Montagsdemonstrationen in Leipzig[1], Berlin und anderen Städten die Solidarność-Streiks zum Vorbild hatten?*

Henryk Wujec: Die Polen waren schon frei. Sie hatten sich selbst befreit. Das gab allen anderen Mut, auch den Deutschen. Sie würden es allein schaffen. Der Ruf „Wir sind ein Volk!" zeigt das doch. Hilfe von außen war nicht notwendig, keine amerikanischen Panzer und keine waffenstarrenden Armeen.

Nach: Manfred Mack, „Es begann in Gdańsk" – Rückblick und Bilanz, in: Deutschland & Europa, Heft 58/2009: 20 Jahre Maueröffnung in Europa, S. 46 f.

1. *Erläutern Sie die Bedeutung des Einflusses der Solidarność-Bewegung auf die politische Wende von 1989.*
2. *Setzen Sie sich mit der Aussage von Henryk Wujec auseinander: „Der Fall der Mauer begann in Danzig" (Zeile 28 f.).*

M4 Gegen Reformen

Auf einer Politbürositzung am 28. Februar 1989 äußert sich Erich Honecker über den sowjetischen Reformkurs:

Wir gestalten die sozialistische Gegenwart und Zukunft entsprechend der Lehren der Geschichte und unseres eigenen Programms. Die neuen Fragen, die in der Sowjetunion durchgeführt werden, sind Aufgaben der KPdSU [...]. Wir sind doch nicht daran interessiert, dass wir Rückstände wieder, wie sie in anderen sozialistischen Ländern vorhanden sind, als Ziel angehen, wir haben unser erreichtes Niveau weiter auszubauen. [...] Es braucht doch keiner Angst zu haben vor dem deutschen Weg zum Sozialismus. Bei uns ist der Sozialismus die entscheidende Alternative zum Kapitalismus der BRD. Wir müssen immer unter Beweis stellen, dass die Arbeiter die Gesellschaft besser leiten als die Kapitalisten. [...] Die Sowjetunion heute ist in einigen Fragen die DDR von 1948. Wollt ihr dorthin zurück? Wir sind die Regierung des Volkes, mit dem Volk, für das Volk bleibt unsere Devise. Überall politische Klarheit schaffen, um vorwärts zu gehen, ist unsere Aufgabe.

Gerd-Rüdiger Stephan (Hrsg.), „Vorwärts immer, rückwärts nimmer!" Interne Dokumente zum Zerfall von SED und DDR 1988/89, Berlin 1994, S. 66 f.

1. *Erläutern Sie anhand der Quelle die Einstellung Honeckers gegenüber dem sowjetischen Reformkurs. Woran dachte er wahrscheinlich, wenn er von „Rückständen" (Zeile 5) sprach.*
2. *Gorbatschow soll Honecker bei einem Treffen in Ost-Berlin 1989 gemahnt haben: „Wer zu spät kommt, den bestraft das Leben." Beurteilen Sie, in welchen Bereichen die DDR „zu spät" kam.*

▲ **Solidarność.**
Plakat von Tomasz Sarnecki anlässlich der Wahlen in Polen am 4. Juni 1989.

- *Beschreiben Sie, was auf dem Wahlplakat dargestellt ist.*
- *Recherchieren Sie im Internet zu dem Wahlplakat und erklären Sie anschließend auf der Grundlage Ihrer Ergebnisse, welche Person gezeigt wird und wofür das Papier in ihrer rechten Hand steht.*
- *Das Plakat gilt als eine Ikone der friedlichen Revolution in Polen. Erklären Sie, warum.*

[1] Zu den Leipziger Montagsdemonstrationen siehe Seite 182 und Seite 187 (M1).

Wachsende Kritik und Fluchtbewegung

▶ Harald Bretschneider mit Aufnäher und Lesezeichen „Schwerter zu Pflugscharen".
Foto vom November 2011, Dresden.
Der evangelische Jugendpfarrer Harald Bretschneider hatte 1980 die Idee zu diesem Abzeichen. Unter dem Motto „Schwerter zu Pflugscharen" forderte die christliche Friedensbewegung zur Abrüstung auf. Trotz Betonung ihrer Friedensliebe verbot die SED-Führung jegliche Friedenssymbole und forderte die Bischöfe auf, die Friedensaktivisten zu bremsen. Sie erreichte damit das Gegenteil.

- *Recherchieren Sie im Internet, was als Vorbild für das Symbol „Schwerter zu Pflugscharen" diente.*

Kritik von Friedens- und Umweltgruppen in der DDR Die Krise der kommunistischen Herrschaft entzündete sich nicht nur am Versagen der Ökonomie. Den Boden für den Massenprotest des Jahres 1989 bereiteten oppositionelle Gruppierungen, die seit den frühen 1980er-Jahren mit wachsendem Selbstbewusstsein das Regime herausforderten, aber auch viele einzelne Bürger, die unter Berufung auf die von der DDR 1975 unterschriebene KSZE-Schlussakte[1] ihre Menschenrechte einforderten.

Anfangs waren es vor allem *Friedens- und Umweltgruppen*, die unter dem Schutz der Kirchen einen Freiraum von staatlicher Erziehung schufen und die ökologische Krise zur Sprache brachten (▶ M1). Zunächst entstanden diese informellen Zusammenschlüsse von aufbegehrenden DDR-Bürgern aus der Empörung über konkrete Maßnahmen des SED-Staates. Der kritische Blick auf die Einführung des „Wehrunterrichts" an allen Schulen 1978, die staatlich verordnete Militarisierung der Gesellschaft sowie die Aufrüstung in Ost und West entwickelte sich in Richtung auf eine umfassendere Kritik. Eine wichtige Rolle spielte etwa der von Pfarrer Rainer Eppelmann und Robert Havemann gemeinsam formulierte *„Berliner Appell – Frieden schaffen ohne Waffen"* (1982). Die Forderungen nach Toleranz und Anerkennung des Rechts auf freie Meinungsäußerung unterschrieben innerhalb weniger Monate Tausende (▶ M2). In Friedensseminaren und Friedenswerkstätten fanden sich zumeist jugendliche Teilnehmer aus der ganzen DDR zusammen. Ihr gemeinsames Protestsymbol war ein Aufnäher mit der Aufschrift „Schwerter zu Pflugscharen".

Internettipp
Zur Oppositionsbewegung in der DDR siehe den Code 32033-20.

Die Staatsmacht reagierte mit Berufsverboten, Verhaftungen und Ausbürgerungen prominenter Oppositioneller und vor allem mit dem massiven Einsatz von Inoffiziellen Mitarbeitern der Staatssicherheit. Die beabsichtigte „Zersetzung" oppositioneller Gruppierungen ging so weit, dass manche Friedenskreise von Stasi-Spitzeln regelrecht unterwandert wurden (▶ M3).

[1] Siehe hierzu Seite 160 f. und M5 auf Seite 167.

Eine Bürgerrechtsbewegung entsteht ■ 1985 gründeten Bürgerrechtler in Ost-Berlin – darunter **Bärbel Bohley**, *Ralph Hirsch, Gerd Poppe, Wolfgang Templin, Vera Wollenberger* – die *„Initiative Frieden und Menschenrechte“* (*IFM*). Die zunächst stark christlich-pazifistisch ausgerichtete Protestbewegung gewann eine neue Qualität. Erstmals erhoben ostdeutsche Oppositionelle Forderungen nach einer freiheitlichen Demokratie, wie sie die Bürgerrechtsbewegungen in Polen (Solidarność[1]), Ungarn und der Tschechoslowakei (**Charta 77**) schon länger vertraten.

In der DDR solidarisierten sich immer mehr Menschen mit jenen, die verhaftet, ausgebürgert oder auf andere Weise eingeschüchtert werden sollten. Zu den dauerhaften aktiven Regimegegnern zählten nur wenige hundert Personen, die jedoch viele tausend Sympathisanten gewinnen konnten. Allmählich entstand ein landesweites Netzwerk durch im Untergrund gedruckte Zeitschriften und Flugblätter, Treffen und Protestaktionen.

Landesweite Aufmerksamkeit und wachsende Anerkennung in der Bevölkerung erhielten die Bürgerrechtler im Zusammenhang mit den *Kommunalwahlen vom 7. Mai 1989*. In mehreren Städten der DDR beobachteten Vertreter dieser Gruppen die Auszählung der Stimmen und protestierten anschließend gegen die festgestellten Wahlfälschungen.

Bärbel Bohley (1945 - 2010): Malerin, Friedensaktivistin und Politikerin, 1989 Mitbegründerin der Bürgerrechtsorganisation „Neues Forum“ (NF)

Charta 77: Petition gegen Menschenrechtsverletzungen, veröffentlicht im Januar 1977; gleichzeitig der Name für die in den 1970er- und 80er-Jahren aktive Bürgerrechtsbewegung in der Tschechoslowakei, die zum Zentrum der Opposition gegen das kommunistische Regime wurde

◂ **Protest gegen den Wahlbetrug.**
Foto vom 7. Juni 1989.
Seit dem 7. Juni 1989 demonstrierten Bürgerrechtler vor der Ost-Berliner Sophienkirche für die Offenlegung der Wahlfälschungen im Zusammenhang mit den Kommunalwahlen.

Flucht vor der Staatsmacht ■ Immer mehr Bürger stellten einen Antrag auf Ausreise aus der DDR, obwohl sie in vielen Fällen deswegen jahrelang benachteiligt und schikaniert wurden. Im ersten Halbjahr 1989 gestattete die Regierung 46 343 Personen die Übersiedlung in die Bundesrepublik. Doch die Hoffnung der SED, auf diese Weise wieder Ruhe herstellen zu können, erfüllte sich nicht. Im Gegenteil: Im Sommer 1989 lagen bereits eine Viertelmillion weiterer Ausreiseanträge vor.

[1] Zur Solidarność-Bewegung siehe Seite 170 f.

▸ DDR-Bürger sitzen in der deutschen Botschaft in Prag fest.
Foto vom September 1989. Im September 1989 gelangten nach und nach 5500 Bürger aus der DDR auf das Gelände der bundesdeutschen Botschaft in Prag. Am 30. September verkündete Bundesaußenminister Hans-Dietrich Genscher den Wartenden den „berühmtesten Halbsatz der deutschen Geschichte" (Prager Zeitung): „Wir sind zu Ihnen gekommen, um Ihnen mitzuteilen, dass heute Ihre Ausreise möglich geworden ist ...". Allerdings bestand die DDR darauf, dass alle Flüchtlinge mit Sonderzügen über DDR-Gebiet in die Bundesrepublik gebracht wurden. Unterwegs versuchten fluchtwillige DDR-Bürger auf einen der 19 Züge aufzuspringen. In diesem Zusammenhang kam es am 4. Oktober auf dem Dresdner Bahnhofsgelände zu bürgerkriegsähnlichen Szenen, als Sicherheitskräfte gegen Demonstranten und Flüchtende vorgingen.

Filmtipp
Prager Botschaft, Deutschland/Tschechien 2007, Regie: Lutz Konermann (Politdrama um die Ereignisse im September 1989)

Am 10./11. September erlaubte die reformkommunistische Regierung Ungarns, die bereits seit Mai ihre Grenzsperren nach Österreich abbaute, fluchtwilligen Urlaubern aus der DDR die Ausreise. Über 25 000 Menschen nutzten das neue Schlupfloch im bislang undurchlässigen „Eisernen Vorhang". Andere fanden Einlass in den diplomatischen Vertretungen der Bundesrepublik in Prag, Warschau und Ost-Berlin. Nach langwierigen Verhandlungen zwischen beiden deutschen Regierungen durften sie Anfang Oktober in den Westen übersiedeln.

Unter dem Eindruck der Massenflucht aus der DDR entschlossen sich die Bürgerrechtler zur Gründung öffentlich auftretender Oppositionsgruppen. Anfang September 1989 rief das *Neue Forum* zum freien Dialog im öffentlichen Raum auf – ein unerhörter Vorgang in einer kommunistischen Diktatur (▸ M4). Später traten weitere Bürgerbewegungen hervor: *Demokratie Jetzt*, *Demokratischer Aufbruch*, *Sozialdemokratische Partei* (*SDP*), *Grüne Partei* und andere. Mit unterschiedlicher Akzentuierung forderten sie eine Reform der DDR. Dazu zählten das Recht auf freie Meinungsäußerung, Rechtsstaatlichkeit und Gewaltenteilung, Zulassung weiterer Parteien und Organisationen, Versammlungsfreiheit und Streikrecht, Kontrolle des Sicherheitsapparates.

In der DDR strebten die Bürgergruppierungen eine parlamentarische Demokratie mit basisdemokratischen Elementen an, keineswegs aber die Abschaffung der Eigenstaatlichkeit. Zum Teil wurde über einen sogenannten „Dritten Weg" als Alternative zur westlichen Konsumgesellschaft nachgedacht: „Weder Diktatur noch Konsumgesellschaft".

M1 Umweltschutz

In einem Interview des Magazins „Spektrum der Wissenschaft" vom 30. September 2010 äußert sich der Zeitzeuge Ernst Paul Dörfler rückblickend über den Umweltschutz in der DDR:

spektrumdirekt: Sie bekommen am 5. Oktober den Naturschutzpreis von EuroNatur für Ihr langjähriges Engagement zum Schutz der Elbe verliehen. Wie kamen Sie Anfang der 1980er-Jahre zur Ökologie?

Ernst Paul Dörfler: Es war nicht der einfachste Weg, aber es hat mich schlichtweg dazu gedrängt. Ich wuchs in einem kleinen Dorf im Landkreis Wittenberg zwischen Elbe und Heide auf – und sah, was dort mit dem Fluss und der Landschaft passierte. Während des Studiums in Magdeburg bemerkte ich dann, dass vieles mit der Umwelt nicht stimmte: Mir stockte der Atem wegen der Luftverschmutzung, die Gewässer stanken zum Himmel. Damals begann ich über Umweltfragen nachzudenken.

spektrumdirekt: Wie wurden Sie aktiv – in einem Regime, das Eigeninitiative unterdrückte?

Ernst Paul Dörfler: Die einzige legale Möglichkeit, sich zu Missständen in der DDR zu äußern und eventuell etwas zu verändern, war das Einreichen einer Eingabe an die Staatsorgane. Das tat ich fleißig. Ich habe mich zum Beispiel beschwert, weil sich der Kindergarten meiner Tochter direkt neben der Stadtautobahn befand. Dies empfand ich als unzumutbar. Auf eine Eingabe folgte allerdings nie eine schriftliche Antwort, sondern man wurde zu einem Termin vor Ort bestellt. Dort wurde einem erklärt, warum das so ist und dass es momentan keine Mittel gäbe, dies zu ändern. Später schloss ich mich den Rettungsschwimmern und -tauchern an, weil ich raus wollte aus der Stadt. Dabei bemerkte ich, dass die Flüsse und Seen am Sterben waren. Daraufhin begann ich meine Mitstreiter für den Gewässerschutz zu interessieren und Vorträge zum Thema zu halten.

spektrumdirekt: Auch öffentliche?

Ernst Paul Dörfler: Ich habe sehr schnell gemerkt, wo die Grenzen lagen und wie weit ich gehen durfte. Manches hat mich aber auch überrascht: So durfte ich an der Volkshochschule zwei Semester lang Kurse zum Thema „Ökologie" halten. Das hatte ich zuerst einmal nicht erwartet, denn so etwas gab es zuvor noch nie. Nach der Wende zeigte sich dann bei der Akteneinsicht, dass fünf Stasimitarbeiter gleichzeitig in diesen Kursen saßen und fleißig protokollierten. [...]

spektrumdirekt: Wie haben sich die Umweltschützer in der DDR untereinander vernetzt und verständigt?

Ernst Paul Dörfler: Die Kommunikation war das Hauptproblem. Unser Aktionsradius beschränkte sich auf wenige Dutzend Kilometer; darüber hinaus konnten wir mangels Mitteln kaum miteinander in Kontakt treten. Wie viele andere auch hatte ich die längste Zeit kein Telefon – die Wartezeiten waren enorm. Und die Medien schwiegen zum Umweltschutz.

▲ **Umweltbibliothek.**
Foto vom Juni 1987.
Umweltaktivisten wie die Mitglieder der 1986 gegründeten Umweltbibliothek in der Ost-Berliner Zionskirche und anderenorts versuchten die Öffentlichkeit für die überall sichtbare Umweltzerstörung zu sensibilisieren. Die Umweltbibliothek existierte bis 1998. Das Foto zeigt Wolfgang Rüddenklau (siehe auch Seite 180 f.) in der Berliner Zionskirche. Auf den Stühlen neben ihm liegen die im Untergrund gedruckten „Umweltblätter".

spektrumdirekt: Gab es auch in der DDR-Regierung Personen, denen die Umweltprobleme bewusst waren? Oder hielt man diese unter Verschluss?

Ernst Paul Dörfler: Nach außen hin versuchte man, die DDR als Vorbild in Sachen Umweltschutz hinzustellen, und offiziell existierte auch gar keine Umweltverschmutzung. Es durfte sie im Sozialismus nicht geben, sondern nur im Westen! Und was nicht besteht, muss auch nicht beseitigt werden. So einfach war der Sprachgebrauch: Waldsterben? Luftverschmutzung? In der DDR war all dies nicht existent. Und wer das Gegenteil behauptete, lief Gefahr, wegen staatsfeindlicher Hetze verfolgt zu werden.

spektrumdirekt: Wie erklärte man sich dann Smog in Leipzig oder Waldsterben im Erzgebirge?

Ernst Paul Dörfler: Das hat die Staatsführung schlichtweg verleugnet. Auch die Begriffe führte man nicht im Mund: Sie wurden nicht gedruckt oder verwendet, weil sie auf einer ungeschriebenen Verbotsliste standen, die es in der Zeitung zu vermeiden galt. Wissenschaftler, die sich dennoch mit dem Waldsterben im Erzgebirge beschäftigten, prägten deshalb den Ausdruck „Rauchschäden".

spektrumdirekt: Wurde trotz des Totschweigens dennoch versucht, das eine oder andere Problem zu beheben?

Ernst Paul Dörfler: Das wurde durchaus probiert. Kollegen von mir haben Sanierungskonzepte erarbeitet: Wie bekommt man die Flüsse wieder sauber? Wo sitzen die größten Verschmutzer? Diese Vorarbeiten wurden gemacht, unterlagen aber der absoluten Geheimhaltung, und es durfte nicht darüber gesprochen werden. Genauso lief das immer.

spektrumdirekt: Wurden Sie von den Behörden persönlich bedroht?

Ernst Paul Dörfler: Meine Überwachung war nahezu perfekt. Man versuchte unaufhörlich, mich zu verunsichern. Immer wieder wurde ich zu meinem Vorgesetzten zitiert und belehrt, dass ich nicht öffentlich über den Umweltschutz reden sollte. In der DDR wusste man nie, wie weit man gehen durfte. Es gab keine Rechtssicherheit, dafür herrschte Willkür: Man konnte jederzeit mit fadenscheinigen Begründungen verhaftet oder mit einem Berufsverbot belegt werden.

Nach: www.spektrum.de/news/meine-ueberwachung-war-nahezu-perfekt/1047050 (Zugriff: 7. November 2017)

1. *Geben Sie wieder, welche Umweltprobleme es in der DDR gab und wie die Regierung damit umging.*

2. *Arbeiten Sie heraus, mit welchen Widerständen und Schwierigkeiten Umweltschützer in der DDR zu kämpfen hatten.*

M2 Berliner Appell

*Der evangelische Pfarrer Rainer Eppelmann (*1943) und der Regimekritiker Robert Havemann (1910-1982) verfassen am 25. Januar 1982 den sogenannten Berliner Appell „Frieden schaffen ohne Waffen", der von westdeutschen Medien veröffentlicht und binnen weniger Monate von Tausenden unterschrieben wird. Erstmals erreicht eine oppositionelle Gruppe breite Bekanntheit:*

Es kann in Europa nur noch einen Krieg geben, den Atomkrieg. Die in Ost und West angehäuften Waffen werden uns nicht schützen, sondern vernichten. [...]

Darum: Wenn wir leben wollen, fort mit den Waffen! Und als erstes: Fort mit den Atomwaffen! Ganz Europa muss zur atomwaffenfreien Zone werden. Wir schlagen vor: Verhandlungen zwischen den Regierungen der beiden deutschen Staaten über die Entfernung aller Atomwaffen aus Deutschland. [...]

Wir schlagen vor, in einer Atmosphäre der Toleranz und der Anerkennung des Rechts auf freie Meinungsäußerung die große Aussprache über die Fragen des Friedens zu führen und jede spontane Bekundung des Friedenswillens in der Öffentlichkeit zu billigen und zu fördern. Wir wenden uns an die Öffentlichkeit und an unsere Regierung, über die folgenden Fragen zu beraten und zu entscheiden:

a) Sollten wir nicht auf Produktion, Verkauf und Einfuhr von sogenanntem Kriegsspielzeug verzichten?

b) Sollten wir nicht anstelle des Wehrkundeunterrichts an unseren Schulen einen Unterricht über Fragen des Friedens einführen?

c) Sollten wir nicht anstelle des jetzigen Wehrersatzdienstes für Kriegsdienstverweigerer auch einen sozialen Friedensdienst zulassen?

d) Sollten wir nicht auf alle Demonstrationen militärischer Machtmittel in der Öffentlichkeit verzichten und unsere staatlichen Feiern stattdessen dazu nutzen, den Friedenswillen des Volkes kundzutun?

e) Sollten wir nicht auf die Übungen zur sogenannten Zivil-Verteidigung verzichten? Da es im Atomkrieg keine Möglichkeit einer sinnvollen Zivil-Verteidigung gibt, wird durch diese Übungen nur der Atomkrieg verharmlost. Ist das nicht womöglich eine Art psychologischer Kriegsvorbereitung?

Nach: www.jugendopposition.de/index.php?id=2794 (Zugriff: 7. Dezember 2016)

1. *Fassen Sie die Forderungen des „Berliner Appells" tabellarisch zusammen. Unterscheiden Sie zwischen Forderungen, die die internationale Politik, und andere Forderungen, die die DDR-Gesellschaft betreffen.*

2. *Erklären Sie die sofortige Unterdrückung dieses Appells durch die SED-Führung. Erläutern Sie dafür die Widersprüche des Appells zu den Grundüberzeugungen der SED-Führung.*

M3 „Friedenskreis Pankow" im Visier

*Wolfgang Rüddenklau (*1953), Mitglied der Berliner Friedensbewegung und Mitbegründer der Untergrundzeitschrift „Umweltblätter", berichtet über das Vorgehen der Stasi gegen den 1981 gegründeten Pankower Friedenskreis:*

Gern und oft beschrieb die Staatssicherheit in ihren Papieren ihre in diesem Zusammenhang erzielten Erfolge. Deshalb liegen uns ziemlich genaue Angaben über die gelungene Zerschlagung des Friedenskreises Pankow [...] vor. In einem Papier der Abteilung XX vom 15.9.1986, „Aktuelle Erfahrungen bei der Bekämpfung feindlich-negativer Kräfte und Gruppierungen politischer Untergrundtätigkeit in der Hauptstadt Berlin", heißt es dazu:

„Im ‚Friedenskreis Pankow' erfolgt seit 1983 der Einsatz gesellschaftlicher Kräfte, die zum einen durch die Kreisleitung der SED Pankow ausgewählt und instruiert wurden und sich zum anderen aus ausgewählten Studenten der Humboldt-Universität, Direktstudenten des MfS der Sektion Kriminalistik, die

durch die Abteilung XX direkt geführt wurden, zusammensetzten. Mit dem Wirksamwerden der gesellschaftlichen Kräfte wurden ab Frühjahr 1984 die Einflussmöglichkeiten der feindlich-negativen Personen deutlich zurückgedrangt. Keine Veranstaltung erreichte mehr das durch die Leitung gestellte Ziel; offen feindliche und hetzerische Äußerungen während der Veranstaltung wurden eingeschränkt, die Teilnehmerzahlen gingen um ca. 75 Prozent gegenüber 1983 zurück. Im Ergebnis des aktiven Auftretens gesellschaftlicher Kräfte und der fehlgeschlagenen Gegenmaßnahmen der Leitung des ‚Friedenskreises' wurde diese zusehends konzeptionslos, und bei führenden Mitgliedern traten deutliche Resignationserscheinungen auf."
Es gelang also, um es mit klaren Worten zu sagen, den Friedenskreis permanent mit Stasi-Leuten zu majorisieren, sodass eine systematische Arbeit nicht mehr möglich war. In einem Bericht aus dem Jahre 1987 wird befriedigt festgestellt, dass der Friedenskreis Pankow zu einem Kreis mit vorwiegend religiöser Orientierung wurde. Allerdings bemerkt ein Beobachter Anfang 1989 besorgt, „dass gegenwärtig deutliche Reaktivierungsbestrebungen existieren".
Für die Friedensgruppen war die Paralysierung des Pankower Friedenskreises ein wichtiges Lehrbeispiel [...]. Die Abschottung gegen die Staatssicherheit wurde verschieden geregelt: über innere Kreise, die die eigentlichen Entscheidungen trafen, Überprüfung des Vorlebens von Hinzugekommenen, Ausprobieren der Zuverlässigkeit in der praktischen Arbeit etc. Natürlich geriet diese Abwehrnotwendigkeit regelmäßig in Konflikt mit den demokratischen Strukturen der Kreise oder wurde sogar zum Alibi für autokratische Strukturen. Im Nachhinein zeigt sich, dass das Problem von niemandem so recht gelöst werden konnte. Inoffizielle Mitarbeiter der Staatssicherheit saßen, wie wir mittlerweile wissen, in internsten Runden.

Wolfgang Rüddenklau, Störenfried. DDR-Opposition 1986-1989. Mit Texten aus den „Umweltblättern", Berlin [2]1992, S. 38 ff.

1. *Beschreiben Sie, wie die Stasi gegen den Pankower Friedenskreis vorgeht.*
2. *Erläutern Sie mögliche Gründe dafür, warum das Ministerium für Staatssicherheit den „Friedenskreis Pankow" nicht mit staatlichen Verboten bekämpfte, sondern durch Unterwanderung.*
3. *Diskutieren Sie über die Wirkungen der vom MfS angewandten Zersetzungsmaßnahmen.*

M4 Gründungsaufruf „Neues Forum"

Der von 30 Personen unterzeichnete Gründungsaufruf der Initiativgruppe „Neues Forum" trägt kein Datum. Bereits Anfang September 1989 haben ihn mehrere hundert Personen unterschrieben, Ende des Jahres über 200 000:

In unserem Lande ist die Kommunikation zwischen Staat und Gesellschaft offensichtlich gestört. Belege dafür sind die weitverbreitete Verdrossenheit bis hin zum Rückzug in die private Nische oder zur massenhaften Auswanderung. [...]
In Staat und Wirtschaft funktioniert der Interessenausgleich zwischen den Gruppen und Schichten nur mangelhaft. Auch die Kommunikation über die Situation und die Interessenlage ist gehemmt. Im privaten Kreis sagt jeder leichthin, wie seine Diagnose lautet, und nennt die ihm wichtigsten Maßnahmen. Aber die Wünsche und Bestrebungen sind sehr verschieden und werden nicht rational gegeneinander gewichtet und auf Durchführbarkeit untersucht. Auf der einen Seite wünschen wir uns eine Erweiterung des Warenangebots und bessere Versorgung, andererseits sehen wir deren soziale und ökologische Kosten und plädieren für die Abkehr von ungehemmtem Wachstum. Wir wollen Spielraum für wirtschaftliche Initiative, aber keine Entartung in eine Ellenbogengesellschaft. Wir wollen das Bewährte erhalten und doch Platz für Erneuerung schaffen, um sparsamer und weniger naturfeindlich zu leben. Wir wollen geordnete Verhältnisse, aber keine Bevormundung. [...]
Um all diese Widersprüche zu erkennen, Meinungen und Argumente dazu anzuhören und zu bewerten, allgemeine von Sonderinteressen zu unterscheiden, bedarf es eines demokratischen Dialogs über die Aufgabe des Rechtsstaates, der Wirtschaft und der Kultur. Über diese Fragen müssen wir in aller Öffentlichkeit, gemeinsam und im ganzen Land, nachdenken und miteinander sprechen. [...]
Wir bilden deshalb gemeinsam eine politische Plattform für die ganze DDR, die es Menschen aus allen Berufen, Lebenskreisen, Parteien und Gruppen möglich macht, sich an der Diskussion und Bearbeitung lebenswichtiger Gesellschaftsprobleme in diesem Lande zu beteiligen. Für eine solche übergreifende Initiative wählen wir den Namen Neues Forum.

Charles Schüddekopf (Hrsg.), „Wir sind das Volk!" Flugschriften, Aufrufe und Texte einer deutschen Revolution, Reinbek 1990, S. 29-31

1. *Arbeiten Sie die Ziele des Neuen Forums heraus.*
2. *Überlegen Sie, weshalb die Gruppe sich als Initiative bezeichnet und keine Partei gründet.*
3. *Vorschlag für ein Referat: Die Bürgerbewegungen in den Ostblockstaaten im Verlauf der achtziger Jahre des 20. Jahrhunderts – Gemeinsamkeiten und Unterschiede.*

Von der friedlichen Revolution zur deutschen Einheit

▲ **Umjubelter Grenzübertritt.** *Foto vom 9./10. November 1989. In Berlin nutzten mehr als eine halbe Million Menschen die Grenzöffnung zu einem Kurzbesuch im Westteil der Stadt.*

Massenproteste und friedliche Revolution Seit Anfang September 1989 demonstrierten in Leipzig an jedem Montag nach Friedensgebeten in der Nikolaikirche immer mehr Menschen für Reisefreiheit statt Massenflucht. Rief die Menge anfangs noch „Wir wollen raus!", so hieß es bald „Wir bleiben hier!". In Ost-Berlin, Leipzig und Potsdam hielten Bürgerrechtler Mahnwachen für politische Gefangene. Die Staatssicherheit wollte die Proteste mit Verhaftungen auflösen. In den ersten Oktobertagen spitzte sich in vielen Städten die Situation gefährlich zu. Während die Machthaber den 40. Jahrestag der DDR am 6. und 7. Oktober vor den Kameras des In- und Auslands und im Beisein des sowjetischen Staats- und Parteichefs Gorbatschow mit Pomp, Militärparaden und Aufmärschen begingen, versuchten sie gleichzeitig, mit einem Riesenaufgebot bewaffneter Sicherheitskräfte die Demonstranten einzuschüchtern.

Den Protesten schlossen sich immer mehr Teilnehmer an. An der großen *Montagsdemonstration* in Leipzig am 9. Oktober nahmen 70 000 Menschen teil; auch in Ost-Berlin fand eine Massendemonstration statt. Am 4. November demonstrierten fast 500 000 Menschen für Meinungs-, Presse- und Versammlungsfreiheit. Die Regierung wagte es am Ende aber nicht, mit bewaffneten Kräften gegen die Demonstranten vorzugehen (▸ M1).

DDR-Staatschef Honecker war mit seiner Haltung, die Proteste notfalls gewaltsam zu beenden, mittlerweile isoliert. Am 18. Oktober 1989 wurde er von einer Gruppe im Politbüro um *Egon Krenz* abgesetzt, der Honeckers Ämter übernahm. Die neue SED-Führung bot der Bevölkerung Gespräche an. Doch die Menschen erwarteten nicht mehr nur kleine Zugeständnisse. „Wir sind das Volk!", lautete der Ruf der Demonstranten, und seit November hieß es auch „Wir sind *ein* Volk!" (▸ M2).

▸ **Geschichte In Clips:** Zum Mauerfall und zur Wiedervereinigung siehe den Code 32033-21 und den Methoden-Baustein auf Seite 193 f.

Die Mauer fällt, die SED-Diktatur endet Massenflucht und Massenproteste führten dazu, dass der SED-Führung die Macht entglitt. Anfang November versuchte die SED ihre Herrschaft noch in letzter Minute zu stabilisieren, indem sie Reisefreiheit gewährte. Stattdessen führten die Erlasse der Regierung am 9. November durch eine Kommunikationspanne zur Öffnung der Grenzübergänge nach West-Berlin und in die Bundesrepublik. Die Mauer war damit gefallen (▸ M3).

Unter dem Druck der Bevölkerung gab die SED nun ihre Vormachtstellung auf. Staats- und Parteichef Krenz sowie das gesamte Politbüro und Zentralkomitee traten zurück. Im Dezember 1989 wurde auch das Ministerium für Staatssicherheit aufgelöst, wie es die friedliche Revolution gefordert hatte („Stasi raus!").

Hans Modrow (*1928): deutscher Politiker, Mitglied der SED (später PDS), von November 1989 bis April 1990 Regierungschef (Vorsitzender des Ministerrates) der DDR

Nach der Wende: Dialog und Krisenmanagement Seit Mitte November 1989 amtierte eine SED-Regierung unter Ministerpräsident **Hans Modrow**. Sie musste rasch handeln: Die Probleme der Wirtschaft, über die jetzt öffentlich berichtet und diskutiert wurde, ließen sich von der DDR allein nicht mehr bewältigen. Zugleich hielt die Ausreisewelle unvermindert an.

Anfang Dezember wurde ein „Runder Tisch" eingeführt, wie ihn auch die Reformkräfte in Polen durchgesetzt hatten. Vertreter des DDR-Ministerrats, der SED (seit Dezember 1989: SED-PDS, Partei des demokratischen Sozialismus) und der wichtigsten Bürgerrechtsgruppen diskutierten über die Zukunft des Landes. Die Vereinigung mit der Bundesrepublik war dabei nur eine unter mehreren Optionen (▸ M4 und M5). Der Runde Tisch vereinbarte auch freie Wahlen zur DDR-Volkskammer.

Die Sowjetunion gibt grünes Licht Auf die *Wende* in der DDR hin hatte Bundeskanzler **Helmut Kohl** Ende November 1989 erste Schritte unternommen. Sein „Zehn-Punkte-Programm zur Überwindung der Teilung Deutschlands und Europas" zielte noch nicht eindeutig auf eine staatliche Einheit Deutschlands ab – denn bis dahin wusste niemand, wie sich die Sowjetunion zu den Vorgängen stellte.

Ein Treffen Kohls und Außenminister *Hans-Dietrich Genschers* mit Gorbatschow in Moskau am 10. Februar 1990 brachte den Durchbruch. Der sowjetische Regierungschef versicherte, sein Land habe keine Einwände gegen eine deutsche Einheit.

Helmut Kohl (1930-2017): Politiker (CDU), 1969 bis 1976 Ministerpräsident von Rheinland-Pfalz, 1973 bis 1998 Bundesvorsitzender der CDU, 1982 bis 1998 Bundeskanzler

Freie Wahlen in der DDR Am 18. März 1990 wählten die DDR-Bürger eine neue Volkskammer. Das Parteibündnis „Allianz für Deutschland" aus Ost-CDU, Demokratischem Aufbruch (DA) und der Deutschen Sozialen Union (DSU), das im Wahlkampf für eine schnelle deutsche Einheit eingetreten war, wurde stärkste Kraft. Die Volkskammer wählte **Lothar de Maizière** (Ost-CDU) zum Ministerpräsidenten, der eine Große Koalition aus CDU, SPD, Liberalen, DA und DSU bildete. DDR-Regierung und Bundesregierung hatten seither das gleiche Ziel einer baldigen staatlichen Einheit.

Lesetipp
Ilko-Sascha Kowalczuk, Endspiel. Die Revolution von 1989 in der DDR, München ³2015

Der äußere Rahmen der Einheit Bundesrepublik und DDR führten seit Februar 1990 Verhandlungen mit Frankreich, Großbritannien, der Sowjetunion und den USA über den endgültigen Status Deutschlands (*Zwei-plus-Vier-Gespräche*). Dies entsprach dem Potsdamer Abkommen von 1945, das jede Entscheidung für Gesamtdeutschland unter den Vorbehalt der Siegermächte des Zweiten Weltkrieges stellte. Zugleich mussten die Interessen der übrigen europäischen Staaten, insbesondere Polens, berücksichtigt werden.

Im europäischen Ausland gab es zunächst einige Bedenken gegen ein wiedervereinigtes Deutschland. Insgesamt jedoch überwog das Vertrauen nach der jahrzehntelangen Zusammenarbeit der Bundesrepublik mit seinen Partnern in der NATO und in der Europäischen Gemeinschaft[1], aber auch durch die Neue Ostpolitik seit den 1970er-Jahren (▸ M6).

Im Juni 1990 verständigten sich die Supermächte USA und UdSSR darüber, dass Deutschland auch nach der Vereinigung in der NATO bleiben dürfe. In den folgenden Wochen vereinbarten Bundeskanzler Kohl und Michail Gorbatschow den Abzug der Roten Armee aus der DDR sowie deutsche Wirtschaftshilfen für die Sowjetunion. Mit dem „Vertrag über die abschließende Regelung in Bezug auf Deutschland" vom 12. September 1990 (*Zwei-plus-Vier-Vertrag*) erhielt das wiedervereinigte Deutschland seine volle Souveränität (▸ M7). Im November 1990 folgten ein Vertrag über die Zusammenarbeit Deutschlands mit der Sowjetunion sowie ein *deutsch-polnischer Grenzvertrag*, der die bestehenden Grenzen als definitiv anerkannte. 45 Jahre nach dem Ende des Zweiten Weltkrieges kam damit die „Nachkriegszeit" für Deutschland und Europa zum Abschluss.

Lothar de Maizière (*1940): Jurist und Politiker, von April bis Oktober 1990 letzter Ministerpräsident der DDR, danach Bundesminister, stellv. Vorsitzender der gesamtdeutschen CDU und Bundestagsabgeordneter. Legte 1991 alle Ämter und Mandate nieder, nachdem seine frühere Tätigkeit für die Staatssicherheit bekannt geworden war.

Vorbereitung der inneren Einheit Bonn und Ost-Berlin vereinbarten die Anbindung der ostdeutschen Volkswirtschaft und der Währung an die Bundesrepublik. Löhne, Renten und Mieten der DDR wurden im Verhältnis 1:1 umgestellt, ebenso Sparguthaben bis 6000 Mark, für Beträge darüber galt der Umtausch 2:1. Der Staatsvertrag

[1] Siehe zur Europäischen Gemeinschaft Seite 212.

▲ **Montagsdemonstration in Leipzig.**
Foto vom 12. Februar 1990.

zur *Wirtschaft-, Währungs- und Sozialunion* trat am 1. Juli 1990 in Kraft. Die D-Mark wurde als offizielle Währung in der DDR eingeführt. Damit war die deutsche Einheit praktisch unumkehrbar.

Einigungsvertrag und Beitritt ▀ Nach den wirtschaftlichen Regelungen verhandelten Bonn und Ost-Berlin über die Vereinigung der Rechtsordnungen beider Staaten. Dies wurde im zweiten Staatsvertrag zur deutschen Einheit (*Einigungsvertrag*) festgehalten, der unter Federführung von Bundesinnenminister **Wolfgang Schäuble** und DDR-Staatssekretär *Günther Krause* zustande kam.

Unterdessen musste das Verfahren zum Vollzug der deutschen Einheit geklärt werden. Das Grundgesetz bot mehrere Möglichkeiten an: eine komplett neue Verfassung für ganz Deutschland gemäß Artikel 146 oder ein Beitritt zur Bundesrepublik nach Artikel 23 – wie schon 1957 im Falle des Saarlands. Die DDR-Volkskammer entschied sich mit einer Mehrheit von zwei Dritteln für den Weg über den Beitritt.

Ende August 1990 wurde der Einigungsvertrag in Ost-Berlin unterzeichnet und am 20. September jeweils von Volkskammer und Bundestag mit großer Mehrheit verabschiedet. Die im Juli wieder ins Leben gerufenen (seit 1952 aufgelösten) Länder Brandenburg, Mecklenburg-Vorpommern, Sachsen, Sachsen-Anhalt und Thüringen sollten am 3. Oktober 1990 der Bundesrepublik beitreten. Auch Berlin würde nicht länger geteilt sein.

Wolfgang Schäuble (*1942): Politiker (CDU), 1989 - 1991 und 2005 - 2009 Bundesminister des Innern, 1991 - 2000 Vorsitzender der CDU-Bundestagsfraktion, 1998 - 2000 Vorsitzender der CDU, seit 2009 Bundesminister der Finanzen

Staatliche Einheit und gesamtdeutsche Wahlen ▀ Am 3. Oktober 1990, um null Uhr, war die deutsche Einheit vollzogen. Die überwiegende Mehrheit der Bevölkerung in ganz Deutschland glaubte an eine rasche Angleichung der Lebensverhältnisse des Ostens an den Standard des Westens.

Diese Stimmung führte auch zum Wahlerfolg der regierenden Parteien CDU/CSU und FDP bei den ersten gesamtdeutschen Bundestagswahlen am 2. Dezember 1990. Die Regierung Kohl/Genscher wurde in ihrer Politik bestätigt. Die Haltung der Sozialdemokraten zur Wiedervereinigung war gespalten: Während ein Teil der SPD um *Willy Brandt* und *Hans-Jochen Vogel* die Einheit vorbehaltlos befürwortete, warnte der damalige SPD-Kanzlerkandidat *Oskar Lafontaine* vor den Kosten und Problemen einer raschen Vereinigung.

Von Bonn nach Berlin ▀ Der Einigungsvertrag hatte Berlin zur deutschen Hauptstadt erklärt. Er ließ jedoch offen, ob Parlament und Regierung in Bonn bleiben oder nach Berlin ziehen sollten. 1991 entschied der Bundestag mit knapper Mehrheit für Berlin als Regierungs- und Parlamentssitz. Berlin, so die Befürworter, stehe stellvertretend für das einst geteilte, jetzt zusammenwachsende Europa. Tatsächlich wurde das neue Deutschland, die „Berliner Republik", zu einem Motor für die weitere europäische Integration.

Lesetipp
Andreas Rödder, Geschichte der deutschen Wiedervereinigung, München 2011

Schwieriger wirtschaftlicher Umbau ▀ Die Folgen von 40 Jahren kommunistischer Herrschaft in Ostdeutschland waren schwerer zu bewältigen, als Politiker und Experten vermutet hatten. Das lag auch an den geschönten Angaben der DDR-Regierung bis zur Wende von 1989/90, die ein falsches Bild von der Wirtschaftskraft des Landes vermittelten.

Fachkräfte	Westdeutschland	Ostdeutschland
Industrie/IT	53 206 Euro	41 153 Euro
Handel	37 586 Euro	31 512 Euro
Gesundheitswesen	40 178 Euro	34 743 Euro

▲ **Lohnvergleich zwischen West- und Ostdeutschland nach Sektoren (Studie vom Februar 2017).**
Nach: www.faz.net/aktuell/beruf-chance/recht-und-gehalt/gehaelter-ostdeutschland-lohnt-sich-noch-immer-nicht-14884625.html (Zugriff: 21. Februar 2017)
Bei den Zahlenangaben handelt es sich um durchschnittliche Bruttojahresgehälter von Fachkräften ohne Personalverantwortung.

Die Umwandlung der ostdeutschen Planwirtschaft in eine Marktwirtschaft war eine Aufgabe, für die es kein Vorbild gab. Mit der Abwicklung der DDR-Betriebe hatte die Volkskammer noch im Sommer 1990 die *Treuhandanstalt* beauftragt. Sie übernahm etwa 8 000 Staatsunternehmen mit rund 45 000 Einzelbetrieben und 4,1 Millionen Beschäftigten sowie ca. 60 Prozent der Fläche der DDR. Bis Ende 1994 wurden die meisten Betriebe entweder privatisiert, saniert oder als nicht sanierungsfähig stillgelegt. Diese Maßnahmen verschlangen riesige Gelder und führten zunächst zu Massenentlassungen. Die Treuhandanstalt hinterließ dem Bund umgerechnet 140 Milliarden Euro Schulden von früheren DDR-Betrieben sowie als Ergebnis von Finanzhilfen für private Investoren. Den Menschen erschienen diese Vorgänge wie ein radikaler „Ausverkauf" der ehemaligen DDR. Doch die Wettbewerbsfähigkeit der ostdeutschen Wirtschaft war deshalb noch keineswegs erreicht. Vielmehr besteht der wirtschaftliche Aufholprozess der neuen Bundesländer bis heute fort (▸ M8).

Aufbau Ost ▀ Um Wirtschaft und Lebensverhältnisse dem westlichen Niveau anzugleichen, musste die gesamte Infrastruktur in Ostdeutschland erneuert werden – vom Verkehrs- und Telekommunikationsnetz über den Wohnraum bis zum Schul- und Hochschulwesen. Auch die Umweltschäden in Ostdeutschland wurden weitgehend beseitigt. Die Mittel dazu stammten v.a. aus dem Bundeshaushalt.

An direkten Aufbauhilfen stellte der „Fonds Deutsche Einheit" von 1990 bis 1994 umgerechnet rund 82 Milliarden Euro zur Verfügung. Der „Solidarpakt I" von 1995 sorgte für die Aufnahme der neuen Bundesländer in den regulären **Länderfinanzausgleich**, der bereits in der alten Bundesrepublik bestand. Bis 2001 folgten Sonderleistungen des Bundes von 105 Milliarden Euro. Der „Solidarpakt II" sieht bis 2019 weitere Sonderzahlungen von 105 Milliarden Euro für Infrastruktur und Unternehmensförderung vor. Hinzu kommen 51 Milliarden Euro an Investitionshilfen des Bundes und der EU.

Länderfinanzausgleich: im Grundgesetz verankerte Regelung. Danach leisten Bundesländer mit höheren Steuereinnahmen (Geberländer) Ausgleichszahlungen an Länder mit geringerem Steueraufkommen (Nehmerländer).

Von 1990 bis 2009 flossen etwa 1,6 Billionen Euro an öffentlichen Geldern in die neuen Länder – der weitaus größte Teil für Sozialleistungen wie Renten, Arbeitslosenunterstützung oder Maßnahmen zur Arbeitsbeschaffung. Im Gegenzug wuchsen das Steueraufkommen und die Sozialbeiträge in Ostdeutschland.

▸ **Carl Zeiss Meditec AG in Jena.**
Foto von 2015.
Industriemechaniker arbeiten an Kameras für Netzhautdiagnosen in Jena. Die thüringische Stadt gilt mit ihrem Traditionsunternehmen Carl Zeiss und der Friedrich-Schiller-Universität als eine der Vorzeigestädte des Ostens.
Seit der Wende haben sich insbesondere größere Städte in den neuen Bundesländern gut entwickelt. Neben Jena sind vor allem Leipzig, Dresden, Chemnitz und Erfurt zu nennen. Während sich Sachsen und Thüringen in der Autoindustrie und im Maschinenbau einen Namen gemacht haben (z.B. Porsche, BMW und Opel), weisen die nördlichen Bundesländer einen boomenden Tourismussektor und eine erfolgreiche Landwirtschaft auf. Mecklenburg-Vorpommern gilt als eines der beliebtesten Urlaubsziele in Deutschland.
Trotz vieler Erfolgsgeschichten fehlen den neuen Bundesländern jedoch wirtschaftsstarke Großkonzerne für mehr Beschäftigung und Innovation. Hinzu kommt, dass viele Landstriche in Mecklenburg-Vorpommern, Brandenburg und Sachsen-Anhalt immer mehr verwaisen.

Gerhard Schröder (*1944): 1990-1998 Ministerpräsident von Niedersachsen, 1998-2005 Bundeskanzler, 1999-2004 Vorsitzender der SPD

Das Lebensgefühl seit der Einheit Für die neuen Bundesbürger bedeutete die Übernahme der westdeutschen Gesellschaftsordnung eine gewaltige Umstellung des gesamten Alltagslebens. Vom Kindergarten bis zur Altersversorgung änderte sich alles. Dies führte vielfach zu Enttäuschung und Ernüchterung.[1] Viele Menschen im Osten fühlten sich deklassiert und von den „Wessis" überrollt. Andererseits sahen sich viele Bürger in der alten Bundesrepublik von den Erwartungen ihrer Landsleute im Osten überfordert. Beobachter sprachen von einer „Mauer in den Köpfen", die das Ende der Teilung überdauert habe. Die Unterschiede in der Lebenserfahrung und im Lebensgefühl zwischen den Deutschen in Ost und West reichten tiefer, als man in der anfänglichen Begeisterung 1989/90 angenommen hatte. Manche reagierten auf den Druck der Veränderungen mit einer Verklärung der DDR-Vergangenheit. Daneben haben die Menschen mittlerweile auch eine neue regionale Identität gewonnen: Ähnlich wie im Westen wächst das Zugehörigkeitsgefühl zum eigenen Bundesland.

Joschka (Joseph Martin) Fischer (*1948): Politiker der Grünen, 1985-1987 Umwelt- und Energieminister von Hessen, 1998-2005 Bundesaußenminister und Vizekanzler

Verändertes Parteienspektrum Die deutsche Einheit führte auch zu einer Vereinigung von politischen Parteien. Bereits im August 1990 traten die liberalen Parteien der DDR den bundesdeutschen Freien Demokraten (FDP) bei. Die SPD, die im Oktober 1989 gegründet worden war, vereinigte sich mit den westdeutschen Sozialdemokraten im September 1990. Im Oktober 1990 fand die Vereinigung von CDU-Ost und -West statt. Die Grünen wurden 1993 zu einer gesamtdeutschen Partei „Bündnis 90/Die Grünen", nachdem beide Gruppierungen seit 1990 gemeinsam zu Wahlen angetreten waren.

Am linken Rand etablierte sich seit 1990 die PDS, die Nachfolgerin der SED. Sie war zunächst nur in den neuen Bundesländern und in Berlin als sozialistische „Stimme des Ostens" erfolgreich. Im Juni 2007 fusionierte die PDS mit der „Linkspartei" sowie der „Wahlalternative Arbeit und Soziale Gerechtigkeit" (WASG), Parteien, die sich aus westdeutschen Kommunisten, Gewerkschaftsfunktionären und ehemaligen SPD-Mitgliedern rekrutierten. Die durch den Zusammenschluss gebildete Partei „Die Linke" zog 2009 erstmals in den Bundestag ein.

Angela Merkel (*1954): 1990 Mitglied des DA, dann der CDU, 1991-1994 Bundesministerin für Frauen und Jugend, 1994-1998 Bundesumweltministerin, 1998-2000 Generalsekretärin der CDU, seit 2000 CDU-Vorsitzende, seit 2005 Bundeskanzlerin

Neue Koalitionen In der Berliner Republik entstanden neue Regierungsbündnisse vor dem Hintergrund der vielfältiger werdenden Parteienlandschaft.

1998 verlor die Koalition aus CDU/CSU und FDP unter Bundeskanzler Kohl die Wahlen zum Bundestag. Der neue Bundeskanzler **Gerhard Schröder** (SPD) schloss eine Koalition seiner Partei mit Bündnis 90/Die Grünen. Bundesaußenminister und Vizekanzler wurde der Grünen-Politiker **Joschka Fischer**. Das rot-grüne Bündnis regierte im Bund bis 2005. Mit **Angela Merkel**, geboren in Hamburg, aufgewachsen in Templin in Brandenburg, übernahm erstmals eine Frau aus den neuen Bundesländern den Vorsitz der CDU. 2005 trat sie als erste Kanzlerin der Bundesrepublik die Regierung an und bildete seitdem wechselnde Koalitionen aus Unionsparteien und SPD oder FDP. Auf Ebene der Kommunen und Länder gibt es inzwischen alle möglichen Bündnisse zwischen den Parteien.

[1] Über die Studie „25 Jahre Mauerfall – Systemvergleich Bundesrepublik/DDR" informiert der Methoden-Baustein auf Seite 195 f.

M1 Am Rande eines Bürgerkrieges

Ein Augenzeuge berichtet über die Montagsdemonstration vom 9. Oktober 1989 in Leipzig:

In Betrieben wurde davor gewarnt, nach 16 Uhr die Innenstadt zu betreten; Mütter sollten ihre Kinder bis 15 Uhr aus den Krippen und Kindergärten des Zentrums abholen; Schülern und Studenten wurde mit Relegation[1] für den Fall der Beteiligung an „Aktionen" gedroht. Gerüchte schwirrten durch die Stadt. Man munkelte von MG-Nestern auf zentralen Gebäuden, befürchtete den Einsatz von Fallschirmjägern [...]. In Krankenhäusern wurden Notbetten aufgestellt und vor allem die chirurgischen und Intensivstationen verstärkt besetzt. Tausende von zusätzlichen Blutkonserven standen bereit. [...]

Leipzig glich an diesem Tag einem Heerlager. Nach späteren Aussagen von Bereitschaftspolizisten war ihnen vormittags mitgeteilt worden, dass ein friedlicher Ausgang der Demonstration wenig wahrscheinlich sei und sie vorbereitet sein müssten, möglichen Gewalttätigkeiten zu begegnen. Dementsprechend trugen sie Kampfausrüstung [...]. Auf dem Hof der VP-Bezirksbehörde[2] standen „aufmunitionierte" Schützenpanzerwagen bereit, die tonnenschweren Stahlkolosse ausgerüstet mit Räumschilden, die Fahrer mit MPi und je sechzig Schuss Munition. Die Polizeitruppe zählte insgesamt dreitausend Mann, davon zwölfhundert zur Verstärkung aus den Bezirken Halle und Neubrandenburg herbeibeordert. Hinzu kamen noch fünf Hundertschaften von Betriebskampfgruppen sowie eine sicher vierstellige Anzahl von Einsatzkräften des Ministeriums für Staatssicherheit, dessen Arsenale nicht nur Handfeuerwaffen bargen. [...]

In der Nikolaikirche und in drei weiteren Gotteshäusern wurde während der Friedensgebete ein von sechs Persönlichkeiten der Stadt getragener Aufruf zur Besonnenheit verlesen: „Unsere gemeinsame Sorge und Verantwortung haben uns heute zusammengeführt. Wir sind von der Entwicklung in unserer Stadt betroffen und suchen nach einer Lösung. Wir alle brauchen einen freien Meinungsaustausch über die Weiterführung des Sozialismus in unserem Land. Deshalb versprechen die Genannten heute allen Bürgern, ihre ganze Kraft und Autorität dafür einzusetzen, dass dieser Dialog nicht nur im Bezirk Leipzig, sondern auch mit unserer Regierung geführt wird. Wir bitten Sie dringend um Besonnenheit, damit der friedliche Dialog möglich wird."

Dieser gemeinsame Appell des Kabarettisten Bernd-Lutz Lange, des Gewandhauskapellmeisters Kurt Masur und des Theologen Peter Zimmermann sowie der Sekretäre der SED-Bezirksleitung Kurt Meyer, Jochen Pommert und Roland Wötzel wurde um 18 Uhr auch vom Sender Leipzig und etwa eine Stunde später vom Stadtfunk ausgestrahlt. Die engagierte wie couragierte Wortmeldung hat unzweifelhaft beigetragen zum friedlichen Verlauf dieses Tages, ohne jedoch die voreilig bescheinigte entscheidende Rolle gespielt zu haben. Einzig die geballte Kraft der siebzigtausend angsterfüllten und dennoch nicht weichenden Menschen in der Innenstadt und auf dem Ring erzwang um 18.25 Uhr den endgültigen Rückzug der bewaffneten Einheiten.

Wolfgang Schneider, Leipziger Demontagebuch, Leipzig 1990, S. 71 f.

[1] **Relegation**: (hier) Verweis von der Schule bzw. Hochschule
[2] **VP**: Volkspolizei

1. *Analysieren Sie die verschiedenen Gefahren dieses Tages.*
2. *Diskutieren Sie darüber, aus welchen Gründen die SED-*
+ *Führung auf den Einsatz von Gewalt verzichtet hat.*

M2 Losungen der friedlichen Revolution

Auf den Spruchbändern und Transparenten der Demonstranten im Herbst 1989 findet man alle möglichen Aussagen – hier eine Auswahl:

Freie Wahlen ohne falsche Zahlen

Nie wieder Angst

So wie wir heute demonstrieren,
werden wir morgen leben!

Die Karre steckt zu tief im Dreck,
die alten Kutscher müssen weg

Nehmt das Land aus Bonzenhand

Eine Schlange häutet sich, aber sie bleibt eine Schlange

Nur SED – Nee!

Nach: Gisela Helwig (Hrsg.), Die letzten Jahre der DDR. Texte zum Alltagsleben, Köln 1990, passim

1. *Erläutern Sie, worauf die einzelnen Losungen Bezug nehmen.*
2. *Einige der Losungen, die auf den Transparenten während der Großkundgebung auf dem Berliner Alexanderplatz am 4. November 1989 zu lesen waren, finden Sie unter dem Code 32033-22. Wählen Sie Losungen aus und arbeiten Sie die dort kritisierten Missstände heraus. Erläutern Sie diese anschließend.*
3. *Erklären Sie, weshalb zu Beginn der Massenproteste nur sehr selten Forderungen nach einer deutschen Einheit laut wurden.*

M3 Eine Pressekonferenz mit Folgen

Das Nachrichtenmagazin „Der Spiegel" erinnert an die denkwürdige Pressekonferenz mit SED-Politbüromitglied Günter Schabowski am 9. November 1989, die zur Öffnung der Berliner Mauer führte:

Es war erst die zweite Pressekonferenz dieser Art, ein Novum in der Geschichte der DDR. Das Fernsehen der DDR übertrug die Sitzung live aus dem internationalen Pressezentrum in der Mohrenstraße in Berlin. Günter Schaboswki referierte an diesem trüben Herbsttag über die zehnte Tagung des Zentralkomitees der SED. Niemand ahnte an diesem Abend, dass es eine historische Pressekonferenz werden würde. [...] Die Journalisten dösten vor sich hin. Schabowskis Parteichinesisch schläferte ein.

Bis kurz vor 19 Uhr der Journalist Riccardo Ehrman von der italienischen Nachrichtenagentur Ansa eine Frage stellte, die die DDR-Bürger damals am meisten bewegte: nach dem neuen Reisegesetz. Es folgte eine ausschweifende Antwort, an deren Ende die entscheidenden Worte des Politbüro-Mitglieds Schabowski fielen: „Deshalb haben wir uns dazu entschlossen, heute eine Regelung zu treffen, die es jedem Bürger der DDR möglich macht, über Grenzübergangspunkte der DDR auszureisen."

Ein Raunen ging durch den Saal. Der damalige Reporter der „Bild", Peter Brinkmann, hakte nach: Ab wann das neue Gesetz gelten solle? Das war der Moment, in dem Günter Schabowski in seinen Zetteln zu blättern begann, die ihm der neue SED-Generalsekretär Egon Krenz kurz zuvor in der Sitzung des Zentralkomitees zugesteckt hatte. „Das trifft nach meiner Kenntnis ist das sofort, unverzüglich", stammelte Schabowski. Es sind jene berühmten Halbsätze, die heute zum 20. Jahrestag des Mauerfalls tausendfach wiederholt werden. [...]

Der Auftritt Schabowskis war das (bislang) folgenreichste Versehen der deutschen Fernsehgeschichte. Denn in der Eile hatte er die Sperrfrist übersehen: Eigentlich sollte die Nachricht erst ab vier Uhr früh des nächsten Tages im DDR-Rundfunk verkündet werden. So hatte es Gerhard Lauter, ein Beamter des DDR-Innenministerium[s] vorgesehen, der die Passage zum DDR-Reisegesetz noch am selben Vormittag des 9. November zusammen mit Offizieren der Staatssicherheit neu formuliert hatte. Eigenmächtig – in der Hoffnung, die ausblutende DDR doch noch stabilisieren zu können.

Doch Schabowski wusste nichts von einer Sperrfrist. Und so nahm, aus Sicht der SED-Oberen, das Verhängnis seinen Lauf. Die DDR-Grenzorgane waren nicht informiert, erst im Nachhinein wurde klar, welch brenzlige Situation am 9. November in Berlin entstand. [...]

Heute ist sicher: Die Interpretation durch westliche Medien war mitentscheidend. Vor allem, als der damals bekannte Moderator Hanns Joachim Friedrichs um 22.42 Uhr in den ARD-Tagesthemen jenen Satz formulierte, mit dem viele in Ost und West erst die verquaste Ankündigung des SED-Funktionärs richtig begriffen: „Die DDR hat mitgeteilt, dass ihre Grenzen ab sofort für jedermann geöffnet sind, die Tore in der Mauer stehen weit offen."

Viele setzten sich nun in Bewegung. Zehntausende Berliner stürmten noch in der Nacht zu den Kontrollposten und forderten unter Berufung auf das SED-Politbüro-Mitglied deren Öffnung.

Um 23.30 Uhr herum wurde schließlich an der Bornholmer Brücke die erste Sperre geöffnet – eigenmächtig durch den Oberstleutnant Harald Jäger. Schabowski, Lauter, Jäger, Ehrman, Brinkmann und Tausende von Berlinerinnen und Berlinern – sie machten in dieser Nacht Geschichte. Die Mauer war gefallen.

Lisa Hemmerich, Das folgenreichste Versehen der DDR-Geschichte, in: Der Spiegel, 9. November 2009

1. *Arbeiten Sie heraus, über welche Bereiche die SED-Führung am 9. November 1989 die Macht verlor.*
2. *Charakterisieren Sie die Rolle der Medien bei diesen Vorgängen.*
3. *Beim Fall der Mauer machten viele Menschen „Geschichte". Diskutieren Sie in Ihrer Klasse, wer von den genannten Personen (siehe letzter Absatz) am ehesten gewürdigt werden sollte.*

M4 „Für unser Land"

Der von 30 DDR-Bürgern, darunter Schriftsteller, Künstler und Bürgerrechtler, unterzeichnete Appell „Für unser Land" wird am 28. November 1989 auf einer Pressekonferenz in Ost-Berlin vor in- und ausländischen Journalisten vorgestellt:

Unser Land steckt in einer tiefen Krise. Wie wir bisher gelebt haben, können und wollen wir nicht mehr leben. Die Führung einer Partei hatte sich die Herrschaft über das Volk und seine Vertretungen angemaßt, vom Stalinismus geprägte Strukturen hatten alle Lebensbereiche durchdrungen. Gewaltfrei, durch Massendemonstrationen hat das Volk den Prozess der revolutionären Erneuerung erzwungen, der sich in atemberaubender Geschwindigkeit vollzieht. Uns bleibt nur wenig Zeit, auf die verschiedenen Möglichkeiten Einfluss zu nehmen, die sich als Auswege aus der Krise anbieten.

Entweder: können wir auf der Eigenständigkeit der DDR bestehen und versuchen, mit allen unseren Kräften und in

Zusammenarbeit mit denjenigen Staaten und Interessengruppen, die dazu bereit sind, in unserem Land eine solidarische Gesellschaft zu entwickeln, in der Frieden und soziale Gerechtigkeit, Freiheit des Einzelnen, Freizügigkeit aller und die Bewahrung der Umwelt gewährleistet sind.

Oder: wir müssen dulden, dass, veranlasst durch starke ökonomische Zwänge und durch unzumutbare Bedingungen, an die einflussreiche Kreise aus Wirtschaft und Politik in der Bundesrepublik ihre Hilfe für die DDR knüpfen, ein Ausverkauf unserer materiellen und moralischen Werte beginnt und über kurz oder lang die Deutsche Demokratische Republik durch die Bundesrepublik vereinnahmt wird.

Lasst uns den ersten Weg gehen. Noch haben wir die Chance, in gleichberechtigter Nachbarschaft zu allen Staaten Europas eine sozialistische Alternative zur Bundesrepublik zu entwickeln. Noch können wir uns besinnen auf die antifaschistischen und humanistischen Ideale, von denen wir einst ausgegangen sind. Alle Bürgerinnen und Bürger, die unsere Hoffnung und unsere Sorge teilen, rufen wir auf, sich diesem Appell durch ihre Unterschrift anzuschließen.

Nach: Blätter für deutsche und internationale Politik 35 (1990), S. 124

1. *Beschreiben Sie die beiden Wege für die weitere Entwicklung, die sich nach Ansicht der Verfasser für die DDR boten.*
2. *Setzen Sie sich mit der Einstellung zum alten System der DDR, die in dem Aufruf anklingt, auseinander.*

▲ Demonstration in Dresden.
Foto vom 19. Dezember 1989.
Während des Besuches von Bundeskanzler Helmut Kohl in Dresden kommt es zu Demonstrationen von Gegnern einer deutschen Einheit. Auf den Plakaten finden sich Losungen wie „DDR nicht zur BRDigung freigegeben", „Kein Viertes Reich" und „DDR – Nicht wegwerfen".

M5 DDR minus Sozialismus = ?

Der Historiker Eckhard Jesse untersucht im Rückblick die Chancen für den Fortbestand der DDR nach der friedlichen Revolution:

Mit der Freiheit war die Einheit noch nicht erreicht. Nach dem Fall der Mauer und bei nun vermindertem Repressionsrisiko änderte sich das Meinungsklima atemberaubend schnell: Wer an einer eigenständigen DDR festhielt, geriet rasch in die Defensive. Die ostdeutsche Bevölkerung, aller Propaganda von einer „sozialistischen Nation" zum Trotz, wollte das Leben im Westen, überdrüssig jeglicher Experimente. [...]

Otto Reinhold, Rektor der Akademie für Gesellschaftswissenschaften beim Zentralkomitee der SED, hatte im August 1989 in einem Rundfunkbeitrag Tacheles geredet: „Welche Existenzberechtigung sollte eine kapitalistische DDR neben einer kapitalistischen Bundesrepublik haben? Natürliche keine. Nur wenn wir diese Tatsache immer vor Augen haben, wird klar erkennbar, wie wichtig für uns eine Gesellschaftsstrategie ist, die kompromisslos auf die Festigung der sozialistischen Ordnung gerichtet ist." Da keine ausgeprägte DDR-Identität bestand, musste das Ende der SED-Herrschaft auch das Ende der DDR bedeuten.

Eckhard Jesse, Das Ende der DDR, in: Aus Politik und Zeitgeschichte 65 (2015), Heft 33/34, S. 18-25, hier S. 21

1. *Vergleichen Sie die Haltung der ostdeutschen Bevölkerung, wie hier beschrieben, mit derjenigen in M4. Berücksichtigen Sie dabei auch die Abbildung auf dieser Seite.*
2. *Überprüfen Sie, ob 1989 tatsächlich „keine ausgeprägte DDR-Identität bestand".*
3. *Setzen Sie sich mit heutigen politischen Identitäten auseinander: Was bedeutet es für Sie, a) in Niedersachsen, b) in der Bundesrepublik Deutschland und c) in der Europäischen Union zu leben?*

▲ **Abzug sowjetischer Truppen.**
Foto vom 31. August 1994, Berlin.
Mit der Zustimmung zur Wiedervereinigung und der völligen Souveränität Deutschlands willigte Gorbatschow auch in den Abzug aller sowjetischen Truppen aus dem Gebiet der DDR ein. Im Gegenzug verpflichtete sich die Bundesrepublik, die Gesamtstärke ihrer Streitkräfte auf 370 000 Mann zu begrenzen. Der Abzug der Sowjetarmee zog sich über Jahre hin und wurde am 31. August 1994 schließlich mit einer Parade feierlich verabschiedet.

M6 Einstellung der westlichen Siegermächte

Ohne die Zustimmung der vier Siegermächte des Zweiten Weltkrieges konnte die Deutsche Einheit nicht realisiert werden. Gleichzeitig hatten die drei westlichen Siegermächte verschiedene Positionen zur Wiedervereinigung.

a) Der französische Präsident François Mitterrand besucht vom 20. bis 22. Dezember 1989 als erster westlicher Staatschef die DDR nach dem Fall der Mauer. Von Gesprächen mit Leipziger Studenten berichtet er 1996 rückblickend:

Man sprach von Europa und ich bekräftigte noch einmal, dass das deutsche Volk am Vorabend, da es die Kontrolle über sein Schicksal zurückgewinnen würde, dem europäischen Gleichgewicht Rechnung tragen müsse, dass es sich nicht von dieser Realität abkehren dürfe [...] und dass es im Interesse aller liege, wenn die deutsche Einheit und die europäische Einheit in gleichem Schritt vorankommen würden.

Über die Pressekonferenz vom 22. Dezember in Berlin schreibt Mitterrand:

[G]efragt nach der Bedeutung des demokratischen Wegs, den ich als Bedingung der Möglichkeit der Einheit propagierte, fügte ich [...] hinzu: „[...] Ich gehöre nicht zu denen, die bremsen. Ich sage, dass der Wille des deutschen Volkes sich äußern und in Erfüllung gehen möge." [...]
Ließ man die Sowjetunion einmal beiseite, bedrohte die deutsche Einheit nicht den Frieden. Aber ich war besessen von den Beständigkeiten der Geschichte. An den äußeren Grenzen des wiedervereinigten Deutschlands zu rühren oder, einfacher, eine so gravierende Frage in diplomatischer Verschwommenheit zu belassen, hieß, die Zukunft Europas ernsthaft zu belasten. Deshalb mein fester Wille, dass die Deutschen für ihre Ostgrenze Garantien abgaben. Ich sagte es den Journalisten: „Sobald es sich um den Status Europas handelt, geht es uns an [...]."

b) Die damalige Premierministerin Großbritanniens, Margaret Thatcher, erläutert 1993 rückblickend ihre Haltung zur deutschen Wiedervereinigung:

Vielleicht sind [...] die ersten, die das „deutsche" Problem erkennen, die aufgeschlossenen Deutschen selbst, von denen die große Mehrheit überzeugt ist, dass Deutschland keine Großmacht werden darf [...]. Wie ich bereits erklärt habe, ist das einer der Gründe, warum so viele Deutsche aufrichtig – und wie ich meine, irrigerweise – Deutschland in ein föderatives Europa eingebettet wissen wollen. Es ist doch wahrscheinlich, dass Deutschland in einem solchen Gefüge die Führungsrolle einnehmen würde, denn ein wiedervereinigtes Deutschland ist schlichtweg viel zu groß und zu mächtig, als dass es nur einer von vielen Mitstreitern auf dem europäischen Spielfeld wäre. Überdies hat Deutschland sich immer auch nach Osten hin orientiert, nicht nur in Richtung Westen, obwohl die moderne Version solcher Tendenzen eher auf wirtschaftliche denn auf kriegerische territoriale Expansion abzielt. Daher ist Deutschland vom Wesen her eher eine destabilisierende als eine stabilisierende Kraft im europäischen Gefüge. Nur das militärische und politische Engagement der USA in Europa und die engen Beziehungen zwischen den beiden anderen starken, souveränen Staaten Europas, nämlich Großbritannien und Frankreich, können ein Gegengewicht zur Stärke der Deutschen bilden. In einem europäischen Superstaat wäre dergleichen niemals möglich.

c) Am 25. Oktober 1990 erörtert der damalige Präsident der USA, George Bush, seine Position zur Wiedervereinigung Deutschlands:

Ich teile die Sorge mancher europäischer Länder über ein wiedervereinigtes Deutschland nicht, weil ich glaube, dass Deutschlands Bindung an und Verständnis für die Wichtigkeit des [atlantischen] Bündnisses unerschütterlich ist. Und ich sehe nicht, was einige befürchten, dass Deutschland, um die Wiedervereinigung zu erlangen, einen neutralistischen Weg einschlägt, der es in Widerspruch oder potenziellen Widerspruch zu seinen NATO-Partnern bringt.

Erster Text: François Mitterrand, Über Deutschland, Frankfurt am Main 1996, S. 101-103 (übersetzt von Bernd Schwibs); zweiter Text: Margaret Thatcher, Downing Street No. 10. Die Erinnerungen, übersetzt von Heinz Tophinke, Düsseldorf [2]1993, S. 1095 f.; dritter Text nach: Manfred Görtemaker, Verhandlungen mit den Vier Mächten, in: Christine Hesse, Der Weg zu deutschen Einheit (Informationen zur politischen Bildung 250), Bonn 2009, S. 48

1. *Stellen Sie die Positionen der drei Staatschefs gegenüber und erläutern Sie deren Interessen.*
2. *Arbeiten Sie die Bedingungen für eine deutsche Wiedervereinigung aus den Positionen heraus.*

M7 Der Zwei-plus-Vier-Vertrag

Am 12. September 1990 unterzeichnen die vier Siegermächte des Zweiten Weltkrieges und die beiden deutschen Staaten in Moskau den „Vertrag über die abschließende Regelung in Bezug auf Deutschland". Am 15. März 1991 trat er in Kraft:

Artikel 1

(1) Das vereinte Deutschland wird die Gebiete der Deutschen Demokratischen Republik, der Bundesrepublik Deutschland und ganz Berlins umfassen. Seine Außengrenzen werden die Grenzen der Deutschen Demokratischen Republik und der Bundesrepublik Deutschland sein und werden am Tage des Inkrafttretens dieses Vertrages endgültig sein. Die Bestätigung des endgültigen Charakters der Grenzen des vereinten Deutschlands ist ein wesentlicher Bestandteil der Friedensordnung in Europa.
(2) Das vereinte Deutschland und die Republik Polen bestätigen die zwischen ihnen bestehende Grenze in einem völkerrechtlich verbindlichen Vertrag.
(3) Das vereinte Deutschland hat keinerlei Gebietsansprüche gegen andere Staaten und wird solche auch nicht in Zukunft erheben. [...]

Artikel 3

(1) Die Regierungen der Bundesrepublik Deutschland und der Deutschen Demokratischen Republik bekräftigen ihren Verzicht auf Herstellung und Besitz von und auf Verfügungsgewalt über atomare, biologische und chemische Waffen. [...]
(2) Die Regierung der Bundesrepublik Deutschland hat in vollem Einvernehmen mit der Regierung der Deutschen Demokratischen Republik [...] folgende Erklärung abgegeben: „Die Regierung der Bundesrepublik Deutschland verpflichtet sich, die Streitkräfte des vereinten Deutschlands innerhalb von drei bis vier Jahren auf eine Personalstärke von 370 000 Mann (Land-, Luft- und Seestreitkräfte) zu reduzieren. [...] Im Rahmen dieser Gesamtobergrenze werden nicht mehr als 345 000 Mann den Land- und Luftstreitkräften angehören, die gemäß vereinbartem Mandat allein Gegenstand der Verhandlungen über konventionelle Streitkräfte in Europa sind." [...]

Artikel 5

(3) Nach dem Abschluss des Abzugs der sowjetischen Streitkräfte vom Gebiet der heutigen Deutschen Demokratischen Republik und Berlins[1] können in diesem Teil Deutschlands auch deutsche Streitkräfte stationiert werden, die in gleicher Weise militärischen Bündnisstrukturen zugeordnet sind wie diejenigen auf dem übrigen deutschen Hoheitsgebiet, allerdings ohne Kernwaffenträger. [...]
Ausländische Streitkräfte und Atomwaffen und deren Träger werden in diesem Teil Deutschlands weder stationiert noch dorthin verlegt. [...]

Artikel 7

(1) Die Französische Republik, die Union der Sozialistischen Sowjetrepubliken, das Vereinigte Königreich von Großbritannien und Nordirland und die Vereinigten Staaten von Amerika beenden hiermit ihre Rechte und Verantwortlichkeit in Bezug auf Berlin und Deutschland als Ganzes. [...]
(2) Das vereinte Deutschland hat demgemäß volle Souveränität über seine inneren und äußeren Angelegenheiten.

Zitiert nach: Presse- und Informationsamt der Bundesregierung (Hrsg.), Bulletin Nr. 109, 14. September 1990, S. 1154 ff.

1. *Fassen sie die Bestimmungen des Vertrages unter folgenden Kategorien zusammen: deutsche Souveränitätsrechte, deutsche Verpflichtungen, Garantien der Siegerstaaten.*
2. *Bundesaußenminister Hans-Dietrich Genscher nannte den Vertrag den „wichtigsten und chancenreichsten [...], den Deutschland je geschlossen" habe. Erörtern Sie diese Aussage.*

[1] Die Bundesrepublik unterstützte die „Überleitung" der sowjetischen Truppen finanziell mit 6,9 Milliarden Euro. In der DDR waren 390 000 Sowjets und 140 000 Soldaten der Nationalen Volksarmee stationiert, in der Bundesrepublik standen 490 000 Bundeswehrsoldaten und 340 000 Soldaten der alliierten Streitkräfte ständig unter Waffen.

M8 „Mission Impossible"

Die von der Bundesstiftung Aufarbeitung geförderte Filmdokumentation „Zur Geschichte von Übergang und Transformation in den Neuen Bundesländern" von 2012 stellt den Weg der DDR ins geeinte Deutschland dar. Im Begleitband ist zu lesen:

Ob die DDR 1989 tatsächlich pleite war, ist bis heute umstritten. Unumstritten ist, dass die schnelle Währungsunion vom 1. Juli 1990 eine politische Entscheidung war, die wirtschaftlich zutiefst fragwürdig blieb. Mit dem Versuch, einen von der Politik befürchteten Massenexodus von DDR-Bürgern in die BRD zu verhindern, versetzte die Währungs-, Wirtschafts- und Sozialunion der DDR-Wirtschaft den Todesstoß. Eine Verteuerung der Herstellungskosten von über 400 Prozent quasi über Nacht, der zusammenbrechende Binnenmarkt sowie der Wegfall der attraktiven Währungsspanne DDR-Mark zu D-Mark und eine Destabilisierung des gesamten, für die DDR besonders wichtigen RGW-Wirtschaftsraumes – all das war für die angeschlagene Wirtschaft der DDR nicht zu verkraften. Die Einführung der D-Mark führte zu einer historisch nicht gekannten wirtschaftlichen Depression in der DDR: die Industrieproduktion allein brach um die Hälfte ein. [...]

Diese tiefgreifende und durch nichts aufzuhaltende wirtschaftliche Depression mit gerade einmal etwas mehr als 60 Prozent der Erwerbsfähigen in einem wirklichen Arbeitsverhältnis, machte eine zentrale Aufgabe des Transformationsprozesses von der DDR zur BRD zur „Mission Impossible": die Privatisierung der zentralistisch geleiteten sozialistischen Planwirtschaft.

Die mit dieser Aufgabe betreute Treuhandanstalt privatisierte mehr als 10 000 Betriebe und wickelte mehr als 3 700 Betriebe für immer ab. Als klar wurde, dass die DDR-Wirtschaft statt der einst erwarteten 600 Milliarden DM rein gar nichts mehr wert war, verkaufte die Treuhand ohne Rücksicht auf eine wirtschaftlich nachhaltige Politik alles, was jemals „volkseigener" Betrieb war. [...] Der politische Flurschaden war enorm: Wirtschaftskriminalität im direkten Umfeld, wirtschaftpolitische Rücksichtslosigkeit und bewusste Ignoranz gegenüber „local knowledge" machten die Treuhand zum Symbol einer bewussten Zerschlagung der DDR-Wirtschaft.

Die neuen Bundesländer haben sich von diesem wirtschaftlichen Einschnitt bis heute nicht erholt. Insbesondere das Fehlen einer kräftigen und innovativen Industrie führt dazu, dass der Osten Deutschlands ohne Transferzahlungen aus dem Westen auch 22 Jahre nach der deutschen Einheit nicht überlebensfähig ist. Daran änderte auch ein starker Mittelstand nichts. [...] Und so bleibt eine gemischte Bilanz: Politisch mag die extrem schnelle Währungs-, Wirtschafts- und Sozialunion vom 1. Juli 1990 notwendig und richtig gewesen sein – viele verweisen in diesem Zusammenhang darauf, dass damals nicht absehbar war, wie lange das Zeitfenster für eine friedliche und in einigermaßen stabilen weltpolitischen Bahnen verlaufende deutsche Einheit tatsächlich offen war. Rein wirtschaftlich betrachtet und mit dem immer auch schwierigen Rückblick muss man jedoch sagen: die wirtschaftliche Transformation von der DDR zu den fünf Neuen Bundesländern war alles andere als ein Erfolg.

Peter Effenberg, Zeitreisen 3. Zur Geschichte von Transformation und Übergang in den Neuen Bundesländern, Leipzig 2012, S. 140 f.

1. *Geben Sie anhand des Textes die wirtschaftlichen Folgen der deutschen Einheit für die neuen Bundesländer wieder.*
2. *Stellen Sie in einer Mindmap dar, welche wirtschaftlichen, gesellschaftlichen und politischen Argumente für oder gegen die Wirtschafts-, Währungs- und Sozialunion von 1990 sprachen.*
3. *Vergleichen Sie die Währungsumstellung für Ostdeutschland mit Beispielen aus der jüngeren Vergangenheit (Währungsreform von 1948) und aus der Gegenwart (z. B. Euro-Krise seit 2010). Erläutern Sie dabei Chancen und Probleme.*
4. *Recherchieren Sie zum Thema „starker Mittelstand in Ostdeutschland". Finden Sie im Internet Beispiele für innovative mittelständische Unternehmen in den neuen Bundesländern und stellen Sie anschließend Ihre Ergebnisse in Form eines Kurzreferates mit Bildbeispielen Ihren Mitschülern vor.*
5. *Der damalige Bundespräsident Joachim Gauck hält beim Festakt „25 Jahre Deutsche Einheit" am 3. Oktober 2015 in Frankfurt am Main eine Rede. Darin heißt es u. a.: „Die große Mehrheit der Deutschen, gleichgültig woher sie stammen, fühlt sich in diesem vereinten Land angekommen und zuhause. Die Unterschiede sind kleiner geworden und besonders in der jungen Generation, da sind sie doch eigentlich gänzlich verschwunden. Deutschland hat in Freiheit zur Einheit gefunden – politisch, gesellschaftlich, langsamer auch wirtschaftlich und mit verständlicher Verzögerung auch mental." Nehmen Sie in einer Gruppendiskussion Stellung dazu, inwieweit Sie Gauck aus Ihrer eigenen Perspektive zustimmen würden.*

Ton- und Filmdokumente historischer Ereignisse beurteilen

Methoden-Baustein

Seit der Erfindung von Tonträgern und Filmkameras gegen Ende des 19. Jahrhunderts gibt es Ton- und Filmdokumente. Aufnahme- und Wiedergabegeräte sowie Speichermedien haben sich von da an ständig weiterentwickelt. Dadurch wurden und werden Ton- und Filmdokumente immer zahlreicher, immer einfacher verfügbar und in zunehmend verbesserter Qualität hergestellt. Sie werden somit als Quellen immer wichtiger.
Ton- und Filmdokumente historischer Ereignisse sind Originalaufnahmen, die in einem Studio oder vor Ort durch ein Aufnahmeteam (oder durch Amateurfilmer mit Kamera und/oder Mikrofon) entstanden. Sie sind entweder kommentarlos überliefert oder mit moderierenden Zusätzen versehen. Oft dienen sie als Rohmaterial (engl.: footage), um in Nachrichtensendungen und Reportagen eingebaut zu werden.
Ton- und Filmdokumente zeigen Vorgänge und Personen oft mit mehr Genauigkeit und Ausdrucksstärke, als dies durch Texte, Fotos und Grafiken möglich ist. Die Tonaufnahme einer Rede gibt einen Eindruck von der Stimme und Sprechweise des Redners. Ein Filminterview zeigt die unmittelbaren Reaktionen des oder der Befragten – häufig auch die des Interviewers. Filme halten neben den vordergründigen Aussagen viele Details fest: die Kleidung von Menschen, die Ausstattung von Räumen, die Stimmung einer Volksmenge, die Atmosphäre oder Geräuschkulisse bei einer Veranstaltung u.v.m.
Da Audio- und Videodokumente schnell ablaufen, empfiehlt es sich für die Auswertung, einzelne Szenen zu protokollieren oder Mitschriften (Transkriptionen) über das Gehörte anzufertigen.

Hinweis: Ton- und Filmdokumente historischer Ereignisse finden Sie in unseren „Geschichte in Clips". Siehe dazu Seite 159 und 182.

Formale Kennzeichen

- *Wer* hat das Ton- oder Filmdokument hergestellt?
- *Wann* ist das Ton- oder Filmdokument entstanden?
- Stehen die Originalaufnahmen *für sich* oder sind sie in eine TV-Sendung bzw. in den Beitrag eines Videoportals (z.B. YouTube) *eingebettet*?
- Wie ist das Ton- oder Filmdokument technisch *aufbereitet* (Medium und Wiedergabeformat)?
- Gibt es *Begleitmaterial*?

Inhalt und Gestaltung

- Was ist das *Thema* des Ton- oder Filmdokuments?
- Welche *Ereignisse*, *Orte* und *Personen* treten in Erscheinung?
- Welche *Darstellungsmittel* werden verwendet (bei Tondokumenten: Einsatz von Musik, Kommentar – bei Filmdokumenten: Texteinblendungen, Hintergrundmusik, schnelle Schnitte oder Überblendungen, Split-Screens, Nah- oder Fernaufnahmen, Standbilder, Kommentar)?
- Welche *Hintergründe* oder *Details* zeigt die Aufnahme?

Absicht, Wirkung und historischer Kontext

- An welche *Adressaten* richtet sich die Aufnahme?
- Welche *Eindrücke* vermittelt die Ton- oder Filmaufnahme?
- Verfolgt die Darstellung eine bestimmte *Aussageabsicht*?
- Über welche *historischen Zusammenhänge* gibt das Ton- oder Filmdokument Auskunft?

Bewertung und Fazit

- Worin liegt der *Mehrwert* der Originalaufnahmen gegenüber Text- und Bildquellen zum gleichen Thema?
- Weist das Ton- oder Filmdokument *Schwächen* oder *Probleme* auf (z.B. technische Mängel, verwirrende Zusammenstellung, einseitige Präsentation)?
- Gibt es *vergleichende* oder *ergänzende* Aufnahmen?

Beispiel: Filmclip über den Fall der Berliner Mauer (9. November 1989)

Analysieren Sie den Filmclip „9. November 1989: Fall der Berliner Mauer" mithilfe der Fragen auf Seite 193. Ihre Ergebnisse können Sie mit der Lösungsskizze unter dem Code 32033-23 vergleichen. Um auf den Filmclip zuzugreifen, geben Sie bitte in das Suchfeld unserer Homepage (www.ccbuchner.de) den Code 32033-21 ein.

Nachstehend werden Beispielszenen aus dem Clip besprochen, die DDR-Grenzbeamte und Zivilisten am Abend des 9. November 1989 an der Grenze nach West-Berlin zeigen. Verschiedene Nachrichten hatten gemeldet, die Mauer stünde ab sofort für DDR-Bürger offen (siehe dazu auch M3 auf Seite 188).

Szenenprotokoll

Transkription des gesprochenen Textes (Kommentator, Handelnde)

Nr.	Zeitindex (Min. : Sek.)	Szene	Bemerkungen
1	5:06 bis 5:16	DDR-Grenzbeamte stehen aufgereiht, lassen einzelne DDR-Bürger passieren. Kommentar des Sprechers: „Die DDR-Grenztruppen waren überfordert und hatten erst einzelnen Ausreisewilligen den Gang über die Grenze erlaubt – mit der Absicht, diese Personen nicht wieder einreisen zu lassen."	Nahaufnahmen von Grenzbeamten, Frontalansicht, im Hintergrund das abgeriegelte Brandenburger Tor
2	5:17 bis 5:56	Eine Frau redet auf Grenzbeamte ein (lautstark, gestikulierend, den Tränen nahe). Originalton: „Ich habe mir *einmal* in meinem Leben gewünscht, durch dieses Brandenburger Tor zu gehen. Und zwar in den anderen Teil zu gucken. Ich war *noch nie* da drüben, weil ich mir keine Tante, keine Oma, keinen Onkel erzählt oder erlogen habe. Verstehen Sie das? Ich wollte aufrichtig da durchgehen und genauso auch wieder zurück. Weil ich *hier* meine Heimat habe, und nicht da drüben. Aber wenn wir alle so weitermachen, kommen wir nicht dazu, und zwar überhaupt nie."	Nahaufnahme, Ansicht der Frau von der Seite
3	5:57 bis 5:59	Ein Grenzbeamter steht vor der Frau, zeigt jedoch keine Reaktion auf ihr Flehen. Die Szene ist umringt von Fotografen.	Kameraschwenk auf den Grenzbeamten
4	6:00 bis 6:05	Passanten schieben sich an dem Grenzbeamten vorbei in den Westteil der Stadt. Applaus und Jubel sind zu hören. Kommentar des Sprechers: „Schließlich konnte die Frau passieren."	Kameraschenk vorbei am Grenzbeamten
5	6:06 bis 6:09	Eine Menschenmenge öffnet ein Drahtgittertor. Kommentar des Sprechers: „Damit brachen die Dämme, die Mauer war offen, für Ost und West."	Totale

Statistiken und Diagramme auswerten

Methoden-Baustein

Statistiken veranschaulichen erfasste Daten. Sie helfen Zusammenhänge zu verstehen und Veränderungen zu erkennen. Meist sind sie Ergebnisse empirischer Untersuchungen und Erhebungen, wobei die Daten auf unterschiedliche Weise gewonnen werden können: Volkszählungen, verschiedene Arten von Umfragen, repräsentative Untersuchungen etc. Statistiken fassen etwa Wahlergebnisse zusammen, zeigen Lohn- und Preisentwicklungen auf, liefern Daten über die Bevölkerung, aus Umfragen ermittelte Meinungen und vieles mehr. Gültige Aussagen können jedoch nur auf der Grundlage untereinander vergleichbarer und möglichst lückenloser Angaben gemacht werden. Statistische Materialien können unter Umständen auch einen falschen Eindruck erwecken und ihren Betrachter täuschen. Aus diesem Grund ist es stets angebracht, diese zu hinterfragen.
Die in Statistiken aufgelisteten Größen können absolute Größenangaben sein, also exakte Werte einer Messeinheit, z.B. Tonnen, Euro, Stück. Ebenso häufig finden sich relative Werte, also Prozentanteile oder Indizes, d.h. Verhältniszahlen, die sich auf einen Ausgangswert beziehen. Für die Darstellung von Entwicklungen (z.B. Bevölkerungszahlen) eignen sich Linien- oder Kurvendiagramme; um Anteile innerhalb einer Gesamteinheit (z.B. Stimmenanteile bei Wahlen) zu veranschaulichen, werden oft Kreisdiagramme („Tortendiagramme“) verwendet; Säulen- oder Balkendiagramme erleichtern den Vergleich von Mengen oder verschiedenen Bezugsgrößen.

Hinweis: Das Buch bietet verschiedene Anwendungsbeispiele. Hier eine Auswahl geeigneter Statistiken: Siehe Seite 78, 163 und 165.

Formale Kennzeichen

- Um welche *Art* von Statistik handelt es sich?
- Wer hat die Statistik wann und wo *erstellt*, *veröffentlicht* oder in *Auftrag* gegeben?

Inhalt

- Worüber informiert die Statistik (*Thema, Zeit, Raum, Messgrößen*)?
- Welche *Zahlenwerte* (absolute Werte, Prozentangaben, Indizes) werden verwendet?
- Woher stammen die Zahlen? Sind die *Angaben verlässlich* und *vollständig*?
- Wird ein *Zustand* oder eine *Entwicklung* (Stagnation, Anstieg, Rückgang) dargestellt?

Historischer Kontext

- Auf welchen *Zeitraum*, welches *Ereignis* oder welchen *Sachverhalt* bezieht sich die Statistik?
- Ist die Statistik in der betreffenden Zeit entstanden oder das Ergebnis einer Forschungsarbeit?

Intention und Wirkung

- Welche *Aussageabsicht* hat die Statistik?
- Für welche *Zielgruppe* wurde die Statistik erstellt?

Bewertung und Fazit

- Welche *Gesamtaussage* bzw. welche *Thesen* lassen sich formulieren?
- Müssen die Angaben durch *andere Informationen* ergänzt oder korrigiert werden?

Beispiel: Studie „25 Jahre Mauerfall – Systemvergleich Bundesrepublik/DDR“

Analysieren Sie die Statistiken mithilfe der Fragen auf Seite 195. Ihre Ergebnisse können Sie mit der Lösungsskizze unter dem Code 32033-24 vergleichen.

Auftraggeber: MDR (Mitteldeutscher Rundfunk)
Fallzahl: 1022 Befragte (2014)
Umfragezeitraum: 19. August bis 1. September 2014
Umfrageverfahren: computergestützte Telefon-interviews (2014)
Durchführendes Institut: Infratest dimap

Würden Sie sagen, die deutsche Vereinigung hat Ihnen alles in allem eher Vorteile oder Nachteile gebracht?

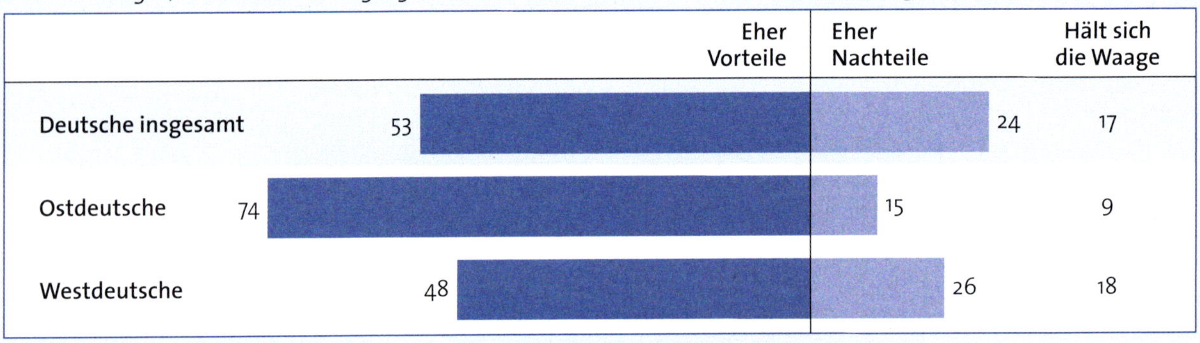

▲ **Diagramm 1: Vor- und Nachteile der deutschen Vereinigung, aktuelle Bewertung (2014).**
Grafik nach: www.infratest-dimap.de/umfragen-analysen/bundesweit/umfragen/aktuell/ostdeutsche-sehen-einheit-positiver-als-westdeutsche/ (Zugriff: 11. Oktober 2016)
Grundgesamtheit: Deutschsprachige Bevölkerung im Alter ab 14 Jahren
Angaben in Prozent
Fehlende Werte an 100 Prozent: weiß nicht/keine Angabe

Würden Sie sagen, die deutsche Vereinigung hat Ihnen alles in allem eher Vorteile oder Nachteile gebracht?

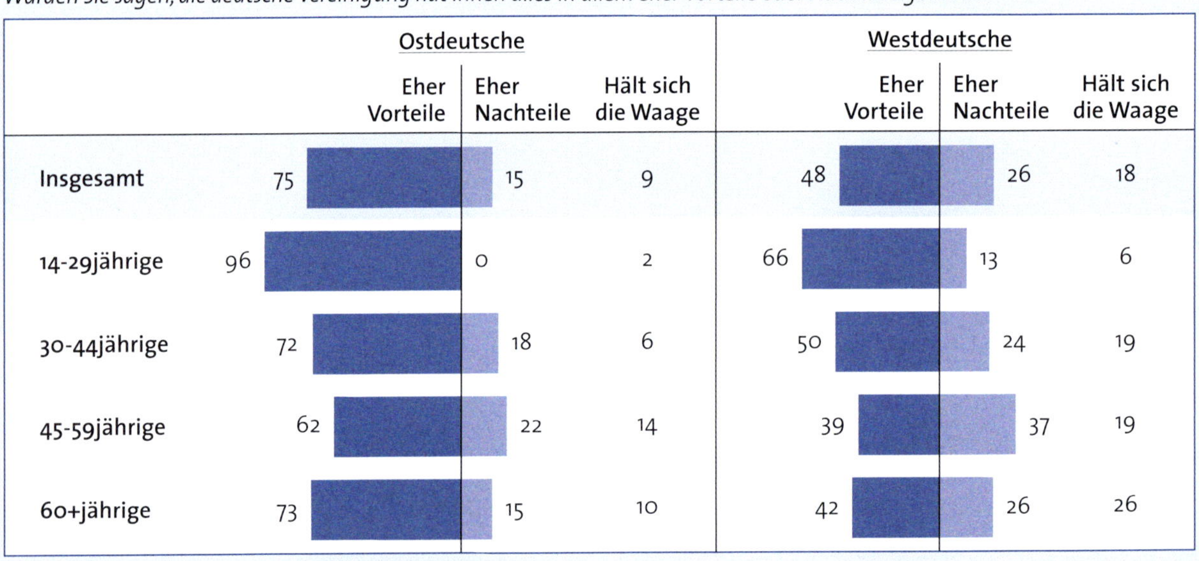

▲ **Diagramm 2: Vor- und Nachteile der deutschen Vereinigung, aktuelle Bewertung (2014).**
Grafik nach: www.infratest-dimap.de/umfragen-analysen/bundesweit/umfragen/aktuell/ostdeutsche-sehen-einheit-positiver-als-westdeutsche/ (Zugriff: 11. Oktober 2016)
Grundgesamtheit: Deutschsprachige Bevölkerung im Alter ab 14 Jahren
Angaben in Prozent
Fehlende Werte an 100 Prozent: weiß nicht/keine Angabe

Wenn Sie die heutigen politischen und gesellschaftlichen Bedingungen mit denen in der DDR vergleichen, auf welchen Gebieten, meinen Sie, hatte die DDR besondere Stärken aufzuweisen? Und wenn Sie nun die jetzige Bundesrepublik betrachten: Auf welchen Gebieten hat die heutige Bundesrepublik besondere Stärken aufzuweisen?

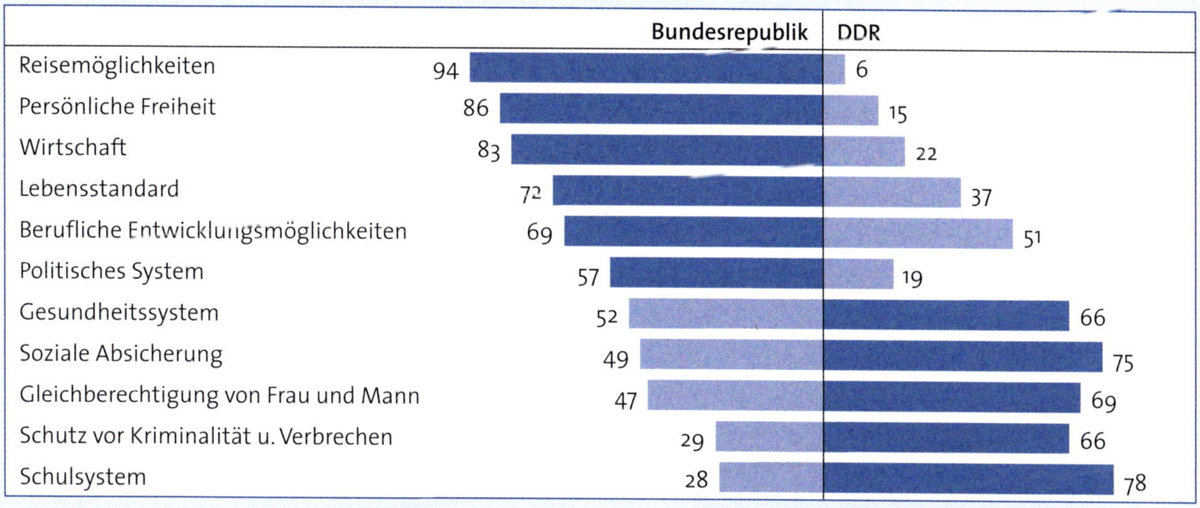

▲ **Diagramm 3: Besondere Stärken der Bundesrepublik/der DDR, aktuelle Bewertung (2014), Ostdeutsche insgesamt.**
Grafik nach: www.infratest-dimap.de/umfragen-analysen/bundesweit/umfragen/aktuell/ostdeutsche-sehen-einheit-positiver-als-westdeutsche/ (Zugriff: 11. Oktober 2016)
Grundgesamtheit: Deutschsprachige Bevölkerung im Alter ab 14 Jahren in Ostdeutschland
Angaben in Prozent

Wenn Sie die heutigen politischen und gesellschaftlichen Bedingungen mit denen in der DDR vergleichen, auf welchen Gebieten, meinen Sie, hatte die DDR besondere Stärken aufzuweisen?

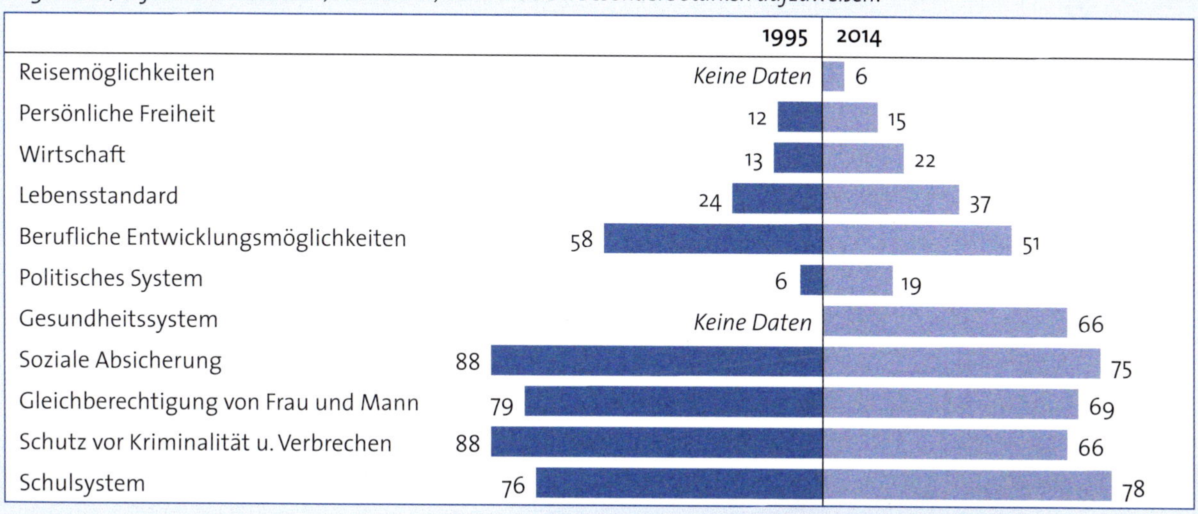

▲ **Diagramm 4: Besondere Stärken der DDR, frühere und aktuelle Bewertungen (1995/2014), Ostdeutsche insgesamt.**
Grafik nach: www.infratest-dimap.de/umfragen-analysen/bundesweit/umfragen/aktuell/ostdeutsche-sehen-einheit-positiver-als-westdeutsche/ (Zugriff: 11. Oktober 2016)
Grundgesamtheit: Deutschsprachige Bevölkerung im Alter ab 14 Jahren in Ostdeutschland
Angaben in Prozent

1989 – Revolution, Zusammenbruch oder Wende?

1989 demonstrierten Hunderttausende Bürger in der DDR, die Wirtschaftskraft war aufgezehrt und die sowjetische Schutzmacht stützte das Regime nicht länger. Die gesamte Gesellschaft geriet in Bewegung, die Berliner Mauer fiel – und die Parteidiktatur in der DDR ebenfalls. Schließlich trat 1990 die DDR der Bundesrepublik bei. Warum scheiterte die DDR nach vierzig Jahren? Unter Historikern wird diese Frage kontrovers debattiert. Dabei wird über die richtige Gewichtung der verschiedenen Ursachen diskutiert, die zum Ende der DDR führten. Handelt es sich bei den historischen Prozessen von 1989 um eine Revolution, einen Zusammenbruch oder eine Wende?

M1 „Friedliche Revolution" oder Zusammenbruch?

Der Historiker Horst Möller (1943) äußert sich zur Kontroverse am 3. Mai 1994:*

So erfreulich es für uns Deutsche ist, dass es diese breite Oppositionsbewegung, diese massenhafte Opposition am Ende der DDR gegeben hat und auch früher oppositionelle Ansätze existierten – der Machtverfall der DDR, ihre ökonomischen, politischen, ideologischen Probleme, ihr vollkommener Bankrott wäre durch die Massenopposition allein nicht herbeizuführen gewesen: Es ist zunächst einmal, so wichtig diese Massenopposition gewesen ist und so sehr wir ihr verpflichtet sind, eine Folge des Zusammenbruchs der Sowjetunion gewesen. Indem sozusagen der Anker all dieser Satellitenstaaten, gewissermaßen ihre ursprüngliche Verursachung wegfiel, sind alle anderen osteuropäischen Diktaturen und auch die DDR fragilisiert[1] worden, und zwar in einer Weise, dass ihr Ende absehbar war. Die oppositionelle Massenbewegung hat sicher dieses Ende beschleunigt, sie ist aber nie Ursache gewesen.

Nach: Materialien der Enquete-Kommission „Aufarbeitung von Geschichte und Folgen der SED-Diktatur in Deutschland" [...], herausgegeben vom Deutschen Bundestag, Bd. IX: Formen und Ziele der Auseinandersetzung mit den beiden Diktaturen in Deutschland, Frankfurt am Main/Baden-Baden 1995, S. 588-597, hier S. 584f.

M2 Was spricht gegen die Bezeichnung Revolution?

Ilko-Sascha Kowalczuk, wissenschaftlicher Mitarbeiter beim Bundesbeauftragten für die Unterlagen des Staatssicherheitsdienstes der ehemaligen DDR, schreibt 2009:

Stellten die Ereignisse wirklich eine Revolution dar? [...] Der [...] Frage kann man sich auf zwei Wegen nähern. Einerseits befragt man zeitgenössische Dokumente von 1989/90. Dann wird man feststellen, dass die Bezeichnung „Revolution" für die Vorgänge fast selbstverständlich war. Sie konkurrierte zwar stets mit „Umbruch", „Wende", „Zusammenbruch", „Erosion", „Scheitern", „Implosion" oder „Untergang", aber 1989/90 schlossen sich diese Begriffe noch nicht gegenseitig aus. Das erscheint logisch, weil Revolutionen die anderen Prozesse, die diese Begriffe umschreiben, mit einschließen. Von einer Revolution sprachen die Menschen aus unterschiedlichen Gründen und mit sehr unterschiedlichen Erwartungen, aber dass es sich um eine solche handelte, war 1989/90 weithin unumstritten. [...] Wenn sich nun zusammenfassen lässt: die alte Ordnung war handlungsunfähig, delegitimiert und moralisch kompromittiert; die von ihr vertretenen Werte und Überzeugungen zerschlissen; Bürger- und Massenbewegungen stellten sich ihr entgegen und forderten neue politische, gesellschaftliche, ökonomische und kulturelle Strukturen; eine neue Ordnung wurde errichtet; innerhalb weniger Monate beseitigte die Bewegung alte Strukturen, Werte, Ideen, Kulturen und Herrschaftseliten, fast nichts war im öffentlichen Raum mehr wie zuvor, was spricht dann gegen die Bezeichnung als Revolution? Eigentlich nichts [...]. Es dominiert nämlich bei der Betrachtung von „1989" noch immer die Annahme, mit Gorbatschow habe alles begonnen und ihm sei alles zu verdanken. [...]
Gorbatschows Machtübernahme war bereits das Ergebnis einer tiefen Krise einerseits und der gesellschaftlichen Widerstandsbewegung andererseits, die ihren Ausgang in Polen nahm. Die DDR kam erst spät dazu [...]. Die DDR-Revolution ist ohne internationalen Zusammenhang nicht zu erklären, aber das schränkt auch wiederum, wie oft behauptet wird, die Möglichkeit, die Vorgänge als Revolution zu bezeichnen, nicht ein [...].

Ilko-Sascha Kowalczuk, Endspiel. Die Revolution von 1989 in der DDR, München 2009, S. 537-545 (stark gekürzt)

[1] **fragil**: zerbrechlich

M3 Problematischer Revolutionsbegriff

Manfred Hettling, Professor für Neuere und Neueste Geschichte an Universität Halle-Wittenberg, schreibt 2009 dazu:

Die Frage nach der passenden Begrifflichkeit für 1989 ist inzwischen weit mehr eine der politischen Interpretation als der historischen Analyse. Denn unstrittig ist sich die Forschung über das Zusammenspiel ganz unterschiedlicher und heterogener Faktoren, die diesen anderen deutschen Herbst ermöglicht haben. [...] Für 1989 bleibt der Revolutionsbegriff letztlich genauso problematisch wie der Begriff „Zusammenbruch". Dem letzteren fehlt die subjektive Perspektive der vielen, die auf die Straße gingen oder sich in den Bürgerrechtsgruppen organisierten, kurz derer, die den Herbst als Aufbruch erlebten. Doch umgekehrt ist der moderne Revolutionsbegriff seit 1789 eindeutig besetzt mit zwei Bestandteilen: erstens Gewalt und zweitens einem langfristigen Strukturwandel von innen – ohne massive Beeinflussung von außen. Beides trifft für das ostdeutsche 1989 kaum zu, deshalb auch stützt sich mancher auf ungenügende Neuschöpfungen wie „friedliche Revolution". Auch wenn der Begriff „Wende" gerade für viele Ostdeutsche diskreditiert ist, weil ihn Egon Krenz geprägt hat, scheint er mir bisher am passendsten zu sein. Er transportiert keine unpassenden historischen Analogien, er enthält in weit stärkerem Maße als Revolution das Moment des nicht intendierten Verlaufs [...]. Dies macht sowohl den dynamischen Wandel von 1989/90 plausibel als auch das zähe und andauernde Vergangenheitsgerangel seither.

Manfred Hettling, Die Epochenzäsur 1989/90 – eine deutsche Revolution?, in: Patrick Bahners und Alexander Cammann (Hrsg.), Bundesrepublik und DDR. Die Debatte um Hans-Ulrich Wehlers „Deutsche Gesellschaftsgeschichte", München 2009, S. 279-280

M4 „Revolution ohne Revolutionäre"?

Martin Sabrow, seit 2004 Direktor des Zentrums für Zeithistorische Forschung in Potsdam, hält 2009 eine Rede dazu, ob die Ereignisse von 1989 als „Wende" oder „Revolution" begriffen werden sollten:

Das nüchterne Wort „Wende" trägt dem Charakter des schleichenden Machtwechsels zwischen Mai 1989 und März 1990 deutlicher Rechnung. Und es bewegt sich auf Augenhöhe der den ersten Akt – bis zum 9. November 1989 – beherrschenden Akteure, die selbst höchstens auf eine Fundamentalreform zielten, nicht auf einen revolutionären Umsturz. Auf der anderen Seite stellt die weltgeschichtliche Wende von 1989/90 in Deutschland im Ergebnis sehr wohl eine Revolution im Wortsinn dar, insofern sie nämlich das Ende einer Epoche herbeiführte und die Gültigkeit der bisherigen Ordnung der Dinge aufhob. [...] Nicht an die Gewalthaftigkeit des Umsturzes ist die Zuschreibung des Revolutionsbegriffs für den Herbst 1989 zu knüpfen, sondern nur an die radikale Schroffheit des Umbruches, und hier überragt die Revolution von 1989/90 die von 1848 und 1918/19 bei Weitem. Eben dies vermag aber natürlich auch der Wende-Begriff zu fassen. [...] Der Terminus „Wende" zielt auf den Erfahrungs- und Handlungshorizont der ostdeutschen Mehrheitsgesellschaft, die den Umbruch im Ganzen mehr passiv erlebte als aktiv herbeiführte; das Wort „Revolution" rückt den Willen zum Aufbegehren in das Zentrum der Umbruchsgeschichte. [...]

Pointiert formuliert, vollzog sich der Umbruch des Herbstes 1989 als eine Revolution ohne Revolutionäre. Der Untergang des SED-Staates folgte nicht so sehr aus der Niederlage gegen einen erstarkten Gegner, sondern besiegelte mehr noch eine innere Auflösung aus eigener Machtlähmung. Die einzelnen Gegenbewegungen der Bürgerrechtler und der Massendemonstrationen, des Ausreiserstroms und der parteiinternen Reformkräfte agierten bis in den Herbst 1989 weitgehend unabhängig voneinander und hätten weder allein noch gemeinsam das Repressionsregime ernsthaft vor die Machtfrage stellen können.

Martin Sabrow, Wende oder Revolution?, in: www.neues-deutschland.de/artikel/159604.wende-oder-revolution.html vom 21. November 2009 (Zugriff: 16. Januar 2015)

1. *Geben Sie die Positionen der vier Historiker wieder und skizzieren Sie deren Argumentation (M1 bis M4).*
2. *Arbeiten Sie aus den verschiedenen Positionen die wichtigen Kriterien der Begriffe „Revolution", „Zusammenbruch" und „Wende" heraus. Grenzen Sie dazu die Begriffe voneinander ab.*
3. *Beurteilen Sie, ob die Entwicklungen von 1989 als „Revolution", „Zusammenbruch" oder „Wende" begriffen werden können. Gewichten Sie dazu folgende Faktoren: wirtschaftliche Situation der DDR; Zurückhaltung der UdSSR; Massenproteste in der DDR.*

Kompetenzen anwenden

Die friedliche Revolution in der DDR – Voraussetzungen, Verlauf und Folgen

Systemkrise in der DDR

Wirtschaft:
- Rohstoffknappheit
- Modernisierungsrückstand
- Exportschwäche, Devisenmangel, Verschuldung
- Krise des Binnenmarktes
- Planwirtschaft, RGW
- Personalmangel, Überalterung

Technologie:
- Rückstand bei Schlüsseltechnologien

Umwelt:
- Starke Umweltverschmutzung
- Tabuisierung

Reformen in Osteuropa

UdSSR (seit 1985):
- Michail Gorbatschow: „Offenheit" (Glasnost) und „Umgestaltung" (Perestroika)

Polen (1989):
- Unabhängige Gewerkschaftsbewegung Solidarność
- Freie und unabhängige Parlamentswahlen

Ungarn (1988/89):
- Einführung der Marktwirtschaft
- Politische Reformen (demokratische „Republik Ungarn")

Ideologische Erstarrung der DDR

„Sozialismus in den Farben der DDR":
- Propaganda statt Reformen
- Selbstisolierung

Wachsende Kritik und Fluchtbewegung

- Kritik von Friedens- und Umweltgruppen
- Entstehung einer Bürgerrechtsbewegung
- Flucht vor der Staatsmacht

Friedliche Revolution 1989

- Massenflucht und Massenproteste: u.a. Leipziger Montagsdemonstrationen
- Fall der Mauer am 9. November 1989
- Ende der SED-Diktatur, Auflösung der Staatssicherheit

Nationale / internationale Weichenstellungen

- „Runder Tisch"
- Freie Wahlen zur Volkskammer
- Wirtschafts-, Währungs- und Sozialunion
- Zwei-plus-Vier-Vertrag
- Einigungsvertrag

Wiedervereinigung am 3. Oktober 1990

M „Endlich ein Ende mit dem Begriff der Wende!“

Annette Simon ist Mitglied der Bürgerrechtsorganisation „Neues Forum“ (vgl. M4, Seite 181) gewesen. Als Zeitzeugin stellt sie 2014 in ihrem Artikel „Wende? Revolution!“ auf „Zeit-Online“ die Frage, warum sich für die Ereignisse von 1989 der Begriff der Wende durchgesetzt hat:

[V]on Anfang an hadere ich damit, dass sich für die Zeit der Friedlichen Revolution der Begriff Wende [...] eingebürgert hat [...]. Es ist ein eher technischer Begriff. Er wird beim Segeln gebraucht, markiert den [...] Fahrtrichtungswechsel im Auto. Am schlimmsten kommt es in der Wendeschleife, die es Fahrzeugen im öffentlichen Verkehr wie vor allem Straßenbahnen erlaubt, umzukehren, ohne rangieren zu müssen. [...]

Wenn ich an die Tage und Monate des Jahres 1989 zurückdenke, wollten wir im Neuen Forum keine Richtung ändern, sondern einen ganzen Staat verändern und umwälzen. [...]

Und trotzdem sprechen alle von Wende. Ich möchte einige Hypothesen dazu aufstellen, wie es dazu kommen konnte: [...]

Die Revolution betraf zunächst nur die DDR, und nach dem Mauerfall änderten sich nur in der DDR die Lebensverhältnisse grundlegend. Also haben vielleicht nur die DDR-Bürger eine Revolution erlebt, während die Bürger der alten Bundesrepublik nach und nach zumindest eine Wende erlebten. Außerdem ist der Revolutionsbegriff meist auch mit der Fantasie von revolutionärer Gewalt verbunden [...]. [...]

Der revolutionäre Aufbruch wurde nach der vollzogenen Vereinigung schnell überlagert von der Überführung des politischen und wirtschaftlichen Systems der Bundesrepublik auf die DDR. Dabei wurden, wie der Historiker Ilko-Sascha Kowalczuk schreibt, auch die kulturellen Praktiken überführt, „die einen Anpassungsdruck in Ostdeutschland erzeugten, der bald Widerwillen und Ablehnung produzierte“. Wie ihnen die Kultur des Westens begegnete und wie fremd, faszinierend, merkwürdig und teilweise arrogant sie ihnen erschien – davon können viele DDR-Bürger ein Lied singen.

Und immer wieder begegneten wir besonders auch bei Westlinken einem seltsam gespaltenen Neid, auf das, was wir angestoßen und erlebt hatten; und was wir anscheinend nicht richtig zu Ende gebracht hätten.

Die beidseitige Enttäuschungswut [...] [hat] offenbar dazu geführt, dass die Herbstrevolution abgewertet und wie nebenbei als Wende umetikettiert wurde. Das ist schade, weil es die große Leistung abwertet, die die Ostdeutschen in den letzten 25 Jahren bei diesem Strukturwandel vollbracht haben. Sie haben eben gerade nicht nur mal ihren Trabbi auf der Straße oder sich selbst im Bett gewendet. Sie haben einen rasanten Wandel aller äußeren Lebensverhältnisse und Strukturen erlebt und diesen mitgestaltet.

Wenn es zum Tag des Mauerfalls eine Demonstration geben sollte, würde ich ein Plakat mit dieser Losung hochhalten wollen: „Endlich ein Ende mit dem Begriff der Wende!“

Nach: www.zeit.de/2014/44/1989-wende-revolution (Zugriff: 27. Februar 2018)

▲ **„Da war doch was...“**
Karikatur von Gerhard Mester vom 2. Oktober 2005.

1. *Fassen Sie die Kernaussagen der Zeitzeugin Annette Simon in eigenen Worten zusammen.*
2. *Arbeiten Sie heraus, inwiefern Annette Simon den Begriff der Wende kritisch sieht.*
3. *Weisen Sie mithilfe des Textes sowie der Karikatur nach, dass die Einordnung eines Ereignisses immer abhängig ist von der eigenen Perspektive.*
4. *„Die Wiedervereinigung war das Ergebnis einer friedlichen Revolution in der DDR.“ Nehmen Sie begründet Stellung zu dieser Aussage.*
5. *Erörtern Sie in der Gruppe, inwiefern die Ereignisse von 1989/90 eine Zeitenwende einläuteten und welche Bedeutung sie für Sie heute haben. Stellen Sie Ihre Ergebnisse im Plenum vor.*

Die europäische Integration

▲ **Work in Progress.**
Gemälde von Jörg Frank, 1995.

- *Beschreiben Sie das Gemälde.*
- *Setzen Sie die Maltechnik in Beziehung zu der beabsichtigten Wirkung.*
- *Beurteilen Sie, ob der Titel „Work in Progress" und die Maltechnik ein Fortschreiten der europäischen Integration ausdrücken wollen.*

Trotz aller Verbindungen der Königreiche, Fürstentümer und Staaten hinsichtlich Kultur, Werten und Herrscherhäusern drückte der Begriff Europa seit der Antike zunächst vorwiegend nicht das Bewusstsein von Gemeinsamkeiten aus. Vielmehr diente er der Abgrenzung von „Anderen". So beschwörte 1454 der Humanist und spätere Papst Enea Silvio Piccolomini mit seinem Bild vom „Haus Europa" den Zusammenhalt der christlichen europäischen Monarchien, um die „Türkengefahr" abzuwehren. Die Beschäftigung mit anderen Kontinenten ließ nach den Entdeckungsfahrten im 15. und 16. Jahrhundert Europa verstärkt als geografisch-kulturelle Einheit erscheinen. Aber von einer politischen Einheit waren die europäischen Staaten weit entfernt. Im 19. und 20. Jahrhundert machten Nationalismus, Fremdenhass und die Missachtung bereits bestehender internationaler Vereinbarungen sogar erste Ansätze einer europäischen Integration zunichte. Dass ausgerechnet Deutschland und damit das Land, das den verheerenden Zweiten Weltkrieg verursacht hatte, eine wichtige Rolle bei der europäischen Integration spielen sollte, schien zunächst undenkbar.

Als nach dem Ende des Kalten Krieges viele osteuropäische Länder der Europäischen Union beitraten, war der Optimismus groß, dass nun Demokratie, politische Stabilität und Frieden in Europa gefestigt seien. Aber die sogenannte „Flüchtlingskrise" 2015, bei der zahlreiche Menschen unter anderem vor dem Bürgerkrieg in Syrien nach Europa geflohen waren, offenbarte Risse und tief gehende Unstimmigkeiten zwischen den Mitgliedsländer. Geschockt waren die Befürworter einer weiter gehenden Integration dann von der Entscheidung der britischen Wählerinnen und Wähler im Juni 2016. Denn erstmals entschied sich ein Land für den Austritt aus der Europäischen Union.

Am Ende dieses Kapitels sollten Sie Folgendes **wissen und können**:

- erste Schritte des vereinten Europas beschreiben
- die Motive für die europäische Integration erläutern
- die Folgen der europäischen Integration für Politik, Wirtschaft und Gesellschaft in den Mitgliedstaaten charakterisieren
- die Bedeutung der EU-Osterweiterung erklären
- die Herausforderungen für die osteuropäischen Mitgliedsländer analysieren
- sich mit den Gründen für EU-Skepsis und -Feindlichkeit auseinandersetzen

Europa-Initiativen nach den Weltkriegen

1929 — Der französische Außenminister Aristide Briand schlägt im „Europa-Plan" eine föderative Ordnung der europäischen Staaten vor.

1948 — 16 westeuropäische Staaten bilden die Organization for European Economic Cooperation (OEEC) zur wirtschaftlichen Zusammenarbeit.

1949 — Der Europarat wird gegründet, um Kooperation und Demokratie in Europa zu fördern.

Erste Schritte zur europäischen Einigung

1951 — Die Benelux-Staaten, die Bundesrepublik, Frankreich und Italien gründen die Europäische Gemeinschaft für Kohle und Stahl (EGKS).

1954 — Die Gründung einer europäischen Verteidigungsgemeinschaft (EVG) scheitert an der Ablehnung durch das französische Parlament.

1957 — Die EGKS-Staaten gründen die Europäische Wirtschaftsgemeinschaft (EWG) und die Europäische Atomgemeinschaft (Euratom).

1963 — Im Élysée-Vertrag vereinbaren Frankreich und Deutschland eine enge Abstimmung in wichtigen Bereichen von Politik, Wirtschaft und Kultur. Sie legen dabei auch den Grundstein für das deutsch-französische Jugendwerk.

Die Europäischen Gemeinschaften (EG) und die wirtschaftliche Integration

1967 — EGKS, EWG und Euratom werden als Europäische Gemeinschaften (EG) zum Zweck der weiteren wirtschaftlichen Integration vereinigt.

1973-1986 — Mit dem Beitritt von Großbritannien, Dänemark und Irland sowie von Griechenland, Spanien und Portugal gelingt die Nord- bzw. Süderweiterung der EG.

1985 — Das Schengener Übereinkommen leitet den Verzicht auf Grenzkontrollen ein.

1986 — Die Einheitliche Europäische Akte (EEA) veranlasst ein vorwiegend wirtschaftliches Reformprogramm.

Politische Integration und Desintegration

1993 — Der Maastrichter Vertrag begründet die Europäische Union (EU) und vertieft die politische Kooperation.

1995-2007 — Die EU wächst vor allem durch die Osterweiterung von zwölf auf 27 Mitgliedstaaten.

2002 — Der Euro löst in elf EU-Staaten als Bargeld die nationalen Währungen ab.

2004 — Der Vertrag über eine Verfassung für Europa wird unterzeichnet, erlangt jedoch wegen gescheiterter Referenden keine Rechtskraft.

2009 — Der Vertrag von Lissabon tritt in Kraft, der die Handlungsfähigkeit der EU stärkt.

2013 — Kroatien tritt der EU als 28. Mitgliedstaat bei.

2016 — Bei einer Volksabstimmung entscheidet sich die Mehrheit der Wählerinnen und Wähler für den Austritt Großbritanniens aus der EU („Brexit").

Der Weg zur europäischen Integration

Grundlagen europäischer Identität in der Neuzeit Die Geschichte Europas seit dem Mittelalter fasziniert durch ihre Vielfalt trotz aller Gemeinsamkeiten. Zwar bevorzugten jedes Land und jede Region eigene Formen in Kultur, Politik und Wirtschaft. Auch verließen die Bauern und einfachen Bürger ihr unmittelbares Umfeld größtenteils nicht. Aber die Könige, Adligen und Kaufleute hatten Kontakt, sie konnten Veränderungen beobachten und lernten voneinander. Dabei bewahrten sie die **Identität** ihrer Länder und Regionen. Ebenso gab es freilich europäische Gemeinsamkeiten in Kultur, Politik und Wirtschaft, die im Lauf der Neuzeit nicht verlorengingen.

Identität (lat. idem: „derselbe"): das Individuelle, Unverwechselbare

Kulturell blieb das Christentum trotz der konfessionellen Spaltungen – die Konfessionen unterschieden sich nach Glaubenssätzen und äußeren Kirchenformen – das tragende Fundament. Und obwohl sich die Europäer in Eroberungs- und Glaubenskriegen bekämpften, fühlten sie sich doch stets einer gemeinsamen Kultur zugehörig. Neben dem Christentum prägte das gemeinsame Erbe der griechischen und römischen Antike die Werte und das Denken der europäischen Nationen.

In der Politik bildete dieses kulturelle Erbe die Voraussetzung für die Achtung der Menschenrechte und das Entstehen der Demokratie. Große Bedeutung gewann der Gedanke der Friedenssicherung, weil die politische Vielfalt Europas immer wieder zu verheerenden Kriegen führte. Der Friedensgedanke kam besonders deutlich zum Ausdruck bei den großen europäischen Kongressen, erstmals bei den Verhandlungen zum Westfälischen Frieden (1645-1648), die den Dreißigjährigen Krieg beendeten.

Integration (lat.): „Erneuerung", „Herstellung eines Ganzen"

In der Wirtschaft galt während der gesamten Neuzeit die Freiheit von Handel und Verkehr. Der Niederländer *Hugo Grotius* (1583-1645) begründete dies im 17. Jahrhundert in einer Abhandlung zum „Mare liberum" (Das freie Meer) erstmals in theoretischer Form. Seine Argumentation, die schließlich das internationale Recht (*Völkerrecht*) prägte, lautete: Die Meere sind internationale Gewässer, deshalb müssten sie für den Handel aller Nationen offen sein. Auch der Binnenhandel war stets frei, obwohl ihn unter anderem Zölle behinderten.

▲ **Europa als Königin.**
Kupferstich von Matthäus Merian, 1643.
Im Zug der wissenschaftlichen Auseinandersetzung mit den nicht europäischen Weltteilen ab dem 17. Jh. wurde Europa immer mehr als geografisch-kulturelle Einheit gesehen. Die weitverbreitete allegorische Darstellung der Europa als Königin drückt das Überlegenheitsgefühl gegenüber den Bewohnern anderer Kontinente aus.

Bei aller Vielfalt waren das die Wesenszüge der europäischen Identität in der Neuzeit: die Werte des Christentums und der antiken Philosophie, das Streben nach Frieden und die Freiheit von Handel und Verkehr. Dies waren nach dem Zweiten Weltkrieg auch Wesenszüge der europäischen **Integration**. Jedoch gehörte zu dieser Identität ebenso das Bewusstsein, anderen Kulturen überlegen zu sein und sie beherrschen zu können. Der Kolonialismus, der daraus erwuchs, endete erst nach den Katastrophen der beiden Weltkriege. Sie führten zur Einsicht, dass nur ein geeintes Europa neben den Weltmächten USA und UdSSR bestehen konnte. Die europäische Integrationsidee war somit das Ergebnis eines schmerzvollen Lernprozesses.

Europa-Pläne nach dem Ersten Weltkrieg Im 19. Jahrhundert verstärkten sich die Gegensätze der europäischen Nationalstaaten. Für sie war es noch immer selbstverständlich, im Innern und nach außen rigoros die eigenen Interessen durchzusetzen. Dazu schien ihnen auch ein Krieg gerechtfertigt. *Souveränität*, also staatliche Unabhängigkeit und Handlungsfreiheit, war das oberste Prinzip ihres Handelns. Erst die Katastrophe des Ersten Weltkrieges (1914-1918) stellte dieses Denken infrage.

Der Versailler Vertrag[1] (1919) orientierte sich grundsätzlich am Selbstbestimmungsrecht der Völker und betonte die Eigenständigkeit der Nationen. Dennoch entwickelten

[1] Der Vertrag von Versailles beendete formal den Ersten Weltkrieg. Seine Bestimmungen stießen in Deutschland auf breite Ablehnung.

sich in der Folge zum ersten Mal in der europäischen Geschichte Initiativen zur europäischen Integration. Politisch begünstigt wurden sie durch den Völkerbund[1], der 1919 ins Leben trat. Er verstand sich als Organisation der freien Völker in der Welt und machte es sich zur Aufgabe, kollektiv den Frieden zu sichern und die internationale Zusammenarbeit zu fördern.

Die Initiativen zur europäischen Einigung finden sich in drei Bereichen: in der Publizistik, in der politischen Planung und in europapolitischen Vereinigungen. In Zeitungen und Hunderten von Artikeln und Büchern wurde die Integration Europas immer wieder thematisiert.

Der bedeutendste Plan stammt vom französischen Außenminister *Aristide Briand*. Er schlug bei einer Völkerbundversammlung 1929 eine **föderative** Verbindung der europäischen Staaten vor. Der *Europa-Plan* Briands hatte im Kern ein sicherheitspolitisches Ziel. Er sollte den Frieden nach dem Ersten Weltkrieg stabilisieren und hätte vor allem Deutschland im neuen europäischen Verbund verpflichten können, die Bedingungen des Versailler Vertrages einzuhalten. Jedoch entzogen sich Deutschland wie die übrigen Mächte dem Plan Briands. Die Initiative des französischen Staatsmannes war trotz des Scheiterns das Beispiel für den späteren Start der europäischen Integration um 1950. Auch nach dem Zweiten Weltkrieg war es ein Ziel, Deutschland international einzubinden, damit von ihm nach einem Wiedererstarken keine Gefahr mehr ausgehen konnte.

Föderation (lat. foedus: „Bündnis", „Vertrag"): Bezeichnung für einen Staatenverbund, in dem Einzelstaaten Rechte an den Verbund abtreten

Unter den europapolitischen Vereinigungen hatte die **Paneuropa-Union**, die der Österreicher *Richard Graf von Coudenhove-Kalergi* 1922 gründete, die meisten Mitglieder in verschiedenen Staaten.

Paneuropa-Union: Ziel waren die „Vereinigten Staaten von Europa". Die Paneuropa-Union vertraute darauf, dass eine Verständigung von Persönlichkeiten aus unterschiedlichen Bereichen eine staatliche Einigung anstoßen könne. Dabei sollten Freiheit und Wohlstand der Europäer gegen die aufstrebenden Mächte, die Sowjetunion und die USA, bewahrt werden. In Deutschland wurde die Union 1933 von den Nationalsozialisten verboten.

Pläne für eine rein wirtschaftliche Kooperation, mit der nach dem Zweiten Weltkrieg der Integrationsprozess tatsächlich in Gang kam, gab es bereits 1925. Dabei sollte ein europäischer Zollverein für den Abbau von Zollschranken und einen gemeinsamen Markt eintreten.

Chancen für Europa-Projekte am Ende des Zweiten Weltkrieges Der Zweite Weltkrieg festigte die weltpolitische Lage, die sich nach dem Ersten Weltkrieg bereits abgezeichnet hatte. Die USA und die Sowjetunion beendeten den Krieg 1945 als Weltmächte und behielten in der Zeit danach ihre militärische, wirtschaftliche und politische Überlegenheit bei. Sie bestimmten die Neuordnung Deutschlands und Europas, während die beiden anderen Siegermächte Großbritannien und Frankreich geschwächt waren und ihren weltpolitischen Vorrang unwiederbringlich einbüßten. Deutschland hatte den selbst verursachten Krieg militärisch verloren. Politisch verlor ganz Europa an Bedeutung. Was weitsichtige Staatsmänner, Publizisten und wachsame Bürger schon länger vorausgesehen hatten, war mit dem Verlauf und Ende des Zweiten Weltkrieges für jedermann offenkundig.

Führende Vertreter von Exilregierungen hatten daher schon vor 1945 die Chancen für eine Gemeinschaftsbildung ost- und westeuropäischer Staaten erwogen. Der Belgier **Paul-Henri Spaak**, später ein führender Europapolitiker, setzte sich für einen Zusammenschluss der Benelux-Länder[2] mit Frankreich ein. General *Charles de Gaulle*, später französischer Staatspräsident, beschäftigte sich im Londoner Exil 1943 mit einer Föderation des westlichen Europa. Diese Projekte zeigten den grundlegenden Wandel des politischen Denkens. Um zu einem Staatenverbund zu gelangen, durfte das Prinzip

Paul-Henri Spaak (1899-1972): belgischer Politiker; mehrfach Ministerpräsident und Außenminister; bekleidete bedeutende Ämter bei internationalen und europäischen Organisationen

[1] Der Völkerbund war eine internationale Organisation, der allerdings u.a. die USA nicht beigetreten waren. Nachfolgeorganisation ist die 1945 gegründete UNO.

[2] Die Beneluxstaaten sind Belgien, die Niederlande und Luxemburg.

Hoheitsrechte/Souveränitätsrechte: Sie ermöglichen einem souveränen Staat, seine Aufgaben wahrzunehmen. Die wichtigsten sind: Gesetzgebung, Finanzhoheit, Gerichtsbarkeit, Polizei- und Militärgewalt.

Splendid isolation (engl.: „großartige Abtrennung"): Prinzip der britischen Außenpolitik. Demnach sollte sich der Inselstaat in europäische Angelegenheiten lediglich als übergeordneter Schiedsrichter einmischen.

Europarat: 1949 als erste europäische Staatenorganisation gegründet. Er sieht seine Aufgabe vorwiegend in der Förderung der Demokratie und dem Schutz der Menschenrechte. Von den über 200 von ihm verabschiedeten Abkommen und Konventionen ist die bedeutendste die Europäische Menschenrechtskonvention (1950). Der Europarat zählt mittlerweile 47 Mitglieder. Er ist keine Institution der EU.

OEEC (Organization for European Economic Cooperation): 1948 gegründete Organisation; Mitglieder waren 16 (später 18) Teilnehmerstaaten. Die OEEC koordinierte den Wiederaufbau und förderte die wirtschaftliche und politische Zusammenarbeit Europas.
Nachfolgeorganisation ist seit 1960 die OECD (Organization for Economic Cooperation and Development), die sich nicht mehr auf Europa beschränkt. Sie berät und informiert zu Wirtschaft und Bildung.

der Souveränität nicht mehr absolut gelten. Vielmehr sollten alle Partner **Hoheitsrechte** an eine Föderation abgeben, d.h. wenigstens zum Teil auf uneingeschränkte Handlungsfreiheit verzichten. Davon waren auch die maßgebenden Programme nach 1945 geprägt.

Die weltpolitische Entwicklung ließ zunächst jedoch keinen Raum für solche Pläne. Noch während des Krieges bereitete der amerikanische Präsident *Franklin D. Roosevelt* die Gründung der *Vereinten Nationen* (UNO) vor, die 1945 als weltumspannende Organisation zur Friedenssicherung geschaffen wurde. Er lehnte westeuropäische Zusammenschlüsse ab, weil er eine Spaltung der westlichen Demokratien fürchtete. Zudem wurde Osteuropa schrittweise dem kommunistischen Diktat der Sowjetunion unterworfen. Im Westen Europas wollte die einflussreichste Macht, Großbritannien, die „**Splendid isolation**" des Inselstaates bewahren.

Europa-Initiativen in der Nachkriegszeit *Winston Churchill*, bis 1945 Premierminister Großbritanniens, setzte nach Ende des Zweiten Weltkrieges ein erstes wichtiges Signal für die europäische Integration, indem er in seiner berühmten Züricher Rede (1946) eine „Struktur der Vereinigten Staaten von Europa" entwarf (▸ M1). Frankreich und Deutschland sollten den Kern bilden, dabei alle großen und kleinen Nationen politisches Gewicht haben und friedlich den Wiederaufbau des Kontinents leisten.

Churchills Appell fand zunächst keine Resonanz in der Politik, beflügelte aber die Initiativen und privaten Vereinigungen in vielen Nationen. Sie propagierten eine europäische Föderation. Die nun erwachende Europabewegung forderte anders als Churchill, die Staaten sollten auf zentrale Souveränitätsrechte verzichten. Auf einem *Europa-Kongress* in Den Haag, der im Mai 1948 etwa tausend Delegierte aus Parlamenten, Verbänden und Kirchen von 19 Staaten zusammenführte, wurden die Europa-Konzeptionen vorgetragen. Diese hätten zu einem Souveränitätsverlust der föderierten Staaten geführt. Der Kongress, ein Höhepunkt der Europabewegung in der Nachkriegszeit, beschäftigte Rundfunk und Presse. Die Politik musste reagieren.

Den Visionen wurden durch die Realität enge Grenzen gesetzt. Kein maßgebender Politiker trat dafür ein, die Souveränität seines Staates einzuschränken. Unter diesen Voraussetzungen gründeten zehn Staaten 1949 den **Europarat**. Er war die erste politische Organisation Europas, die freilich nur allgemeine Fragen des Kontinents beriet. Eine „Versammlung" des Europarates unter dem Vorsitz Graf Coudenhove-Kalergis erarbeitete 1951 den „Entwurf einer europäischen Bundesverfassung", der die „Vereinigten Staaten von Europa" vorbereiten sollte. Er hatte aber praktisch keine Folgen.

Die wichtigsten Herausforderungen waren die Bedrohungen des Kalten Krieges und der wirtschaftliche Wiederaufbau. Die unumgängliche Wirtschaftskooperation konnte der Europarat nicht organisieren. Den entscheidenden Impuls, um die westeuropäischen Staaten in Wirtschaftsfragen an einen Tisch zu bringen, gab der *Marshall-Plan*. Nach seinen Vorgaben stellten die USA für die Wirtschaft Mittel zur Verfügung, die von den Europäern selbst untereinander verteilt wurden. Seit 1948 bestand dafür die *Organisation für Europäische Wirtschaftliche Zusammenarbeit* (**OEEC**).

Bis 1949 existierten als Einrichtungen folglich der Europarat und die OEEC. Sie berieten über europäische Fragen und verteilten die Gelder aus dem Marshall-Plan. Dabei trafen die Verhandlungspartner gemeinsame Entscheidungen. Eigene Rechte gegenüber den Mitgliedstaaten hatten weder der Europarat noch die OEEC.

Die historischen Grundlagen des Einigungsprozesses Um den wirtschaftlichen Wiederaufbau Europas einzuleiten, wurde mit der OEEC 1948 eine erste wirtschaftliche Hilfsorganisation für die Staaten des alten Kontinents gegründet. Die Wirtschaft sollte zur treibenden Kraft der Integration werden. Unmittelbar nach 1950 war allerdings noch offen, ob nicht doch ein Zusammenschluss auf politischer Ebene vorrangig sein sollte.

Die folgenden historischen Grundlagen bestimmten um 1950 den *Einigungsprozess*:

1. Politisch herrschte der Wunsch vor, dauerhaft Frieden herzustellen.
2. Daraus folgte, dass die europäischen Völker den Nationalismus eindämmen mussten, der sie in zwei Weltkriege gestürzt hatte. Weltanschaulich hatten die führenden Nachkriegspolitiker, die den Einigungsprozess Europas in Gang brachten, jetzt eine andere Plattform: das Christentum.
3. Das drängende Problem nach dem Krieg war die wirtschaftliche Not, die noch einmal in der Geschichte Europas Hungerkrisen auslöste. Die Wirtschaft aufzubauen und den Lebensstandard zu heben, erzeugte kurz- und mittelfristig den größten Handlungsdruck.
4. Eine Lösung konnte nicht national, sondern nur im internationalen, freien Personen- und Warenverkehr gesucht werden.
5. Die langfristige Perspektive der Akteure war die machtpolitische Aufwertung Europas. Die Einigung sollte bewirken, dass Europa in der Weltpolitik wieder Gewicht hatte.

Diese Grundlagen wirken im Einigungsprozess Europas größtenteils bis heute. Umstritten war, auf welcher Grundlage gemeinsame Vereinbarungen getroffen werden sollten. Staaten, die möglichst wenig Hoheitsrechte abgeben wollten, bevorzugten die Verständigung zwischen den nationalen Regierungen. Man nannte das die *intergouvernementale* Ebene. Die Anhänger einer *supranationalen* Einigung hingegen wollten, dass die Einzelstaaten möglichst viele Hoheitsrechte an gemeinsame europäische Organe abgaben, die dann für alle entschieden. Die Auseinandersetzung um die unterschiedlichen Lösungen zieht sich durch die Geschichte der europäischen Gemeinschaften.

Begründung und Gründerväter der europäischen Einigung Die politische Einigung, wie sie beispielsweise Churchills Plan von den „Vereinigten Staaten von Europa" vorsah, schien nach 1945 angesichts der Spaltung in Ost und West die wünschenswerte Option. Denn das westliche Europa sah sich von der sowjetischen Militärmacht bedroht und vom Schutz der amerikanischen Truppen abhängig. Der 1949 ins Leben gerufene Europarat konnte nur in sehr beschränktem Ausmaß Wirkung entfalten.

Zum *Integrationskern* wurde aber letztendlich die *wirtschaftliche Kooperation*. Im Mai 1950 veröffentlichte der französische Außenminister **Robert Schuman** den Plan, die Stahl- und Kohleproduktion in Frankreich und der Bundesrepublik Deutschland einer übernationalen Behörde zu unterstellen (▸ M2). Dieser Organisation sollten andere europäische Staaten beitreten können.

Schuman sowie sein Mitarbeiter **Jean Monnet**, der Architekt des Plans, beendeten damit die Politik, Deutschland dauerhaft zu schwächen. Gegen die USA, die nach Beginn des Kalten Krieges die Bundesrepublik als starken Verbündeten wollten, war dies ohnehin nicht durchzusetzen. Stattdessen suchte Frankreich die Kooperation, auch um von der deutschen Montanindustrie[1] zu profitieren und sie zugleich zu kontrollieren. Die franzö-

[1] **Montanindustrie**: zusammenfassende Bezeichnung für Bergbau (hier: Kohle, Eisen), Eisen- und Stahlindustrie

Internettipp
Daten und Fakten über die Geschichte der Europäischen Union – von den Anfängen bis heute – finden Sie unter dem Code 32033-25.

Robert Schuman (1886-1963): französischer Politiker; geboren im damals deutschen Reichsprotektorat Elsass-Lothringen; besaß bis 1918 die deutsche Staatsbürgerschaft, danach die französische. Der Christdemokrat war 1948 bis 1952 französischer Außenminister und setzte sich früh für eine Aussöhnung mit Deutschland ein.

Jean Monnet (1888-1979): französischer Unternehmer; 1946-1950 Leiter des französischen Planungsamtes; enger Mitarbeiter des französischen Außenministers Schuman

Konrad Adenauer (1876-1967): 1917-1933 Oberbürgermeister von Köln, 1948 Vorsitzender des Parlamentarischen Rates, 1950-1966 Mitbegründer und Bundesvorsitzender der CDU, 1949-1963 Bundeskanzler, 1951-1955 zugleich Bundesaußenminister

Alcide De Gasperi (1881-1954): italienischer Politiker. Der überzeugte Antifaschist war einer der Mitbegründer der italienischen Christdemokratischen Partei; 1945-1953 Ministerpräsident.

sische Stahlindustrie war angewiesen auf Kohle aus Deutschland. Monnet schrieb, wenn man „bei uns die Furcht vor einer deutschen industriellen Vorherrschaft beseitigen könnte", sei „das größte Hindernis für die Einigung Europas weggeräumt". Der Nutzen für Frankreich deckte sich mit dem Gewinn für Europa. Die Verweigerung Großbritanniens gegenüber einer wirtschaftlichen Kooperation mit Frankreich sowie das Drängen der USA, Deutschland auf europäischer Ebene einzubinden, begünstigten den Plan.

Diese Politik musste aber auf alte Feindbilder verzichten. Sie ergab sich aus der Erfahrung zweier Weltkriege und der Einsicht, dass alles für eine westeuropäische Kooperation sprach. Neben Schuman gelten zwei weitere Persönlichkeiten als Gründerväter der europäischen Einigung: Bundeskanzler **Konrad Adenauer** hegte als Rheinländer seit jeher Sympathien für Frankreich. Der italienische Ministerpräsident **Alcide De Gasperi** war im österreichischen Trient aufgewachsen, das 1919 zu Italien kam. Adenauer und De Gasperi unterstützten den Schuman-Plan. Adenauer soll Monnet versichert haben, Europa sei „die wichtigste Aufgabe, die vor mir steht". Für Deutschland lag der politische Nutzen in der Rückkehr zur Gemeinschaft der Völker. Für alle Beteiligten bedeutete der Schuman-Plan den ersten realpolitischen Schritt, sich der Verwirklichung der europäischen Vision zu nähern.

Erste Schritte zur wirtschaftlichen und politischen Integration Der Plan wurde verwirklicht im Vertrag über die Gründung der *Europäischen Gemeinschaft für Kohle und Stahl* (EGKS) vom 18. April 1951. Sie war die erste supranationale Organisation Europas, vereinbart zwischen Belgien, der Bundesrepublik Deutschland, Frankreich, Italien, Luxemburg und den Niederlanden. Nachdem die Mitgliedstaaten Hoheitsrechte an die Gemeinschaft abgegeben hatten, konnte diese im vorgegebenen Rahmen verbindlich Entscheidungen auch gegen den Willen der Mitgliedstaaten treffen.

Die Gemeinschaft hatte Organe mit Vorbildcharakter für den gesamten Einigungsprozess: die Hohe Behörde (später Kommission), den Ministerrat mit Vertretern der Mitgliedstaaten, einen Gerichtshof und eine Parlamentarische Versammlung (später Europäisches Parlament). Die Rechtsakte der Hohen Behörde hatten unmittelbare Wirkung („Durchgriffswirkung") für einzelne Unternehmen in den sechs Staaten. Die Präambel des EGKS-Vertrages, der 1952 in Kraft trat, sprach aber nicht nur von Marktregelung, sondern vom „ersten Grundstein" für die europäische Völkergemeinschaft, die „lange Zeit durch blutige Auseinandersetzungen entzweit" gewesen war.

Der zweite Grundstein, ein politischer, sollte zur selben Zeit gelegt werden. Der französische Premierminister *René Pleven* plante seit 1950 eine *Europäische Verteidigungsgemeinschaft* (EVG). Wie bei der wirtschaftlichen war auch bei der militärischen Kooperation das französische Interesse maßgebend. Die USA drängten auf die Wiederbewaffnung Deutschlands. Sie erschien Pleven jedoch nur im Rahmen einer europäischen Armee unter einem einheitlichen Oberbefehl akzeptabel. 1952 unterzeichneten demzufolge die EGKS-Staaten einen Vertrag zur Bildung der Europäischen Verteidigungsgemeinschaft. Er wurde allerdings von der französischen Nationalversammlung 1954 nicht ratifiziert[1], ja nicht einmal debattiert. Das Parlament wollte die Selbstbestimmung Frankreichs über seine Streitkräfte nicht infrage stellen. Eine parallel verhandelte politische Union scheiterte damit ebenfalls und wurde auf unbestimmte Zeit verschoben.

[1] **Ratifikation**: völkerrechtlich verbindlicher Akt, um einen internationalen Vertrag zu beglaubigen

Die Römischen Verträge von 1957 Die sechs EGKS-Staaten setzten den wirtschaftlichen Einigungsprozess fort. Sie schlossen am 25. März 1957 auf dem Kapitol in Rom zwei Verträge zur Gründung der *Europäischen Wirtschaftsgemeinschaft* (EWG) und der *Europäischen Atomgemeinschaft* (Euratom). Ihr Sitz wurde die belgische Hauptstadt Brüssel. Die beiden Organisationen traten neben die EGKS und nahmen am 1. Januar 1958 ihre Tätigkeit auf. Sie hatten das Ziel, einen gemeinsamen Markt zu schaffen und die Atomenergie zu nutzen. Letzteres sollte helfen, die Energieknappheit zu überwinden. Die Europäische Wirtschaftsgemeinschaft bildete im Kern eine Zollunion, deren Binnenzölle tatsächlich nach etwa einem Jahrzehnt entfielen. Außerdem entschlossen sich die Gründerstaaten zu einer *Gemeinsamen Agrarpolitik* (GAP). Dafür öffnete sich die EWG Staaten mit einem stärker gewerblich-industriellen Profil. Die Gemeinsame Agrarpolitik sollte der Einstieg in die gemeinsame Wirtschaftspolitik und den gemeinsamen Binnenmarkt sein. Dieser Ausgleich politisch-wirtschaftlicher Interessen war bedeutsam. Das Fundament war der Ausgleich zwischen Frankreich und Deutschland, der wenige Jahre später im **Élysée-Vertrag** seinen Niederschlag fand. Das Einvernehmen der beiden großen EU-Staaten ist noch heute der Motor der europäischen Integration.

Die Organe der EWG wurden den Organen der EGKS nachgebildet mit dem Ministerrat, der Europäischen Kommission[1] und der „Versammlung" (später: Europäisches Parlament). Der Gerichtshof der EGKS wurde als Europäischer Gerichtshof (EuGH) neu gegründet. Die Organe bestehen in der Grundform bis heute.

Der Ministerrat vereinigte Vertreter der nationalen Regierungen. Er traf die Entscheidungen und setzte Gemeinschaftsrecht, zunächst allerdings nur bei Einstimmigkeit. Die Kommission, in die jeder Staat je nach Größe ein oder zwei Mitglieder schickte, überwachte den vereinbarten Fortgang der Integration. Die „Versammlung" (Sitz seit 1952 in Straßburg, Aufenthalt auch in Luxemburg und Brüssel) setzte sich aus Abgeordneten der nationalen Parlamente zusammen. Sie hatte zunächst nur beratende, nicht gesetzgebende Funktion. Dem Gerichtshof (Sitz in Luxemburg) gehörte jeweils ein unabhängiger Richter pro Mitgliedstaat an. Er urteilte bei Streitigkeiten zwischen Organen und Staaten, aber auch bei Klagen natürlicher oder juristischer Personen gegen einen Rechtsakt der Gemeinschaften.

Bedeutung und Hindernisse des Integrationsprozesses in den 1960er-Jahren Die Römischen Verträge schufen 1957 eine neue supranationale Organisation, aber nur für die sechs Staaten, die sich schon 1951 zusammengeschlossen hatten.

Die Kompetenzen der vier Organe wuchsen stetig und erlangten für immer mehr europäische Staaten Bedeutung. Das Gemeinschaftsrecht galt unmittelbar in jedem Staat und war schließlich nationalem Recht übergeordnet (▸ M3).

Aber auch Schwierigkeiten und Rückschläge begleiteten den Integrationsprozess. So regelte die Gemeinsame Agrarpolitik marktwidrig die Preise und gewährte den Landwirten Absatzgarantien für ihre Produkte. Die Subventionen drohten deshalb in den 1960er-Jahren ins Unermessliche zu steigen. Der französische Staatspräsident Charles de Gaulle entwickelte sein Konzept vom „Konzert der Vaterländer" und verweigerte sich damit einem wachsenden Einfluss der europäischen Institutionen (▸ M4).

Die negative Entwicklung kennzeichnet auch, dass die Erweiterung der drei Gemeinschaften EGKS, EWG und Euratom nicht glückte. Die Verhandlungen mit Großbritannien über einen Beitritt wurden 1963 und 1967 ergebnislos vertagt. Frankreich versagte einer britischen Mitgliedschaft die Zustimmung, da es fundamentale politische und wirtschaftliche Veränderungen der Gemeinschaft befürchtete sowie einen wachsenden Einfluss der USA, dem wichtigsten Verbündeten Großbritanniens.

▲ Rückseite der 2013 ausgegebenen 2-Euro-Münze „50 Jahre Élysée-Vertrag".

Élysée-Vertrag: deutsch-französischer Kooperationsvertrag von 1963. Beide Staaten vereinbarten darin regelmäßige Gespräche auf Regierungsebene und halbjährliche Treffen der Staats- und Regierungschefs zu Fragen der Außen-, Sicherheits- und Bildungspolitik sowie Maßnahmen auf dem Gebiet des Jugendaustausches. Der Vertrag war ein positiver Meilenstein im deutsch-französischen Verhältnis, denn mit ihm gehörte die sogenannte „Erbfeindschaft" endgültig der Geschichte an. Eine neue Ära der Partnerschaft und Zusammenarbeit wurde eingeläutet, welche die Amtszeit ihrer beiden Begründer bis in die Gegenwart überdauerte und die weitere Entwicklung der europäischen Integration prägte.

[1] **Europäische Kommission**: bis zum Vertrag von Maastricht (Seite 214) „EG-Kommission"

M1 Churchills Europa-Rede

Winston Churchill, 1946 Oppositionsführer im britischen Unterhaus, formuliert in seiner Rede am 19. September an der Universität Zürich seine Vision vom „Wiederaufbau Europas":

Der erste Schritt bei der Neugründung der europäischen Familie muss eine Partnerschaft zwischen Frankreich und Deutschland sein. Nur auf diese Weise kann Frankreich die moralische Führung Europas wiedererlangen. Es gibt kein Wiederaufleben Europas ohne ein geistig großes Frankreich und ein geistig großes Deutschland. Die Struktur der Vereinigten Staaten von Europa, wenn sie gut und echt errichtet wird, muss so sein, dass die materielle Stärke eines einzelnen Staates von weniger großer Bedeutung ist. Kleine Nationen zählen ebenso viel wie große und erwerben sich ihre Ehre durch ihren Beitrag zu der gemeinsamen Sache. Die alten Staaten und Fürstentümer Deutschlands, frei vereint aus Gründen gegenseitiger Zweckmäßigkeit in einem Bundessystem, können alle ihren individuellen Platz in den Vereinigten Staaten von Europa einnehmen.
Ich versuche nicht, ein ausführliches Programm zu entwerfen für Hunderte von Millionen Menschen, die glücklich und frei sein wollen, zufrieden und sicher, die die vier Freiheiten[1], von denen der große Präsident Roosevelt sprach, genießen und nach den in der Atlantik-Charta verankerten Grundsätzen[2] leben wollen. Ist dies ihr Wunsch, so müssen sie es nur sagen, und gewiss finden sich Mittel und Möglichkeiten, um diesen Wunsch Wirklichkeit werden zu lassen.
Ich muss Sie aber auch warnen. Die Zeit ist vielleicht knapp. Gegenwärtig haben wir eine Atempause. Die Geschütze schweigen. Der Kampf hat aufgehört, aber nicht die Gefahren. Wenn es uns gelingen soll, die Vereinigten Staaten von Europa oder welchen Namen auch immer sie tragen werden zu errichten, müssen wir jetzt damit beginnen.

Zitiert nach: Curt Gasteyger, Europa zwischen Spaltung und Einigung. Darstellung und Dokumentation 1945-2005, Bonn 2005, S. 47 f.

1. *Geben sie wieder, welche Struktur sich Churchill bezüglich der Vereinigten Staaten Europas und welche bezüglich Deutschland vorstellt.*
2. *Analysieren Sie Churchills These, dass nur in der Partnerschaft mit Deutschland Frankreich „die moralische Führung Europas wiedererlangen" kann.*

[1] Freiheit der Meinung, Freiheit der Religion, Freiheit von Not und Freiheit von Furcht

[2] **Atlantik-Charta**: Erklärung der USA (Roosevelt) und Großbritanniens (Churchill) von 1941. Grundsätze waren u.a. Selbstbestimmungsrecht, Gewaltverzicht, Verzicht auf territoriale Expansion.

3. *Ordnen Sie Churchills Überlegungen in die Nachkriegssituation ein.*
4. *Erörtern Sie, was der Realisierung der „Vereinigten Staaten von Europa" entgegenstand.*

◄ **Coopération Intereuropéenne.**
Plakat, 1950.
Das Plakat entstand im Rahmen eines Wettbewerbs des European Recovery Program („Marshall-Plan"). Mit dem Programm förderten die USA den Wiederaufbau der westeuropäischen Wirtschaft. Die osteuropäischen Staaten lehnten eine Teilnahme ab, meist auf Druck der Sowjetunion. Bedingung für den Erhalt von Hilfsleistungen war, dass die geförderten Staaten zusammenarbeiteten. Daraus entstand die Organization for European Economic Cooperation (OEEC; siehe auch Seite 206). Bis 1952 erhielten die unterstützten Staaten insgesamt etwa 14 Mrd. US-Dollar in Form von Krediten, nicht rückzahlbaren Zuschüssen und Sachlieferungen.

- *Setzen Sie die Gestaltung des Plakats in Beziehung zur politischen und wirtschaftlichen Lage in Europa.*

M2 Der Schuman-Plan: Realpolitik und Vision

Der französische Außenminister Robert Schuman trägt am 9. Mai 1950 in einer Regierungserklärung den Plan aus der Feder seines Mitarbeiters Jean Monnet vor:

Europa lässt sich nicht mit einem Schlag herstellen und auch nicht durch eine einfache Zusammenfassung: Es wird durch konkrete Tatsachen entstehen, die zunächst eine Solidarität der Tat schaffen. Die Vereinigung der europäischen Nationen erfordert, dass der jahrhundertealte Gegensatz zwischen Frankreich und Deutschland ausgelöscht wird. Das begonnene Werk muss in erster Linie Deutschland und Frankreich umfassen. [...]
Die französische Regierung schlägt vor, die Gesamtheit der französisch-deutschen Kohlen- und Stahlproduktion unter eine gemeinsame Oberste Aufsichtsbehörde (*Haute Autorité*) zu stellen, in einer Organisation, die den anderen europäischen Ländern zum Beitritt offensteht. Die Zusammenlegung der Kohlen- und Stahlproduktion wird sofort die Schaffung gemeinsamer Grundlagen für die wirtschaftliche Entwicklung sichern – die erste Etappe der europäischen

Föderation – und die Bestimmung jener Gebiete ändern, die lange Zeit der Herstellung von Waffen gewidmet waren, deren sicherste Opfer sie gewesen sind. Die Solidarität der Produktion, die so geschaffen wird, wird bekunden, dass jeder Krieg zwischen Frankreich und Deutschland nicht nur undenkbar, sondern materiell unmöglich ist. Die Schaffung dieser mächtigen Produktionsgemeinschaft, die allen Ländern offensteht, die daran teilnehmen wollen, mit dem Zweck, allen Ländern, die sie umfasst, die notwendigen Grundstoffe für ihre industrielle Produktion zu gleichen Bedingungen zu liefern, wird die realen Fundamente zu ihrer wirtschaftlichen Vereinigung legen. [...] Durch die Zusammenlegung der Grundindustrien und die Errichtung einer neuen Obersten Behörde, deren Entscheidungen für Frankreich, Deutschland und die anderen teilnehmenden Länder bindend sein werden, wird dieser Vorschlag den ersten Grundstein einer europäischen Föderation bilden, die zur Bewahrung des Friedens unerlässlich ist.

Klaus-Jörg Ruhl (Hrsg.), „Mein Gott, was soll aus Deutschland werden?" Die Adenauer-Ära 1949-1963, München 1985, S. 86 ff.

1. *Stellen Sie gegenüber, welche Souveränitätsrechte die Mitglieder der Montanunion abgeben müssten und welche Vorteile der Union genannt werden.*
2. ➕ *Erklären Sie, warum Schumann und Monnet zuversichtlich waren, dass das Integrationskonzept umgesetzt wird.*

M3 Erinnerungen an die Römischen Verträge

Der Philosoph Jürgen Habermas beschreibt im Rückblick, wie er die Gründung der EWG 1957 wahrgenommen hat:

Als vor 50 Jahren die Gründung der Europäischen Wirtschaftsgemeinschaft feierlich beschlossen wurde, stand die innenpolitische Frage der atomaren Ausrüstung der Bundeswehr weit mehr im Zentrum nicht nur meiner Aufmerksamkeit. Wie viele andere habe auch ich damals nicht begriffen, dass diese Zollunion bereits mit verfassungsähnlichen Institutionen ausgestattet wurde und damit die Perspektive auf eine Europäische Gemeinschaft, also eine politische Vereinigung der Länder Westeuropas, eröffnete.
Andererseits standen die pazifistischen Motive, die damals die Anhänger der Friedensbewegung im nationalen Rahmen bewegten, im Einklang mit den Motiven, welche die sechs Gründungsstaaten und die Hauptakteure Adenauer, De Gasperi und Schuman angetrieben haben: Nie wieder Krieg zwischen den Nationalstaaten, die sich in zwei Weltkriegen zerfleischt hatten, natürlich die Einbindung Deutschlands, das den Krieg angezettelt hatte und mit dem monströsen Verbrechen der Judenvernichtung belastet war.

Jürgen Habermas, Europa: Vision und Votum, in: Blätter für deutsche und internationale Politik 2007, S. 517-520, hier S. 517

1. ➕ *Erklären Sie, warum Habermas wie andere Zeitgenossen die historische Bedeutung der EWG bei ihrer Gründung nicht erkannt hat.*
2. ➕ *Überprüfen Sie die Aussage, dass die „Zollunion" „verfassungsähnliche Institutionen" (Zeile 6 f.) besaß.*

M4 „Konzert der europäischen Staaten"

De Gaulle begründet 1970 in den „Memoiren der Hoffnung. Die Wiedergeburt 1958-1962" seine europaskeptische Haltung in den 1960er-Jahren. Über die europäischen Völker vermerkt er:

Alle sind sie von derselben weißen Rasse, derselben christlichen Herkunft, derselben Lebensart; seit eh und je einander verbunden durch ungezählte Bande des Denkens, der Kunst, der Wissenschaft, der Politik, des Handels; und so entspricht es ihrer Natur, dass sie ein Ganzes werden, das in dieser Welt seinen Charakter und seine Gestalt findet. Dank dieser Bestimmung Europas regierten es die römischen Kaiser, versuchten Karl der Große, Karl V. und Napoleon es zu sammeln, erhob Hitler den Anspruch, ihm seine erdrückende Herrschaft aufzuzwingen. Aber wie könnte man die Augen vor der Erkenntnis verschließen, dass es keinem von seinen Einigern gelang, die unterworfenen Länder zur Selbstaufgabe zu bewegen? Im Gegenteil, stets erzeugte die willkürliche Zentralisierung den Gegendruck virulenter Nationalitäten. Darum glaube ich, dass heute wie in allen verflossenen Epochen die Einigung Europas nicht im Verschmelzen der Völker liegen, sondern nur das Ergebnis ihrer systematischen Annäherung sein kann, sein muss. [...] Meine Politik gilt daher der Einrichtung des Konzerts der europäischen Staaten, um so deren Solidarität wachsen zu lassen, indem sie untereinander die mannigfaltigsten Bande knüpfen und festigen. Nichts verwehrt uns den Gedanken, dass von da aus – vor allem wenn sich die Staaten eines Tages ein und derselben Bedrohung gegenübersehen – die Entwicklung zu ihrer Konföderation führen kann.

Zitiert nach: Gerhard Brunn, Die Europäische Einigung von 1945 bis heute, Bonn 2006, S. 364 f.

1. *Geben Sie wieder, welche Gemeinsamkeiten Charles de Gaulle den europäischen Völkern zuschreibt.*
2. ➕ *Charakterisieren Sie de Gaulles Konzept der europäischen Einigung.*

Von der Wirtschaftsgemeinschaft zum Binnenmarkt

Die nationalen Regierungen schieben an Die Entscheidungsstrukturen der supranationalen europäischen Organe waren schwerfällig. Kommission und Parlamentarische Versammlung hatten nur einen engen Gestaltungsspielraum. Der beinahe hundertköpfige Ministerrat musste seine Beschlüsse in den wichtigen Sachfragen einstimmig fassen. Entscheidungen fielen in erster Linie bei den regelmäßigen Treffen der Regierungschefs und ihrer Vertreter; solche Treffen waren in den Verträgen eigentlich nicht vorgesehen. Neben der supranationalen Ebene der Einigung, die von den Organen der EWG verkörpert wurde, bekam nun die intergouvernementale größeres Gewicht. Die Regierungen verhandelten direkt miteinander, zunächst informell, später in einer institutionellen Verfestigung, dem **Europäischen Rat**, den die Medien heute oft „EU-Gipfel“ nennen. Die Regierungen beschränkten die Autonomie der supranationalen Organe. Nach den Krisen der 1960er-Jahre brachten sie die Europäische Einigung weiter voran, wenn auch nur schleppend. Die Arbeit der Organe wurde beeinträchtigt, weil Beschlüsse nur bei Einstimmigkeit zustande kamen. Die Fortentwicklung des gemeinsamen Marktes stagnierte. Aber die Europäischen Gemeinschaften wurden besser vernetzt. Seit 1967 waren nicht nur Parlament und Gerichtshof gemeinsame Einrichtungen von EGKS, EWG und Euratom, sondern auch Ministerrat und Kommission. Offiziell firmierten sie nun unter dem Titel *Europäische Gemeinschaften* (EG).

Europäischer Rat: unter dieser Bezeichnung 1974 vereinbarte regelmäßige Konferenz der Staats- und Regierungschefs der EG und späteren EU. Sie fand alle drei bis sechs Monate statt. Der Vorsitz wechselt bis heute, jedes halbe Jahr übernimmt ein anderer Mitgliedstaat den Vorsitz.
Der Rat wurde 1986 in die Einheitliche Europäische Akte der EG (siehe Seite 213) aufgenommen. Diese bestätigte seine Aufgabe, die gemeinsame Politik zu steuern. Jedoch wurde der Europäische Rat kein Organ der EG oder der EU.

Fortschritte in der Wirtschafts-, Währungs- und Erweiterungspolitik Mit der Regierungszeit von Bundeskanzler *Schmidt* (1974-1982) fallen Fortschritte in der Wirtschafts- und Währungspolitik der Gemeinschaft zusammen. Abkommen mit 58 afrikanischen Staaten (1975) und der *Europäischen Freihandelsassoziation* (**EFTA**, 1977) erleichterten den Außenhandel. In der EFTA hatten sich 1960 sieben Staaten zusammengeschlossen, um ein Gegengewicht zur Gemeinschaft aufzubauen, was nicht gelang. Mit Ausnahme Norwegens und der Schweiz traten diese Staaten später der Gemeinschaft bei. Den Einstieg in die Währungseinheit markierte 1978 die Gründung des europäischen Währungssystems mit dem *ECU* (*European Currency Unit*). Der ECU diente als Rechnungseinheit. Er stabilisierte bis zur Einführung des Euro die Wechselkurse zwischen den nationalen Währungen und machte dadurch internationale Geschäfte berechenbarer.

Zwischen 1970 und 1986 gelangen die *Nord-* und die *Süderweiterung*. 1970 begannen die Beitrittsverhandlungen mit Großbritannien, Dänemark, Irland und Norwegen. Die Schwierigkeiten um einen Beitritt Großbritanniens wurden überwunden. Der Inselstaat hielt Distanz, weil er sich auf dem Kontinent nicht binden wollte und sich dem Commonwealth und den USA verpflichtet sah. Norwegen entschied sich 1972 per Volksentscheid gegen Europa, aber Großbritannien, Dänemark und Irland traten mit Wirkung vom 1. Januar 1973 den Europäischen Gemeinschaften bei. Irland zog wirtschaftlich daraus den größten Gewinn. Einen ähnlichen Aufschwung erlebten später Griechenland als zehntes EG-Mitglied ab 1981 sowie Spanien und Portugal ab 1986.

EFTA (European Free Trade Association): Europäische Freihandelsvereinigung, 1959 gegründet; Gründungsmitglieder waren Österreich, Dänemark, Portugal, Schweden, die Schweiz und Großbritannien; später traten Finnland und Island bei; 1994 Bildung eines Europäischen Wirtschaftsraums von Staaten der EFTA und der EU.

Der Aufbruch zu Reformen Schon vor der Erweiterung auf zwölf Mitglieder hatte sich der Reformdruck auf die vertragliche Grundlage der Gemeinschaft verstärkt. Zwei Entwicklungen spielten eine Rolle:

Erstens erwies sich seit etwa 1970 eine *Koordination der Außenpolitik* als immer dringlicher. Die wirtschaftlichen Krisen der 1970er-Jahre erforderten gemeinsame

Reaktionen, noch mehr die politischen. Um die Politik abzustimmen, bildete sich ein Stab von Beamten in einer Organisation der *Europäischen Politischen Zusammenarbeit* (EPZ). Die EPZ vernetzte zwar die Außenministerien der EG-Staaten, aber international fehlte ihr die machtpolitische Durchsetzungsfähigkeit. Der amerikanische Außenminister *Henry Kissinger* kommentierte bissig, er wisse keine Nummer, um mit „Europa" zu telefonieren. Aber die EPZ wurde zum Vorläufer eines europäischen Außenministeriums, dessen Aufbau 2009 begann. Wie so oft im Einigungsprozess war der Beginn unscheinbar.

Zweitens erkannten maßgebliche Politiker, dass die supranationalen Organe mehr Eigenverantwortung erhalten mussten. Bundesaußenminister Hans-Dietrich Genscher legte 1981 mit seinem italienischen Kollegen *Emilio Colombo* dazu eine *Europäische Akte* vor. Später steigerten die Regierungschefs Frankreichs und der Bundesrepublik, **François Mitterrand** und Helmut Kohl, das europapolitische Engagement. Kohl erstrebte einen engeren politischen Zusammenschluss im Sinne von „Vereinigten Staaten von Europa". Für Mitterrand und andere Regierungschefs war das vordringliche Ziel, in einem „Europa der Bürger" den Alltag der Menschen zu verbessern.

Die beiden Entwicklungen erforderten Lösungen, zum einen mehr politische Koordination, zum anderen eine bürgernähere Arbeit der Organe.

François Mitterrand (1916-1996): französischer Politiker; Minister in insgesamt elf Regierungen; 1981-1995 Staatspräsident

Die Einheitliche Europäische Akte Die *Einheitliche Europäische Akte* (EEA), 1986 von den zwölf EG-Staaten unterzeichnet und am 1. Juli 1987 in Kraft getreten, trug dem Reformdruck Rechnung. Mit ihr setzte eine neue Phase des Einigungsprozesses ein, die bis heute andauert.

Die EEA verbesserte die Koordination. Sie verknüpfte einerseits die Europäische Politische Zusammenarbeit vertragsrechtlich mit den Europäischen Gemeinschaften; deshalb wurde der Vertrag „einheitliche" Akte genannt. Endlich war nun die *politische Integration* Europas vertraglich begründet. Die wirtschaftliche setzte sich intensiviert fort, weil die EEA nun den Fahrplan für die „Vollendung" des Binnenmarktes festlegte.

Andererseits stärkte die EEA die supranationalen Organe, ohne indessen Bürgernähe zu erreichen. Der Ministerrat sollte mit Mehrheit jene Maßnahmen beschließen können, die zur Vollendung des Binnenmarktes nötig waren. Es ging nun darum, die Behinderungen für den freien Verkehr von Personen, Waren, Kapital usw. bis Ende 2002 abzustellen.

Europäische Integration im weltpolitischen Umbruch Entscheidend für den Fortgang wurde freilich der weltpolitische Umbruch. Der Fall des „Eisernen Vorhangs" veränderte das Gesicht Europas radikal. Zudem stand ab November 1989 die Frage der deutschen Einheit auf der Tagesordnung. Helmut Kohl besaß die Unterstützung des amerikanischen Präsidenten *George H. W. Bush* und ebenso des sowjetischen Präsidenten Michail Gorbatschow. Aber die europäischen Partner verhielten sich reserviert gegenüber einer Wiedervereinigung der beiden deutschen Staaten. Mitterrand war dafür, während die britische Regierungschefin **Margaret Thatcher** zunächst schroff ablehnend reagierte. Helmut Kohl wollte die Ängste der Nachbarn durch ein dezidiertes Entgegenkommen auf europäischem Feld verringern. Die neue Lage beschleunigte den Einigungsprozess, der seit Mitte der 1980er-Jahre in Gang gekommen war.

Margaret Thatcher (1925-2013): konservative britische Politikerin; 1979-1990 Premierministerin. Sie setzte den sogenannten „Britenrabatt" durch. Großbritannien zahlt seitdem weniger Beiträge als andere an die EU, da es von der Gemeinsamen Agrarpolitik kaum profitiert.

Lesetipps
- *Dietmar Herz und Christian Jetzlsperger, Die Europäische Union, München [3]2018*
- *Werner Weidenfeld, Die Europäische Union, Paderborn [4]2015*

Internttipp
Weitere Informationen über das Drei-Säulen-Modell der EU nach dem Vertrag von Maastricht finden Sie unter Code 32033-26.

Der Vertrag von Maastricht Der im niederländischen Maastricht verabschiedete Vertrag von 1992, der am 1. November 1993 in Kraft trat, begründete die *Europäische Union*. Unter dem Namen „Union" wurden die bestehenden Verträge vereinigt. Das neue politische Gebilde verglich man gern mit einer dreisäuligen griechischen Tempelfront. Unter dem Dach der Europäischen Union bilden die Regelungswerke der EWG und Euratom die erste Säule; der EGKS-Vertrag lief 2002 aus. Die zweite Säule umfasste die *Gemeinsame Außen- und Sicherheitspolitik* (GASP), die „Verteidigungspolitik" sollte später hinzugenommen werden. Die dritte Säule bezog sich auf die Zusammenarbeit der Polizei und der Justiz. Da Grenzkontrollen zwischen den EU-Staaten entfallen sollten, waren Kooperationen bei Polizei und Grenzschutz, der Zollfahndung wie der Einwanderungspolitik vorzusehen (▸ M1).

Die erste Säule blieb als einzige supranational. Sie war insofern die wichtigste, als sie die „Kohärenz" und Fortentwicklung der beiden anderen Säulen mittragen sollte, die auf der Stufe der intergouvernementalen Kooperation verharrten. Die EU-Staaten traten somit auf den politischen Feldern keine Hoheitsrechte an gemeinsame Organe ab (▸ M2).

Auf den ersten Blick scheint Maastricht nur eine Umgruppierung komplizierter europäischer Regelungen zu sein. Aber es wurde rasch klar, dass der Vertrag die Lebenswelt der EU-Bürger wie noch kein anderer zuvor verändern konnte. Dies entfachte lebhafte Diskussionen. Der freie Personenverkehr beunruhigte, weil er die Konkurrenz um Arbeitsplätze verschärfte. Jeder Bürger eines EU-Staates erhielt jetzt zusätzlich die Unionsbürgerschaft, sodass er im gesamten Unionsgebiet seinen Wohnsitz nehmen konnte. Angesichts der Öffnung der Grenzen war vermeintlich auch die Kriminalität grenzenlos. Die gemeinsame Währung, die „Euro" genannt wurde, verunsicherte am meisten. Vor allem die Deutschen trennten sich ungern von der D-Mark und befürchteten Inflation und Nachteile für die deutsche Wirtschaft.

Medien und Bürger kritisierten scharf, dass derart weitgehende Maßnahmen ohne ausreichende demokratische Legitimation getroffen wurden. Sie waren nur von Regierungen abgesprochen, nicht durch ein europäisches Parlament beschlossen worden. Das „Demokratie-Defizit" der EU zu beheben, wurde demzufolge zur Aufgabe, die nun ernster genommen wurde als zuvor.

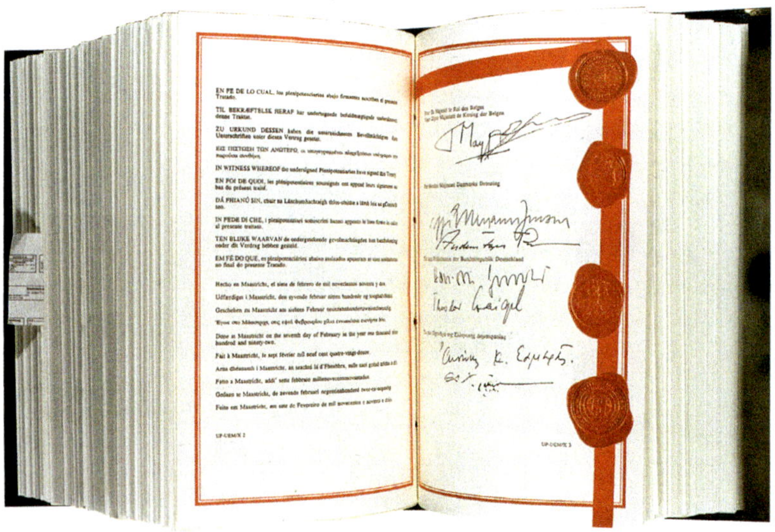

▲ Der Vertrag von Maastricht vom 7. Februar 1993.

M1 Die Ziele der EU im Maastrichter Vertrag

Im Artikel B des Vertrages über die Europäische Union vom 7. Februar 1992 werden die allgemeinen Ziele und Prinzipien der Abmachungen genannt:

Die Union setzt sich folgende Ziele:

- Die Förderung eines ausgewogenen und dauerhaften wirtschaftlichen und sozialen Fortschritts, insbesondere durch Schaffung eines Raumes ohne Binnengrenzen, durch Stärkung des wirtschaftlichen und sozialen Zusammenhalts und durch Errichtung einer Wirtschafts- und Währungsunion, die auf längere Sicht auch eine einheitliche Währung nach Maßgabe dieses Vertrages umfasst;
- die Behauptung ihrer Identität auf internationaler Ebene, insbesondere durch eine gemeinsame Außen- und Sicherheitspolitik, wozu auf längere Sicht auch die Festlegung einer gemeinsamen Verteidigungspolitik gehört, die zu gegebener Zeit zu einer gemeinsamen Verteidigung führen könnte;
- die Stärkung des Schutzes der Rechte und Interessen der Angehörigen ihrer Mitgliedstaaten durch Einführung einer Unionsbürgerschaft;
- die Entwicklung einer engen Zusammenarbeit in den Bereichen Justiz und Inneres;
- die volle Wahrung des gemeinschaftlichen Besitzstandes und seine Weiterentwicklung, wobei [...] geprüft wird, inwieweit die durch diesen Vertrag eingeführten Politiken und Formen der Zusammenarbeit mit dem Ziel zu revidieren sind, die Wirksamkeit der Mechanismen und Organe der Gemeinschaften sicherzustellen.

Die Ziele der Union werden nach Maßgabe dieses Vertrages entsprechend den darin enthaltenen Bedingungen und der darin vorgesehenen Zeitfolge unter Beachtung des Subsidiaritätsprinzips[1], wie es in Artikel 3b des Vertrages zur Gründung der Europäischen Gemeinschaft bestimmt ist, verwirklicht.

Presse- und Informationsamt der Bundesregierung (Hrsg.), Bulletin Nr. 16, 12. Februar 1992, S. 114

1. *Analysieren Sie, welche Ziele neu sind und welche Ziele bestehende Zielsetzungen weiterführen. Die Beantwortung schließt ein Sowohl-als-auch ein.*
2. *Setzen Sie sich damit auseinander, inwiefern die genannten Ziele die Umsetzung von moralischen Vorstellungen widerspiegeln.*
3. *Beurteilen Sie, welche mögliche Gefahr mit den jeweiligen Zielsetzungen verbunden ist, und wägen Sie Vor- und Nachteile ab.*
4. *Diskutieren Sie Chancen und Grenzen des Subsidiaritätsprinzips anhand eines in der Gruppe erstellten Plakates.*

[1] Auf die EU bezogen bedeutet das **Subsidiaritätsprinzip**, dass die EU nur tätig wird, wenn ein Ziel auf europäischer Ebene besser erreicht werden kann als auf der Ebene der einzelnen Mitgliedstaaten.

M2 François Mitterrand über die Bedeutung Europas für Frankreich

Nach der Unterzeichnung des Maastrichter Vertrages hält der französische Staatspräsident François Mitterrand am 5. Juni 1992 eine leidenschaftliche Rede. Anlass ist das französische Referendum über den Maastrichter Vertrag:

Von einer Generation zur nächsten haben wir gelernt, dass Frankreich Erbfeinde hatte; es waren allerdings nie dieselben! Frankreich hatte ungefähr ganz Europa zum Erbfeind. Die Zeit Englands ist wohlbekannt, aber die Spaniens ist auch noch nicht so lange her, und das österreichisch-ungarische Reich, Preußen, die Sowjetunion und Deutschland, oder sagen wir das Reich, das macht eine Menge Erbfeinde, und sogar ein paar zu viele, wenn man sich darin zurechtfinden will. Ich erinnere mich, sie gezählt zu haben: In Wirklichkeit gibt es in Europa nur ein einziges Land, mit dem wir nie im Krieg waren. Das einzige Land, mit dem wir niemals Krieg geführt haben – es ist angelegen, daran zu erinnern, aber wir werden es nicht tun – das ist Dänemark. Kurz, Frankreich war die meiste Zeit ein unangenehmer Nachbar. [...]
Schließlich die letzte Alternative, diejenige, die ohne Zweifel die Debatte der nächsten Monate beherrschen wird: das Vaterland oder Europa? Handelt es sich um gegensätzliche Begriffe? Ist derjenige, der sich als Gemeinschaftseuropäer versteht, ein schlechter Patriot? Gibt derjenige sein Vaterland auf, der aus Patriotismus Frankreich, und nur Frankreich wählt – ohne die Nützlichkeit bestimmter Abkommen zu leugnen, aber ohne ein strukturell entscheidendes Abkommen, wie das von Maastricht, zu unterstützen? Ist er deshalb ein schlechter Europäer? Ich werde mich nicht auf diese Art von Diskussion einlassen. Ich habe einmal versucht, dies auszudrücken, indem ich sagte: „Frankreich ist unsere Heimat, aber Europa ist unsere Zukunft."

François Mitterrand, Auszug aus seiner Rede vor Studierenden und Lehrenden des Institut d'Études Politiques anlässlich des französischen Referendums über den Maastrichter Vertrag (1992), in: Themenportal Europäische Geschichte (2009), www.europa.clio-online.de/2009/Article=423 (Zugriff: 12. Januar 2018)

Nennen Sie die Aspekte, die sich aus dem Spannungsfeld zwischen nationalstaatlicher und europäischer Identität ergeben, und diskutieren Sie diese anschließend.

Erweiterung und Herausforderungen der Europäischen Union

Die Erweiterungen von 1990 bis 2013 ■ Trotz der vorausgehenden Nord- und Süderweiterungen wuchs die europäische Staatengemeinschaft zwischen 1990 und 2010 noch einmal von zwölf auf 27 Staaten. Der weltpolitische Umbruch um 1990 öffnete vor allem den Osteuropäern das Tor zur Mitgliedschaft. Sie wünschten den Beitritt wegen des Binnenmarktes und der wirtschaftlichen Hilfen, aber die EU bot auch politischen Schutz und Sicherheit. Gerade gegenüber Russland hegten die osteuropäischen Staaten großes Misstrauen.

Die Erweiterungen waren eine große Herausforderung für die europäische Integration. Das Wirtschaftsgefälle innerhalb der EU-Staaten verdoppelte sich und erzeugte einen härteren Verteilungskampf um knappere Finanzmittel. Die Politikstile und -traditionen der West- und Osteuropäer lagen weit auseinander, ebenso die außenpolitischen Orientierungen. Zu Russland etwa hatten die Deutschen traditionell gute, osteuropäische Staaten hingegen sehr gespannte Beziehungen.

Die erste Erweiterung vollzog sich mit der deutschen Wiedervereinigung am 3. Oktober 1990; die neuen Bundesländer gehörten nun ebenso zur Europäischen Gemeinschaft. Um Zugang zum europäischen Wirtschaftsraum zu erhalten, beantragten um 1990 Finnland, Norwegen, Österreich und Schweden den Beitritt. Sie wollten ebenfalls an den EU-Gesetzen zu Handel und Wirtschaft mitwirken, die sie sonst als Partner der EU in der Regel akzeptieren mussten. 1995 wurden sie Mitglieder, mit Ausnahme Norwegens, dessen Bürger wie schon 1972 mit Nein stimmten.

Weitaus schwieriger gestaltete sich die *„Osterweiterung der EU“*. In der Mitte der 1990er-Jahre stellten Polen, Ungarn, die Tschechische Republik, die Slowakei, Slowenien, Rumänien, Bulgarien, Lettland, Estland und Litauen Anträge für eine Aufnahme in die EU. Für sie wie für Malta und Zypern wurde dem Beitritt eine Phase vorgeschaltet, in der die Neumitglieder wirtschaftlich und politisch an die EU herangeführt wurden. Um 2000 lag das Pro-Kopf-Einkommen in den Staaten der Kandidaten bei rund 50 Prozent des EU-Durchschnitts. Während der Heranführung erhielten sie schon Förderungen in Höhe von 30 Milliarden Euro, um sich dem Standard der EU anzunähern. Zugleich hatten sie für eine „demokratische und rechtsstaatliche Ordnung“ zu sorgen, wozu die Achtung der Menschenrechte und der Schutz von Minderheiten gehörten.

Am Ende befürworteten der Europäische Rat, die Kommission und das Europäische Parlament den Beitritt der geförderten Kandidaten. Zehn von ihnen wurden 2004 Vollmitglieder der EU. Bulgarien und Rumänien folgten 2007, obwohl die Zweifel an ihrer EU-Reife nicht ausgeräumt waren; diese bestanden aufgrund der dortigen Korruption, der strukturschwachen Wirtschaft und des hohen Staatsdefizits. Seit etwa 2000 wurden auch Kroatien, Mazedonien, die Türkei, später Albanien und weitere Staaten Kandidaten; Kroatien trat der EU im Jahr 2013 schließlich bei. Der geplante Beitritt der Türkei spaltete die Meinungen innerhalb der EU. Die Türkei ihrerseits zögerte, die politischen Bedingungen zu erfüllen.

Die historische Tragweite der „Osterweiterung" Die Aufnahme der ost- und südosteuropäischen Staaten hatte eine epochale Bedeutung. Denn nun war nicht nur ein riesiger Raum von Skandinavien bis zum Schwarzen Meer der EU angegliedert und hatte die Grenzen des „Eisernen Vorhangs" überschritten. Es waren Staaten hinzugekommen, deren Geschichte jahrzehntelang von deutscher und sowjetischer Gewalt- und Fremdherrschaft geprägt waren. Sie hofften nun auf eine Zukunft in Selbstbestimmung, Frieden und Wohlstand. Die grundlegenden Veränderungen in Politik, Wirtschaft und Gesellschaft in diesen Ländern stellten für die Regierungen und die gesamte Bevölkerung in diesen Staaten eine riesige Herausforderung dar. Das wird schon deutlich durch die Tatsache, dass für die neuen Mitglieder rund 350 Übergangsregelungen für einen Zeitraum von elf Jahren vereinbart worden waren. Insbesondere der Wandel von der sozialistischen Planwirtschaft in eine Marktwirtschaft eröffnete nicht nur neue Möglichkeiten, sondern war auch mit großen Anstrengungen und sozialen Härten verbunden (▶ M1 und M2).

Für die EU stellte sich die Frage, ob sie die Ausdehnung politisch verkraftet. Der frühere Bundeskanzler Helmut Schmidt befürchtete beispielsweise eine „führungslose Agglomeration[1] von Staaten". Die EU-Osterweiterung, der ein Beitritt vieler osteuropäischer Staaten zum westlichen Militärbündnis NATO vorausgegangen war, führte mittelfristig auch zu einer Verschlechterung der Beziehungen zu Russland. Denn viele russische Politiker und national gesinnte Bevölkerungsgruppen betrachteten sie als bedrohliche Missachtung der Interessen Russlands.

Die Verträge von Amsterdam und Nizza Die Erweiterung machte es unumgänglich, im Europäischen Rat und im Verfahren der Organe mehr Handlungsfähigkeit zu gewinnen. Noch in Maastricht 1992 wurde diesem Ziel Vorrang eingeräumt. Die richtige Methode schien, die Mehrheitsentscheidungen der Organe auszuweiten, auch auf politische Felder.

Die Beratungen dazu wurden im *Amsterdamer Vertrag* 1997 zusammengeführt, der am 1. Mai 1999 in Kraft trat. Er ließ jedoch das Problem der Handlungsfähigkeit ungelöst. Die kleineren Staaten verzichteten nicht auf Vetorechte, die größeren erhielten kein Stimmengewicht, das ihrer Bevölkerungszahl angemessen war. Beim anderen Ziel der Erweiterungsphase, der Demokratisierung der EU, erreichte der Amsterdamer Vertrag indessen Fortschritte. Das Europäische Parlament, nun auf 700 Abgeordnete begrenzt, wurde als Gesetzgeber dem Ministerrat nahezu gleichgestellt.

Das Amsterdamer „Left-over", Überbleibsel, wie man es beschönigend nannte, war also immer noch die Frage der Entscheidungsfähigkeit. Dazu sollte der Europäische Rat in Nizza im Jahr 2000 eine Lösung finden. Doch auch in einem Verhandlungsmarathon von 108 Stunden konnten die Interessen der Fünfzehn nicht zum Ausgleich gebracht werden. Der Vertrag, der am 1. Februar 2003 in Kraft trat, sah nur in wenigen Nebenfeldern, etwa der Einwanderungspolitik, Mehrheitsentscheidungen vor. Immerhin verabschiedete der EU-Gipfel von Nizza eine Grundrechtecharta. Sie enthielt eine Sammlung von Grundrechten, die aber nicht in die EU-Verträge aufgenommen wurde und vorläufig „Dekorationsstück" blieb. Nizza stürzte die EU in eine Krise.

▼ **„Das böse Wort."**
Karikatur von Klaus Stuttmann, 2007.
Dargestellt sind von links der EU-Kommissionspräsident Barroso, Bundeskanzlerin Merkel, der britische Premierminister Blair, der polnische Staatspräsident Kaczynski, der französische Staatspräsident Chirac und der italienische Ministerpräsident Prodi.

[1] **Agglomeration**: Anhäufung, Zusammenballung

Valéry Giscard d'Estaing (*1926): französischer Politiker; 1974-1981 Staatspräsident; 2002 Vorsitzender des EU-Verfassungskonvents

1 Freier Personenverkehr

- Wegfall von Grenzkontrollen
- Harmonisierung der Einreise-, Asyl-, Waffen-, Drogengesetze
- Niederlassungs- und Beschäftigungsfreiheit für EU-Bürger
- Verstärkte Außenkontrolle

2 Freier Dienstleistungsverkehr

- Liberalisierung der Finanzdienste
- Harmonisierung der Banken- und Versicherungsaufsicht
- Öffnung der Transport- und Telekommunikationsmärkte

3 Freier Warenverkehr

- Wegfall von Grenzkontrollen
- Harmonisierung oder gegenseitige Anerkennung von Normen und Vorschriften
- Steuerharmonisierung

4 Freier Kapitalverkehr

- Größere Freizügigkeit für Geld- und Kapitalbewegungen
- Schritte zu einem gemeinsamen Markt für Finanzleistungen
- Liberalisierung des Wertpapierverkehrs

▲ Die vier Freiheiten im Binnenmarkt der EU (Stand: 2008).
Quelle: Bergmoser + Höller Verlag (Zahlenbild 715320)

Die Transformation des Verfassungsprozesses Deshalb arbeitete ein Konvent unter Leitung des ehemaligen französischen Staatschefs **Valéry Giscard d'Estaing** eine „Verfassung" aus. Sie sollte alle seit 1951 geschlossenen, mittlerweile kaum noch überschaubaren Verträge in einem Text komprimieren und den nötigen Reformen anpassen. Dem Konvent war ebenso aufgegeben, das Demokratie- und Entscheidungsdefizit abzubauen. Nach entsprechenden Änderungen wurde die Verfassung 2004 in Brüssel unterzeichnet (▸ M3), trat aber nicht in Kraft, weil sich Volksabstimmungen in Frankreich und den Niederlanden 2006 dagegen aussprachen.

Der Schock über das Scheitern lähmte die Akteure nur für kurze Zeit. Die rund 500-seitige „Verfassung" wurde zum „Vertrag" umgeschrieben, der nahezu 90 Prozent der Verfassungsbestimmungen aufnahm. Er machte die EU handlungsfähiger und demokratischer. Die EU erhielt mehr Kompetenzen in der Außenpolitik, der Verteidigungs- und der Sozialpolitik. Ein *Hoher Vertreter für die Außen- und Sicherheitspolitik*, faktisch ein Außenminister, sollte die Gemeinschaft künftig gegenüber Nicht-EU-Ländern vertreten. Mehr Demokratie wurde erreicht, insofern dem Parlament weitergehende Mitsprache, besonders in der Haushaltspolitik, eingeräumt wurde.

Für eine mehrjährige Übergangszeit wurde ein Ausgleich zwischen größeren und kleineren Staaten bei der Stimmenverteilung im Ministerrat gefunden. Künftig sollte das *Prinzip der doppelten Mehrheit* das Zustandekommen von Beschlüssen erleichtern (Mehrheit der Staaten, die zugleich 65 Prozent der EU-Bevölkerung repräsentieren).

Der Vertrag wurde 2007 in Lissabon unterzeichnet. Obwohl er die Handlungsfähigkeit der Union stärkte und die Rechte des Europäischen Parlaments erweiterte, stieß er auf verbreitete Ablehnung in der Öffentlichkeit; die Bürger Irlands stimmten erst bei einem zweiten Referendum zu.

Der Binnenmarkt wird zum Binnenraum Parallel zu den Erweiterungen und Reformen öffnete sich der Binnenmarkt der EU zum Binnenraum, aber in Form einer *differenzierten Integration*. Differenziert bedeutet, dass nicht alle EU-Staaten weitere Schritte zur Integration sofort mitgingen, sondern erst später nachfolgten. Beispiele sind der Wegfall der Grenzkontrollen und die Einführung des Euro.

Das *Schengener Übereinkommen* 1985 plante den Verzicht auf Grenzkontrollen (zwischen den Benelux-Staaten, der Bundesrepublik und Frankreich). Zehn Jahre später fielen tatsächlich die Schlagbäume dieser Staaten, zugleich auch Portugals und Spaniens. Die übrigen EU-Staaten wurden erst später zu „Schengen-Staaten" mit Ausnahme Großbritanniens, Irlands und Zyperns.

Als vorrangiges wirtschaftspolitisches Ziel hatte der Maastrichter Vertrag die *Währungsunion* angestrebt. Wer beitreten wollte, musste „Konvergenzkriterien" erfüllen, vor allem Preisstabilität und gesunde Staatsfinanzen. Darauf hatte am meisten die Bundesregierung gedrängt. Das Projekt schien aufgrund der strengen Kriterien zu scheitern, aber 1998 bescheinigte der Europäische Rat elf Ländern die „Euro-Reife". Die großzügige Prüfung der Zahlen nahm den Kriterien die Schärfe, nicht zuletzt bei Griechenland, das als zwölftes Land 2001 hinzukam. 1999 wurde der Euro an den Devisenmärkten eingeführt. Ab 1. Januar 2002 bezahlten die Bürger in der Euro-Zone nicht mehr mit der nationalen, sondern mit der europäischen Währung. Bis 2018 waren es Bürger von 19 EU-Staaten.

Der Euro war und ist historisch beispiellos. Erstmals in der neuesten Geschichte kam eine Währung in Umlauf, die nicht durch einen zentralen politischen Willen und eine zentrale Wirtschaftspolitik abgesichert war. Der Euro hatte zunächst bei den Bürgern als „Teuro" und als labile Währung wenig Ansehen. Aber selbst die skeptischen

Deutschen mussten zugeben: Die Inflationsraten lagen niedriger als zu Zeiten der D-Mark, und der Außenwert des Euro stieg. Sogar während der *Weltfinanzkrise* 2008/09 zeigte sich der Euro stabiler als der Dollar. Jedoch wurde die Schuldenkrise Griechenlands 2010 zum Belastungstest. Nur die späte Einigung, für die Schulden Griechenlands gemeinsam zu bürgen, rettete die Euro-Zone bei der ersten Existenzkrise vor schweren Verwerfungen.

▲ **Europaflagge.**
Die Fahne wurde am 26. Mai 1986 in Brüssel als übergeordnetes Emblem für alle Institutionen der Europäischen Gemeinschaften (und später der Europäischen Union) offiziell eingeweiht. Die Zahl 12 steht symbolisch für Vollkommenheit und Einheit.

Auf dem Weg zu einem demokratischen Bundesstaat? Die EU hat kein Vorbild in der Geschichte. Deshalb ist die Antwort nicht leicht, wenn man nach der künftig denkbaren Staatsform fragt. Die Europa-Aktivisten wollen möglichst einen EU-Bundesstaat. Ist er erreichbar? Das Bundesverfassungsgericht gestattete 2009 zwar die Übertragung substanzieller nationaler Rechte auf die EU, aber nicht die Übertragung der „Verfassungsidentität" der Bundesrepublik Deutschland, also der Souveränität. Das Gericht verneinte damit einen Bundesstaat EU, bejahte aber den Einigungsprozess.

Der Fortgang der Einigung ist darüber hinaus prinzipiell wegen der politischen Grundhaltungen der Bürger schwierig: erstens aufgrund ihrer verbreiteten Vorbehalte gegenüber der EU, zweitens aufgrund ihrer starken nationalen Bindung. Noch immer haben die nationalen Staats- und Regierungschefs und ihre Minister ein entscheidendes Gewicht. Bei Gipfeltreffen oder im Rahmen der **Ratspräsidentschaft** bietet ihre Doppelfunktion Chancen und Risiken. Ein Einsatz für die Union eröffnet die Möglichkeit, sich international zu profilieren. Im eigenen Land jedoch kann dieser Einsatz zu Ansehensverlust führen, wenn die Bürger europakritisch sind.

Die Vorbehalte gegen Europa lauten, dass die EU bürokratisch und bürgerfeindlich sei. Sprichwörtlich für die Regulierungswut der Brüsseler Beamten sind die Bananen- oder die Gurkenverordnung, die deren Krümmung und Länge vorschreiben. Vergessen wird demgegenüber, dass EU-Vorschriften den Verbraucher auch schützen. Schwerer wiegt der Vorwurf, die EU sei bürgerfeindlich und unzureichend demokratisch legitimiert. Die Rechte des Europäischen Parlaments wurden zwar gestärkt. Aber immer noch erfahren die Bürger Europa als bürokratisches Handlungsfeld, nicht als Forum der Demokratie. Die Beamten, nicht das Parlament erscheinen als das eigentliche Machtzentrum der EU.[1]

Neben der Europa-Skepsis ist die nationale Bindung ein noch größeres Hindernis. Die meisten Europäer verstanden sich in den Jahrhunderten der Neuzeit als Angehörige einer Nation. In der neuesten Geschichte waren sie bereit, ihr Leben für ihre Nation einzusetzen. Diese historische Tiefenstruktur ist nicht verschwunden. Vor allem aber ist die Identifizierung jedes Einzelnen mit der Nation als Schicksals- und Lebensgemeinschaft weiterhin sehr stark.

Wegen der Vorbehalte verfügt die EU über zu wenig *Legitimation* (Berechtigung), um ein Bundesstaat für die Europäer zu werden. Wegen der nationalen Bindungen haben die Bürger zu wenig europäische *Identität*, um sich einem europäischen Staat zugehörig zu fühlen.

Erneut deutlich wurde die Anziehungskraft des Nationalen nach dem Zusammenbruch des Ostblocks. Er führte in den 1990er-Jahren zu einer Renaissance des Nationalstaates, insbesondere in Ostmitteleuropa. Der Kommunismus hatte das Nationalgefühl unterdrückt, das sich nun umso stärker entfaltete. Das Bedürfnis, die eigene Geschichte und Sprache zu pflegen und sich von den Nachbarn zu unterscheiden, erfasste aber nicht nur die Balkanvölker, sondern ebenso die Flamen und Wallonen[2] in Belgien.

Ratspräsidentschaft: Nach einem festgelegten Turnus übernehmen die einzelnen Mitgliedsländer jeweils für ein halbes Jahr den Vorsitz im Ministerrat. Dabei leiten sie die Sitzungen und arbeiten ggf. Kompromisse aus.

Internettipps
- *Eine grafische Darstellung der wesentlichen Bestimmungen des Lissabonner Vertrages finden Sie bei der Bundeszentrale für politische Bildung unter dem Code 32033-27.*
- *Wissenswertes über das Schengener Übereinkommen und den Schengen-Raum liefert eine Informationsbroschüre der Europäischen Kommission. Siehe den Code 32033-28.*

[1] Siehe hierzu vor allem auch das Kapitel „EU-Skepsis und -Feindlichkeit" ab Seite 232 ff.
[2] **Flamen und Wallonen:** Volksgruppen in Belgien mit niederländischer bzw. französischer Sprache und Tradition

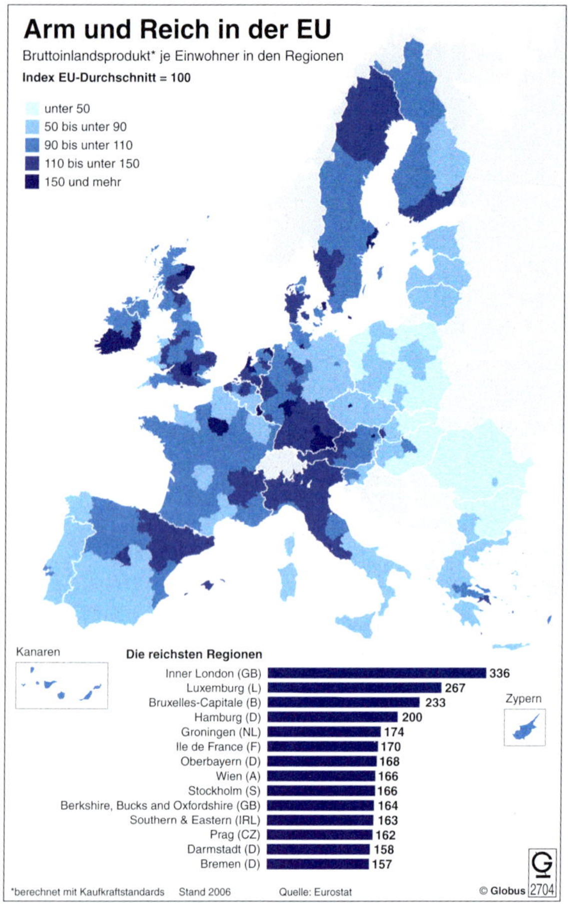

▲ **Die Wirtschaftskraft der EU-Länder im Jahr 2009.**

- *Geben Sie die Länder mit dem geringsten und die Regionen mit dem höchsten Bruttoinlandsprodukt wieder.*
- *Diskutieren Sie, ob sich die wirtschaftliche Leistung in der Stimmengewichtung für die jeweiligen Länder niederschlagen sollte.*

Ein Europa der unterschiedlichen Geschwindigkeiten? Trotz ihrer regionalen Bindungen identifizieren sich Politiker und Bürger der EU in der Regel mit dem Nationalstaat. Dabei gibt es Unterschiede. Die Briten hielten seit Jahrhunderten ihre Distanz zum Kontinent. Sie verfielen außerdem nie in einen blinden Chauvinismus[1], der das hässliche Gesicht der Nation gezeigt hätte. Bei den Deutschen ist das anders. Sie vergaßen nicht, dass ihr schrankenloser Nationalismus die Katastrophe des Zweiten Weltkrieges heraufbeschworen hatte. Nach 1989 wussten ihre Politiker deshalb sehr wohl, dass ein starkes Deutschland in der Mitte Europas das Einvernehmen der Nachbarn gewinnen musste.

Weil die EU-Staaten sich in ihrer Bereitschaft zur Integration unterscheiden, wird das *Konzept eines Europa der unterschiedlichen oder der zwei Geschwindigkeiten* praktiziert. Gemeint ist ein Einigungsprozess, den einige EU-Staaten rascher, andere langsamer vollziehen. Die *innere Differenzierung* der Gemeinschaft begann mit der Umsetzung der Einheitlichen Europäischen Akte nach 1986. Die von den Kritikern befürchtete Spaltung der Einigung blieb aus. Dies war auch der Fall beim Schengener Abkommen, dem sich mittlerweile auch Nicht-EU-Staaten angeschlossen haben, und bei der Erweiterung der Euro-Zone.

Bei den unterschiedlichen Geschwindigkeiten kristallisierte sich ein „Kerneuropa" mit einer rascheren Integration heraus, zu dem die Sechs der Römischen Verträge gehören. Demgegenüber steht die verzögerte Integration der „äußeren", vor allem osteuropäischen EU-Staaten. Außerhalb der EU finden wir weitere Abstufungen. So arbeiten die Kandidaten für einen Beitritt schon vor der Aufnahme mit der EU zusammen. Einige Nachbarn der EU schließen sich auch ohne Mitgliedschaft dem Wirtschafts- oder Schengen-Raum an (u.a. Norwegen, Island, Liechtenstein).

Wohin mit dem Geld? Der EU-Haushalt Die Einnahmen der EU stammen zu zwei Dritteln aus den *Zuweisungen* der Mitgliedstaaten. Das letzte Drittel kommt aus Zolleinnahmen und aus der nationalen Mehrwertsteuer (maximal 0,3 Prozent). Jedoch darf der Etat 1,24 Prozent des Bruttonationaleinkommens der EU nicht übersteigen; demgemäß werden die Zuweisungen angepasst.

Unter den Ausgaben machen die *Struktur- und Entwicklungshilfen* fast die Hälfte aus. Sie fließen überwiegend in Regionen, deren Bruttosozialprodukt weniger als 75 Prozent des EU-Durchschnitts beträgt. Die Subventionen aus der gemeinsamen Agrarpolitik betragen immer noch rund 30 Prozent, die Verwaltungsausgaben sechs Prozent der Gesamtausgaben.

Jeder Staat bezahlt für den EU-Haushalt und bekommt daraus Hilfen. Dabei unterscheidet man *Nettozahler und Nettoempfänger*, je nachdem, ob die erhaltenen Fördergelder oder die gezahlten Beiträge höher sind. Zu den Nettoempfängern gehören vor allem wirtschaftsschwache Süd- und Ostländer. Die Bundesrepublik (wie auch die Niederlande, Österreich, Schweden u.a.) ist Nettozahler. Als Exportnation profitiert sie jedoch indirekt sehr vom intensiven Handel innerhalb des Binnenmarktes.

[1] **Chauvinismus**: übersteigerter Nationalismus, der die eigene Nation für überlegen hält

Welche Richtung nimmt der Binnenmarkt? Die Währung als Problem ■ Der Einigungsprozess war um 1950 zunächst als politisches Projekt gedacht. Sein Motor wurde dann doch der Binnenmarkt. Es gelang, ihn zu „vollenden“, als er weitgehend den freien Verkehr von Waren, Personen, Dienstleistungen und Kapital gewährleistete.

Dem Binnenmarkt stellen sich drei Herausforderungen: Erstens soll eine *Energiepolitik* den Ausbau erneuerbarer Energien und die Energieeffizienz fördern. Die größere Herausforderung ist zweitens die Koordinierung der *Sozialpolitik*, die im Amsterdamer Vertrag 1999 als Aufgabe formuliert wurde. Bisher ist die Sozialpolitik immer noch ein nationales Politikfeld, das in Wahlkämpfen eine bedeutende Rolle spielt. Die Wähler erwarten allerdings auch ein Engagement der EU. Drittens muss der weite Abstand zwischen reichen und armen EU-Staaten verringert werden.

Die Währungsunion galt den einen als Krönung des Binnenmarktes, den anderen als Union des Währungsverfalls. Die meisten Experten freilich versichern heute, dass sich der Euro in einer Weise bewährt hat, wie man es nicht erwarten konnte. Sie bestätigen aber auch die Bedenken, dass die *Stabilität* des Euro stets gefährdet ist, sobald Einzelstaaten in wirtschaftliche und finanzielle Schieflage geraten.

Außerdem verlangt die Währungsunion „Konvergenzkriterien“, d.h. als Bedingung für ihre Mitglieder eine Haushalts- und Preisstabilität. Die Staaten dürfen sich jährlich nicht höher verschulden als um drei Prozent, insgesamt nicht höher als mit 60 Prozent ihres Bruttosozialproduktes. Die Verstöße gegen diese Kriterien sind zahlreich. Die Preisstabilität der Euro-Zone wurde von der Europäischen Zentralbank in Frankfurt erfolgreich überwacht. Jedoch erwies sich in der Schuldenkrise Griechenlands 2010, dass die Europäische Zentralbank nicht anders als die Nationalbanken der USA und Großbritanniens gegen die eherne Regel verstieß, keine Staatsanleihen anzukaufen. Letztlich erweitert das den Geldumlauf und kann inflationäre Entwicklungen auslösen. Dabei wies das gemeinsame, wenn auch späte Handeln der EU-Staaten in der Schuldenkrise in die Zukunft. So wollen die Mitgliedsländer ihre Finanz- und Wirtschaftspolitik künftig stärker miteinander abstimmen und Einzelstaaten gemeinsam notfalls mit Krediten und der Übernahme von Schulden vor der Zahlungsunfähigkeit bewahren.

▲ **EUPOL.**
Foto vom 28. März 2010.
Zur Gemeinsamen Außen- und Sicherheitspolitik der EU gehören auch friedenserhaltende oder -schaffende Maßnahmen. Bei der Mehrzahl der EU-Missionen, die es im Zeitraum zwischen 1992 und 2009 gab, handelte es sich um zivile Einsätze.
In Afghanistan unterstützt die EU den Aufbau einer Polizei. Das Bild zeigt einen Ausbildungsleiter aus Schleswig-Holstein (rechts).

Europa – eine Weltmacht? Der Einsatz des europäischen Potenzials ■ Wirtschaftlich ist die EU eine Weltmacht, politisch und militärisch nicht. In den 1970er-Jahren begann die Europäische Politische Zusammenarbeit die Politik zu koordinieren. Als erster EU-Vertrag stellte die Einheitliche Europäische Akte 1986 die Weichen für eine Gemeinsame Außen- und Sicherheitspolitik (GASP), die der Maastrichter Vertrag formulierte.

Tatsächlich aber sprach Europa in allen darauf folgenden Krisen mit nationalen Stimmen. Erst der Lissaboner Vertrag etablierte 2009 einen Hohen Vertreter für die Außen- und Sicherheitspolitik der EU und einen Europäischen Auswärtigen Dienst. Gegner kritisieren die 2010 in Gang gekommene Besetzung des Dienstes als zu kostspielig und überflüssig. Aber Skepsis begleitete den Einigungsprozess in allen fünf Jahrzehnten, in denen er trotzdem stetig voranschritt.

Im Zeitalter der Globalisierung versteht sich die EU nicht in erster Linie als Binnenmarkt. Vielmehr will sie ihre Kräfte bündeln, da sich der politische Einfluss ihrer Einzelstaaten verringert. Zudem erwarten die Partner weltweit ein stärkeres Engagement

▲ **Lena Meyer-Landrut, die Gewinnerin des Eurovision Song Contest 2010.**
Der Eurovision Song Contest (früher Grand Prix Eurovision de la Chanson) ist ein Liederwettbewerb der Europäischen Rundfunkunion (EBU), in der 57 Länder aus Europa, Asien und Nordafrika vertreten sind. Er wird seit 1956 jährlich ausgetragen. Beim Finale entscheiden die Zuschauer der teilnehmenden Länder das Ergebnis mit.

- *Erörtern Sie, ob die Veranstaltung die europäische Identität stärkt oder ob der Konkurrenzgedanke im Vordergrund steht.*
- *Nennen Sie weitere europäische Organisationen aus unterschiedlichen gesellschaftlichen Bereichen (z.B. Sport, Kultur). Informieren Sie sich über die beteiligten Mitgliedsländer. Diskutieren Sie, welche Bedeutung sie für Europa haben.*

SOKRATES: Aktionsprogramm der EU zur Förderung der transnationalen Zusammenarbeit im Bildungsbereich; 2006 abgelöst durch das „Programm für lebenslanges Lernen"

ERASMUS: Teil des Programms SOKRATES und dann des „Programms für lebenslanges Lernen"; gegründet 1997, um die Zusammenarbeit der europäischen Hochschulen und vor allem die Mobilität der Studenten zu fördern

Europas. Die EU wird das freilich nicht in einem eng verstandenen Vorteilsdenken tun können. Der Friede, den sie auf dem eigenen Kontinent stabilisiert, ist abhängig vom Frieden außerhalb. Daher muss die EU ihr wirtschaftliches und militärisches Potenzial künftig stärker für den Frieden in der Welt einsetzen.

Um auch in der Hochtechnologie als konkurrenzfähige „global player" zu agieren, arbeiten Unternehmen, Banken und Staaten aus verschiedenen europäischen Ländern in Konsortien[1] und Organisationen zusammen. Beispiele dafür sind die Airbus Group (vorher EADS: European Aeronautic Defence and Space Company) mit dem Luftfahrtunternehmen Airbus und die europäische Weltraumorganisation ESA (*European Space Agency*). Teure Projekte dienen zum Teil dem Prestige der europäischen Staaten und lassen die europäische Wirtschaft von technologischen Entwicklungen profitieren.

Gibt es eine Wertegemeinschaft? Europäische Identität Die EU hat im Lauf der Jahrzehnte eine Identität entwickelt. Die Reden der führenden Staatsmänner erinnern nicht mehr so häufig wie um 1950 an die Werte des Christentums und der Antike. Friede und Freiheit sind jedoch Kernbegriffe der Wertegemeinschaft geblieben. Darüber hinaus werden Werte genannt, die europäisch und westlich-atlantisch zugleich sind: die Vernunft (Rationalität, Rationalismus), die Säkularisierung (Trennung von Kirche und Staat) sowie die Demokratie (Herrschaft des Volkes) als Garant der Menschenrechte und des Rechts.

Über die EU hinaus haben es sich andere Organisationen und Vereine zur Aufgabe gemacht, die europäische Identität zu festigen und auszubauen. So bildet die *„Europäische Menschenrechtskonvention"*, die der Europarat 1950 verabschiedet hat, ein wichtiges Fundament der europäischen Wertegemeinschaft. Ein zentrales Anliegen des Europarats ist auch, durch Bildungs-, Kultur- und Jugendprogramme die Menschen in Europa miteinander zu vernetzen. So gründete er 1972 das *Europäische Jugendwerk*. Es hat die Aufgabe, die Aktivitäten von Jugendorganisationen sowie die Jugendarbeit von anderen Nichtregierungsorganisationen (NGOs[3]) und Netzwerken finanziell zu unterstützen. Es wurde zum Vorbild für die Förderung des Jugendaustauschs für andere Länder. Europäische Bildungsprogramme wie SOKRATES und ERASMUS ermöglichen jungen Menschen, für längere Zeit in anderen europäischen Ländern zu leben, und helfen Sprachbarrieren sowie Vorurteile abzubauen. Darüber hinaus unterstützen einige weitere Behörden und Vereine den Austausch junger Menschen über nationalstaatliche Grenzen hinweg. Das *deutsch-französische Jugendwerk*, das im Rahmen des Elysée-Vertrags 1963[2], ins Leben gerufen wurde, ist ein prominentes Beispiel dafür (▸ M4).

Im Jahr 2017 erklärten in einer Umfrage in Deutschland 41 Prozent der Befragten, dass sie sich „voll und ganz", ebenso viele „teilweise" als EU-Bürger fühlten. Nur vier Prozent gaben an „überhaupt nicht". Allerdings sind die Zustimmungswerte in den neuen Bundesländern und in den osteuropäischen Staaten deutlich niedriger. Gerade auch die Debatten und Konflikte um die Aufnahme und Verteilung von Flüchtlingen auf die einzelnen Mitgliedstaaten haben gezeigt, dass in zahlreichen Staaten der EU nationalstaatliche Interessen deutlich an Gewicht gewonnen haben.

[1] **Konsortium**: Zusammenschluss von Unternehmen und Banken zur Durchführung eines größeren Geschäftes
[2] Lesen Sie dazu nochmals Seite 209.
[3] **NGO**: Non-governmental organization

M1 Von der Planwirtschaft zur Marktwirtschaft

Richard Frensch, Professor für Volkswirtschaftslehre, beschreibt 2016 den komplexen Umbau der Planwirtschaften Ost- und Südosteuropas nach Ende des Kalten Krieges folgendermaßen:

Eine der ersten Aufgaben war die Freigabe der Preise und die Aufhebung der Restriktionen im Außenhandel. Dabei war die gleichzeitige Liberalisierung der Außenhandelstransaktionen sehr wichtig. Die Öffnung des Außenhandels ermöglichte ausländischen Wettbewerb, eine Voraussetzung für die Etablierung funktionierender Märkte in der heimischen Wirtschaft: Außenhandel, und damit Wettbewerb von außen, kann als Gegengewicht gegen monopolistische Tendenzen in der heimischen Wirtschaft genutzt werden. [...]
Außenhandelsliberalisierung erfordert eine konvertible Währung, das heißt, dass jeder Bürger ausländische Währung zum herrschenden Kurs frei kaufen oder verkaufen kann. [...] Die Öffnung der Volkswirtschaft für internationalen Handel erforderte eine Vereinheitlichung der Wechselkurse. In der Planwirtschaft gab es verschiedene Wechselkurse für verschiedene Produkte und Industriezweige, die allerdings nur zum Zwecke der Buchhaltung existierten. [...]
Der Aufbau von marktkonformen Institutionen sollte folgen. Generell musste ein rechtlicher Rahmen, der die grundlegenden individuellen Rechte in einer Marktwirtschaft in Form der *Rule of Law* [Hervorhebung des Autors] definierte (Vertragsrecht, Sachenrecht usw.), formuliert werden. Gemeinsam mit der rechtlichen Basis mussten auch die Institutionen gegründet werden, die die Einhaltung der Spielregeln der Marktwirtschaft überwachen, wie etwa eine Anti-Monopolkommission, Wirtschaftsprüferkammern usw. Angesichts der Tatsache, dass sich der Staat grundlegend aus dem Wirtschaftsleben zurückziehen sollte, mussten Arbeitsmärkte funktionsfähig gemacht und Sozialversicherungssysteme von Grund auf konstruiert werden. Darüber hinaus musste der Staat auch geeignete Institutionen zur Steuerverwaltung einrichten. Zu guter Letzt waren Finanzmärkte – Banken, Versicherungen und Börsen – in Planwirtschaften unbekannt. Diese Institutionen zu schaffen implizierte auch, sich gleichzeitig über ihre Regulierung Gedanken zu machen.

Richard Frensch, Von der Plan- zur Marktwirtschaft: Die ökonomische Umgestaltung Mittelosteuropas nach dem Ende des Kommunismus, in: Franz Müntefering (Hrsg.), Der Aufbau Ost im mitteleuropäischen Vergleich, Halle/Saale 2016, S. 50 - 72, hier S. 54 - 56

1. *Gliedern Sie die Maßnahmen zum Umbau von Wirtschaft und Bürokratie nach Bereichen.*
2. *Erörtern Sie, welche politischen und gesellschaftlichen Gruppen die Veränderungen unterstützten bzw. missbilligten oder gar behinderten.*

M2 Folgen des wirtschaftlichen Umbaus

Der Politikwissenschaftler Aron Buzogány schreibt 2014 über das wirtschaftliche Wachstum und die sozialen Folgen nach dem Umbau der Volkswirtschaften Ost- und Südosteuropas:

Nach dem dramatischen Einbruch der Wirtschaftsproduktion Anfang der 1990er Jahre sind die gesamtgesellschaftlichen Wohlfahrtseffekte der wirtschaftlichen Entwicklung in den zurückliegenden 25 Jahren in Ostmitteleuropa kaum zu übersehen. Betrachtet man nur die acht Länder aus der ersten EU-Beitrittswelle 2004, haben diese zwischen 1993 und 2012 ihre Wirtschaftsleistung durchschnittlich von 41 Prozent des EU-Durchschnitts auf 61 Prozent gesteigert. Insbesondere im Baltikum, in Polen und der Slowakei kam es zu hohen Wachstumszuwächsen. Die wirtschaftliche Entwicklung in anderen Staaten, etwa in der Tschechischen Republik, in Ungarn oder Slowenien, startete von einem deutlich höheren Niveau, stieg aber auch sehr viel langsamer an.
Allerdings sagen diese Zahlen nichts über die sozialen Kosten der ökonomischen Transformation aus. Zum einen führte der Wandel für Teile der strukturell benachteiligten Bevölkerung in die Armut. Zu den Transformationsverlierern gehören oft Menschen mit niedrigem Ausbildungsniveau, die sich nicht mehr an die Herausforderungen anpassen konnten, ältere Menschen oder Gruppen wie die Roma, die nach der Auflösung der Staatsbetriebe in die Arbeitslosigkeit entlassen wurden und wegen starker Diskriminierung nur schlecht Fuß fassen konnten. Zum anderen ist die Ungleichheit in den früher stark egalitären[1] Gesellschaften überall deutlich angestiegen. Auch trotz absoluter Wohlstandsgewinne führt das relative Empfinden einer Verschlechterung der wirtschaftlichen Lage zu Frustration.

Zitiert nach: http://www.bpb.de/apuz/185594/25-jahre-1989-osteuropa-zwischen-euphorie-und-ernuechterung?p=all (Zugriff: 27. Februar 2018)

1. *Entwickeln Sie Thesen, was zum wirtschaftlichen Aufschwung beigetragen hat.*
2. *Gruppenarbeit: Erläutern Sie anhand eines konkreten Beispiels, wie der Umbau der Wirtschaft für Menschen zu sozialem Abstieg und einem Leben in Armut führen konnte bzw. kann.*
3. *Vergleichen Sie die Situation der osteuropäischen Staaten mit der in den neuen Bundesländern ab 1990.*

[1] **egalitär**: auf politische und soziale Gleichheit gerichtet

M3 Entwurf einer EU-Verfassung

In einer Erläuterung des EU-Verfassungsentwurfs heißt es 2005:

Als klaren Grundzug hebt der Verfassungsvertrag die *Doppelnatur der EU* als Bürgerunion *und* Staatenunion hervor: Einerseits stützt sich die EU unmittelbar auf die Unionsbürgerinnen und Unionsbürger, denen gegenüber sie öffentliche Gewalt ausübt, zum Beispiel durch die unmittelbar geltenden Europäischen Gesetze. Die Bürgerinnen und Bürger haben dementsprechend gegenüber der Union unmittelbar demokratische Kontrollrechte, besonders in den Wahlen zum Europäischen Parlament. Andererseits stützt sich die Union auch nach wie vor auf die Mitgliedstaaten, deren demokratisch legitimierte Regierungen über den Rat maßgebliche Entscheidungsbefugnisse behalten. Charakteristisch für die Staatenunion ist auch, dass die Mitgliedstaaten „Herren der Verträge" bleiben, da Vertragsänderungen auch künftig nur nach Ratifikation durch alle Vertragsparteien in Kraft treten können (Artikel IV-443 Abs. 3 VVE). Jeder Mitgliedstaat kann überdies im Einklang mit seinen verfassungsrechtlichen Vorschriften beschließen, aus der Europäischen Union auszutreten (Artikel I-60); ein solches ausdrückliches Austrittsrecht war in den bisherigen Gemeinschaftsverträgen seit 1951/57 nicht vorgesehen.
Darüber hinaus bleibt die Europäische Union auch nach In-Kraft-Treten der Verfassung eine supranationale Integrationsgemeinschaft eigener Art sowie eine spezielle Rechts- und Wertegemeinschaft. Kennzeichen für die „neue Union" wird nach wie vor die „Gemeinschaftsmethode" sein, in der vom Willen der Regierungen unabhängige Organe, vor allem das direkt von den Unionsbürgern gewählte Europäische Parlament im Mitentscheidungsverfahren und die Europäische Kommission – als „Hüterin des Gesamtinteresses" der Union mittels ihres Vorschlagsmonopols für Gesetzgebungsakte – maßgeblichen Einfluss auf die europäische Rechtsetzung ausüben.
Der Charakter der Europäischen Union als Rechts- und Wertegemeinschaft wird darüber hinaus durch die Aufnahme der Charta der Grundrechte als subjektive Grundrechtsgewährleistung und objektive Werteordnung der Union deutlich unterstrichen. Außerdem ist es gelungen, neben dem kulturellen, religiösen und humanistischen Erbe Europas auch die unverletzlichen und unveräußerlichen Rechte des Menschen sowie die Leitprinzipien Freiheit, Demokratie, Gleichheit und Rechtsstaatlichkeit als universelle Werte in der Präambel zu verankern. Ebenfalls in der Verfassung (VVE) festgelegt werden die Symbole der Union: Flagge, Hymne „Ode an die Freude", Motto „In Vielfalt geeint", Europäische Währung und Europatag am 9. Mai (vgl. Artikel I-8).

Verfassung der Europäischen Union, Verfassungsvertrag vom 29. Oktober 2004. Protokolle und Erklärungen zum Vertragswerk, hrsg. von Thomas Läufer, Bonn 2005, S. 15

1. *Arbeiten Sie heraus, welche politischen und ideellen Prinzipien der EU zugrunde gelegt sind.*
2. *Der Text brachte Elemente in die Union ein, die typisch für (demokratische) Staaten sind. Dazu gehören die Bezeichnung Verfassung, die Nennung eines Grundrechtskatalogs und die Symbole der Union. Erläutern Sie, warum das für die Ablehnung des Verfassungsvertrags mitentscheidend war.*
3. *Heftig kritisiert wurde, dass in der Verfassung der Bezug auf den christlichen Gott fehlt. Wägen Sie die Argumente dafür und dagegen ab. Nehmen Sie persönlich Stellung.*

◂ **Europa in Bewegung.**
Karikatur von Klaus Stuttmann, 18. November 2011.
Die Zeichnung entstand anlässlich der Schuldenkrise innerhalb der EU.
■ *Analysieren Sie die Aussage der Karikatur.*

▲ **Die europäische Idee.**
Karikatur von Thomas Plaßmann, 2011

- *Erläutern Sie die Karikatur.*
- *Diskutieren Sie, was „die europäische Idee" sein könnte.*

M4 Deutsch-Französisches Jugendwerk

Auszug aus der Homepage, auf der sich das deutsch-französische Jugendwerk (DFJW) vorstellt:

Unsere Grundwerte

Subsidiaritätsprinzip und Partnerschaften: Das DFJW vertraut Drittorganisationen Mittel an, damit sie diese in Übereinstimmung mit seinen Zielvorgaben für Programme und Partnerschaften nutzen. Es ist Impulsgeber und arbeitet in Netzwerken, schafft Synergien zwischen Strukturen und Personen, entwickelt pädagogische, interkulturelle und sprachliche Methoden sowie Materialien, die innovativ sind und die Nachhaltigkeit seiner Aktionen gewährleisten.

Unsere Ziele

Mobilität für alle
Das DFJW setzt sich dafür ein, allen eine Mobilitätserfahrung zu ermöglichen, unabhängig von ihrer geografischen oder soziokulturellen Herkunft. Der Mehrwert von Mobilität?

- Sich der Welt öffnen
- Sich selbst akzeptieren und Anderen gegenüber Toleranz zeigen
- Persönliche, sprachliche und berufliche Bereicherung

[...]

Von jungen Menschen, für junge Menschen
Das DFJW entwickelt Programme – inspiriert von jungen Menschen, die diese manchmal auch selber umsetzen: z.B. partizipative Formate wie ein Barcamp oder etwa das Netz der Juniorbotschafterinnen und -botschafter. Außerdem sitzen Jugendvertreterinnen bzw. -vertreter in den Instanzen des DFJW.

Über die europäischen Grenzen hinaus
Zahlreiche Programme des DFJW stehen Drittländern aus Mittel- und Osteuropa (MOE) und aus Südosteuropa (SOE) sowie dem Mittelmeerraum offen.

Innovativ sein, um inspirieren zu können
Das DFJW lieferte wichtige Impulse zum Aufbau ähnlicher Strukturen: Gründung des Deutsch-Polnischen Jugendwerks im Jahr 1991 und des Deutsch-Griechischen Jugendwerks im Jahr 2014. 2016 wurde ein Westbalkan-Jugendwerk (Regional Youth Cooperation Office) gegründet.

Mehrsprachigkeit fördern
Die Sprache des Partnerlands zu sprechen bedeutet nicht nur, sich in einer anderen Sprache als der eigenen verständigen zu können, sondern auch, seine Geschichte, seine Kultur und seine Besonderheiten zu verstehen. Das DFJW bietet zahlreiche Programme und Methoden an, die für die Entdeckung des Nachbarlands sensibilisieren und dabei helfen, die Sprache zu erlernen oder bestehende Sprachkenntnisse zu verbessern.

https://www.dfjw.org/institution.html (Zugriff: 16. Januar 2018)

1. *Fassen Sie zusammen, welche Ziele und Mittel das deutsch-französische Jugendwerk hat.*
2. *Erklären Sie, welche Chancen und Grenzen die internationale Jugendarbeit bei der Bildung einer europäischen Identität hat.*
3. *Europaunion, Junge Europäische Föderalisten, Jugend für Europa, European Youth Parlament und „Jugend in Aktion" sind weitere Beispiele für Jugendaustausch in Europa. Recherchieren Sie im Internet nach diesen Organisationen und arbeiten Sie Gemeinsamkeiten und Unterschiede mit dem deutsch-französischen Jugendwerk heraus. Legen Sie dazu ein Tabelle an.*

Methoden-Baustein

Hinweis: Das Buch bietet verschiedene Anwendungsbeispiele. Hier eine Auswahl geeigneter Karikaturen: Seite 172, 173, 217 und 225.

Karikaturen interpretieren

Karikaturen sind satirische Aussagen in gezeichneter Form – fallweise mit Textunterschrift – die ein bestimmtes, in ihrer Entstehungszeit aktuelles Thema aufgreifen.
Ihr entscheidendes Merkmal ist die Verfremdung. Dabei wird das thematisierte politische Handlungsfeld in ein anderes allgemein bekanntes (z. B. Alltagsleben, Literatur, Mythen, Märchen) übertragen und bleibt trotzdem erkennbar.
Inhaltlich will der Karikaturist nicht durch Argumente überzeugen, sondern durch Wertung, Konfrontation und Polemik suggestiv Emotionen wecken.
Formal bedient er sich der Umsetzung von **Allegorien** und deren Attributen, Bildzitaten und Redensarten, vor allem aber der übertreibenden Verzerrung (ital. caricatura: „Zerrbild", „Spottbild"). Die Realität wird dadurch grotesk gespiegelt, was den Betrachter unterschwellig beunruhigt.
Um die Aussage einer Karikatur zu entschlüsseln, bedarf es der genauen Analyse und Interpretation. Grundsätzlich setzen Karikaturen nicht nur die Kenntnis des dargestellten Sachverhaltes voraus, sondern auch die für Karikaturen typische Bildersprache:

- *Symbole* und *Metaphern* (z. B.: Krone und Zepter für Monarchie, Waage für Gerechtigkeit)
- *Personifikationen* und *Allegorien* (z. B.: „Uncle Sam" für die USA, „Germania" oder der „Deutsche Michel" mit Zipfelmütze für die Deutschen, Engel oder Taube als Friedensbringer)
- *Tiervergleiche* (z. B.: der „russische Bär", der „gallische Hahn")
- *visualisierte Redensarten* (z. B.: „alle sitzen in einem Boot", „den Gürtel enger schnallen", „den Deckel auf dem Topf halten")
- *historische Bildzitate* (z. B.: „Die Freiheit führt das Volk" von Eugène Delacroix)

Formale Kennzeichen

- *Wer* hat die Karikatur geschaffen oder in *Auftrag* gegeben?
- *Wann* und *wo* ist sie entstanden bzw. *veröffentlicht* worden?

Bildinhalt

- Wer oder was ist *dargestellt*?
- Welche *zeichnerischen Mittel* setzt der Karikaturist ein?
- Welche Bedeutung haben diese zeichnerischen Mittel?
- Welcher *Zusammenhang* besteht *zwischen der Zeichnung und der Textunterschrift* (wenn vorhanden)?
- Auf welche *Vergleichsebene* wurde das karikierte Geschehen übertragen?

Allegorie: Eine Allegorie stellt einen abstrakten Inhalt bildlich dar. Dies erfolgt meist über eine Personifikation: Den dargestellten Personen werden Gegenstände – Attribute – beigegeben, durch die gekennzeichnet wird, wofür sie stehen (z. B. Mal- und Zeichengeräte für eine Allegorie der Kunst). In Karikaturen sind besonders Personifikationen von Staaten vorzufinden. Bei allegorischen Darstellungen von Tieren stehen diese selbst – ohne Attribut – für bestimmte Eigenschaften (z. B. der Fuchs für die Schläue).

Historischer Kontext

- Vor welchem *historisch-politischen Hintergrund* spielt sich das karikierte Geschehen ab?
- Auf welchen *Sachverhalt* / welche *Person(en)* daraus konzentriert sich der Zeichner?
- Welche anderen Aspekte hat er ausgeklammert?
- Welchem *politischen Standort* lässt sich der Karikaturist deshalb zuordnen?

Intention und Wirkung

- An welche *Adressaten* wendet sich die Karikatur?
- Welche *Aussageabsicht* verfolgt der Karikaturist?
- Welche *Wirkung* wollte der Karikaturist beim zeitgenössischen Betrachter erzielen?

Bewertung und Fazit

- Wie lässt sich die *Aussage* der Karikatur insgesamt *einordnen* und *bewerten*?
- Wurde das *Thema* aus heutiger Sicht *sinnvoll* und *überzeugend gestaltet*?
- Welche *Auffassung* vertreten Sie zu der Karikatur?

Beispiele zur EG bzw. EU

Analysieren Sie eine der beiden Karikaturen mithilfe der Fragen auf Seite 226. Ihre Ergebnisse können Sie mit der Lösungsskizze unter dem Code 32033-29 vergleichen.

Frankreich
Marianne mit dem Attribut der Jakobinermütze verkörpert Frankreich. Sie gilt seit der Französischen Revolution als Allegorie der Freiheit und der Republik. Benannt wurde sie nach dem damals gängigsten Vornamen.

Benelux-Länder
Belgien (Mann ganz rechts mit Baskenmütze; von den beiden Volksgruppen des Landes repräsentiert er die französischsprachige); Niederlande (Frau mit typischer Volkstracht); Luxemburg (Der Anzug, den der Mann ganz links trägt, spielt darauf an, dass das Großherzogtum Sitz vieler Banken ist.).

Irland
Die Blume am Hut des Mannes verweist auf die Bezeichnung Irlands als „grüne Insel".

Dänemark
Seemann mit wollener Pudelmütze

Deutschland
dargestellt durch den deutschen Michel mit der Schlaf- bzw. Zipfelmütze. Seit der Zeit vor der Revolution von 1848/49 („Vormärz") gilt er als nationale Personifikation der Deutschen – eine Anspielung auf mangelndes politisches Interesse.

Großbritannien
Auf dem Hut des Mannes befindet sich der Union Jack, die Nationalflagge des Vereinigten Königreiches Großbritannien und Nordirland. Das rote Georgskreuz steht für England, die darunter liegenden Andreaskreuze symbolisieren Schottland (weiß) und Nordirland (rot).

▲ **„Kein Wunder, dass Europa nicht vorankommt."**
Karikatur von Klaus Pielert, 1973.

Italien
dargestellt durch einen Soldaten in Bersaglieri-Uniform mit Federbusch auf dem Kopf. Die Bersaglieri sind eine Einheit des italienischen Heeres.

▲ **„und stören den Blick auf's Wesentliche nicht."**
Karikatur von Horst Haitzinger, 21. November 2009

Bei dieser Darstellung handelt es sich um eine **Personenkarikatur**. *Sie erschien anlässlich der Amtseinsetzung der EU-Außenbauftragten Catherine Ashton (Großbritannien) und des Ratspräsidenten Herman Van Rompuy (Belgien), die in der EU kaum bekannt waren. Rechts unten und auf den Gemälden sind die deutsche Bundeskanzlerin Angela Merkel und der französische Staatspräsident Nicolas Sarkozy abgebildet. Auf dem rechten Gemälde an der Wand wird Merkel in der Rolle der Germania dargestellt, die wie auch der deutsche Michel eine Nationalallegorie ist. Der Charakterisierung des französischen Staatspräsidenten dient das Bild Napoleons (Gemälde links).*

Methoden-Baustein

Hinweis: Das Buch enthält verschiedene Plakate, die analysiert werden können. Zum Beispiel: Seite 175, 210 und 232.

Politische Plakate analysieren

Plakate sind öffentliche Aushänge oder Anschläge, die informieren, werben oder zu Aktionen aufrufen. Um möglichst viele Menschen anzusprechen, werden sie überwiegend an stark frequentierten Standorten platziert. Ihr Ziel ist es, durch „plakative", also auffällige gestalterische Mittel und Schlagworte (Slogans) auf den ersten Blick zu wirken und durch eine meist suggestive, an das Unterbewusstsein gerichtete Botschaft in Erinnerung zu bleiben.

Politische Plakate gibt es – ob als Bekanntmachung der Regierung, als Protest gegen soziale Missstände oder zur Verteufelung des Kriegsgegners – in Deutschland seit Anfang des 19. Jahrhunderts. Bedeutung als Massenmedium erreichten sie jedoch erst in der Weimarer Republik. Da es nun zwar Pressefreiheit, aber noch kein Fernsehen und zunächst auch kein Radio gab, nutzten die Parteien Plakate als schlagkräftige Agitations- und Propagandamittel im Kampf um Wählerstimmen.

Wahlplakate geben keine Auskunft über das Wählerverhalten. Sie spiegeln jedoch in Wort und Bild die politischen Auseinandersetzungen und Ziele der Parteien sowie den Alltag, die Probleme und Grundhaltungen der Zeit. Auch nach dem Zweiten Weltkrieg spielten Plakate eine große Rolle im öffentlichen Raum für flächendeckende Bekanntmachungen und Kampagnen sowie in der Werbung.

Formale Kennzeichen

- Um welche *Art* von Plakat handelt es sich?
- *Wer* hat das Plakat geschaffen oder in *Auftrag* gegeben?
- *Wann* und *wo* ist es entstanden und *veröffentlicht* worden?

Plakatinhalt

- Wen oder was zeigt das Plakat auf welche Weise?
- Was wird thematisiert?
- Wie ist das Plakat aufgebaut?
  Achten Sie auf folgende *Gestaltungsmittel*: Verhältnis von Text und Bild, Perspektive, Haltung der Figuren, Schriftgröße und -art, Farben, Symbole, Übertreibungen, Verwendung bestimmter Stilmittel.
- Was bedeuten die Gestaltungsmittel?

Historischer Kontext

- Auf welches *Ereignis*, welchen *Sachverhalt* oder welche *Person* bezieht sich das Plakat?
- Was ist der *Anlass* für die Veröffentlichung?

Intention und Wirkung

- An wen wendet sich das Plakat?
- Ist es gegen jemanden gerichtet? Werden *Feindbilder* dargestellt?
- Welche *Aussageabsicht* verfolgt der Künstler bzw. Auftraggeber?
- Welche *Wirkung* soll das Plakat beim zeitgenössischen Betrachter erzielen?

Beispiel: Plakat von 2004 zur EU-Erweiterung

Analysieren Sie das Plakat mithilfe der Fragen auf Seite 228. Ihre Ergebnisse können Sie mit der Lösungsskizze unter dem Code 32033-30 vergleichen.

▲ **Plakat der Europäischen Kommission zur EU-Erweiterung am 1. Mai 2004.**

Der Lastkraftwagen *des deutschen Automobilherstellers Mercedes-Benz repräsentiert die deutsche Wirtschaft. Die Aufschrift EXPORT weist darauf hin, dass die Ausfuhr deutscher Produkte für den Wohlstand des Landes grundlegend ist.*

Das Parlamentsgebäude *in Budapest ist ein bekanntes Wahrzeichen der ungarischen Hauptstadt.*

Der populäre Schauspieler *Heinz Hoenig wirbt für die Erweiterung der EU. Das Hochkrempeln der Hemdsärmel steht für Entschlossenheit und Tatkraft.*

Der Kranz *von goldenen fünfzackigen Sternen auf blauem Grund ist das Symbol der EU und auf der Europaflagge abgebildet. Die Zahl 12 steht symbolisch für Vollständigkeit, Vollkommenheit und Einheit.*

Dem Sternenkranz *zugeordnet sind die Namen der zehn Staaten, die seit dem 1. Mai 2004 (was zugleich der Erscheinungstermin des Plakates ist) Mitglieder der EU sind.*

Geschichte kontrovers

Die Europäische Union – eine Erfolgsgeschichte?

Aus zwei Weltkriegen geht Europa geteilt und zerstört hervor. Die Hauptgegner der Vergangenheit, Deutschland und Frankreich, liegen in Schutt und Asche oder haben ihre globale Bedeutung verloren. Frieden in Sicherheit und Freiheit wird zur neuen Grundidee der beiden ehemaligen Feindstaaten. Ab 1951 entstehen in Westeuropa zunächst ein ökonomischer (EGKS und EWG) und dann ein politischer Zusammenschluss (EG, EU). 2012 erhält die EU den Friedensnobelpreis. Dieses Projekt hatte und hat aber immer auch seine Schattenseiten, seine ungeklärten Probleme. Eine wichtige Frage stellt sich daher: Ist die Geschichte der EU eine Erfolgsgeschichte?

M1 Das europäische Erfolgsmodell ist kein Gespenst von vorgestern, sondern Realität von heute

Paul Nolte, Professor an der Freien Universität Berlin, sagt 2012 in einem Interview:

Europa, das war nach dem Zweiten Weltkrieg eine Geschichte von Frieden und Wohlstand. Deutschland und Frankreich, die alten Feinde, reichten sich die Hand. Nach der Nazi-Diktatur fand die Bundesrepublik auf der europäischen Straße in die Völkergemeinschaft zurück. Überall, wo in Europa Diktaturen stürzten und die Menschen Freiheit erlangten, strebten sie nach Europa: in Spanien, Portugal und Griechenland seit den 70er-Jahren, und nach dem Fall des Kommunismus in ganz Mittel- und Osteuropa. Jetzt, inmitten der Krise, will Serbien Mitglied der Europäischen Union werden. Das europäische Erfolgsmodell ist kein Gespenst von vorgestern, sondern Realität von heute. [...]
Zugleich steckt Europa in der tiefsten Krise seiner Geschichte. Aber Griechenland aufgeben, einfach rausschmeißen? Das scheitert nicht nur an Verträgen und rechtlichen Verpflichtungen. Es scheitert vor allem an unserer inneren Verpflichtung zu europäischer Solidarität. Jetzt wird die Situation in Griechenland gerne mit der am Ende der DDR verglichen: eine marode Wirtschaft, ein kaputter Staat, beides international nicht wettbewerbsfähig. In Griechenland muss sich sehr viel ändern, wenn es weiter auf unsere Hilfsbereitschaft rechnen will. Das zu fordern ist keine deutsche Arroganz, sondern drückt das Gefühl der Zusammengehörigkeit aus. Die DDR war ein Teil Deutschlands. Griechenland ist ein Teil Europas. [...] Meine Vision heißt deshalb: Europa muss wieder ein politisches Projekt werden. Als Geldverteilungsmaschine, als Löcherstopf-Apparat hat es keine Zukunft. Die Politiker müssen besser erklären, wofür Europa gut ist.
Mit dem Hinweis auf den Zweiten Weltkrieg ist es nicht mehr getan. Denn selbst die meisten Großeltern können ihren Enkeln davon nicht mehr berichten. Aber sie können erklären, dass die Zugehörigkeit zu Europa viel mehr ist als ein unverständlicher Rettungsschirm. Es ist der Schutz von Freiheit und Menschenrechten. Es ist die Bewegungsfreiheit über Grenzen, die erst zwei Jahrzehnte offen stehen. Es ist, gerade in Deutschland, Grundlage unseres Wohlergehens, auch im privaten Leben, vom Arbeitsplatz bis zu Reisen und Konsum.
Daran müssen alle Generationen mitwirken. [...] Die mittlere Generation, die jetzt Verantwortung trägt, muss klarer von Europa sprechen statt nur emsig, aber ohne Kompass eine Krise zu bewältigen. Und die Jüngeren, zum Beispiel die Zwanzig-, Dreißigjährigen: Für sie ist Europa längst Alltag – der Kollege am Arbeitsplatz, der günstige Flug nach Spanien, ohne Pass und Geldumtausch. Sie müssen den europäischen Staffelstab weitertragen. Wir müssen kein schlechtes Gewissen haben, die alltäglichen Vorzüge eines geeinten Europa zu genießen. Aber wir müssen wissen, dass es sie ohne politischen Willen und ohne europäische Solidarität nicht gibt.

Interview mit Paul Nolte vom 3. März 2012, nach: www.bild.de/politik/inland/europaeische-union/historiker-paul-nolte-beurteilt-euro-krise-22945040.bild.html (Zugriff: 27 August 2013)

M2 „Der Kontinent steht politisch wie militärisch nicht auf eigenen Füßen“

Der Historiker Walter Laqueur leitet lange Zeit das Institut für Zeitgeschichte in London und arbeitet später am Center for Strategic and International Studies in Washington. In einem Interview äußert er sich im Jahr 2013 zur Situation der EU:

Spiegel: Herr Laqueur, Sie haben Europa und die Europäer in den besten wie in den schlechtesten Zeiten erlebt. [...] Wie fällt die Bilanz aus [...]?
Laqueur: Als Wirtschaftsmacht und Handelspartner wird Europa wohl auch künftig Einfluss behalten. Aber bis heute steht der Kontinent politisch und militärisch nicht auf eigenen Füßen. Das wäre nicht so wichtig, wenn Machtpolitik keine Rolle mehr spielen würde und Konflikte friedlich durch die Vereinten Nationen oder den Internationalen Gerichtshof geregelt worden wären. Die Konflikte sind jedoch nicht zu-

rückgegangen, der Fanatismus und die Leidenschaften in ihnen brennen weiter [...]

Spiegel: Warum sollte die EU nicht der Champion der „soft power", der sanften Macht, sein können?

Laqueur: Freiheit, Menschenrechte, soziale Gerechtigkeit – wunderbar, ich will die Errungenschaften der europäischen Gesellschaften auf diesen Feldern nicht schmälern. Aber ein Vorbild? Europa ist viel zu schwach, um eine zivilisierende oder moralische Rolle in der Weltpolitik zu spielen. Schöne Reden und wohlmeinende Ermahnungen haben wenig Gewicht, wenn sie aus einer Position der Schwäche heraus vorgetragen werden. [...] Ich fürchte, Europa hat seinen moralischen Kredit weitgehend verspielt. Es scheut sich, Sanktionen zu verhängen; es tut sich unendlich schwer, in Krisen außerhalb Europas zu intervenieren. [...]

Spiegel: Der Euro-Optimismus ging damals so weit, dass sogar in den USA in Büchern, Vorträgen und Essays vorausgesagt wurde, das 21. Jahrhundert werde das Jahrhundert Europas werden.

Laqueur: Um die Jahrtausendwende zeigten sich die europäischen Staats- und Regierungschefs auf ihren Gipfeltreffen überzeugt, dass Europa dabei sei, ein leuchtendes Beispiel zu werden, ein Vorbild für die Nationen, mit seinen internationalen Tugenden, seinen gemeinsamen Werten, seinem Sozialstaatsmodell und dem System der zwischenstaatlichen Beziehungen. [...] Diese Euphorie hatte wahrscheinlich mehr mit einer Enttäuschung über Amerika [...] zu tun als mit den wahren Umständen in Europa.

Der SPIEGEL, 30/2013, S. 108-110

M3 Politische Enteignung der Bürger

Hans Magnus Enzensberger, deutscher Dichter, der sich leidenschaftlich immer wieder Zeitfragen zuwendet, kritisiert unter dem Titel „Wehrt euch gegen die Bananenbürokratie!" 2010 in der „Frankfurter Allgemeinen Zeitung" die Europäische Union:

Meine Lobrede auf die Europäische Union ist kurz. In der Geschichte unseres Erdteils gibt es nur wenige Jahrzehnte, in denen der Friede geherrscht hat. Zwischen den Staaten, die diesem Bund angehören, ist es seit 1945 zu keinem einzigen bewaffneten Konflikt mehr gekommen. Das ist eine Anomalie, auf die Europa stolz sein kann.

Auch über eine Reihe von anderen Annehmlichkeiten können wir uns freuen. Sie sind inzwischen so selbstverständlich geworden, dass sie uns kaum noch auffallen. Ich bin aber alt genug, um mich daran zu erinnern, wie mühsam es nach dem Zweiten Weltkrieg war, ein benachbartes Land zu betreten. [...]

Schon seit der Gründung der Europäischen Gemeinschaften haben Ministerrat und Kommission dafür gesorgt, dass die Bevölkerung bei ihren Beschlüssen nichts mitzureden hat. Als hätte es die Verfassungskämpfe des neunzehnten und zwanzigsten Jahrhunderts nie gegeben, haben sie sich von Anfang an auf eine Kabinettspolitik verständigt, die alles Wesentliche im Hinterzimmer aushandelt. Dass dieser Rückfall in vorkonstitutionelle[1] Zustände durch kosmetische Korrekturen zu heilen wäre, glaubt inzwischen niemand mehr. Das viel beschworene demokratische Defizit ist also nichts weiter als ein vornehmer Ausdruck für die politische Enteignung der Bürger.

Damit befinden sich die Akteure in einer äußerst komfortablen Situation. Anders als in einem klassischen Rechtsstaat gibt es im Regime der Europäischen Union keine richtige Gewaltenteilung. [...] Die Kommission hat praktisch ein Monopol für die Gesetzesinitiative. Sie verhandelt und entwirft ihre Richtlinien hinter geschlossenen Türen. Die Kontrolle durch das Europaparlament ist schwach. Es kann nur über etwa vierzig Prozent des Budgets entscheiden. Die klassische Regel „No taxation without representation" hat hier keine Gültigkeit. Die über fünfzehntausend Lobbyisten, die in Brüssel tätig sind, haben mehr Einfluss auf die Entscheidungen der Kommission als alle Abgeordneten. [...]

Was aber die Bewohner unseres Erdteils am meisten nervt, ist der Regelungswahn der Brüsseler Behörden. [...] Es gibt einen schönen Satz des deutschen Philosophen Odo Marquard, den man der Eurokratie gerne hinter die Ohren schreiben möchte: „Es kommt nicht darauf an, die Welt zu verändern, sondern sie zu verschonen." Leider folgt man in Brüssel lieber einer anderen Maxime. Sie lautet: Augen zu und durch. Nun fällt es den Angehörigen einer jeden politischen Klasse natürlich schwer einzusehen, dass sie nicht unsere Herren, sondern unsere Diener sind.

Hans Magnus Enzensberger, Wehrt euch gegen die Bananenbürokratie!, in: FAZ vom 3. Februar 2010, Nr. 28, S. 27

1. *Analysieren Sie, welche Argumente die Autoren von M1 bis M3 anführen, die für oder gegen das „Erfolgsmodell Europa" sprechen.*
2. ➕ *Arbeiten Sie die Kriterien, nach denen die Autoren urteilen, heraus. Auf welche Bereiche beziehen sich die positiven und die negativen Aussagen jeweils? Stellen Sie Ihre Ergebnisse in einer Mindmap dar.*
3. *Überprüfen Sie die hier präsentierten Argumente anhand der Informationen im Darstellungstext auf Seite 204 bis 222.*
4. *Die EU – eine Erfolgsgeschichte? Nehmen Sie zu dieser Frage Stellung.*

[1] **vorkonstitutionell**: bevor es Verfassungen gab

EU-Skepsis und -Feindlichkeit

▲ **Wahlwerbung der AfD.**
Foto vom August 2013, Göttingen.
Das Plakat wurde anlässlich der Bundestagswahl 2013 veröffentlicht.

▲ **Wahlwerbung der FPÖ.**
Foto vom Mai 2014, Wien.
Das Plakat der FPÖ (Freiheitliche Partei Österreichs) entstand anlässlich der Wahl zum Europaparlament im Jahre 2014.

- *Analysieren Sie die beiden Plakate vergleichend hinsichtlich Gestaltung, Inhalt, Anlass und Zielgruppe.*

Populismus als Gefahr für eine Demokratie? Seit den 1990er-Jahren ist überall in Europa und in Nordamerika zu beobachten, dass populistische und nationalistische Gruppierungen und Politiker einen wachsenden Zulauf haben. *Marie Le Pen* und der *Front National* in Frankreich, der *Vlaams Belang* (ehemals Vlaams Blok) in Belgien, die *FPÖ* in Österreich, *Wladimir Putin* in Russland oder die *Alternative für Deutschland* (AfD) in der Bundesrepublik Deutschland setzten und setzen stark auf populistische Methoden. Auch der US-amerikanische Präsident *Donald Trump* hat in seinem Wahlkampf mehr mit Schlagworten und Ängsten, als mit Argumenten gearbeitet. Stets behauptete er, gegen das „Establishment" zu stehen, obwohl er als Multimilliardär ein Teil des ökonomischen Establishments der USA war und ist.

Aber was ist eigentlich unter *„Populismus"* (lat. populus: Volk) genau zu verstehen? Der Begriff lässt sich nur schwer definieren, weil es sehr viele unterschiedliche Formen gibt. Diese können oft nicht eindeutig voneinander abgegrenzt werden. Populismus ist keineswegs auf rechte oder auf rechtsradikale Bewegungen beschränkt. Es gibt Linkspopulismus oder andere Varianten, die sich nur auf einzelne Themen (z. B. Umwelt, Tierschutz, Ernährung, Energiepolitik, Sozialpolitik oder den Euro als Währung) beziehen.

Wissenschaftler sprechen von Populismus, wenn Politiker oder Journalisten komplizierte und schwierige Sachverhalte drastisch vereinfachen, um damit eine bestimmte Gruppe von Wählern oder von Lesern zu mobilisieren. Hierbei werden keine durchdachten Argumente diskutiert, sondern es wird vage an Emotionen, an Vorurteile und vor allem an Befürchtungen appelliert. Eben weil die gefühlsmäßige Ebene bei Populisten so eine große Rolle spielt, ist die sachliche Auseinandersetzung mit dem Populismus schwierig. Auch geht es häufig den Ländern, in denen Populisten Karriere machen, ökonomisch gut. Dennoch wird mit wirtschaftlichen oder sozialen Ängsten vor einem Abstieg argumentiert, auch spielen kulturelle Bedrohungsszenarien eine Rolle. Populismus kann zu einer Gefahr für die Demokratie werden, wenn rationale und durchdachte Argumente an den Rand gedrängt, und politische Entscheidungen nur noch nach Emotionen getroffen werden.

Allerdings ist es schwierig, Populismus klar von anderen Formen der Agitation oder der Wahlwerbung abzugrenzen. Politiker sind gezwungen, in ihren Reden oder Stellungnahmen zu vereinfachen und griffige Schlagworte zu verwenden, weil das Publikum und selbst die eigene Anhängerschaft schnell weghören würden, wenn eine langatmige wissenschaftliche Auseinandersetzung mit einem umstrittenen Problem stattfinden würde. Charakteristisch für Populismus ist, dass er behauptet, auf der Seite des „einfachen Volkes" zu stehen und gegen die etablierten gesellschaftlichen und politischen Eliten zu agieren, die entweder korrupt seien oder die die wirklichen Probleme des Landes nicht mehr verstünden. Populisten suchen gerne nach Sündenböcken und nach Feindbildern, oder sie proklamieren Verschwörungstheorien.

Das „einfache Volk", auf das sich Populisten gerne berufen, existiert in der Realität aber gar nicht. Moderne Gesellschaften sind komplex strukturiert, sie bestehen aus unterschiedlichen sozialen Schichten, differenzierten Berufsgruppen und verschiedenen Milieus. Die unterschiedlichen Interessen, die bei den jeweiligen Gruppen bestehen und die untereinander in mühsamen politischen Kompromissen kontinuierlich ausgehandelt werden müssen, werden von Populisten ignoriert. Deshalb haben sie häufig

Erfolge bei denjenigen Menschen, die zu den Verlierern in einer Gesellschaft gehören oder die sich als solche fühlen, weil sie vom sozialen Abstieg bedroht sind. Zugleich grenzen rechte Populisten scharf aus: Minderheiten, sexuelle Randgruppen oder Migranten werden als bedrohliche Gefahr dargestellt, oft steigert sich diese Sichtweise bis hin zu offener Fremdenfeindlichkeit oder zu Rassismus. In den letzten Jahren haben sich populistische Politiker besonders auf den Islam konzentriert, der in einer extremen und sachlich falschen Vereinfachung mit dem Terrorismus gleichgesetzt wurde.

Ein neuer Nationalismus in Europa? Nach 1945 hat sich in ganz Europa der Nationalismus abgeschwächt, weil die katastrophalen Folgen in zwei Weltkriegen zu deutlich spürbar gewesen waren. Stattdessen wurden übernationale Organisationen wie die EWG/EU[1], die UNO/UN[2] oder die NATO gebildet. Ganz verschwunden ist der Nationalismus jedoch niemals. Er unterscheidet sich vom Begriff *Patriotismus* (Vaterlandsliebe) wie folgt: Patriotismus bedeutet, auf die eigene Heimat, den eigenen Staat oder auf die Leistungen des eigenen Volkes stolz zu sein. Andere Länder, Völker, Menschen oder Religionen werden dabei aber nicht herabgesetzt, sondern als gleichwertig akzeptiert. Der Nationalismus hingegen behauptet, das eigene Land sei besser als alle anderen und sei grundsätzlich überlegen. Nationalisten bilden Hierarchien, in denen Völker oder Staaten klassifiziert werden und glorifizieren das eigene Land. Häufig treten Nationalisten aggressiv auf und verfolgen nur ihre eigenen Interessen. Zu Kompromissen, die sowohl in einer Demokratie, als auch bei internationalen Verhandlungen zwischen Regierungen notwendig sind, sind sie deshalb nur bedingt fähig.

Seit einigen Jahren ist ein Wiedererstarken nationalistischer Vorstellungen zu beobachten. Häufig steht in Europa dahinter die Befürchtung, dass die eigenen politischen, wirtschaftlichen, sozialen oder auch kulturellen Interessen durch eine unpersönliche und kaum überschaubare Bürokratie in Brüssel nicht wahrgenommen würden. In vielen Staaten Ost- und Ostmitteleuropas entstanden nach dem Zusammenbruch der Sowjetunion ebenfalls starke nationalistische Bewegungen, die einen Beitritt zur EU ablehnten. Die Gefahr schien groß zu sein, dass man einen Teil der gerade mühsam erworbenen Unabhängigkeit an eine anonyme Organisation wieder abtreten musste, über die in der breiten Bevölkerung nur wenig bekannt war. Diese Bewegungen haben sich zwar nicht durchgesetzt, eine erhebliche EU-Skepsis ist aber in Polen, Ungarn oder in Tschechien weiter vorhanden. Zwar profitiert beispielsweise die Tschechische Republik wirtschaftlich erheblich von der EU, in fast allen Parteien besteht aber eine versteckte oder offene Furcht, von der scheinbar übermächtigen Bundesrepublik Deutschland, dem politisch und wirtschaftlich stärksten Land der EU, dominiert zu werden.

Die Gründe für das Wiedererstarken nationalistischer Bewegungen und Ideen sind vielfältig – es gibt nicht den einen, entscheidenden Grund. Fachleute heben hervor, dass Nationalismus auf fruchtbaren Boden fällt, wo Menschen verunsichert sind oder glauben, von den etablierten Parteien und von den politischen Institutionen nicht ernst genommen zu werden. Auch die Furcht vor wirtschaftlichem Abstieg kann ein Grund für steigenden Nationalismus sein, wenn angenommen wird, dass Ausländer oder Migranten dem eigenen Volk die Arbeitsplätze wegnehmen. Dabei spielt keine Rolle, ob dieses Faktum korrekt ist: Manchmal handelt es sich um ein Gefühl der Bedrohung, das zwar politisch wirkungsvoll sein kann, das aber nicht mit der Realität überein-

Internettipp
Einige Online-Zeitungsartikel, die sich mit gegenwärtigen Auswirkungen des Nationalismus in Europa beschäftigen, finden Sie unter dem Code 32033-31.

[1] Zur EWG siehe nochmal Seite 209.
[2] Über die UNO informiert Seite 205, Fußnote 1.

stimmt. In vielen Formen des Nationalismus findet sich auch ein ausgeprägter Rassismus. Allerdings wird dieser häufig nur indirekt geäußert, weil offen rassistische oder nationalsozialistische Äußerungen in der Bundesrepublik Deutschland aus gutem Grund als Volksverhetzung strafbar sind und in extremen Fällen sogar mit Gefängnis geahndet werden können.

▲ **„Yes Scotland"-Kampagne.** *Foto vom September 2014, George Square in Glasgow. 2014 stimmten die Schotten in einem Referendum über ihre Unabhängigkeit von Großbritannien ab. Dieses Referendum scheiterte jedoch.*

- *Informieren Sie sich im Internet über das Referendum. Entwickeln Sie anschließend in Partnerarbeit Argumente für und gegen eine Abspaltung von Großbritannien.*

ETA (Euskadi Ta Askatasuna, dt.: Baskenland und Freiheit): eine separatistische Gruppe, die 1959 gegründet wurde und die später mit terroristischen Methoden für die Unabhängigkeit des Baskenlandes im Norden Spaniens kämpfte

Referendum: Abstimmung der wahlberechtigten Bürger

Regionale Nationalbewegungen Rechtspopulistische und nationalistische Bewegungen müssen sich keineswegs nur auf die Nation als Ganzes beziehen. In einigen europäischen Ländern gibt es starke regional geprägte Nationalismen, die eine Unabhängigkeit von der Zentralregierung anstreben. Die Nationalbewegungen benutzen dabei historische Argumente, in denen behauptet wird, das „eigene" Volk sei von einer fremden Zentralmacht schon immer unterdrückt worden.

In Spanien existiert beispielsweise eine einflussreiche *Unabhängigkeitsbewegung in Katalonien*. Im Herbst 2017 wagte diese die offene Machtprobe mit der Zentralregierung in Madrid, die ebenfalls eine harte Linie verfolgte. Die katalanischen Separatisten versuchten, eine Volksabstimmung über die Unabhängigkeit durchzuführen, obwohl das spanische Verfassungsgericht dieses Votum verboten hatte. Angeblich stimmten 90 Prozent für die Unabhängigkeit. Doch diese Zahl lässt sich nicht überprüfen: Viele Wahlurnen wurden im Vorfeld von der Polizei beschlagnahmt, auch gab es weder Wahllisten noch eine unabhängige Wahlkommission.

Darüber hinaus lassen sich weitere Beispiele nennen:

- Im spanischen Baskenland oder im britischen Nordirland haben regionale nationalistische Bewegungen mehrere Jahrzehnte offen terroristische Aktionen begangen. Erst 2011 stellte die **ETA** den bewaffneten Kampf gegen die Regierung in Madrid ein. Die katholische *IRA* (Irish Republican Army) in Nordirland hat offiziell 2005 ihren terroristischen Krieg gegen die britische Regierung beendet, strebt aber immer noch nach einer politischen Lösung. In diesem Konflikt sind etwa 3500 Menschen ums Leben gekommen, wovon die Hälfte der Zivilbevölkerung zugerechnet wird.
- In Italien hofft die *Lega Nord* auf eine Trennung von Süditalien, das von der rechtspopulistischen Partei als negativ wahrgenommen wird. So wird Süditalien als korrupt und von der Mafia beherrscht angesehen.
- 2014 fand in Schottland ein **Referendum** über die Unabhängigkeit von Großbritannien statt, das nur mit knapper Mehrheit abgelehnt wurde. Dabei hatte die britische Regierung in der Vergangenheit den Schotten große Zugeständnisse gemacht. Beispielsweise besitzt Schottland seit 1999 ein eigenes Parlament, das über erhebliche regionale Befugnisse verfügt. Schottischen Nationalisten reichen diese Kompetenzen aber nicht aus.

Das Erstarken rechtspopulistischer und nationalistischer Bewegungen Skeptische Stimmen gegenüber der Europäischen Gemeinschaft gab es bisher in allen Ländern. Bei der Einführung des Euro haben in Deutschland beispielsweise viele Menschen die D-Mark, die für wirtschaftliche Stabilität stand, nur ungern aufgegeben. Ebenfalls kann diskutiert werden, ob die Einführung des Euro in Griechenland ein Fehler gewesen sei.

▲ **Zustimmung und Protest zur Flüchtlingspolitik.**
Foto von 2017, Hamburg.

- *Bilden Sie zwei Arbeitsgruppen: Die eine sucht nach Argumenten für eine bedingungslose Grenzöffnung, die andere für eine sofortige und vollständige Schließung der Grenzen. Diskutieren Sie anschließend wie ein möglicher Kompromiss aussehen und man populistischen Vorstellungen sachlich begegnen könnte.*

Auch ist oft das sogenannte Demokratiedefizit der EU beklagt worden. Zwar existiert das frei und demokratisch gewählte Europäische Parlament, doch verfügt es nur über geringe Kompetenzen. Die eigentliche Macht – so die Kritik – liege bei einer anonymen Bürokratie, die ihre Entscheidungen nicht vor der Öffentlichkeit rechtfertigen muss. Das bedeutet aber nicht, dass jeder, der Vorbehalte gegenüber der EU oder gegen einzelne ihrer Maßnahmen äußert, automatisch auch ein rechter Nationalist ist. Die kritische Auseinandersetzung mit einem Sachverhalt oder mit einer Institution ist in einer Demokratie ganz selbstverständlich und legitim.

Ein rechtsradikales oder rechtspopulistisches Potential hat es in der Bundesrepublik Deutschland immer gegeben. Einige Politikwissenschaftler schätzen dieses auf ca. fünf bis zehn Prozent der Wähler. Trotz vieler Versuche ist es aber vor 2017 nicht gelungen, dieses Potential in einer Partei zu organisieren. Entweder haben diese Personen für Splitterparteien gestimmt, oder sie haben mit dem rechten Flügel von CDU/CSU sympathisiert. Viele sind auch gar nicht zur Wahl gegangen. Hinzu kommen Protestwähler, die keineswegs alle „rechts“ sind: Nachweislich stimmten Wähler, die ursprünglich der SPD oder der Linkspartei nahestanden, für die AfD, weil sie sich seit den Arbeitsmarktreformen der Regierung Gerhard Schröder (vor allem Hartz IV) von den Sozialdemokraten nicht mehr vertreten fühlten.

Die Öffnung der deutschen Grenzen durch Bundeskanzlerin *Angela Merkel* hat populistischen Politikern in Deutschland und in großen Teilen Europas erheblichen Auftrieb gegeben. Die sogenannte *„Flüchtlingsproblematik“* oder „Flüchtlingskrise“ wurde zu einem Thema, das polarisierte. Auch hier muss hervorgehoben werden, dass keineswegs jeder, der gegen die Öffnung der Grenzen war oder der später die AfD gewählt hat, auch anfällig für Populismus oder für rechtsradikale Parolen war und ist. Häufig bestand die Furcht, dass die deutsche Gesellschaft durch die unkontrollierte Einwanderung von Menschen, die einen ganz anderen kulturellen Hintergrund haben, überfordert sein würde. Aber dieses emotional stark besetzte Thema, das häufig mit einer vagen Furcht vor muslimischer Radikalisierung und vor islamischem Terrorismus kombiniert wurde, eignete sich, populistischen Vorstellungen Raum zu geben (▸ M1).

In Ost- und in Ostmitteleuropa weigerten sich mehrere Staaten strikt, Migranten aus muslimischen Ländern aufzunehmen. Dahinter stand keine grundsätzliche Fremdenfeindlichkeit. So ist die tschechische Hauptstadt Prag heute beispielsweise eine weltoffene und internationale Metropole. Die Tschechische Republik hat auch während der Kriege im ehemaligen Jugoslawien in den 1990er-Jahren im großen Stil Flüchtlinge aufgenommen. Sehr starke Vorbehalte bestehen aber gegenüber dem Islam. Ein Grund hierfür liegt in der fehlenden Erfahrung im Umgang mit Muslims. Anders als in der Bundesrepublik Deutschland, wo bereits seit den 1960er-Jahren viele türkische Gastarbeiter lebten, hat es in Tschechien niemals eine nennenswerte Zuwanderung aus einem islamischen Land gegeben. Auch deshalb wurde Merkels Politik der Grenzöffnung hier grundsätzlich abgelehnt, und skeptische Stimmen gegenüber der EU, die angeblich von Deutschland beherrscht würde, haben sich verstärkt zu Wort gemeldet.

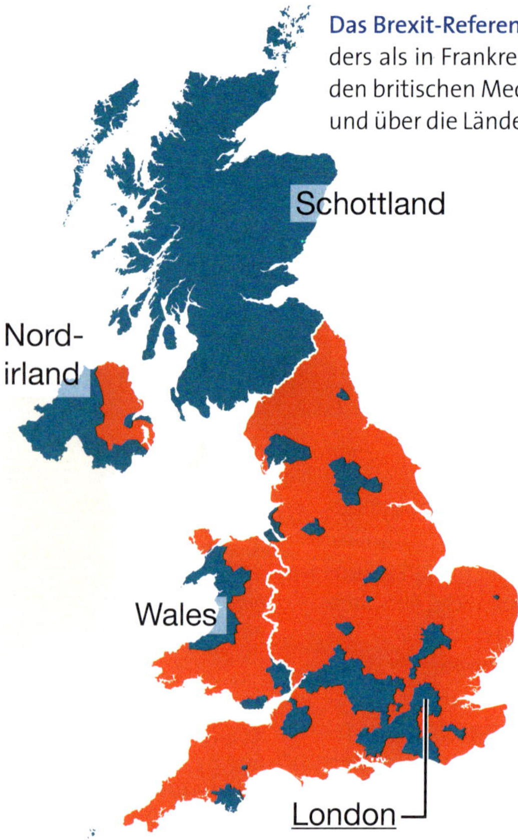

▲ **23. Juni 2016: Die Briten stimmen für den EU-Austritt.**
Die Karte zeigt, wie die Wähler in den 382 Wahlkreisen mehrheitlich abstimmten: blau – ein Mitglied der EU bleiben, rot – die europäische Union verlassen.
Die genauen Abstimmungsergebnisse der einzelnen Wahlkreise können anhand einer digitalen Karte auf Zeit-Online abgerufen werden, siehe dazu den Code 32033-32.

Das Brexit-Referendum Die Idee „Europa" war in der britischen Öffentlichkeit – anders als in Frankreich oder Deutschland – nie besonders populär. Zeitweise wurde in den britischen Medien mehr über die englischsprachige Welt (vor allem über die USA) und über die Länder des ehemaligen Empires wie Indien, Kanada, Australien oder Südafrika berichtet, als über den europäischen Kontinent. Der Beitritt zur Europäischen Gemeinschaft 1973 erfolgte relativ spät und hatte nichts mit einer Begeisterung für Europa zu tun, sondern resultierte aus einem ökonomischen Pragmatismus. Als Mitglied bestand die Möglichkeit, Entscheidungen mitzubestimmen oder zu verhindern. Außerdem bot der gemeinsame Markt der britischen Industrie sowie vor allem den Londoner Banken und der britischen Finanzwirtschaft große Chancen. Die Vorstellung einer politischen Union wurde in Großbritannien aber mehrheitlich abgelehnt, und die Einführung des Euro stand niemals auf der Tagesordnung.

Der britische Entschluss, aus der EU auszutreten, hat eine komplizierte Vorgeschichte. Eigentlich wollte Premierminister *David Cameron* (Konservative Partei), der eine vorsichtige proeuropäische Politik verfolgte, ein Zeichen setzen und durch eine Volksbefragung einen stärkeren Rückhalt als zuvor erzielen. Im Wahlkampf hatte er schon im Januar 2013 den Briten ein Referendum über den Verbleib Großbritanniens in der EU versprochen. Innerhalb seiner eigenen Partei war das Projekt „Europa" umstritten, und Cameron versuchte, diese Gräben mit der Volksabstimmung zu überbrücken. Auch hoffte er, die Drohung mit dem Austritt gegenüber den EU-Partnerländern benutzen zu können, um für Großbritannien bessere Bedingungen als zuvor auszuhandeln. Er war sicher, dass er diese Abstimmung gewinnen würde, weil er die Kosten eines wirklichen EU-Austritts als viel zu hoch einschätzte. Camerons Politik barg aber Risiken, die unterschätzt wurden. Die Europa-Gegner organisierten sich schnell in verschiedenen Gruppierungen, von denen die *United Kingdom Independence Party* (Ukip) die wichtigste wurde. Die ohnehin weit verbreitete Skepsis gegenüber der EU war ferner in den vorhergehenden Jahren durch die Griechenlandkrise und durch eine zunehmende Einwanderung nach Großbritannien verstärkt worden (▸ M2). Auch die einflussreiche Boulevard-Presse heizte die Stimmung gegen Europa an. So schrieb beispielsweise die englische Tageszeitung „The SUN" auf dem Titelblatt ihrer Ausgabe am Abstimmungstag: „BeLeave in Britain: You can free UK from clutches of the EU today".

Dennoch rechnete niemand ernsthaft mit einem Austritt. Unter den Eliten war die Begeisterung für „Europa" zwar gering, doch schien es ein Gebot der wirtschaftlichen und politischen Vernunft zu sein, in der Gemeinschaft zu bleiben. Viele wichtige britische Institutionen warnten eindringlich vor einem Austritt. Auch die europäischen Partnerländer glaubten fest an einen Sieg des *Remain-Lagers* (Befürworter der EU). Der Ausgang der Wahl am 23. Juni 2016 kam dann für alle Beteiligten völlig überraschend: 51,9 Prozent stimmten für und 48,1 Prozent gegen den Austritt. David Cameron zog die Konsequenzen und trat als Premierminister zurück. *Theresa May* wurde zu seiner Nachfolgerin ernannt. Die Wahlbeteiligung war mit 72,2 Prozent der registrierten Wähler hoch, wovon vor allem das *Leave-Lager* (Gegner der EU) profitiert hatte. Zum Vergleich: Bei der Parlamentswahl im Jahr davor hatten 66,1 Prozent der Briten abgestimmt, bei der Europawahl von 2014 waren es nur rund 36 Prozent gewesen.

◂ **Brexit-Gewinner.**
Karikatur von Kostas Koufogiorgos vom 24. Juni 2016.
- *Arbeiten Sie aus der Karikatur heraus, welche Position der Zeichner zum Brexit einnimmt.*
- *Analysieren Sie anhand der Karikatur den Zusammenhang zwischen dem Brexit und den Begriffen „Nationalismus" und „Populismus". Lesen Sie dazu nochmal den Darstellungstext auf Seite 232 f.*

Eine detaillierte Analyse des Abstimmungsergebnisses zeigt mehrere Trends:
- Erstens bestand ein deutlicher Stadt-Land-Gegensatz. In den großen Städten wurde für Europa, in den Kleinstädten und auf dem Land gegen Europa abgestimmt.
- Zweitens gab es ein klares Nord-Süd-Gefälle: Die – traditionell eher linken – schottischen Wähler entschieden sich eindeutig für den Verbleib in der Union, während die Engländer eher dagegen waren: 62 Prozent der Schotten, also fast zwei Drittel der Bevölkerung, wollte in der EU bleiben. Viele Schotten sahen die EU als ein wichtiges Gegengewicht zur Dominanz von London an. Der Entschluss zum Austritt verlieh auch der zuvor geschwächten schottischen Unabhängigkeitsbewegung wieder Auftrieb.
- Drittens spielte bei der Abstimmung der Faktor der Bildung und des Einkommens eine sehr wichtige Rolle. Je besser eine Person ausgebildet war, desto wahrscheinlicher war eine pro-europäische Ausrichtung. In Leave-Gegenden lag das durchschnittliche Einkommen bei 18 000 Pfund, in Remain- Regionen bei 32 000.
- Viertens waren Altersunterschiede wichtig für das Abstimmungsverhalten. Die junge Generation war klar für Europa, die ältere ebenso deutlich dagegen. Der typische Europagegner gehörte also der älteren Generation an, war weniger gebildet, hatte ein geringeres Einkommen und lebte auf dem Land. Der typische Anhänger Europas war jung, gut ausgebildet und lebte in der Großstadt.

Motive für den EU-Austritt des Vereinigten Königreiches ▀ Die Motive, warum viele Briten die EU verlassen wollten, sind vielschichtig. Schon seit dem Beitritt zur EU bestand in großen Teilen der Bevölkerung eine Abneigung gegen die Bürokratie in Brüssel, die als unpersönlich und als zu kompliziert wahrgenommen wurde. Obwohl die britische Regierung zahlreiche Sonderregelungen innerhalb der EU durchsetzte, schien Brüssel die nationalen britischen Interessen nicht wirklich zu vertreten. Ein weiterer wichtiger Grund für die Brexit-Mehrheit bestand darin, dass viele Einwanderer aus EU-Staaten nach Großbritannien gekommen sind. Anders als in Deutschland hat es aber nur wenige Flüchtlinge aus islamischen Staaten gegeben. Zwischen Juni 2015 und

Juni 2016 wanderten 336 000 Menschen ins Vereinigte Königreich ein. Damit verdoppelte sich die Zahl der Einwanderer seit der Jahrtausendwende. Bei einigen dieser Migranten handelte es sich um gut oder sogar hochqualifizierte Menschen, die beispielsweise als Ingenieure, als Bankiers oder als Professoren an den Universitäten arbeiten. Die meisten waren aber wenig gebildete Arbeitskräfte aus Polen oder der Slowakei, die im Billiglohnsektor tätig sind. Deshalb entstand bei vielen Engländern ein wachsendes Gefühl der Fremdenfeindlichkeit. Es wurde befürchtet, dass die Neuankömmlinge ihnen die Arbeitsplätze wegnehmen würden (▸ M3).

Diese Gegensätze lassen sich gut erkennen, wenn zwei typische Wahlkreise miteinander verglichen werden. In London, wo vor allem eine jüngere, gebildete und internationale Bevölkerung lebt, gewann klar das Remain-Lager. In der *City of London*, wo sich unter anderem das Bankenviertel befindet, erhielt es sogar mehr als drei Viertel der Stimmen. Hingegen gewann in East Anglia, einer Gegend im Osten Englands, ebenso klar das Leave-Lager. Die Region, in der viele Einwanderer aus Osteuropa für sehr geringe Löhne arbeiten, ist ländlich mit einigen kleinen Städten geprägt und wird vor allem von älteren Menschen mit geringem Bildungsniveau bewohnt.

Die Folgen des britischen Austritts Für die meisten Menschen in der EU war das Abstimmungsergebnis ein Schock. Zunächst triumphierten die rechten Populisten. Marie Le Pen, die Vorsitzende der Partei Front National in Frankreich, sprach von einem „Sieg der Freiheit". Auch andere rechtsextreme Politiker hofften auf einen Dominoeffekt und auf den Zerfall der EU. Deshalb war die EU gezwungen, schnell und entschlossen zu reagieren. Das britische Ausscheiden wurde zwar bedauert, den Briten wurden aber nun harte Austrittsverhandlungen angekündigt, um Nachahmer in anderen europäischen Ländern abzuschrecken. Auch begann eine intensive Diskussion um die Frage, ob die EU reformiert werden müsse, und wie man den Menschen ihre Bedeutung besser als zuvor vermitteln könne. Einige Politiker und Journalisten hoben hervor, dass der Brexit deshalb nicht nur eine Krise, sondern auch eine Chance für das europäische Projekt sei. Es bestünde nun die Möglichkeit, die Europäische Gemeinschaft neu zu definieren und eine offene Diskussion um die Frage zu führen, welche ökonomischen, politischen, sozialen und kulturellen Perspektiven in der Zukunft für Europa bestehen würden.

M1 Ursachen und Gründe für den Erfolg national-konservativer Parteien

a) Aus einer Wahlanalyse der „ZEIT" zur Landtagswahl in Baden-Württemberg 2016, die dem Erfolg der AfD nachgeht:

Die Daten zu den Landtagswahlen bestätigen, was sich im Vorfeld schon andeutete: Die AfD wird zu großen Teilen von jenen gewählt, die jahrzehntelang als sozialdemokratische Kernklientel galten – aber die SPD schon spätestens seit der Schröder'schen Agenda-Politik nicht mehr wählen, weil sie sich von ihr nicht mehr vertreten fühlen. Stattdessen gingen sie gar nicht mehr zur Wahl oder sie wechselten das politische Lager – bis sie sich bei dieser Landtagswahl dann der AfD zuwandten, wie die aktuellen Daten zur Wählerwanderung zeigen. Unter Arbeitern und Arbeitslosen erzielte die AfD in allen drei Bundesländern herausragende Ergebnisse. In Sachsen-Anhalt wählte mehr als ein Drittel von ihnen AfD, in Baden-Württemberg fast 30 Prozent. [...]
Brisant ist zudem: Nicht nur Bürger mit einfacher, sondern vor allem mit mittlerer Bildung haben die AfD gewählt. Damit gelingt es der Partei nicht nur, die Abgehängten zu mobilisieren, sondern auch Teile der Mittelschicht zu erreichen. Jene, die zwar nicht entkoppelt sind, aber dem Aufstiegsversprechen moderner Gesellschaften offenbar keinen Glauben mehr schenken und sich durch Veränderungen in erster Linie gefährdet sehen. Die Flüchtlingskrise scheint ihnen der Kulminationspunkt bedrohlicher Entwicklungen. Fast kein AfD-Wähler glaubt, dass die Bundesregierung die Lage in den Griff bekommt. Die Ergebnisse der Landtagswahlen liegen damit im Trend anderer westeuropäischer Staaten.

b) Aus einem Artikel über die Jugendorganisation der „Front National", in dem eine junge Parteiangehörige porträtiert wird. Der Artikel ist 2016 auf der Homepage der „Süddeutschen Zeitung" erschienen:

Wie Mathilde sind viele junge Franzosen frustriert, ihr Ärger richtet sich gegen die „classe politique", die politische Elite, die das Land seit Jahrzehnten regiert und ein trauriges Bild abgibt: Präsidenten, die Arbeitsplätze versprechen – und ihre Versprechen nicht halten und sich, wie François Hollande, mit öffentlich diskutierten Beziehungsgeschichten lächerlich machen. Minister, die Steuern hinterziehen und zurücktreten müssen. Die Pariser Politik scheint mit sich selbst beschäftigt zu sein. Junge FN-Wähler klagen, die Politik helfe schwarzafrikanischen Flüchtlingen, den Illegalen „sans papiers", aber nicht der eigenen Jugend. Mathilde sagt: „Wir müssen der Jugend im Land wieder mehr Einfluss geben. Wer die Jugend vergisst, vergisst die Zukunft." [...]
Junge FN-Politiker widersprechen, wenn man sie als „rechtsextrem" beschreibt, sie bezeichnen sich selbst als „patriotisch". Patriotismus: Das neue Etikett klingt staatstragend, solide und selbstbewusst, auch wenn der Front National weiterhin sehr geschickt mit den Ängsten der Menschen spielt.
Mathilde will sich nicht länger verstecken, ihren echten Namen verrät sie wie ihre Sicht der Dinge: „Wenn ich morgen Präsidentin wäre? Als Erstes würde ich die Grenzen schließen." [...] Sie hat Angst, auch vor Ausländern. Sie sagt: „Ich will nicht tatenlos zusehen, wie Frankreich langsam untergeht."
Und so steht Mathilde für einen Aufbruch, den sich Millionen Franzosen seit Langem wünschen: Schluss mit Politik von oben, Schluss mit dem Diktat aus Brüssel, Schluss mit Multikulti.

c) Aus einem Beitrag auf „Deutschlandradio Kultur", der sich mit dem Erfolg der polnischen PiS befasst:

Wie konnte es so weit kommen? Auf diese Frage gibt es freilich keine einfache Antwort. Nach ihr zu suchen, lohnt sich aber, sagt sie doch nicht nur etwas über das Lebensgefühl der Polen aus, sondern ebenso der Ostdeutschen und anderer Europäer. [...] Der Virus, der Polen überfallen hat, ist bekannt und nicht neu. Er verbreitet nationalen Egoismus und Kompromisslosigkeit, Intoleranz und ideologische Verblendung. Er gedeiht auf paranoidem Nährboden, der eine Welt voll Verschwörungstheorien und überall lauernden Feinden begünstigt. Ja schlimmer noch, er lebt davon, dass der Zweck die Mittel heiligt. Durch Polen zieht eine Art national-konservativer Revolution, die sich gegen das liberale Modell der Demokratie wendet. Sie bekämpft einen alten Feind, allen voran jene Postkommunisten, die sie als Nutznießer eines neuen kapitalistischen Systems ausmacht. Gleichwohl wärmt sie sich sozial und gesellschaftlich am Erinnern historischer Zeiten. Polen erlebt eine Revolution gegen die liberale Demokratie. Sie braucht wie jede Revolution eine starke Führungspersönlichkeit, die unfehlbar die Richtung vorgibt. Das Debattieren, das Suchen von Kompromissen erscheint ihr als Schwäche und Zeitverschwendung. Rechtsstaatlichkeit und Gewaltteilung respektiert sie, solange es ihr dienlich ist. Ein Déjà-vu? Zumindest lehrt Polen zweierlei. Zum einen war es wohl naiv zu glauben, dass der Übergang von Diktatur zu Demokratie innerhalb einer Generation zu schaffen sei. Zum anderen wird Demokratie nur dort als Alternative begriffen, wo sie von sozialer Gerechtigkeit und breitem Wohlstand begleitet wird. Woran die Weimarer Republik einst scheiterte, haben offensichtlich auch die Warschauer Regierungen nach der Wende versäumt, einen großen Teil der Gesellschaft an den Früchten des wirtschaftlichen Aufschwungs beteiligen zu lassen. Dieses Versäumnis ist das Geheimnis von Jarosław Kaczyǹskis[1] Erfolg.

Erster Text: www.zeit.de/politik/deutschland/2016-03/afd-analyse-erfolg-landtagswahlen-partei-waehler (Zugriff: 29. Oktober 2016); zweiter Text: www.sueddeutsche.de/politik/junge-nationalisten-in-frankreich-wir-sind-die-neuen-rechten-1.2134518 (Zugriff: 29. Oktober 2016); dritter Text: www.deutschlandradiokultur.de/nationalismus-ein-virus-geht-um-in-polen-und-anderswo.1005.de.html?dram:article_id=357169 (Zugriff: 29. Oktober 2016)

1. *Arbeiten Sie aus den Materialien a bis c heraus, welche Ursachen und Gründe für den Erfolg der nationalkonservativen Parteien genannt werden. Kategorisieren Sie Ihre Befunde.*
2. *Setzen Sie die Materialien in Beziehung zueinander. Wo gibt es Gemeinsamkeiten in den Begründungen, wo Unterschiede?*
3. *Diskutieren Sie die Erklärungsansätze. Empfinden Sie sie als ausreichend?*
4. *Entwickeln Sie – ausgehend von Ihrem Vorwissen und den Materialien – eine „Anleitung zum Nationalismus" in Form eines Punkte-Plans. Falls Sie sich damit wohler fühlen, können Sie natürlich auch ein „Gegenprogramm zum Nationalismus" entwickeln.*
   Überlegen Sie dazu, unter welchen politischen, wirtschaftlichen und gesellschaftlichen Bedingungen sich der Nationalismus am besten entwickelt.

M2 Argumente der Brexit-Debatte

Der Online-Auftritt von Arte-TV informiert in einer Zusammenfassung über die Argumente der Brexit-Befürworter und der Brexit-Gegner:

Gegen einen Brexit

Handel: Die EU-Mitgliedschaft ermöglicht britischen Unternehmen leicht und kostengünstig Waren in andere EU-Staaten zu exportieren. Die Befürworter der EU betonen, dass die EU der größte Abnehmer von britischen Exporten ist. Die Summe, die europäische Firmen in Großbritannien investieren, würden durchschnittlich 35,8 Millarden Euro im Jahr betragen. Dank der wirtschaftlichen Stärke der EU kann Großbritannien auch leicht Freihandelsabkommen[2] mit Ländern außerhalb der EU schließen.

Arbeit: Die Vereinigung der britischen Industriellen schätzt, dass drei Millionen Stellen in Großbritannien vom Handel mit der EU abhängen. Bei einem Brexit könnte das BIP (Bruttoinlandsprodukt) laut einer Studie der London School of Economics um bis zu 9,5 Prozent sinken. Auch die Landwirtschaft würde EU-Subventionen in Milliardenhöhe verlieren.

Sicherheit: Bei einem Brexit würde der militärische Einfluss Großbritanniens sinken. Auch der europäische Haftbefehl, der die Auslieferung von Straftätern innerhalb der EU erleichtert, hätte dann in Großbritannien keine Gültigkeit mehr.

Mobilität: Die Briten bräuchten Visa, um in andere EU-Länder zu reisen oder dort zu arbeiten. Zwischen Nord- und Südirland würden auch wieder Grenzkontrollen eingeführt.

Politik: Der Einfluss Großbritanniens würde auch außerhalb der EU sinken, und das Veto-Recht in Brüssel verloren gehen. Der Austritt aus der EU könnte auch die schottische Unabhängigkeitsbewegung stärken, weil die Schotten mehrheitlich in der EU bleiben wollen.

Für einen Brexit

Handel: Großbritannien könne nach einem Brexit leichter Handelsabkommen mit nicht EU-Mitgliedern schließen. Kleine und mittelständische Unternehmen würden auch kaum vom europäischen Binnenmarkt profitieren, stattdessen leide ihre Wettbewerbsfähigkeit unter den Regulierungen der EU. Auch wurde gehofft, dass als Ersatz für den Binnenmarkt die Staaten des ehemaligen Empires verstärkt mit Großbritannien Handel treiben würden.

Abgaben: Verlässt Großbritannien die EU, müsste es keine Abgaben mehr an Brüssel zahlen. Wahrscheinlich würde das Land mehrere Milliarden Pfund sparen, die in Krankenhäuser, Schulen, in das Sozialsystem oder in die Infrastruktur investiert werden könnten.

Mobilität: Großbritannien könnte bei einem EU-Austritt stärkere Grenzkontrollen durchführen. Außerdem könnte eine Einwanderungspolitik nach dem Vorbild Australiens eingeführt werden: Einwanderer erhalten dann ein Visum nach ihrer Qualifikation, sodass nur diejenigen eine Arbeitserlaubnis erhalten, die auch wirklich gebraucht werden.

[1] **Jarosław Kaczyński** (*1949): polnischer Politiker, seit 2003 Vorsitzender der Partei „Prawo i Sprawiedliwość" (PiS), von 2006 bis 2007 Ministerpräsident Polens

[2] **Freihandelsabkommen**: Vertrag, der den Freihandel zwischen den vertragsschließenden Staaten zum Inhalt hat. Unter Freihandel ist ein Handel auf internationaler Ebene zu verstehen, der frei von Zöllen und anderen Handelshemmnissen ist.

Internationaler Einfluss: Ein Brexit würde den britischen internationalen Einfluss nicht schwächen sondern stärken. Zum Beispiel wäre Großbritannien dann in der Welthandelsorganisation (WTO) mit einem eigenen Sitz vertreten und nicht als Teil der EU.

Innenpolitik: Großbritannien wäre bei einem Austritt unabhängig von den EU-Regulierungen. Es wäre viel einfacher als zuvor, eine eigenständige Sozial- und Innenpolitik zu betreiben, weil nicht mehr Rücksicht auf die komplizierte Bürokratie in Brüssel genommen werden müsse.

Nach: https://info.arte.tv/de/grossbritannien-das-tauziehen-um-den-brexit-hat-begonnen (Zugriff: 25. Januar 2017, ergänzt und sprachlich überarbeitet von Boris Barth)

1. *Arbeiten Sie die Interessen und Wertmaßstäbe heraus, die den Argumenten der Brexit-Debatte zugrunde liegen.*
2. *Beurteilen Sie die Plausibilität der beiden Standpunkte, und diskutieren Sie, wie überzeugend die Argumentation jeweils ist.*

M3 Das Brexit-Referendum als Zäsur

*Der Historiker Heinrich August Winkler (*1938) schreibt 2017 über den Austritt des Vereinigten Königreiches aus der EU:*

Für die Europäische Union bedeutete das britische Referendum vom 23. Juni 2016 eine tiefe Zäsur. [...] Die wirtschaftliche Integration legitimierte sich durch ihren Erfolg und die dadurch bewirkte Unterstützung für die Regierungen, die hinter dieser Politik standen. Mit dem Schritt in Richtung einer sehr viel weitergehenden Integration, den das Vertragswerk von Maastricht[1] brachte, änderte sich viel, wenn nicht alles. „Es war der Maastricht-Vertrag von 1992, der [...] die Bürger der Mitgliedsstaaten mit einem Integrationsgrad konfrontierte, zu dem sie nicht um ihre Meinung befragt worden waren", urteilt der ehemalige Bundesverfassungsrichter Dieter Grimm. „Was die Integration betrifft, bildete der Maastrichtvertrag einen erheblichen Schritt vorwärts, was die Akzeptanz betrifft, einen Schritt zurück. Er markiert den Wendepunkt in der Einstellung der Öffentlichkeit zum europäischen Projekt. Mit ihm begann die Akzeptanzschwäche der EU. Auf längere Sicht hat er zur Ausbreitung antieuropäischer Parteien geführt, die mittlerweile ins Europäische Parlament eingedrungen sind und derer sich die proeuropäischen Fraktionen nun durch Bildung einer großen Koalition erwehren müssen." [...]
Großbritannien hatte sich von Anfang an der Währungsunion verweigert, aber die Krise, in die die Eurozone seit der weltwirtschaftlichen Zäsur von 2008 geriet, hat wesentlich dazu beigetragen, das Ansehen der Europäischen Union im Vereinigten Königreich zu untergraben. Auf Unverständnis stießen jenseits des Ärmelkanals die zunehmende Exekutivgewalt in Brüssel und der Anspruch des Europäischen Parlaments, alle Rechte eines „echten" Parlaments zu erhalten und wie ein solches zu agieren. Im Zusammenhang mit der Flüchtlingskrise von 2015 waren es dann die deutsche Politik und die deutsche „Willkommenskultur", die bei vielen Briten tiefe Irritationen auslösten. Die Brexit-Bewegung appellierte nicht nur an die verbreiteten Vorbehalte gegenüber der Einwanderung aus den östlichen Mitgliedsstaaten der EU, sondern auch, vor allem in der Schlussphase der Kampagne, an die Befürchtung, die Migrationswelle aus Asien und Afrika werde bald auf die britischen Inseln überschwappen. Wie immer man den Einfluss einzelner Faktoren auf den Ausgang des Referendums vom 23. Juni 2016 gewichtet – der Erfolg der „Brexiteers" hatte auch kontinentale Väter und Mütter.
Das britische Votum für den Austritt aus der EU ließ sich nicht einfach auf insulare Sonderfaktoren [...] zurückführen. Vieles von dem, was die Befürworter des „Leave" der Europäischen Union vorwarfen, war so oder ähnlich auch von den Nationalpopulisten in vielen anderen Mitgliedstaaten, manches auch von besorgten Freunden der europäischen Einigung zu hören. Was die letzteren beunruhigte, war die schwache demokratische Legitimation so vieler Brüsseler Entscheidungen, die Verlagerung der Macht von der nationalen auf die Gemeinschaftsebene ohne ausdrückliche Ermächtigung durch die Souveräne, die Völker der Mitgliedsstaaten.

Heinrich-August Winkler, Zerbricht der Westen? Über die gegenwärtige Krise in Europa und Amerika, München 2017, S. 185 ff.

1. *Geben Sie die Argumentation von Winkler mit eigenen Worten wieder.*
2. *Erläutern Sie Winklers Aussage, dass das Brexit-Referendum eine „tiefe Zäsur" für die EU darstellt (Zeile 2).*
3. *Beurteilen Sie Winklers Darstellung des Verhältnisses zwischen Großbritannien und der EU. Bringen Sie dabei Ihr eigenes Hintergrundwissen mit ein.*

[1] Zum Vertrag von Maastricht siehe nochmals Seite 214.

Kompetenzen anwenden

Die europäische Integration

1993 – Europäische Union (EU)

Zentrale Politikfelder:

- Wirtschaftliche Integration, Gemeinsame Wirtschafts- und Währungsunion (u.a. Einführung des Euro / Eurozone)
- Gemeinsame Außen- und Sicherheitspolitik
- Zusammenarbeit Justiz- und Innenpolitik

Reform der EU-Institutionen[1]

Beitritte:
1995: FI, AT, SE;
2004: EE, LV, LT, MT, PL, SK, SI, CZ, HU, CY;
2007: BG, RO;
2013: HR

Austritt (geplant):
UK („Brexit"-Referendum 2016; geplanter Austritt 2019)

1967 – Europäische Gemeinschaften (EG)

- Zusammenlegung von EGKS, EWG und Euratom
- Koordinierung der Außenpolitik
- Vollendung des einheitlichen Marktes
- Freier Grenzverkehr

Beitritte:
1973: DK, UK, IE;
1981: GR;
1986: ES, PT

1957 – Römische Verträge

- *Europäische Wirtschaftsgemeinschaft* (EWG; Abschaffung der Zölle, gemeinsame Agrarpolitik)
- *Europäische Atomgemeinschaft* (Euratom; friedliche Nutzung der Kernenergie)

Beitritte:
1958: DE, FR, IT, BE, NL, LU

1951/53 – Montanunion / Europäische Gemeinschaft für Kohle und Stahl (EGKS)

- Gemeinsame Wirtschaftsordnung für die Kohle- und Stahlindustrie
- Erste Supranationale Behörden
- Europäischer Gerichtshof

1948/49

Europarat (u.a. Europäische Menschenrechtskonvention)

OEEC (Marshall-Plan) ▸ **OECD** (seit 1960)

Kultureller Austausch (u.a. Deutsch-Französisches Jugendwerk / seit 1963)

[1] u.a. Stärkung des EU-Parlaments, Ermöglichen von Mehrheitsentscheidungen, neue Ämter zur Verbesserung der Handelsfähigkeit

M Wie geht es weiter mit Europa? – Szenarien

Titanic: Das Titanic-Szenario beschreibt eine wesentliche Gefährdung bis hin zur Auflösung der europäischen Integration. Die Europäische Union ist nach diesem Szenario nicht fähig, den inneren und äußeren Herausforderungen gerecht zu werden. Innerhalb der Union nehmen die Interessenunterschiede und die Leistungsunterschiede der Mitgliedstaaten insbesondere durch die Erweiterungen immer weiter zu. Die Verteilungskämpfe werden schärfer und die Wertvorstellungen der einzelnen Mitgliedstaaten scheinen unüberbrückbar. Die bestehenden Strukturen und Institutionen der EU erweisen sich als ungeeignet für die große Zahl von Mitgliedstaaten. Das Modell der EU ist gescheitert.

Offener Gravitationsraum: Wesentliches Merkmal dieses Szenarios ist eine Gruppe von Mitgliedstaaten, die sich dem Ziel einer kontinuierlichen Integrationsvertiefung verpflichtet hat. Die ganzheitlichen Reformbemühungen scheitern an den unterschiedlichen Interessen der Mitgliedstaaten. Dennoch hält eine Mehrheit der Mitgliedstaaten am grundsätzlichen Ziel der Fortentwicklung der EU in Richtung einer politischen Union fest. Sie wählt mit Duldung der anderen Mitgliedstaaten den Weg weiter vertiefter Kooperation, jedoch wird den anderen Mitgliedstaaten die Möglichkeit der Teilnahme an der vertieften Zusammenarbeit zu einem späteren Zeitpunkt gegeben.

Kerneuropa: Dieses Szenario basiert auf der Annahme, dass die Mitgliedstaaten sich nicht mehr auf neue gemeinsame Ziele hinsichtlich der zukünftigen Entwicklung der Europäischen Union einigen können. Der Gedanke einer großen, föderativen politischen Union aller Mitgliedstaaten geht verloren. In einigen Staaten nehmen Nation und Region in ihrer identitätsstiftenden Bedeutung wieder zu. Diese blockieren aufgrund ihres Mitspracherechts in den europäischen Institutionen eine weitergehende Integration. Letztlich entschließt sich eine überzeugte Gruppe von Mitgliedstaaten zur Zusammenarbeit außerhalb der Strukturen der Europäischen Union.

Supermacht Europa: Die Staaten sind bereit, der EU immer weiterreichende Kompetenzen in zentralen Politikbereichen zu übertragen (Innen-, Außen-, Verteidigungs-, Wirtschafts- und Sozialpolitik), weil sie davon ausgehen, dass sich die Nationalstaaten nur über den Zusammenschluss in der EU im internationalen Wettbewerb behaupten können. Wirtschaftliche Leistungsfähigkeit, Rechtsstaatlichkeit, ein Wertesystem mit großer internationaler Ausstrahlungs- und Anziehungskraft und erweiterte militärische Fähigkeiten verschaffen der EU eine beachtliche Handlungsbasis. Auf der Grundlage eines sich immer stärker ausprägenden „Wir-Gefühls" entwickelt sich die EU in Richtung eines europäischen Bundesstaates mit eigener Staatsqualität.

Methode Monnet: Dieses Szenario schreibt das Muster des Einigungsprozesses der vergangenen Jahre fort. Nach dem Scheitern der Verfassung erweist sich die ständige Suche nach einem kleinsten gemeinsamen Nenner als das beherrschende Prinzip des Integrationsprozesses, der flickenhaft und unvollständig bleibt. Trotz ihrer institutionellen Schwächen und der unterschiedlichen Interessen der Mitgliedstaaten zerfällt die Union nicht. Die bisherigen Erfolge (Frieden, Binnenmarkt, Schengen-Region) halten die Union so zusammen, dass immer wieder Kompromisse und kleine Fortschritte möglich sind.

Nach: Franco Algieri u.a., Centrum für angewandte Politikforschung, München

1. *Beschreiben Sie den Aufbau der Europäischen Union.*
2. *Erläutern Sie Entscheidungsstrukturen der EU.*
3. *Bilden Sie Gruppen. Lesen Sie die Szenarien zur Zukunft der Europäischen Union aufmerksam durch. Einigen Sie sich dann in der Gruppe auf*
   – ein Szenario, das Sie für wünschenswert für die zukünftige Entwicklung der EU halten;
   – ein Szenario, das Sie für wahrscheinlich für die zukünftige Entwicklung der EU halten.
   Begründen Sie Ihre Entscheidungen ausführlich. Lassen Sie darin auch relevante Aspekte aus der Geschichte der europäischen Integration einfließen.

Die Welt im 15. und 16. Jahrhundert

Seite 9, A3 Ein Wendepunkt markiert ein Ereignis, ab dem eine Entwicklung in eine deutlich andere bzw. neue Richtung geht. Bauen Sie Ihre Erörterung so auf, dass Sie zunächst Entwicklungen zusammenstellen, die unbeeinflusst von den genannten Ereignissen weiterlaufen wie zuvor bzw. die durch die Ereignisse in eine nachweisbar andere neuartige Richtung gehen. Verwenden Sie diese dann als Argumente.

Die Welt im 15. und 16. Jahrhundert – eine Zeitenwende?

Seite 11, M1, A2 Lesen Sie zunächst M2 auf Seite 12 und befassen Sie sich danach noch einmal mit der Frage, welche Bereiche Alfred Kohler in seiner Darstellung ausblendet.

Seite 12, M2, A3 Beziehen Sie sich auf die in Aufgabe 1 betrachteten Aspekte und bauen Sie ausgehend davon die Erläuterung auf.

Seite 19, M1, A2 Nutzen Sie ein historisches Beispiel, das den Kontrast zwischen Fortschritt und Stagnation bzw. Rückschritt deutlich macht, z. B. der „Hexenwahn" bei gleichzeitiger Entstehung der Bildungsbewegung des Humanismus in der Frühen Neuzeit.

Seite 19, M2, A2 Untersuchen Sie z. B. inwiefern Temperaturzyklen die Geschichte der Menschheit geprägt haben oder gehen Sie von den Wirtschaftszyklen aus, die Pandel im Text anspricht.

Seite 19 f., M3, A2 Ein mögliches Beispiel wäre eine Betrachtung der Geschichte der Vereinigten Staaten von Amerika.

Seite 22, M6, A1 Nutzen Sie die Grafik „Zeiten unterschiedlicher Dauer" auf Seite 18 als Strukturierungshilfe.

Seite 22, M6, A2 Strukturieren Sie Ihr selbstgewähltes Beispiel anhand der Grafik „Zeiten unterschiedlicher Dauer" auf Seite 18.

Seite 26, M1, A3 und A4 Lesen Sie als Anregung noch einmal die Darstellungstexte auf Seite 90.

Aufbruch in neue Welten: Beginn der europäischen Expansion

Seite 36, Abb., A1 Legen Sie eine Folie über das Bild und kreisen Sie verschiedene Bereiche ein. Schreiben Sie dann die von Ihnen gewählte Überschrift in den jeweiligen Kreis.

Seite 36, Abb., A2 Charakteristika sind z. B. gleichwertig, auf Augenhöhe, freundlich, drohend, ängstlich etc.

Seite 36, Abb., A4 Das Bild zeigt verschiedene Ereignisse gleichzeitig. Finden Sie diese mithilfe der Eintragungen im „Bordbuch" von Christoph Kolumbus heraus, das im Internet vollständig abgedruckt ist (siehe dazu den Code 32033-02; Die hier relevanten Einträge finden sich in der PDF-Datei ab Seite 22, „12. Oktober bis 27. Oktober 1492: Ankunft in Amerika").
Beziehen Sie die Ergebnisse in das Urteil mit ein: Wird hier ein Gesamtbild erzeugt oder verfälscht? Wie beeinflusst de Brys Haltung und sein zeitlicher Abstand zum Geschehen die Aussage des Bildes?

Seite 38, M1, A3 Lesen Sie auf Seite 34 noch einmal den Darstellungstext „Der Seeweg nach Ostasien" und notieren Sie die Ziele der Portugiesen. Finden Sie dann Textstellen in M1, die auf diese Ziele hinweisen. Begründen Sie anschließend, woran Sie erkannt haben, dass hier ein Ziel der Portugiesen deutlich wird.

Seite 38 f., M2, A2 Legen Sie zunächst verschiedene Aspekte fest, wie z. B. „Ziele der Portugiesen/der Einheimischen", „Verhalten der Portugiesen/der Einheimischen" etc. Notieren Sie was jeweils über diese Aspekte in M1 und M2 gesagt wird. Ermitteln Sie dann die wesentlichen Unterschiede beider Schilderungen.

Seite 40, M4, A2 Die Stellung von Kolumbus zur spanischen Krone lässt sich in M4 besonders in Zeile 7 bis 26 erkennen, sein Verhalten gegenüber den Eingeborenen in den Zeilen 27 bis 56. Charakteristika wären z. B. Adjektive wie „überlegen", „freundlich", „geringschätzig", „gleichwertig", „gehorsam" etc.

Seite 40, M4, A3 Konzentrieren Sie sich auf Textstellen, in denen Kolumbus Ziele und seine Einschätzung der indigenen Bevölkerung deutlich werden, wie z. B. in Zeile 22 bis 24, Zeile 28 bis 31 und Zeile 51 f.

Seite 41, Abb., A2	Vergleichen Sie die Aussagen zu Kolumbus und seinen Taten in den Grußkarten mit denen in der Rede M5 auf Seite 40 f. Überprüfen Sie, ob Sachverhalte bewusst vereinfacht oder sogar weggelassen werden und was damit erreicht werden soll. Bewerten Sie die Ziele und überlegen Sie auf der anderen Seite, inwieweit die Zielsetzung die Vereinfachung rechtfertigt.
Seite 43, M7, A3	Überprüfen Sie wie mit den Aspekten der Glaubensfreiheit und der Rolle von militärischer Macht im Text umgegangen wird, indem Sie die entsprechenden Textpassagen finden und analysieren.
Seite 43, M7, A4	Charakteristika können z. B. „Einschätzung des Gegenübers", „Ziele von „Entdeckern" und Einheimischen", „Rolle der Gewalt", „Rolle der Religion", „Bedeutung der Kronen als Auftraggeber", „Charakter der angestrebten Handelsbeziehungen" und „Handlungsspielräume beider Seiten" sein.
Seite 47 f., M2, A2	Hernán Cortés gehörte dem Kleinadel an. Diese Gruppe besaß keinen großen Landbesitz, den sie zudem mit ihren Brüdern teilen musste, war aber vermögend genug, um sich eine militärische Ausrüstung leisten zu können. Dies legte eine Karriere als Soldat nahe und führte dazu, dass der Krieg die Hauptbeschäftigung dieser Gruppe wurde. Überlegen Sie ausgehend von diesen Hintergrundinformationen, welche Motivation Cortés für seine Handlungen im Aztekenreich gehabt und welche persönlichen Ziele er verfolgt haben könnte. Analysieren Sie dann, warum Cortés den Bericht an den spanischen König in der vorliegenden Form gestaltet.
Seite 47 f., M2, A3	Beziehen Sie in Ihre Überlegungen die Hintergrundinformationen zu Cortés (siehe die Hilfestellung zu Aufgabe 2) und Las Casas (siehe im Schulbuch die biografischen Informationen auf Seite 57, Abbildung) und ihren unterschiedlichen Werdegang (Cortés: Seite 44 f., „Das Aztekenreich"; Las Casas: Seite 56, „Sind Indios freie Menschen?") ein. Vergegenwärtigen Sie sich ihre jeweiligen Motive und Ziele. Diskutieren Sie anschließend auf Basis Ihrer Erkenntnisse die Gründe für die unterschiedliche Darstellungsweise.
Seite 52 f., M, A4 und A5	Unterscheiden Sie bei der Bearbeitung zwischen gewalttätigen und friedlichen Verhaltensweisen und Strategien. Eine Rolle können dabei auch Aspekte wie Drohungen, Ausgleich, Verhandlungen und Betrug im Rahmen der Verhaltensweisen spielen. Ein Kriterium der Beurteilung von Vor- und Nachteilen kann die Effizienz der Strategien sein.
Seite 52 f., M, A6	Beziehen Sie Ihre Ergebnisse aus den Aufgaben 4 und 5 in die Bearbeitung mit ein.
Seite 55, Abb., A1	Legen Sie eine Folie über das Bild und kreisen Sie verschiedene Bereiche ein. Schreiben Sie dann die von Ihnen gewählte Überschrift in den jeweiligen Kreis. Erläutern Sie anschließend die historischen Hintergründe des jeweiligen Bereichs mithilfe der Sachinformationen der Darstellungstexte und der Quellen des Kapitels (Seite 54 bis 65). Ziehen Sie im Anschluss ein Fazit zu den Folgen der spanischen Kolonisation. Ihre Ergebnisse müssen dabei jeweils begründet sein.
Seite 55, Abb., A2	Es lässt sich überprüfen, ob das Verhalten der Spanier gegenüber der indigenen Bevölkerung mit folgenden Begriffen beschrieben werden kann: Integration (friedliches Einbinden der Einheimischen ohne Anpassungsdruck), Akkommodation (Austausch beider Gruppen zum gegenseitigen Nutzen, ohne dass eine Gruppe ihre Identität aufgibt), Assimilation (Angleichung der Einheimischen an die Spanier bis zur Auflösung ihrer Identität), Segregation (Ausgrenzung der Einheimischen und Isolierung dieser), Extermination (Ermordung der Einheimischen und/oder Vernichtung der einheimischen Kultur durch die Spanier). Ihre Ergebnisse müssen dabei jeweils begründet sein. Anhand der Ergebnisse kann ein zusammenfassendes Fazit gezogen werden.
Seite 58 f., M1, A3	Erstellen Sie ein Strukturdiagramm, in dem die verschiedenen Maßnahmen zur Missionierung in ihrer zeitlichen Abfolge deutlich werden. Benutzen Sie dabei Begriffe wie „Massentaufe", „Religionsunterricht", „Weitervermittlung des Glaubens", „Zerstörung von Götzenbildern" etc.
Seite 59, M2, A3	Diskutieren Sie in Ihrer Erörterung z. B. folgende Kriterien: „Ziele des Encomienda-Systems", „Missbrauchsanfälligkeit des Systems", „Kontrolle der Einhaltung der Regelungen", „Einfluss der räumlichen Entfernung der spanischen Krone zu den amerikanischen Kolonien". Ihre Ergebnisse müssen dabei jeweils begründet sein. Dabei kann es auch helfen, die auf Seite 56 dargestellte Struktur der spanischen Kolonialverwaltung hinzuzuziehen.

Seite 59 f., M3, A4 Recherchieren Sie dazu z.B. die Legitimation von Eroberungen durch das antike Rom, der Kreuzfahrer im Mittelalter, der europäischen Mächte in Übersee zur Zeit des Imperialismus, der Nationalsozialisten in Osteuropa im Umfeld des Zweiten Weltkrieges etc.

Seite 60, Abb., A2 Untersuchen Sie, welche Taten de Toledos aus spanischer Perspektive als Verdienste gelten könnten und diskutieren Sie, inwieweit dies auch aus der Perspektive der heutigen Bevölkerung Perus Bestand hätte. Ihre Ergebnisse müssen dabei jeweils begründet sein.

Seite 60 f., M4, A2 Hilfe 1: Arbeiten Sie heraus, welche Ziele de Toledo in seinem Text nennt, die es zu erreichen gilt. Analysieren Sie dann die Begründung seiner Taten, um diese Ziele zu erlangen. Hilfe 2: Analysieren Sie, was in dem Text zu den Themen „Kontrolle der indigenen Bevölkerung", „Respekt der Indigenen vor der spanischen Krone", „Einführung der spanischen Herrschaftsordnung" und „Rolle des christlichen Glaubens für die indigene Bevölkerung" gesagt wird. Achten Sie darauf, welches Vorgehen de Toledo zu Erreichung dieser Teilziele begründet.

Seite 60 f., M4, A3 Bauen Sie das Sachurteil anhand des Kriteriums der „Effizienz der spanischen Herrschaft in Peru" und das Werturteil anhand der Kriterien „Menschenwürde und „Freiheit/Selbstbestimmung der indigenen Bevölkerung" auf. Ihre Ergebnisse müssen dabei jeweils begründet sein.

Seite 61 f., M5, A3 Überlegen Sie, was eine Konzentration auf Edelmetalle für den Ausbau anderer Wirtschaftsbereiche in der Region bedeutet oder was passieren würde, wenn es einen Preisverfall durch ein Überangebot an Edelmetallen gäbe.

Seite 62 f., M6, A4 Sie können z.B. für das Sachurteil das Kriterium der „Effizienz" oder der „Gewinnmöglichkeiten" zugrunde legen. Für das Werturteil bieten sich Kriterien wie „Menschenwürde", „Bewahrung der Natur" und „Verantwortung" an.

Seite 63, M7, A4 Recherchieren Sie im Internet über heutige Arbeitsbedingungen in den genannten Bereichen in verschiedenen Ländern. Vergleichen Sie diese in ihren Hintergründen mit denen im Silberbergbau Ende des 16. Jahrhunderts. Entwickeln Sie dann ein Werturteil auf Basis von Kriterien wie „Freiheit/Unfreiheit", „Selbstbestimmung/Fremdbestimmung", „Unabhängigkeit/Abhängigkeit" oder „Menschenwürde". Ihre Ergebnisse müssen dabei jeweils begründet sein.

Seite 64, M8, A3 Analysieren Sie, ob sich bereits im Bordbuch Ansätze von Las Casas geäußerter Kritik (M8) erkennen lassen. Suchen Sie dann ausgehend von diesen Gemeinsamkeiten nach möglichen Unterschieden.

Seite 64 f., M9, A4 Für ein Sachurteil böte sich das Kriterium der „Effizienz des Systems" als Grundlage an. Wenn Sie ein Werturteil wählen, wären sinnvolle Kriterien der Bearbeitung „Chancengleichheit" oder „Gleichberechtigung". Ihre Ergebnisse müssen dabei jeweils begründet sein.

Seite 65, M10, A2 Prüfen Sie begründet die Effizienz des Schutzes der Indianer durch die spanische Gesetzgebung. Ihre Ergebnisse müssen dabei jeweils begründet sein.

Seite 65, M10, A3 Gehen Sie dabei von Wertkriterien für Staatsbürger aus, wie „Gleichberechtigung", „Schutz vor Willkür", „freie Entfaltung der Persönlichkeit", „Sicherheit" und „Mündigkeit". Prüfen Sie, inwieweit diese Rechte gegeben sind. Ihre Ergebnisse müssen dabei jeweils begründet sein. Bündeln Sie dann Ihre Ausführungen in einem Fazit.

Seite 68 f., M1-M3, A1 Untersuchen Sie, an welchen Stellen die Historiker Merkmale des „Kulturzusammenstoßes" und der „Kulturbegegnung" ansprechen und wie sie diese bewerten.
Merkmale eines „Kulturzusammenstoßes" sind z.B.: Gefährdung der kulturellen Existenz des schwächeren Partners, Überheblichkeit der Eroberer, die einseitige Ausnutzung der Einheimischen. Merkmale einer „Kulturbegegnung" bzw. „Kulturbeziehung" sind u.a.: dauernder Kontakt beider Partner, Veränderung beider Seiten bei gegenseitiger Übernahme von einzelnen Elementen der jeweils anderen Kultur, kontrollierte Beziehung und Austausch, technisch überlegener Partner ist dominant, gegenseitiger Nutzen beider Partner.

Seite 68 f., M1-M3, A3 Sehen Sie sich die Argumente der Historiker für die eine bzw. andere Position an und gewichten Sie diese in ihrer Bedeutung, indem Sie anhand Ihres Sachwissens überprüfen, ob die Argumente plausibel sind. Für das Sachurteil beurteilen Sie dann die Plausibilität der Argumente der Historiker. Für das Werturteil können dann Kriterien wie Gleichberechtigung, Wohlstand, Menschenwürde etc. zugrunde gelegt werden.

Seite 76f., M3, A2 Gewichten Sie die Ergebnisse von Aufgabe 1 in Bezug auf Kriterien wie „Effizienz", „Versorgung", „ökologische Nachhaltigkeit" etc.

Seite 77, M4, A3 Beziehen Sie die Information des Darstellungstextes auf Seite 72f. („Afrika und der Sklavenhandel") in Ihre Überlegungen mit ein. Das Kriterium für das Sachurteil kann die Legitimität des Vorgehens in damaliger Zeit sein. Wertekriterien (aus heutiger Perspektive) können Aspekte wie „Freiheit" oder „Selbstbestimmung" sein.

Seite 78, M5, A1 Zur Verdeutlichung könnte eine grafische Darstellung der Daten (z.B. in Form eines Balkendiagramms) helfen. Tragen Sie die Jahresklassen (z.B. 1519-1600) dabei auf der Rechtsachse ein.

Seite 78, M5, A3 Lesen Sie noch einmal den Darstellungstext auf Seite 44 („Eroberung und Landnahme") und nutzen Sie die Informationen zur Erklärung.

Seite 79, M7, A3 Erstellen Sie eine Mindmap, die von den beiden Begriffen „Zufälle" und „Bedingungen" ausgeht. Lesen Sie noch einmal den Darstellungstext auf Seite 32 bis 37 und ordnen sie die dortigen Informationen zum Gelingen der Entdeckungen den Begriffen „Zufälle" und „Bedingungen" zu. Erläutern Sie dann Ihre Darstellung.

Das 15. und 16. Jahrhundert – eine Zeit des geistigen Umbruchs?

Seite 92f., M2, A3 Kurze Anleitung zum Schreiben eines Essays: 1. Motivierender Einstieg, der anschaulich ins Thema einführt und begründet, warum das Thema bedeutsam ist. 2. Einordnung des Themas in den historischen Kontext (hier: die Renaissance in Italien) 3. Argumentation für den eigenen Standpunkt zum Thema, die mit Beispielen (hier: z.B. Erfindungen und Wirkungsbereiche Leonardos) und Belegen (Statistiken, Daten, Fakten) untermauert wird. 4. Fazit, das das Ergebnis der Argumentation knapp zusammenfasst und ein eigenes prägnantes Urteil enthält.

Seite 96, M6, A2 Lesen Sie noch einmal den Darstellungstext „Das Menschenbild" auf Seite 89 und überprüfen Sie, wo sich die Charakteristika des neuen Menschenbildes im Text und in Elementen des Selbstbildnisses (Perspektive, Mimik, Kleidung etc.) nachweisen lassen.

Seite 97, M7, A3 Ein hilfreicher Bericht über die Weserrenaissance befindet sich unter dem Code 32033-33.

Seite 104f., M2, A2 Zu den Einwänden auf der Grundlage der Bibel lesen Sie noch einmal den Abschnitt „Alte und neue Wissensgebiete" auf Seite 99f.

Seite 104f., M2, A3 Überlegen Sie, welche Argumentationsmittel und -strategien Kopernikus in seinem Text anwendet, um den Papst davon zu überzeugen, dass sein Werk gerechtfertigt und nicht gegen die Kirche gerichtet ist und daher auch nicht verboten werden sollte.

Seite 106f., M3, A1 Gruppen, die Erasmus von Rotterdam angreift sind z.B. Äbte und Bischöfe. Arbeiten Sie heraus, was über ihre Amtsführung für ein Urteil abgegeben wird.

Seite 106f., M3, A2 Gehen Sie bei Ihrer Analyse von der Bedeutung der Bildung aus, die im Text deutlich wird. Lesen Sie dazu auch noch einmal den Abschnitt „Die Humanisten und der Renaissance-Humanismus" auf Seite 98.

Seite 106f., M3, A3 Eine mögliche Übersetzung des Satzes wäre: „Entweder man übt seinen Beruf richtig im Sinne der Gemeinschaft aus oder man sollte kündigen." Überlegen Sie auf wen sich dieser Anspruch hier bezieht und ob dies auch heute noch eine gerechtfertigte Mahnung ist.

Seite 107f., M4, A2 Betrachten Sie jede These Montaignes zur Erziehung (aus Aufgabe 1) und gewichten Sie diese begründet in Bezug auf die Bewertung „veraltet" oder „aktuell". Verfassen Sie dann die Erörterung nach dem „Sanduhrprinzip" (Pro-und-Kontra-Aufbau).

Seite 107f., M4, A3 Antiautoritäre Erziehung soll von Zwängen und der Übermacht der Pädagogen möglichst frei sein, damit sie der Entfaltung der Persönlichkeit des Kindes nicht im Wege stehen. Überprüfen Sie, ob sich dieses Kriterium in den Vorstellungen Montaignes nachweisen lässt.

Seite 108f., M5, A2 Legen Sie eine Mindmap zur Entwicklung und Wirkung des Buchdruckes mithilfe der Informationen aus M5 an. Fertigen Sie anschließend eine gleichartige Mindmap zur Entwicklung und Wirkung des Internets an und bauen Sie darauf den Vergleich (Gleiches und Unterschiedliches) auf.

Seite 108 f., M5, A3 Mögliche Kriterien für die Beurteilung: „Verfügbarkeit der Informationen“, „Verbreitungsgrad“, „Qualität der Information“, „Bewahrung von Geschichte und Geschichten“.

Seite 119, M2, A2 Ziehen Sie bei Ihrer Einordnung folgenden Gedankengang Luthers hinzu: Wenn alle Gläubigen Priester sind, wird der Priester zum Beruf und stellt nicht länger einen eigenen Stand mit eigenen Rechten und eigener Herrschaft dar (wie z. B. ein Bischof). Überlegen Sie, wer dann nach Luther die uneingeschränkte Herrschaftsgewalt in der Welt hätte.

Seite 120, Abb., A2 Analysieren Sie das Gemälde auf folgende Aspekte hin: Verwendung von Licht- und Schatteneffekten, Bildebenen, Größenverhältnisse, Körperhaltung, Gestik und Mimik. Gehen Sie dabei besonders auf die Darstellung Martin Luthers und Karls V. (auf dem Thron) ein.

Seite 120 f., M3, A4 Beziehen Sie in Ihr Urteil mit ein, dass der Kaiser zur Durchführung des Ediktes auf die Fürsten angewiesen war. Da es keine zentrale Polizei oder ähnliches gab, konnte das Edikt nur vollstreckt werden, wenn die Fürsten dieses auf ihren Territorien auch taten.

Seite 122, M5, A2 In den Zeilen 1 bis 13 übt Müntzer Kritik an dem Verhalten der Regenten (= weltliche und geistliche Fürsten): Arbeiten Sie heraus, wozu diese nach Müntzers Ansicht den Glauben missbrauchen.
Weiter spricht er davon, dass man nicht „zween Herrn, die wider einander streben“ (Zeile 21 - 23) dienen kann: Arbeiten Sie heraus, wer die „zwei Herren“ sind und warum diese sich in ihrer Botschaft widersprechen.

Seite 122, M5, A4 Beziehen Sie sich im Dialog auf Ihre Arbeitsergebnisse aus Aufgabe 2 und 3. Berücksichtigen Sie in Ihren Dialog außerdem, ob es nach Luther und Müntzer Gleichheit nur vor Gott oder auch auf der Welt geben soll.

Seite 123, M6, A3 Lesen Sie die Darstellung auf Seite 112 bis 115 und untersuchen Sie dabei, welche Auswirkungen die Reformation, in dem Zeitraum, in dem sie sich „unkontrolliert“ ausbreitete, hatte.

Seite 124, M8, A2 Betrachten Sie dazu vor allem die Aussagen Luise Schorn-Schüttes in den Zeilen 7 bis 9 und 14 bis 19.

Seite 124, M8, A3 Beziehen Sie dazu Ihre Arbeitsergebnisse aus Aufgabe 2 mit ein.

Seite 127, M4, A Berücksichtigen Sie bei Ihren Überlegungen, dass Klöster für Frauen im Mittelalter einen Zugang zu Bildung, eine gute Versorgung und auch eine gewisse Eigenständigkeit bis hin zu Machtpositionen (z. B. als Äbtissin eines Klosters) ermöglichten.

Seite 130 f., M1 - M2, A2 Mögliche Kriterien wären z. B.: Bildung, Kommunikation, Inklusion (Einbeziehung), Exklusion (Ausgrenzung), Verfolgung, Wirkung auf die Gesellschaft, Gewalt und Glaube.

Seite 130 f., M1 - M2, A3 Als Sachkriterium können die zeitgenössische Legitimität bzw. der Einklang mit den zeitgenössischen Wertevorstellungen zur Beurteilung von Luthers Wirken dienen. Als Kriterien für das anschließende Werturteil aus heutiger Sicht bieten sich Toleranz, Menschenwürde, Gleichberechtigung und Freiheit an.

Vom 20. ins 21. Jahrhundert

Seite 135, A1 - A3 Von einem „Wendepunkt“ spricht man, wenn eine Entwicklung ab diesem Zeitpunkt in eine markant andere Richtung verläuft. Ein „Umbruch“ stellt einen abrupten und schnellen Wandel dar. Beide Aspekte können Bestandteil bzw. Folge einer „Krise“ sein. Diese zeichnet sich im Kern dadurch aus, dass bestehende Systeme oder Zustände nicht mehr funktionieren, sodass ein grundlegender Wandel notwendig wird. Der Ausgang dieses Wandels ist dabei offen.

Vom 20. ins 21. Jahrhundert – eine Zeitenwende?

Seite 137, M1, A2 Beachten Sie, dass es sich bei „Softpower“ (dt.: „weiche Macht“) um eine besondere Form der Machtausübung handelt, deren Grundlage auf kultureller, wissenschaftlich-technisch oder ideologischer Anziehungskraft beruht (z. B.: Werte und Normen, „American Way of Life“).

Seite 138 f., M3, A2 Betrachten Sie hierzu gezielt die Textpassagen in den Zeilen 25 - 42 und 45 - 51.

Seite 138 f., M3, A3 Ziehen Sie hierzu die Textpassage in den Zeilen 61-68 heran.

Seite 138 f., M3, A4 Überlegen Sie einerseits, inwieweit der Begriff „Hegemonie" die Struktur der Weltpolitik greifbarer und verständlicher macht, aber auch andererseits zu stark vereinfacht und ggf. sogar verfälscht.

Seite 139 f., M4, A1 Erstellen Sie ein Schaubild, das an die Geografie der Sowjetunion und der Satellitenstaaten angelehnt ist und tragen Sie die Begriffe entsprechend ein.

Seite 139 f., M4, A2 Lesen Sie hierzu noch einmal den Darstellungstext auf Seite 136 und recherchieren Sie auch die dort genannten Ereignisse.

Seite 140 f., M5, A2 Der Begriff „Moderne" steht für einen Umbruch in zahlreichen Lebensbereichen gegenüber den traditionellen Lebensweisen von früher. Ausgelöst wurden solche Umbrüche in der Geschichte z. B. durch Prozesse wie die Industrialisierung oder die Aufklärung.

Seite 142, M6, A1 Ziele der USA sind z. B. die Verbreitung der Demokratie und der „freiheitlichen Kultur" (M6, Zeile 22) sowie der Marktwirtschaft und des Massenkonsums. Untersuchen Sie den Text daraufhin, wie die USA diese Ziele verwirklichen wollten.

Seite 142, M6, A2 Betrachten Sie hierzu gezielt die Textpassage in den Zeilen 28-42.

Seite 142, M6, A3 Nutzen Sie für die Mindmap z. B. Begriffe wie „Demokratisierung", „Einführung der Marktwirtschaft", „Wohlstand", „Stabilität" oder „Völkerrecht" als Ausgangspunkt.

Seite 144, M1, A1 Lesen Sie zum „Ost-West Gegensatz" vor allem die Zeilen 6-12, zur Bedeutung des Zweiten Weltkrieges die Zeilen 14-28 und zum „Kalten Krieg" die Zeilen 37-48.

Seite 144, M1, A2 Informieren Sie sich im Internet und/oder Fachbüchern z. B. über das „Zeitalter des Imperialismus" und überprüfen Sie, ob hier ähnliche Gegensätze und Vorgänge erkennbar sind.

Seite 144-146, M2, A2 Die „Bastille" war eine alte Festung in Paris, die als Staatsgefängnis und Pulverlager diente. Ihre Erstürmung am 14. Juli 1789 stand symbolisch für den Sieg über die absolute Königsherrschaft in Frankreich und markiert den Beginn der Französischen Revolution.

Seite 146 f., M3, A1 Die Phasen, die in der Quelle „Etappen" heißen, werden in folgenden Zeilen jeweils beschrieben: Zeile 4-22 (Phase 1), Zeile 23-62 (Phase 2) und Zeile 63-94 (Phase 3).

Seite 146 f., M3, A2 Analysieren Sie jeweils, welche Aspekte einen „Aufbruch ins Neue" darstellten und inwieweit diesen ein „Bestehen auf alte, bekannte Strukturen" entgegenstand.

Seite 146 f., M3, A5 Untersuchen Sie hierzu Ihr in Aufgabe 3 (M2, Seite 146) erstelltes Programm auf die dahinter liegenden Ziele und Aufgaben der Solidarność und vergleichen Sie diese mit dem Vorgehen Gorbatschows und seinen Zielen. Beachten Sie dabei die Rolle Polens als Satellitenstaat und der UdSSR als Imperium.

Seite 149 f., M5, A1 Zusammenhänge in denen der Mauerfall im Text eine Rolle spielt sind z. B. die Lage in Berlin und in der DDR, die Reformbewegungen im Ostblock, der Kalte Krieg, die Situation Westeuropas etc.

Seite 149 f., M5, A2 Von einem „Wendepunkt" wird gesprochen, wenn eine Entwicklung ab diesem Zeitpunkt in eine markant andere Richtung verläuft.

Seite 149 f., M5, A3 Hauptkriterium einer „Revolution" ist z. B. ein fundamentaler Systemwechsel mit Auswirkungen in allen politischen und gesellschaftlichen Bereichen. Eine „Reform" ist hingegen eine planvolle Umgestaltung bestehender Verhältnisse ohne einen bewussten vollständigen Bruch mit dem zuvor bestehenden System. Tiefgreifende Änderungen können dabei möglich sein, müssen es aber nicht zwingend.

Seite 152 f., M1, A1 Überschriften für die Abschnitte könnten z. B. „westliche Demokratie", „neue Bipolarität" oder „religiöser Fundamentalismus" sein.

Seite 152 f., M1, A2 Betrachten Sie für die Charakterisierung der „westlichen Lebensweise" noch einmal die Zeilen 24-32 und für die Charakterisierung des „religiösen Fundamentalismus" die Zeilen 54-69.

Seite 152 f., M1, A3 Lesen Sie hierzu noch einmal den Darstellungstext auf Seite 151.

Seite 152 f., M1, A4 Nehmen Sie als Kriterium der Beurteilung die Intensität der Wirkungen, die von den Ereignissen des Jahres 1989 ausgingen.

Seite 152 f., M1, A5 Tragen Sie die Auswirkungen des 9. November 1989 und die des 11. September 2001 zusammen und stellen Sie diese einander gegenüber. Überprüfen Sie anschließend die Bedeutung des Gegensatzes, der bei der Gegenüberstellung heraus kommt.

Seite 153, M2, A4 Betrachten Sie hierzu Aspekte wie Kriege, Ideologien, Blockbildung oder die Unterdrückung von Nationen im 20. Jahrhundert in ihrem Charakter und ihren Wirkungen.

Seite 154, M3, A2 Recherchieren Sie im Internet und/oder in Fachbüchern die Bedeutung sowohl von Tages- und Nachtzeiten als auch der Jahreszeiten in vorindustrieller Zeit und in der Moderne (bis in die Gegenwart). Erklären Sie davon ausgehend die Begriffe.

Seite 154, M3, A4 Der Begriff „Revolution" bezeichnet einen fundamentalen Wandel, der plötzlich geschieht und alle Bereiche des Lebens erfasst. Unter dem Begriff „Zeitalter" wird ein längerer Abschnitt der Geschichte verstanden, der grundlegende Gemeinsamkeiten aufweist. Die betreffende Bezeichnung (z.B. Elisabethanisches Zeitalter, Industrielles Zeitalter) verweist auf den Charakter des Zeitraumes. Oft wird „Zeitalter" auch synonym zum Begriff „Epoche" gebraucht. Siehe dazu nochmals die Begriffserklärung auf Seite 18.

Seite 154 f., M4, A1 Betrachten Sie zu den Gründen nochmals gezielt die Zeilen 17 bis 44.

Seite 154 f., M4, A2 Betrachten Sie als Ausgangspunkt die Zeilen 51 bis 62 und ziehen Sie auch passende Informationen aus dem Kapitel „Europäisierung" der Welt?" auf Seite 70 ff. hinzu.

Die friedliche Revolution in der DDR 1989

Seite 164, M1, A1 *„Neues Deutschland"*: von 1946 bis 1989 die zentrale Tageszeitung, die die Ansichten der SED verbreitete; *ADN*: Allgemeiner Deutscher Nachrichtendienst; *VEB*: Volkseigene Betriebe; *PGH*: Produktionsgenossenschaft des Handwerks; *LPG*: Landwirtschaftliche Produktionsgenossenschaft; *NVA*: Nationale Volksarmee; *FDGB*: Freier Deutscher Gewerkschaftsbund; *FDJ*: Freie Deutsche Jugend; *Kulturbund*: kulturelle Massenorganisation, die der DDR-Führung zum Aufbau einer „sozialistischen Kultur" dienen sollte; *Blockparteien*: Parteien, die neben der SED im Parlament vertreten waren, aber im Einklang mit der SED standen und daher keine Konkurrenz darstellten

Seite 165, M3, A1 Lesen Sie den Darstellungstext auf Seite 158 bis 163 und M4 auf Seite 164 f. in Hinblick auf die Aspekte „persönliche Freiheit" und „persönliche wirtschaftliche Lage" des einzelnen DDR-Bürgers.

Seite 167, M5, A2 Achten Sie darauf, wo im Text verbindliche bzw. unverbindliche Aussagen der DDR-Führung bezüglich der KSZE-Schlussakte genannt werden.

Seite 168, Abb., A Legen Sie den Fokus auf die Gestalt in der Fabrik und die Menge der in der Karikatur produzierten Gießkannen.

Seite 173, Abb., A Zu den Entwicklungen in Rumänien und der Tschechoslowakei Ende der 1980er-Jahre finden Sie Informationen unter dem Code 32033-34.

Seite 173, M1, A1 Unter einer „Revolution" ist ein grundlegender abrupter Wandel zu verstehen, der meist ein System durch ein (vorgeblich) vollständig neues ersetzt.

Seite 173, M1, A2 Lesen Sie in Hinblick auf die Frage noch einmal den Darstellungstext „Historische Wende in der Sowjetunion" auf Seite 170.

Seite 174, M2, A2 Recherchieren Sie dazu die Bedeutung des Begriffes „polnische Wirtschaft" (Zeile 38) im Internet.

Seite 174 f., M3, A2 Verfassen Sie Ihre Beurteilung anhand von Kriterien wie „Effektivität" und „Wirkung" der Solidarność außerhalb Polens. Beziehen Sie dabei auch die Aussagen von M2 auf Seite 174 ein.

Seite 175, Abb., A2 Das polnische Wort „Wybory" bedeutet „Wahlen". Das Papier mit dem Begriff in den Händen des Cowboys ersetzt den Revolver, den Gary Cooper in seiner Rolle des Marshalls Will Kane im 1952 erschienenen Film „Zwölf Uhr mittags" trägt. Zu dem US-amerikanischen Western, aus dem die Figur entnommen ist, siehe den Code 32033-35.

Seite 175, Abb., A3 Beziehen Sie hier Ihre Ergebnisse aus Aufgabe 2 ein.

Seite 180 f., M3, A2 Überlegen Sie, welche Wirkungen ein öffentliches Verbot oder gar Gewaltmaßnahmen gegen den „Friedenkreis Pankow" (auch international) ausgelöst hätten.

Seite 181, M4, A2 Überlegen Sie, welche Grenzen einer politischen Partei gesetzt sind, die in Bezug auf die Ziele des Aufrufs einschränkend wirken könnten.

Seite 187, M1, A2 Mögliche Aspekte, die Sie in die Diskussion einfließen lassen könnten: „Ausmaß der Demonstrationen", „Rolle der Demonstrationen in den westlichen Medien", „Verhalten der Beteiligten vor Ort" (siehe M1, Zeile 28-46) oder „Haltung der Sowjetunion (im Zusammenhang mit Perestroika und Glasnost)".

Seite 188, M3, A1 Erstellen Sie ein Flussdiagramm, das den Ablauf der Ereignisse verdeutlicht. Nehmen Sie dieses als Grundlage um herauszuarbeiten, über welche Bereiche die SED-Führung am 9. November 1989 die Macht verlor.

Seite 188 f., M4, A2 Erstellen Sie eine dreispaltige Tabelle mit folgenden Überschriften: „Kritik am alten System", „Erhaltenswertes am alten System" und „Veränderungsideen am alten System". Ordnen Sie die jeweils passenden Aussagen des Textes den Spalten zu. Sie können dann ein Sachurteil auf Basis des Kriteriums der „Realisierbarkeit" oder eine Werturteil auf Basis der Kriterien „Freiheit" und „Solidarität" anhand der Aussagen aufbauen.

Seite 189, M5, A2 Berücksichtigen Sie dabei die Informationen aus M4 (Seite 188 f.) und das Foto (Seite 189). Beziehen Sie diese Informationen in Ihre Überprüfung mit ein.

Seite 190 f., M6, A1 Untersuchen Sie, was die Staatschefs jeweils zur Rolle Deutschlands und der Rolle Europas bzw. der NATO sagen. Arbeiten Sie aus diesen Aussagen die Interessenlage der Staatschefs heraus.

Seite 191, M7, A2 Recherchieren Sie im Internet zu den Inhalten und historischen Begleitumständen der „Ostverträge" der Regierung Willy Brandt (1970er-Jahre), des Görlitzer Vertrages zwischen der DDR und Polen (1950) sowie des Vertrages von Locarno zwischen dem Deutschen Reich und Frankreich (1925), um Vergleichsaspekte für die Erörterung zu ermitteln.

Seite 198 f., M1-M4, A2 Kriterien zum Begriff „Revolution" werden in M2 in Zeile 17-25, in M3 in Zeile 13-15 und in M4 in Zeile 9-15 und Zeile 20 f. benannt. Kriterien zum Begriff „Wende" finden sich in M3 in Zeile 17-22 und M4 in Zeile 17-20. Der Begriff „Zusammenbruch" wird in M3 in Zeile 6-11 umschrieben.

Die europäische Integration

Seite 210, M1, A2 Überlegen Sie, welche Rolle Frankreich und Deutschland im Machtgefüge auf dem europäischen Kontinent in der Vergangenheit spielten.

Seite 210, Abb., A Diskutieren Sie, welche verschiedenen Bedeutungen die Symbolik des Ineinandergreifens der Hände haben kann und finden Sie Bezugspunkte zur politischen und wirtschaftlichen Lage in Europa um 1950 (siehe dazu auch den Darstellungstext „Die historischen Grundlagen des Einigungsprozesses" auf Seite 207).

Seite 210 f., M2, A2 Lesen Sie noch einmal den Darstellungstext „Begründung und Gründerväter der europäischen Einigung" auf Seite 207 f. und analysieren Sie das Abhängigkeitsverhältnis zwischen Frankreich und Deutschland sowie die Bedürfnisse beider Nationen.

Seite 211, M3, A1 Lesen Sie noch einmal den Darstellungstext „Die Römischen Verträge von 1957" auf Seite 209 und untersuchen Sie die zunächst formulierten vorrangigen Ziele der EWG bei ihrer Gründung.

Seite 211, M3, A2 Die Verfassung regelt die Organisation eines Staates und der Staatsorgane mit ihren Zuständigkeiten. Schauen Sie sich nochmals den Darstellungstext „Die Römischen Verträge von 1957" auf Seite 209 an und prüfen Sie, in welchen Umfang Zuständigkeiten und Befugnisse in der EWG geregelt sind und entsprechende „Staatsorgane" für ihre Umsetzung genannt werden.

Seite 211, M4, A2 Untersuchen Sie, was Charles de Gaulle zum Charakter folgender Aspekte erklärt: die Ausgangslage Europas (berücksichtigen Sie hier auch Ihre Ergebnisse von Aufgabe 1), die Rolle der Gewalt in Europa in der Vergangenheit, Impulse der Annäherung der europäischen Staaten, die Rolle der Freiwilligkeit und des Zwanges im Prozess der Annäherung.

Seite 215, M1, A1	Lesen Sie den Darstellungstext auf Seite 208f. (ab „Erste Schritte zur wirtschaftlichen und politischen Integration") und vergleichen Sie die dort beschriebenen Zielsetzungen mit denen, die in M1 formuliert werden.
Seite 215, M1, A2	Kriterien, die beim Werturteil angelegt werden könnten, sind z.B.: soziale Sicherheit, Frieden, Freiheitsrechte, Rechtssicherheit, Selbstbestimmung (der Mitgliedsstaaten).
Seite 215, M2, A	Aspekte, die jeweils auf ihren Stellenwert in Bezug auf die nationalstaatliche und europäische Ebene diskutiert werden könnten, sind z.B.: kulturelle Identität, Sozialsysteme, Patriotismus, Geschichte.
Seite 223, M1, A1	Bereiche zur Gliederung sind z.B.: Außenhandel, Preisgestaltung, Währung, Rechtsprechung, Kontrolle, Steuerverwaltung etc.
Seite 223, M1, A2	Relevante Gruppen sind z.B.: ehemalige politische Funktionäre des alten planwirtschaftlichen Systems, Mitglieder der „neuen" Regierungen, Gewerkschaften, ungelernte Arbeiter, Fachkräfte, Unternehmer im In- und Ausland etc.
Seite 223, M2, A2	Unter dem Code 32033-36 finden Sie verschiedene Links, die als Ausgangspunkt der Erläuterung dienen können.
Seite 223, M2, A3	Für den Vergleich sind z.B. die Informationen aus einem Online-Artikel der Bundeszentrale für politische Bildung unter dem Code 32033-37 hilfreich.
Seite 224, M3, A2	Lesen Sie als Anregung für die Erläuterung den Darstellungstext „Auf dem Weg zu einem demokratischen Bundesstaat?" auf Seite 219.
Seite 224, Abb., A	Lesen Sie als Denkanstoß M1 auf Seite 230.
Seite 230f., M1-M3, A2	Kriterien sind z.B.: Frieden, Solidarität, Wohlstand, Freiheit, Menschenrechte, internationaler Einfluss/Macht, Demokratie, Mitbestimmung, Transparenz etc.
Seite 232, Abb., A	Schreiben Sie zunächst den Hauptsatz des jeweiligen Plakates auf ein Blatt und notieren Sie in Form einer Mindmap, welche Assoziationen er bei Ihnen auslöst. Setzen Sie das Ergebnis dann in Beziehung zu den anderen Elementen der Plakate (Farb- und Bildgestaltung, weitere Textelemente). Analysieren Sie anschließend die Plakate wie vorgegeben.
Seite 239f., M1, A1	Kategorien, die als Grundlage der Bearbeitung dienen können, sind z.B.: Bildungsniveau, Regierungshandeln, Wohlstand, Aufstiegschancen, Einwanderung, Identität/Geschichte etc.
Seite 240f., M2, A1	Wertmaßstäbe können hier das Verständnis von Unabhängigkeit oder das Selbstverständnis als Erbe des britischen Empires sein. Zum Empire siehe auch einen Online-Artikel der Bundeszentrale für politische Bildung unter dem Code 32033-38.
Seite 241, M3, A2	Der Begriff „Zäsur" steht für einen markanten Einschnitt in der Geschichte, der die weitere Entwicklung stark in eine andere Richtung lenkt. Die Französische Revolution oder der Erste Weltkrieg sind z.B. große Zäsuren der Weltgeschichte. Betrachten Sie anhand der Zeitleiste zur Geschichte der Europäischen Union auf Seite 203, inwieweit der Brexit die vorherige Entwicklung der EU markant in eine andere Richtung lenkt.
Seite 241, M3, A3	Ein passendes Kriterium zur Beurteilung wäre die Plausibilität von Winklers Darstellung.

Die hervorgehobenen Seitenzahlen verweisen auf kurze biografische Informationen.

Die hervorgehobenen Seitenzahlen verweisen auf Begriffserläuterungen.

akg-images, Berlin – S. 32, 62, 72, 118, 120, 121, 160; Alamy Stock Photo / Jan Dagnall – S. 96; - / Pictorial Press Ltd. – S. 112; Baaske Cartoons / Gerhard Mester, Müllheim – S. 201; - / Thomas Plassmann – S. 225; Heinz Behling, Berlin – S. 168; Bergmoser + Höller Verlag, Aachen – S. 218; Biblioteca Casanatense, Rom – S. 71; bpk-Bildagentur, Berlin – S. 36, 42, 113; - / Hermann Buresch – S. 55; Bridgeman Images / Private Collection, Berlin – S. 95; Deutsches Historisches Museum, Berlin – S. 210; - / J. Desnica – S. 229; dpa Infografik, Frankfurt – S. 220, 236; dpa Picture-Alliance, Frankfurt - S. 169; - / Yuri Abramochkin – S. 170; - / akg-images – S. 52, 57, 90, 98, 106, 115, 122, 129, 159 (2), 178, 218; - / akg-images, Erich Lessing – S. 11; - / Uwe Anspach – S. 25; - / APA, picturedesk.com, Helmut Fohringer – S. 232; - / Ulrich Baumgarten – S. 171, 183; - / Wilhelm Bertram – S. 207; - / Bildarchiv – S. 152, 205, 207; - / Jörg Carstensen – S. 222; - / dieKLEINERT.de, Kostas Koufogiorgos – S. 156; - / dpa – S. 208; - / dpa, Maja Hitij – S. 134; - / epa, afp, Jeff Kowalsky – S. 83; - / Fotoreport, Wiebke Lagerfeld – S. 108; - / Klaus-Dietmar Grabbert – S. 182; - / Martti Kainulainen – S. 143; - / Daniel Karmann – S. 131; - / Keystone, Alessandro Della Bella – S. 46; - / Can Merey – S. 221; - / Pacific Press Agency, Martin Alan Smith – S. 234; - / Swen Pförtner – S. 232; - / REUTERSpool, Wolfgang Rattey – S. 149; - / Wilfried Rothermel – S. 8; - / United Archives, TBM – S. 53; - / United Archives, TopFoto – S. 45; - / Wolfgang Weihs – S. 184; - / Zentralbild, Fotoreport, Marion Gröning – S. 176; - / Zentralbild, Klaus Franke – S. 177; - / Zentralbild, Ralf Hirschberger – S. 165; - / Zentralbild, Sebastian Kahnert – S. 185; - / Zentralbild, Manfred Uhlenhu – S. 147; - / ZUMA Press, Andrew Parsons – S. 134; - / ZUMA Press, Staton Rabin – S. 8; Fotolia / Hannes Damke – S. 219; - / dmbjhrj – S. 88; - / Fotolyse – S. 91; - / lerntal – S. 95; - / photlook – S. 88; Jörg Frank, Laufersweiler – S. 202; Getty Images / Ulrich Baumgarten – S. 186 (2); - / Gamma Rapho, Patrick Aventurier – S. 213; - / Hulton Archive – S. 213; - / Popperfoto – S. 208; - / Photothek, Thomas Imo – S. 184; Paul Glaser, Berlin – S. 161; Horst Haitzinger, München – S. 227; Haus der Geschichte der Bundesrepubik Deutschland / Klaus Pielert – S. 227; Haus der Geschichte der Bundesrepublik Deutschland / Jupp Wolter – S. 172; Herzog-August-Bibliothek, Wolfenbüttel – S. 125; iStockphoto / © Ed Stock – S. 186; Kostas Koufogiorgos, Stuttgart – S. 237; Kunstmuseum Stockholm, Schloß Gripsholm – S. 125; Landeshauptstadt Mainz – S. 111; Mauritius / Alamy Stock Photo, A. Astes – S. 10; - / Alamy Stock Photo, Bildarchiv Monheim – S. 84; - / Alamy Stock Photo, Bernd Classen – S. 141; - / Alamy Stock Photo, Paul Fearn – S. 16; - / Alamy Stock Photo, Liudmila Kotvitckaia – S. 133; - / Chromorange – S. 235; - / imageBROKER, Helmut Baar – S. 103; - / imageBROKER, Klaus-Werner Friedrich – S.35; - / imageBROKER, Michael Nitzschke – S. 34; - / Johannes Pistorius – S. 87; - / SuperStock – S. 109; - / SuperStock, Fine Art Images – S. 84; - / Jutta Ulmer – S. 63; - / United Archives – S. 50; Musée National du Louvre, Paris – S. 93, 100; Österreichische Nationalbibliothek, Wien – S. 204; Politisches Archiv des Auswärtigen Amtes, Berlin – S. 214; Karl-Heinz Schönfeld, Potsdam – S. 173; Klaus Stuttmann, Berlin – S. 217, 224; Time Inc., New York City – S. 145; Ullstein-Bild / AISA, Berlin – S. 33; - / imageBROKER, H.-D. Falkenstein – S. 114; - / imageBROKER, Fabian von Poser – Cover; - / imagetate – S. 58; - / Jansson – S. 179; - / Langrock – S. 189; - / Messerschmidt – S. 158; - / NTPL, John Hammond – S. 106; - / Prisma Etienne – S. 175; - / Roger-Viollet, Bruno de Monès – S. 22; - / Westend61, Artmedia – S. 97; VG Bild-Kunst, Bonn 2018 – S. 160; www.bundesfinanzministerium.de – S. 209; www.infratest-dimap.de – S. 196, 197; www.someecards.com – S. 41; www.wikimedia.org – S. 24, 44, 93; www.wikimedia.org / Alte Pinakothek – S. 91; www.wikimedia.org / BArch, Bild 146-1900-009-13, CC BY-SA 3.0 – S. 167; www.wikimedia.org / Rico Heil, CC BY-SA 3.0 – S. 86; www.wikimedia.org / Henrik Plötz, CC BY-SA 3.0 – S. 183; www.wikimedia.org / Amerigo Vespucci – S. 37; www.wikimedia.org / www.luchnix.de – S. 93.

Fachliteratur finden und nachweisen

Recherchieren und Ausleihen in der Bibliothek

- ☑ Um sich für ein Referat einen Überblick über ein Thema zu verschaffen oder es einzugrenzen, eignen sich Lexika und Nachschlagewerke als erste Informationsquellen. Für die gründliche Erarbeitung eines Themas benötigen Sie Fachliteratur.
- ☑ Angaben zu Fachbüchern spezieller Themen finden sich im Literaturverzeichnis von Handbüchern und Überblicksdarstellungen, im Internet und im Katalog der Bibliothek.
- ☑ In der Bibliothek sind Bücher alphabetisch in einem Verfasser- und in einem Sachkatalog aufgelistet und über eine Signatur, eine Folge von Zahlen und Buchstaben, im Karteikarten- oder Computersystem der Bibliothek für ein leichtes Auffinden genau verzeichnet.
- ☑ Bücher, die nicht in der örtlichen Bibliothek vorrätig sind, können über die Fernleihe aus anderen Bibliotheken entliehen werden. Über die Online-Kataloge können Titel nach Schlagworten oder dem Namen des Autors gesucht und direkt an die Ausgabestelle der Bibliothek bestellt werden.

Literatur auswerten und belegen

- ☑ Finden Sie zu einem Thema mehr Bücher, als Sie auswerten können, müssen Sie eine Auswahl treffen. Prüfen Sie anhand des Inhaltsverzeichnisses, der Einführung und/oder der Zusammenfassung sowie des Registers, ob das Buch ergiebig sein könnte. Benutzen Sie im Zweifel die neueste Ausgabe.
- ☑ Weisen Sie jedes Buch, das Sie für Ihr Referat benutzt haben, am Schluss des Textes nach. Notieren Sie sich daher bei der Vorarbeit die Titel der Bücher. Aussagen, die Sie wörtlich oder indirekt zitieren, belegen Sie zusätzlich mit Seitenangaben. So kann jeder Leser nachlesen und überprüfen, woher und von wem die Aussagen stammen.
  Beispiel für eine korrekte Literaturangabe:

Buch

Vorname und Name des Autors | Titel | Verlagsort(e) und Jahr der Veröffentlichung | bei Zitat zusätzlich Seitenangabe

Andreas Rödder, Geschichte der deutschen Wiedervereinigung, München 2011, S. 17

Aufsatz

Vorname und Name des Autors | Titel des Aufsatzes | Vorname und Name der Herausgeber des Sammelbandes

Hartmut Zwahr, „Wir sind das Volk!“, in: Etienne François und Hagen Schulze (Hrsg.), Deutsche Erinnerungsorte, Band 2, München 2001, S. 253-265, hier S. 263f.

Titel des Sammelbandes und Nummer des Bandes | Verlagsort(e) und Jahr der Veröffentlichung | Seitenangabe

Quellenarbeit in Archiven

Vorbereitung und Recherche

- ☑ Für die Recherche zu regional- und lokalgeschichtlichen Themen bieten sich Archive an. Dort werden Urkunden, Pläne, Karten, Zeitungen, Briefe, Tagebücher, Fotos sowie Akten mit anderen Unterlagen von Behörden, Firmen, Vereinen und Privatleuten aufbewahrt.
- ☑ Vor der Arbeit im Archiv sollten Sie sich genau über das Thema informieren, die zu erarbeitenden Aspekte festlegen und Fragen formulieren.
- ☑ Inzwischen werden viele Archivstücke elektronisch erfasst und in Datenbanken archiviert. Auf den Internetseiten der Archive können Sie sich über den Bestand informieren, digital vorliegende Dokumente einsehen oder die Signatur der Akten heraussuchen.

Material erfassen, ordnen und auswerten

- ☑ Haben Sie geeignetes Material gefunden, notieren Sie sich die genaue Fundstelle. Eine Ausleihe ist nicht üblich. Erfassen Sie das Material sicherheitshalber vor Ort (handschriftlich, per Laptop oder Scanner).
- ☑ Nach der Rückkehr aus dem Archiv müssen Sie das gesammelte Material sichten und ordnen, bevor Sie es zu einer Darstellung verarbeiten können.